파괴적
의료 혁신

THE INNOVATOR'S PRESCRIPTION

이 책에 쏟아진 찬사들

"차세대 국가성장동력인 의료산업을 육성하고 환자중심의 미래 의료환경에 대처하고자 하는 의료인과 경영자, 그리고 합리적인 규제개혁을 모색해야 할 보건의료분야의 의사결정자들에게 필독서로 추천한다."
– 성상철 (대한병원협회 회장)

"보건의료는 수많은 산업분야가 긴밀한 연계 속에서 이뤄지는 분야다. 이는 보건의료에서 혁신을 이루기 위해서는 관련된 전 산업이 혁신을 이뤄야 한다는 의미이기도 하다. 이 책은 의료계, 제약업계 등의 보건의료 분야에서 변화와 혁신을 원하는 이들에게 꼭 권하고 싶다."
– 이경호 (한국제약협회 회장)

"지금까지 성역시 되었던 의료분야를 비즈니스 관점에서 명쾌하게 분석하였으며, 의료산업의 새로운 사업 모델이 출현하는 데 있어 정보통신기술이 어떤 역할을 해야 하는지를 잘 설명하고 있다. 또한, 파괴적 혁신을 통한 고객의 가치 제공을 통해 의료산업이 어떻게 재편될지에 대한 통찰을 주는 좋은 지침서다."
– 이상철 (LG유플러스 대표이사, 전 정보통신부 장관)

"좋은 품질과 적정한 의료비! 보건의료체계가 직면하고 있는 절체절명의 난제를 풀기 위한 혁신적 실마리를 제시한 역저(力著)이다. 한국의료가 나아갈 길을 모색하는 모든 이에게 깊은 영감(靈感)을 선물할 것이다."
– 이기효 (인제대학교 보건대학원 원장)

"이 책은 진정한 의료혁신을 위해 의료산업이 발전시켜야 할 신의료기술의 성격이 어떤 것이어야 하는지, 그리고 이러한 혁신 기술의 발전을 촉진하고 국민의 건강권을 보호하기 위해 규제개혁이 어떤 역할을 해나가야 하는지를 잘 설명하고 있다. 의료의 미래에 관심있는 사람이라면 꼭 한 번 읽어야 할 책이다."
– 엄영진 (신의료기술평가위원회 위원장, 차의과학대학교 교수)

"보건의료의 질을 향상시키고 비용을 낮추려는 새로운 시각이 매우 신선하게 느껴지는 책이다."
– 김영신 (한국소비자원 원장)

"미국 의료산업이 2008년 대통령선거전에서 오바마, 클린턴 간에 가장 중요한 이슈가 되었던 이유는 무엇일까? 기업과 병원으로 구성된 공급자의 (단기적인) 이익극대화 목표에 집착한 전통적 경영학 논리에 지배되어 소수 고소득층 환자들만을 위한, 따라서 일반대중 환자들을 소외한 Top-of-the-pyramid산업으로 바뀐 때문은 아닐까? 저자들은 미국 의료산업이 공급자 이익 극대화 시각을 버리고 환자로 구성된 소비자가 필요로 하는 의료서비스를 제공해주는 시스템으로 혁신할 것을 주문하고 있다. 미국 국민들의 울음바다가 되어버린 미국 의료산업이 이 책을 통해서 사랑과 존경을 되찾기 바란다."

– 조동성 (서울대학교 경영대학 교수)

"혁신이라는 렌즈를 통해 의료문제의 근본원인을 진단하고자 한 저자들의 접근법이 돋보인다. 의료산업의 육성과 더 나은 의료시스템의 설계를 고민하고 있는 정부와 의료공급자, 연구자들뿐만 아니라, 지속적인 성장과 혁신을 꿈꾸는 의료기업 종사자들에게도 좋은 지침이 될 책이다."

– 박세열 (한국존슨앤드존슨메디칼㈜ 대표이사 겸 북아시아 총괄 사장)

"제약산업이 직면한 문제점과 변화하는 의료환경을 잘 설명하고 있다. 이 책을 통해 우리나라 의료제도의 합리적인 개선과 의료산업 발전을 위한 계기가 마련되기를 바란다."

– 최태홍 (한국얀센 대표이사)

"이 책은 우리나라에서도 Hot Issue로 등장하고 있는 보건의료영역을 다루고 있지만, 다양하게 벌어지는 '현상' 속에서 단편적인 치료법을 찾기보다는 기저에 깔린 근본적인 인과관계를 혁신의 관점을 통하여 파헤치고 해법을 제시하는 Problem Solving의 명저(名著)로도 받아들일 수 있을 것 같다."

– 이석환 (SK네트웍스 통신마케팅 컴퍼니 사장)

"많은 의사들은 파괴적이라는 단어와 혁신이라는 단어 모두 의료와는 어울리지 않는다고 생각할 것이다. 하지만 책을 읽는 순간, 우리가 모르는 사이에 의료혁신을 위한 준비가 이미 진행되고 있다는 것을 깨닫고 충격 받을 것이다."

– 양광모 (㈜헬스로그 대표이사, 비뇨기과 전문의)

"보건의료 시스템을 가장 현명하게 개혁할 방법을 찾고 있는 미국인이라면 반드시 읽어보아야 할 책이다."

– 뉴트 깅그리치 (前 미국 하원의장 겸 '건강개혁센터'의 설립자)

“진정으로 보건의료 시스템을 고치는 일에 관심을 가지고 있는 사람들을 위한 필독서이다.”
– 에드워드 밀러 (존스홉킨스 의과대학 학장 겸 존스홉킨스 메디스 대표이사)

“지난 10년간 내가 읽은 보건의료도서 중에서 가장 대단한 책이다. 장담하건대, 이 책을 신중하게 살펴본 사람이라면 보건의료를 고치기 위해 해야 할 일뿐만 아니라 누가 그것을 해내야 할지에 관해서 매우 다른 방식으로 생각하게 될 것이다.”
– 마이클 딘닌 (美 국방부 군(軍) 건강시스템 전략관리사무국 국장)

“입법의원과 규제자, 지불자, 의료공급자, 나아가서는 사회 전체가 우리의 병든 보건의료 시스템에 대해 의미있는 개혁을 논하고자 할 때 유용하게 쓸 수 있는 훌륭한 프레임이다.”
– 데이비드 스노우 (‘메드코’ 회장 겸 대표이사)

“보건의료에 반드시 필요한 혁명을 위한, 시의적절하며 통찰력이 넘치는 성명서다.”
– 스티브 케이스 (‘아메리카 온라인’의 공동설립자이자 前 회장 겸 대표이사, ‘레볼루션’의 설립자)

“앞으로 수년간 우리가 기대할 수 있는 보건의료전달과 비용, 정책 상의 극적인 변화를 보여주는 로드맵이다. 한번쯤 읽고 연구해볼 만한 가치가 충분하다.”
– 존 W. 브라운 (스트라이커 코퍼레이션 회장)

“정부와 고용주, 의료공급자, 환자에게 전통적인 방식을 버리도록 요구하는 한편, 현상유지의 근간을 뒤흔드는 개혁 지도를 제시한다. 실질적인 변화를 찾는 사람들이라면 반드시 읽어야 할 책이다.”
– 존 아이글하트 (의학저널 ‘헬스 어페어즈’ 초대 편집장 겸 ‘뉴잉글랜드 의학저널’ 기고가)

“저자들은 더 적은 비용으로 더 나은 의료를 제공하기 위한 매우 독창적인 분석결과와 함께 미로와 같은 보건의료 현실을 헤쳐갈 로드맵을 제공한다. 진지하게 그런 로드맵을 찾고 있던 사람이라면 반드시 이 책을 읽어야 한다.”
– 엘레인 엔토벤 (스탠퍼드 대학교 공공 및 민간 경영학 명예교수)

“다양한 산업에서 얻은 교훈을 통해 의료의 비용을 낮추기 위한 의료전달 리엔지니어링의 중요성과 실현 가능성에 관해 신선한 시각을 제공해준다."
– 마크 D. 스미스 (캘리포니아 보건의료재단 이사장 겸 대표이사)

"이 책은 지금까지 내가 읽어본 책들 중에서 보건의료의 현 상황을 가장 잘 설명하고 있다. 이해하기 쉽고 내용이 풍부하다. 크리스텐슨 교수의 관찰과 조언에 모두 동의하는 것은 아니지만, 이러한 이슈에 관심이 있는 사람들을 다시 한 번 생각에 잠기게끔 만드는 책이다."
– 찰스 D. 베이커 ('하버드 필그림 헬스 케어' 회장 겸 대표이사)

"복잡한 사회문제를 해결하기 위한 제리 그로스만의 날카로운 접근법은 여느 때와 같이 놀라움과 함께 깊은 인상으로 다가온다. 미국의 보건의료비를 적절한 수준으로 낮추는 것은 불가능한 것일까? 어쩌면 이 책이 좋은 출발점이 될지도 모르겠다."
– 케시 미네한 (매사추세츠 종합병원 이사장)

"우리의 보건의료 시스템을 구제할 〈파괴적 의료혁신〉은 실용적이지만 미래지향적이다. 보건의료 분야의 의사결정자라면 누구나 읽고, 이해하고, 책에 있는 대로 실천해야 한다."
– 마라 아스피날 (젠자임 제네틱스 前 회장)

"보건의료산업을 어떻게 고칠지에 관한 로드맵을 탁월하게 그려내고 있다. 우리 회사의 모든 직원에게 읽힐 생각이다. 적극 추천!"
– 크리스 보이스 ('버진 헬스마일즈' 회장 겸 대표이사)

"클레이튼 크리스텐슨과 공동저자들은 전혀 새로운 접근법을 설계했다. 혁신에 관한 크리스텐슨의 통찰력이 보건의료 문제에 어떻게 적용될 수 있는지를 보여주는 멋진 책이다."
– 윌리엄 로퍼 (노스캐롤라이나 주립대학교 의과대학 학장 겸 대학부설 보건의료시스템 대표이사)

"독창적이고 흥미진진하며 생각을 불러일으키는 책이다. 무보험자들에 대한 문제해결과 보건의료 시스템의 비용을 낮추기 위한 시기 적절한 아이디어와 새로운 접근법이 돋보인다."
– 아서 H. 루벤스타인 (펜실베이니아 의과대학 학장 겸 펜실베이니아 대학교 건강시스템 수석부회장)

"보건의료위기를 다룬 책을 수백 권 읽어보았지만, 근본원인을 찾아내고 논리적인 해법을 제시한 책은 〈파괴적 의료혁신〉이 처음이다."
– 콜린 콘웨이-웰치 (벤더빌트 대학교 간호대학 학장)

"미국을 비롯한 전(全) 세계 보건의료 시스템을 분석하기 위한 매우 통찰력 있는 프레임과 함께 보건의료의 주요 현안을 해결할 대단히 창의적인 방안들을 제시하고 있다."
– 엘리자베스 G. 암스트롱 (하버드 메이시 연구소 소장)

"명쾌하고 도발적이면서도 읽는 재미가 있는 〈파괴적 의료革新〉은 인류의 건강과 보건의료를 향상시키는 데 관심이 있는 사람이라면 누구나 읽어야 할 책이다."
– 리사 라비조 머레이 (로버트 우드 존슨 재단 대표 겸 이사장)

"포괄적인 비전과 날카로운 진단, 분명한 방향제시가 돋보이는 이 책은 병든 보건의료시스템을 위한 강력한 치료제이다."
– 하비 V. 파인버그 (미국 의학연구원 원장)

"매 장마다 새로운 아이디어와 통찰력으로 가득하다. 이 책을 읽는 독자들은 더 나은 보건의료를 만들기 위한 튼튼한 아이디어를 갖게 될 것이다."
– 조지 할보슨 (카이저 재단 헬스 플랜 및 카이저 재단 병원의 그룹회장 겸 대표이사)

"폭넓은 연구자료와 명쾌한 짜임새가 돋보이는, 지속 가능한 보건의료 시스템을 향한 훌륭한 로드맵이다."
– 마이클 O. 리빗 (미국 보건부 장관)

"보건의료 개혁에 관한 국가적 차원의 논쟁이 일고 있는 시점에 시의적절하고도 중요한 기여를 할 것이다. 우리가 이 책의 내용을 신중히 고려한다면 좋은 결실을 맺을 수 있을 것이다."
– 톰 대슐 (前 상원 민주당 원내총무 및 미국 진보 센터 특별 연구위원)

"클레이튼 크리스텐슨은 건강과 보건의료 시스템의 미래에 관한 깊은 통찰력을 통해 우리를 비롯해 많은 기업들이 새로운 성장의 기회를 찾을 수 있도록 도와주었다. 이렇게 포괄적인 글로벌 평가를 그보다 더 잘 이끌어나갈 사람은 없다고 생각한다."
– 빌 웰던 (존슨앤드존슨(J&J) 회장 겸 대표이사)

CONTENTS

파괴적 의료혁신

THE INNOVATOR'S PRESCRIPTION

클레이튼 M. 크리스텐슨
제롬 H. 그로스만, M.D.
제이슨 황, M.D. 지음
배성윤 옮김

청년의사

추천의 글

어느 나라나 국민 의료비의 약 90%이상을 치료비로 충당하고 있다. 이러한 막대한 지출에도 불구하고, 지구상의 어느 나라도 보편적 의료수혜의 실천이라는 국민 의료의 목적을 제대로 달성하지 못하고 있다. 하버드 대학의 경영학자 크리스텐슨(Christensen) 교수는 산업기술이라는 측면에서 볼 때 보건의료기술은 여타 다른 기술과 다를 바 없으며, 현대 의 · 과학의 근본 문제가 질병의 근원을 정밀하게 진단하지 못하는 데서 비롯된다는 주장을 펴고 있다. 즉, 분자의학과 영상기술, 유비쿼터스 접속성이 현대의학을 개인별 맞춤형 의학시대로 인도하고 있지만, 그러한 시대의 도래(到來)는 아직 한창 멀었다는 얘기다.

현대의학은 언제쯤 직관의학이나 예술의 수준에서 개인별 맞춤의학 내지 과학이 될 수 있는가? 크리스텐슨 교수의 해답은 명쾌하다: 보건의료산업은 아직 파괴가 일어나지 않은 산업이어서 이를 파괴시켜야 한다는 것이 그의 요지다. 왜냐하면, 여타 산업부문에서도 초창기에는 복잡하고 비싸서 부자나 전문가만이 혜택을 누렸듯이 의료는 여전히 비싸고 복잡해서 가진 자나 전문성이 있는 자들만 뜻대로 이용 할 수 있는 배타적 서비스이므로 모두가 쉽게 이용 할 수 있도록 의료 기술을 더 단순하게 만들고, 가격을 더 낮추는 등 이른바 '파괴시켜야 한다' 는 주장이다. 만약 파괴가 이러한 것을 의미한다면 누가 그것을 반대할 것인가! 이 책의 매력은 바로 여기에 있다.

크리스텐슨 교수는 만인(萬人)이 향유할 수 없는 것이라면 그것은 마땅히 파괴되어야 하고, 더구나 너무 비싸고 복잡해서 그러하다면 더더욱 파괴시켜야 한다는 것이다. 그는 중간기술(half-way technology)을 불신한다. 그것으로는 의료가 파괴되지 않기 때문이다. 원시적인 직관의학을 경험의학으로, 그리고 정밀의학으로, 더 나아가서는 개인별 맞춤의학으로 발전 시켜야 한다는 것이 그의 주장이다.

우리는 정밀한 진단이 가능해지면 효과적인 치료법의 개발 역시 가능했다는 의 · 과학 진화의 역사를 알고 있다. 이 책에서 저자들은 가격의 파괴와 접근성의 향상으로 요약되는 변혁의 동인(動因)으로 '단순화를 가능하게 하는 고급 기술'과 '저비용 구조의 혁신적 사업모델' 그리고 '상업적 기반구조로서의 가치 네트워크' 등 세 가지 요인을 들면서, 이 중에서도 사업모델의 파괴적 혁신을 '솔루션 숍', '가치부가과정 사업' 및 '촉진 네트워크'라는 경영학적 사업 모델의 틀에 맞추어 현대의료의 당면과제를 흥미롭게 분석해내고 있다.

현대 의료의 문제를 해결 할 수 있을 만큼 정밀한 진단 기술과 효과적 치료 기술의 개발이 현실적으로 단기간에 가능 할 것인지, 아니면 환상에 그칠 것인지는 해당 분야 기술 전문가의 판단에 맡기더라도, 만약 모든 기술이 소비자 친화적으로 파괴되어 왔다는 그의 주장에 동의한다면 이 책은 읽어볼 가치가 충분하다. 왜냐하면, 크리스텐슨 교수의 관심 영역과 보건의료정책분야의 일반적인 관심사가 놀랄 만큼 중첩되고 있으며, 이 역저(力著)가 그 이전에는 누구도 이와 동일하게 시도해보지 않은 창의적인 분석으로 가득하기 때문이다. 책의 목차가 이를 증언해주고 있다:

제1장- 파괴적 기술과 사업모델 혁신의 역할
제2장- 파괴적 혁신을 위한 기술적 촉진요인
제3장- 병원사업 모델의 파괴적 혁신

제4장– 의사진료 모델의 파괴적 혁신
제5장– 만성질환 관리의 파괴적 혁신
제6장– 새로운 가치 네트워크를 통한 의료혁신의 촉진
제7장– 의료비 상환방식의 파괴적 혁신
제8장– 제약산업의 미래
제9장– 의료기기와 진단장비의 미래
제10장–의학교육의 미래
제11장–규제개혁과 보건의료의 파괴적 혁신

크리스텐슨 교수가 제시한 분석 틀은 매우 정교하고 실증적일뿐더러 내린 결론이 사뭇 도전적이고, 처방적이기도 해서 논란의 여지를 남기는데 의료전문주의(메디컬 프로페셔널리즘)의 파괴가 특히 그러하다. 의료전문주의는 의료기술적 영역보다 사회경제적 · 문화적 · 정치적 영역의 성격이 강한데 이러한 특성이 무시되고 있다는 것이 한 예이다. 첨단 의료기술의 보편화/범용화 및 탈중앙화는 인정하더라도 한약분쟁이나 의약분업에서 보듯이 의료인의 이익에 반하는 의료직능의 위임에는 전쟁을 방불케 하는 세력다툼이 벌어지기도 하는데, 크리스텐슨 교수가 주장하는 소비자 중심주의적 의료파괴 이론만으로는 이러한 쟁점을 극복하기에 역부족이라는 주장이 그것이다. 그러나 누구라도 의료발전사나 기술진화사처럼 장기적 관점에서 보면 모든 기술이 결국 소비자 친화적으로 파괴되어왔다는 그의 주장을 받아들이지 않을 수 없는 것이 사실이다. 그러므로 의료전문주의 역시 파괴적 의료혁신의 대상에 포함될 수밖에......... 다시 말해서, 보건의료전문직의 위계질서나 표준이 보건의료서비스를 더 저렴하게 만들고, 접근성을 높이는 데 장애가 된다면 이는 분명히 파괴되어야 한다는 명제가 된다.

아무튼, 오늘날까지 보건의료의 위기를 언급하면서 수많은 처방전이 발행된 것이 사실이지만, 크리스텐슨 교수의 '파괴적 의료혁신' 처럼 종합적인 새로운 처방전을 발행한 사례는 흔치 않다. 모든 국민들이 보편적 의료서비스의 수혜를 누리게 하기 위해서는 그가 말하는 파괴적 의료혁신의 고지(高地)를 함께 올라야하는데, 앞장서서 우리를 이끌고 있는 그는 분명 혁신적 지도자임에 틀림없다. 크리스텐슨 교수의 독창적이고 혁신적인 사고(思考)를 높이 평가한다.

배성윤 박사가 크리스텐슨 교수의 동의하에 그의 역저(力著) '파괴적 의료혁신' 의 번역이라는 대장정을 끝낸 것을 진심으로 축하한다. 오랫동안 의료기술의 문제에 천착(穿鑿)해온 그는 우리 주위에서 드물게 보는 이 분야의 실무를 겸비한 소장(少壯) 학자이다. 나는 그보다 이 번역작업을 더 잘할 수 있는 사람을 알지 못한다.

누가 이 책을 읽어야 할 것인가? 의료행정과 정책 분야 종사자, 병원종사자, 보건의료인, 의료경영학도들 뿐만 아니라 국민의료의 내일을 걱정하는 모든 독자들에게 일독을 권한다. 보건정책관리학도들에게는 토론의 길잡이 역할을 수행할 것이 기대되며, 모든 독자들의 두뇌를 기름지게 해줄 것을 확신하고 있다. 당신에게 어떤 렌즈가 필요한가? 크리스텐슨 교수는 '독자들이 어떠한 렌즈를 끼고 세상을 보아야할 것인가' 하는 방법론적 메시지도 함께 던지고 있다.

2010년 10월

문옥륜 (서울대 명예교수, 다니엘 병원장)

***

경영학 분야에서는 크리스텐슨 교수의 '파괴적 혁신' 이론이 이미 큰 주목을 받아 왔다. '파괴적 혁신' 은 기존 제품의 품질을 지속적으로 개선하는

'지속적 혁신' 과 대비되는 개념으로, 완전히 새로운 시장, 완전히 변화한 소비자의 욕구에 부합하는 새로운 상품을 만들어내야 한다는 뜻으로 요약된다.

'혁신' 이라고만 해도 부담스럽게 들리는데, '파괴적' 이라는 말까지 덧붙인 이유는 파격적인 새로운 상품이나 기존과는 완전히 다른 서비스를 준비하지 못하면 아무리 잘 나가는 기업도 한 번에 끝날 수 있다는 경고를 담고 있다. 소위 대기업이라고 하더라도 현실에 안주하고 있다가는 밑바닥에서 치고 올라오는 신생 기업의 위협을 피하지 못한다는 말이다. 미국 자동차 시장이 일본과 한국 자동차 업체들에게 점령당하고 있는 것이 대표적인 사례라고 할 수 있다. 그의 이론은 국가 경쟁력을 설명할 때도 이용된다. 일본 경제가 성장을 멈추기 시작하자 한국, 대만, 싱가포르가 저렴하면서도 높은 기술력을 무기로 세계 시장에 진입하는 것도 파괴적 혁신 이론으로 설명할 수 있다는 것이다.

크리스텐슨 교수의 '파괴적 혁신' 이론을 보건의료 분야에 그대로 적용한 것이 '파괴적 의료 혁신' 이다. 의료만은 특수성이 있기 때문에 쉽게 변하지 않는 시장이라고 여겨져 온 것을 생각하면 '파괴적 의료 혁신' 이 과연 가능할 것인가에 대해 의문을 가질 수도 있다. 그러나 현재 의료 현실을 본다면 뭔가 변화가 필요하긴 한 시대라는 것을 부인하긴 힘들다.

우선 의료비의 지속적 상승이 국가와 개인 모두 감당하기 힘든 수준으로 치닫고 있다. 이는 미국만의 문제가 아니다. 우리나라의 국내총생산(GDP) 대비 의료비 비율은 2000년 4.9%에서 2008년 현재 6.5%를 거쳐 2015년에는 10.1%로 상승할 것으로 추산되고 있다(연세대학교 산학협력단 '2008 국민의료비 추계'). 제도에 따라 다소 차이는 있지만 새로운 치료법과 새로운 장비는 의학의 발전을 가져옴과 동시에 의료비 상승을 부추기고 있다.

지출은 증가하고 있음에도 불구하고 의료 소비자의 만족도는 높지 않다. 미국은 비싼 의료비 때문에 의료 서비스를 제때 받지 못하는 경우가 발생하고 있으며, 그에 비해서 환자에게는 매우 좋은 의료 제도라고 하는 한국은 짧은 진료시간과 긴 대기시간, 그리고 낮은 보험 보장성에 대한 불만이 높다. 그 속을 들여다보면 문제는 더 심각하다. 대형 병원으로 환자 쏠림현상은 심화되어 1, 2, 3차 의료 구별이 무색해졌다. 개원가의 경영난은 극심해져 생존을 위서는 전공과 무관하게 비만, 피부미용과 같은 비급여 진료를 해야만 한다. 또한 노인 인구의 급증은 조만간 보험재정 악화를 예고하고 있다.

이런 문제를 해결하기 위한 변화의 움직임은 이미 시작되고 있다. 공공의료와 민간의료의 경계가 불분명해져가고 있고, 재원 조달 방식도 공적 구조와 사적 구조가 상호 협력하는 형태로 변화하고 있다. 최근 논의되고 있는 주치의제도나 건강관리서비스 제도도 이런 문제를 해결하기 위한 일환으로 볼 수 있다.

이런 움직임을 파괴적 혁신 이론을 통해 체계적으로 분석한다면 다음 세 가지로 분류해 설명할 수 있다.

첫째, 단순화를 가능하게 하는 고급 테크놀로지 : 고급 테크놀로지는 의료정보통신기술의 발달 및 의료 장비 보급률 확산과 표준화된 진료다. 최근 화두가 되고 있는 병원인증제는 환자 안전 향상을 위한 당연히 갖춰야 할 절차를 문서화하고 지킬 것을 요구하고 있다. 또한 의료정보시스템을 통해 사람이 하는 실수를 줄이고 효율성을 향상시키는 노력이 여기에 해당된다.

둘째, 저비용구조의 혁신적인 사업 모델 : 저비용구조의 혁신적인 사업 모델은 여러 가지가 있을 수 있다. 대표적인 사례는 전문 병원의 등장으로 인한 특정 수술 및 처치에 대한 비용 절감을 들 수 있다. 현재 의료 시스템은 진료와 처치가 한 장소에서 이뤄지고 있으나 향후에는 정확한 진단을 위한 역할과 그에 따른 처치가 분리될 것이라고 저자들은 예측하고 있다. 그렇게 될 경우 '라식 수술이 가능한 근시'로 진단된 환자는 라식 수술만 전문으로 하는 병원에서 '박리다매' 형의 저렴한 의료 서비스를 제공 받을 수 있다는 것이다. 만성질환 건강관리서비스 또는 간호 인력을 활용한 리테일 클리닉도 이런 사업모델이라고 할 수 있다.

셋째, 경제적 일관성을 갖춘 가치 네트워크 : 개인이 통제하는 전자의무기록(PHR, Personal Health Record)은 향후 병원정보통신 기술의 발달로 보편화될 것으로 예상되며, 이는 환자 중심 의료의 핵심이 될 것이다. 이를 통해 환자는 지역사회에서 클리닉과 병원을 통합적 의료 서비스로 이용할 수 있게 되고 진료의 연속성을 확보하여 안전과 의료비 지출을 줄일 수 있게 된다. 또한 병원은 이를 활용한 새로운 건강 서비스를 제공할 수 있게 된다.

이런 파괴적 의료 혁신의 동력에 있어 가장 중요한 것 중 하나를 꼽으라면 정보통신기술의 발달이다. 참여와 공유의 Web 2.0 시대를 맞이해 의료 소비자들은 점차 스마트해져가고 있으며 합리적이며 편리한 의료 서비스를 요구하고 있다. 이런 요구에 부응하기 위해서는 선진화된 병원정보시스템 구축을 통해 의료비 절감 및 환자 안전 향상을 도모하는 것은 기본이고, 이를 통한 부가적인 가치 창출에도 힘써야 한다. 최근 Smart Hospital, 또는 Hospital 2.0, Patients Centered Hospital 이라는 마케팅적 구호가 등장하는 이유가 여기에 있다.

이런 시대적 변화는 의료 제도와 면허 제도까지도 바꿔놓게 될 공산이 크다. 최상의 안전을 외치면서 검사와 임상시험에 큰 비용을 지출했던 의료 패러다임이 약간의 위험을 감수하더라도 경제적 지출을 줄이는 방향으로 변화할 것이다. 의사는 보조 인력의 관리와 임상 상황에 따른 의사 결정(decision making)에 주안점을 두고, 반복되는 처치와 처방은 잘 교육된 보조 인력의 몫이 될 가능성이 크다.

지난날 우리 의료계는 시대의 큰 변화에 제대로 대응하지 못했던 아픈 사례를 몇 차례 경험했다. 보건의료 정책을 담당하는 정부나 관련 기업들의 경우도 마찬가지다. 앞으로 예상되는 변화는 과거에 밀려왔던 변화보다 그

파고가 더 높다. 닥쳐올 격랑을 한국의료가 슬기롭게 이겨내고 한 단계 도약할 수 있는 해답이 '파괴적 의료 혁신' 에 있다고 믿는다.

2010년 10월

이왕준 (관동의대 명지병원 의료원장)

한국어판 저자 서문

이 책의 근간을 이루는 개념과 이론적 토대는 지난 20년간의 연구를 통해 마련된 것이다. 그 동안 수많은 산업분야를 대상으로 우리가 생각해낸 아이디어의 타당성을 검증해볼 기회가 있었지만, 그 중에서도 보건의료 분야에서의 검증이 가장 어려웠다.

보건의료는 여느 산업에 비해 다른 점들이 많이 있다. 전세계적으로 볼 때, 관련된 조직만 해도 공공과 민간 조직에서부터 영리와 비영리 조직, 종교집단과 비종교집단, 개별 지역상점과 다국적기업에 이르기까지 모든 종류의 조직들이 관여하고 있다. 또한, 각국은 저마다 독특한 규제방식과 오늘날의 보건의료시스템을 형성하게 된 고유한 역사를 가지고 있다.

하지만, 보건의료분야에서 보편적으로 나타나는 측면들도 있다. 바로 우리 모두는 건강하고 질병의 고통에서 벗어나기를 바란다는 점, 아플 때는 가능한 최고의 보건의료를 제공받기를 원하지만, 그 비용은 비싸며 게다가 날이 갈수록 더욱 비싸지고 있다는 점, 그리고 이러한 상황이 세계 어느 곳을 가든 마찬가지라는 점 등이다.

보건의료분야에서는 이와 같은 문제점들을 해결하기 위한 혁신이 절실히 요구되고 있다. 그래서, 우리는 컴퓨터와 자동차, 금융 분야 등 다양한 산업을 연구한 결과로부터 파괴적 혁신이 주는 교훈에 눈을 돌리게 되었다. 모든 사업은 더 낮은 비용으로 더 나은 품질을 만들어내기 위해 끊임없이 혁신해야 하기 때문에 우리는 우리가 제시하는 혁신 모델이 보편적으로 적용될 수 있다고 믿고 있다. 이런 면에서 보건의료도 여타 산업과 다르지 않다. 따라서, 이 책에서 다루는 많은 사례들이 미국에 초점을 두고 있기는 하지만, 그 교훈들은 다른 보건의료시스템에도 얼마든지 적용될 수 있을 것이라는 점에 독자 여러분들도 동의하리라고 생각한다.

파괴적 혁신이 가진 또 하나의 중요한 특징은 거의 대부분 기존의 산업 주체들이 초점을 맞추고 있지 않는 곳에서 혁신이 생겨난다는 점이다. 미국이 다른 어떤 나라들보다 훨씬 더 많은 비용을 보건의료에 지출하고 있기 때문에 개혁가들이나 규제기관, 투자가들, 심지어 기업가들조차 미국의 행보에 대단한 관심을 보이고 있다. 그러나, 현재 미국이 보건의료분야에 많은 돈을 투자하고 있지만 결국 의미있는 변화를 이끌어내지는 못할 것이다. 오히려, 가장 중요한 의학적 돌파구와 미래의 혁신들은 다른 어딘가에서 생겨날 것으로 예상된다.

그 다른 어딘가 중에서도 특히 아시아는 오래된 선도기업들을 파괴할 혁신이 끊임없이 만들어지고 있는 파괴적 혁신의 원천이다. 지속가능한 혁신을 만들어내는 데 없어서는 안될 재발명(re-invention)에 대한 개방성이 존재하는 데다, 저비용 구조의 새로운 사업 모델을 개발하려는 노력이 끊이지 않는 곳이기 때문이다. 여러 분야에서 글로벌 리더십의 중심 또한 이미 오래 전 아시아로 옮겨졌고, 그 다음 차례는 보건의료분야가 될지도 모르겠다.

오늘날 우리가 서로 다른 출발점에 서 있고, 겉으로 보기에 매우 달라 보이는 보건의료시스템에서 일을 하고 있지만, 사실 우리 모두는 같은 목표를 향해 노력하고 있다. 즉, 신뢰할 수 있고 안전하며 만족스러운 수준에서 지속가능한 보건의료시스템을 만드는 일, 단순히 질병을 치료하기보다는 웰니스(wellness)에 초점을 맞춘 환자중심의 시스템을 만드는 일,

그리고 필요로 하는 이들이 의료를 적절한 가격에 가능한 편리하게 이용할 수 있도록 시스템을 개선하는 일은 우리 모두의 공통된 목표이다. 이런 까닭에 우리의 책이 한국의 독자 여러분들께 소개된다는 점을 매우 기쁘게 생각한다. 우리의 연구 성과가 한국의 보건의료시스템을 개선하려는 분들에게 기초자료로 활용되고 논의의 계기를 마련하는 데 도움이 될 수 있기를 진심으로 바란다.

저자 대표, 제이슨 황(Jason Hwang), M.D.

옮긴이의 글

"보건의료도 여느 산업과 다르지 않습니다."

2009년 봄, 미국 남부의 명문사립 듀크Duke 대학교 경영대학원 강당 안을 가득 메운 의료계 인사들과 학생들이 술렁이기 시작했다. 크리스텐슨Christensen 교수의 첫마디는 '파괴적 혁신disruptive innovation'이라 부르는 그의 이론만큼이나 파격적이었다. 그의 주장은 의료문제를 오랫동안 고심해온 사람들에게 생소하다못해 당혹스럽기까지 했다. 많은 사람들이 의료는 사람의 생명을 다루는 분야이기 때문에 여느 상품이나 서비스와는 다르다고 생각해왔다. 그런 우리의 믿음, 혹은 우리가 의료문제를 논할 때 출발점으로 삼았던 대전제를, 그가 송두리째 부정하는 것이었다. 그에 대해 잘 모르는 사람이라면 아마 그가 의료에 문외한(門外漢)이라서 그런 말을 한다고 생각했을 테지만, 사실은 정반대였다.

크리스텐슨 교수가 다른 두 의사와 함께 이 책을 내기까지는 무려 10년이라는 세월이 걸렸다. 달리 말하면, '의료가 다른 산업과 다르지 않다'는 것을 자신있게 말할 수 있게 되기까지 꼬박 10년이 걸린 셈이다. 걸으로 보기에 의료문제는 해결의 실마리를 쉽사리 찾을 수 없을 정도로 무척 복잡하게 얽혀 있다. 그래서인지 지금까지 많은 학자들이 이 문제를 해결하기 위해 매달렸지만, 수많은 대안(代案) 속에서 아직까지 어디로 가야 할지 길을 찾지 못하고 있다. 혹시 다른 나라의 경험에서 해답을 찾을 수 있을까 해서 둘러보지만 결국엔 아무도 그 해답을 가지고 있지 않은 듯하다.

하버드 비즈니스 스쿨에서 경영학을 가르치는 크리스텐슨 교수는 혁신에 관한 연구에 평생을 바쳤다고 해도 과언이 아니다. 1990년대 중반 '파괴적 혁신' 이론을 발표해 초우량(超優良) 기업 CEO들의 격찬을 받으면서 학계에 등장한 그는, 국방산업에서부터 자동차, 금융서비스, 통신, 컴퓨터 하드웨어와 소프트웨어, 공교육, 철강에 이르기까지 다양한 산업에 혁신 이론을 적용해 해당 산업이 안고 있는 문제점을 진단하고 해법을 제시함으로써 '경영학계의 아인슈타인'이라는 별명까지 얻었다. 그의 명성은 이미 한국의 경영학계에도 널리 알려져 있다.

경영학 분야의 전문가인 그가 바라보는 의료문제의 본질은 무엇이었을까? 그의 혁신 이론은 보건의료산업에 적용이 될 수 있을까? 의료산업도 정말 다른 산업과 다르지 않은 것일까? 도대체 그가 내놓은 해법이 어떤 것이기에 미국 전역이 그토록 그의 파괴적 해법에 열광하는 것일까? 그의 이론은 한국의 의료산업에도 유용할까? 이 책을 읽어 내려가면서 역자(譯者)의 머릿속을 어지럽힌 물음이었다.

실패한 미국 의료를 혁신하기 위한 해법 정도로만 생각했던 이 책을 굳이 우리말로 옮기려고 마음을 먹게 된 데는 여러 가지 이유가 있지만, 가장 큰 이유는 의료 문제를 바라보는 저자들의 독특한 시각 때문이었다. 돌이켜보면 역자(譯者)가 보건학 박사학위까지 받고도 배움이 모자라 비즈니스 공부를 하기 위해 늦은 나이에 다시 유학길에 오른 것은, 보건의료 문제를 다르게 바라보고 새로운 시각과 관점을 배울 수 있을까 하는 위험한 열망 때문이었는지도 모른다.

이 책에서 크리스텐슨과 저자(著者)들이 사용하는 접근법은 독특하다. 이들은 의료 문제의 해결책을 찾기 위해 보건의료 자체를 파고들기보다는, 지난 20년간 하버드 비즈니스 스쿨과 케네디 스쿨의 연구성과를 통해 정립된 '혁신 관리의 일반모델'이라고 하는 렌즈를 통해서 보건의료산업을 들여다보았다. 혁신 관리 모델은 수많은 산업의 문제를 성공적으로 진단하고 해법을 제시하는 데 기여했다. 저자들은 이 모델을 이용해 보건의료 비용은 왜 점점 비싸지고, 접근성은 왜 날로 악화되어가는지 근본원인을 설명하고, 이를 토대로 어떻게 하면 보건의료를 더 저렴하고 편리하게 이용하도록 탈바꿈시킬 수 있는지를 설명한다.

이 책에서 저자들이 말하려는 핵심은 '폭발적으로 증가하는 의료비 문제가, 총체적 수준에서 잘못된 의료 사업 모델을 이용하는 데서 비롯되었다'는 점이다. 보건의료 시스템에 종사하는 의료인들은 대부분 뛰어난 인재이고, 헌신적으로 환자에게 봉사하지만, 그들이 일하고 있는 시스템이 의료의 질(質)을 손상시키고 의료비 증가를 부채질한다.

또한 저자들은 건강보험의 개혁과 관련해 공공의료를 강화할 것인지, 민간 중심의 의료를 선택할 것인지의 논의는 의료 문제를 잘못 인식한 데서 비롯된 그릇된 논쟁이라고 지적한다. 심지어, 이들은 '경쟁이 비용을 낮출 것'이라고 믿는 경제학자들의 일차원적인 생각도 잘못되었다고 지적한다. 현재 의료시스템하에서는 품질이 더 좋은 고가(高價)의 제품과 서비스를 시장에 내놓는 것이 높은 수익성을 보장해주기 때문에, 대부분의 혁신기술과 경쟁은 오히려 가격을 높이는 결과를 초래한다고 설명한다. 의료제공자들은 병원 간 경쟁에서 이기기 위해서 사업범위와 규모를 더 확장하고 더 많은 고가의 프리미엄 서비스를 제공한다. 의료기기 회사들이 생산규모를 늘리는 한편 고가(高價)의 제품을 시장에 내놓고, 제약회사가 더 높은 가격대의 신약을 개발하는 것, 의료비가 매년 물가상승률을 상회하는 수준으로 급증하는 것은 모두 경쟁이 있는 상황에서 일어나는 일이지, 경쟁이 없어서 생기는 현상은 아니다.

저자들은 경쟁이라고 해서 다 같은 종류의 경쟁이 아니며, 가격을 떨어뜨리는 경쟁은 '파괴적 혁신'을 가능하게 하는 경쟁이라고 규정한다. 보건의료에서 파괴적 혁신이 가능해지면, 지금은 값비싼 병원에서만 할 수 있는 시술 중에서 가장 단순한 것부터 외래 병원과 리테일 클리닉 retail clinic, 나아가 환자의 가정(家庭)으로 제공장소가 이동하게 될 것이다. 그와 함께 지금은 의사만이 하도록 규제된 일들을 간호사나 의료기사, 의사보조원 같은 덜 비싼 의료인력이 할 수 있게 되면 결국 비용이 떨어질 것이라고 주장한다. 병원의 진료비를 쥐어짜고 의사의 수입을 줄인다고 해서 보건의료 비용이 내려가고 접근성이 좋아지는 게 아니라, 비용이 더 적게 드는 장소와 의료인력에게 더 많은 의료서비스가 이동해야만 가능한 것이다. 물론 이것이 가능하려면, 정확한 진단과 정밀한 치료를 할 수 있는 혁신적인 기술개발이 중요하고, 그런 점에서 정보통신산업과 제약산업, 의료기기산업의 역할이 매우 중요하다. 그런데 이런 기술은 끊임없이 개발되어왔고, 이미 의료산업에 도입된 사례도 많다. 그럼에도 의료현장에 뿌리내리지 못하는 이유는 무엇 때문일까? 파괴적인 혁신기술이 개발된다고 하더라도 그것을 뒷받침할 적절한 사업 모델과 가치 네트워크가 없다면, 그리고 이런 혁신을 가로막는 규제를 극복하지 못한다면 다른 산업에서 일어났던 파괴적 혁신이 보건의료 분야에서는 영영 일어날 수 없다는 것이 저자들의 주장이다.

앞에서 설명했듯이, 저자들은 의료분야에서 일어나는 공공과 민간의 주도권 싸움이 의료비를 낮추고 접근성과 질을 향상시키는 데 별로 도움이 되지 않는다고 한다. 캐나다나 독일 같은 공공의료 시스템도 병원과 의사, 의약품, 보험 등 보건의료 내의 여러 세부 분야별로 사실상 권력이 분산되어 있다. 때문에 정부가 의료비를 지불한다고 하더라도 어느 주머니를 거쳐 가느냐만 다를 뿐이지 미국의 의료시스템과 크게 다르지 않다는 것이 저자들의 생각이다. 물론 이 주장에 대해 이견(異見)이 있겠지만, 저자들이 주장하려는 것은 의료제공의 주체가 정부가 되었든 민간이 되었든 의료의 거시적인 비용 통제와 접근성 향상이라는 목표를 달성할 수 있는 능력 면에서 어느 쪽이 더 나은지를 본다면 현실적으로 크게 다르지 않다는 것이다. 중요한 것은 시스템의 통제권이 누구에게 있는지가 아니라, 그 주체가 시스템 차원에서 의료 문제를 통제할 충분한 능력과 안목을 가지고 있는가 하는 점이다. 다시 말해, 전체 의료시스템 차원의 효율을 달성할 수 있는 통합된 주체만이 진정한 의료의 파괴적 혁신을 가능하게 한다는 것이 저자들의 주장이다.

최소한 건강관리 및 의료공급 조직과 보험자가 하나의 조직으로 통합된 시스템이라야만 일관된 관점으로 의료를 바라볼 수 있기 때문에, 궁극적으로 비용을 낮추고 접근성을 높일 수 있다는 것이 저자들의 생각이다. 예를 들어, 개별적으로 운영되는 병원 입장에서 보면 환자의 입원은 수입원이 되지만, 통합형 시스템에서는 효율적인 건강관리에 실패한 것이다. 저자들의 주장에 따르면, 캘리포니아의 카이저 퍼머넨테 Kaiser Permanente, 펜실베이니아의 가이싱어 헬스 시스템 Geisinger Health System, 퇴역군인건강청 Veterans Administration, 핀란드와 뉴질랜드의 공공의료 시스템 같은 통합형 시스템은 보건의료 서비스를 20~30% 더 저렴하게 제공할 수 있다고 한다. 시스템 차원의 문제를 해결하기 위해서는 결국 시스템 차원의 해법이 필요한 것이다.

전(全) 국민 의료보장체계를 가지고 있느냐 그렇지 않느냐는 하늘과 땅만큼 차이가 크지만, 오늘날 우리가 안고 있는 보건의료의 난제(難

題)도 큰 틀에서 보면 미국의 그것들과 별반 다르지 않다. 출산율의 감소와 평균수명의 증가로 인구는 초고속으로 고령화되고 있고, 그로 인한 경제활동 인구의 감소와 의료 수요 및 비용의 증가는 심각한 사회적 부담을 초래하고 있다. 국가경쟁력의 제고(提高)가 기술혁신에 있고, 그 기술은 의료분야에서 나올 것이므로 의료산업을 육성해야 한다는 주장이 있는가 하면, 낭비되는 의료자원이 많으므로 의료비를 통제할 필요성이 있다고 보는, 두 가지 양립하기 어려워 보이는 목표 사이에서 해법을 찾지 못하고 있다. 공공의료의 강화와 민간의료의 확대 사이에서 끝없는 논쟁이 이어지고 있지만, 우리가 나아가려는 목표는 고사하고, 그것을 달성하기 위한 수단조차 국민적 합의를 하지 못하고 있다. 물론, 관련 공무원과 학자를 비롯해 우리 사회 각계에서 많은 전문가들이 자신의 신념과 경험을 바탕으로 의료 문제를 해결하기 위해 오늘도 노심초사(勞心焦思)한다는 것을 잘 알고 있다. 하지만 이들 각자가 자신이 속한 작은 시스템의 목표를 달성하고 효율적으로 개선하는 일은 잘 해낼 수 있을지 몰라도, 더 큰 차원의 시스템을 설계하고 조정할 역량과 안목을 가진 시스템 설계자는 찾아보기 힘들다.

미국의 의료시스템과 기업 사례를 중심으로 한 이 책을 번역한 이유가, 단순히 미국형 의료시스템을 따라가야 한다거나 저자들의 생각대로 보건의료 시스템을 혁신해야 한다고 주장하려는 것은 아니다. 이 점은 독자 여러분도 이미 잘 알고 있으리라 믿는다. 이 책을 읽고 있는 독자 여러분 역시 우리가 안고 있는 심각한 의료문제에 지대한 관심이 있고, 그것을 해결할 새로운 관점과 아이디어를 배우는 일에 목 마른 분들일 것이라고 믿기 때문이다.

혁신 분야에서 주목받아온 용어 중에 '메디치 효과Medici Effect' 라는 말이 있다. 2004년 하버드 비즈니스 스쿨 출판부Harvard Business School

Press에서 출판된 같은 이름의 책 저자인 프란스 요한슨Frans Johanson이 처음 사용한 이 용어는 다양한 영역 · 분야 · 문화 등이 하나로 만나는 교차점에서 기존의 생각을 새롭게 재결합함으로써 혁신적인 아이디어가 폭발적으로 증가하는 현상을 일컫는다. '메디치 효과' 라는 말은 15세기 이탈리아 피렌체의 메디치 가문(家門)이 온갖 분야의 학자, 예술가들을 후원해 르네상스 시대를 연 역사적 사실에서 따왔다고 한다. 15세기 이탈리아의 메디치 가문은 광범위한 분야에 걸쳐 문화 · 예술가들을 후원해 피렌체의 금융 가문으로, 메디치 가문을 비롯해 문화 · 예술가들을 후원한 몇몇 가문 덕분에 당대의 유명한 조각가, 과학자, 시인, 철학자, 금융가, 화가 등이 피렌체로 몰려들었다. 이곳에서 만나게 된 그들은 서로 전공 분야와 문화를 교류하면서 점차 자신들의 벽을 허물기 시작했다. 이후 서로 협력 관계가 된 그들은 새로운 사상에 바탕을 둔 르네상스 시대를 열었으며, 그 결과 피렌체는 역사상 가장 혁신적인 공간, 즉 폭발적인 창조의 중심지가 되었다.

역사적으로 볼 때, 어떤 분야의 고질적(痼疾的)인 문제를 해결한 혁신적인 돌파구는 그 분야 내부에서 생겨나기보다는 주로 인접한 분야, 즉 외부의 아이디어나 새로운 접근법에서 비롯된 경우가 대부분이었다. 이 책을 쓴 크리스텐슨과 저자들을 의료문제를 연구하는 일에 초대한 사람들도 그렇고, 이들의 이론에 찬사를 보내는 수많은 독자들도 어쩌면 의료분야에서 '메디치 효과' 가 일어나기를 기대하고 있었는지 모른다. 이 책을 번역하게 된 두 번째 이유이자 우리가 이 책을 한번쯤 주의 깊게 읽어봐야 할 이유도 바로 여기에 있다. 오랫동안 해결하지 못한 보건의료 분야의 시스템적 문제를 해결할 수만 있다면 우리의 눈과 귀를 열어두지 않을 이유가 없다.

이 책에서 의료 문제를 바라보는 관점은 이념적 당위성이 아니라,

현실 세계의 작동원리에 기반을 두고 있다. 세상 사람은 늘 바람직한 방향으로만 행동하는 것은 아니며, 올바른 방향이라고 누구나 동의하지만 세상 일이 그 길을 따라 착착 진행되지도 않는다. 그런 점에서, 나는 이 책이 우리의 의료문제를 새롭게 인식하고 바라보는 하나의 계기가 될 수 있기를 바란다. 이 책은 제도나 규제의 측면에서 보건의료를 바라보기보다는, 넓은 의미의 소비자와 이들이 해결하려는 일을 중심으로 의료시스템의 혁신을 이야기한다는 측면에서 기존의 보건의료 도서와는 조금 다르다. 한편으로는 이 책을 통해 정부와 학계, 그리고 업계가 시스템 차원에서 건강관리산업을 더 잘 이해하고 소통하는 계기가 마련되기를 기대해본다. 이 책을 읽는 독자들은 저자들의 주장에 동의하지 않아도 좋고, 꼭 그래야 할 이유도 없다. 하지만, 저자들의 주장을 제대로 살펴봄으로써 우리가 의료문제를 해결하기 위해 지금 나아가고 있는 길이 올바른 길인지 아닌지, 아니라면 어떤 길을 가야 할지 진지하게 고민해볼 필요는 있다고 생각한다. 오래전 이탈리아에서 그랬던 것처럼 우리가 서로의 벽을 허물고 교류한다면 언젠가 우리 앞에 의료혁신의 새로운 르네상스 시대가 올지도 모른다.

최근, 이 책의 저자이면서 '파괴적 혁신' 이론의 창시자인 크리스텐슨 교수가 여포성 림프종follicular lymphoma에 걸려 투병 중이라는 안타까운 소식을 접했다. 지난 30년간 당뇨병을 앓아왔고, 심각한 심장마비를 겪으면서도 왕성하게 학술활동과 기업 컨설팅을 계속해온 그이기에 이번 고비도 잘 넘길 것이라 믿으며 빠른 쾌유를 기원한다. 끝으로, 번역서 출간에 도움을 주신 청년의사 출판사의 박재영 편집주간과 직원들에게 감사드린다.

배성윤(裵成允) | 보건학 박사 · MBA

1998년, 하버드 비즈니스 스쿨에서 '혁신'에 관한 연구에 몰입하고 있던 내게 하버드 의과대학의 엘리자베스 암스트롱 교수는 뿌리치기 힘든 제안을 하나 해왔다. 결국 그로 인해 내 진로가 크게 바뀌게 되었다.

"비싸고 접근하기 힘든 보건의료의 문제를 해결하려고 모든 사람들이 보건의료 연구에 매달리고 있어요. 당신이 연구한 혁신의 관점을 통해서 보건의료 문제를 좀 들여다봐줬으면 하는데, 당신이라면 다른 사람들이 보지 못하는 것을 볼 수 있을 거란 생각이 들어요."

얼마 후, 제리 그로스만 박사에 이어 하버드 정책대학원(케네디 스쿨)에 있는 연구원도 똑같은 제안을 해왔다. 제리 그로스만은 의사이면서 업계를 선도하는 건강보험회사의 설립자이기도 하며, 보스턴에 있는 대형 병원의 병원장과 보스턴 연방준비은행(FRB)의 은행장, 기타 여러 보건의료 기업의 이사직을 역임한 바 있다. 이 정도 지위에 있는 분들이 세상에서 가장 까다로운 문제 중 하나를 다루기 위한 방법으로 내 연구의 잠재력을 인정했으니, 나로서는 이들의 제안을 수락하지 않을 수 없었다.

10년 전 내가 했던 걱정은, 혁신과 경영에 관한 내 연구가 보건의료 산업에서 나타나는 문제점의 근본원인을 이해하는 데 도움을 줄 수 있을 만큼 충분한 통찰력과 논거를 갖추고 있느냐 하는 것이었다. 하지만, 그것은 기우에 지나지 않았다. 가늠할 수 없을 정도로 복잡해 보이고 상호의존적인 보건의료 분야의 기술과 경제적 역학관계도 알고 보니 그 핵심은 단순한 것이었기 때문이다. 물론, 이것을 알게 되기까지는 수없이 많은 시간을 고민해야 했고, 생각한 것보다 수십 배 더 많은 지적(知的) 에너지가 필요했다. 보건의료비를 적절한 수준으로 낮추고 접근성을 높이는 일은 이전에 내가 연구했던 그 어떤 난제(難題)들보다 어려운 문제임이 틀림없었다.

이런 종류의 복잡함을 접하면, 흔히 학자들은 잘못된 방식으로 문제를 정의하고 그에 기반해 단순화된 해법을 내놓는 경우가 허다하다. 이와 같은 전철을 밟지 않기 위해 우리는 복잡성을 낱낱이 분해해 문제의 핵심을 찾아내려고 노력했다. 그래야만 근본적인 해법을 제시할 수 있을 것이라고 생각했기 때문이다. 나와 동료들은 이전에 여러 권의 책을 함께 집필한 적이 있다. 그때는 출판하기 전에 대체로 전문가 몇 명에게 조언을 듣거나 검토를 받는 수준에서 그쳤지만, 이 책에서는 그런 접근법을 사용할 수 없었다. 이 책이 나오기까지 의과대학 학장들과 세계적으로 존경받는 과학자, 여러 병원과 보건의료 기업을 운영하는 사람, 많은 의사와 간호사, 자유로운 생각과 모험을 마다하지 않는 거침없는 성격의 사업가와 투자자, 크고 작은 기업과 보험회사를 운영하는 사람, 그리고 통찰력을 갖춘 애널리스트 등 100명이 넘는 다양한 부류의 동료들에게서 도움을 받았다. 그들은 인내심을 가지고 우리를 가르쳤고, 그들의 경험에 비추어 우리의 아이디어를 검증할 수 있도록 허락해 주었다. 또 보건의료산업을 개념적으로 분해하고 재구성해서 각각의 구성요소가 과거에 어떻게 작동을 했고, 앞으로 어떻게 작동해야 하는지 이해할 수 있게 도와주었다.

우리는 우리를 도와준 많은 사람들의 이름을 아래에 열거해놓았다. 그들이 우리의 연구에 미친 영향력을 확인하고, 사심(私心) 없이 대의(大義)에 동참해준 데 대해 우리가 얼마나 감사하고 있는지를 알게 되기를 바란다.

제리 그로스만은 꼬박 10년이 걸린 이 프로젝트가 시작된 지 9년째 되던 해에 세상을 떠났다. 제리가 보여준 놀라운 지적(知的) 작업은 말로 표현하는 것이 불가능하지만, 그는 차원이 다른 자신만의 관점을 가지고 우리가 시스템을 구성하는 각 요소들 간의 연결고리를 파악할 수 있도록 해주었다. 그만 한 지위와 안목을 갖춘 인재와 이 일을 함께 할 수 있었던 것은 크나큰 영광이었다. 그는 우리 곁을 떠났지만, 나는 여전히 그가 우리 마음속에 남아 있음을 안다. 나는 이 책이 그와 유가족들에게 명예로 남을 수 있기를 바란다. 그의 딸 케이트는 아버지가 남긴 유지(遺志)를 충실히 받들기 위해 우리와 함께 집필을 계속해왔다.

의사이자 MBA인 제이슨 황은 내가 하버드 비즈니스 스쿨에서 만난 훌륭한 학생들 중 한 명이다. 경영대학원을 졸업한 후 가려던 길을 포기하고 내 곁에 남아 끝까지 이 문제들과 씨름해준 그에게 깊이 감사한다. 그는 진실을 알기 위해 끊임없이 문제를 파헤쳤다. 제이슨은 진정한 천재이자, 참을성과 지적 능력을 겸비한 훌륭한 동료이다. 그래서 나는 그와 함께 일하는 것이 무척 기쁘다.

아들 매트 크리스텐슨과 아내 크리스틴, 그리고 혁신에 관한 내 연구를 나보다 더 잘 이해하고 있는 이노사이트Innosight의 동료 매트 아이링과 스티브 운커는 이 책의 모든 문장을 샅샅이 살피고 허점을 보완해 주었다. 친구 루이스 하셀, 길버트 탱, 제이슨 샌더스, 제레미 프리제는 하나같이 바쁜 의사들이지만 이 책을 보완하는 데 힘을 보태주었으며, 보스턴의 유명한 벤처 투자자로 있는 톰 암스트롱도 많은 도움을 주었다. 이들의 도움으로 이 책의 출간본은 완성도가 매우 높아질 수 있었다. 편집 일정을 잘 관리해준 리사 스톤과 제니스 태커, 우리의 아이디어를 다듬을 수 있도록 외부에 발표할 기회를 섭외해준 대니 스턴과 휘트니 존슨, 그리고 책이 제 모습을 갖출 수 있도록 인내심을 가지고 독려해준 맥그로힐 출판사의 유능한 편집장 메리 글렌에게도 감사한다. 이 책의 찾아보기를 작성해준 사랑하는 우리 아이들 앤, 마이클, 케이티에게는 내가 찾아보기의 작성 방식을 이야기하는 동안 참을성 있게 들어주어서 고맙다는 말을 전하고 싶다. 지금 대만에서 선교사로 활동하고 있는 아들 스펜서의 기도 또한 내게는 큰 힘이 되었다. 내 인생에 빛이 되어주고 풍요로움을 가져준 가족에게 감사한다.

스티브 카우프만, 윌리 쉬, 레이 길마틴 등 하버드 비즈니스 스쿨의 동료 교수들은 내 안목과 경험으로는 감히 할 수 없을 만큼 세련되게 혁신에 관한 지식을 다듬어주었다. 이들과 함께 일하고, 또 이들을 도울 수 있어서 기쁘다.

로널드 아르키 박사는 거의 30년 동안 내가 제1형 당뇨병의 합병증에 시달리지 않고 살 수 있게 도와주었다. 마이클 크젤스버그 박사는 혈전이 내 심장의 좌전하행동맥(LAD)을 완전히 막아버렸을 때 목숨을 구해주었고, 제임스 칼슨 박사는 손상된 내 팔꿈치를 케블라Kevlar로 잘 꿰매어 쓸모 없게 될 수도 있었던 팔의 기능을 완전히 되찾아주었다. 또한, 셜린 천 박사는 실명할 뻔한 내 오른쪽 눈을 고쳐 밝은 세상을 또렷하게 볼 수 있게 해주었으며, 칼리 타페 박사와 찰스 블렛 박사는 내가 늘 건강할 수 있도록 잘 챙겨주고 있다. 이 전문가들 뒤에서 애써준 간호사와 의료기사, 그리고 지원 인력 모두 훌륭한 분들이다. 이들 모두가 내 삶을 지켜주고 연장해주고, 또한 윤택하게 만들어주었다. 모두에게 감사한다. 나는 이 책을 제리 그로스만 박사, 그리고 자연이 허락한 것 이상으로 내 생명과 능력을 지켜내준 모든 훌륭한 의사들과 의료진에게 바치려 한다. 이 책이, 그들이 보건의료 시스템의 한계를 벗어나 자유롭게 능력을 발휘할 수 있게 하는 것으로 작게나마 그들에게 보답할 수 있기를 바란다. 아울러, 이들뿐만 아니라 인류의 삶을 보호하고 풍요롭게 하는 중요한 일에 종사하는 사람들 모두에게 신의 가호가 있기를 빈다.

클레이튼 M. 크리스텐슨
매사추세츠주 보스턴

***

나는 이 책을 쓰기까지 42년간을 일해왔다. 1966년, 의과대학을 갓 졸업한 나는 매사추세츠 종합병원(MGH)에 취직해 내과 진료실과 컴퓨터과학연구소를 오가며 지냈다. 이 연구소에서 나는 새로 설립된, 초창기 형태의 건강유지기구(HMO)였던 하버드 커뮤니티 헬스 플랜Harvard Community Health Plan에 도입할 자동화 의무기록 시스템을 개발했다. 존 스토클의 지도하에 다른 젊은 의사들과 함께 집단진료를 하기 시작했으며, 매사추세츠 종합병원의 더 많은 외래진료를 책임지게 되었다. 그 후, 나는 같은 연구소에 있던 몇몇 지인(知人)들과 함께 '메디테크 MEDITECH' 라는 소프트웨어 회사를 설립해, 전 세계의 보건의료 조직들을 상대로 사업을 하기 시작했다. 그때가 1970년쯤이었는데, 나는 이때부터 당시 급속하게 상용화(商用化)되고 있던 새로운 정보기술을 병원경영 기법과 접목하는 쪽으로 경력을 쌓기 시작했다.

13년 동안 매사추세츠 종합병원에서 일한 후, 나는 뉴잉글랜드 메디컬센터(지금의 터프츠 메디컬센터)로 자리를 옮겨 병원장과 이사장직을 맡게 되었다. 이곳에서, 나는 혁신적 성향의 이사회와 지도부의 지원을 받아 관심사였던 테크놀로지와 보건의료 전달을 하나로 융합시킬 수 있는 절호의 기회를 찾았다. 정보기술과 시스템공학을 이용해 더 효율적으로 양질의 보건의료를 전달하기 위한 방안으로서 내 이론을 아무런 제한 없이 시험해보고 적용해볼 수 있도록 병원 측에서 기회를 제공해 주었다.

병원장으로 지내는 몇 년간, 나는 세 개의 다른 조직에도 관여하게 되었다. 이를 통해 경영과 기술, 보건의료 전달시스템에 관한 지식이 한층 깊어졌다. 1980년에는 하워드 콕스 덕분에 '포춘' 지가 선정한 500대 의료기기 회사 중 하나인 스트라이커(주)의 이사직을 맡게 되었다. 스트라이커에서 28년간 이사로 재직하는 동안, 현명하고 혁신적인 회사대표 존 브라운과 함께 일하면서 참으로 많은 것을 배웠다. 1984년 나는 미국 국립과학한림원National Academy of Sciences 산하 의학연구원Institute of Medicine 이사직에 선출되었으며, 그 후 24년간 의학연구원과 국립공학한림원National Academy of Engineering의 수많은 위원회에서 활동하는 영예를 누렸다. 나는 국립한림원의 여러 임직원, 특히 프록터 레이드에게 큰 빚을 졌다. 마지막으로, 1990년 보스턴 연방준비은행의 이사직을 맡게 되었고, 그 후 은행장을 역임했다. 그 사이, 케시 미네한과 린 브라운의 가르침으로 경제학과 좋은 규제의 건설적인 역할에 대해 많은 것을 배웠다.

병원경영에서 물러난 후, 나는 하버드 케네디 스쿨로 자리를 옮겨

'보건의료전달정책(HCDP)' 프로그램의 주임교수직을 맡았다. 미국의 보건의료 개혁에 관한 내 생각을 발전시킬 수 있도록 지적(知的) 공간을 제공해준 하버드 케네디 스쿨의 조셉 나이, 데이비드 엘우드, 존 러기, 잭 도나휴, 스콧 르렌드 등에게 감사한다. 수년간 활발한 토론의 장을 마련해준 HCDP 프로그램의 동료들과 초청연사들에게도 깊은 감사의 뜻을 전한다. 특히 카렌 트레이시, 카렌 에글스톤, 카라 헬프너에게도 감사한다. 이들이 없었다면 프로그램의 운영에 차질이 많았을 것이다. HCDP 프로그램을 통해 개발된 많은 아이디어가 이 책에 고스란히 담겨 있다.

하버드 케네디 스쿨에 몸담고 있는 동안, 나는 계속해서 미국의 보건의료가 어떤 모습을 갖춰야 할지에 대해 탐색할 기회가 많았다. 특히 메이요 클리닉의 이사로 보낸 시간이 소중했는데, 이 병원에는 이미 많은 혁신적인 보건의료 전달방식이 도입되어 있었기 때문이다. 마지막 5년간 병원의 데이터와 각종 시스템을 다루어볼 수 있게 허락한 메이요 클리닉의 원장이자 대표이사를 맡고 있는 데니스 코르티즈와 여러 동료에게 감사를 드린다. 최근에는 경제개발위원회 Committee for Economic Development 보고서를 함께 작성하는 등 엘레인 엔토벤과 협력할 기회를 준 것에도 감사한다.

이 프로젝트를 해야겠다는 생각을 처음 한 것은 40년도 더 되었지만, 이 책의 씨앗은 내가 하버드 케네디 스쿨에 와서 클레이튼 크리스텐슨을 만나면서부터 싹트기 시작했다. 개인적으로 큰 기쁨 중 하나는 다른 분야의 석학들과 함께 일하면서 의료산업에 대한 내 연구와 생각을 알리고 발전시킬 기회를 갖는 것이었다. 그런 점에서 '파괴적 혁신'이라고 하는 클레이튼의 렌즈를 통해서 보건의료 전달시스템을 살펴볼 기회를 가진 것은 나를 흥분시키기에 충분했다. 클레이튼을 통해 제이슨 황도 만났다. 제이슨은 이 책이 나오기까지 초안을 발전시키고 종합하는 일에서부터 우리의 이론을 뒷받침할 연구자료와 보고서, 실제사례들을 발췌하는 작업, 힘겨운 편집과정을 관리하는 일에 이르기까지 중요한 역할을 했다.

이 책을 함께 집필한 동료들의 협조와 파트너십에 더해, 관대하고 유능한 많은 사람의 도움이 없었다면 이 책을 만들 수 없었을 것이다. 나는 우리의 글과 생각을 잘 정리할 수 있도록 주의 깊게 고려하고 생각한 끝에 피드백을 제공해준 훌륭한 친구와 동료들에게 감사한다. 이 책의 여러 장을 읽고 폭넓은 견해를 제공해준 데니스 코르티즈, 프록터 레이드, 고든 바인야드는 귀중한 공명판(共鳴板) 역할을 했다. 아울러 의료기기 부분을 검토해준 존 브라운과 의료비 지불 방식에 대한 생각을 열정적으로 전달해준 욘 킹스데일, 만성질환 부분에 대해 날카로운 지적을 해준 카렌 에글스톤에게 감사한다. 이 프로젝트가 진행되는 동안 일관된 논지를 최대한 분명하게 전달할 수 있도록 기꺼이 도와준 많은 독자에게 감사한다. 주석을 좀더 분명하고 신빙성 있게 설명하기 위해 오랜 시간 연구하고 작업해준 카라 헬프너와 추천서 작업을 도와준 휘트니 존슨과 리사 스톤에게 감사의 뜻을 전한다.

특히 지난 29년간 내 곁에서 특유의 인내와 유머로 내 일정을 관리해주고, 보건의료 분야에서 내가 모험을 하는 동안 길을 잃지 않도록 도와준 카렌 트레이시에게 감사한다. 함께해온 세월 동안 힘들 때 항상 평정심을 잃지 않는 카렌과 같이 현명하고 분별력 있는 사람과 함께 일할 수 있었던 것은 내게 큰 행운이었다.

운 좋게도 지난 42년 동안 일해오면서 나는 병원과 정부, 기업, 연구소, 은행, 학계 등 다양한 분야에 이바지할 기회가 있었다. 여기에 이름이 거론된 사람들도 있지만, 가는 곳마다 끊임없이 문제를 제기하고 내 생각을 더욱 발전시킬 수 있도록 도와준 훌륭한 동료들이 있어서 행복했다. 그들 한 사람 한 사람에게 깊이 감사한다.

무엇보다 가족에게 가장 감사한다. 막내딸 아멜리아는 내 모험심을 자극하는 한편 내가 하는 일에 공감해주었고, 둘째 딸 케이트는 나를 대신해 마지막 순간까지 이 책의 출간에 애를 썼다. 맏딸 엘리자베스는 내가 보건의료 시스템을 개혁하기 위한 새로운 방안을 찾아서 전혀 다른 학문 분야를 탐색하는 동안 지적 탐구활동을 함께해주었다.

끝으로, 아내 바바라에게 감사한다. 1966년 여름, 처음으로 데이트한 날부터 우리는 서로 다른 정치적 관점에서 바라본 다양한 보건의료 전달시스템 모형에 대해 토론을 하기 시작했다. 그 후 42년 동안 우리는 서로 상대방의 생각을 다듬어주고, 더 나은 사고(思考)를 할 수 있도록 서로를 독려해왔으며, 그 과정에서 즐거운 일도 많았다. 또한, 우리의 삶과 경력에 활력소가 되었던 공공정책에 관한 관심과 열정이 우리가 함께 키워낸 세 명의 훌륭한 딸들에게 고스란히 이어지고 있다는 점이 자랑스럽다.

제롬 H. 그로스만, M.D.
매사추세츠주 케임브리지

***

2004년 하버드 비즈니스 스쿨에 입학하기 위해 어쩔 수 없이 임상을 떠났지만, 그때까지만 해도 내가 지금의 이 길을 가게 될 줄은 전혀 예상하지 못했다. 2006년 여름, 감사하게도 내가 지금껏 만난 사람들 중에서 가장 명석하고 유능한 두 인재와 함께 일할 수 있는 뜻밖의 기회가 내게 주어졌다. 그것은 마치 오스카상을 수상한 두 배우가 영화촬영장을 마음대로 돌아다닐 수 있는 자유출입증을 내 손에 쥐어주면서, 여러 평론가에게서 이미 예비검증을 받은 영화 시나리오 초안을 다듬어 완성하는 일에 참여해달라는 제의를 해온 것 같은 상황이었다. 이 책을 출간하기 위해 자료조사를 하고 집필하는 과정은, 좋은 줄만 안 보건의료 시스템의 모든 것을 끊임없이 비판하는 한편, 앞을 내다보며 무엇이든지 만들어낼 수 있다는 욕망을 샘솟게 한 점에서 내게는 기쁨과 슬픔이 교차하는 경험이었다.

나는 성찰과 능력발휘를 하며 보낸 지난 2년 6개월 동안의 여행을 두 명의 훌륭한 공동 저자, 클레이튼 크리스텐슨과 제롬 그로스만과 함께 했다. 내가 대학원 2학년생으로 클레이튼의 수업을 처음 들을 때만 해도 우리가 보건의료 시스템을 바꾸기 위해 팀을 구성하게 될 줄은 꿈에도 몰랐다. 하지만 클레이튼의 아이디어가 일이나 생활을 하면서 생기는 문제에 접근하고 해답을 찾는 내 방식을 크게 바꾸어놓을 것이라는 점은 금세 깨달을 수 있었다. 그때부터 클레이튼에 대한 존경심은 계속 커져 갔고, 그런 존경스럽고 아량이 넓은 분과 함께 일할 기회를 가졌다는 것을 참으로 영광스럽게 생각한다.

유감스럽게도, 제리는 너무 일찍 세상을 떠났다. 그의 죽음은 우리 모두에게 비통한 일이자 크나큰 손실이지만, 그가 남기고 간 영향력은 이루 헤아릴 길이 없다. 그는 보건의료뿐만 아니라 공교육부터 금융에 이르기까지 그의 손길이 닿은 모든 것들에 영향을 끼쳤다. 심지어 제리는, 나는 존재하는 줄도 몰랐던 문을 여는 데 도움을 주었으며, 이 책을 집필할 때는 클레이튼과 함께 음양의 조화를 이루기도 했다. 클레이와 나는 제리가 남긴 위대한 유산이 손상되지 않게, 이 책이 제리의 '9번 교향곡'으로 기억되게 하려고 혼신의 힘을 다했다.

나 또한 이미 동료들이 언급한 분들에게 고마움을 느끼며, 몇몇에게는 특별히 별도로 감사의 뜻을 전하고 싶다. 제리의 딸 케이트 서틀리프는 아버지를 잃은 슬픔을 딛고 우리를 도와 아버지가 못다한 일을 훌륭히 마무리했다. 메리 글렌과 대니 스턴을 비롯해 각각 그들이 이끄는 맥그로힐 출판사와 스턴 플러스 어소시에이츠의 팀원들은 우리가 이 큰 일을 잘 추진할 수 있도록 전문가답게 관리해주었다. 휘트니 존슨은 에너지가 넘쳐서 늘 지친 팀에 활력을 불어넣고 다시 집중할 수 있게 했다. 번 션은 어느 한쪽에 치우침 없이 우리가 필요로 할 때마다 차분히 조언해주었다. 리사 스톤과 제니스 태커, 카렌 트레이시는 일에 혼선이 생길 때마다 상황을 정리해서 일이 진행될 수 있게 했다. 마크 존슨과 스콧 앤서니, 매트 아이링, 스티브 윤커 등 이노사이트 Innosight LLC 동료들은 우리 아이디어의 원천이자 공명판 역할을 했다. 또한, 나와 함께 이노사이트 연구소 Innosight Institute를 창립한 마이클 호른에게 특별히 감사의 뜻을 전하고 싶다. 그가 'Disrupting Class'(한국어판 '행복한 학교')라는 책을 집필하는 동안, 굶주린 동료 작가로서 함께 고생하다보니 그와 나는 서로 믿을 수 있는 소중한 친구가 되었다.

끝으로, 고생스러웠지만 그럴 만한 가치가 있었던 이 길에서 나를 인도해준 미시간대학교 의과대학과 캘리포니아대학교 어바인 메디컬 센터의 스승님과 동료 및 환자들, 완벽하지 못한 시스템 속에서 완벽한 결과를 만들기 위해 악전고투하고 있는 의사 친구들, 그리고 항상 사랑과 지지를 통해 내 인생의 나침반과 도움닫기가 되어준 가족에게 감사의 뜻을 전한다.

제이슨 황, M.D.
매사추세츠주 케임브리지

필자들은 아래에 열거한 것과 같이 이 책을 출간하는 데 도움을 주시고 지원해주신 모든 분들께 감사드린다.

아르샤드 아메드	린 펠드먼	마리 매키
마라 아스피날	스티븐 필드	마이크 마호니
찰리 베이커	엘리엇 피셔	니타 마일레
조앤 베이커	발레리 플라이시맨	조셉 마틴
낸시 베런드	스티븐 프랜스블로	마이클 맥그라나한
키이스 베첼더	이레즈 가비시	에드 밀러
데이비드 비요르크만	레이 길마틴	스티브 닐러먼
리처드 보머	진저 그레이엄	크리스 오코넬
케빈 볼런	앤디 그로브	리드 퀸
크리스 보이스	리처드 해머매시	사퀴브 라힘
브루스 브래들리	아비아드 하라마티	노아 로버츠
조 카마라타	루시 하인쩌링	메리 케이트 스콧
크리스 코번	마이클 하우	마이클 시걸
델로스 코스그로브	데미스 헌터	제이 실버스타인
데보라 다노프	브렌트 제임스	칸와르지트 싱
리키 다 실바	존 케기	마크 스미스
키이스 디온느	존 케나지	데이비드 스노
켄 도블러	볼프강 클라이트만	스티븐 스피어
브루스 도노프	라주 쿠셔라파티	마이클 스테플리
네이선 에스트루스	마가렛 로즈	피터 스테빈스
콜린 에반스	제프 레빈-셜츠	데이비드 순달
로버트 팔콘	아르만도 루나	폴 타리니

페리스 테일러	닉 발레리아니	린다 홀 휘트먼
조 터크	토마스 비지아노	우디 우드번
제니스 울리그	빌 웰던	레슬리 예

이 책은 부분적으로 캘리포니아 보건의료재단의 후원을 받아 출간되었으며, 재단에 관한 정보는 아래 홈페이지를 참고하기 바란다.

캘리포니아 보건의료재단 홈페이지 http://www.chcf.org

서론(序論)

1970년에 국내총생산GDP의 약 7%에 불과했던 미국의 보건의료비는 2007년에 이르러 무려 16%로 증가했다. 다른 산업 같으면 보통 이런 지출의 증가는 소비자들이 해당 산업에서 만들어낸 상품이나 서비스의 가치를 높게 인정하고 더 많이 구매했다는 것을 나타내기 때문에, 그만큼 지출의 비중이 높아졌다는 것은 반가운 소식이다. 그래서 미국인이 더 많은 소득을 보건의료에 지출했다는 사실은 한편으로 반가운 소식이 될 수 있다. 사람들이 건강을 중요시하고, 돈을 다른 데 쓰지 않고 건강을 보살피는 데 쓰는 것은 확실히 더 좋은 일이다. 하지만 또 다른 한편으로 의료비 지출의 비중이 늘었다는 것은 두려운 소식이기도 하다. 왜 그런지 우선 네 가지 사실을 통해 살펴보자.

1. 미국의 의료비 지출은 전체 경제성장률보다 높은 속도로 꾸준히 증가하고 있다. 지난 35년간 모든 상품과 서비스에 대한 미국 전체의 소비 지출은 연평균 증가율이 7.2% 수준인 반면, 의료비

지출의 증가율은 연평균 9.8%나 되었다.[1] 그 결과, 의료혜택을 충분히 받지 못하는 미국인이 더 늘어났다. 의료비를 억제하려는 많은 노력이 있었지만 오히려 그 때문에 많은 사람들이 적절한 시기에 의료를 편리하게 이용하지 못하게 되었고, 그러한 부작용은 돈 있는 사람들에게도 마찬가지였다.

2. 두 번째로, 만약 연방 정부의 예산이 GDP 대비 일정한 비율로 유지된다고 가정하면, 해마다 지출이 늘어가고 있는 메디케어 Medicare는 향후 20년 이내에 연방 예산 항목 중에서 국방 예산에 이어 지출 규모가 두 번째로 큰 항목이 될 것이다.[2]

3. 우리를 두렵게 하는 세 번째 사실은 미국 경제에 가장 중요한 몇몇 기업이 종업원과 퇴직자, 그리고 그들 가족에게 의료혜택을 제공하는 데 너무 많은 비용을 지불해야 하기 때문에 세계 시장에서 점점 경쟁력을 잃어가고 있다는 점이다. 예를 들어, 미국에서는 비싼 의료비로 인해 자동차 한 대를 생산하는 데 1500달러 이상의 비용이 추가로 더 든다.

4. 두렵지만 사람들이 잘 모르고 있는 네 번째 사실은, 미국의 각 지방 정부가 퇴직자들에게 의료를 제공하기 위해 민간기업과 계약을 맺고 있는데, 이로 인해 정부가 떠안고 있는 부채를 만약 지금 당장 청산해야 한다면 미국의 거의 모든 도시와 마을이 파산을 면치 못할 것이라는 점이다. 정부로서는 교육이나 도로 보수, 치안을 위한 예산을 모조리 쏟아 붓거나 엄청난 수준으로 세금을 더 거두어들이지 않는 한, 달리 그 부채를 갚을 방법이 없는 상황이다.[3]

보건의료는 미국 정부와 기업에는 불치병이나 다름없다. 우리는 지금 엄청난 곤경에 빠져 있다.

다른 나라들의 상황도 크게 다르지 않다. 전(全) 국민을 포괄하는 공공의료보장 체계가 있는 캐나다, 영국 같은 나라들은 얼핏 보면 대다수 국민들이 일상적인 의료를 쉽고 편리하게 이용할 수 있도록 했다는 점에서 훌륭해 보일 수도 있다. 일부 국가는 미국보다 일반의료와 전문의료의 균형을 더 잘 유지하고 있는 것처럼 보인다. 그러나 예산의 제약으로 인해 전문적인 서비스나 기술적으로 더 높은 수준의 의료를 제때 이용할 수 없고, 오랫동안 기다려야만 한다.[4] 공적재원조달 방식의 캐나다 의료시스템이 겪고 있는 이런 대기자 행렬을 두고 2005년에 캐나다 대법원장 비벌리 매클래클린Beverly McLachlin은 "대기자 목록에 대한 접근성을 보장하는 것이 보건의료에 대한 접근성을 보장하는 것은 아니다 Access to a waiting list is not access to health care"라고 비꼬아 말한 바 있다.[5] 대기시간을 줄이고 의료시설을 보수하는 등 괄목할 만한 발전을 거듭해온 국가보건서비스National Health Service 체제의 영국에서조차 그동안 지출한 상당한 비용에 상응하는 만큼의 생산성 향상은 거두지 못하고 있다.[6]

우리는 서로의 경험에서 해답을 찾으려 애쓰지만 아무도 그 해답을 가지고 있지 않은 듯하다. 많은 미국인이 의료 위기를 극복하기 위한 대안으로서 정부가 관장하는 단일보험자 방식의 보건의료 시스템에 관심을 두기 시작했지만, 전 국민 의료보장 시스템을 갖춘 일부 국가들에서는 최근 오히려 자국민(自國民)에게 폭넓은 선택을 제공하는 경쟁형 민간보험을 도입하기 시작했다. 개발도상국의 경우 어떤 식이 됐든 선진국의 시스템을 복제해서 도입하는 것은 터무니없는 발상이다. 그럴 경우 개발도상국이 할 수 있는 유일한 선택은 부유층에게는 충분한 의료를 제공하고 나머지 다수에게는 거의 의료를 제공하지 않는 것뿐이다.

미국 의료시스템의 비용 증가를 부채질하는 것은 행위별 수가제

(行爲別 酬價制)fee-for-service라고 부르는 통제불능의 원자로이다. 이 제도는 최소한 의료산업만큼은 프랑스의 경제학자 장 밥티스트 세이Jean Baptiste Say가 옳았다는 것을 말해준다. 즉, 의료공급자가 더 많은 의료를 제공함으로써 돈을 더 많이 벌 수 있을 때, 공급은 스스로 수요를 창출한다는 것이다. 우리가 소비하는 보건의료의 1% 정도가 환자의 필요need나 수요demand가 아닌 의사와 병원의 공급에 의한 것이라는 추정결과를 내놓은 연구도 있다.[7]

개혁을 부르짖는 이들은 많지만 시스템 차원의 변화를 가져올 수단을 가진 사람은 거의 없다. 대부분은 그들이 속한 작은 시스템의 비용과 효능을 개선할 수 있을 뿐이다. 시스템의 여러 요소들을 재구성할 정도의 폭넓은 안목과 권력을 가진 사람들 중에 시스템 설계사system architects는 드물다.

하지만, 무엇보다 실망스러운 것은 개혁가들이 어디를 향해 나아가야 할지 합의하는 데 필요한 믿을 만한 로드맵조차 없다는 점이다. 그들은 과거의 데이터로 무장되어 있고, 결정적인 데이터가 확보될 때 비로소 특정한 행동을 취하기 위해 합의를 이뤄내는 방식에 익숙해 있다. 그러나 미래에 관한 데이터는 존재하지 않기 때문에, 어떤 길이 막다른 길이고 어떤 길이 개혁을 약속하는 길인지 개혁가들을 납득시킬 만한 로드맵 또한 가질 수 없다. 게다가 그런 여러 갈래의 길이 어떻게 서로 연결되어 있는지를 내다볼 수 있는 비전을 가진 사람도 거의 없다. 성경에 이르기를 '비전이 없으면 백성이 망한다' 고 했다.[8]

우리에게 필요한 보건의료 시스템은 경쟁에 기반해 소비자에게 더 잘 대응하고, 지출한 비용만큼의 가치를 얻었는지 분명하게 알 수 있는, 소비자 중심의 시스템이라는 데 의견을 달리할 사람은 별로 없을 것이다.[9] 우리는 이 책이 혁신과 개혁을 추구하는 사람들을 위한 로드맵이 될 수 있기를 바란다. 우리 앞에 놓인 미래 현실의 지형을 보여주고 올바른 방향을 설정하기 위해 어떤 데이터가 더 필요한지 일러주는 정확한 로드맵 말이다. 오늘날 보건의료 개혁을 둘러싼 정치적 공방의 상당 부분은 미래의 보건의료비를 어떻게 지불할 것인지에 초점이 맞춰 있다. 이 책은 그러한 논의에 답을 하기보다는 의료비를 낮추고 의료의 질과 접근성을 향상시키기 위해 어떻게 혁신할 것인지를 다룬다. 우리는 단순히 보건의료를 어떻게 감당할지에 관해 답하기보다는, 어떻게 하면 보건의료를 감당할 수 있는 것으로 바꿀 것인지, 즉 어떻게 비용을 낮추고 의료의 질을 높여나갈 수 있을지를 보여주려 한다.

거의 매일같이 미국 어딘가에서는 의료개혁가 집단이 모여 회의를 한다. 우리도 그런 모임에 여러 번 참석했지만, 모임에 참석한 사람들은 하나같이 자신의 관심사에 대해 이야기하기 바쁘고 서로에게 귀를 기울이지 않는다. 가난해서 의료보험에 가입하지 못한 사람들에 대해 이야기하는 사람에서부터, 노인을 위한 약제급여나 값비싼 진단기술의 오남용, 죽음을 앞둔 환자들에게 들어가는 비용에 이르기까지 그 내용은 실로 다양하다. 한쪽에서 행위별 수가제의 문제점을 비판하고 나서면, 다른 한쪽에서는 인두제(人頭制) capitation의 결점을 성토한다.

그들이 이처럼 서로 어긋난 이야기만 주고받는 이유는 문제의 근본원인에 대해서 서로 다르게 이해하고 있을 뿐만 아니라 그것을 서로 다른 언어로 이야기하기 때문이다. 문제인식이 다른데다 서로를 이해할 공통의 언어가 없기 때문에 좋은 해결방안을 만들어내거나 합의에 이르는 것이 불가능한 것이다. 우리는 그런 개혁가들이 이 책을 통해 보건의료의 근본원인을 이해하고 각자의 위치에서 문제를 풀어나갈 대안을 마련할 수 있게 되기를 바란다. 또한 이 책을 통해 그들이 서로를 이해하고 협력할 수 있는 공통의 언어가 마련되기를 바란다.

이 책에서 우리가 사용하는 접근법은 조금 독특하다. 보건의료의 해결책을 찾기 위해 보건의료를 연구하기보다는, 지난 20년간 하버드 비즈니스 스쿨과 케네디 스쿨의 연구성과를 통해 정립된 '혁신 관리의 일반모델' 이라고 하는 렌즈로 보건의료산업을 들여다보았다. 혁신 관리 모델은 국방산업에서부터 자동차, 금융서비스, 통신, 컴퓨터 하드웨어와 소프트웨어, 공교육, 철강에 이르기까지 다양한 산업에 적용되어 통찰력을 제공했으며, 국가 경제 전체의 번영과 경쟁력 제고에도 기여했다. 특히, 이 모델은 규제가 적은 산업뿐만 아니라 우리가 이 책에서 다루려 하는 보건의료산업처럼 규제가 심한 산업에 속한 기업들의 혁신에도 도움을 주었다. 이 책에서 우리는 이 모델을 사용해 먼저 보건의료비가 왜 점점 비싸지고 접근성은 날로 악화되어가는지 그 근본원인을 설명하고 나서, 이를 토대로 어떻게 문제를 해결할 것인지 살펴볼 것이다.[10]

지금부터 이어질 서론의 나머지 부분은 우리의 기본적인 주장을 요약한 것으로, 이 책을 읽는 독자에게 일종의 로드맵을 보여주기 위해 정리한 것이다. 다양한 관점에서 문제와 해결책을 분석한 내용은 주제별로 각 장에서 심도 있게 다루었다.

비용 적절성 Affordability과 접근 편의성 Convenient Accessibility

보건의료산업이 직면한 문제는 사실 이 분야만의 고유한 것은 아니다. 거의 모든 산업에서 제공하는 상품과 서비스가 처음에는 복잡하고 비싸서 많은 돈을 가진 사람들만이 구입할 수 있었고, 상당한 전문성을 가진 사람들만이 그것들을 제공하거나 사용할 수 있었다. 전화나 사진, 항공여행, 자동차 등은 해당 산업의 제품이 개발된 후 처음 몇십 년간은 오직 부자들만 이용할 수 있었다. 주식과 채권의 다각화된 포트폴리오도 부자들만이 소유할 수 있었으며, 증권을 사고 팔기 위해서는 전문지식을 갖춘 전문가들에게 상당한 요금을 지불해야 했다. 양질의 고등교육은 비용을 지불할 능력이 되는 부유층과 자질을 갖춘 일부 엘리트 교수층에 국한되었다. 최근의 예를 들자면, 메인프레임 컴퓨터 Mainframe computer는 매우 비싸고 복잡해서 규모가 가장 큰 기업과 대학이나 가질 수 있었고, 고도로 숙련된 전문가들만이 그것을 운용할 수 있었다(우리는 나중에 다시 이 사례를 다룰 것이다).

보건의료도 마찬가지다. 오늘날 고도로 숙련된 전문가에게서 의료 서비스를 받으려면 돈이 많이 든다. 부유한 회사와 정부의 도움이 없으면 우리는 대부분의 보건의료를 이용할 수 없을 것이다.

하지만 앞에서 예로 든 산업들을 보면, 어떤 시점에 가서는 산업이 변혁을 이루게 되면서 상품과 서비스의 비용이 적절한 수준으로 낮아지고 접근이 용이해짐에 따라 훨씬 더 많은 사람들이 구입할 수 있게 되었고, 고도로 숙련된 사람이 아니더라도 충분히 그것들을 이용하거나 공급할 수 있게 되었다. 우리는 이런 변혁의 동인(動因)을 '파괴적 혁신

〈그림 1〉 파괴적 혁신의 구성요소

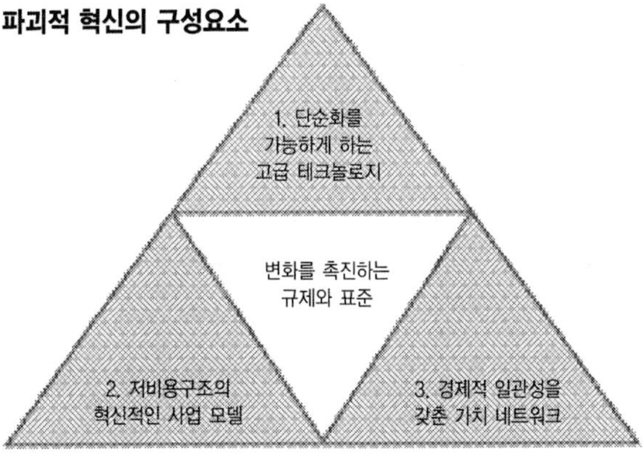

disruptive innovation' 이라고 불렀고, 이것은 다음과 같은 세 가지 요소로 구성되어 있다(그림 1).

1. 기술적 촉진요인: 단순화를 목표로 하는 고도로 세련된 기술은 대개 과거에는 구조화되지 않은 직관적 실험과정을 통해 해결해야 했던 문제를 일상적으로 해결해낼 수 있다.
2. 사업 모델의 혁신: 혁신적인 사업 모델은 이런 단순화된 해법을 적절한 가격에 소비자들이 편리하게 이용할 수 있게 만듦으로써 수익을 낼 수 있다.
3. 가치 네트워크value network: 기업들이 끊임없이 파괴적 기술혁신을 이루면서 상호 보강되는 경제적 모형이 지배하는 상업적 기반구조commercial infrastructure를 말한다.[11]

이 세 가지 동인의 한가운데에 있는 일련의 규제 개혁과 새로운 산업 표준은 새로운 파괴적 혁신 산업의 참여자들 간에 상호작용을 촉진시키거나 원활하게 하는 역할을 한다.

파괴적 혁신의 동인들이 어떻게 결합되어서 고비용의 전문지식 집약 상품을 단순하고 적절한 비용을 가진 상품으로 변형시킬 수 있는지를 알아보기 위해 컴퓨터 산업의 예를 간략히 살펴보도록 하자.

컴퓨터 혁명

1970년대까지만 해도 메인프레임 컴퓨터를 설계하는 데 필요한 전문지식을 가진 엔지니어는 전 세계적으로 몇천 명에 불과했고, 시스템을 운용하는 데도 상당한 전문지식이 요구되었다. 기계를 만들어 시장에 내놓기 위해 필요한 사업 모델은 고유간접비용inherent overhead을 충당하는 데만 60%의 매출 총이익gross profit margin을 필요로 했다. 이런 산업 구조를 파괴시킨 것은 개인용 컴퓨터(PC)로, 컴퓨터 가격을 낮추고 이용하기 편하게 만듦으로써 수억의 인구가 컴퓨터를 소유하고 사용할 수 있게 되었다.

파괴적 혁신을 가져온 기술적 촉진요인은 마이크로프로세서에 있었다. 마이크로프로세서는 컴퓨터 디자인과 조립의 문제를 단순화시킴으로써 스티브 워즈니악Steve Wozniak과 스티브 잡스Steve Jobs 같은 사람이 차고에서 뚝딱뚝딱 두들겨 애플 컴퓨터를 만들어낼 수 있게 했고, 대학생 마이클 델Michael Dell이 기숙사 방에서 컴퓨터를 만들어낼 수 있었다.

하지만, 마이크로프로세서만으로는 충분하지 않았다. 가령, IBM과 DECDigital Equipment Corporation는 둘 다 회사 내부에 이런 기술적 촉진요인을 가지고 있었다. DEC는 사업 모델 혁신을 하지 않았고, 당시 컴퓨터 가격이 5만 달러 이상 되어야 수익을 볼 수 있었던 미니컴퓨터 사업 모델을 통해서 PC를 상업화하려고 했다. 반면에, IBM은 뉴욕주(州)와 미네소타주에 갖고 있던 메인프레임과 미니컴퓨터 사업부와는 별도로 플로리다주에 혁신적인 사업 모델을 갖춘 PC사업부를 새로 설립했다. IBM의 PC사업 모델은 간접비를 낮추어 일종의 박리다매(薄利多賣) 방식으로 돈을 벌어들였다. IBM은 기술적 촉진요인을 사업 모델 혁신과 결부시킴으로써 컴퓨터 산업을 변혁시켰고, 세상도 그만큼 바꾸어 놓았지만, DEC는 PC사업에서 설 자리를 잃고 말았다.[12]

설 자리를 잃은 것은 비싼 컴퓨터를 만드는 회사뿐만이 아니었다. 부속품과 소프트웨어 공급자, 판매 유통망과 서비스 채널 등 메인프레임과 미니컴퓨터 산업을 지탱했던 시스템 전부가 PC 생산업체에 맞춰 기술을 개발하고 경제성을 따지며 경쟁을 하게 된 새로운 후방 업체에 의해 파괴되었다. 완전히 새로운 가치 네트워크가 기존의 네트워크를 대신하게 된 것이다.

1. 보건의료의 파괴적 혁신을 위한 기술적 촉진요인

우리의 몸은 무언가 잘못되었을 때 그것을 표현해야 하는데, 그것을 가능하게 할 어휘는 제한되어 있다. 그 어휘는 신체증상을 말하는데, 지구상에 존재하는 모든 질병을 표현해낼 만큼 다양한 증상들이 있는 것은 아니다. 그래서 어쩔 수 없이 서로 다른 질병에서 증상이 중복될 수밖에 없다. 따라서 어떤 질병을 진단하는 데 신체증상에만 의존한다면, 일정한 규칙에 따라 치료를 행하는 것은 불가능해진다. 왜냐하면 증상이라는 것은 본질적으로 다른 여러 장애 중 한 가지 특징을 포괄적으로 표현해내는 것일 뿐이기 때문이다.

보건의료 분야에 파괴적 혁신을 가져오는 기술적 촉진요인은 신체증상이 아닌 환자의 특정 상태를 초래하는 원인에 따라 정확한 진단을 내릴 수 있게 하는 것들이다. 여기에는 분자진단학molecular diagnostics, 진단영상기술, 유비쿼터스 이동통신 등이 포함된다. 정확한 진단이 불가능하면 치료는 우리가 *직관의학(直覺醫學)*intuitive medicine이라고 부르는 방법을 통해 이루어질 수밖에 없다. 즉, 고도로 숙련된 비싼 전문직이 직관적 실험법과 패턴 인식을 통해 의학적 문제를 해결하게 된다. 여러 환자에게서 나타나는 패턴들이 더 명확해지면 의료는 근거중심의학evidence-based medicine이나 *경험의학empirical medicine*의 영역으로 발전하게 되고, 이 단계에서는 데이터가 축적되어 환자를 치료하는 어떤 특정한 방식이 다른 방식보다 평균적으로 더 낫다는 것을 알게 된다. 그러나, 질병이 엄밀하게 진단될 때에야 비로소 각 환자에게 효과 있을 것으로 예측되는 치료를 개발하고 표준화할 수 있다. 우리는 이런 영역을 *정밀*

*의학*precision medicine이라고 부른다.[13]

2장에서 살펴보겠지만, 파괴적 혁신을 가능하게 하는 진단기술은 이미 오래전에 대부분의 전염병 치료를 직관의학(질병을 '소모' 로 인식하던 시기)에서 정밀의학(서로 다른 유형의 감염, 서로 다른 범주의 폐질환 등 질병이 아주 세밀하게 정의될 수 있는 시기)의 영역으로 옮겨놓았다. 어떤 종류의 박테리아와 바이러스, 기생충이 그런 질병을 야기하는지 더 많이 알게 되고 감염이 전파되는 기전(機轉)을 알게 되면 효과를 예측할 수 있는 치료를 개발할 수 있고, 그 치료는 단순히 증상이 아니라 원인에 역점을 두게 된다. 그 결과, 이제는 간호사들이 많은 전염병을 치료할 수 있게 되었고, 이런 질병을 가진 환자들이 입원하는 사례는 보기 드물게 되었다. 진단기술은, 우리가 역사적으로 암, 고혈압, 제2형 당뇨병, 천식 등과 같은 범주로 뭉뚱그려 불러온, 그러나 사실은 훨씬 더 복잡한 환자상태를 나타내는 개개인의 질환에 대해서도 앞서 말한 것과 유사한 변혁을 가능하게 할 촉진요인이다.

2. 사업 모델의 파괴적 혁신

보건의료 분야의 많은 기술적 촉진요인은 아직까지 비용은 낮으면서 접근은 더 편리한 고품질 서비스로 전환되지 못했다. 그 이유는 우리가 이 책에서 살펴볼 요인들 때문에 의료의 전달이 '종합병원' 과 '의사진료' 라고 하는 두 가지 사업 모델, 그것도 거의 모든 의료가 직관의학의 단계에 머물러 있던 1세기 전에 고안된 모델에 묶여 있기 때문이다.

많은 경우 규제가 허용하지 않아서 그렇기도 하지만, 보건의료산업에서는 혁신적인 사업 모델이 없다는 것이 의료비를 감당할 수 없게 만드는 원인이다. 이 책의 1장과 3, 4, 5장에서 우리는 이런 사업 모델 혁신이 어떤 것인지를 설명하고, 이미 보건의료산업의 여러 영역에서 시작된 파괴적 혁신 과정을 기업가나 규제기관이 가속화할 수 있는 경로를 제안할 것이다.

일반적으로 사업 모델에는 *솔루션 숍*solution shops, *가치부가과정(VAP) 사업*value-adding process businesses, *촉진 네트워크*facilitated networks 등 세 가지 유형이 있다.[14] 두 가지 지배적인 의료공급 형태인 종합병원과 의사진료는 원래 솔루션 숍으로 시작되었지만, 시간이 지나면서 가치부가과정(VAP) 사업과 촉진 네트워크 모델이 섞였다. 그 결과, 직접적인 환자진료보다는 간접적인 운영에 더 많은 비용을 지출하는 복잡하고 기능이 애매한 기관이 되고 말았다. 사업 모델은 각각이 올바른 구실을 하기 위해서 되도록 섞이지 않고 분리되어야 한다.

솔루션 숍Solution Shops

솔루션 숍은 구조화되지 않은 문제를 해결하기 위해 생겨난 사업 형태로 컨설팅회사, 광고기획사, 연구개발기관, 일부 법률회사 등이 이 범주에 속한다. 솔루션 숍은 기본적으로 그들이 고용하는 사람을 통해 가치를 전달하는 사업이다. 그 회사에 고용된 전문가들은 그들의 직관과 분석능력, 문제해결 기술을 이용해 복잡한 문제의 원인을 진단하고, 이에 근거해 해결방안을 제시한다. 복잡한 문제의 원인을 진단하고 실행 가능한 해결방안을 만들어내는 것은 향후 의뢰한 회사의 수익에 지대한 영향을 미치기 때문에 보통 고객들은 솔루션 숍의 전문가 서비스에 대해 매우 높은 가격을 지불할 용의가 있다.

종합병원과 일부 전문의 진료를 통해 수행되는 진단작업도 일종의 솔루션 숍 형태라고 할 수 있다. 고도로 숙련된 전문가들은 영상 장비나 기타 모니터링 장비, 혈액과 조직 샘플의 분석, 개별 신체검진 등을 통해 정보를 축적한 후, 환자 증상의 원인에 대해 직관적으로 가설을 개발한다. 진단을 통해 확신할 수 없는 가설을 세운 경우 보통 이 전문가들은 당대의 최고 치료법을 적용해봄으로써 가설을 검증하려고 한다. 그것이 환자에게 효과 있으면 가설이 입증되는 것이고, 그렇지 않다면 전문가들은 문제의 진단과 해결을 위해 가설검증의 순환과정을 반복한다.

솔루션 숍 사업에 대한 대가는 대부분 서비스 자체에 대한 요금fee for service의 형태로 지불된다. 우리는 베인앤드컴퍼니Bain and Company 같은 컨설팅회사가 가끔 자신들이 내린 문제진단과 권고안에 의해 만들어진 결과에 기초해 부분적으로 대가를 지불받는 경우를 보았다. 하지만, 결과outcome라는 것은 진단과 권고안의 정확성 외에 다른 많은 요인에 의해 좌우될 수 있기 때문에 결과에 따라 서비스료를 지불한다는 것은 별로 설득력이 없다. 그래서 서비스의 총비용이 얼마가 되는지, 어떤 결과를 얻을 수 있는지 둘 다 사전(事前)에 보장받을 수 있는 경우는 드물다.

가치부가과정(VAP) 사업 Value-Adding Process Businesses

가치부가과정(VAP) 사업 모델을 가진 조직들은 불완전하거나 망가진 것들을 받아들여 더 높은 가치를 지닌, 더 완전한 산출물로 바꾸는 역할을 한다. 소매업, 식당, 석유정제, 많은 교육기관 등이 하는 일이 VAP 사업에 속한다. 일부 VAP 조직은 효율적이고 질적으로 표준화된 결과물을 만들어내지만 그렇지 못한 조직들도 있다.[15]

정확한 진단 후에 발생하는 많은 의학적 절차는 VAP 활동이다. 일정한 규칙에 따른 진단검사에 의해 진단된 패혈성 인두염(敗血性 咽頭炎)strep throat 치료를 위해 진료간호사nurse practitioner*가 약물을 처방하는 경우라든지, 탈장교정술hernia repair, 혈관성형술angioplasty, 레이저를 이용한 안과수술 같은 것이 VAP 활동에 해당한다. VAP 절차는 먼저 명확한 진단이 내려진 후라야만 가능한 활동으로, 진단은 흔히 솔루션 숍에서 이루어진다. VAP 절차가 솔루션 숍 조직에서 분리될 때 간접비용은 극적으로 떨어진다. 보통 집중화된 VAP 클리닉은 VAP와 솔루션 숍 사업 모델이 혼재되어 있는 병원이나 의원에 비해 그 절반의 비용으로 비슷한 수준의 의료를 제공할 수 있다. 미닛클리닉Minute clinic이나 숄디스Shouldice 병원, 안과수술센터, 몇몇 심장 및 정형외과 전문병원 등이 VAP 의료사업의 실제 사례에 해당한다.[16]

솔루션 숍은 그들이 투입한 자원inputs의 비용에 대해 요금을 부과해야 하지만, VAP 사업에서는 그들이 제공한 과정을 통해 나온 산출물output에 대해 요금을 부과하는 것이 전형적이며, 대부분은 그 결과result에 대해서도 보장한다.[17] 이것이 가능한 이유는 결과를 보장할 수 있는 능력이 반복적이고 통제 가능한 과정, 그리고 그 과정에서 사용되는 장비에 내재되어 있기 때문이다. 그래서 식당은 메뉴판에 가격을 적어놓을 수 있는 것이고, 대학은 학점당 정해진 가격을 매길 수 있는 것이다. 상품을 만드는 제조업체는 대부분 가격을 표시하고, 일정 기간 품질까지 보증해준다.

이것은 경험의학과 정밀의학의 영역에서 사업을 영위하고 있는 보건의료산업의 VAP 사업에도 똑같이 적용될 수 있다. 미닛클리닉은 모든 의료시술 비용을 공표해놓았다. 안과수술센터는 수술비를 광고하며, 가이싱어Geisinger의 심장병원들은 혈관성형술 비용을 미리 알려줄 뿐 아니라 수술 결과까지 보장한다. 의료기업 존슨앤드존슨Johnson & Johnson은 자사의 신약 벨케이드Velcade에 대해 몇몇 유럽 정부와 새로운 형태의

---

*역자 注: 우리나라에는 진료간호사라는 제도가 없기 때문에 달리 적절하게 옮길 단어가 없지만, 간단한 외과적 처치와 의약품 처방의 권한이 주어진 전문 간호사이다.

약제급여 계약을 맺었다. 이 계약을 통해 J&J는 특정한 생체지표로 진단할 수 있는 일부 다발성 골수종(多發性 骨髓腫)multiple myeloma에 한해 벨케이드의 약효를 보장했으며, 약효가 없을 때에는 치료비 전액을 해당 국가의 보건부에 상환하기로 했다. J&J가 이렇게 할 수 있는 것은 명확한 진단이 내려진 이후에 치료를 하기 때문이다.[18]

보건의료의 문제점에 대해 글을 쓰는 많은 사람은 병원과 의사들이 제공하는 보건의료 서비스의 가치가 측정되지 않고 있다는 사실을 비판한다. 그러나 우리는 그들에게 이렇게 설명하고 싶다. 의료공급자들이 가치를 측정하고 싶지 않은 것이 아니라 단지 그렇게 할 수 없을 뿐이라고. 근본적으로 서로 다른 사업 모델이 한 지붕 아래 섞여 있는 그들의 상황에서는 산출물과 가치, 비용지불의 측정 기준과 방식이 서로 다른 서비스 간에 부합될 수 없기 때문이다.

촉진 네트워크 Facilitated Networks

이것은 사람들이 서로 무언가를 교환할 수 있도록 촉진하는 사업이다. 가령 상호보험회사mutual insurance companies는 네트워크를 촉진하는 역할을 하는데, 고객은 일정한 보험료를 납부하고 위험 발생 시 급여를 청구한다. 이동통신 네트워크에 가입한 사람들은 가입자 간에 음성통화와 데이터를 주고 받는다. 이베이eBay와 크레이그스리스트craigslist도 네트워크 사업체에 속한다. 이런 유형의 사업체는 수익을 내기 위해 네트워크의 효율적인 운영을 촉진하는 경향이 있으며, 일반적으로 회비membership fees나 수수료user fees를 통해 돈을 번다.

네트워크는, 성공적인 치료 여부가 환자의 행동변화에 크게 좌우되는 여러 만성질환을 관리하는 데도 효과적인 사업 모델이 될 수 있다. 하지만 전 세계적으로 질병부담의 더 큰 비중을 차지하고 있는 이 부분에 대해 최근까지 사용자 네트워크 사업은 별로 두각을 나타내지 못하고 있다.

당뇨병 환자와 가족 간의 네트워크를 촉진하는 디라이프 dLife 같은 조직은 만성질환의 관리에서 나타나는 일부 문제를 잘 다룰 수 있는 모델로 진화하고 있다.[19] 워터프론트 미디어 Waterfront Media와 웹엠디 WebMD도 만성질환자들을 위한 촉진 네트워크를 구축하고 있는데, 방대한 환자 데이터를 이용해 환자들이 '자신과 같은 입장에 처한 사람'을 찾을 수 있도록 도와준다. 이를 통해 환자들은 직접적으로 비교대상이 되는 환자들과 질병치료의 진척상황을 비교할 수 있고, 궁극적으로는 경험을 나눔으로써 서로에게서 배울 수 있다. 현재의 의사진료는 본질적으로 여러 만성질환의 관리에는 전혀 어울리지 않는 사업 모델이다. 왜냐하면 보건의료 분야의 촉진 네트워크 사업 모델은 사람들을 건강하게 유지시킴으로써 돈을 버는 구조이지만, 솔루션 숍이나 VAP 사업 모델은 사람들이 아파야 돈을 벌 수 있기 때문이다.[20]

그렇다면 해답은 어디에 있을까? 그동안 보건의료 시스템은 파괴적 혁신을 가능하게 할 많은 기술을, 한 지붕 아래 두세 가지 사업 모델이 혼재되어 있는 고비용 구조의 기관 속에 가두어왔다. 사업 모델의 혁신이 절실한 상황이다. 혁신의 첫 번째 물결은 질병을 다루는 방식과 정밀도에 따라 이에 부합하는 자원과 절차, 수익모델을 가진 별도의 기관으로 서로 다른 사업 모델을 분리시키는 일이 되어야 한다. 솔루션 숍은 직관의학에 해당하는 서비스를 제공하고 정확하게 비용을 설정할 수 있도록 하는 데 초점을 맞추어야 한다. 집중화된 VAP 병원은 명확한 진단이 내려진 이후에 그동안 종합병원이 해오던 의료시술을 흡수할 필요가 있다. 그리고 사용자 네트워크는 여러 행동의존성 만성질환을 관리하는 일에 몰두해야 한다. 올바르게 관리될 수만 있다면 솔루션 숍과 VAP 병원은 '병원 내 병원hospitals-within-hospitals' 과 같은 형태를 띨 수도 있을 것이다.

이런 사업 모델의 기초적인 분리가 파괴적 혁신의 초창기에 일어나야 하는 이유는 그래야만 각각의 사업에 대한 가치와 비용, 가격수준, 수익을 정확히 측정할 수 있기 때문이다. 이것이 전제되어야만 세 가지 유형의 사업 모델 내부에서 파괴적 혁신의 두 번째 물결이 생겨날 수 있다. 강력한 온라인 수단은 증상과 검사결과를 해석해 개별 의사가 가설을 세우고, 정확한 진단을 위해 어떤 데이터가 추가적으로 필요한지 파악할 수 있게 도와줄 수 있다. 이를 통해 일차진료의사는 더 적은 비용으로 직관의학 영역에 있는 개업 전문의가 가지는 전문성에 접근할 수 있고 파괴적 혁신을 불러올 수 있다. 마찬가지로, 외래 클리닉은 가치부가과정(VAP) 병원의 입원진료를 와해시켜 혁신을 가져올 수 있다. 의사보다는 진료간호사를 고용하는 미닛클리닉과 같은 리테일 의료공급자들은 의사진료를 파괴시켜야 한다.[21]

병원과 의사진료는 오랫동안 '환자의 이익을 위한다' 는 미명 아래 스스로를 변호해왔다. 우리가 진정으로 환자의 이익을 위한다면 모든 의료를 직관의학의 영역에 묶어두어야 하는 것일까? 많은 기술이 이 시점에도 계속해서 발전을 거듭하고 있는데, 보건의료 사업 모델도 이에 맞춰 발전해야 한다. 미국 의학연구원Institute of Medicine에서 나온 두 개의 획기적인 보고서, 'To Err is Human: Building a Safer System(인간은 실수하기 마련이다: 더 안전한 의료시스템을 구축하기 위하여)' 와 'Crossing a Quality Chasm(의료서비스 질의 간극을 넘어서: 21세기를 위한 새로운 의료시스템)' 은 급증하는 의료비가 최고의 의료진을 갖춘 최고사양의 병원들만이 제공할 수 있는 고품질의 의료를 누리기 위해 미국인들이 반드시 치러야 할 비용이라는 잘못된 믿음을 깨뜨려버렸

다.[22]

3. 가치 네트워크의 파괴적 혁신: 시스템 차원의 변화

파괴적 혁신의 세 번째 동인(動因)은 의료를 제공하는 새로운 파괴적 사업 모델을 둘러싼 독립적인 가치 네트워크의 형성이다. 파괴적 혁신은 기존의 가치 네트워크나 상업 생태계와 호환성이 거의 없다. 흔히 파괴적 혁신을 이룬 후에 기존의 가치 네트워크에 의존하는 것이 더 저렴하고 더 빨리 성공하는 길이라고 생각하지만, 낡은 가치 네트워크에 혁신의 결과물을 끼워 맞추는 것은 항상 혁신을 죽이는 결과를 초래하고 만다. 이런 결과를 피하기 위해 파괴적 사업 모델을 뜯어고쳐 기존의 시스템에 맞추는 것도 결과는 마찬가지다. 반대의 경우는 절대 일어나지 않는다.*

〈그림 2〉는 보건의료를 위한 새로운 파괴적 가치 네트워크에 내재된 시스템 차원의 변화를 나타낸다. 앞으로 각 장에서 자세히 설명할 복잡한 시스템을 단순화한 것이기는 하지만, 새로운 시스템을 구성하는 개별 요소들이 바람직한 효과를 나타내기 위해서 얼마나 많은 요소가 일제히 변화해야 되는지를 잘 보여주고 있다. 파괴적 혁신은 곧 서로 다른 많은 개별 사업 모델이 의료를 제공하는 것을 의미한다. 그동안 우리가 연구해온 파괴적 변혁의 모든 사례를 통틀어보면 두 가지 특성이 가장 중요한 것으로 드러났다. 그것은 비용은 간접비에서 발생하고 품질은 올바른 통합에서 나온다는 것이다. 여기에 초점을 맞추는 모델은 간

*역자 注: 반대의 경우란 파괴적 혁신의 결과물에 맞게, 혹은 파괴적 사업 모델을 수용할 수 있게 기존의 시스템이 변화하는 경우를 말한다.

접비용의 극적인 감소와 더 나은 통합에서 나오는 품질의 향상이라는 혜택을 불러올 것이다. 개인이 통제하는 전자의무기록, 그리고 비용상환방식 reimbursement과 보험체계의 중대한 개혁은 시스템을 구성하는 공급자를 서로 연결하고 시스템의 원활한 기능을 가능하게 할 것이기 때문에 새로운 가치 네트워크에 필수적인 요소다.

〈그림 2〉의 오른편에 묘사한 새로운 파괴적 가치 네트워크의 많은 구성요소는 이미 시도된 바 있다. 문제는 그림의 왼쪽에 묘사한 시스템, 즉 현재의 가치 네트워크에 속한 기존의 기관들을 개별적으로 교체, 혹은 '핫스와핑 hot swapping' 하는 전략을 따르려 한다는 데 있다.* 하지만, 그것들은 서로 잘 맞지 않는다. 하나둘씩 개혁가들은 기존의 시스템을 파괴적으로 혁신하려는 싸움에서 설 자리를 잃고 만다. 파괴적 혁신이 성공하기 위해서 그것이 새로운 가치 네트워크에 잘 짜맞춰져야 한다는

〈그림 2〉 보건의료 분야의 가치 네트워크: 기존 모델과 파괴적 혁신 모델

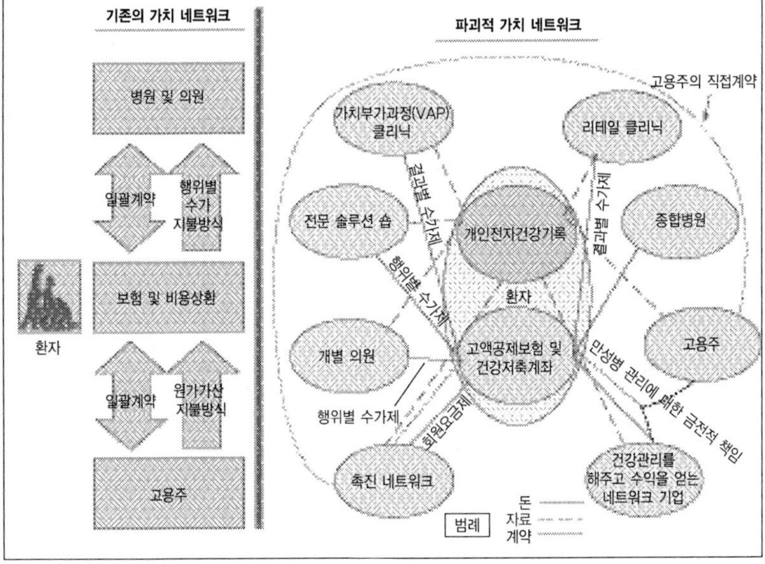

것은 파괴적 혁신의 역사가 분명하게 말해주고 있다. 모든 파괴적 혁신과 함께 이것이 이루어질 때에야 비로소 환자와 의료공급자들이 하나씩 과거의 시스템에서 나와 새로운 시스템으로 옮겨갈 것이다.

파괴적 혁신을 위한 추진력의 축적

6장에서 우리는 어떻게 파괴적 혁신을 이룰 것인지 살펴볼 것이다. 혁신적인 조직 각각에 의존해 〈그림 2〉의 오른쪽에 있는 새로운 가치 네트워크의 나머지 구성요소들을 하나씩 자리잡게 하려면 파괴적 혁신은 수십 년이 걸릴 수도 있다. 이런 문제에 빠른 해답을 갈구하는 조직들은 통합, 즉 종합적인 노력을 통해 파괴적 가치 네트워크를 구성하는 사업 모델들을 결합시켜야 할 것이다.[23] 기업통합corporate integration이 영구히 요구되는 것은 아니지만, 지금으로서는 결정적인 조건이다. (파괴적 혁신을 지휘하는) 전략가들에게 오늘날의 서로 다른 혁신세력을 규합해 재구성할 힘과 안목이 없다면, 개혁세력은 자기 편끼리 서로 싸우고 개개인이 직면한 문제의 단편에만 힘을 쏟음으로써 결국 양립할 수 없는 문제들에서 헤어나지 못할 것이다.

전반적으로 현재의 보건의료 시스템은 기능적 단위로 나뉘어 있다. 병원의 운영, 행정업무의 처리, 서비스 일괄계약blanket service contracts의 협상, 외래와 리테일 클리닉retail clinics의 경영 등을 전문으로 맡는 회사들이 각각 따로 있다. 대부분의 개인의원은 독립적인 사업체로서 개업하고 있다. 이들 각각은 전체 시스템에서 자신이 속한 부분을 개선시

*역자 注: 핫스왑(hot swap)은 컴퓨터 시스템이 가동 중인 상태에서 하드 드라이브, CD-ROM 드라이브, 전원공급 장치 및 기타 이와 비슷한 다른 장치들을 교체하는 것을 말한다.

킬 수는 있지만 그게 전부다. 파괴적인 가치 네트워크의 구성요소 간에 상호 의존성이 있을 때, 즉 어떤 현상이 일어나지 않으면 그것에 의존하고 있는 다른 현상도 일어날 수 없을 때, 어떤 통합된 주체가 변화를 지휘하기 위해 구성요소들을 모두 품에 넣는다면 파괴적 혁신의 속도는 크게 가속화될 것이다. 그 예로, 컬러TV가 처음 발명되었을 때는 컬러 방송을 내보낼 수 있는 네트워크가 없었기 때문에 아무도 그것을 사려고 하지 않았다. 반대로, 아무도 컬러TV를 가지고 있지 않기 때문에 네트워크 방송국도 컬러방송을 내보낼 이유가 없었다. 닭이 먼저냐 달걀이 먼저냐 하는 상황에서 RCA사(社)의 최고경영자 데이비드 사노프 David Sarnoff는 NBC방송국을 인수해 컬러TV 사업을 성공적으로 추진했다. 마찬가지로, 보건의료 시스템도 통합되어야만 하나의 시스템을 구성하는 모든 상호 의존적인 조각들을 품에 넣어 재구성할 수 있다.

통합의 핵심은 통합된 시스템에서 정액제로 운영되는 공급자 조직 integrated fixed-fee providers을 만드는 일이다. 즉, 각 의료공급 조직이 자신들의 병원을 소유하고 의사를 고용해 의료를 제공하는 것이다. 여기서 가장 중요한 것은 행위별 수가제(行爲別 酬價制)로 운영되어서는 안 되며, 공급자 조직에 가입한 회원에게 일정액의 회비를 받고 가입자가 필요로 하는 모든 의료를 제공해야 한다는 점이다. 이런 조직들, 가령 카이저 퍼머넨테 보험회사 Kaiser Permanente 같은 조직은 가입자의 질병치료를 통해서가 아닌 웰니스 wellness를 보장해줌으로써 수익을 얻는 형태가 된다. 이 구조는 의료조직들로 하여금 저렴한 비용구조의 사업 모델을 만들어 내고, 이에 따라 환자들을 돌보도록 하는 인센티브를 제공한다. 의료공급자들이 시스템의 수리를 통해 통합적 정액 시스템 integrated fixed-fee system을 자발적으로 만들어내지 않는다면, 더 많은 대기업들이 후방통합 backward integration을 통해 직원에게 일차 수준의 보건의료를 제공하기 시작하는 것을 지켜보게 될 것이다. 이런 추세는 이미 시작되었고, 앞으로 더욱 가속될 것이다. 기업은 직원이 건강하고 생산적일 때 돈을 번다. 많은 기업이 직원의 의료비를 부담하는 일에서 벗어나고 싶어한다고들 말하지만, 실제 대기업들이 하는 일을 보면 최고의 인재를 유치하고 교육하고 기업에 오래 머물게 하려고 많은 투자를 한다는 것을 알 수 있다. 결과적으로, 더 많은 기업들이 병·의원과 직접 계약하기 위해 후방통합을 하고 있으며, 의료제공을 위한 의사결정의 고리에서 보험회사를 배제하고 있다. 후방통합을 통해 기업들은 솔루션 숍이든, 가치부가과정 클리닉이든, 네트워크든 상관없이 문제해결에 가장 적합한 역량과 비용구조를 가진 공급자들에게 직원을 맡기게 된다.

일부에서는 후방통합의 잠재력을 기업의 '핵심역량'과는 거리가 먼 활동이라고 깎아내리기도 하지만, 그런 통합은 흔한 것이다. 6장에서 우리는 경영의 역사를 통해 많은 기업들이 부족한 자원을 비용효과적이면서 확실하게 공급하기 위해 후방통합을 해온 사례들을 살펴볼 것이다. '핵심역량'에 충실하라는 개념은 사실 최근에 나온 것으로, 과거를 돌이켜 봄으로써 알게 된 사실이라는 점에 주의해야 한다. 역사상 가장 성공한 기업들 중 상당수는 훨씬 더 전향적인 사고(思考)를 했다. 즉, 해결해야 할 중대한 문제가 있다면 그것을 해결하기 위해 역량을 개발해야 한다는 식으로, 더 많은 기업이 보건의료를 제공하기 위해 후방통합을 하는 것도 이와 같은 맥락에서 이해되어야 한다.

후방통합에 대한 요구는 중요한 자원을 비용효과적으로 제공하는 믿을 만한 공급자가 없을 때, 그리고 시스템의 구조를 바꾸어야 한다는 요구가 있을 때라야 비로소 생겨난다. 일단 새로운 시스템의 여러 사업모델이 잘 정착되고 그것들 간의 상호작용이 예측 가능해지면, 통합되었던 시스템이 해체되면서 기업은 다시 한 번 전문화될 것이다.

보건의료 기반구조의 변화

병든 보건의료를 낫게 할 만병통치약은 결코 없다. 〈그림 1〉에서 보듯이 보건의료를 치료하는 데는 세 가지 동인(動因), 즉 테크놀로지와 사업 모델, 그리고 가치 네트워크라고 부르는 상업적 생태계commercial ecosystem가 필요하다. 이 세 가지를 하나로 합치는 것은 통합된 기업이 가장 잘 할 수 있다. 그러나 이 동인들은 제약요인이 될 수도 있다. 이런 기반구조를 제약하는 요인들을 공략할 추가적인 혁신이 일어나지 않는다면 보건의료산업에서 가장 강력하고 통합이 잘된 조직체라 하더라도 앞으로 나아가기 어려울 것이다. 여기서 말하는 추가적인 혁신은 〈그림 1〉에서 가운데 삼각형 부분을 말하는데, 앞으로 7장부터 11장에 걸쳐 살펴볼 것이다. 이 부분은 앞서 말한 세 가지 동인과 함께, 향후 개혁의 지형에 대해 우리가 그려낼 수 있는 최상의 지도가 될 것이다.

비용상환방식Reimbursement System의 개혁

보건의료 체계의 개혁에 관한 논의에 참여한 사람들이 여러 가지 논의를 하지만 결국 의료비 상환방식이 걸림돌이라는 것을 깨닫는 순간, 그 논의는 막다른 골목에 처하고 만다. 상환이 되는 가격 수준은 상품과 서비스의 손익 여부를 결정짓는다. 사람들은 당연히 수익성이 더 좋은 부분에 뛰어들 것이기 때문에 미국의 비용상환방식은 인류가 고안한 그 어떤 제도보다 거시적 · 미시적 수준에서 가장 강력하고 뿌리깊게 자리 잡은 규제 중 하나가 되었다.

의료보험은 화재보험, 생명보험, 장애보험, 자동차보험 등과 함께 1920년대에 출현했는데, 초창기에는 확률은 낮지만 일단 발생하면 재앙 수준의 금전적 손해를 초래하는 재난성 질환에서 스스로를 보호하기 위해 개인이 직접 구매하는 상품의 형태를 띠고 있었다. 1943년에 새로운 법안[24]이 통과되면서 보험급여는 세금이 면제되는 보수(報酬) compensation의 형태를 띠게 되었고, 이에 따라 기업은 점점 의료보험을 최고의 직원을 유치하기 위한 수단으로 사용하기 시작했다. 1960년대와 1970년대를 거치면서 의료보험의 급여 범위는 재난성 질환 위주에서 크고 작은 보건의료비 전부를 지불해주는 포괄적 보장 형태로 발전했다. 우리는 7장에서 기업이 의료보험을 제공한 목적이 최고의 직원을 유치하기 위한 것임을 자세히 살펴볼 것이다. 기업들이 보건의료비에 대해 불평을 하고 부담에서 벗어나기를 바란다는 식으로 말하지만, 의료보장은 인재(人材) 전쟁에서 승리하는 데 필요한 핵심무기이기 때문에 기업이 절대 그런 선택은 하지 않을 것이다. 여기까지는 그런대로 좋은 소식이다.

나쁜 소식은 지난 30여 년 동안 환자와 의료공급자 사이에 거대한 보험 · 비용상환 업체들이 들어서면서 제공받은 의료서비스가 가치 있는 것인지 그렇지 않은지를 판단하기 어렵게 만들었다는 점이다. 오늘날 지배적인 지불 방식은 행위별 수가제(行爲別 酬價制) fee for service로, 의료공급자가 돈을 버는 공식은 간단하다. 즉, 서비스의 가격이 높을수록, 그리고 서비스를 더 많이 제공할수록 공급자는 돈을 더 많이 번다. 이런 방식은 의료공급자로 하여금 환자에게 필요한 만큼 의료를 제공하는 것이 아니라 가능한 한 의료를 많이 제공하도록 조장한다. 보건의료비의 폭발을 막기는커녕 불난 집에 기름을 붓는 격이다.

자유시장 자본주의에 효율성을 가져오는 윤활제는 가격이며, 이것은 언제, 어디서, 어떻게 가치창출형 혁신 value-creating innovations을 시작하고 전개해나갈 것인지에 관해 정확하고 자율적인 신호를 제공해준다.

하지만 현재의 의료시스템에서 이런 가격은 대부분의 환자와 구매자의 눈에 보이지 않을뿐더러 급여청구회사claims processors가 지불하는 가격의 대부분은 시장원리에 따라 정해지지 않는다. 오히려 그 가격은 공산주의 체제에서 사용되던 것과 유사한 가격결정 알고리즘을 사용해 메디케어Medicare와 보험산업이 계산해낸, 이른바 관리가격administered prices이다. 가격결정 기전(機轉)이 초래하는 가장 해로운 효과는 보건의료를 감당할 수 있을 정도의 수준으로 비용을 낮추는 데 핵심이 되는 파괴적 혁신을 실행하기 어렵게 만든다는 점이다.

7장에서 우리는 두 가지 독자적인 흐름을 가진 혁신의 조합에 대해 살펴볼 것이다. 하나는 비용지불 측면에서 본 '건강저축계좌health savings accounts'와 이와 연계한 '고액공제보험high-deductible insurance'이고, 다른 하나는 공급자 측면에서 본 '사업 모델의 파괴적 혁신'이다. 이것은 정부나 기업이 양질의 보건의료를 적절한 가격에 공급할 수 있게 해줄 훨씬 더 효과적인 시스템이다. 그러나, 두 측면에서의 개혁이 조화롭게 이루어지지 못한다면, 소비자들은 불편하고 비싼 서비스에 그들이 감당할 수 있거나 지불할 의향이 있는 수준보다 훨씬 높은 가격을 직접 지불해야 되기 때문에 결국 두 가지 혁신 모두 실패하고 말 것이다.

오로지 상승하는 보건의료 비용을 어떻게 지불할 것인지에만 초점을 맞추는 개혁가들은 우선 의료비가 왜 이렇게 비싼지에 대한 근본원인을 살피지 못한다. 비용상환방식의 상호 의존성 문제를 극복하기 위해서는 통합과 그에 맞는 가치 네트워크의 개발이 필요하다. 이런 문제점들의 불가분성inseparability을 살피지 않고서는 '의료보장은 되지만 막상 의료를 이용할 수는 없는' 시스템을 만들어낼 위험에서 벗어날 수 없다.[25]

지불 체계는 금전적으로나 행동적 측면에서 소비자의 인센티브와 잘 맞는다는 점이 더 중요할 수도 있겠다. 즉, 소비자가 그들의 의료에 참여하고 의사결정을 메디컬홈medical home이나 건강관리사health advisor에게 위임할 자유를 가진다는 측면에서 그렇다. 소비자가 선택할 수 있는 대안들을 알려주고 장려하기 위해 지역 혹은 전국 단위의 시장이 형성되면 소비자의 중요한 의사결정이 더욱 촉진될 수 있다.[26]

파괴적 의료혁신에서 정보기술의 역할

정보기술(IT)은 두 가지 핵심적인 역할을 통해 파괴적 사업 모델의 출현을 촉진할 것이다. 첫째, IT는 바람직하고 실행 가능한 영역에 한해 의료의 중심을 솔루션 숍solution shops에서 사용자 네트워크user networks로 바꾸어놓는 기전(機轉)이 될 것이다. IT는 의사와 간호사, 환자가 서로 도울 수 있게 할 것이다. 일차진료의사가 전문의 시장을 파괴하고, 진료간호사nurse practitioners가 의사 시장을 파괴할 동력이 될 것이다. 둘째, IT는 펜과 종이에 의존하던 의무기록을 언제 어디서나 쉽게 접근할 수 있고 정보처리에 호환성이 있는 형태로 바꾸어놓음으로써, 오늘날 의료인들에게 부담이 되고 있는 문서업무의 비용을 상당히 감소시킬 뿐만 아니라, 〈그림 2〉에서 보듯이 파괴적 가치 네트워크에서 일하는 공급자들 간의 협력진료를 가능하게 하는 기본 메커니즘으로 자리잡을 것이다. 이를 통해 비싼 대가를 치러야 하는 의료과실이 크게 줄어들 것이며, 환자들은 자신의 건강관리에 더 적극적으로 참여하게 될 것이다.

IT와 촉진 네트워크Facilitated Networks

산업현장에서 이루어지고 있는 많은 파괴적 변혁은 크게 두 가지 수준으로 나뉜다. 대부분의 파괴적 혁신은 저비용구조의 사업 모델을 갖춘 기업이 나타나 처음에는 간단한 성능의 제품으로 하위시장(下位市

場) bottom of a market을 공략하다가, 점차 상위시장(上位市場) up-market으로 옮겨가 시장을 장악하고 있던 경쟁자들을 파괴시킨다. 도요타 Toyota가 제너럴 모터스 General Motors를 그렇게 파괴했고, 캐논 Canon이 제록스 Xerox를 그렇게 파괴했으며, 썬마이크로시스템즈 Sun Microsystems가 DEC를 그렇게 파괴했다. 이런 종류의 파괴적 혁신은 돈과 기술을 많이 가진 소수 사람들만이 사용할 수 있는 복잡하고 비싼 제품으로 구성된 시장을, 더 적은 돈과 기술을 가진 훨씬 많은 사람들이 제품을 소유하고 사용할 수 있는 시장으로 변혁시킨다. 하지만, 이 수준의 파괴적 혁신에서는 사업 모델의 '유형'에 변화가 생기지 않는다. 우리가 살펴본 예에서 알 수 있듯이, 파괴당하는 측과 파괴하는 측 모두 가치부가과정(VAP) 사업 모델을 통해 각자 자동차와 복사기, 컴퓨터를 만들었다.

또 다른 수준의 파괴적 변혁은 더 간단한 방법으로 저렴하게 상품을 구매하고 사용하는 것을 넘어, 그 상품을 개발하는 일이 더 간단해지고 저렴해질 때 가능해지며, 이때 비로소 사업 모델의 유형이 솔루션 숍 solution shops이나 가치사슬 사업 value chain business에서 촉진 네트워크 사업 facilitated network business으로 바뀌게 된다. 음반산업을 예로 들면, 한때는 앨범을 제작하고 판매하는 것이 매우 복잡했는데, 음반 제작과 유통은 몇몇 기업에만 제한된 가치부가과정(VAP) 사업이었다. 그러나 MP3 기술이 개발되면서 음반 녹음과 유통이 간단해졌고, 지하실이나 창고 같은 공간만 있으면 누구나 음반작업을 할 수 있게 되었다. 유튜브 YouTube도 동영상 제작과 유통 분야에서 비슷한 변화를 이끌어냈다. 즉, 웹캠 하나만 있으면 누구나 동영상을 만들고 유통시킬 수 있게 되었다.[27] 이 두 산업에서 네트워크의 출현으로 인해 참여자들은 서로 콘텐츠나 가치 있는 것들을 교환할 수 있게 되었다.

인터넷은 보건의료 분야에서도 촉진 네트워크의 출현을 가능하게 하고 있다. 앞에서 언급한 바 있지만, 디라이프dLife.com와 크론스Crohns.org 같은 웹사이트는 환자들이 생활 속에서 질병을 어떻게 관리해야 할지 서로 배울 수 있게 한다. 의사들은 전문직들을 위한 네트워크를 통해 자신의 환자 사례연구에서 얻은 지식을 신속하게 서로 공유하게 되고, 학술잡지에 게재하기 위해 오랜 시간을 기다리거나 복잡한 절차를 감내하지 않아도 된다. 그리고 전문가 시스템expert systems을 통해, 이전에는 전문의들 사이에서만 공유되던 콘텐츠와 판단정보를 일반의나 진료 보조인력, 환자가 쉽게 이용할 수 있게 된다. 이런 네트워크들이 성장함에 따라 많은 만성질환 관리의 중심은 점차 솔루션 숍 사업에서 촉진 네트워크로 옮겨질 것이다.

환자 건강기록의 진화

보건의료의 비용과 품질에 변혁을 가져올 IT의 두 번째 역할은 의무기록의 향상에 있다. 가장 기초적인 형태의 전자의무기록(EMR)은 펜과 종이로 기록되던 것을 전자화해 저장하는 수준을 말한다. 그러나, 전자의무기록이 점점 발전하면서 개인전자건강기록(PEHR)personal electronic health record으로 알려진 의무기록이 크게 부상하기 시작했다. 개인전자건강기록은 소비자의 요구에 맞게 제공될 수 있고 소비자의 참여에 주목하고 있기 때문에, 그동안 전자의무기록의 채택을 지연시킨 걸림돌의 상당부분을 해소시킬 수 있을지도 모른다.[28]

덴마크와 같은 일부 국가에서는 전자의무기록이 표준형식으로 기록 보관되기 때문에 어떤 의료기관에 있는 의사라도 모든 환자의 의무기록에 즉시 접근할 수 있다. 4장에서 우리는 미국의 대형 통합 보건의료 조직이 독자적으로 전자의무기록 시스템을 개발해 활용할 것이라는 내용을 제시했다. 그 이유는 소프트웨어가 복잡하고, 이미 자리 잡은 보건의료 시스템에서 실행되는 경우 기존의 조직은 기록체계가 그 조직의 구조와 과정을 반영하게끔 하는 힘이 있기 때문이다. 물론 그 반대 경우는 드물다. 그렇지만 파괴적 사업 모델이 자리잡은 새로운 시스템에서는 표준형식의 전자의무기록이 활성될 것이다. 왜냐하면 그런 사업의 구조와 과정은 새로이 생겨나는 것들이고, 따라서 전자의무기록의 표준화된 형식이 있다면 그것을 따를 것이기 때문이다.

개인전자건강기록은 이미 확산되고 있는 더 유연한 형식의 의무기록으로, 이를 채택하는 사례가 기하급수적으로 늘고 있다는 사실은 개인전자건강기록이 모든 파괴적 혁신의 성격을 규정짓고 있음을 반영한다. 전자건강기록은 개별 병원과 의사진료에 의해 제공 · 통제되는 데이터를 이용하기보다는 모든 의료공급자에게서 데이터를 수집하기 때문에 의무기록 관리의 중심을 환자에게로 바꾸어놓는다. 전자건강기록은 기존 가치 네트워크의 통합된 구조를 우회해 오픈-소스 형식open-source formats으로 데이터를 저장하기 때문에 보건의료 분야의 새로운 파괴적 가치 네트워크를 구성하는 새로운 사업 모델들 간의 연결을 촉진시킨다.

마이크로소프트Microsoft와 구글Google은 최근 새로운 전자건강기록을 출시했으며, 닥비아Docvia와 같은 혁신기업은 환자가 전 세계 어디에 있더라도 인터넷과 휴대전화를 이용해 건당 10센트 이하의 비용으로 자신의 건강을 관리할 수 있게 했다. 소비자의 참여를 통해 이룰 수 있는 잠재적 변화는 실로 엄청나다. 가령, 이 기술은 아프리카 사하라 사막 남쪽sub-Saharan Africa의 광범위한 지역에서 에이즈(AIDS)를 일으키는 인간면역결핍바이러스(HIV)의 모자(母子) 간 수직감염을 상당한 수준으로 감소시키는 데 공헌했다. 무엇보다 중요한 것은 이 기술이 빈부를 막론하고 사회의 모든 계층에서 호소력이 있어 오랫동안 염원해왔던 의무기록 변혁의 길을 열고 있다는 점이다.

제약산업과 의료기기산업의 미래

제약산업의 미래와 관련해 다섯 가지 중대한 변화가 모습을 드러내고 있다.

첫 번째 변화는, 정밀의학 시대가 도래하면서 제약산업에서 제품라인의 분절화product-line fragmentation가 예고되고 있다. 치료제별 제품 생산량은 크게 감소하는 반면 치료제 수는 늘어날 것이며, 블록버스터 신약은 보기 드물어질 것이다. 대형 제약회사들은 이 변화에 맞춰 현재의 사업 모델을 재편해야 할 것이다. 석유탐사 분야에서 쓰는 말을 빌리면, 미래에는 석유가 나오지 않는 마른 구멍을 수없이 뚫는 데 드는 비용을 충당할 만큼의 대형 유정(油井) 이 점점 줄어들 것이기 때문이다.[29]

우리가 예견하는 두 번째 중대한 변화는, 이미 텔레비전을 통해 하고 있지만, 제약회사가 의사나 병원의 약제 리스트를 거치기보다는 환자에게 직접 마케팅하는 경향이 더욱 두드러질 것이다. 고급정보와 의사결정 수단을 가진 환자들이 자가진단을 통해 보건의료 시스템과 처음 접촉하는 사례도 점점 더 흔해질 것이다.

세 번째 변화는, 네 번째 변화와 관련되어 있지만 진단용 제품이 천대받던 과거와는 달리, 미래에는 치료제보다 훨씬 높은 수익성을 가져다줄 것이다. 가령, 다른 산업의 솔루션 숍 사업을 보면, 고객들은 그들이 가진 문제점을 정확히 진단해주는 대가로 맥킨지 컨설팅McKinsey & Company 같은 회사에 높은 가격을 기꺼이 지불하는데, 그것은 문제점을 정확히 찾아내고 해결하는 것이 엄청난 가치가 있기 때문이다. 오늘날 진단기기와 관련 서비스의 수익성이 낮은 것은 비용상환방식에 의해 인위적으로 가격이 설정되어 있는 탓이며, 파괴적 혁신이 되면 이것 역시 바뀔 것이다.

네 번째 변화는, 주요 제약회사들이 수익 극대화를 위해 후보물질 발굴부터 신약 개발, 임상시험 관리, 제품 생산에 이르기까지 단계별로 아웃소싱outsourcing을 선택하는 등 해체화disintegrating 수순을 밟고 있다. 제약회사가 자신들이 해오던 일련의 기업활동을 덜어낼 수 있는 것은 아웃소싱을 하더라도 수익은 향상되는 반면, 총 매출액에는 지장이 없기 때문이다. 8장에서 다루겠지만, 과거에는 세일즈와 마케팅 활동이 대형 제약회사를 지탱하는 강력한 힘이었지만, 메드코Medco 같은 대형 유통 및 약제급여 관리회사pharmacy benefit management company의 등장으로 그런 활동은 급속히 범용화commoditization되고 있다. 또한, 과거 제약업계의 고위 임원들이 복잡하고 비용만 발생시킨다고 여기던 영역, 즉 임상시험의 관리와 그에 수반되는 정밀한 진단약물의 개발이 미래에는 수익을 창출하는 핵심영역이 될 것이다. 아무튼 요점은 대형 제약사들이 집중해야 할 사업영역에서 점차 철수한다는 것이다.

마지막 다섯 번째 변화는, 제네릭generics 의약품 업체가 특허 신약을 개발하고 생산 · 판매하는 제약사들을 파괴시키고 있다. 제네릭 생산업체들이 신약의 특허가 만료되는 즉시 바로 행동—제네릭 생산과 판매—에 들어간다는 사실은 잘 알려져 있다. 이로 인해 특허가 만료된 약물은 하룻밤 사이에 가격이 80%나 떨어지는 경우도 생긴다. 그런데, 이스라엘과 인도의 몇몇 대형 제네릭 업체가 더 높은 수익을 내기 위해 직접 특허 신약을 개발하는 등 상위시장(上位市場)에 도전한다는 사실은 잘 알려져 있지 않은 듯하다.

그들이 신약 개발을 할 수 있는 것은 미국 정부가 미국 제약사들로 하여금 특허 약물의 가격을 충분히 높게 책정할 수 있도록 허용하기 때문이다. 여기서 말하는 '충분히' 란 특정 약물을 개발하는 데 들어간 비용을 회수할 수 있을 만큼이 아닌, 약물이 개발되기까지 모든 약물 후보

군(群)들의 개발과 시험에 들어간 실패 비용까지 전부 회수할 수 있을 만큼을 뜻한다. 캐나다를 비롯해 다른 나라에는 이런 식으로 지원해주는 제약회사가 많지 않다. 그래서 국가의 보건의료 시스템은 특허 신약을 미국에서 허용되는 수준보다 훨씬 낮은 가격에 협상할 수 있다. 이것은 마치 미국 소비자들이 세금을 내 전 세계인을 위한 의약품 연구를 지원하는 형국이다. 제약회사에 대한 연구개발비 보조 관행이 오히려 제약기업의 비효율적인 경영을 부추겼다는 증거도 있다. 자국 정부로부터 이런 수준의 연구비 지원을 받지 못한 제네릭 생산업체는 미국 제약사들에 비해 평균 40% 수준 혹은 그 이하의 비용으로 새로운 특허 신약을 개발함으로써 의약품 시장을 파괴시킬 수 있을 것이다.

의료기기와 진단장비

9장에서 설명하겠지만, 의료기기와 진단장비를 통해 탈(脫)중앙화가 진행되면서 기존의 혁신 패턴을 바꾸어놓을 것이다. 대부분 현대산업의 초창기에는 제품이 복잡하고 비싸기 때문에 중앙화되는 경향이 있다. 우리는 풀어야 할 문제가 있으면 그 문제를 해결할 수 있는 곳을 찾아가야 했다. 가령, 통신산업과 복사기 시장이 형성되던 시기에는 전보를 보내려면 웨스턴 유니언Western Union 전신국에 가야 했으며, 서류를 복사하려면 회사에 있는 중앙복사실에 가야만 했다. 기계의 높은 고정비용과 운영인력을 효율적으로 관리하기 위해 중앙화가 필요했다. 고가의 중앙화된 상품을 파는 업체들은 성능을 개선하기 위해 노력했지만, 파괴적 혁신 기업은 단순화한 상품을 더 낮은 가격에 팔아 그 산업의 탈중앙화를 이끌어냈다. 즉, 소비자들이 오기를 기다리는 것이 아니라, 그들이 필요로 하는 해결책을 그들 곁으로 가져다 놓은 것이다.

통신산업을 예로 들면, 전화는 사람들이 전신국이 아니라 그들의 집에서 장거리 통화를 할 수 있게 만들었다. 이제는 집이 아니어도 주머니나 지갑에 넣어 다닐 수 있는 휴대전화가 있어서 어디서든 통화할 수 있다. 캐논Canon은 복사기술을 가까운 골목의 복사가게로 가져다 놓았으며, 휴렛패커드Hewlett-Packard 잉크젯 프린터는 복사기술을 우리 책상 위에 가져다 놓았다. 이제 또 신생기업 징크Zink는 복사기술을 우리의 서류가방 속으로 가져다 놓고 있다. 대부분의 산업에서 일어난 혁신의 역사를 특징짓는 것이 바로 중앙화-탈중앙화 패턴이다.

이와 같은 패턴이 의료기기와 진단장비에도 나타나기 시작했다. 혈액 및 조직 검사를 비롯해 대부분의 영상진단은 현재 중앙화되어 있지만, 업체들이 현장현시진단기술point-of-care diagnostics과 진료실 내in-office 영상기술에 초점을 맞춤에 따라 파괴적 성장disruptive growth의 기회가 점점 많아지고 있다. 이것이야말로 보건의료 전문직들로 하여금 비용이 적게 드는 진료환경에서 더 정교한 시술을 제공하게끔 하고, 급기야 저비용구조를 지닌 전문직들이 고비용구조의 진료환경을 파괴시킬 핵심적인 테크놀로지다.

의료기기의 발전은 일부 의료시술 영역에서 전문성의 본질을 바꾸어놓을 것이다. 예를 들어, 중재적 방사선학은 새로운 진단영상기술에 의해 좌우된다. 역사적으로 볼 때, 방사선과 의사들의 영역은 X선 기계를 작동시키고 그것이 만들어낸 영상을 해석하는 것이었다. 그런데, 초음파나 컴퓨터단층촬영(CT) 같은 영상기술이 발전하면서 방사선과 의사들은 놀라울 정도의 높은 해상도로 뼈뿐만 아니라 심부(深部) 조직이나 장기(臟器)까지 촬영할 수 있게 되었다. 이런 영상기법은 기본적으로 진단분야에 쓰여왔지만, 이제는 방사선과 의사 및 기타 비(非)외과 의사가 이런 기술을 최소침습(侵襲)수술의 전 단계로 활용하는 사례가 늘고 있다. 텔레비전 스크린으로 수술도구와 수술부위를 선명하게 볼 수 있어서 완벽한 시술을 하는 것이 훨씬 쉬워졌기 때문이다.

일반적으로 볼 때 외과의 시술부위가 인체 일부를 중심으로 국한되고 있는데, 이제는 외과적 시술의 전문진료 분야 사이의 경계마저 무너지고 있다. 또한, 외과 의사와 비(非)외과 의사 간 경계가 모호해지면 외과수술에 요구되는 수련(修練)의 본질 또한 바뀔 것이라는 점은 의심의 여지가 없다. 한 예로, 과거에 자궁절제술은 대부분 부인과 의사가 담당했지만, 지금은 중재적 방사선과 의사가 소작술(燒灼術) ablation techniques을 이용해 자궁근종 uterine fibroids 을 치료할 수 있기 때문에 자궁 전체를 들어내는 경우가 많이 줄어들었다.

의학교육의 변화

오늘날의 의학교육에는 의과대학 교과과정의 기본틀이 마련된 1900년대 초의 세 가지 현실이 반영되어 있다. 첫 번째로, 20세기 들어 처음 수십 년간 의료시술은 과학이 아닌 직관에 의존하는 예술에 속했다고 볼 수 있다. 이것은 진료할 수 있는 능력이 규칙이나 과정, 장비가 아닌 의료를 제공하는 사람에게 달려 있었다는 것을 의미한다. 의학교육은 의사가 개별적으로, 그리고 직관적으로 일할 수 있도록 훈련시키는 데 초점이 맞추어졌다. 두 번째로, 당시에는 학생들이 부모를 도와 여름까지 농장일을 하다가 가을 추수가 끝나고 나서야 학교에 올 수 있었고, 수업은 강의실에서만 가능했기 때문에 학생들은 가을에 한꺼번에 모여서 수업을 듣게 되었다. 세 번째로, 오늘날 의과대학 교과과정의 뼈대가 확립될 당시, 대부분의 질병은 급성이었기 때문에 수련을 하는 병원 안에서 질병의 전체 경과를 관찰할 수 있었다.

오늘날의 의대생들이 진료하게 될 미래 세상은 이들이 의학교육을 받고 있는 지금의 세상과는 많이 다를 것이다. 오늘날 직관의학과 경험의학의 영역에 속해 있는 많은 질환이 지금으로부터 20년쯤 후에는 정밀의학의 영역에 놓일 것이다. 그 결과, 결국 진료간호사nurse practitioners와 의사보조원physician assistants이 질환의 상당수를 진단하고 치료하게 될 것이다. 대부분 의사가 하는 일은 보조 전문인력들paraprofessionals의 일을 조직하고 감독하는 것이 주를 이룰 것이다.

또 다른 차이는, 미래에는 개인의 전문성과 함께 과정의 전문성도 중요해질 것이다. 솔루션 숍 영역에 속한 일을 할 고도로 숙련되고, 직관적 전문성을 갖춘 의사들에 대한 필요는 항상 존재할 것이다. 많은 질병은 여전히 정밀의학의 단계에 이르지 못할 것이며, 새로운 질병도 계속 생겨날 것이다. 개별적으로 일을 하도록 의과대학생을 교육하는 오늘날의 방법은 일반적으로 솔루션 숍에서 일할 의사에게나 적절한 것이다. 그러나, 문제는 이런 의사들에 대한 필요가 30년 후에는 지금보다 훨씬 줄어들 것이라는 점이다. 미래에 대부분의 의사는 의료를 전달하는 능력의 상당부분이 개인의 역량보다는 과정이나 장비에 더 많이 의존하는 환경에서 일하게 될 것이다. 우리가 알고 있기로는, 학생들이 실수를 예방할 수 있도록 자기향상과정self-improving processes을 설계하는 방법을 가르치는 의과대학은 아직 지구상 어디에도 없다.

10장에서는 오늘날의 의료수가가 일차진료의사보다는 전문의에게 훨씬 높은 수익을 보장하고 있기 때문에 미국의 의과대학 졸업생들이 전문의가 되기 위해 수련을 받고 상위시장up-market으로 이동하는 현상에 대해 다룰 것이다. 결과적으로, 오늘날 미국에서 진료를 시작하는 모든 일차진료의사의 절반가량은 주로 카리브해(海) 연안 국가나 남미, 인도 등 외국 의과대학 출신이 차지하고 있다. 이 외국 의과대학들은 수준이 점점 좋아지고 있고, 경제적으로 가장 기피되고 있는 시장의 하단에서부터 미국 의과대학을 파괴시키고 있다.

이런 현상이 미국 의학교육편제에 위협이 되는 이유는 일련의 기술적 촉진요인이 미래에 일차진료의사가 전문의 영역을 파괴시키는 동력이 될 것이며, 나아가 진료간호사와 의사보조원이 일차진료의사의 영역을 파괴시킬 수 있을 것이기 때문이다. 미국은 간호사의 만성부족에 시달리고 있는데, 이 공백은 또다시 필리핀 같은 곳에서 훈련받은 간호사들로 채워질 것이다. 간호사 부족은 미국 간호대학 교수진의 질적·양적 한계에서 기인한 바 크다. 종합하자면, 미국의 의학 교육자원이 우리가 앞으로 덜 필요로 하는 전문직을 더 많이 교육하는 쪽으로, 그리고 더 많이 필요로 할 전문직을 더 적게 교육하는 쪽으로 쓰이고 있음을 의미한다.

규제가 보건의료의 파괴적 혁신에 미치는 영향

이 책 마지막 장에서는 먼저 파괴적 혁신과 변화를 가로막는 7가지 범주의 규제장벽을 살펴보고, 변화를 불러올 방법으로서 한 가지 모델을 제시할 것이다. 우리는 많은 연구결과를 통해 보건의료도 다른 산업과 별반 다르지 않다는 것을 입증해 보일 것이다. 보건의료 분야의 규제 패턴 역시 정상적인 시장 기전(機轉)을 통해서는 공익이 달성되지 않는 많은 다른 산업의 예와 비슷하다. 이 산업의 규제는 보통 다음과 같은 세 가지 단계를 거친다.

1. 산업육성: 산업을 발전시키기 위해 보조금을 지원한다.
2. 안정화 및 보장: 산업에 참여한 기업들을 강화시키고, 필요한 모든 사람들의 접근성을 보장하며, 제품의 안전성과 유효성을 보장한다.
3. 가격통제: 가격을 떨어뜨리기 위해 경쟁을 촉진시킨다.

미국 보건의료 시스템에 대한 정부의 지원은 직접적으로는 국립보건원(NIH)을 통해서, 간접적으로는 미국 내 제약회사에서 진행되고 있는 연구개발을 지원하기 위해 특허 신약에 대해 높은 가격을 허용하는 방식으로 하고있다. 정부는 직관의학에서 정밀의학으로 의료행위를 변혁시킬 연구의 상당부분을 지원하고 있다. 기초 및 응용연구, 그리고 제품개발과 시험법에 대한 지원은 전 세계 인류에게 주는 특별한 선물이다.[30] 다만, 우리는 지원 방식에 한 가지 변화를 제안하려 한다. 획기적인 돌파구가 필요한 영역이라면 단순히 특정한 분야에 대한 지식을 심화시키는 연구가 아닌, 여러 과학적 학문분야의 '교차점'에서 이루어지는 연구에는 연구계획을 검토하는 별도의 채널이 필요하다. 그래야만 해당 프로젝트가 더 신속하게 지원받을 수 있기 때문이다.

앞서 언급했지만, 메디케어 및 메디케이드 서비스센터(CMS)는 메디케어가 의료 제품과 서비스 공급자에게 상환해줄 가격을 정하는 곳이기 때문에 의료공급자의 행위에 강력한 규제력을 가진다. 뿐만 아니라, 법적으로 CMS는 매해 연말 한 해 동안 의료공급자가 정부가 아닌 다른 민간 고객과 거래한 실거래 가격의 최저가에 맞춰 정부 프로그램의 가격을 조정할 수 있다. 겉으로는 CMS가 구매하는 모든 것에 자동적으로 시장 최저가를 지불하도록 보장해주지만, 할인으로 인해 보건의료 제품과 서비스 공급자가 매우 비싼 대가를 치러야 하는 부작용을 낳고 있다. 이것은 병원과 제약산업, 의료기기 산업 종사자들에게 가격책정을 둘러싼 힘겨운 훈련을 주입시키는 셈인데, 이런 '규율'은 항공업계와 같은 다른 산업에서는 꿈도 꾸지 못할 일이다.

현재 정부의 규제는 상당부분 의료 제품과 서비스의 안전성과 유효성을 보장하는 데 초점을 두고 있다. 의학이 직관적 영역에 있다면,

이 목표를 성취하는 최상의 방법은 누가 의료를 제공할 수 있는지를 규제하는 것이다. 이때 규제는 투입물이나 의료제공 과정에서 사용된 자원-주로 의료를 제공하는 의사의 훈련과 자격-에 초점을 맞춘다. 질병관리가 경험의학의 영역으로 옮겨가면, 규제는 공급자의 자격보다는 그들이 어떻게 의료를 제공하는지, 즉 과정에 더 비중을 두어야 한다. 왜냐하면 의료시술이 경험적 영역에 속해 있을 때는 일관되게 최선의 결과outcomes를 얻는 데 핵심이 되는 것은 가장 우수한 사례의 과정을 따라하는 것이기 때문이다. 그리고 질병이 진보된 정밀의학의 영역에서 다루어진다면, 규제는 투입이나 과정보다는 결과에 초점을 맞추는 것이 가장 생산적이 된다.

많은 분야에서 이룬 의학의 진보는 의료규제기관으로 하여금 이제는 비용을 줄이는 쪽으로 규제의 초점을 옮기도록 요구하고 있다. 11장에서 우리는 규제완화를 옹호하는 경제학자들이 종종 비용절감을 위해 단순히 경쟁을 강화시키면 가격이 내려갈 것이라고 하는 너무 단순한 모델에 의존한다는 사실을 지적할 것이다. 하지만, 현실에서는 규제기관이 어떤 산업에 대해 '*존속적 경쟁* sustaining competition'을 심화시키려고 하면 그 결과는 보통 가격의 '상승'을 불러온다. 예를 들어, 종합병원에 인센티브를 주어 경쟁을 심화시키는 규제를 도입하면 종합병원들은 더 수익성이 높은 서비스를 찾아서 상위시장으로 몰려가게 된다. 역사적인 사실을 통해 보면 규제기관이 가격을 낮추려고 할 때 실제로 비용을 급격하게 감소시킨 것은 존속적 경쟁이 아니라 '*파괴적 경쟁* *disruptive competition*'이었다.

규제의 변화가 의학의 진보에 늘 뒤처질 수밖에 없는 핵심 이유는 규제의 초점이 바뀜으로써 파괴될 수 있는 대상들이 기득권을 잃을 게 두려운 나머지, 처음에는 환자의 이익을 위해 도입된 규제를 이제는 공급자의 이익을 위해 교묘한 방법으로 보존하려고 하기 때문이다. 우리가 연구한 바로는, 규제의 보호 뒤에 숨어 있는 세력들은 규제에 대한 직접적인 공격에 굴복하는 경우가 거의 없다. 오히려, 파괴적인 혁신기업이 나타나 기존의 규제가 미치지 못하는 부분에서 활동을 확대해나가는 경우에만 규제가 흔들리기 시작한다. 이런 방식으로 신생기업은 성공을 거두게 되며, 기존의 규제는 시장 상황에 결국 무릎을 꿇고 만다. 우리는 이 책의 마지막 장에서, 낮은 비용으로 의료를 제공하는 보건의료 공급자의 시장진입을 막아섰던 규제가 위에서 말한 것과 같은 전략을 통해 결국 전복된 사례들을 살펴볼 것이다.

요약

우리가 직면한 도전, 즉 대부분의 사람들이 적절한 가격에 보건의료를 편리하게 이용할 수 있게 만드는 것은 보건의료에만 유일한 문제는 아니다. 거의 모든 산업이 처음 시작될 때는 제품과 서비스가 너무 복잡하고 비싸서 돈이 많거나 기술력이 높은 사람들만 소비하고 공급할 수 있었다. 다른 산업에서 접근성의 향상과 비용의 감소를 가져온 변혁의 힘은 파괴적 혁신disruptive innovation이었다. 오늘날 보건의료산업은 파괴적 혁신을 애타게 원하고 있다. 정치인들은 우리가 어떻게 보건의료비용을 감당할 수 있을지에 사로잡혀 있다. 하지만, 파괴적 혁신은 더 근본적인 문제를 해결한다. 그것은 '어떻게 하면 보건의료를 감당할 수 있는 것으로 바꿀 것인가' 하는 점이다.

대부분의 파괴적 혁신에는 세 가지의 동인(動因)이 있는데, 단순화시키는 테크놀로지, 사업 모델의 혁신, 그리고 파괴적인 가치 네트워크가 그것이다. 테크놀로지는 깊이 있는 훈련과 직관, 반복작업을 통해서만 해결할 수 있었던 기술적인 문제를, 예측할 수 있고 정해진 규칙에 따라 해결할 수 있는 것으로 바꾸어놓는다. 보건의료에서 파괴적 혁신을 이끌어낼 테크놀로지의 힘은 질병의 원인을 진단할 수 있는 능력에 달려 있다. 문제를 엄밀하게 정의하는 것이야말로 보건의료를 비롯한 모든 산업에서 예측가능하고 효과적인 해결책을 만들어내는 선행조건이 된다.

과거에는 보건의료에서도 사업 모델의 혁신을 흔히 찾아볼 수 있었다. 전염병의 진단과 치료를 위한 테크놀로지가 생겨났을 때, 대부분의 환자관리는 병원에서 일반의사의 진료실로, 더 나아가서는 간호사에게로 옮겨졌다. 하지만, 지난 30년간은 사업 모델의 혁신이 멈추어버렸다. 지금의 규제와 비용상환 시스템은 낮은 비용으로 더 편리하게 의료를 이용하게 할 사업 모델이 있음에도 불구하고 비용이 많이 드는 환경에 의료를 가두고 있다. 여러 번 파괴적 혁신을 위한 시도가 있었지만, 새로운 사업 모델과 여기에 맞는 상업적 생태계가 결합돼 기존에 시장을 장악하고 있던 주체들을 파괴시킬 새로운 가치 네트워크가 만들어지지 못해서 모두 실패하고 말았다.

파괴적 혁신의 역사에서 얻은 교훈 중 특히 세 가지가 보건의료의 파괴적 혁신에 중요하다. 첫 번째 교훈은, 기술적 촉진요인들이 대부분 그 산업을 선도하는 대형 기업의 연구실에서 출현하지만, 사업 모델의 혁신은 그렇지 않다는 점이다. 사업 모델의 혁신은 대부분 그 산업의 신규 진입자에 의해 이루어진다. 따라서, 규제기관은 사업 모델의 혁신을 매장시키려는 대형 업체들의 시도를 경계해야 한다. 규제는 새로운 사업 모델의 혁신을 촉진시켜야 한다. 어떤 분야를 선도하는 대형 기업이 생각하는 이익과 사회적 이익이 부합되지 않는 경우는 너무 허다하다.

두 번째 교훈은, 파괴적 혁신이 일부분씩 나눠서 진행되는 경우는 드물다는 점이다. 다시 말해, 시스템 전체의 변화가 아닌 서로 독립된 파괴행위가 그 산업에 형성된 기존의 상업적 생태계에 잘 맞아들어가기는 어렵다. 그것보다는 오히려 완전히 새로운 가치 네트워크가 생겨나 기존의 것을 파괴시킨다. 그래서 가치부가과정 클리닉value-adding process clinics이나 리테일 클리닉retail clinics, 사용자 네트워크 같은 파괴적 사업모델은 비용과 접근성에서 완전한 파급효과를 거두기 위해 반드시 건강보험과 비용상환방식의 파괴적 혁신과 결합되어야만 한다. 처음부터 이 모든 조각들을 함께 엮어나가기 위해서는 보건의료산업에서 규범적으로 받아들였던 것보다 훨씬 더 높은 수준의 통합이 필요하다. 어렵겠지만, 의료공급자들은 스스로를 파괴해야만 한다. 고용주들도 과거처럼 소극적으로 반응하는 자세를 취하기보다는 더 적극적으로 나서서 이런 새로운 가치 네트워크의 출현을 지휘해야 한다.

세 번째 교훈은, 파괴적 혁신을 통해 변화된 산업에는 공통적으로 나타나는 패턴이 있다. 이 패턴은 보건의료 분야에서 파괴적 혁신으로 인해 지금까지 어떤 일이 일어났는지를 잘 설명해주고 있다. 어떤 시장에서 선도적 위치를 차지하고 있는 대형 기업의 경우, 그 기업의 모든 에너지와 유능한 인력, 자원은 자사 최고의 제품을 더욱 개선시켜서 최고급 시장에 내다파는 데 집중된다. 왜냐하면, 대부분 시장의 최상층부에는 가장 많은 수익을 가져다 주는 고객들이 있기 때문이다. 어떤 파괴적 기술 혁신이 나타나면, 그 산업을 선도하는 기업은 그것을 얕잡아보거나 묵살해버린다. 단순화와 접근성을 높이는 데 초점을 둔 파괴적 기술로는 그 선도기업이 주 대상으로 삼고 있는 세계의 복잡한 문제를 해결할 수 없기 때문이다.

예외 없이 항상, 파괴적 혁신을 이끌어내는 기술적 촉진요인들은 먼저 그 산업의 가장 단순한 문제를 성공적으로 해결하는 데 쓰인다. 그

러고 나서 그것을 발판으로 상업적 · 기술적 여세를 몰아 개선을 거듭하고, 급기야 그것이 제품이 됐든, 고객이 됐든, 질병이 됐든 하나씩 이에 대한 낡은 고비용 접근법을 몰아내버린다. 애플 Apple社의 초창기 PC '애플 IIe'는 대형 은행의 회계부서가 아닌 아이들의 장난감으로 팔렸다. 미국 최대 철강회사 누코Nucor는 포드Ford 자동차에 공급하는 고품질의 강판sheet steel이 아닌 철근concrete reinforcing bars으로 업계에 데뷔했다. 네트워크 장비 및 솔루션 분야의 세계적 선두업체 시스코Cisco는 음성이 아닌 데이터의 전송으로 사업을 시작했는데, 음성통신과 달리 당시 라우터router에서 발생하는 4초간의 시간지연이 데이터 통신에서는 문제될 게 없었기 때문이다. 미국의 유명한 소매업체인 타깃Target은 처음부터 디자이너 의상을 판매한 것이 아니라 페인트, 하드웨어, 단순한 주방용품 같은 것부터 팔기 시작했다. 건설장비제조 선두업체인 JCB는 처음부터 유압식 굴삭기술hydraulics technology을 사용해 초고층 건물의 대형 지하주차장 굴착공사를 하겠다는 포부를 가지고 업계에 뛰어든 게 아니다. 30cm 너비의 도랑을 파서 수도관을 가정집에 연결하는 일부터 시작했다. 도요타Toyota가 미국시장에 처음 내놓은 자동차는 고급승용차 렉서스Lexus가 아니라 소형차 코로나Corona였다.

보건의료도 다르지 않다. 예를 들어, 혈관성형술angioplasty은 많은 사람들이 훨씬 저렴한 비용으로 효과적인 치료를 편리하게 받을 수 있게 만듦으로써 관상동맥질환의 중재적 치료에 변혁을 가져왔다.[31] 처음에 이 기술은 부분적으로 협착된, 접근이 쉬운 관상동맥에 사용되었다. 다행히도, 초창기에 관상동맥 성형술은 다루기 힘든 복잡한 부위의 심장혈관 협착을 해결하는 최선의 방법인 심장동맥 우회로 조성술open-heart bypass surgery이란 표준시술에는 아무런 영향을 미치지 않았기 때문에 시장에서 저항을 별로 받지 않았다. 그러나 시간이 흐르고 스텐트stent가 나오면서 발전을 거듭해 최소침습(侵襲)법은 개심술(開心術)을 필요로 하는 환자 수를 점점 줄어들게 했다. 이제는 콜레스테롤을 낮추는 리피토 Lipitor 같은 약들이 똑같은 방식으로 혈관성형술을 파괴시키고 있다. 이 약물들은 심각한 수준의 동맥 색전(塞栓) defiant arterial blockages을 제거할 수 없었기 때문에 시장에서 살아남았다. 예방으로 시작했지만, '스타틴계(系)' 약물들은 이제 하나둘씩 더 많은 환자에서 동맥경화를 일으키는 플라크를 재흡수하는 효과가 있음을 입증함으로써 혈관성형술이 필요한 경우를 줄이고 있다.

의사와 병원, 규제기관, 그리고 정치인은 이 사실을 받아들여야 한다. 이것은 잘못된 믿음이 아니라 진실이기 때문이다. 비용을 낮추고 접근성을 높이는 파괴적 동인 disruptive enablers들이 처음에는 아주 단순한 문제 해결에만 초점을 둔다는 사실은 다행스러운 일이기도 하다. 의사와 병원은 걱정 없이 그들이 가장 잘할 수 있는 일-복잡한 의학적 문제를 해결해 의학의 더 많은 영역을 직관의학에서 정밀의학의 영역으로 끌어올리는 일-에 에너지를 집중할 수 있기 때문이다. 그러나 보건의료의 역사를 보면, 업계를 주름잡는 선두업체들은 파괴적 접근법이 등장하면 그것이 모든 곳에 도입해도 좋을 만큼 충분히 좋다는 것을 입증할 수 있기 전까지는 어디에도 도입되지 못하도록 막는 법안 도입과 정책 규제를 위해 끊임없이 로비해왔다. 바로 이것이 보건의료산업을 원래 이 산업이 태동했던 당시의 세계, 즉 비용이 많이 드는 전문지식-집약적 expertise-intensive 세계에 붙잡아두고 있는 것이다.

일반적으로, 파괴적 혁신의 희생양이 되는 것은 새로운 질서를 주도하는 업체가 아니라 구질서를 선도하던 업체들이다. 그러나 적절한 교육을 한다면, 기존 시스템의 선두업체들도 혁신을 위해 주도적으로 스스로를 파괴할 수 있다. 지도자들은 본능적으로 파괴적 혁신을 위협으로 받아들이지만, 그것은 언제나 엄청난 성장의 기회라는 것이 밝혀졌다. 기존의 선두업체가 파괴적 혁신을 주도해 성공한 사례는 많다. IBM은 PC산업을 창조하는 데 크나큰 역할을 했다. 데이톤-허드슨Dayton-Hudson 백화점은 대형 슈퍼마켓 체인 타깃Target을 만들어냈고, 휴렛패커드(HP)는 파괴적인 잉크젯 프린터 사업을 창조해 시장을 지배하고 있다. 우리가 연구를 통해 발견한 규칙을 따른다면, 기존 시스템을 주도하는 업체가 새로운 시스템에서도 선두업체가 될 수 있다.

그동안 보건의료의 개혁세력은 어느 방향으로 나아가야 할지를 보여주는 믿을 만한 지도를 가지지 못했다. 우리는 이 책이 그들을 위한 지도가 될 수 있기를 바라고, 이 책을 읽는 독자들이 함께 뜻을 모아 의료혁명을 이루는 일에 앞장서도록 영감을 주는 책이 되기를 바란다. 보건의료의 비용을 낮추고 접근성을 향상시키는 의료개혁은 정말로 가능한 일이다.

제1장

파괴적 기술과 사업 모델 혁신의 역할

제품과 서비스의 비용을 낮추고
접근 편의성을 높이는 것

우리가 '파괴적 혁신disruptive innovation' 이라는 용어를 기업경영에 도입한 지 벌써 15년이 지났는데, '파괴disruption' 와 '기술technology' 이라는 용어가 함축하는 의미가 다양해서인지 아직도 파괴적 혁신의 개념이 잘못 이해되고 있는 것 같다. 파괴는 엉망으로 만드는 것 또는 근본적으로 다른 무언가를 의미할 때가 있는가 하면, 기술은 박사 학위를 받은 과학자라든지 컴퓨터광(狂)이나 이해할 수 있는 것들을 수행하는 혁명적인 방법으로 사람들이 받아들이곤 한다. 우리가 선택한 용어의 뉘앙스 때문에, 별 생각 없이 우리의 연구를 읽는 많은 사람들은 파괴적 혁신이 어떤 산업을 완전히 뒤집어놓을 급진적이고 새로운 기술쯤으로 여기게 된다.

우리가 의도한 파괴적 혁신의 의미는 좀 다르다. '파괴' 는 무언가를 더 단순하게 만들고 가격을 낮추는 혁신이며, '기술' 은 노동력과 자본, 원자재, 정보, 에너지와 같은 투입물을 결합해 더 큰 가치를 가진 산출물을 만들어내는 하나의 방식이다. 인텔Intel에서부터 월마트Wal-Mart

에 이르기까지 모든 회사들은 고객에게 가치를 전달하기 위해 기술을 활용한다. 기업의 어떤 임원은 기술이 그들의 기업이나 산업이 직면한 성장과 비용의 문제를 해결해줄 수 있다고 믿기도 하지만, 그런 경우는 드물다. 사실, 널리 알려진 기술 중에는 어떤 산업을 바꾸어놓을 것이라는 기대에 미치지 못하는 경우가 많다. 예를 들어, 병원의 속사정을 좀 아는 사람이라면 오늘날 병원에서 수많은 고급기술이 활용되고 있지만 보건의료는 더욱 비싸지고 날이 갈수록 접근성이 떨어진다는 것을 모르는 이가 없다. 그 이유는 당대의 혁신적인 돌파구를 마련한 기술을 포함해 대부분의 기술이, 기존 시스템이 제 기능을 할 수 있도록 존속시키는 것을 목적으로 하고 있기 때문이다. 오로지 파괴적 혁신만이 보건의료의 비용을 낮추고 접근성을 높일 수 있는 잠재력을 가지고 있다.

이 장에서 우리는 먼저 파괴적 혁신의 개념과 구성요소에 대해 살펴볼 것이며, 그 다음으로는 사업 모델의 개념과 그것을 구성하는 네 가지 요소-가치제안value proposition과 그것을 목표고객에게 전달하는 데 필요한 자원, 프로세스, 수익공식profit formula-를 살펴볼 것이다. 마지막으로, 사업 모델 혁신은 파괴적 기술을 이용해 한 산업을 변혁시키는 데 중대한 요인이 되기 때문에, 미래에 보건의료산업을 재조직화할 서로 다른 세 가지 차원의 사업 모델에 대해서도 살펴볼 것이다. 그 과정에서 우리는 혁신기업이 사업 모델의 혁신이나 새로운 파괴적 가치 네트워크를 구성하지 않은 채 새로운 기술만으로 변혁적인 결과를 가져올 수 있다고 믿음으로써, 결국 근본적인 변화를 이끌어내는 데 실패한 사례들을 제시할 것이다. 다시 말하면, 파괴적 기술과 사업 모델 혁신은 둘 다 산업의 파괴적 혁신을 위한 필수조건이다. 아울러, 이 장 마지막 부분에서는 기존 기업들과 그 경영진들이 혁신을 위해 요구되는 파괴의 정도에 맞게 새로운 사업 모델을 만들어낼 수 있는 프로세스에 대해서 설명할 것이다.

이어지는 다섯 개의 장에서는 1장에서 설명하는 틀에 기초하여 논의를 전개해나갈 것이다. 2장에서는 보건의료의 파괴적 혁신을 가져올 기술적 촉진요인들에 대해 탐구할 것이다. 3장과 4장에서는 보건의료의 가격을 낮추고 접근 편의성을 높이기 위한 수단으로서 파괴적 혁신의 힘을 이용해 어떻게 병원과 의사진료 사업 모델을 바꾸어야 할지를 보여줄 것이다. 한편, 5장에서는 만성질환 관리방식을 변혁시키는 데 필요한 사업 모델 혁신 유형에 대해 초점을 맞출 것이다. 마지막으로, 6장에서는 어떤 기업과 경영진이 파괴적 혁신을 이끌어나갈 수 있는 위치에 있는지, 그리고 그렇게 하기 위해 필요한 것은 무엇인지 살펴볼 것이다.

파괴적 혁신 이론

파괴적 혁신 이론은 복잡하고 비싼 제품과 서비스가 단순하고 저렴한 것으로 변형되는 과정을 설명하며, 한 산업을 선도하는 기업이나 조직의 성공적인 파괴적 혁신이 왜 그렇게 어려운지를 보여준다. 역사적으로 볼 때, 산업의 파괴적 혁신에 성공을 거둔 것은 대부분 신생기업이거나 아니면 기존 기업 내의 해당 사업부가 다른 부문과는 완전히 독립된 경우였다.

파괴적 혁신 이론의 기본 개념은 시간의 경과에 따른 제품과 서비스 성능의 궤적을 나타낸 〈그림 1-1〉을 통해 설명할 수 있다. 먼저, 3차원 도표의 뒤쪽 평면에 그린 그래프를 보면 모든 시장에는 성능 개선과 관련해 두 가지 유형의 궤적이 있다. 가파른 기울기의 실선은 시간이 지나면서 새롭고 더 나은 제품을 도입함으로써 기업이 고객에게 제공하는 제품과 서비스의 개선 속도를 나타낸다. 한편, 완만한 기울기의 점선은 고객들이 활용할 수 있는 성능 개선의 속도를 나타낸다. 점선이 여러 개 있는 것은 하나의 시장에 여러 고객층이 존재한다는 것을 보여주는데, 맨 위의 점선은 요구도가 가장 높은 고객층을, 맨 아래의 점선은 욕구를 거의 충족시키지 못하고 있는 고객층을 나타낸다.

〈그림 1-1〉에서 교차하는 점선과 실선의 궤적이 보여주듯이, 시장에서 제품성능에 대한 고객의 요구는 시간의 경과에 따라 비교적 안정적으로 변화한다. 하지만, 보통 기업은 고객이 필요로 하는 것보다 훨씬 빠른 속도로 제품을 개선시키기 때문에 한때 별로였던 제품은 이내 더 많은 제품 사양과 기능을 보강해 고객이 요구하는 것 이상으로 발전한다. 이런 현상은 자동차 회사들을 보면 잘 알 수 있는데, 기업은 성능이 개선된 새로운 엔진을 매년 시장에 내놓지만 도로의 속도제한이라든지 교통체증, 경찰단속 때문에 고객들이 개선된 성능을 다 이용하지 못한다.

과거 역사에서 보면, 고객의 평가에 따라 정도 차이는 있지만 기업

〈그림 1-1〉 파괴적 혁신의 3차원 모델

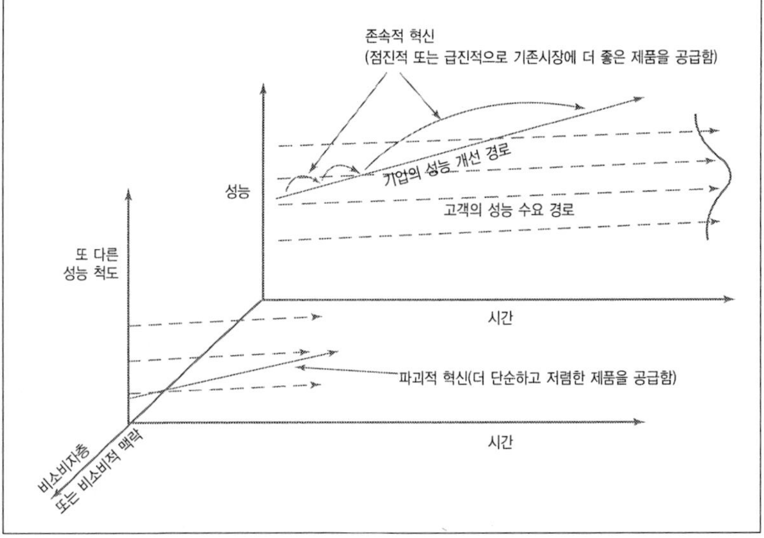

들이 성능 개선의 궤적을 따라 위로 이동하게 하는 혁신은 존속적 혁신 sustaining innovation이라고 할 수 있다. 이런 성능 개선 중 일부는 극적인 기술도약을 이룬 경우도 있지만, 평범한 점진적 개선에 그치는 경우도 있다. 중요한 것은 경쟁적 측면에서 볼 때 모든 존속적 혁신은 기존의 확립된 시장에 존재하는 성능 개선의 궤적을 벗어나지 않는다는 점이다. 더 멀리 비행하는 항공기, 처리속도가 더 빠른 컴퓨터, 더 오래가는 휴대전화 배터리, 더 큰 스크린으로 더 선명한 이미지를 보여주는 텔레비전 등은 모두 존속적 혁신에 해당한다. 우리의 연구결과에 따르면, 존속적 혁신을 둘러싼 경쟁에서 승리하는 기업들은 거의 예외 없이 해당 산업을 선도하는 기업들이었다. 혁신을 가져온 기술적 수준이 얼마나 대단한 것인지는 중요하지 않았다. 선도기업들이 혁신을 통해 더 나은 제품을 만들어 최고의 고객에게 더 높은 이윤을 남기고 팔 수만 있다면 어떻게든 그 방법을 찾아냈다.

〈그림 1-1〉의 뒤쪽에 있는 원래의 평면에서 경쟁하는 제품과 서비스는 처음에는 보통 복잡하고 비싸기 때문에 돈이 아주 많은 고객들만이 그것들을 구매하고 이용할 수 있으며 상당한 기술력을 가진 공급자들만이 서비스를 제공할 수 있다. 컴퓨터 산업을 예로 들자면, IBM과 같은 기업들이 만든 메인프레임 컴퓨터가 1950년대부터 1970년대까지 이 평면상에서 경쟁을 했다. 이 컴퓨터는 구매하는 데만 수백만 달러가 들었고, 시스템을 운용하려면 그보다 더 많은 돈과 고도로 숙련된 전문가가 필요했다. 당시에 누군가 자료처리를 하려면 엄청난 분량의 천공카드punched cards를 기업의 메인프레임 센터에 가져와 컴퓨터 전문가에게 맡겨야 했다. 메인프레임 컴퓨터를 만드는 기업들은 더 크고 더 나은 메인프레임을 만드는 데 혁신의 에너지를 집중했고, 실제로 그러한 경영방식은 큰 성공을 거두었다. 자동차, 통신, 프린터, 상업은행과 투자

은행, 쇠고기 육가공, 사진, 제철 등 수많은 다른 산업에서도 이와 똑같은 방식의 혁신이 있었다. 어느 산업에서나 초창기의 제품과 서비스는 모두 비싸고 복잡했다.

간혹, 한 산업 내에서 또 다른 유형의 혁신이 발생하기도 하는데, 바로 파괴적 혁신이다. 파괴적 혁신은 성능이 획기적으로 발전되는 것은 아니다. 혁신기업은 원래의 경쟁 평면 위에서 기존의 성능 개선의 궤적을 따르기보다는 그 산업을 선도하고 있는 기업들이 파는 것보다 오히려 성능이 떨어지는 제품이나 서비스를 시장에 내놓는다. 이것은 〈그림 1-1〉의 뒤쪽에 위치한 경쟁 평면, 즉 기존 시장의 고객들이 이미 사용하고 있는 것에 비해 성능이 떨어지기 때문에 파괴적 혁신 제품은 기존의 고객들에게는 별로 매력이 없는 것들이다.

파괴적 혁신은 기존의 제품이나 서비스에 비해 품질과 성능이 떨어지기는 하지만 대신 단순하고 더 저렴하다. 파괴적 혁신은 바로 이런 점 때문에 기존의 시장에서는 돈이 없거나 기술이 부족해 제품을 구매하거나 사용하지 못했던 비소비자(非消費者)층nonconsumers을 겨냥해 시장에 그 뿌리를 내릴 수 있게 되는 것이다. 다시 말해, 파괴적 혁신은 단순함과 저렴함, 편리함을 앞세워 경쟁함으로써 기존의 경쟁 평면이 아닌, 〈그림 1-1〉의 앞쪽에 위치한 전혀 새로운 경쟁 평면, 즉 전혀 새로운 시장에서 그들만의 고객 기반을 확립할 수 있다. 기존의 고객층과는 달리, 파괴적 제품을 구매하는 새로운 고객들은 기능이 단순하고 저렴한 제품에 매우 만족해한다. 그들에게는 그런 제품이라도 살 수 있다는 것이 아예 아무것도 살 수 없는 것보다는 훨씬 나은 대안이기 때문이다.

PC는 파괴적 혁신의 대표적 사례에 해당한다. 애플IIe와 같은 최초의 PC는 아이들이나 취미 애호가들을 위한 장난감 수준이었고, 어른들을 위한 최초의 응용프로그램은 문서를 기록하거나 스프레드시트를 만드는 것과 같은 단순한 기능에 불과했다. 복잡한 연산처리는 여전히 메인프레임 컴퓨터로 전문가들이 우리를 대신해 작업을 처리하는, 경쟁의 뒤쪽 평면에 의존해야 했다. 하지만, 단순했던 PC의 성능은 지속적으로 향상되었고, 마침내 고가의 메인프레임과 미니컴퓨터를 필요로 했던 고객의 복잡한 요구를 수용할 수 있을 정도로 발전해 원래의 뒤쪽 평면에 있던 고객들을 새로운 앞쪽 평면으로 하나둘씩 끌어당기게 되었다.

컨트롤 데이터(CDC)Control Data Corporation나 디지털 이큅먼트(DEC)Digital Equipment Corporation 같이 메인프레임 또는 미니컴퓨터를 만들던 기업의 고객들은 PC가 개발된 후 처음 10년 동안은 PC를 전혀 사용하지 않았다. 단순한 기능의 PC로는 그들의 복잡한 문제를 풀 수 없었기 때문이다. CDC와 DEC은 자신들의 최고 고객의 요구에 귀를 기울였지만 앞으로 PC가 그들에게 중요해질 것이라는 신호는 어디에도 없었다. 기업의 수익성 측면에서 보아도 PC시장은 별로 전망이 없어 보였다. 가령, PC 한 대를 팔면 겨우 800달러가 남는데, 이것은 디지털 이큅먼트가 판매하는 미니컴퓨터의 대당 이윤 12만5000달러와 컨트롤 데이터가 판매하는 메인프레임의 대당 이윤 80만 달러에 비교하면 그야말로 무색한 수준이었다.

결국, 모든 메인프레임과 미니컴퓨터 제조업체들은 PC 때문에 도태되고 말았다. 하지만, 단순히 이윤이나 판매량의 차이 때문에 실패한 것은 아니다. PC는 그저 성능이 조금씩 향상되어 더 많은 일을 할 수 있게 했을 뿐이다. 기술적 수준이 부족해서도 아니다. 컴퓨터 산업에서의 기술적 전문성으로만 따지면 DEC 같은 회사들은 세계 최고의 PC를 만들어낼 수도 있었다. 하지만 그렇게 할 수 없었던 것은 PC시장에 뛰어든다는 것이 사업성 측면에서 말이 안 되었기 때문이다. 메인프레임과 미니컴퓨터에 버금가는 성능을 갖출 만큼 PC가 발전했을 때도 DEC 같은 기업의 사업 모델은 더 크고 처리속도가 더 빠른 메인프레임이나 미니컴퓨터 개발에 우선순위를 둘 수밖에 없는 구조였다.

디지털 이큅먼트나 컨트롤 데이터와 비슷한 위치에 있던 기업들 중에 도태되지 않은 유일한 기업이 있다면 바로 IBM이다. IBM은 플로리다에 완전히 독립적인 PC사업부를 두어 IBM의 다른 사업부와 경쟁할 필요 없이 독특한 사업 모델을 만들어낼 수 있게 함으로써 PC 시장을 주도할 수 있었다.

코닥Kodak 카메라, 벨Bell 전화, 소니Sony 트랜지스터 라디오, 포드Ford 승용차 모델T (그리고 최근에는 도요타Toyota 자동차들), 제록스Xerox 복사기, 사우스웨스트 항공Southwest Airlines의 저가항공 티켓, 시스코Cisco의 라우터router, 피델리티Fidelity의 뮤추얼펀드, 구글Google 광고, 기타 수많은 혁신들도 모두 같은 방식으로 시장을 공략했고 지금도 그렇게 하고 있다. 그들은 파괴적 혁신을 통해 복잡하고 비싼 제품과 서비스가 지배했던 시장을 단순하고 저렴한 것들이 지배하는 시장으로 바꾸어버렸다.

위에서 열거한 사례들에서 보면, 파괴적 혁신을 몰고 온 신생기업의 공격을 받은 기존의 선도기업들은 한때 성공적으로 제품과 서비스를 판매해왔거나 심지어 몇십 년 동안 그 산업을 지배해왔음에도 불구하고 거의 예외 없이 도태되고 말았다. 존속적 혁신을 이루는 데는 엄청난 성공을 거두었던 기존의 우량기업들도 파괴적 혁신 앞에서는 더 이상 그 산업 내에서 선두 자리를 유지할 방법을 찾아낼 수 없었던 것이다. 다시 말하지만, 그 이유는 그들에게 자금이나 기술력 같은 자원이 없어서가 아니다. 그보다는 파괴적 혁신에 충분한 자원을 집중할 만한 동기가 없었기 때문이다.

새로운 혁신을 통해 성공하는 데 전념해야 할 시기에, 해당 산업을 선도하는 우량기업들에 파괴적 혁신은 매력적이지 않아 보이는데, 그들에게 가장 높은 수익을 가져다 주는 최고의 고객들이 그러한 혁신기술을 원치 않을 뿐만 아니라 수익성 측면에서 보더라도 존속적 혁신에 비해 이윤이 더 낮기 때문이다. 기업의 자원배분 과정에서, 파괴적 혁신에 대한 투자안은 차세대 존속적 혁신을 위한 투자안에 번번히 패하고 만다. 최고 고객에게 더 높은 가격에 팔 수 있는 존속적 혁신에 비해 더 낮은 마진을 보장해줄 뿐이고 최상의 고객이 사용할 수도 없는 파괴적 혁신은 전혀 매력적으로 보이지 않기 때문이다. 그러나, 결국 한 산업의 지형을 극적으로 바꾸어버리는 것은 파괴적 혁신이다.

제품과 서비스가 여전히 비싸고 복잡해서 많은 돈과 높은 전문성을 가진 사람들만이 그것을 구매하고 사용할 수 있는 산업은 아직 파괴가 일어나지 않은 산업이다. 법률서비스와 고등교육, 그리고 보건의료가 바로 이런 상황에 놓여 있다. 이 책에서 다루고자 하는 주제는 앞서 말한 파괴 과정이 보건의료에서도 나타나기 시작했다는 점이다. 비용이 많이 드는 병원에서 경험 많은 의사들의 판단과 기술을 통해서만 가능했던 질병치료가 하나둘씩 더 저렴하고 편리한 진료장소에서 덜 비싼 의료공급자들이 진단하고 치료할 수 있는 형태로 바뀌고 있다. 예상한 대로, 이런 혁신의 대부분은 새로운 진입자들이 도입하고 있으며, 현재 의료산업을 선도하고 있는 의료기관에서는 그들만의 합리적인 이유 때문에 외면당하거나 적대시되고 있다.

사업 모델이란 무엇이며, 어떻게 만들어지는가?

앞서 우리는 IBM이 메인프레임 컴퓨터를 만들던 기업 중에 유일하게 미니컴퓨터 산업을 선도하는 기업이 되었고, 또한 미니컴퓨터를 만들던 기업 중에 유일하게 PC산업을 선도하는 기업이 되었음을 언급했다. IBM이 그렇게 할 수 있었던 것은 파괴적 시장에서 벌어지는 경쟁의 본질에 딱 맞는 새로운 사업 모델을 만들어내는 일에 투자한 유일한 기업이었기 때문이다. 다른 선도기업 중에도 더러 새롭게 떠오르는 시장에 투자한 경우가 있었지만, 기존의 사업 모델을 통해 파괴적 제품을 상업화하려 했기 때문에 실패했다.

그렇다면 사업 모델이란 무엇일까? 그것은 〈그림 1-2〉에 나타나 있듯이, 네 가지 요소로 구성된 상호의존적 시스템이다.[1] 성공적인 사업 모델 수립의 출발점은 '가치제안 value proposition' 이다. 가치제안이란 목표고객들이 하려고 하는 일을 더 효과적으로, 더 편리하게, 더 저렴하게 해주는 제품이나 서비스를 제공하는 것이다. 그런 다음 매니저들은 보통 그러한 가치제안을 목표고객에게 전달하는 데 필요한 인력과 상품, 지적 재산, 재료와 장비, 시설, 현금 등 일련의 '자원' 을 마련해야 한다. 그런 목표를 향한 반복적인 작업을 통해 '과정' 이 고착된다. 과정이란 직원들이 되풀이되는 과업을 반복적 · 성공적으로 수행함에 따라 생겨나는 습관적 협력의 방식이다. 이 과정은 가치제안의 전달을 위해 어떻게 자원이 결합되는지를 규정한다. 그런 다음에는 '수익공식' 이 실체를 띠게 되는데, 이것이 특정 가치제안을 전달하는 데 소요되는 자원과 과정상의 비용을 충당함과 동시에 이윤을 남기는 데 필요한 가격과 마진, 매출 총이익과 순이익, 자산회전율, 판매량 등을 규정짓는다.

위의 과정을 통해 생겨난 사업 모델은 시간이 흐름에 따라 그 조직이 전달할 수 있는 가치제안의 유형을 결정짓기 시작한다. 가치제안은 하나의 사업 모델을 만들어내는 출발점이 되기도 하지만, 가치제안을 전달하는 과정에서 고착된 사업 모델로 인해 조직이 전달할 수 있는 가치제안이 제한을 받게 되는, 이른바 사건의 인과성에 역전이 일어나기 시작한다. 결국 그 조직이 성공적으로 시장에 내놓을 수 있는 가치제안은 이미 존재하는 자원과 과정, 수익공식에 부합하는 것들에 국한되는 것이다. 다시 말해, 현재 갖고 있는 사업 모델의 유형이 종종 파괴적 기술의 잠재력을 100% 실현시키지 못하게 만드는 제한요건이 되기도 한다는 말이다.

사업 모델의 혁신은 새로운 가치제안을 제대로 전달하기 위해 새로운 일련의 자원과 과정, 수익공식을 만들어내는 것이다.[2] 가치제안은 모든 사업 모델의 출발점이기 때문에, 앞으로 몇 페이지에 걸쳐 '고객이 하려고 해왔던 일을 더 편리하고 저렴하게, 그리고 더 효과적으로 할 수 있도록 돕는 것' 이 어떤 것인지 더 자세히 소개하려고 한다. 고객들이 하려는 일을 이해하는 것이야말로 성공적인 혁신을 위해 무엇보다 중요하기에, 앞으로 이 책의 여러 부분에서 이런 개념이 계속 사용될 것이다.

소비자 입장에서 바라보기: 일 해결 이론

한 기업이 세분화된 시장market segments을 정의하는 방식은 어떤 제품을 개발하고 어떤 특성에 초점을 맞출 것인지, 그리고 그 제품을 어떻게 시장에 출시할 것인지에 영향을 미치기 때문에 중요한 전략적 의사결정이다.

대부분의 마케팅 담당자들은 제품이나 고객의 특성에 따라 시장을 구분한다. 예를 들어 자동차 기업은 경차, 소형차, 준(準)중형차, 중형차, 미니밴, SUV, 고급승용차, 스포츠카 등과 같이 제품 특성에 따라 시장을 세분화한다. 이렇게 함으로써 각 세분화된 시장의 규모가 얼마나 되며, 경쟁자가 누구이고, 그들의 시장점유율이 얼마나 되는지 알 수 있다. 시장구조를 파악한 후에는 해당 세분화된 시장에서 경쟁자를 물리치기 위해 저렴한 비용을 들여 더 많은 기능을 더 신속하게 추가한다.

이와는 달리, 고객 특성에 따라 시장을 세분화하는 기업들도 있다. 고객을 소득수준에 따라 저소득층, 중산층, 고소득층으로 나누기도 하고, 18~34세 여성층 등과 같이 구체적으로 목표고객을 정하기도 한다. 기업 간 거래는 업체의 규모에 따라 영세업체, 중소기업, 대기업 등으로 나눈다. 결국, 관리자는 대부분 제품과 고객의 범주에 따라 시장을 세분화하고 있다. 우리가 기업 내에서 시장을 쳐다보면 그런 구조로 되어 있는 것처럼 보이기 때문이다.

이런 방식의 시장 세분화가 문제가 되는 이유는 고객이 세상(시장)을 바라보는 방식과 전혀 다르다는 데 있다. 기업이 인위적으로 나눈 범주는 고객에게는 의미가 없다. 사람들은 일상생활에서 해결해야 할 일이 생기면 그것을 해결하는 데 필요한 제품이나 서비스를 구매할 뿐이다. 따라서 마케팅 담당자로서 고객과 연결되기를 원한다면 그들의 눈을 통해 세상을 바라보아야 한다. 즉, 고객의 삶에서 일어나는 일들을 이해하고

〈그림 1-2〉 사업 모델의 구성요소

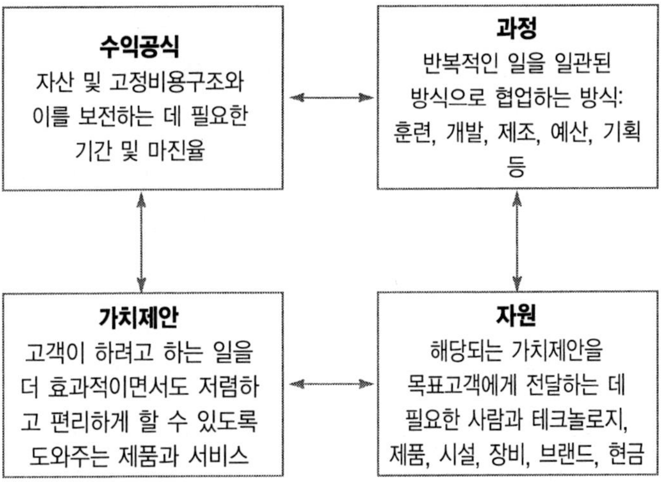

수익공식
자산 및 고정비용구조와 이를 보전하는 데 필요한 기간 및 마진율
과정
반복적인 일을 일관된 방식으로 협업하는 방식: 훈련, 개발, 제조, 예산, 기획 등
가치제안
고객이 하려고 하는 일을 더 효과적이면서도 저렴하고 편리하게 할 수 있도록 도와주는 제품과 서비스
자원
해당되는 가치제안을 목표고객에게 전달하는 데 필요한 사람과 테크놀로지, 제품, 시설, 장비, 브랜드, 현금

자신이 마케팅하려는 제품이 어떻게 그 일들을 해결할 수 있을지 이해해야만 한다. 고객이나 제품이 아닌, 고객이 해결하려는 '일'이야말로 마케팅 분석의 기초단위가 되어야 한다.

이제 고객이 해결하려는 일이란 게 무엇인지, 그리고 마케팅 담당자가 그 일을 기준으로 시장을 나눌 때 성공적인 혁신의 길이 얼마나 더 분명하게 드러나는지를 알아보기 위해 패스트푸드fast food와 교과서 산업의 예를 살펴보자. 이 산업 역시 그동안 제품과 고객의 범주에 따라 시장을 세분화해왔는데, 이제 고객이 처리하려는 일에 따라 시장을 나눔으로써 어떤 성과를 거두었는지 알게 될 것이다.

밀크셰이크를 사 먹는 진짜 이유

언젠가 한 패스트푸드 체인점이 '밀크셰이크'의 매출증대 방안을 놓고 고심한 적이 있다.[3] 마케팅 담당자들은 먼저 밀크셰이크 제품을 중심으로 시장을 나눈 다음, 제품을 구입할 가능성이 큰 고객들을 성향에 따라 좀더 세부적으로 나누었다. 성향별로 고객들을 초대해 밀크셰이크에 대한 설문조사를 펼쳤고, 물론 소비자들의 의견에 따라 밀크셰이크의 품질을 개선했다. 하지만, 어쩐 일인지 매출에는 아무런 변화가 없었다.

우리 동료 중 한 명이 그 점포에 나가 하루 종일 죽치고 앉아서 도대체 사람들이 무엇 때문에 밀크셰이크를 사는지 관찰하기 시작했다. 사람들이 언제 밀크셰이크를 사러 오는지, 어떤 제품을 함께 구매하는지, 혼자 오는지 아니면 여럿이 같이 오는지, 매장 안에서 먹고 가는지 아닌지 등을 낱낱이 기록했다. 신기한 것은 밀크셰이크의 40% 이상이 이른 아침 시간에 팔렸다는 것이다. 이른 아침 시간대에 밀크셰이크를 사간 손님들은 대체로 혼자였고, 밀크셰이크 말고 다른 제품은 구입하지 않았으며, 매장에서 먹지 않고 운전하면서 마시기 위해 들고 나갔다.

그 다음 날, 동료는 매장으로 다시 찾아가 이른 아침 시간에 밀크셰이크를 사들고 매장을 나서는 손님들에게 질문을 했다. “저… 죄송한데요, 도대체 밀크셰이크가 어떤 역할을 하기에 이른 아침 시간에 사들고 가는 건가요?” 손님들이 선뜻 대답을 하지 못하고 머뭇거리자, “지금과 비슷한 상황에서 밀크셰이크를 사지 않았다면 어떻게 되었을지 생각해 보라”는 조언도 덧붙였다. 손님 중 대부분은 “출근시간의 지루함을 달래기 위해 밀크셰이크를 구입한다”고 대답했다. 운전하는 동안 사람들은 한 손으로 운전대를 잡고, 다른 한 손에 무언가를 쥐고 싶어했다. 그 시간에는 배가 고프지 않지만, ‘오전 10시쯤 되면 배가 고플 것이다’ 라는 생각을 하고 있었기 때문에 무언가 먹을 게 필요했다. 결과적으로 그들이 해결하고 싶었던 문제는 출근하는 중이라 시간에 쫓기고 있는다는 것과, 무언가 먹기는 해야겠는데 옷에 음식을 묻히고 싶지 않다는 것, 그리고 운전대를 잡지 않은 다른 한 손이 놀고 있다는 것이었다.

동료는 사람들에게 ‘밀크셰이크를 이용하기 이전에는 어떻게 했는지’ 물었다. 그들은 그 전에 베이글 빵을 사봤다고 한다. 베이글은 딱딱하고 맛이 없을 뿐 아니라 빵에 발라먹는 크림치즈나 잼 때문에 손과 운전대에 끈적한 게 묻어서 싫었다고 한다. 가끔 바나나도 사봤는데 금방 다 먹어버려서 출근시간의 지루함을 해결할 수 없었다. 도넛 역시 사봤는데 금세 다시 배가 고파져서 안 좋았다. 어떤 사람은 막대사탕을 사보기도 했다는데, 그 역시 속이 불편해서 곧 그만 두었다. 하지만, 밀크셰이크는 달랐다. 얇은 빨대를 통해서 끈적한 밀크셰이크를 다 빨아먹는데 20분 이상 걸리기 때문에 장시간 운전할 때의 지루함을 덜 수 있었고, 운전 중에 한 손으로 깔끔하게 먹을 수 있어서 좋았다. 게다가, 밀크셰이크에 뭐가 들어 있는지 몰라도 오전 10시까지 속이 든든했다. 몸에 좋은 음식이 아니더라도 그들에게는 별 상관없었다. 그들이 밀크셰이크를 사먹는 이유는 건강해지기 위해서가 아니었기 때문이다.

한편, 같은 날 다른 시간대에 동료는 종종 부모들이 자녀를 위해 먹을거리와 함께 밀크셰이크를 사가는 것을 보았다. 그 부모들이 해결해야 했던 일, 다시 말해 밀크셰이크를 사간 이유는 무엇이었을까? 그들은 아마 일주일 내내 자녀에게 불량식품은 안 된다고 말한 게 마음에 걸렸기 때문에 밀크셰이크를 사주면서, 한편으로는 건강에 해롭지 않은 선에서 아이들을 달래주고 나름대로 자식을 아끼는 부모라고 느끼고 싶었을지 모른다. 하지만, 동료가 보기에 그런 부모들에게는 밀크셰이크가 별로 도움이 되는 것 같지 않았다. 음식을 다 먹고 난 후 자녀가 얇은 빨대로 걸쭉한 밀크셰이크를 다 빨아먹을 때까지 한참 동안 기다리며 지켜보는 부모의 모습은 무척 지루해보였기 때문이다.

고객들은 아주 다른 두 가지 일을 해결하기 위해 밀크셰이크를 구입하고 있었다. 마케팅 담당자가 자녀를 둔 아버지를 대상으로 똑같은 설문조사를 하면 운전 중에 지루함을 달래려고 밀크셰이크를 사러 온 바쁜 아침 출근 시간에 질문을 하느냐, 또는 주말이나 오후에 자녀와 함께 왔을 때 질문을 하느냐에 따라 결과가 달라질 것이다. 두 경우의 응답을 모두 포함해서 조사결과를 내고 제품을 개선하게 되면 결국 이도 저도 아닌 어정쩡한 신제품이 나올 수밖에 없고, 소비자의 두 가지 욕구 중 어떤 것도 충족시키지 못하게 된다.

아무튼, 위에서 말한 패스트푸드 체인점은 조사결과를 토대로 고객들이 해결하려는 일을 이해함으로써 밀크셰이크를 어떻게 개선해야 그 일을 더 잘 해결해줄 수 있을지, 혹은 어떤 부분이 고객의 요구와 상관없는지를 분명히 알게 되었다. 그렇다면 이제 어떻게 하면 출근길의 지루함을 해결해줄 수 있을까? 밀크셰이크를 더 걸쭉하게 만들어서 먹는 데 더 오래 걸리게 하면 어떨까? 거기에 과일이나 땅콩, 사탕을 적당히 갈아서 빨대로 밀크셰이크를 빨아먹다가 가끔 건더기를 씹을 수 있게 하면 아침 출근길이 조금이나마 덜 지루할 것이다. 자동판매기를 카운터 앞쪽에 설치해 고객들이 미리 구입한 선불카드를 이용하게 하는 것도 좋은 방법이다. 차에 탄 채로 주문하거나 혹은 매장 안에서 주문하기 위해 오래 기다리지 않아도 되기 때문에 바쁜 고객에게는 그만이다. 물론 자녀를 둔 부모들을 대상으로 한다면 전혀 다른 상품과 서비스를 고안해야 된다.

경영학의 대가 피터 드러커Peter Drucker가 이런 말을 했다. "제품이 고객들에게 잘 팔릴 것이라는 회사의 예상이 맞아떨어지는 경우는 드물다."[4]

소비자들이 해결하려는 일을 이해하고 더 잘 해결해줄 수 있는 제품을 개발하는 체인점은 단순히 다른 체인점의 밀크셰이크가 아닌 도넛이나 베이글, 바나나 그리고 지루함 같은 '진정한 경쟁상대'로부터 우위를 점할 수 있게 된다. 이것은 곧 마케팅을 위한 고객범주가 확장된다는 것을 의미한다. 이런 사례를 통해 우리는 일반적으로 소비자가 처리하려는 일을 중심으로 구분된 시장이 제품의 범주에 따라 구분되는 시장보다 훨씬 크다는 것을 알 수 있다. 시장의 크기가 제품의 범주와 같다는 생각에 빠져 있는 마케팅 담당자는 고객의 시각에서 볼 때 진정한 경쟁상대가 누구며, 자사 제품의 가치를 어떻게 높일지에 대해 이해할 수 없다.

아침시간에 고객들이 밀크셰이크를 사먹는 진짜 이유를 몰랐을 때는 패스트푸드 체인점이 나름대로 통합된 시스템을 갖추고 있다고 생각했을 것이다. 그래서 샌드위치에서부터 각종 먹을거리, 샐러드, 음료수, 디저트 등 어지러울 정도로 다양한 메뉴를 팔았다. 이런 식의 통합으로 고객의 모든 욕구를 적당히 맞출 수는 있었겠지만, 어떤 구체적인 욕구는 속 시원히 해결하지 못했다. 결국 소비자의 욕구는 해결해주지 못한 채 바나나, 도넛, 베이글, 아침식사 대용 음료, 커피, 다이어트 콜라와 같은 다른 패스트푸드 제품과의 경쟁에만 몰두해 쓸데없이 많은 제품을 개발하는 데 자원을 낭비한 꼴이다. 하지만, 일단 아침 출근길에 고객들이 해결하려는 일을 이해하면서부터 그 체인점은 다른 방식으로 통합할 수 있게 되었다. 즉, 최적화된 제품을 적절한 판매방식 및 지불시스템과 연계해 완벽하게 소비자의 욕구를 충족시킨 것이다. 왜 이런 방식이 필요한지 이해하지 못하는 대부분의 경쟁사로서는 따라 하기 쉽지 않다. 고객이 하려는 일을 해결해주기 위해 자회사만의 고유한 방식으로 자원과 과정, 수익공식을 통합한 것이야 말로 경쟁우위competitive advantage의 핵심이다.

고객이 진정으로 원하는 것을 찾아라

"물론이죠, 그런 제품이 나오면 꼭 사고 싶네요."

신제품 수요에 대한 시장조사에 응하면서 사람들은 흔히 이렇게 말하지만, 실제 제품이 나왔을 때는 별 반응을 보이지 않는 경우가 많다. 왜 그럴까? 두 번째 사례에서 그 실마리를 찾아보자.

지난 10여 년간 대학교재 출판사들은 지면의 한계로 교재에서 깊이 있게 다루지 못한 주제를 학생들이 찾아볼 수 있도록 웹사이트를 구축하기 위해 수십억 달러를 투자했다. 예를 들어, 지리학 교과서에서는 전 세계적으로 다루어야 할 지리(地理)가 너무 많기 때문에 아마존 열대우림에 관한 부분이 10페이지 분량에 불과하다. 하지만, 인터넷 덕분에 아마존 열대우림을 다룬 부분의 맨 끝에 인터넷 주소를 표기해놓는다면 학생들이 해당 웹사이트를 방문해 거의 무제한으로 추가정보를 찾아볼 수 있다. 시장수요 설문조사에서 학생과 교수들도 교재에 이런 기능이 추가된다면 좋겠다는 반응을 보였다.

하지만, 결과는 실망스러웠다. 인터넷 사이트를 방문한 학생 수는 극히 드물었다. 왜였을까? 그것은 대부분의 학생들이 하는 말이 아닌 그들의 행동을 보면 알 수 있지만, 학생들이 일상 생활에서 원하는 것은 단순했다. 따분한 교재를 다 읽지 않고도 학점을 무사히 이수하는 것이었다. 학생들의 학구열은 출판사 측이 생각한 것만큼 높지 않다.

그렇다면 이 문제는 어떻게 해결할 수 있을까? 우선 현실을 제대로 파악해야 한다. 고객이 하려는 일을 저렴하고 편리하게, 그리고 효과적으로 처리할 수 있도록 도와준다면 고객들은 그들의 일을 더 빠르게 잘 처리하기 위해서 더 많은 돈을 지불하고, 복잡한 설명서도 끝까지 읽을 것이며, 자신의 습관마저 바꾸려 들 것이다. 하지만, 고객이 원하지 않는 일을 처리하도록 도와주는 제품은 아무리 용을 써도 고객에게 판매할 수 없다.

온라인 도서나 전자서적이 쓸모 없는 아이디어라는 것은 아니다. 다만, 학생들이 인터넷에 기반한 학습자료를 이용하기를 원한다면 대학교재 출판사들은 학생들이 진정으로 원하는 것을 제대로 해결해줄 수 있도록 자료를 만들었어야 한다. 가령, 크램닷컴Cram.com이라는 인터넷 사이트를 만들어서 대학생들이 학기말이 다 돼서 적은 노력을 들이고도 효과적으로 기말고사에 대비해 벼락치기 공부를 할 수 있도록 도와준다면 어떻게 될까? 이 웹사이트를 이용하는 학생들은 벼락치기를 위해 굉장히 높은 가격도 흔쾌히 지불하려 들 것이다. 기말고사를 이틀 앞두고 초조해진 학생이 웹사이트에 로그인했다고 치자, 화면에 이런 문구가 뜰 것이다. '벼락치기를 하려는 학과목을 선택하세요.' 학생은 목록에서 '대학수학' 과목을 클릭한다. 다음 페이지에서 또 다른 문구가 뜬다. '해당 학과목의 담당교수가 지정한 필수 강의교재를 선택하세요.' 학생이 교재명을 선택하자, 다음 페이지에 이런 문구가 뜬다. '자, 이제 당신이 가장 취약하다고 생각하는 영역을 선택하세요.' 학생이 가장 자신 없는 분야를 선택하면, 다음 페이지에서 해당 분야의 문제풀이 요령과 시험대비에 유용한 각종 팁이 제공된다.

다른 파괴적 혁신 기업과 마찬가지로, 1년쯤 지나면 이 웹사이트는 학생들이 더 학기말에 가까워서 이용하더라도 훌륭한 서비스를 제공받을 수 있도록 더욱 업그레이드될 것이 분명하다. 몇 년이 지나지 않아 대학서점에서 129달러짜리 교재를 사야 할지 말아야 할지 고민하는 학생들을 발견하게 될지도 모른다. 그때 그 옆을 지나가던 한 학생이 이렇게 말할지도 모른다. "저 같으면 그 책 안 사겠어요. 지난 학기에 저도 그 과목 들었는데, 처음부터 크램닷컴을 이용했거든요. 효과 만점이에요." 그렇다. 값비싼 대학교재 산업의 파괴가 시작된 것이다.

실패한 제품과 서비스들이 묻힌 공동묘지에는 사람들한테 이롭기 때문에 그들이 원해야 하지만 사람들로부터 외면당한 것들로 즐비하다. 반면에, 마케팅 명예의 전당에는 사람들이 이미 처리하려고 했지만 할 수 없었던 일들을 더 저렴하고 신속하게, 그리고 더 간편하고 효과적으로 처리할 수 있게 도와준 히트상품들이 모셔져 있다.

이어지는 다른 장에서, 독자 여러분은 고객들이 하려는 일을 이해하는 것이 보건의료 혁신의 모든 영역에서도 중요한 이슈라는 것을 발견하게 될 것이다. 특정한 만성질환의 발병을 예방하거나 지연시키려는 많은 보건 프로그램이 왜 효과를 거두지 못한 걸까? 예를 들어, 담배에 중독되어 있거나 관상동맥질환의 위험을 가진 상당수의 비만층이 더 건강해져야 한다는 것은 실제로 병에 걸리기 전까지는 그들에게 우선순위가 되지 못한다. 5장에서 만성질환에 대해 다룰 때 살펴보겠지만, 사실 일부 환자들에게는 건강한 신체를 유지하는 것보다 건전한 경제적 여건을 유지하는 것이 훨씬 더 급박하게 해결해야 할 문제일 수 있다. 7장에서 우리는 건강저축계좌의 확산이 왜 기대에 훨씬 못 미쳤는지 설명하겠지만, 간단히 말해 그 프로그램을 도입할 때 단순히 또 하나의 상품군으로서 위치선정을 했을 뿐, 소비자들이 하려는 일을 해결해준다는 점을 인식시키지 못했기 때문이다.

모든 일에는 세 가지 단계가 있다. 가장 높은 단계는 그 일 자체로서, 고객들이 해결하려는 기초적이고 근본적인 문제 혹은 그들이 이루려는 결과를 말한다. 혁신을 원한다면 그 일을 먼저 이해해야 하고, 그런 다음에야 두 번째 단계에 파고들 수 있다. 즉, 고객들이 특정 제품을 구매하고 사용하는 과정에서 기업이 어떤 기능적 · 사회적 · 감성적 경험을 고객들에게 제공해주어야만 고객들의 일을 완벽하게 해결해줄 수 있을까 하는 부분이다. 어떤 경험을 고객들에게 안겨다 주어야 할지를 안다는 것은 다음 단계에서 구체적으로 제품을 디자인하고 마케팅을 하는 데 나침반 역할을 한다. 다음 단계는 바로 구체적인 제품의 사양과 기능, 그 제품을 구성하는 기술, 그리고 판매 및 사용 방식에 관한 것이다. 제품의 특정 사양이 고객의 일을 완벽하게 해결하는 데 도움이 되는 경험을 제공한다면 그것은 제품의 성공에 큰 도움이 될 것이다. 그게 아니라면, 제품에 비용과 복잡함만 추가돼 결국 고객에게서 가치를 인정받지 못할 것이다. 고객이 해결하려는 일을 이해하는 것은 혁신을 위해 꼭 필요한 나침반이다.

편리함과 비용은 고객이 해결하려는 일은 아니다. 편리함은 고객이 하려는 일의 전부가 아닌 일부를 잘 해결할 수 있도록 하기 위해 제공해줘야 하는 하나의 경험이다. 마찬가지로, 비용도 고객들이 어떤 일을 해결하기 위해 제품을 고를 때 비교하는 한 가지 특성일 뿐이다.

일이라는 것은 그 일을 해결하는 데 사용되는 제품 시장과는 별개로 존재한다. 예를 들어, 어떤 물건을 멀리 떨어진 다른 곳으로 가능한 한 빨리 그리고 확실하게 배달하려는 욕구는 율리우스 카이사르Julius Caesar가 살았던 로마제국 때도 있었다. 하지만, 그 일을 해결하기 위해 당시 카이사르가 할 수 있었던 유일한 것은 믿을 만한 부하를 시켜 빠른 말이 이끄는 전차를 타고 미친 듯이 달려가게 하는 방법밖에 없었다. 세계적인 택배업체 페덱스FedEx가 출현함으로써 거대한 새로운 시장이 생겨난 것 같지만, 사실 그러한 시장의 수요는 예전부터 있었다. 일은 고객과 별개로 존재한다. 모든 사람이 똑같은 종류의 일을 하는 것도 아니며, 똑같은 종류의 일을 하더라도 매일 그 일을 하는 것은 아니기 때문이다.

파괴적 혁신을 위한 사업 모델의 중요성

우리가 파괴적 혁신에 관한 연구를 통해 알아낸 점은 〈그림 1-1〉의 뒤쪽 평면에 위치한 원래의 시장을 선도하던 기업이 파괴적 혁신을 통해 만들어지는 (앞쪽 평면의) 새로운 경쟁 시장 또한 주도하기 위해서는 오직 기존 사업부서와는 완전히 별개의 자율적인 사업단위를 만들어서 해당 고객들이 해결하려는 일에 맞는 가치제안value proposition에 전념하게 해야 한다는 것이다. 모(母)기업과는 달리 이런 별개의 사업단위에는 더 낮은 이윤을 통해 매출을 올릴 수 있도록 새로운 수익공식profit formula을 만들어낼 자유가 주어져야 한다. 또한, 새로운 수익공식하에 파괴적 가치제안을 고객에게 전달할 수 있도록 전혀 새로운 자원의 조직과 과정이 요구된다.

혁신의 역사를 살펴보면, 많은 기업들이 파괴적 혁신 기술을 가지고 있었지만 그것을 파괴적 사업 모델과 결부시키지 못했기 때문에 결과적으로 상업화에 실패한 사례가 많다. 미국 매사추세츠주(州) 클린턴 Clinton에 위치한 초정밀 플라스틱 금형(金型) 제조업체 나이프로 Nypro가 그 대표적인 예다. 전 세계 60여 개 공장에 적용된 초창기 나이프로의 사업 모델은 공통된 하나의 가치제안을 바탕으로 했는데, 그것은 노키아 Nokia (휴대전화), 휴렛패커드 Hewlett-Packard (프린터 부품), 일라이 릴리 Eli Lilly(인슐린 주사용 펜) 등 '전 세계 거대 제조업체에 초정밀 부품을 대량으로 공급하는 것' 이었다. 정밀 부품을 저가에 대량으로 공급하기 위해 나이프로는 한 번의 금형 작업으로 최대 32개 부품을 찍어낼 수 있는 복수취출(取出)금형 multi-cavity molds과 같은 '자원' 을 활용했다. 다수의 플라스틱 사출성형을 위해 나이프로의 금형기계는 고압에서 플라스틱을 주입해야 하고, 이것은 곧 기계의 덩치가 크고 힘이 좋아야 한다는 것을 의미한다. 또한 기술 자체의 복잡성으로 인해 나이프로의 '작업과정' 에서 각각의 취출 금형으로부터 완벽한 부품을 생산해내기 위해서는 상당히 오랜 작업 준비 시간이 필요했다. 이런 이유로 나이프로의 공장관리자 입장에서는 되도록 표준형 부품을 많이 찍어내는 것이 상당히 매력적으로 느껴질 수밖에 없었다. 회사의 '수익공식' 에 따르자면 비용절감을 위해 장비의 사용효율과 생산량을 극대화하는 것이 필수적이었기 때문이다.

1990년대 중반에 이르러, 나이프로의 창업자이자 CEO인 고든 랭크턴 Gordon Lankton은 회사의 미래를 바꿀 새로운 변화를 감지했다. 나이프로 고객사들의 제품시장이 세분화되기 시작한 것이다. 이것은 곧 대량생산되는 부품시장이 쇠퇴하고 짧은 주기에 다양한 부품을 소량으로 생산하는 체제가 요구될 것이라는 전조였다. 이런 새로운 성장 기회로부터 고객의 요구에 맞는 새로운 가치제안을 만들어내기 위해 나이프로 기술자들은 노바플라스트 Novaplast라는 이름의 새로운 사출금형(射出金

젝) 기계를 개발해냈다. 이 기계는 네 개의 취출금형four-cavity molds만 가지고 있어서 낮은 압력에서도 신속하고 정확하게 플라스틱 금형을 제작해낼 수 있었다. 힘은 좋지만 덩치가 큰 기존의 기계로는 생산비용을 감당할 수 없는 다양한 종류의 부품을 소량으로 만들어낼 수 있도록 고안된 기계였다.

랭크턴은 다품종 소량생산 부품시장을 겨냥해 자체 판매인력을 보유한 별도의 공장을 세울지 생각해봤지만, 결국 회사의 기존 자원, 즉 기존의 판매인력과 생산 인프라를 활용하기로 결정하고 각 공장에 노바플라스트 기계를 좋은 조건에 임대해주기로 했다. 그런데, 공장 중 아홉 곳에서만 임대 계약을 수락했을 뿐이고, 그나마 그중 일곱 군데는 채 3개월도 안 돼서 판로를 확보할 수 없다는 이유로 기계를 도로 반납해버렸다. 기계를 반납하지 않은 나머지 두 곳이 기계를 반납하지 않은 이유에 대해 궁금해진 랭크턴은 해당 공장 관리자들에게서 흥미로운 사실을 알게 되었다. 그 공장들은 기존에 두 개의 취출금형2-cavity molds을 가진 기계 3대를 이용해 AA사이즈 건전지에 삽입되는 매우 얇은 표준형 플라스틱을 생산하고 있었는데, 우연히 노바플라스트를 사용해보니 생산성이 더 높아졌다는 것이다.

그렇다면, 왜 대부분의 공장 관리자들은 처음부터 노바플라스트를 채용하지 않으려 한 걸까? 떠오르는 다품종 소량생산 부품시장에도 불구하고, 다양한 종류의 부품을 소량으로 생산하라는 주문은 나이프로의 공장 관리자들에게 단지 매력적이지 않았을 뿐이다. 그런 주문은 기존의 수익공식에 맞지 않고, 공장이 기존에 돈을 벌어온 방식에 도움이 되지 않았기 때문에 결국 나이프로 기존 사업 모델과는 맞지 않는 것이었다. 회사의 CEO는 이미 수요가 커지고 있다고 판단했는데도 왜 아홉 개 공장 중 일곱 군데는 다품종 소량생산 부품에 대한 수요가 없다고 결론을 내렸을까? 그것은 소량생산 부품을 판매하는 것이 나이프로 판매인력들의 급여방식에 맞지 않았기 때문이다. 판매사원으로서는 기존 고객을 상대로 대량 주문을 받아내야만 성과급을 받을 수 있는 구조였기 때문에 소량생산 부품의 매출에 매달릴 하등의 이유가 없었던 것이다. 반면에, 노바플라스트 기계를 작업에 활용했던 두 개의 공장은 그 자원(기계)이 기존의 사업 모델에 잘 맞아떨어졌기 때문에, 즉 노바플라스트를 이용해 건전지 안쪽 표면을 둘러싸는 얇은 플라스틱 표면을 더 효과적으로 대량생산할 수 있었기 때문에 그렇게 했을 뿐이다.

다시 말해서, 하나의 사업 모델에 사로잡힌 기업은 스스로를 파괴하지 못한다. 관리자들은 그들이 추구해온 사업 모델에 부합하는 방식에 따라 신기술을 적용하려고 하기 때문이다. 노바플라스트 금형기계는 성장하는 다품종 소량생산 부품 시장을 공략할 능력을 갖추고 있었지만, 그것을 둘러싼 사업 모델은 그렇지 못했다. 랭크턴의 예측은 옳았다. 결국 표준형 제품의 대량생산 시장은 쇠퇴한 반면, 다품종 소량생산 부품시장은 크게 성장했다. 그런 시장을 나이프로가 성공적으로 공략하기 위해서는 노바플라스트 기계로부터 새로운 파괴적 가치제안을 위한–별도의 수익공식과 과정, 자원을 최적화한–독립적인 사업 모델을 구축해야 했다.[5]

사업 모델의 세 가지 유형

노르웨이 경영대학원의 펠트슈타트 Øystein Fjeldstad 교수와 그의 동료 스타벨 Charles Stabell은 처리하는 일을 중심으로 숍shops, 체인chains, 네트워크networks 등 사업 모델을 세 가지로 분류하는 개념을 개발했다. 의미를 더 분명하게 전달하기 위해 이 책에서는 세 가지 유형을 각각 솔루션 숍

solution shops, 가치부가과정(VAP) 사업 value-adding process businesses, 촉진 네트워크 facilitated networks로 부르기로 한다.[6] 이들은 서로 그 목적이나 역량, 돈 버는 방식 등 여러 면에서 근본적으로 다르다.

솔루션 숍Solution Shops

'솔루션 숍'은 구조화되지 않은 문제를 진단하고 해답을 제시하기 위해 구조화된 사업인데 컨설팅회사, 광고기획사, 연구개발기관, 일부 법률회사 등이 여기에 해당한다. 솔루션 숍은 기본적으로 그들이 고용하는 사람을 통해 고객에게 가치를 전달하는 사업이다. 그 회사에 고용된 전문가들은 그들의 직관과 분석 능력, 문제해결 기술을 이용해 복잡한 문제의 원인을 진단하고, 이에 근거해 해결책을 제시한다. 각각의 고객을 위해 그들이 하는 일은 독특하며 프로젝트나 회사마다 일하는 방식이나 결과가 제 각각이다.

솔루션 숍 사업에 대한 대가는 대부분 서비스에 대한 요금 fee-for-service 형태로 청구된다. 컨설팅회사들이 간혹 자신들이 내린 문제진단과 권고안에 의해 만들어진 결과에 따라 대가의 일부분을 지급받는 경우가 있기는 하지만, 결과의 성공여부는 컨설턴트의 진단과 권고안의 정확성 외에 다른 많은 요인에 의해 좌우될 수 있기 때문에 결과에 따라 서비스료를 지급받는 것은 별로 설득력이 없다. 복잡한 문제의 원인을 진단하고 실행 가능한 해결방안을 만들어내는 것은 향후 의뢰한 회사의 수익에 지대한 영향을 미치기 때문에 보통 고객들은 솔루션 숍의 전문적인 서비스에 매우 높은 가격을 기꺼이 지불한다. 유명 컨설팅업체나 법률회사의 파트너급 인력의 시간당 서비스료가 1000달러를 넘어가는 경우는 드문 일도 아니다.

종합병원과 일부 전문의원에서 하는 진단작업도 일종의 솔루션 숍 형태라고 할 수 있다. 2장에서 우리는 의료 솔루션 숍에서 하는 작업을 '직관의학intuitive medicine'이라고 부를 것이다. 고도로 숙련된 의료 전문가들은 각종 분석장치나 영상장비, 개별 신체검진 등을 통해 데이터를 수집한 후, 환자 증상의 원인에 대해 가설을 개발한다. 진단을 통해 검증할 수 있는 가설이 아닌 경우, 보통 이 전문가들은 당대의 최고 치료법을 적용해봄으로써 가설을 검증하려 한다. 그것이 환자에게 효과 있으면 가설이 입증되는 것이고, 그렇지 않다면 전문가들은 문제의 진단과 해결을 위해 가설검증의 순환과정을 반복해야만 한다.

5장에서 언급하겠지만, 오늘날 보건의료 분야에는 진정한 의미에서 솔루션 숍으로서 자격을 갖춘 의료조직이 극소수에 불과하다. 대부분의 직관의학은 개별 전문의들이 하고 있으며, 안타깝게도 서로 연계되어 있지 않다.

가치부가과정 사업 Value-Adding Process Businesses

두 번째 유형의 사업 모델은 가치부가과정(VAP) 사업이다. 이것은 인력이나 원료, 에너지, 장비, 정보, 자본 등의 투입자원을 더 높은 가치를 지닌 산출물로 바꾸는 역할을 하며, 소매업, 식당, 자동차 생산, 석유정제, 많은 교육기관 등이 하는 일이 여기에 속한다. 가치부가과정의 일은 반복적으로 되는 경향이 있기 때문에 가치를 전달하는 역량은 주로 과정이나 장비에 내재되는 경우가 많으며, 솔루션 숍에서처럼 전문가의 재능에 의존하는 경우는 적다. 따라서, 과정의 우수성에 초점을 두는 VAP 사업은, 기본적으로 종사자의 직관에 따라 결과물의 질이 달라지는 솔루션 숍과는 달리, 변함없이 양질의 서비스와 상품을 저가에 공급할 수 있다. 물론 모든 VAP 조직이 질적으로 표준화된 결과물을 만들어 내는 것은 아니며 조직에 따라 수준 차이가 있을 수 있다.[7]

문제에 어떻게 대처해야 하는 것이 옳은지 미리 입증할 수 있고, 비교적 표준화된 과정을 통해 문제를 바로잡을 수 있는 경우가 많다는 점에서, 많은 의학적 절차 또한 가치부가과정 활동이라고 할 수 있다. 물론, 의학적 문제를 진단하고 해결방법을 찾는 일은 아직도 솔루션 숍의 특징을 띠는 병원 및 의사진료를 통해서만 가능한 경우가 많이 있다. 하지만, 명확한 진단이 가능한 분야의 치료는 가치부가과정 활동을 하는 의료조직에 의해 충분히 할 수 있다. 식당이나 경영대학원, 자동차 생산업체에서 흔히 찾아볼 수 있는 가치부가과정 모델에 따라, 의료분야도 의학적 필요가 있는 환자를 받아들여 비교적 표준화된 일련의 활동을 통해 서비스를 제공한 후 내보내는 것이 가능하다는 얘기다.

가치부가과정 절차가 솔루션 숍과는 조직적으로 분리된 별개의 사업 모델을 통해 이루어질 때 가치부가과정 작업의 간접비용은 극적으로 감소한다. 3장에서 사례를 다시 살펴보겠지만, 집중화된 가치부가과정(VAP) 병원과 클리닉은 솔루션 숍과 VAP 사업 모델이 혼재되어 있는 병원이나 의사진료에 비해 40~60% 정도 저렴한 비용으로 의료를 제공할 수 있다.[8] 레디클리닉RediClinic이나 미닛클리닉MinuteClinic(2007년에 CVS-Caremark가 인수함) 같은 리테일 클리닉Retail clinics, 숄디스Shouldice 병원 및 기타 정형외과 병원 등 외과수술 전문병원, 안과수술센터를 포함한 외래수술센터, 심장병원 및 암센터 같은 전문의료원 등은 모두 보건의료산업 내에서 성장하고 있는 가치부가과정 사업의 일부이다.[9] VAP 사업으로 관리되는 환자와 질병들이 반드시 가장 단순한 분야에만 국한되지는 않는다. 이제는 이식수술 같은 경우도 VAP 모델을 적용해 하나의 묶음으로 서비스를 제공하고 결과outcome에 따라 가격을 지불하게 하는 사례가 더러 있다.[10]

고객에게 가치를 전달하는 능력이 개개인의 직관이 아닌 장비와 과정에 내재되어 있기 때문에, 가치부가과정 사업에서는 고객에게 투입물이 아닌 결과물에 대해 요금을 부과하는 것이 전형적이다. 제품이나 의료결과outcome에 대한 가격이 사전에 결정되기도 하며, 이 영역에서는 비용과 의료결과가 어느 정도 예측이 가능하기 때문에 대부분의 가치부가과정 조직들이 제품의 질을 보장할 수가 있는 것이다. 효과가 없거나 품질에 흠이 있는 경우는 무료로 교환 내지는 수리도 가능하다. 대다수의 종합병원이 행위별 수가제(行爲別 酬價制)로 요금을 부과하는 반면, 많은 가치부가과정 병원은 환자들에게 제공한 각 시술별로 정액요금을 부과하기 시작했고, 더불어 결과까지 보장해준다. 가령, 가이싱어 병원 체인Geisinger Health System의 프루븐케어ProvenCare 프로그램은 2006년 2월부터 환자가 선택할 경우 관상동맥 우회로 조성술(CABG)에 대해 보험사에 비용을 정액으로 청구하기 시작했고, 수술결과에 대해 90일간의 품질보증도 함께 제공했다.[11]

전 세계 최고의 가치부가과정 회사라고 할 수 있는 도요타 자동차 직원들은 직원교육에서부터 장비 점검과 보수, 자동차 디자인과 생산에 이르기까지 모든 작업을 철저히 표준화된 과정에 따라 수행한다. 그들이 표준화된 과정을 철저히 지키는 이유는 작업의 편의성 때문이 아니라, 매번 같은 방식으로 하는 작업을 거듭하면서 완벽한 결과물을 만들어내는 방식을 찾아 끊임없이 테스트하기 위해 일종의 통제된 실험을 하고 있다. 다시 말해, 도요타 공장은 예상치 못한 문제들이 발생할 수 있는 과정을 수행할 때 항상 정해진 방식으로 문제에 대응하도록 공정을 디자인해놓았다. 이것은 문제를 해결하는 데 동원된 방법이 신뢰성이 있는지 테스트하기 위함이다. 마찬가지로, 가치부가과정 클리닉에서는 정해진 과정에 따라 단순히 의료종사자들이 기계적으로 일하기 때문에 의료시술 과정에서 일어날 수 있는 예상치 못한 문제에 잘 대응하지 못해도 된다고 생각해서는 안 된다. 오히려, 여기에 종사하는 보건의료 인력들은 의료과정에서 발생할 기대치 못한 문제들을 예상하고 효과적으로 대응하는 능력을 훨씬 더 잘 갖추고 있어야 한다. 앞서 말한 도요타 생산 시스템의 핵심원리는 이미 의료결과의 질적 향상과 환자의 안전을 높이기 위한 방법으로 여러 병원에 도입되었는데, 시애틀에 있는 버지니아 메이슨 메디컬 센터 Virginia Mason Medical Center 라든지 피츠버그대학 메디컬 센터 University of Pittsburgh Medical Center 가 그 대표적인 예에 속한다.[12]

촉진 네트워크 사업 Facilitated Network Businesses

세 번째 유형의 사업 모델은 '촉진 네트워크 facilitated networks' 로, 고객들이 어떤 시스템을 통해 서로 무언가를 사고 팔거나 주고 받을 수 있도록 촉진하는 사업이다.[13] 상당수의 상업은행도 고객들이 예금해서 모은 합동자금으로 인출을 한다는 점에서 네트워크 사업에 속한다. 카지노, 세컨드 라이프 second life, 인터넷 네트워크 게임 또한 촉진 네트워크라고 할 수 있다. 전 세계 GNP의 약 40%가 촉진 네트워크에 의존하고 있다.[14]

네트워크 산업에서 돈을 버는 기업들은 각 네트워크의 효과적인 운영을 관리하고 촉진하는 역할을 한다. 결과에 상관없이 서비스에 대해 요금을 부과하는 솔루션 숍과 표준화된 결과에 대해 일정한 요금을 부과하는 가치부가과정 사업과는 달리, 촉진 네트워크는 일반적으로 회비 membership나 수수료 transaction-based fees를 통해 돈을 번다.

네트워크 사업 모델에서는 고객들 간의 의존성 자체가 상품이 되는 경우가 많다. 다시 말해 네트워크로 연결된 사용자들이 상품성을 구성하는 핵심이며, 따라서 '고객층의 규모와 구성이 상품의 가치를 만들어내는 원동력' 이다. 네트워크의 외부효과 network externalities를 주제로 한 대부분의 경제학 문헌에서는 네트워크의 규모를 강조하지만, 사실은 적합성 compatibility, 즉 구성원들이 서로 얼마나 비슷한 요구를 가지고 있는지가 더 중요하다.[15]

5장에서 다루겠지만, 촉진 네트워크 사업은 보건의료 분야에서도 나타나기 시작했는데 매우 새로운 방식으로 기존의 문제에 접근하고 있다. 네트워크 사업 중에는 의료전문가들을 연결해 서로 도움을 주고 받는 것도 있는데, 의사들을 위한 온라인 커뮤니티 서모 Sermo[16], 의료공급자 네트워크를 촉진하고 있는 몇몇 질병관리 단체 등이 그 대표적인 예다. 어떤 네트워크는 환자들이나 특정 질환을 중심으로 하는데, 상당수가 만성질환 관리를 위해 환자나 가족들이 생활양식을 바꾸게끔 유도함으로써 도움을 주는 효과적인 사업 모델을 가지고 있다.[17] 일부 소셜 네트워킹 social networking 서비스 사이트들이 여기에 해당하는데, 대표적인 예로는 다발성 경화증 multiple sclerosis이나 근(筋)위축성 측색(側索) 경화증 amyotrophic lateral sclerosis (루게릭병 Lou Gehrig's disease), 파킨슨병 Parkinson's disease, 후천성 인간면역결핍증(HIV) 등의 질환이 있는 환자들을 위해 커뮤니티 공간을 제공하는 '페이션츠라이크미닷컴 PatientsLikeMe.com' 이라든지, 희귀질환을 위한 커뮤니티 '케어플레이스 CarePlace' 등이 있다.[18] 반면에, 워터프론트 미디어 Waterfront Media와 웹엠디 WebMD는 자신들이 보유한 환자 및 보험자에 관한 방대한 데이터를 이용해 광범위한 촉진 네트워크 모델을 구축함으로써 환자들이 '자신과 같은 입장에 처한 사람들' 을 찾을 수 있도록 도와주고 있다. 이를 통해 환자들은 직접적으로 비교대상이 되는 환자들과 질병치료의 진척상황을 비교할 수 있고, 경험을 나눔으로써 서로에게서 배울 수 있다.[19]

지금까지 만성질환 관리는 의사의 진료를 중심으로 하고 있었지만,

이런 솔루션 숍 모델은 많은 만성질환 관리에는 적합하지 않다. 가치부가 과정 병원들이 훨씬 저렴하게 양질의 의료결과를 만들어냄으로써 솔루션 숍 사업을 능가할 수 있듯이, 촉진 네트워크 또한 그와 유사한 정도로 특정 만성질환에 대해 비용 절감과 질적 향상을 가져올 수 있다.[20]

사업 모델의 파괴적 혁신

역사적으로 볼 때 대부분의 파괴적 혁신은 동일한 유형의 사업 모델 영역 내에서 이루어졌다. 보스턴 컨설팅 그룹Boston Consulting Group은 동일한 솔루션 숍 사업 모델로 매킨지McKinsey를 파괴했다. 도요타 자동차와 메드코Medco는 가치부가과정 사업 모델로 각각 포드 자동차와 일반 소매약국들을 파괴했다. 네트워크 촉진자network facilitator의 역할을 해온 기존의 유선전화 회사들은 무선통신 사업자들에게 파괴되었고, 이들은 다시 인터넷전화기술(VOIP)을 이용해 모바일 네트워크를 촉진하는 스카이프Skype에 파괴되고 있다.

하지만, 더 근본적인 파괴적 혁신은 한 가지 유형의 사업 모델이 다른 유형에 의해 교체될 때 일어난다. 가령, 이베이eBay는 네트워크 촉진 사업이지만 기존에 가치부가과정 사업에 속해 있던 일부 소매업 및 유통채널을 파괴하고 있다.[21] 〈그림 1-3〉의 윗줄에 열거된 기업들은 한 가지 유형의 사업 모델 내에서 일어난 파괴적 혁신의 사례들이며, 아랫줄에는 사업 모델의 유형을 변혁시켰거나 현재 진행 중인 기업들이 열거되어 있다. 파괴가 동일한 유형의 사업 모델 내에서 일어날 때보다는 서로 다른 유형의 사업 모델에 걸쳐 일어날 때, 비용절감과 접근편의성 측면에서 더 큰 이익을 볼 수 있다.

이 장 마지막에 있는 부록에서 우리는 〈그림 1-3〉에 열거한 파괴적 혁신 기업들을 왜 그렇게 분류했는지에 관해 간략히 설명해놓았으니 참고하기 바란다.

보건의료 사업 모델의 혁신

우리는 세 단계의 사업 모델이 보건의료 분야에서도 파괴적 혁신을 불러와 의료의 품질과 효율을 개선하면서도, 상황에 따라 다르겠지만, 비용을 20~60% 정도 절감할 수 있는 잠재력이 있다고 본다.[22] 첫 번째 단계로, 병원들은 기존에 솔루션 숍과 가치부가과정 사업, 촉진 네트워크 모델이 한 기관 내에 혼재되어 있는 상황이 아닌, 각각의 응집력 있는 사업 모델에 따라 집중화된 형태로 분리되어야 한다. 각 기관에는 그에 걸맞은 수준의 자질을 갖춘 의사들이 일하게 될 것이며, 이로 인해 현재의 병원에 비해 간접운영비가 현저히 감소하는 파괴적 형태가 될 것이다. 두 번째로는, 〈그림 1-3〉의 윗줄에 제시된 기업들처럼 비용절감 차

〈그림 1-3〉 사업 모델에 따른 파괴적 혁신의 구분과 해당 사례

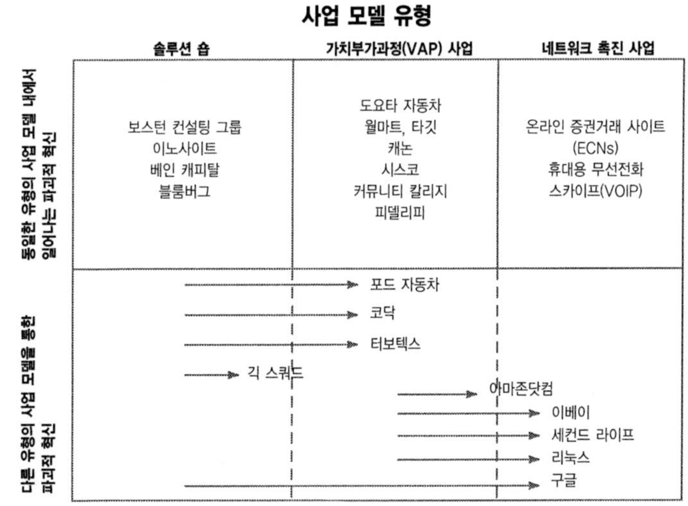

원에서 파괴적인 사업 모델을 갖춘 혁신 조직들이 각 사업 모델군 내에 등장할 것이다. 예를 들어, 솔루션 숍 역할을 하던 의료기관 중에서 원격 진료 기능을 갖춘 조직들이 나타나 기존의 병원과 의원에서 하던 진단활동의 일부를 파괴하고, 가치부가과정 사업 모델을 대표하는 외래 및 이동 진료소들이 전문병원을 파괴하는 등 일련의 파괴적 혁신이 거듭될 것이다. 세 번째 단계에서는 사업 모델의 경계를 초월해서 파괴적 혁신이 일어날 것이다. 가령, 규칙에 기반한 질병의 치료는 리테일 클리닉Retail clinics을 통해 솔루션 숍이 아닌 가치부가과정 사업의 영역에서 다룰 것이다. 시뮬컨설트SimulConsult 같은 기업들은 수천 명의 전문의가 발표한 연구결과를 통합해 그 데이터베이스를 일차진료의사에게 공급하는, 이른바 '전문직 네트워크 사업 모델'을 통해 전문의의 솔루션 숍 사업을 파괴할 것이다. 이런 가능성들에 대해서는 앞으로 이 책에서 더 자세히 다룰 것이다. 우선 2장에서는 기술적 촉진요인이 파괴적 혁신에 어떤 역할을 하는지부터 살펴보자.

혈관성형술Angioplasty의 파괴적 혁신

콜레스테롤의 침착(沈着)이나 고혈압, 기타 수많은 다른 원인에 의해 유발되는 동맥의 협착(狹窄)은 인체 혈관에 나타날 수 있는 가장 흔한 문제 중 하나다. 중재술이 가능한 경우 일반적인 치료법은 환자에게 카테터catheter를 삽입해 풍선으로 좁아진 혈관 부위를 확장한 다음 혈관이 다시 막히는 것을 막기 위해 스텐트stent를 삽입하는 것이다. 하지만, 앞으로는 똑같은 중재술 기법을 사용하더라도 질병 부위에 따라 환자 치료를 담당하는 진료과가 달라질 수 있다. 가령, 심장 부위의 혈관성형술은 심장내과 전문의interventional cardiologist, 신장 부위는 방사선내과 전문의interventional radiologist, 경동맥 협착의 경우는 혈관외과 전문의vascular surgeon가 각각 담당할 수 있으며, 다리 등 말초혈관질환의 경우 위의 진료과 중 어디서든 혈관성형술을 할 수 있을 것이다.

오늘날 혈관성형술의 대다수는 질병의 종류나 진료과를 중심으로 한 솔루션 숍을 통해 하고 있다. 예를 들어, 혈관성형술을 하는 심장내과 전문의는 지난 25년 동안 관상동맥 우회로 조성술(CABG)을 해온 심장외과 전문의의 영역을 파괴하고 있지만, 이것은 여전히 종합병원의 솔루션 숍 사업 모델 내에서 하고 있을 뿐이다. 우리는 혈관중재술이 매우 다른 분야와 경쟁할 새로운 파괴적 사업 모델에 더 적합할 수 있다고 생각한다.

첫 번째 단계의 파괴는 현재 종합병원에 묶여 있는 서로 다른 유형의 사업 모델을 분리시키는 일에서부터 시작된다. 심장전문병원은 종합병원에서 분리되어 집중화된 가치부가과정 사업 모델이 된 최초 사례에 해당하는데, 이런 파괴적 혁신은 앞으로 계속해서 치료방식에 영향을 미칠 것이다.

예를 들어, 혈관성형술 분야가 발전함에 따라 기존에 우리가 생각했던 경쟁의 범주는 이제 그 구분의 의미가 없어졌다. 경쟁의 범주는 더 이상 심장학 · 방사선학 · 혈과외과 환자로 구분되지 않으며, 단순히 '혈관' 이라고 하는 단 하나의 범주로 바뀌어버렸다. 우선 질병상태가 안정적이고 합병증 위험이 적은 환자부터 시작되겠지만, 혈관성형술을 받는 환자들은 혈관 부위가 어디가 됐든 가치부가과정 사업 모델을 가진 의료조직에서 매일 혈관성형술만 전담하는 '혈관중재술 전문의vascular interventionalist' 와 혈관성형술의 전(全) 과정을 관리할 능력을 갖춘 전문 지원인력들에게서 더 나은 서비스를 받을 것이다. 가치부가과정 사업 모델은 경쟁의 범주를 바꿔놓음으로써 이전에는 불가능했던 규모의 경제와 비용의 절감을 가능하게 해준다.

환자들은 더 이상 중증 환자들을 위해 설계된 기존의 과정들을 거칠 필요가 없기 때문에 더 저렴한 외래시설에서 치료받을 수 있으며, 지금보다 더 적은 과정에 특화된 전문 심장병원 등 새로운 사업 모델을 통해 다른 가치부가과정 사업들마저 파괴해나갈 것이다.

언젠가는, 방금 언급했던 혈관중재술 전문의가 반드시 의사여야 할 필요가 없어질지도 모른다. 가령, 의사가 아니더라도 비디오게임을 할 때 필요한 것과 같은 기술을 습득함으로써, 소위 '중재술 전문 의료기사skilled interventionalist' 라 부르는 전문기술인력이 수술을 담당함으로써 고비용 구조의 다른 가치부가과정 사업들마저 파괴시킬 것이다. 의사가 아닌 전문 의료기사에 의한 중재술은 비교적 가장 단순한 혈관질환인 말초혈관 폐색성 질환(PVOD)peripheral vascular occlusive disease에서부터 적용될 수 있다. 물론 합병증 위험이 높은 환자인 경우 심장내과 전문의의 감독이 필요하겠지만, 결국에는 다중 심혈관 질환multivessel cardiac cases마저 전문 의료기사가 중재술을 시행할 것이다.[23]

물론, 심장내과 전문의나 방사선과 전문의, 외과전문의는 계속해서 가장 복잡한 혈관질환을 관리해야 하며, 환자의 질병상태가 불안정하거나 바람직하지 않은 의료결과의 발생 위험이 높은 경우 등 예측이 어려운 환자군에 대해서는 특히 그렇다. 하지만, 그들의 값비싼 전문지식을 필요로 하는 환자 수는 시간이 지나면서 점점 줄어들 것이고, 더 많은 치료행위가 기존의 학문 영역과 전문 분야를 넘나드는 구체화된 시술과 기법에 초점을 둔, 그래서 더 저렴한 비용에 더 나은 의료결과를 만들어낼 수 있는 가치부가과정 사업의 영역에서 이루어질 것이다.[24]

여기에서 언급한 변화들이 자연스럽게 사업 모델의 경계를 넘어 다음 단계의 파괴적 혁신으로 이어질지는 더 지켜보아야 할 것이다. 현 시점에서 앞으로 변화가 어떻게 진행될지를 점치는 것은 어렵지만, 우리나 독자 여러분들이 그런 변화를 함께 지켜볼 수 있기를 바랄 뿐이다.

〈그림 1-3〉에 열거된 파괴적 혁신 기업과 기술

아마존닷컴 Amazon.com

기존에 서적과 음반 소매업은 가치부가과정 사업이었는데, 아마존닷컴은 사용자 평가 시스템과 토론게시판, 그리고 아마존 마켓플레이스Amazon Marketplace라 부르는 일반판매자 네트워크를 통한 VAP 활동을 네트워크 촉진 사업 모델로 바꾸어가고 있다. 음악인과 저술가들조차 MP3와 전자출판 기술에 힘입어 아마존이 촉진하고 있는 네트워크를 통해 서로에게 자신이 만든 콘텐츠를 팔 수 있게 되었다.

베인 캐피탈 Bain Capital

베인 캐피탈은 세계 최대의 사모투자펀드private equity 및 차입매수leveraged buyout 전문 기업 중 하나다. 투자금융 분야에서 파괴적 혁신을 구성하는 수직축은 투자를 받는 회사의 규모로, 돈은 많지만 시간의 제약하에 놓인 투자가들은 대체로 큰 규모의 투자를 선호해왔다. 하지만, 베인 캐피탈은 콜버그 크래비스 로버츠Kohlberg Kravis Roberts & Co.와 같은 대형 사모펀드를 상대로 정면 공격을 벌이기보다는 스테이플스Staples와 같은 신진기업을 대상으로 비교적 적은 규모의 투자에서부터 시작해 조금씩 투자 규모를 키워나갔다.

블룸버그 Bloomberg

블룸버그는 처음에 금융분석가들을 상대로 비교적 간단한 수준의 시장조사 자료를 제공했다. 이것을 이용해 금융분석가들은 투자 대상 기업이 처한 문제점과 투자 기회를 분석할 수 있었다. 이후 블룸버그는 자체 시스템에 분석기능을 통합시킴으로써 예전에는 워튼Wharton 스쿨을 나온 MBA나 만들 수 있었던 복잡한 분석자료를 이제는 누구든지 블룸버그 단말기만 있으면 클릭 한 번으로 받아볼 수 있게 되었다.

보스턴 컨설팅 그룹 BCG

컨설팅 업계에서 파괴적 혁신의 수직축은 프로젝트의 규모인데, 판매사원의 역할을 하는 파트너급 임원들 입장에서는 의뢰인에게서 큰 규모의 프로젝트를 따내고 싶어하는 것이 당연하다. 1963년에 '보스턴 컨설팅 그룹(BCG)'이 '전략 컨설팅'이라는 새로운 상품으로 시장에 진입한 이래, 맥킨지McKinsey는 그 후 15년간 고전을 면치 못했다. 그것은 전략 컨설팅 분야에서 맥킨지가 BCG와 경쟁할 우수한 인재가 없어서가 아니라, 전략 컨설팅 프로젝트가 생산관리 개선이나 합병 후 기업통합 작업, 조직개편 등의 프로젝트보다 규모가 훨씬 작은 것이었기 때문이다. 전략 컨설팅으로 발판을 마련한 BCG는 점차 고가시장으로 진출해, 이제는 전략 컨설팅 분야보다는 생산관리 및 합병 후 기업통합 작업 등 큰 규모의 프로젝트에 더 주력하고 있다.

캐논Canon

초창기 복사기 시장은 제록스Xerox가 주도했다. 당시 복사기는 복잡하고 덩치가 커서 대형 복사전문센터에 설치되었고, 그것을 작동시킬 전문기사가 반드시 필요했다. 한때 IBM과 코닥Kodak이 존속적 혁신sustaining innovation을 통해 정면 도전을 한 적이 있지만 성공을 거두지 못했다. 이와 달리 캐논은 속도도 느리고 제록스 고객들이 필요로 하는 기능에 한참 못 미치는 단순한 탁상용 복사기를 출시해 결국 제록스를 파괴시켰다. 처음 출시되었을 때 복사기는 크기가 작은데다 단순하고 저렴해 사무실 구석을 쉽게 차지했다. 시간이 흐르면서 기능이 보강되고 속도도 빨라지면서, 캐논의 탁상용 복사기는 사용자층이 점차 확대되었고, 결국엔 고속복사 시장까지 잠식하게 되었다.

휴대용 무선전화Cellular Telephony

무선전화는 처음에 크고 무거울 뿐 아니라 이동할 때 잘 끊기던 카폰으로 시작해 결국 유선전화 시장을 파괴했다. 유선전화로는 불가능한 응용 프로그램의 발전을 통해 무선전화는 조금씩 시장을 잠식해 이제는 더 이상 사람들이 유선전화를 쓰려고 하지 않는다.

시스코Cisco

시스코의 라우터router는 정보를 패킷화해 가상의 봉투에 담고 주소를 적어 인터넷으로 전송하기 때문에, 명령을 제대로만 한다면 정보가 목적지까지 전달되어 읽히기까지 3초 정도 소요된다. 이 속도는 음성통화를 하기에는 느리지만 자료전송의 측면에서는 기존의 항공우편에 비해 엄청나게 빠른 것이다. 물론 라우터와 패킷교환packet-switching 기술이 발전해 이제는 루슨트Lucent, 노텔Nortel, 알카텔Alcatel과 같은 음성용 회로교환circuit-switching 장비 생산업체를 파괴시키고 있다.

커뮤니티 칼리지 Community Colleges

커뮤니티 칼리지는 4년제 대학과 달리 연구를 중심으로 하는 전임 교수를 채용할 필요가 없다. 학생들을 가르치기만 하면 된다. 강의 수준도 나쁘지 않은데다 온라인 강좌도 제공하고 있어 인기가 많다. 4년제 대학을 졸업한 학생 상당수가 첫 2년 동안 기초 교과목 학점을 이수하기 위해 비용이 저렴한 커뮤니티 칼리지를 이용했다. 많은 커뮤니티 칼리지들이 이런 교육기능에서부터 영역을 확대해 이후 4년제 대학이 되었다.

이베이 eBay와 페이팔 PayPal

기존에 소매업은 가치부가과정 사업이었다. 이베이는 사용자들이 서로 소장품을 교환할 수 있도록 네트워크를 촉진하는 것으로 사업을 시작했는데, 교환되는 상품의 범위가 점차 넓어져 자동차와 보트, 심지어 주택까지 포함하게 되었다. 이제는 많은 회사들이 이베이를 기본 판매 채널로 이용하고 있는 실정이다. 한편, 이베이의 자회사인 페이팔 역시 네트워크 촉진 사업을 하고 있으며, 같은 유형의 사업자인 비자나 마스터카드, 아메리칸 익스프레스 등의 네트워크를 파괴시키고 있다.

장외 전자증권거래망 Electronic Clearing Networks

'전자증권거래망(ECN)' 은 온라인상의 자동 증권거래 시스템을 통해 뉴욕증권거래소를 파괴시켰던 나스닥 NASDAQ 거래시장을 다시 파괴시키고 있다. 다이렉트 에지 Direct Edge, 뱃츠 트레이딩 BATS trading, 블룸버그 트레이드북 Bloomberg Tradebook 등이 그 대표적인 예다.

피델리티 펀드 Fidelity Investments

다각화된 주식 포트폴리오를 소유할 수 있는 능력은 원래 대규모의 순자산 net worth을 보유한 기업에 국한되어 있었는데, 피델리티는 판매 수수료가 없는 뮤추얼 펀드 no-load mutual funds를 통해 더 많은 사람들이 다각화된 주식 포트폴리오를 가질 수 있게 만들었다. 하지만, 피델리티는 이제 뱅가드 Vanguard 때문에 파괴되고 있으며, 뱅가드 또한 상장지수 펀드(ETFs) exchange-traded funds 때문에 파괴되고 있다.

포드 자동차 Ford

헨리 포드의 자동차 모델 T는 기존 한 번에 한 대씩 장인들이 기계작업실에서 만들어오던 자동차의 디자인과 생산방식을 바꾸어놓았다. 즉, 솔루션 숍 영역에 있던 자동차 생산을 가치부가과정 사업 모델로 파괴시켰다.

긱 스쿼드Geek Squad

대형 전자제품 소매업체 베스트 바이Best Buy의 서비스 자회사인 긱 스쿼드는 기존에 솔루션 숍 형태로 해오던 가전제품과 컴퓨터시스템의 설치 및 수리 업무를 일상적으로 처리하고 있다.

구글Google

기존에 광고와 브랜드 구축 작업은 대부분 솔루션 숍 모델의 광고기획사에서 했지만, 구글은 이 활동을 촉진 네트워크 사업으로 변혁시키고 있다.

이노사이트Innosight

이노사이트는 보스턴 컨설팅 그룹이 맥킨지를 파괴시킨 것과 같은 방식으로 혁신과 전략 컨설팅 분야를 파괴시키는 과정에 있다. 이 회사는 자료분석을 통해 문제에 접근하기보다는 클레이튼 크리스텐슨Clayton Christensen의 이론을 비롯해 전략과 혁신에 관한 이론을 바탕으로 컨설팅을 하고 있다. 그 결과, 이노사이트의 컨설팅 비용이 훨씬 저렴하기 때문에 대형 컨설팅 업체들은 아예 경쟁할 생각을 하지 않는다.[25]

코닥Kodak

1890년까지만 해도 대부분의 사진은 매튜 브래디Matthew Brady와 같은 전문 사진작가들이 촬영하고 현상하는 솔루션 숍 형태를 띠고 있었다. 그런데 조지 이스트만George Eastman이 일반 대중에게 필름과 저렴한 카메라를 판매하기 시작하면서 사진작업이 가치부가과정 사업으로 바뀌었다. 예전에는 고객들이 직접 촬영한 필름을 우편으로 코닥에 보내면 코닥에서 인화해 다시 고객들에게 우송하였다.

리눅스Linux

컴퓨터 운영체제는 기존에 가치부가과정 상품이었는데, 리눅스가 등장해 촉진 네트워크 형태로 사업 모델을 바꾸고 있다. 즉, 리눅스의 네트워크 사용자들은 직접 운영체제를 설계할 뿐만 아니라 지속적으로 기능을 개선시키고 직접 사용하기도 함으로써 마이크로소프트의 윈도우 운영체제를 파괴시키고 있다.

세컨드 라이프Second Life

손으로 애니메이션 콘텐츠를 제작하던 디즈니 스튜디오를 픽사Pixar가 디지털 기술을 이용해 파괴시켰는데, 이 두 기업은 모두 가치부가과정 사업에 속한다. 한편, 세컨드 라이프는 3차원 가상공간으로, 그곳에 입주한 사람들이 네트워크 사업자가 제공하는 도구를 이용해 직접 애니메이션 콘텐츠를 만들고, 그것을 다른 사용자들과 교환하면서 서로 상호작용을 하는 공간이다.

스카이프Skype

이베이eBay가 소유하고 있는 스카이프는 촉진 네트워크 사업 모델 내에서 일어난 파괴적 혁신의 사례라고 할 수 있다. 인터넷전화(VOIP) 기술은 전 세계 통화량에서 차지하는 비중이 점점 커지고 있는데, 스카이프는 이런 기술이 내장된 자체 브랜드의 전화기를 가지고 이미 무선통신 시장에 뛰어든 상태다.

도요타 자동차Toyota

도요타가 처음부터 렉서스Lexus 모델로 메르세데츠-벤츠나 캐딜락Cadillac, BMW를 공략해 세계에서 가장 높은 수익을 올리는 자동차 생산업체가 된 것은 아니다. 오히려, 처음에는 작은 소형차 코로나Corona로 저가시장부터 시작해, 터셀Tercel, 코롤라Corolla, 캠리Camry, 아발론Avalon, 포런너4Runner, RAV4, 그리고 렉서스에 이르기까지 다양한 모델을 개발해 고가시장으로 진입했다. 그것이 가능했던 이유는, 제너럴 모터스와 포드 자동차가 저가시장부터 치고 들어오는 도요타에 대항해 셰비트Chevette나 핀토Pinto 같은 소형차를 출시하기도 했지만, 그런 소형차들의 수익성이 차체가 더 큰 SUV나 고급승용차에 비해 보잘것없었기 때문에 저가시장을 지켜야 할 필요를 느끼지 못했기 때문이다. 오늘날, 도요타는 한국의 현대자동차와 기아자동차에 의해 파괴되고 있으며, 한국 업체들 또한 중국의 체리Chery와 인도의 타타 나노Tata Nano에 의해 서서히 파괴되고 있는 형국이다.

터보텍스TurboTax

터보텍스를 소유하고 있는 기업 인튜이트Intuit는 기존에 세무회계사의 전문영역에 있던 솔루션 숍 형태의 세무회계 업무를 자동화해 납세자가 직접 세금정산을 할 수 있도록 함으로써 해당 작업을 가치부가과정으로 바꾸어놓고 있다.

월마트Wal-Mart와 타깃Target

할인소매업체들은 메이시즈Macy's와 같은 종합백화점을 파괴시키고 있다. 1960년대까지만 해도 백화점은 모든 종류의 상품군을 판매했었다. 여기에는 마진이 적은 페인트나 하드웨어, 주방식기류, 장난감, 스포츠용품 등 내구 소비재hard goods부터 수익성이 좋은 의류와 화장품 같은 비내구재(非耐久財)soft goods에 이르기까지 없는 것이 없었다. 그러다가 할인소매업체들이 등장해 마진은 적지만 소비자에게 익숙한 내구 소비재에서 큰 성공을 거두자, 위협을 느낀 백화점들은 재빨리 고가시장으로 방향을 틀어 의류와 화장품만 전문으로 취급하게 되었다. 타깃Target을 비롯한 많은 할인업체들은 이제 패션 분야의 비내구재 시장 또한 공략하기 시작했다.

제2장

파괴적 혁신을 위한 기술적 촉진요인

파괴적 혁신을 가능하게 하는 요인은 테크놀로지(기술), 사업 모델, 그리고 파괴적 가치 네트워크 등 세 가지다. 1장에서는 사업 모델을 다룬 반면, 2장에서는 파괴적 사업 모델의 핵심이 되는 기술적 촉진요인에 초점을 맞추려 한다. 기술적 혹은 방법론적 요인들은 기존에 비해 더 적은 비용과 인력을 가지고 더 작은 규모로 산업의 기본적인 문제점들을 해결하게 한다. 기술은 때로는 기업의 연구개발센터에서 수년간의 연구를 통해 만들어지기도 하고, 때로는 기업이 외부에서 라이선스를 얻거나 사들이기도 하며, 전혀 다른 산업에서 들여와 새로운 목적으로 쓰이기도 한다.

보건의료산업에는 신기술이 넘쳐나지만, 대부분 본질적으로 현재 의료방식을 존속시키는 것들이다. 하지만, 정밀한 진단과 그로 인해 예측할 수 있을 정도의 효과적인 치료를 가능하게 하는 기술만이 파괴를 통해 보건의료를 혁신시킬 수 있는 잠재력이 있다. 우리는 이 장에서 우선 하나의 기술이 어떻게 파괴력을 가지게 되는지, 그리고 어떻게 그 기술이 복잡한 직관에 의존하던 일을 규칙에 기반한 작업으로 전환시키는지 전반적으로 살펴보고, 다양한 질병치료에 사용되는 기술의 특성을 3단계로 구분하는 분석틀을 소개하려 한다. 이 분석 틀을 통해 우리가 주장하려는 것은, 대부분의 질병치료가 처음에는 '직관intuition' 에 근거한 실험의 영역에 놓여 있지만 기술의 발달에 힘입어 차츰 확률적인 영역, 즉 '경험의학empirical medicine' 의 영역으로 이행하게 되고, 궁극적으로는 일정한 규칙을 중심으로 하는 '정밀의학precision medicine' 의 영역으로 발전한다는 것이다. 분석 틀에 대해 설명한 후에는 전염병의 역사를 통해 정밀진단에 기초한 기술적 촉진요인들이 어떻게 전염병 치료를 단계별로 변화시켰는지, 그리고 최근에 이르기까지 당뇨병과 유방암, 에이즈 등의 치료에는 어떤 변화를 가져왔는지 살펴볼 것이다. '개인별 맞춤의학personalized medicine' 의 개념을 정리해보고, 촉진 네트워크가 정보기술을 통해 어떻게 진정한 개인별 맞춤화를 가능하게 할지 알아볼 것이다. 끝으로 다양한 질병에 대해 현재까지 우리가 보유한 지식이 어느 정도인지를 나타내는 지도를 그려봄으로써, 앞으로 어떤 혁신기술이 오늘날 보건의료 분야의 사업 모델을 추가적으로 파괴시켜 나갈 수 있을지 전망해볼 것이다.[1]

파괴적 기술의 특징

한 산업이 그 산업의 지식기반을 예술에서 과학의 경지로 변혁시킨, 길고 험난했던 과정을 살펴보면 하나의 분명한 패턴을 발견할 수 있다. 대부분 산업의 초창기에는 지식 수준이 여러 세대에 걸쳐 축적된 관찰의 집합체에 불과하다. 모르는 것이 너무 많기 때문에 해야 할 일은 복잡하고 직관에 의존할 수밖에 없으며, 결과 또한 비교적 예측하기 어렵다. 숙련된 전문가들만이 가까스로 해답을 찾아낼 수 있고, 그것은 직관적인 실험을 통해 시행착오를 거듭해야만 가능한 일이다. 이런 유형의 문제해결 과정은 시간과 비용이 많이 들지만, 지식이 일천(日淺)하다 보니 별 다른 대안이 없다.

그런데, 시간이 지나면서 이런 직관적 실험에서 일련의 패턴이 나타나기 시작한다. 특정활동과 관심대상이 되는 결과 간에 상관관계 correlation를 보여주는 패턴들을 정의함으로써 사람들에게 문제해결 방법을 가르치는 것이 훨씬 수월해진다. 매번 성공을 장담해줄 매뉴얼은 아직 존재하지 않지만, 과학자들은 어떤 활동이 어떤 결과를 초래하는지 종종 확률적으로 표현하게 된다. 궁극적으로 이 패턴들은 상관관계 대신 인과관계 causality로 구성되기에 이르며, 특정활동에 따른 결과의 예측 가능성이 훨씬 높아진다. 한때 직관적이고 복잡했던 작업들이 일상화되고, 결국에는 그 과정의 여러 단계를 처리할 구체적인 규칙들이 개발된다. 기존에 소수 전문가들의 직관에 의존하던 문제해결 능력을 다른 사람들에게 가르칠 수 있게 되면서 경험과 훈련이 상대적으로 부족한 사람들이 규칙에 따라 작업을 수행할 수 있게 된다. 추측과 상관관계를 통해 이루어지던 문제의 해결은 이제 근본적인 원인에 초점을 맞추기 시작한다.

우리가 여기서 사용하고 있는 '기술'이라는 용어는 새로운 기계나 생산과정, 수학공식, 분자경로에 관한 지식으로 볼 수도 있다. 그러나 기술 진화에서 정작 중요한 사실은, 복잡하고 직관적인 과정이 단순하고 규칙에 기반한 작업으로 전환되었다는 것, 고도로 훈련되어 비싼 대가가 요구되는 전문가의 손에서 비용이 적게 요구되는 기술자에게로 일이 넘겨졌다는 것이다. 이제 몇 가지 사례를 통해 어떻게 파괴적 기술이 변혁을 가능하게 했으며, 규칙에 기반한 작업의 장점을 잘 살려낸 성공

적인 사업 모델이 어떻게 나타나게 되었는지를 살펴보도록 하자.[2]

듀퐁이 일궈낸 과학의 기적

1802년 화약 제조업체로 시작한 듀퐁DuPont은 재료공학 분야의 지식과 역량을 확대하기 위해 여러 개의 산업연구시설을 운영하고 있었는데, 특히 1930년대에 듀퐁의 과학자들은 공업시험소Experimental Station라고 부르던 곳에서 합성고무를 발견한 데 이어 중합체(重合體)polymers에 관한 연구를 진행했다. 듀퐁은 100여 개의 폴리아미드polyamides를 분석해 상업용으로 양산(量産)할 수 있을 만큼 충분히 안정된 새로운 섬유를 개발했는데, 이것이 바로 1935년에 나온 세계 최초의 합성섬유 나일론nylon이다. 이후 계속된 연구를 통해 1944년에는 아크릴 섬유를, 1946년에는 폴리에스테르 섬유를 만들어냈다. 이런 발명은 시행착오를 거치면서 직관적인 문제해결 방식을 통해 가능했다. 당시 전 세계적으로 전문성을 갖춘 과학자 수는 제한되어 있었고, 그들 대부분을 듀퐁이 고용했다. 그 결과, 듀퐁은 합성섬유산업을 지배할 수 있었다.

듀퐁의 과학자들이 그들의 재능을 지속적으로 시험하는 동안 양자역학(量子力學)과 분자물리학의 지식이 접목되면서 중합체의 분자구조와 섬유의 물리적 특성 간의 인과관계를 더 확실히 이해하게 되었다. 과학자들은 어떤 분자서열과 화학결합이 중합체의 강도와 경도, 용융점(鎔融點)을 결정하는지 체계적으로 정리했다. 중합체의 화학적 특성에 관한 지식은 생산 이전 단계에서 과학자들이 섬유의 물리적 특성을 예측할 수 있게 함으로써 기존에 비해 실험의 시행착오를 줄이면서 용도별로 섬유를 디자인하고 생산하게 되었다. 듀퐁의 내열성섬유(耐熱性纖維) 노멕스Nomex와 강철보다 강도가 5배 높은 신소재 케블라Kevlar가 이런 과정을 통해 개발된 제품이다.[3]

오늘날, 듀퐁과 여러 기업의 기술자들은 컴퓨터 모델링에 의존해 정확히 원하는 특성을 지닌 새로운 화합물들을 만들어내고 있다. 이 작업은 예전 듀퐁의 공업시험소에서 과학자들이 의존했던 물리화학적 지식이나 직관만큼, 혹은 그 이상으로 소프트웨어 사용법에 익숙해야만 성공할 확률이 높다. 다시 말해, 듀퐁의 엔지니어들이 가지고 있던 직관과 전문성이 이제 전 세계에 널리 퍼진 소프트웨어에 담기게 되었고, 이로 인해 훨씬 많은 엔지니어들이 과거 50년 전에 상상했던 것보다 효율적이고 신속하게 새로운 합성물질을 발견하게 되었다.

듀퐁의 진보가 우리 생활에 미친 영향은 실로 대단하다. 1950년대에는 목재, 금속, 종이, 고무, 석재, 세라믹(유리와 시멘트 포함) 등이 건축이나 장식에 쓰인 기본재료였지만, 내구력과 유연성, 강도, 외관, 비용 등에서 한 세대 전에는 상상할 수 없을 정도로 발전된 소재로 오늘날 우리의 삶은 믿을 수 없을 만큼 효율적이고 편안해졌다. 하지만 중요한 것은 이 윤택함이 듀퐁의 과학자들이 지닌 값비싼 전문지식을 복제함으로써 가능해진 것이 아니라는 점이다. 즉, 우리가 누리는 윤택함은 초창기 소수 과학자들만이 가지고 있던 전문지식을 범용화시킨 과학적 진보에서 비롯된 것이다. 이로 인해 훨씬 많은 과학자와 기술자들이 연구를 더욱 발전시켜 나갈 수 있었기 때문이다.

자동차 디자인

과학기술의 진보가 한 산업의 핵심이 되는 기술적 문제를 어떻게 근본적으로 바꾸어놓았는지를 보여주는 두 번째 사례는 자동차를 디자인하는 과정에서 찾아볼 수 있다. 몇 해 전, BMW는 컴퓨터상에서 자동차 모델을 실감나게 디자인할 수 있게 되었고, 심지어 개발실에서 컴퓨터를 통해 가상으로 충돌실험까지 할 수 있게 되었다고 발표한 적이 있다.[4] BMW 기술자들이 실제 자동차 모델을 만들어보지 않고도 안전성을 최적화한 디자인을 개발할 수 있게 되었으니, 더 저렴한 비용으로 더 안전하고 매력적인 고성능 자동차를 만들게 되었다는 점에서 회사 측에는 틀림없는 희소식이다. 하지만 이것이 BMW에 꼭 좋은 소식이기만 할까? 그렇지 않을 수도 있다. 이런 디자인 알고리즘이 일단 체계적으로 정리되어 컴퓨터에 노하우가 수록되기만 하면 BMW 기술자들뿐만 아니라 다른 많은 사람들도 그에 버금가는 자동차를 디자인할 수 있게 되기 때문이다.

과학기술의 발전으로 인해 문제해결의 중심이 소수의 전문가에서 단순히 규칙을 따라하기만 하면 되는 다수의 값싼 인력에게로 이동하는 현상은 애니메이션 작업부터 건축, 항공, 통신, 세무회계 등에 이르기까지 이미 여러 분야에서 나타나고 있다.

의학은 어떻게 예술에서 과학이 되는가

오늘날 대학병원과 제약회사, 바이오테크 기업들이 생의학 연구에 돈과 노력을 쏟아 붓고 있지만, 흔하게 처방되는 치료법의 결과는 그리 만족스럽지 못하다. 예를 들어, 제2형 당뇨병Type II diabetes 치료를 받고 있는 환자의 60% 이상에서 혈당량이 권장 수준을 웃돌고 있어 심장질환과 신부전, 실명 등 장기적 당뇨 합병증의 위험에 처해 있다.[5] 한편, 연구결과에 따라 다를 수 있겠지만, 고혈압 환자의 경우 약물치료에도 불구하고 많게는 58% 정도가 권장 목표치 140/90보다 혈압이 높다고 한다.[6] 지질강하제(脂質降下劑) 구입에 수십억 달러가 지출되고 있지만, 심장병 환자의 17%만이 미국 임상지침에서 제시한 콜레스테롤 관리 기준치를 겨우 만족시키고 있다.[7] 우울증으로 진단받은 환자 중에서 항우울제 약물을 통해 증세가 50% 정도 개선된 경우가 절반밖에 되지 않았으며, 그나마 그 중 10%는 6개월 만에 증세가 다시 악화되었다. 더욱 당혹스러운 것은 위약placebo 처방을 받은 환자의 32~50% 정도에서 증세 완화가 관찰되었다는 점이다.[8] 더 자세한 내용은 〈표 2-1〉에 나와 있다.

〈표 2-1〉에 제시된 통계치는 임상진료에 대한 환자의 순응이 낮았다거나 치료결과의 변이를 나타내는 것이 아니다. 통계 작성에 포함된 모든 환자들은 약물 투여가 엄격히 모니터되는 임상시험에 등록되어 있었으며, 실험을 진행하는 의사들은 임상시험 관리자가 정해놓은 절차에 따라 환자를 치료했다.

수십억 달러를 쏟아 붓고도 왜 의학은 여전히 과학science이 아닌 예술art의 영역에 머물러 있는 것일까? 그 이유는 상당부분 위에 열거한 질병을 실질적인 근본 원인에 기초해 정밀하게 진단하지 못하는 우리의 무능력에 있다. 아마 근본 원인은 유전성이거나 감염성일 수 있고, 의과

〈표 2-1〉 질병군별 주요 약물에 대한 환자의 반응 비율

질병군	환자의 반응비율(%)
진통제(COX-2 저해제)로 다루는 통증	80%
천식	60%
부정맥	60%
정신분열증	60%
편두통 (급성)	52%
편두통 (예방)	50%
류머티즘성 관절염	50%
골다공증	48%
C형 간염	47%
알츠하이머병	30%
종양	25%

출처: Spear, Brian B., et al., "Clinical Application of Pharmacogenetics," *Trends in Molecular Medicine*, vol.7, issue 5, 2001, pp.201-204. (Thomson Health Care에서 발간한 Physician's Desk Reference에서 재인용)

학에서 아직 풀지 못한 무언가의 결과일지도 모른다. 결국 일관되게 효과적인 치료가 가능하려면 정밀한 진단부터 가능해야 한다. 이것이 가능하기 전까지는 질병으로 고통받는 많은 사람들의 치료가 오늘날 임상 현장의 의사결정 과정에서 볼 수 있는 시행착오와 추측을 통해서만 이루어질 수 있다.

의학 발전의 스펙트럼: 직관의학에서 정밀의학으로

질병이 있다는 것을 알리기 위해 우리 인체가 사용할 수 있는 어휘는 제한적이다. 정확히 알 수는 없지만, 인체에 질병이 있다는 것을 분명하게 표현하지 못할 때가 많다. 예를 들어, 열이 나는 것은 우리 몸속의 상황이 별로 좋지 않다는 것을 나타내는 표현들 중 하나일 뿐이다. 물론, 열이 난다는 것 자체가 질병은 아니다. 중이염에서 호지킨 림프종 Hodgkin's lymphoma에 이르기까지 여러 질병의 한 가지 증상에 불과하다. 그래서 열을 내리는 약물로 질병을 치료하기는 어렵다. 중이염 치료에 쓰이는 암피실린ampicillin처럼, 발열 증상을 보이는 질병 중 하나를 치료할 수 있는 약물이 똑같은 증상을 보이는 다른 질병에는 효과가 없을 수도 있다.

과학자들이 인체의 제한된 어휘를 해독하는 과정에서 우리가 그동안 질병이라고 생각해왔던 상당 부분이 사실은 질병이 아니라 증상에 불과하다는 것이 밝혀지고 있다. 예를 들어, 고혈압마저 발열 증상과 마찬가지로 서로 다른 많은 질병의 증상 표현에 불과하다는 것을 알게 되었다. 사용할 수 있는 신체 증상의 수보다 질병이 더 많이 존재하기 때문에 여러 질병이 증상을 공유할 수밖에 없다. 일부 환자에서 효과적으로 혈압을 내리는 약물이 다른 환자에게는 약효가 없는 이유 중 하나가 바로 여러 질병이 똑같은 증상을 공유하고 있기 때문일 것이다. 이 장의 마지막 부분에서 다루겠지만, 또 다른 이유를 들자면, 똑같은 약물에 대해 환자마다 유전적으로 서로 다른 생리적 대사기전을 가지고 있기 때문일 수도 있다.[9] 우리가 증상의 기저에 있는 질병을 적절히 진단하지 못하거나 특정 치료법이 어떤 환자에게는 효과가 없을 수도 있다는 것을 충분히 이해하지 못한다면, 합성섬유나 컴퓨터 디자인에서 나타났던 '규칙에 기반한 과정' 이 의학분야에서 일어나기는 어렵다. 그렇게 되면, 효과적인 치료는 일반적으로 고도로 숙련된 (그리고 값비싼)-듀퐁의 과학자들이나 BMW와 IBM 메인프레임 컴퓨터 사업부의 전문 엔지니어에 해당하는-의료전문직들의 직관과 경험에 의존해야만 할 것이다.

이 책에서, 우리는 증상에 의해서만 진단이 가능하고 효능이 불확실한 치료법에 의존해야만 하는 질병을 다루는 영역을 '직관의학' 으로 정의하였다. 따라서, 직관의학은 능력은 있지만 비싼 대가가 요구되는 의사들의 솜씨와 판단에 의존할 수밖에 없다. 출신학교, 수련을 받은 시기와 장소, 진료환경, 인력과 물리적 자본의 상대적 크기, 보수 지불방식, 최신 지견(知見)의 학습방식 등이 의사들의 솜씨와 판단에 큰 영향을 미친다는 것은 그리 놀라운 일이 아니다.[10, 11]

직관의학의 반대편 끝은 '정밀의학' 의 영역인데, 이것은 원인을 정확히 알기에 정밀한 진단이 가능하고, 따라서 규칙에 기반해 효과적이고 예측 가능한 치료법을 제공할 수 있는 의학의 경지를 말한다. 물론, 질병의 발생과 진행에 관련된 생리학적 병리현상에 따라 질병을 정밀하게 진단할 수 있다고 해서 반드시 효과적이고 예측 가능한 치료법을 개발할 수 있는 것은 아니지만, 도움이 되는 것만은 틀림없다. 다시 말해, 정밀한 진단은 정밀의학의 영역에서 질병 치료가 이루어지기 위한 충분조건이 아니라 필요조건인 셈이다.

곧 살펴보겠지만, 의학이 직관의 영역에서 정밀의학의 영역으로 진보해야만 기술적 촉진요인들이 기존의 보건의료 사업 모델을 파괴적으로 혁신시킬 수 있다.[12]

물론, 의학의 영역이 직관의학과 정밀의학으로 양분되어 있는 것은 아니다. 이 둘 사이에 '경험의학empirical medicine' 이라고 부르는 넓은 영역이 존재한다. 경험의학에 해당하는 활동은 의학이 '패턴 인식pattern recognition' 의 시대로 진보할 때 나타난다. 즉, 행동과 결과의 상관관계가 일정하게 나타나서 결과를 확률적으로 예측할 수 있을 때를 말한다. 가령, 우리가 경험의학의 시대에 놓여 있을 때, 우리는 "이 약물을 투약한 환자의 73%가 정상으로 회복되었다"라든지, "다른 방법으로 탈장 교정술을 받은 환자의 경우 5년 내 재발률이 90%에 불과한 반면, 이 방법은 환자의 98%가 5년 이내에 재발을 경험하지 않았다"와 같은 표현들을 접하게 된다. 경험의학은 의료제공자들이 가능성을 따르게끔 만들지만 결과는 장담할 수 없다.[13]

과학적 진보는 의학 영역의 스펙트럼을 따라 우리를 직관의학에서 경험의학으로, 그리고 궁극적으로는 정밀의학의 세계로 데려간다.[14] 대부분의 경우에는 '정밀한 진단' 이 효과적이고 예측 가능한 치료에 선행되어야 한다.[15] 그리고 그러한 수준의 정밀함이 가능하기 위해서는 세 가지 영역에서 기술적 진보가 일어나야 한다. 앞으로 사례를 통해 설명하겠지만, 첫 번째 영역은 질병의 원인에 대한 이해, 두 번째 영역은 그런 인과요인을 탐지해내는 능력, 그리고 세 번째 영역은 그런 근본 원인을 효과적으로 치료해낼 능력이다.

전염병 치료의 새 장을 연 정밀의학

전염병은 정밀한 진단에 길을 열어준 첫 번째 질병이다. 오랫동안 전염병은 부도덕이나 종교적 믿음의 약화, 도시의 불결한 위생상태, 감염자나 특정 곤충 및 동물과의 접촉 (폐탄저anthrax pneumonia는 한때 주로 양모나 수피를 취급하는 사람에게서 많이 발생한다고 하여 직업병wool sorters' disease으로 여기기도 했다) 등에 원인이 있다고 여겼다. 이런 방식의 진단은 당시 지식수준에서는 타당한 것이었으며, 이에 근거한 치료법이 때로는 효과가 있었다.

그러다가 과학자들이 현미경과 다양한 염색기법을 이용해 '우리가 무해하거나 치명적인 수많은 미생물에 둘러싸여 있다'는 것을 알게 되면서부터 과학적 진보가 비약적으로 발전하기 시작했다. 일부 미생물은 비슷한 증상을 가진 질병들을 야기했지만, 특정 질병에 연관된 생물체를 구체적으로 확인하면서부터는 질병의 심각성과 확산경로, 환자의 일반적인 예후(豫後)에 관한 실마리를 찾게 되었다. 시간이 지나면서 미생물의 종류에 따라, 그리고 최근에 와서는 병원균의 분자구조와 내성(耐

〈그림 2-1〉 전염병 역사의 주요 사건

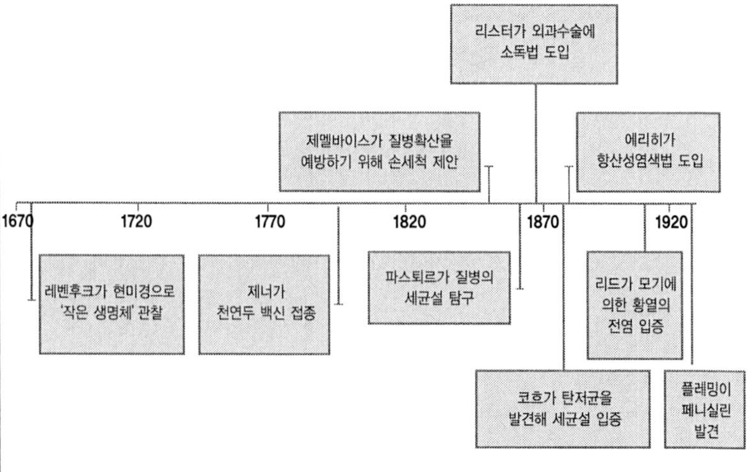

출처: Kiser, Karen M. *Highlights in the History of Microbiology*. St. Louise, MO: St. Louis Community College, January 1, 2008.

性)의 특징에 따라, 적절한 항생제 치료가 가능해졌다.

정밀한 진단을 통해 일관되게 효과를 발휘하는 치료법을 개발할 수 있게 되었지만, 〈그림 2-1〉에서 보듯이 이렇게 되기까지 시간이 많이 걸렸다. 가령, 레벤후크Leeuwenhoek가 자신이 직접 만든 원시적인 현미경을 통해 최초로 미생물을 관찰한 지 250년이 지나서야 플레밍Fleming이 페니실린penicillin을 발견했다.

기술적 촉진요인으로서 정밀의학이 전반적인 보건의료 비용을 극적으로 감소시킬 잠재력이 있는지는 전염병 역사에서 치료비용이 어떻게 바뀌어왔는지를 보면 알 수 있다. 불변가격constant dollars 기준으로 전염병 진단과 치료에 들어간 비용은 1940년 이래 연간 5%씩 감소해왔다. 이는 단계별, 질병별로 이루어진 과학적 진보 덕분에 이들 질병이 직관의학에서 정밀의학의 영역으로 옮아간 덕분이다.[16] 결핵, 디프테리아, 콜레라, 말라리아, 홍역, 성홍열scarlet fever, 장티푸스, 매독, 소아마비, 황열병(黃熱病), 천연두, 백일해(百日咳) 같은 질병은 한때 보건의료 비용의 대부분을 차지했지만, 지금은 미국 보건의료비에서 차지하는 비중이 극히 미미하다.

결핵, 소모(消耗)에서 치유(治癒)의 시대로

20세기 초까지만 해도 결핵을 '소모병'이라 불렀다. 이 질병에 걸리면 체력이 소모되어 쇠약해지기 때문에 그런 이름이 붙었다. 당시로서는 질병에 대한 지식이 제한적이었기 때문에 비슷한 증세를 보이는 폐암, 폐렴, 기관지염 등도 '소모병'이란 이름으로 부르곤 했다. 한때 신부전, 뼈질환, 피부질환으로 구분되던 질환은 왕의 손길이 닿으면 치료가 된다고 믿었지만, 사실은 감염 사실을 모르고 치료를 방치했을 때 결핵이 발전해 생기는 질환으로 각각 결핵성 신염tuberculous nephritis, 포트병(결핵성 척추염)Pott's disease, 연주창(피부샘병)scrofula에 해당한다.

수많은 인류의 생명을 앗아가며 오랫동안 두려움의 대상이었던 결핵도 결국 우리의 호기심 앞에서는 기세가 꺾일 수밖에 없었다. 19세기 후반 들어서면서, 인구밀도가 높은 도시지역에서 전파되는 경우가 많다는 사실을 통해 결핵이 전염병이 아닐까, 하는 의문이 제기되었다. 이어서 공공장소에서 침을 뱉지 못하게 하고, 요양원에서 감염자들이 신선한 공기를 마시고 운동과 충분한 영양섭취를 하게 했다. 질병에 대한 지식수준과 치료법이 조금 발전하기는 했지만 여전히 정밀한 진단과 질병에 특이적인 치료가 불가능했기 때문에 결핵으로 목숨을 잃는 경우가 허다했다.

19세기 말에 일어난 두 가지 발견이 상황을 극적으로 바꾸어 놓았다. 1882년 로버트 코흐Robert Koch는 결핵균mycobacterium tuberculosis을 발견해 질병의 세균학적 원인을 입증했다.[17] 이어 1895년에는 빌헬름 뢴트겐Wilhelm Roentgen이 X선을 발견하면서 의사들이 훨씬 세련된 방식으로 폐질환을 검진하게 되었다.

1906년에는 결핵 예방백신(BCG)이 개발돼 최초로 표적 예방targeted prevention이 가능해졌는데, 다만 감염된 소에서 뽑아낸 관련 균주(菌株)로 만들었기 때문에 표적화가 불완전했다. 하지만, 수년간의 실험 끝에 스트렙토마이신streptomycin(1944년), 이소니아지드isoniazid(1952년), 리팜핀rifampin(1963년) 등 일련의 항생제가 개발돼 결핵을 성공적으로 치료할 수 있게 되었다.

그런데, 처음에는 결핵 치료에 성공을 거두었던 항생제들도 완벽하지는 못했다. 곧 근절될 것 같았던 질병이 다시 싸움을 걸어왔다. 다제(多劑) 내성 결핵균주가 1970년에 처음 나타났고, 1980년대 들어 HIV 감염자 수의 증가와 동시에 결핵 감염률도 증가했다. 감염자 수가 더 이상 심각한 수준은 아니지만 결핵과의 싸움은 아직 끝나지 않았으며, 앞으로 우리는 더 질병 특이적이고 표적화된 수단의 개발을 향해 나아가야 할 것이다.

진단 및 치료 기술의 혁신으로 끊임없이 전염병을 공격한 결과, 〈그림 2-2〉에서 보듯이 전염병으로 인한 사망률은 극적으로 감소했다(예외적으로 1918년에는 스페인 독감의 대유행으로 사망률이 급격히 증가했다). 자궁경부암과 위궤양처럼 원인이 불확실하고 치료결과를 예측하기 힘든 질병은 한때 전염병과 같은 취급을 받았다. 하지만 이제 자궁경부암은 백신으로 예방이 가능해졌고, 위궤양은 항생제로 치료할 수 있게 되었다. 최근에 이르러서는 과학적 진보로 인해 에이즈와 중증 급성 호흡기증후군(SARS)마저 급속히 정밀의학의 영역으로 옮겨지고 있다.[18, 19]

〈그림 2-2〉 미국의 전염병 사망률 추이 (1900~2000년)

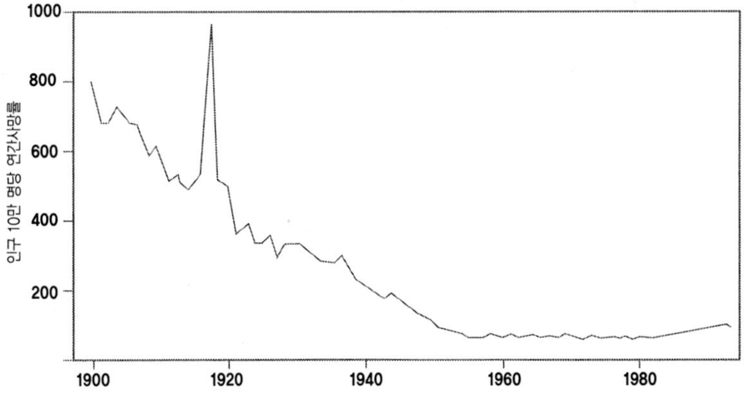

출처: Armstrong, Gregory L., et al., 'Trends in infectious Diseases Mortality in the United States During the 20th Century,' *Journal of the American Medical Association,* 1999 Jan. 6;281(1) 61-6.

정밀의학으로 진보하는 암 치료

암 또한 진단의 정밀성과 치료법의 효능이 결핵에서 나타난 것과 같은 혁신의 길을 걷기 시작했다. 현미경의 발명에 이은 항생제의 발견을 통해 전염병을 정밀의학의 영역으로 발전시켰듯이, 분자생물학과 인간 게놈에 관한 깊이 있는 지식을 통해 과학자들과 임상의사들은 해부학적 관찰보다는 분자적 특성에 기초해 암을 진단하고 치료하기 시작했다. 예를 들어, 우리는 한때 백혈구 수가 많아지는 것을 관찰해 백혈병을 진단할 수 있다고 생각했지만, 이제는 단순히 백혈구 수가 비정상적으로 증가하는 현상은 고열과 마찬가지로, 혈액에 생기는 38가지 서로 다른 암 중 하나가 발병할 때 우리 인체가 그것을 표현하는 애매모호한 '단어' 에 불과하다는 것을 알고 있다(물론 아직도 밝혀지지 않은 혈액암의 종류는 더 있을 수 있다). 이 중 각각의 질병은 암으로 발전되는 분자 수준의 기전으로 구분될 수 있고, 특정 유전자의 발현 양상을 통해 검진될 수 있다.

결과적으로, 우리는 이제 어떤 백혈병 환자에게는 효과가 있는 치료법이 왜 다른 환자에게는 효력이 없는지를 알았다. 즉, 그 두 환자의 질병은 사실 서로 다른 것이었는데, 우리가 그것을 몰랐던 것뿐이다. 그들의 질병은 직관의학의 영역에 있었기 때문에 표준화된 치료법으로는 치료가 불가능했고, 표준화된 치료법이란 것도 없었다. 그러나 분자유전학에 의해 예측 가능하고 효과적인 치료의 길이 열리면서 질병은 하나둘씩 정밀의학의 영역으로 옮겨지고 있다. 노바티스社Novartis의 글리벡Gleevec(성분명: 이마티닙imatinib)이 그런 사례에 해당한다. 글리벡은 백혈병의 한 가지 유형인 만성 골수성 백혈병(CML)에 효과적인 치료약물로, 이마티닙 성분이 이 질병에 특이하게 나타나는 분자기전을 억제함으로써 효력을 나타낸다.[20] 혈액암이 직관의학에서 정밀의학으로 변화되는 과정에서 일어난 중대사건은 〈그림 2-3〉에 정리했다.

백혈병과 마찬가지로, 이제는 유방암도 한 가지 질병이 아니라 현미경적으로 각각 유일한 종양들이 신체 여러 부위에 암을 일으키는데, 그중 한 부위라는 것을 알게 되었다. 의사학자(醫史學者)들에 의하면 유방암에 대한 기록은 이미 기원전 490년부터 시작되었다. 그 심각성과 예측할 수 없는 결과 때문에, 다른 암도 그렇지만 특히 유방암은 사형선고나 마찬가지였으며, 오늘날까지 여성들에게는 가장 두려운 질병 중 하나로 남아 있다.

1985년에 과학자들은 유방 종양의 대략 20~25%에서 '인체상피성장인자수용체2(HER2)' 라 부르는, 세포 표면의 특정 수용체가 과다생산된다는 사실을 발견했다. 종양이 암으로 발전하는 분자기전으로 보자면 또 다른 질병이라는 것을 암시하는 것이었다. 1998년에는 바이오테크놀로지 기업 제넨테크Genentech이 미국 식약청(FDA)에서 허셉틴Herceptin(성분명: 트라스투주맙trastuzumab)이라는 약물의 시판(市販) 허가를 취득했다. 이 약물은 유방암 세포 표면에 있는 HER2 수용체와 결합

〈그림 2-3〉 혈액암의 역사

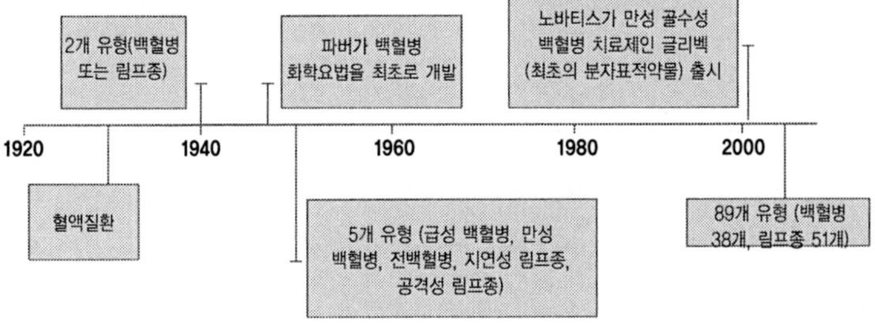

출처: Mara Aspinall, Senior Advisor and Past President, Genzyme Corporation

해 유방암 세포의 증식을 막도록 고안된 항체였는데, 이 약물로 인해 해당 유형의 유방암 환자들의 생존율이 극적으로 향상되었다. 허셉틴은 분자수준에서 질병에 초점이 더 잘 맞추어졌기 때문에 화학요법이나 외과수술보다 더 안전하고 환자들이 잘 견뎌낼 수 있었다. 유전자 전구물질이나 수용체의 구체적인 분자 검사에서 HER2-양성 반응을 보이는 환자에게 허셉틴은 규칙에 기반한 치료가 되었던 것이고, 그 결과로서 부작용은 줄고 생존확률은 크게 향상되었다.[21] 결국에 HER2-양성 유방암의 치료는, 적절한 수단만 주어진다면, 점차 암 전문의의 손을 떠나 일반의가 다룰 수 있게 될 것이다.[22]

흡연, 호르몬 대체요법, BRCA-1 및 BRCA-2 같은 특정 유전자와의 관련성을 고려해볼 때 여러 형태의 유방암을 일으키는 다른 원인들도 많이 있을 것이다. 하지만, 아직 이런 가능성은 완전히 밝혀진 것이 아니고 불확실하기 때문에 유방암을 치료하는 기본적인 방법은 유방 X선 촬영과 같은 집단검진을 통해 조기에 암을 찾아내는 것뿐이다. 큰 그물을 던지는 것과 같은 방식에 의존해야 한다는 것은, 과학이 상당히 발전했지만, 여전히 넘어야 할 진단의 불확실성의 벽이 높다는 것을 의미한다.

전(前) 미국 국립보건원(NIH) 원장 버나딘 힐리Bernadine Healy는 자신이 그동안 뇌암과 벌인 싸움을 회고하면서 이런 진보에 대해 다음과 같이 요약했다.

〈개별 암의 유전자 및 분자 특성을 구별해내는 작업을 통해 큰 '비밀' 하나를 알게 되었는데, 과거에는 그것을 몰랐기에 잘못된 치료법을 개발하기도 했다. 그 비밀이란, 현미경으로 보면 동일한 것으로 생각되던 종양들이 중요한 유전자나 단백질 수준에서 보면 완전히 다를 수 있다는 것이다. 이것은 왜 하나의 종양이 특정 치료법에서는 괴멸되는데 똑같은 유형의 다른 종양은 멀쩡하게 살아남는지, 그리고 왜 어떤 종양은 치료 후 평생 다시는 나타나지 않는데 또 다른 종양은 몇 년 만에 다시 나타나는지 처음으로 설명해주는 중요한 발견이다.

이것은, 그것이 악성이든 그렇지 않든 빠르게 DNA를 복제하는 모든 세포를 인체의 적으로 간주하고 공격하는 기존의 치료 접근법에 대해 다시 생각하게 만든다. 다가올 새로운 시대에는 레이저와 같은 약물로 무장하게 될 것이다. 즉, 그것이 오래된 약물이든 신약이든, 혹은 아직 개발되지 않은 것이든 상관없이 비정상적인 유전경로를 특이적으로 공격해, 해당 암세포만을 골라 죽이고 그 주위에 있는 정상세포는 건드리지 않아야 한다.[23] 〉

실제로 최근 몇십 년간 우리가 배운 것은, 우리가 듣고 보고 느낄 수 있는 것을 그저 확대하고 측정만 해서 질병을 식별할 수 있을 때는 우리 신체의 표현력이 불분명하다고 생각되지만, 유전자 발현 수준에서 보면 우리 신체의 표현력은 꽤 또렷한 목소리로 그것을 알리고 있다는 것이다.[24] 시간이 지나면서 과학자들이 분자생물학과 영상진단법을 활용해 여러 질병을 차례로 직관의학에서 정밀의학의 영역으로 옮기게 되면, 1세기 전 전염병처럼 여러 질병의 사망률이 감소할 것이다. 사실은 이미 암 분야에서 이런 현상이 나타나고 있다. 1995년부터 2004년까지 가장 치명적인 15대 암으로 인한 사망자 수는 연평균 1.2%씩 감소했다.[25]

임상효능과 경제성 측면에서 볼 때 지식을 습득하기 위한 투자는 매우 중요하다. 왜냐하면, 진단과 치료가 더 단순해지고 효능이 좋아지면 질병관리는 비싼 대가가 요구되는 전문의에게서 덜 비싼 일반의에게로 옮겨지고, 더 나아가 궁극적으로는 간호사나 환자 스스로의 손에 맡겨질 수 있다.[26] 따라서, 정밀의학은 1장에서 언급한 사업모델의 혁신과 잘 맞물리기만 한다면, 이미 전염병 사례에서 살펴봤듯이 궁극적으로 보건의료 체계의 비용을 더욱 떨어뜨릴 것이다.

우리가 강조하고 싶은 점을, 미식축구에 빗대어보자면, 이런 진보가 운동장의 뿌연 먼지를 뚫고 앞을 향해 조금씩 달려나가는 과정이며, 뒤로 물러서는 경우도 흔하게 생길 것이라는 점이다. 에이즈 환자를 돕기 위해 노력하는 과정에서 우리가 배우고 있듯이, 정밀의학은 효과를 예측할 수 있는 치료법의 개발을 가능하게 하지만 확실한 장담을 해주지는 못한다. 질병을 근절하려고 노력하는 과정에서 때로는 기존의 효과적인 치료법에 내성을 가진 박테리아나 기생충, 바이러스가 나타날 수 있다. 인간의 정밀한 개입에 완강히 저항하고 있는 말라리아가 바로 그런 예다.

정밀의학은 얼마나 빨리 보건의료의 비용과 질, 접근성에 영향을 미칠 수 있을까? 그 답은 이미 현실에서 나타나고 있다. 앞서 언급한 것과 같은 규칙중심의 작업 패턴과 혁신은 이미 당뇨병과 같은 질병의 진단과 치료 양상을 크게 바꾸어놓았다. 즉, 제1형과 제2형 당뇨병 치료의 차이는 유사하게 보이는 두 질병을 치료하는 데 규칙중심의 작업이 어떤 영향을 미치는지 잘 보여준다.[27, 28]

당뇨병 과학의 어제와 오늘

초기의 당뇨병 관리는 불확실성이 높았다. 당뇨병의 정확한 원인도 몰랐는데, 1800년대 말까지만 해도 췌장 호르몬 (인슐린) 결핍이 아니라 신장질환이라고만 생각했다. 수세기 동안, 소변의 맛을 봐서 단맛이 나면 당뇨라고 판단했다. 치료도 직관적이었다. 의사들은 실험적으로 식사제한을 권하거나 개인 위생에 초점을 맞추는가 하면, 치료제로 아편을 주는 경우도 있었다. 이런 시행착오 형태의 문제해결은 치료결과도 너무 다양했을 뿐만 아니라, 전반적인 치료수준을 향상시킬 수도 없었다. 설상가상으로 당뇨병같이 아직 치료법이 없는 질환으로 고통받는 환자들

의 희망을 먹이 삼아 여러 가지 가짜 약물이 판을 치기까지 했다.[29]

다행히, 당뇨병과 그 치료법에 대한 지식이 축적되면서 의사들의 의사결정 과정이 바뀌기 시작했다. 의학사에서 가장 중요한 돌파구 중 하나가 1922년에 일어났다. 캐나다 의사 프레드릭 그랜트 밴팅 Frederick Grant Banting 경이 의대 제자 찰스 베스트 Charles Best와 함께 개에게서 인슐린을 함유한 췌장 분비물을 추출해 14세 소년을 성공적으로 치료한 것이다.[30] 그의 업적은 당뇨병의 병리기전을 규명했을 뿐만 아니라 보편적인 치료의 길도 열었다. 의사들 사이에서는 여러 가지 치료법 간에 공방이 있었지만, 결국 일반인들은 당뇨병을 치료하는 유일한 치료제로서 인슐린에 의존하기 시작했다.

머지않아 연구자들은 당뇨병이 좀더 복잡한 질병이라는 것을 밝히기 시작했다. 인슐린은 한때 악액성(惡液性)cachectic 질환을 앓고 있는 소년의 원기를 회복시키는 듯했지만[31], 인슐린이 잘 듣지 않는 또 다른 당뇨병이 있었던 것이다. 즉, 높은 혈당 수치와 함께 기존의 환자들과 비슷한 신체증상을 보이지만, 주로 성인이 되어서 발병하고 종종 과체중인 환자들에게 나타난다는 점이 달랐다. 결국 의사들은 당뇨병이 소아시기에 발병하는 것과 성인이 되어서 발병하는 것, 그리고 인슐린 의존형과 인슐린 비(非)의존형의 두 가지 유형으로 나뉠 수 있다고 보고, 각각을 제1형과 제2형으로 구분했다.[32]

계속된 연구에도 오늘날까지 이 두 가지 당뇨병 환자군에 대한 지식수준과 치료법에는 확연한 차이가 남아 있다. 제1형 당뇨병의 경우 자가면역 반응으로 인해 췌장이 인슐린을 생산해내지 못하기 때문에 혈당량이 높아진다는 것을 이제는 안다. 이 경우에 한해, 엄밀한 의미에서 인슐린이 완치를 가져오는 것은 아니지만 질병의 근본적인 원인에 직접 작용하기 때문에 규칙에 기반한 치료법이라고 할 수 있다.[33]

진단과 치료법의 발전이 중요한 진짜 이유는 다른 사업 모델을 통해서 의료를 제공하는 것이 가능해지기 때문이다. 당뇨병 환자들은 전자기기를 이용해 집에서 자신의 혈당수치를 측정한다. 그리고, 나온 수치에 따라 특정 알고리즘에 의해 정해진, 혹은 처방된 양의 인슐린을 스스로 주입한다. 머지않아 환자들은 자신의 혈당수치를 관리하는데 의사 못지않은 전문가가 되고, 자신만의 관리법에 기초가 되는 규칙도 줄줄 꿰게 될 것이다. 밥 한 공기를 먹고 난 후에 정확히 얼마만큼의 인슐린이 필요한지를 알고 있는 것은, 의사가 아니라 제1형 당뇨병을 앓고 있는 환자 자신이다. 다시 말해, 제1형 당뇨병 환자에 대한 관리 책임이 의사에게서 환자로 옮겨진 것이다.

이와는 반대로, 제2형 당뇨병 환자를 진단하고 치료하는 데 따른 많은 문제점들은 아직도 직관의학의 영역에 있으며, 의학적 전문지식을 활용해 복잡한 문제를 푸는 의료전문직들의 손에 달려 있다. 제2형 당뇨병 환자 중에는 비만인도 있지만 그렇지 않은 사람도 있다. 예전에는 성인이 되어서 진단받는 경우가 많았지만 이제는 소아에서 발견되는 경우가 갈수록 늘고 있다. 인슐린을 필요로 하는 환자도 있지만, 경구용 약물이나 식이요법만으로 치료가 가능한 경우도 있다. 다시 말해, '제2형' 당뇨병은 많게는 20개의 서로 다른 질병을 하나로 뭉뚱그려놓은 것일 수 있으며, 언젠가는 분자수준에서 서로 다른 근본원인이 밝혀져서 치료법도 달라질지 모른다.[34] 여러 가지 변이로부터 특정 질병을 구별해내는 데 필요한 과학적 지식이 아직 존재하지 않기 때문에, 정밀한 치료도 불가능하다. 따라서, 현 상황에서 과학자들은 해당 질병의 원인을 '다인성multifactorial' 이라고 정의할 수밖에 없을 것이고, 이런 유형의 당뇨병을 가진 환자들은 치료를 위해 전문가에게 의존할 수밖에 없다.

86병동의 미스터리

1980년대 초, 샌프란시스코 종합병원의 86병동에 이상한 질병을 가진 환자들이 나타나기 시작하면서 이 병원 최고의 전문가들을 긴장시키기 시작했다.[35] 1981년, 이 질병에는 '동성애자 관련 면역결핍증(GRID)' 이라는 이름이 붙었는데, 당시까지만 해도 근본원인을 모르는 상태였기 때문에 병명을 정할 때 증상의 관찰과 환자의 인구학적 특성에 의존할 수밖에 없었다. 당시 경험에 기초해 환자를 선별하는 주된 방법은 '4H' 라고 해서 헤로인heroin 사용자, 혈우병 환자hemophiliac, 동성애자homosexual, 아이티섬 출신자Haitian 등을 기준으로 환자를 가려냈다. 초창기 에이즈 환자들은 병세가 매우 위독했고, 의사들의 헌신적인 노력에도 대다수는 사망하고 말았다.[36]

질병을 다루는 과학이 아직도 직관적인 영역에 머물러 있을 때는 규칙에 기반한 치료를 하는 것은 위험한 일이다. 전염병의 오랜 역사에 비하면 짧지만, 지난 25년간 에이즈 분야의 진단과 치료, 예방은 상당한 발전을 이루었다. 인간면역결핍바이러스(HIV)가 근본원인임을 밝혔고, 약물치료를 위한 분자수준의 표적도 찾아냈으며, 성공적인 치료지침도 개발했다. 완치시킬 수 있는 치료제나 백신은 아직 개발하지 못했지만, HIV 환자를 위한 관리체계가 신속히 정비됨으로써 점점 더 많은 일반의들이 질병을 관리할 수 있게 되었다. HIV 환자들의 수명이 길어졌고, 치료의 대부분이 이루어지는 장소 또한 집중치료실과 입원병동이 아닌 외래 진료소로 옮겨졌다.

HIV 치료에서 거둔 성과를 의학의 승리라고 하기에는 이르지만, 더 정밀한 의료를 향해 비교적 급속하게 진보해왔다는 사실은, 과거 전염병을 다루었던 경험이 규칙에 기반한 의료를 개발하는 데 필요한 직관의학과 실험시기를 줄여놓았다는 것을 나타내는 지표이다. 중증 급성 호흡기증후군(SARS)에 맞서 전 세계가 보여준 신속한 대응도 진보주기가 더욱 빨라졌다는 것을 나타내는 또 다른 예라고 할 수 있다.

의학의 개인별 맞춤화

우리가 '정밀의학' 이라고 부르는 현상에 대해 종종 '개인별 맞춤의학' 이라는 용어가 쓰이는데, 우리가 이 둘을 구분한 이유는 질병에 대한 진단이 정밀해진다는 것이 개인에게 딱 맞는 의료를 제공한다는 것과는 다르기 때문이다. 똑같은 인과기전이 있고, 그로부터 개발된 동일한 치료법이 여러 사람들에게 똑같은 효력을 발휘할 수 있다. 곧 살펴보겠지만, 질병을 생물학적으로 정밀하게 정의할 때 꼭 '개인별로 맞춤화' 할 필요는 없다. 즉, 개별 환자가 특정 치료법에 어떻게 반응할 것인지를 반드시 고려해야 하는 것은 아니다.[37] 정밀의학과 달리 개인별 맞춤의학은 어떤 치료법에 대한 개별 환자의 반응에 영향을 미칠 수 있는 생물학적 요인과 비생물학적 요인을 모두 고려한다.[38]

예를 들어, 우리가 방금 살펴본 제1형 당뇨병의 경우 진단은 정밀의학 수준에 있으며, 여기에는 아무런 불확실성이 없다. 췌도세포(膵島細胞)에서 충분한 인슐린 생산이 안 되면 제1형 당뇨병이다.[39] 그래도 치료법이 개별 환자에 따라 맞춤형으로 개발될 필요성은 있다. 가령, 건강상태가 양호한 환자는 규칙적으로 운동하지 않는 환자에 비해 조직이 인슐린에 더 민감하게 반응할 것이기 때문에 섭취한 탄수화물 열량당 더 적은 인슐린을 필요로 할 것이다.

그동안 의료를 이용하면서 우리는 개인적으로 세심한 주목을 받아온 건 아니라고 느끼겠지만, 사실 우리가 받은 의료에 어느 정도는 개인별 맞춤화가 녹아 있었다. 예를 들어, 의사들은 부작용을 일으킬 수 있는 약물처방을 피하거나, 환자의 연령과 체중, 콩팥이나 간 기능에 따라 투약용량을 조절해왔다. 게다가 관찰 가능한 증상을 넘어 정밀한 진단을 할 수 있게 된 것처럼, 치료법에 대한 개별 환자의 특이반응을 평가하는 것도 더 정교한 수준으로 발전하기 시작했다. 치료의 개인별 맞춤화는 분자수준에서, 혹은 앞으로 설명하겠지만 의사가 통상적으로 발휘할 수 있는 전문성 범위를 훨씬 벗어난 사회 · 경제적, 비생물학적 요인에 기초해 진행될 것이다. 따라서 그런 의료를 제공하기 위해 새로운 사업 모델이 필요하게 될 것이다.

치료에 대한 환자의 반응에 영향을 미치는 분자 기전에까지 맞춤화가 진행된 대표적인 예로는 항응고 약물 '와파린warfarin'이 있다. 와파린은 혈액응고와 뇌졸중, 심장마비 등을 막기 위한 약물인데 미국에서 매년 약 200만 명의 새로운 환자들이 이 약물에 의존하고 있다.[40] 와파린은 적정 투약용량이 환자에 따라 달라지며, 부적절한 용량을 투여하게 되면 심각한 문제를 야기할 수 있다. 즉, 너무 많이 투약하면 과다출혈을 야기하는 한편, 너무 적게 투여하면 와파린이 혈액응고를 예방해야 할 질환을 오히려 악화시키게 된다. 몇몇 연구결과에 따르면, CYP2C9과 VKORC1이라고 하는 두 개의 유전자가 있는데 이 두 유전자의 변이 양상을 검사해보면 환자별로 와파린 대사량의 차이를 알 수 있다고 한다.[41] 따라서, 와파린 요법을 시행하기 전에 유전자 검사를 통해 환자의 적절한 투약용량을 결정할 수 있게 된다는 것이다. 미국기업연구소(AEI)American Enterprise Institute 산하의 브루킹스 합동 규제연구센터Brookings Joint Center for Regulatory Studies에서 만든 보고서에 따르면, 와파린 치료에 유전자 검사법을 도입할 경우 미국에서 연간 11억 달러의 비용을 절감할 수 있으며, 매년 8만5,000건의 심각한 출혈사고와 1만

7,000건의 뇌졸중을 예방할 수 있다고 한다.[42] 하지만, 중요한 것은 이런 의료의 구체적인 향상이 단순히 진단법을 개선시키는 데서 비롯되는 것이 아니라는 점이다. 진단법을 개선해도 와파린으로 치료할 수 있는 질병의 종류는 여전히 변하지 않기 때문에, 그보다는 오히려 우리가 흔히 적용하는 치료법들에 환자가 어떻게 반응하는지 더 잘 이해할 때 비로소 의료결과의 향상이 구체화될 수 있다.[43]

다른 산업에서 말하는 서비스의 개인별 맞춤화는 대부분 어떤 회사나 직원들이 고객의 특수한 상황과 여건을 이해하고, 이에 알맞게 대응하려는 것으로 이해되고 있다. 식료품 가게의 직원이 나이든 여성 고객의 쇼핑백을 차에 실어주는 것을 보고 우리는 고객의 요구에 맞춤형으로 서비스를 제공했다고 말할 것이다.

마찬가지로, 때로 어떤 환자의 치료과정에 영향을 미치는 완전히 다른, '비의학적인' 특성들이 있을 수 있다. '순응compliance' 이라든지 '동기부여', '학습' 과 같은 복잡한 인간행동이 치료결과에 영향을 준다는 말인데, 더 근원적으로는 가족력이라든지 사회적 지원체계의 존재나 부재, 경제적 자원, 보건의료 시스템에 대한 과거의 경험과 같은 요인으로부터 영향을 받을 수 있다.

다시 말해, 치료결과에 영향을 미치는 것들이 많이 있으며, 그 중 상당부분은 정밀의학을 통해 해결할 수 있는 것들이 아니다. 이 요인들은 이해하거나 통제하기가 매우 어렵기 때문에 보건의료 종사자들을 자주 좌절시키는 문제들이기도 하다. 환자들 또한 정교하지만 비싼 대가를 치러야 하는 보건의료 시스템이 그런 문제를 해결해주지 못하는 것을 알게 될 때 좌절하기는 마찬가지다.

수많은 비생리적 요인들이 치료결과와 환자의 만족도에 영향을 미칠 수 있음에도, 보건의료 분야의 개인별 맞춤화는 생물학적 수준에서

멈춰 있다. 사회복지사와 기타 관련 보건의료 전문직들이 이런 격차를 메우기 위해 노력하고 있지만, 현재 시스템으로는 역부족이며 예외적인 경우에만 도움을 줄 수 있다. 개인별 맞춤의학은 보건의료 전달체계에서 아직은 일상화되지 못했다. 5장에서 다루겠지만, 정보통신기술을 활용한, 전문가와 환자를 위한 촉진 네트워크 같은 새로운 사업 모델이 필요하다.

'서로 비슷한 처지에 놓인 사람들'

기존의 보건의료 전달모형하에서는 의사와 환자가 치료계획을 세부적으로 조율할 수 있는 방법은 그리 많지 않았다. 계획을 수정하는 것은 대체로 여러 번의 진료를 거치면서 시행착오 과정을 통해 느리게 이루어진다. 하지만, 이것도 울혈성 심부전증congestive heart failure이나 당뇨병과 같이 직관의학 내에 있는, 혹은 막 직관의학에서 탈피한 질병의 치료에서나 가능한 일이다. 물론, 좀더 규칙중심의 치료가 가능한 질병, 예를 들어 중이염이나 상기도감염, 고콜레스테롤증, 고혈압에서도 정밀의학의 손길이 닿지 못하는 상황으로 인해 치료계획에 수정이 필요한 경우가 있다. 환자가 돈이 없어서 제네릭 의약품을 써야만 할 경우도 있고, 바빠서 물리치료 약속시간을 지키지 못한다거나 가족이 과거에 겪은 경험 때문에 병원에 가기를 꺼릴 수도 있다.

의사들은 생체신호나 검사수치와 같이 쉽게 측정할 수 있는 표적에 집중하는 데 익숙해져 있으며, 정밀의학의 중요성이 커지면서 그런 객관적이고 직접적인 기준은 더욱 강조될 것이다. 몇몇 의사들이 치료결과에 영향을 미칠 수 있는 사회심리학적 요인들을 설명하려고 노력하고 있지만 치료과정에서 너무 늦게 인식되는 경우가 대부분이다. 성패는 결국 의사들이 이런 '이차적인' 문제들이 가져올 파급효과가 무엇인지, 그리고 어떻게 대응해야 할지 알고 있는지에 달려 있다. 이것이야말로 그토록 많은 환자들이 왜 자신의 보건의료에 참여하는 데 큰 관심을 보이는지를 이해할 수 있게 해주는 대목이다. 물론, 의사의 의사결정 권한에 도전하는 게 아니라 그것을 보완하는 의미에서 말이다.

의료전문직 및 환자 중심의 네트워크 사업 모델은 만성질환 관리 분야에서 그 역할이 확대되어야 한다. 환자들이 모여 자신의 치료에 영향을 미치는 서로 다른 여건에 대해 의견을 나누는 환자모임은 진료실 밖에서, 심지어 전문가 도움이 없는 상황에서도, 효과적인 해결책을 찾아내는 데 오랫동안 상당히 생산적인 역할을 해왔다.

흥미로운 점은, 이런 모델이 특히 중독이나 정신과 치료처럼 그 어떤 분야보다 직관의학의 특성을 강하게 보이는 질병 분야에서 성공을 거두고 있다는 점이다. 이런 네트워크의 핵심적인 성공요인은 환자들이 '자신과 비슷한 처지에 놓인 사람들' 을 찾고 그들로부터 성공적인 치료를 위한 역할 모델을 찾을 수 있도록 도와주는 능력 때문이다. 이 방식은 과거에는 한 지역 내에 비슷한 특성을 가진 환자들이 충분히 많아야만 가능했지만, 이제는 인터넷이 있어서 전 세계에 걸쳐 '자신과 비슷한 처지에 있는 사람들' 을 찾아낼 수 있게 됨으로써 환자모임에 관한 한 개인별 맞춤의학이 보건의료의 모든 영역으로 확대될 수 있는 계기가 마련되었다.

출판물이나 라디오, 텔레비전 같은 기존의 미디어는 환자가 의원을 직접 방문하는 일과 같다. 즉, 정보가 한 방향으로만 흐르는 경향이 있다는 점에서 그렇다. 초기의 보건의료 웹사이트들은 기본적으로 정보창고의 역할을 했으며, 사용자들은 정보를 수동적으로 흡수할 뿐이었다. 그러나, 소셜 네트워킹 웹사이트들이나 최근의 '웹2.0' 서비스는 인터넷 초창기의 일방적 참고수단으로서의 역할 그 이상의 몫을 하고 있다. 심지어, 보건의료 분야에서도 인터넷이 가진 네트워킹 능력과 집단지성 collective intelligence의 힘은 환자들이 그토록 원하는, 개인별 맞춤화된 보건의료 경험을 가능하게 한다.

앞서 언급했듯이, 온라인 네트워크 촉진자들은 그들의 방대한 자료처리능력을 활용해 사용자들이 '자신과 비슷한 처지에 놓인 사람들'을 찾을 수 있도록 돕고 있다. 이 기업들은 환자가 직접 작성한 개인건강기록과 개인식별이 안 되는 보험청구 자료를 활용해 환자들이 다른 사람과 비교할 수 있도록 기준표까지 제공하고 있다. 이런 자료와 예측모형 도구를 결합해 질병에 걸릴 확률을 계산하고, 그 어떤 의사보다도 포괄적인 범위에서 위험을 줄일 수 있는 가장 좋은 방법을 알려줄 수도 있다. 이런 모델을 기존의 건강요인을 넘어서까지 확대할 수 있는 날도 그다지 멀지 않았다. 데이터베이스가 더 정교해짐에 따라, 같은 처지의 환자를 찾아내는 작업과 질병 예측의 정확성은 지속적으로 향상될 것이다.

이런 수단이 확보되기 전까지, 환자는 책 속의 지식과 임상경험, 추단법(推斷法) heuristics, 경험에 의한 판단, 심지어 생각지도 못한 행운 dumb luck 등이 무작위적으로 섞여 형성된, 의사의 전문가적 소견에 의존해야만 했다.[44] 의사가 단번에 정확한 치료법을 처방할 수 있는지는 종종 그가 과거에 비슷한 사례를 경험한 적이 있는지에 달려 있었는데, 지금은 그런 유사 사례를 발견할 확률이 상당히 높아졌다. 바로 환자가 자신과 비슷한 처지에 있는 사람들을 찾아낼 수 있도록 도와주는 수단들이 개발된 덕분이다. 상태가 목숨을 위협하는 지경에 이를 때까지 그저 질병의 경과를 지켜보는 대신, 이제 의사와 환자가 새로운 자원을 활용해 진정으로 개인별 맞춤화된 정밀의학의 혜택을 누릴 수 있게 되기를 바란다.

정밀의학의 현재와 미래

영상기술 · 분자의학 · 생화학 분야의 과학적 진보가 오랜 시간에 걸쳐 여러 질병을 직관의학에서 정밀의학 영역으로 이동시킨 사실은 세 가지 중요한 의미를 내포하고 있다. 첫째, 국립보건원(NIH) 같은 기관은 정밀한 진단을 가능하게 하는 분야에 대한 연구비 지원을 최우선시해야 한다. 의학 분야의 수많은 중대 개발을 파생시킨 인간 게놈 프로젝트Human Genome Project와 같이, 정밀한 치료를 할 수 있는 차세대 기술개발로 이어지는 기초과학 연구가 대표적인 예라 하겠다. 8장에서 다루겠지만, 제약회사 입장에서 볼 때 과거에는 진단분야가 치료제 사업에 비해 수익성이 형편없었지만 미래에는 상황이 완전히 역전될 것이다. 왜냐하면, 과거에는 제약산업의 수익구조가 대체로 제품이나 서비스가 창출해낸 가치를 반영하지 않는, 거의 독재에 가까운 의료비 상환정책reimbursement policies에 의해 결정되었기 때문이다. 평균적으로 볼 때, 의료비 상환공식은 진단 분야보다는 치료제 쪽에 더 큰 수익을 보장해주는 구조를 가지고 있다. 보건의료가 대체로 직관의학의 영역에 놓여 있을 때는 진단과 치료가 서로 얽혀 있어서 이 둘에 대한 상환방식을 따로 떼어내는 것이 불가능했다. 그러나, 3장에서 다루겠지만, 솔루션 숍이 가치부가과정 활동에서 분리되면 이것 또한 가능해진다. 또한 우리의 혁신 이론에 따르면, 진단 분야는 앞으로 제약회사의 가치사슬에서 수익성이 가장 높은 부문이 될 것이다.[45] 이것이 시사하는 바는, 제약회사와 학계연구자들이 정밀의학을 가속시킬 정밀한 진단법을 개발하는 데 연구개발 에너지를 집중할 때 미래에 가장 높은 수익을 올릴 수 있음을 깨닫게 된다는 것이다.

두 번째는, 미국 식약청(FDA)과 같은 규제기관이 정밀의학을 향한 연구에서 임상시험clinical trials이 하는 역할에 대해 그동안 취하던 태도를 바꿀 필요가 있다는 것이다. 과거에는, 연구개발이 끝난 후 임상시험이 순차적으로 진행되었다. 너무 적은 비율의 환자에게만 효력을 나타내는 약물은 승인이 되지 않았다. 임상시험 결과가 약물의 시판여부를 결정해온 셈이다. 8장에서 다루겠지만, 앞으로는 임상시험이 연구개발 과정의 한 부분으로 통합되어야 한다. 임상시험에서 16% 환자만이 약물에 반응을 나타낸다면, 그것은 거꾸로 84%의 환자들이 실제로는 다른 질병일 가능성이 있다는 것을 말해주는 것이다. 이 경우, 임상시험의 결과는 정밀한 진단을 가능하게 할 생체지표를 발견할 기회를 제공한다는 점에서 오히려 축하받을 일이다.[46]

세 번째로, 질병이 의학발전의 스펙트럼을 따라 직관의학에서 정밀의학의 영역으로 진보하고 있는 이때, 보건의료산업의 지도자들은 더 적극적으로 사업 모델 혁신을 추구해야 한다는 것이다. 이런 요구에 대해서는 앞으로 3, 4, 5장에서 더 자세히 다루겠다.

정밀의학으로의 진보와 사업 모델 혁신의 잠재력

이미 존재하고 있지만 잘 모르고 있는 사업 모델 혁신의 잠재력을 설명하기 위해 우리는 〈그림 2-4〉와 같이 일부 질병에 대해 2차원 지도를 그려보았다. 현재 해당 질병의 진단가능성에 따라 가로축을 그리면, 가장 왼쪽에 직관적인 가설을 반복해서 검증해야만 진단이 가능한 질병이 위치하며, 축을 따라 오른쪽으로 갈수록 분자수준에서 상대적으로 원인이 잘 알려져 있고 입증이 가능한 질병들이 분포한다. 한편, 그래프의 세로축은 치료 효능의 현재 상황을 반영한다. 가장 아래쪽에 위치한 질병들은 실험적인 방식으로만 치료가 가능하며, 때로는 효과적인 치료법이 개발되지 않은 경우도 있고, 효과가 있다 하더라도 환자에 따라 그

효과가 다르게 나타나는 질병들이다. 세로축의 중간쯤에 있는 질병들은 현재 대증요법에 의존하고 있는 경우로, 완치보다는 주로 증상 완화에 초점이 맞추어져 있다. 완치가 가능한 질병들은 가장 위쪽에 위치한다. 이 그래프는 여러 전문가들의 도움을 받아 작성한 것이지만, 도표상에서 나타난 여러 질병의 상대적 위치는 설명의 편의를 위해서 그린 것이지 반드시 정확하다고는 할 수 없다. 〈그림 2-4〉는 현 시점에서 질병들이 어떤 수준에 있는지를 보여주는 단편적인 예시에 불과하다. 앞에서 언급했듯이 시간이 지남에 따라 질병들이 계속해서 새로운 위치로 이동하고 있기 때문에 이 도표에서 질병의 위치는 얼마든지 바뀔 수 있다.

패혈성 인후염strep throat부터 고셔병Gaucher's disease에 이르기까지 본질적으로 규칙에 기반해 관리를 하는 질병들은 그래프 우측상단에 모여 있다. 여기에 해당하는 질병의 진단과 치료는 대부분 규칙에 기반해 받으며 높은 수준의 전문지식이 더 이상 요구되지 않는다. 여전히 복잡한 문제해결 과정이 요구되는 질병들은 좌측하단에 남아 있으며, 숙련된 전문의들의 직관이 반드시 필요한 경우다. '근 위축성 측색 경화증'(ALS 또는 루게릭 병Lou Gehrig's disease), 그리고 양극성 장애(조울증)bipolar disorder같은 정신과 질환이 여기에 해당한다. 에볼라Ebola 바이러스에 의한 감염처럼 원인을 알고 있고 진단할 수는 있지만 아직 효과적인 치료법이 없는 질병들은 그래프의 우측하단에 위치한다. 반면, 좌측상단에 있는 질병은 신뢰할 만한 치료법이 존재하지만 아직 원인을 정확히 안다고 하기 어려운 경우에 해당한다. 이런 식의 구분을 통해 어떤 질병에 대해 의료전달을 위한 새로운 사업 모델이 필요한지, 또 정밀의학의 영역으로 발전하기 위해 어떤 분야에 연구비를 더 투자해야 할지를 파악할 수 있다.

주목할 점은 질병들이 그래프 상에서 좌측하단에서 우측상단을 향해 대각선 방향으로 분포하는 경향을 보인다는 것이다. 항상 그렇지는 않겠지만, 일반적으로 정밀한 진단이 가능해지면 예측 가능하면서도 효과적인 치료법의 개발 역시 가능해진다는 것을 시사한다.

일반적으로, 영상기술은 인체 해부학적 구조와 증상이 어떻게 관련되어 있는지를 더 정확하게 알 수 있게 해주지만, 인과성을 밝히는 데는 분자의학 기술이 중요한 역할을 하는 경우가 많다. 예를 들어, 종양이나 대동맥류aortic aneurysms 같은 것들은 더 근본적인 원인에서 비롯된 증상들이다. 이 질환은 영상기술을 통해 진단과 분류가 가능하지만, 그 원인은 아직 잘 모른다. 이것이 바로 '보건의료의 파괴적 혁신을 위한 기술적 촉진요인의 요건이 정밀한 진단을 통해 예측 가능하면서도 효과적인 치료법을 개발할 수 있는 능력이 있느냐에 달려 있다' 고 이 장 초반부에 언급한 이유다. 이런 대변혁을 가능하게 할 세 가지 부류의 기술은 분자의

〈그림 2-4〉 진단과 치료 수준을 중심으로 본 흔한 질환들의 상대적 위치

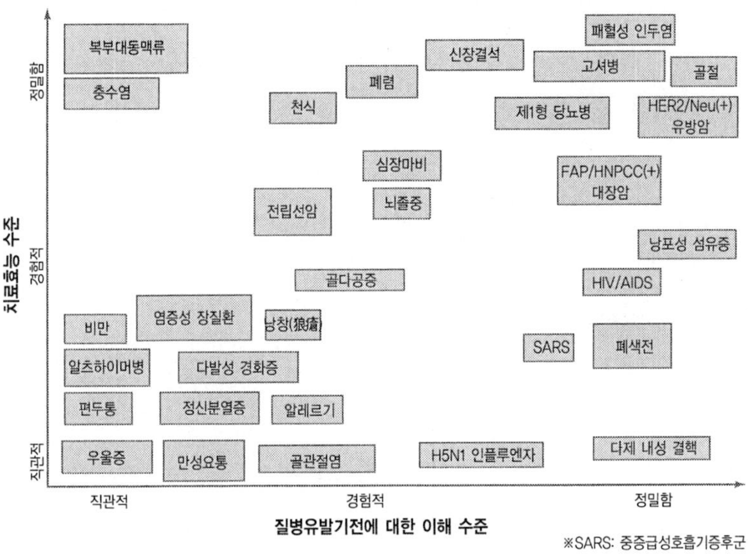

※SARS: 중증급성호흡기증후군

학과 영상기술, 그리고 유비쿼터스 접속성 ubiquitous connectivity 이다.

규제기관과 정책결정자, 보건의료 기업의 지도자들이 앞서 살펴본 그래프 상에서 우측상단을 향해 이동하는 질병들을 위한 사업 모델 혁신에 애쓰지 않는다면, 과학과 기술에 대한 사회의 엄청난 투자에 비해 비용절감이나 접근성 향상과 같은 잠재적인 혜택은 작을 수밖에 없다. 개별 질병이 직관의학에서 정밀의학의 영역으로 이동함에 따라, 특정 질병이 가지고 있는 문제점을 해결하는 데 필요한 고도로 전문화된 지식을 갖춘 사람들의 수는 줄어들 것이다. 특정한 훈련을 적게 받은 사람들이 한때 전문가들에게만 국한되었던 의료를 제공하고, 진료간호사 Nurse practitioners와 의사보조원 physician assistants이 한때 의사가 수행하던 일들을 대신 할 것이다. 유기섬유와 컴퓨터산업에서 그랬던 것처럼, 비용의 절감과 양질의 보건의료에 대한 접근성의 향상은 오늘날 최고의 의사들이 지닌 전문지식을 복제하는 데서 비롯되지 않는다. 솔직하게 말해서, 의사들의 전문지식을 '범용화' 함으로써 더 많은 환자가 더 낮은 비용으로 전문지식에 접근할 수 있게 만드는 과학적 진보를 통해서만 가능하다. 물론, 직관의학의 영역에 남아 있는 질병들을 치료하기 위해서는 뛰어난 의료센터에서 일하는 전문의들이 앞으로도 항상 필요할 것이고, 생소하고 새로운 질병 또한 틀림없이 계속 출현할 것이다. 그러나, 질병에 대한 관리가 이미 정밀의학의 분야를 향해 한참 이동했는데도, 규제와 의료비 상환방식, 습관, 문화로 인해 직관의 영역에 그 발목이 붙들려 있다는 것은 말이 안 된다.

의료의 중심이 이동한 사례는 수도 없이 많다. 혈관성형술 Angioplasty은 옛날 같으면 심장흉부외과 의사가 다루거나 외과수술도 받을 수 없었던 많은 환자들을 심장내과 전문의가 다룰 수 있게 만들었다. 효과적인 HIV 약물과 유전자형 검사 genotyping, 일상적인 혈중 바이러스

농도viral load 체크는 한때 복잡한 입원사례로서 감염병 전문의가 다루어야 했던 HIV 감염자들을 일차진료의사가 외래에서 관리하게 만들었다.[47] 일차진료의사가 아닌 의사보조원이 혈압 약물 치료를 조정하거나, 클리닉에서 당뇨병 환자를 위한 일상적인 검진을 대신함으로써 환자의 대기시간을 줄일 수 있다. 간호사는 의사 대신 패혈성 인두염 검사를 수행하거나, 비용이 적게 들고 편리한 곳에 위치한 창구에서 약물 처방을 대신할 수 있다. 소비자들은 예전에는 병원 실험실에서 전문적인 진단을 거쳐야 했지만, 이제는 편의점 내 약국 코너에서 임신진단키트를 사서 집에서 편하게 검사할 수 있다.

한 세기 전만 해도 질병의 양상은 〈그림 2-4〉의 지도에 나타난 현재의 상황과는 매우 달랐을 것이다. 오래전 큰 두려움의 대상이었던 역병(疫病), 천연두, 소아마비 같은 질병들은 현대의학이 세균사냥에서 거둔 승리로 인해 역사의 변방으로 물러났다. 이 질병들은 오늘날 보건의료 체계에서 지출하는 비용의 극히 작은 부분을 차지할 뿐이며, 현대 질병 분류표에서 찾아보기 힘들게 되었다. 영상기술과 분자 진단학molecular diagnostics이 보건의료 분야에서 이와 같은 미래의 파괴적 혁신을 가져올 기술적 촉진요인이라고 해도 과언이 아니다.

제3장

병원 사업 모델의 파괴적 혁신

오래전부터 병원은 있어 왔지만, 오늘날 우리가 알고 있는 병원의 개념은 18세기경 유럽에서부터 형성되기 시작했다.[1] 초창기 병원은 빈곤층을 돌보는 일과 함께 나병leprosy이나 결핵 같은 전염병 환자의 격리를 비롯해 다양한 기능을 수행했다. 안타깝게도, 과학이라기보다는 예술에 가까웠던 당시 의학 수준으로는 환자들에게 해줄 수 있는 것이 별로 없었고, 그래서 사람들은 보통 병원을 죽으러 가는 장소쯤으로 생각했다.

그러다 19세기 말에 이르러, 정부와 부유한 독지가들의 지원에 힘입어 병원은 점차 과학적 연구와 의료기술, 임상수련, 전문의료의 중심축으로서 역할을 수행하기 시작했다. 간호학교는 계속해서 병원에 필요한 인력을 공급했고,[2] 병원에서 연구해 인슐린과 페니실린 같은 새로운 치료법을 개발했다. 수련병원을 지정해 더 실력 있는 의사를 배출하기 위해 노력했고, 의학적 지식기반이 확대되면서 보건의료 인력의 전문화가 진행되었다.

병원은 의사들이 직관적 재능을 연습하는 실습공간이 되었고, 불확실성이 높기는 했지만 복잡한 의료사례나 예상치 못한 응급상황, 합병증 문제를 해결하는 임상실험 공간이기도 했다.[3] 병원의 이런 가치제안value proposition은 1900년대 초의 결핵, 1950년대의 (척수성) 소아마비, 1980년대의 에이즈처럼 이전까지 별로 알려진 치료법이 없는 질병을 해결하는 데 꼭 필요한 것이었다. 질병에 처음으로 맞닥뜨렸을 때 병원이 아니고서는 해결할 곳이 없었다.

파괴적 혁신disruptive innovation 여부를 판단하기 위한 그래프상에 질병의 진단과 치료의 복잡성을 세로축으로 하고 시간의 흐름에 따라 병원이 어떤 경로를 거쳐왔는지 살펴보면, 지난 한 세기 동안 병원은 존속적 혁신sustaining innovation의 궤적을 따라 시장 상층부를 향해 쉼 없이 달려왔다는 것을 알 수 있다. 보스턴 지역에 위치한 한 대형 수련병원의 경영자가 추정하기를, 오늘날 이 병원을 찾는 환자들의 70%는 30년 전만 해도 집중치료실(ICU)에서 다뤄졌을 것이고, 현재 집중치료실 입원환자의 70%가 당시에는 목숨을 잃었을 환자들이라고 했다.

이것은 그가 일하고 있는 병원이 매우 복잡한 문제를 다루는 데 탁월한 능력을 보유하게 되었다는 뜻으로 들렸다. 하지만, 그런 능력을 보유하고 그에 수반되는 비용을 지출하는 과정에서, 병원은 단순한 질병을 가진 환자가 활용할 수 있는 수준 이상의 초과능력을 보유하게 되었다. 만약 30년 전으로 거슬러올라가 방금 언급한 경영자의 전임자가 그때로부터 30년 전을 돌이켜보았더라도 아마 똑같은 생각을 했을 법하다. 오늘날 대부분의 병원이 보유한 역량은 어제의 최전방에 있던 의료문제를 충분히 감당하고도 남을 수준이며, 그 진보의 엔진은 오늘과 내일의 최전방에 놓인 문제를 해결하는 데 모든 초점이 맞춰져 있다.

기본적으로 규제와 계약, 가격책정, 의료비 상환방식 등에 뿌리를 둔 원인으로 인해, 어제의 의료 최전방에서 종합병원이 수행했던 활동이, 더 값싸고 편리한 진료장소로 옮겨져야 했음에도, 여전히 고비용구조의 병원에 있다. 파괴적 혁신에 관한 연구에서 우리가 배운 중요한 교훈은 오늘날 보건의료의 대부분을 제공하는 병원들이 보건의료의 비용과 접근성을 변혁시킬 주체는 될 수 없으며, 그렇게 되어서도 안 된다는 것이다. 대신, 병원은 혁신을 위해 파괴되어야 한다. 병원은 지금 다루고 있는 질병들 중에서 가장 간단한 것부터 시작해 점점 더 많은 환자와 질병을 파괴적인 사업 모델에 넘겨주어야 한다. 병원은 언제나 필요하다. 다만, 과학적 진보를 통해 더 많은 질병이 직관의학에서 정밀의학의 영역으로 옮겨질 것이기 때문에 앞으로는 더 적은 수의 병원만으로도 충분할 것이다.

사실, 보건의료의 파괴적 혁신은 이미 시작되었고, 특히 병원이 과다한 역량이 있어서 더 이상 수익성이 없는, 가령 웰빙, 응급처치urgent care, 일차의료, 만성질환 같은 분야에서는 여러분이 이 책을 읽는 동안에도 파괴적 혁신이 더욱 가속되고 있다. 대상환자는 많지만 병원의 사업 모델에 비추어 (기존의 의료비 상환방식하에서) 상대적으로 이윤이 적기 때문이다.

병원의 사업 모델

병원비는 왜 그렇게 비싼 것일까? 종합병원의 조직 패러다임은 직관의학의 시대에 다져졌다. 본질적으로 모든 병원이 솔루션 숍의 역할을 할 때였다. 하지만, 오늘날의 병원은 좀 다르다. 기술과 과학의 발전으로 정밀 진단한 질병에 대한 처치과정과 치료법이 표준화되면서, 병원 내에 가치부가과정과 솔루션 숍 활동이 혼재하게 되었다. 그 결과 자본주의 역사상 가장 경영하기 어려운 조직이 되었다.

1장에서 살펴봤듯이, 쓸모 있는 모든 사업 모델은 하나의 가치제안에서부터 시작되는데, 그것은 고객이 처리하려고 해왔던 일을 더 효과적이고 저렴하게, 그리고 더 편리하게 해결할 수 있도록 도와주는 제품과 서비스를 제공하는 것이다. '만인을 위해 무엇이든 하겠다'는 것은 우리가 아는 한 어떤 경우에도 성공적인 사업 모델의 가치제안이 될 수 없다. 그런데도, 종합병원의 경영자들은 계속 이런 가치제안을 추구해야 한다고 느끼는 것 같다.

설사 어떤 기업이 만인을 위해 무엇이든 할 수 있다 하더라도 그것은 고객이 필요로 하는 것이 아니다. 모든 이를 위해 무엇이든 해줄 수 있는 보건의료 공급자를 찾아 헤매는 환자는 거의 없다. 오히려, 보건의료 고객들은 대체로 다음의 두 가지 일 중에 하나를 해결하려 할 뿐이다.

첫 번째 일은 '나는 어디가 잘못되었는지, 그 원인이 무엇인지, 그리고 그것을 바로잡기 위해 무엇을 할 수 있는지 알고 싶다'와 같은 문장으로 요약될 것이다. 두 번째 일은 '내 문제를 고치기 위해 무엇을 해야 하는지 아니까, 이제는 그것을 효과적으로, 저렴하게, 그리고 편리하게 해결하려 한다'와 같이 정리될 수 있다.[4]

첫 번째 일을 하기 위해 가치제안을 전달하는 것은 솔루션 숍의 사업 모델이고, 두 번째 일은 가치부가과정 사업 모델이다. 우리는 지금껏 근본적으로 다른 두 가지 사업 모델을 하나의 운영단위 속에 성공적으로 수용한 사업은 보지 못했다. 서로 얽히고설켜 경쟁을 억제하는 보조금, 관리가격, 규제 같은 것들이 없었더라면 오늘날 종합병원의 사업 모델은 경제적 · 경쟁적 면에서 생존하기 어려울 것이다.[5]

병원에서 하는 솔루션 숍 활동의 본질

병원 내에서 하는 솔루션 숍 활동은 일반적으로 환자의 문제를 진단하는 것과 관련되어 있다. 이를 위해서는 혈액과 조직 샘플을 분석하기 위해 최신 설비를 갖춘 중앙화된 실험실과, 컴퓨터단층촬영장치(CT)나 자기공명영상장치(MRI), 양전자방출단층촬영장치(PET) 같은 최신 영상기술을 갖춘 방사선과가 필요하다.

결과를 취합하고 해석하는 이들은 직관의학에 속하는 기술을 발휘하도록 수련을 받는다. 어떤 경우에는 가장 뛰어난 재능을 가진 사람조차 문제를 확실하게 진단하지 못하는 경우가 생긴다. 이때 그들이 할 수 있는 일은 가설을 세우고, 실험적으로 환자를 치료해봄으로써 무슨 질병을 앓고 있는지를 찾아내야 한다. 환자에게 효과가 나타나면 가설이 검증되는 것이다. 그렇지 않으면 무언가 다른 문제가 있는 것이기 때문에, 의사는 다음 차선의 가설을 검증하기 위한 치료에 착수하고, 가설이 검증될 때까지 실험을 반복한다. 따라서, 실험적 치료는 그것이 외과수술이든, 약물이든, 아니면 다른 중재술이든 간에 병원에서 하는 솔루션 숍 활동의 핵심적인 부분이다. 그러나, 다시 한 번 말하지만, 솔루션 숍 모델을 통한 치료는 가설을 검증해야 할 때만 필요한 것이다.

전형적인 종합병원의 솔루션 숍 모델은 인체 내부에서 발생하는 어떤 질병이라도 다 다룰 수 있도록 고안된 것이다. 이런 목적을 달성하려면 훌륭한 종합병원은 유형별로 진단장비를 하나씩 갖추고 있어야 하고, 모든 진료과목별로 적어도 의사를 한 명씩 두어야 한다. 이 문제를 다룰 수 있는 능력은 표준화된 '과정'에서 나오는 것이 아닌, 대체로 병원에서 근무하는 사람들의 직관과 훈련, 경험, 그리고 그들이 언제든지 활용할 수 있는 장비 등 병원의 '자원'에서 나온다. 모든 환자가 가진 다양한 문제를 처리할 유연성을 확보하려면 개별 장비와 개별 전문의는 분리되어 있어야 하며, 과정에 의해 단단히 연결되어서는 안 된다.

병원의 가치부가과정 활동

가치부가과정 활동은 종합병원에서 또 다른 사업 모델을 필요로 한다. 이 활동의 가치제안은 앞에서 말한 두 번째 일의 처리, 즉 확진(確診)한 후에 문제를 고치는 일이다. 고관절 · 슬관절 치환술, 골절 치료, 관상동맥 우회로 조성술(CABG), 심장혈관 성형술, 백내장 수술, 탈장 교정술 등이 가치부가과정 활동의 예에 해당한다. 이것은 대학이나 생산공장, 식당 주방에서 일어나는 활동과 다르지 않다. 부분적으로 완성된 (혹은 부분적으로 고장난) 것들이 한쪽 문을 통해 들어온다. 작업자는 한 세트의 도구를 집어 들고 비교적 입증된 일련의 가치부가 단계에 따라 일을 처리한다. 그런 다음, 좀더 완성도를 갖춘 제품을 다른 쪽 문으로 내보낸다.

사업 모델의 혼재에서 비롯되는 문제점

한 병원이 서로 다른 두 가지 가치제안을 모두 수행하려고 하면, 각각에 필요한 두 가지 유형의 사업 모델이 빚어내는 극심한 내부 모순에 빠지게 된다. 두 가지 사업 모델에 필요한 자원과 과정은 서로 본질적으로 다르며, 각각의 수익공식도 마찬가지다. 솔루션 숍은 결과에 상관없이 서비스 제공에 대한 요금을 지불하는 방식, 즉 행위별 수가제fee-for-service로 보상되어야 한다. 진단의 정확성과는 상관없는 여러 요인이 결과에 영향을 미치기 때문에 의료결과outcomes가 어떠한지에 따라 가격을 매겨서는 안 된다. 이와 반대로, 가치부가과정 사업은 고정가격fixed price에 서비스를 판매할 수 있고, 결과까지 보장해줄 수 있다.

시장경제를 중심으로 보건의료 체계를 바라보는 많은 이들은 병원과 의사들이 그들이 하는 일의 가격과 의료결과를 제때 알려주지 않는다는 사실에 개탄한다. 그래서 제공된 서비스의 가치를 측정할 수 없게 되고, 결과적으로 성과와 효율, 고객 중심을 이끌어내는 시장 기전이 보건의료 체계에서 정상적으로 작동하지 못한다는 것이다.[6] 그러나, 이들이 아직 이해하지 못하는 것이 있다. 그것은 사실 그 가치는 측정할 수 없다는 점이다. 왜냐하면, 서로 다른 두 가지 사업 모델에서 말하는 가치 기준이 너무 다르기 때문이다.

가치를 측정하는 것이 왜 불가능한지 이해하기 위해, 이런 경우를 한번 상상해보자. 컨설팅회사 맥킨지McKinsey & Company가 만들어낸 전략 보고서와 현대자동차가 만든 소나타 중에 어떤 것이 고객에게 더 나은 가치를 제공할까? 맥킨지와 같은 솔루션 숍의 서비스는 시간제 서비스 단가, 다른 말로 행위별 수가제에 기초해 가격을 매긴다. 그런 가격이 가치가 있느냐 없느냐는 기존의 일 처리, 프로젝트에 동원된 전문인력의 자질 등으로 평가되는 그 회사의 명성에 달려 있다. 이와는 대조적으로, 현대가 만든 자동차의 가격은 누구나 알고 있다. 현대자동차 가격이 가치가 있느냐 없느냐는 동급 승용차의 가격대비 가치를 평가해 그 결과를 공개하는 '컨슈머 리포트Consumer Reports'의 등급으로 측정할 수 있다.

제품과 서비스의 가치는 처리해야 할 일에 비해 가격과 기대되는 결과가 어떤지를 비교함으로써 계산할 수 있다. 하지만, 병원에서 솔루션 숍과 가치부가과정 서비스가 하는 일은 매우 다르다. 반면, 의료비 상환 공식은 보통 두 가지 유형의 병원 서비스에 대해 행위별 수가제로 가격을 매기고 있다. 이렇게 되면 서비스 유형에 따라 실제로는 달라야 할 간접비용이 두 가지 유형의 서비스에 걸쳐 배분되는 왜곡이 발생하

고, 결과적으로 종합병원이 하는 일의 가치를 비교하는 것은 고사하고 그것을 측정할 수도 없게 된다.[7]

병원이 집중해야 할 분야

이 장에서 제안하려는 첫 번째 사항으로, 병원은 지금 하고 있는 활동을 서로 다른 두 개의 사업 모델, 즉 솔루션 숍과 가치부가과정 활동으로 분리해서 운영해야 한다.[8] 이것은 병원 내 병원hospitals-within-a hospital을 만들거나 별도의 시설을 세움으로써 가능하다.[9] 두 경우 모두 각 사업 모델 내에서 하는 일은 서로 다른 방식으로 조직되어야 하고, 원가회계와 가격책정 방식도 분리해 각각에 맞게 구조화해야 한다. 대형 메디컬 센터는 이와 같은 방식으로 분리할 수 있겠지만, 작은 병원은 솔루션 숍 혹은 가치부가과정 병원 중 하나에 집중해 전문화해야 한다. 그렇지 않으면 파괴적 혁신으로 도산할 수도 있다.[10] 이런 분리가 첫 번째 단계로서 중요한 이유는, 처리해야 할 일 두 가지가 서로 다르기 때문이다. 한 조직의 자원과 과정, 수익모델이 한 가지 일에 집중될 때 그것이 올바른 최적의 방향으로 통합되어 주어진 일이 완벽하게 처리된다.

이해를 돕기 위해, 우리가 1장에서 살펴본 패스트푸드 체인점의 밀크셰이크 판매 사례로 다시 돌아가보자. 증권사 애널리스트와 회사의 임원들이 볼 때 이 체인점은 잘 통합된 사업체였다. 이 회사는 감자튀김에 쓰일 특별한 감자를 확보하기 위해 감자 재배업자들과 직접 계약을 맺었다. 보관창고와 유통망까지 자체적으로 구축했고, 여러 종류의 식사용 먹을거리, 샐러드, 음료수, 디저트에 이르기까지 다양한 제품으로 구색을 갖추었다. 통합의 상당부분은 제품의 비용과 품질을 최적화하는 데 초점을 맞췄다. 하지만, 고객들이 필요로 하는 일, 즉 밀크셰이크를 사먹는 진짜 이유를 알게 되면서 체인점은 다른 종류의 통합이 필요하다는 것을 깨달았다. 제품의 변화는 물론이고, 제품과 서비스 제공방식, 결제시스템, 밀크셰이크 구매유형별 판매공간 배치 등 모든 것을 고객의 요구에 최적화할 수 있도록 새롭게 짜야 했다. 결국 그 체인점이 했던 통합방식은 잘못된 것이었다. 고객이 필요로 하는 일을 해결하기 위해 회사가 제공해야 하는 것, 즉 고객이 제품을 구매하고 이용할 때 접하는 모든 상황을 잘 조직화하기 위해서는 먼저 고객을 제대로 이해해야만 한다. 그래야만 어떻게 하는 것이 올바른 통합인지 알 수 있다.

솔루션 숍으로 독립된 조직들은 정확한 진단을 제공하고 가장 효과적인 치료법을 알려주는 방식으로 통합될 수 있다. 혹시 솔루션 숍 기능만 가진 별도의 조직을 만들고 그로부터 수익을 내는 것이 불가능하다고 여기는가? 그렇다면 다시 한 번 주위를 돌아보기 바란다. 이미 여러 곳에서 그런 조직들이 생겨나고 있다.

솔루션 숍 병원

친구 중에 평생 동안 천식을 앓아온 친구가 한 명 있다.[11] 그가 여러 전문의를 전전하는 동안 매번 다른 치료약을 처방받았는데, 결국에는 갖가지 약을 먹다가 여러 부작용에 시달리게 되었다. 언젠가는 치료비가 한 달에 1,000달러가 넘게 나온 적도 있다고 한다. 그런데도 여전히 상태는 별로 나아지지 않았다. 그러다, 콜로라도주(州) 덴버에 있는 국립 유대인 의학연구센터National Jewish Medical and Research Center라는 곳까지 가게 되었다.[12] 이 국립 유대인 건강병원은 폐호흡기질환, 특히 천식에 집중화된 솔루션 숍 병원이다. 밀크셰이크 사례에서 '일 중심의 통합' 최적화가 되었듯이, 이 병원도 호흡기질환에 대해 근본원인을 진단하고 최선의 치료법을 처방하는 데 최적화된 방식으로 통합되었다. 친구가 이 병원에 도착하자, 여러 가지 독특한 검사가 진행되었다. 이어서 알레르기 전문의, 폐질환 전문의, 이비인후과 전문의로 구성된 팀이 진료를 했다. 진료팀은 검사결과와 함께 친구의 오랜 병력에 대해 각자의 소견을 종합해, 증상의 원인이 무엇인지 말해주었고, 치료법도 처방해 주었다. 이렇게 해서 결국 이 친구의 문제가 해결되었다.

친구가 전에 해답을 찾아다녔던 종합병원 시스템에도 똑같은 유형의 전문의들이 있었지만, 그들은 올바른 방식으로 통합되지 못했다. 친구는 각각의 전문의에게서 따로 진료를 받았고, 한 전문의에게서 다른 전문의에게로 보내졌다. 그 친구를 진료한 전문의들은 병원 내에서 솔루션 숍과 가치부가과정 사업 모델에 모두 참여했을 것이다. 일관성있게 잘 통합된 솔루션 숍이라면 진료과별로 분리되어 있는 종합병원이 할 수 없는 일을 손쉽게 해낼 수 있다. 왜일까? 질병들이 직관의학의 영역에 남아 있는 핵심적 이유는 질병이 신체의 둘 혹은 그 이상의 시스템이 서로 의존하면서 교차되는 부분에서 발생하기 때문이다. 따라서, 그런 시스템 중에 어느 하나의 관점에서만 질병을 바라보게 되면 질병의 본질을 꿰뚫는 통합된 해결책을 찾아낼 수 없다.

텍사스 심장병연구소Texas Heart Institute는 심혈관질환 분야에 집중화된 솔루션 숍이다. 클리브랜드 클리닉Cleveland Clinic은 병원 내에 집중화된 솔루션 숍으로 별도의 '연구소' 를 설치했다. 그중에는 '심장 및 혈관 연구소' 가 있고, 신경외과 · 신경과 · 정신과 의사와 기타 인력들을 통합해 최적의 진단 및 치료법 권고에 최적화된 '신경연구소' 도 있다. 메이요 클리닉Mayo Clinic도 이와 유사한 방식으로 조직화되었다. 가능하면 저렴한 비용으로 신속하고 정확한 진단을 내리기 위해, 질병에 관련 있을 법한 신체 장기 시스템의 여러 전문진료과에 걸쳐 전문의와 장비,

시술이 통합된 솔루션 숍을 운영하고 있다. 일단 진단과 처방을 하고 나면, 환자에게 다음과 같은 요지의 이야기를 해준다.

"자, 이제 진단과 치료법을 알려드렸으니, 우리 병원 내에 가치부가과정 활동을 담당하는 곳으로 가서 치료를 받으시고, 의료결과별로 정해져 있는 요금(혹은 결과별 수가fee-for-outcome)을 납부하시면 됩니다. 아니면, 집 가까운 곳에 있는 병원 아무 곳에 가서 치료받으셔도 되고요. 편한 대로 하세요."

환자들이 멀리 있는 솔루션 숍까지 찾아가는 데 비용은 많이 들지 않을까? 답은 '그렇지 않다'이다. 오히려 저렴하다. 친구가 국립 유대인 건강병원이 있는 덴버까지 여행하는 데 2,000달러가 들었지만, 그동안 개별적으로 치료하는 전문가들을 거치면서 부정확하고 불완전한 진단을 내려 잘못된 처방약과 의료기기에 낭비한 수천 달러에 비하면 아무것도 아니다. 정확한 진단은 시간과 돈을 낭비하지 않는다. 궁극적으로 집중화된 솔루션 숍은 서비스에 들어간 비용을 보전할 수 있을 뿐만 아니라 그 행위의 가치까지 반영하는 행위별 수가(酬價)에 따라 요금을 청구하게 될 것이라고 믿는다.[13] 현재는 왜곡된 의료비 상환 공식으로 제약되어 있지만, 이런 제약조건을 우회할 방법이 있는데, 이것은 6장과 7장에서 다룰 것이다.

우리 사회에서 지역마다 종합병원이라는 시스템이 확립되던 때, 의료행위는 매우 직관적이었다. 병원을 찾아 상당히 먼 거리를 여행하는 것이 환자에게는 비싸고 위험한 일이었으며, 그것은 한계효용marginal benefit 측면에서 가치가 없는 일이었다. 그런 환경에서는 지역마다 모든 질병의 환자를 위해 어떤 것이라도 할 수 있는 종합병원을 건립하는 것이 이치에 맞는 일이었다. 그러나, 그런 방향으로 우리를 몰고 갔던 경제적 · 기술적 제약은 이제 더 이상 우리를 구속하지 않는다. 여행에 드는 비용은 줄어든 반면, 의사와 장비는 여전히 비싸다. 하지만, 보건의료산업은 오늘날의 현실에 맞게 최적화되지 못하고 아직도 1930년대의 보건의료 경제학과 기술을 중심으로 구조화되어 있다.

가치부가과정 클리닉

'전문병원specialty hospitals' 에 대해 여러 가지 말이 많다. '전문병원이 종합병원에서 수익성이 좋은 환자들과 시술을 거둬가, 종합병원에는 상태가 안 좋고 의료비를 지불할 능력이 안 되는 환자들만 남아 수익성이 악화되고 있다' 고 비판하는 사람들도 있다.[14] 게다가 환자 의뢰와 관련해 금전적인 이해관계에 놓인 전문병원 의사들로서는, 환자 입장에서 최선이 아닌 의료를 제공할 유혹을 뿌리치기 어렵다는 우려가 제기되고 있다. 이 때문에, 미국 의회는 2003년 신규 전문병원의 개설을 제한하는 법안을 마련했다 결국 2006년 폐지한 적도 있다.[15] 법안이 통과될 당시, 미국병원협회(AHA)American Hospital Association 와 미국민간병원연합(FAH)Federation of American Hospitals 의 로비 압력이 대단했다.[16]

전문병원은 보건의료시스템에 이로울까, 아니면 해가 될까? '전문병원' 과 '종합병원' 으로 나누는 것은 심각한 오해와 측정오류를 불러올 수 있는 잘못된 구분법이다. 앞서 말한, 국립 유대인 건강병원과 같은 일부 전문병원들은 확실한 솔루션 숍이다. 그들은 집중화를 통해 여러 전문의의 작업을 통합하고, 가치제안을 최적으로 전달하는 방식으로 사업과정을 조직화했다. 의료가 여전히 직관의학 영역에 속해 있고, 결정된 치료법으로부터 받는 피드백이 학습에 필수적이기 때문에 이런 의료기관에서 진단과 치료는 한 몸이어야 하고 다르게 취급되어서는 안 된다. 국립 유대인 건강병원과 같이 확실한 솔루션 숍 역할을 하는 조직구조는 진정한 의료팀을 통해 환자를 관리한다. 반면, 기존 종합병원의 조직구조는 전문진료과들이 분리되어 있기 때문에 환자 관리는 개별진료과에 맡기거나 여러 진료과를 개별적으로 거치면서 한다. 즉, 현재 구조하에서는 협진(協診)과 진료조정이 어렵다.

전문병원 중에는 가치부가과정 병원도 있다. 입원 또는 외래의 외과수술센터가 여기에 해당한다. 일부는 여러 유형의 외과수술을 하는 반면, 특정한 유형에만 전문화된 경우도 있다. 예를 들어, 캐나다 토론토 북쪽에 있는 숄디스 병원Shouldice Hospital은 외복벽탈장external abdominal wall hernias 교정술만 전문으로 진료한다. 인도의 아라빈드 병원Aravind Hospitals은 눈수술, 그리고 핀란드의 콕사 병원Coxa Hospital은 고관절 · 슬관절 치환술에만 집중하고 있다. 한편, 미국암치료센터Cancer Treatment Centers of America는 열 가지도 넘는 암 치료는 물론, 보통 다른 병원에서는 제공하지 않는 보완대체요법까지 제공한다. 하지만, 가치부가과정 모델을 갖고 있는 이 병원의 모든 활동은 다른 곳에서 진단된 암을 치료하는데 목표를 두고 있다. 한 가지 일에 초점을 맞춘 솔루션 숍들이 그들의 효과성을 최적화하는 방식으로 통합되듯이, 가치부가과정(VAP) 병원들 역시 한 가지 일에 초점을 맞추기 때문에 최적의 효과를 발휘하도록 통합될 수 있다.[17]

한 세대 전만 해도 외과수술을 많이 한 이유 중 하나가 진단 때문이었다. 그때 초음파는 원시적이고 성능이 좋지 않았으며, X선 기술은 체내 연부조직soft internal tissues을 촬영해내지 못했다. 그래서 외과의사들은 단지 인체 내부를 들여다보려고 환자의 피부를 절개해야 했다. 이런 시험적 수술Exploratory surgery은 종합병원의 솔루션 숍 활동에 중요한 부분이었다. 그러나, 초음파와 컴퓨터단층촬영(CT), 자기공명영상(MRI), 양전자방출단층촬영(PET) 등 기술이 발전한 덕분에 이제 의사는 책상 컴퓨터 앞에서 또렷한 화질의 내부조직 영상을 볼 수 있게 되었다. 오늘날 수술 대부분은 확진 후에 하며, 이는 곧 대부분의 수술이, 우리가 외과수술센터라고 부르는 가치부가과정(VAP) 병원에서 하고 있음을 의미한다.[18]

환자의 입을 빌려 표현하면, 이들 병원이 역점을 두고 해결하려는 일은 바로 이런 것이다. "확진도 받았고, 이제 무슨 치료를 받아야 하는지도 안다. 하지만, 가능하면 효과적이고 편리하게 그리고 저렴하게 치료를 받고 싶다." 입원준비부터 수술과정, 재활을 거쳐 퇴원에 이르기까지 전 과정을 최적으로 통합할 수 있기 때문에, 가치부가과정 병원들은 상당히 낮은 비용으로 훨씬 질 높은 서비스를 제공할 수 있다. 예를 들어, 민간소유의 영리병원인 숄디스Shouldice 병원의 탈장교정술은 4일간 컨트리클럽같이 멋진 환경에서 제공되며, 입원준비와 수술, 재활 서비스가 모두 포함되어 있다.[19]

전형적인 미국의 종합병원에서, 이런 수술은 외래진료로 한다. 하지만, 캐나다 숄디스 병원에서 수술받을 경우 전체 비용은 미국의 비슷한 탈장교정술 표준 수가(CPT 코드 #49560)[20]에 비해 30% 저렴하다.[21] 전형적인 미국 병원에서, 예상치 못한 합병증으로 추가 수술을 하는 경우는 5~10% 수준이다.[22] 숄디스 병원의 경우는 합병증 발생률이 0.5%에 불과하다.[23] 핀란드 탐페레Tampere에 있는 콕사Coxa 관절치환술 전문병원도 종합병원에 비해 낮은 비용을 자랑한다. 핀란드에서 비슷한 수술을 하는 64개 종합병원의 합병증 발생률은 평균 10~12%인 반면, 콕사 병원은 0.1%에 불과하다.[24]

이 차이는 단순히 의사들의 실력에서 비롯되는 것이 아니다. 해결하려는 하나의 구체적인 일을 중심으로 가치제안이 통합되어 있느냐 그렇지 않느냐의 문제다. 숄디스, 콕스, 그리고 기타 집중화된 가치부가과정 병원의 의사들이 특정 시술을 반복함으로써 실력이 향상될 수도 있지만, 더 중요한 것은 이 의료기관의 모든 것이 하나의 일에 초점이 맞춰져 최적화되어 있다는 점이다.

도요타 자동차에서 배운 교훈 중 하나는, 우리가 하나의 일을 매번 다르게 한다면 그 결과를 개선하는 것이 어렵다는 것이다. 우리가 지속적으로 개선하고 예기치 않은 문제에 대해 예측 가능하면서도 효과적인 방식으로 대응하려면 표준화가 필요하다. 이것이 바로 집중화된 가치부가과정(VAP) 클리닉의 성공비결이다.

집중화focus 논리를 겨냥해 흔히 두 가지 이견(異見)이 제기되곤 한다. 첫 번째는, 여기서 기술한 집중화된 솔루션 숍과 가치부가과정 병원들이 의료에서 발생하는 응급상황과 합병증을 제대로 처리하지 못하기 때문에, 진정으로 효과적이려면 응급실과 종합병원에 있는 모든 진료부서를 갖춰야 한다는 것이다. 그런데도 오래전부터 많은 지역 병원들이 같은 업계의 더 큰 종합병원에 비해 일부 서비스와 전문지식만으로 운영하는데 별 말이 없는 것은 흥미로운 사실이다. 하지만, 이것이 지역 병원의 존재를 부정하는 논리로 이용되는 경우는 드물다. 이 병원들이 모든 진료과목을 갖추지 않아도 된다고 생각하는 이유는, 더 정교한 의료를 필요로 하는 환자는 3차진료기관으로 가면 되기 때문이다.[25] 집중화 병원에서 이와 같은 환자의 이송이나 의뢰를 하면 안 될 하등의 이유가 없는 것이다.[26]

집중화를 반대하는 두 번째 논리는, 전문병원과 기타 가치부가과정 사업체들이 젊고 건강한 알짜배기 환자만 상대하거나cherry picking, 수익성 좋은 환자들을 상대로 단물만 쏙 빼먹어서cream skimming 중증환자들만 종합병원으로 몰린다는 것이다. 이에 대해 우리가 해줄 말은 '당연한 이야기' 라는 것이다. 상호의존성을 가진 복수 질환을 앓고 있는 환자들은, 최고의 3차의료기관만이 제공할 수 있는 폭넓고 구조화되지 않은 직관의학 분야의 역량을 절실히 필요로 한다. 우리에게는 언제나 그런 병원이 필요하다. 하지만, 오늘날 그런 병원에서 행해지는 것들의 상당수는 다른 어딘가에서 훨씬 효과적이고 저렴하게 할 수 있는 것들이기에 단지 지금처럼 그렇게 많이 필요한 것은 아니라는 것이다.

종합병원 경영자들이 비난하는 문제는, 잘못된 교차지원cross-subsidization을 통해 사업 모델의 혼재를 지속시키는 의료비 상환 시스템과 원가회계 방식에 그 뿌리가 있다. 종합병원은 그들만이 할 수 있는 복잡하고 직관적인 일에 대해 현재 받고 있는 것보다 훨씬 많은 보상을 받아야 한다. 현재의 종합병원 사업 모델이 그만의 독특한 의료전달 사업 모델을 가진 가치제안으로 분리되고 지불체계가 종합병원의 의료를 적절히 보상한다면, 오늘날 알짜배기 환자만을 상대로 하는 일이 효율적으로 자원을 배분하는 현실로 인식될 것이다.

우리가 여기서 제안하는 사업 모델 혁신은 종합병원의 사업 모델에 비하면 진정으로 파괴적이다. 제너럴 모터스(GM)가 1970년대와 1980년대에 로비를 통해 도요타, 혼다, 니산에 의한 파괴적 혁신으로부터 스스로를 보호하기 위해 수입쿼터import quotas 장벽을 만들었듯이, 앞서 살펴본 파괴적인 병원들에 대한 저항 또한 충분히 예상되는 문제이다. 그러나, 이런 저항은 이기적일 뿐만 아니라 현실적이지도 않다.

이 장의 나머지 부분에서 우리는 '미시간 매뉴팩처링 코퍼레이션(MMC)Michigan Manufacturing Corporation' 이 운영하는 생산공장 네트워크의 사례를 먼저 살펴볼 것이다.[27] 이 사례를 살펴보는 목적은 종합병원 사업 모델에서 총비용의 큰 부분을 차지하는 간접비용 및 품질 문제에 직접적으로 관련 있는 '복잡성 비용cost of complexity' 이란 개념을 소개하기 위해서다. 복잡성 비용을 통해 우리가 왜 종합병원을 파괴적으로 혁신시키기 위해 전문 솔루션 숍과 가치부가과정 클리닉을 장려해야 하는지 알게 될 것이다. 종합병원 사업 모델 안에서도 한 자릿수의 비용절감은 가능하다. 그러나, 새로운 사업 모델을 만들어낸다면 비용을 더 큰 폭으로 절감할 수 있다. 다시 말해, 병원이 안고 있는 비용문제의 해결책은 그 사업 모델 내에서 효율성을 높이는 것이 아니다. 그보다는 종합병원의 현재 수익공식을 파괴시킬 근본적으로 집중화된 사업 모델을 창조한다면 상당한 비용구조를 개선할 수 있다. 적절한 통합이 질(質) 향상을 가져오며, 집중화를 통한 간접비 감소를 통해 전체적인 비용절감을 할 수 있다는 것을 알게 될 것이다.

MMC 사례를 살펴본 후에는, 파괴적 병원의 첫 번째 물결을 통해 집중화된 솔루션 숍과 가치부가과정 병원이 스스로 또 어떻게 파괴될 수 있는지를 살펴보면서 이 장을 마무리하겠다.

미시간 매뉴팩처링(MMC) 생산공장의 조직화 방식

미시간 매뉴팩처링 코퍼레이션(MMC)은 미국 중서부 지역에 있는 9개 공장에서 차축, 현가장치 suspension systems, 증속장치 gear boxes 등 자동차 부품을 생산하는 업체이다. 미시간주(州) 폰티악 Pontiac에 있는 MMC 공장은 여러 개의 부문 단위로 조직되어 있다[28] (그림 3-1). 한쪽에는 미세절단기 cut-off machines가, 다른 한쪽에는 스탬프 날인기 stamping machines가 모여 있다. 그리고 또 다른 곳에 다른 기계들이 모여 있는 등 각 유형의 기계마다 하나의 부문을 이루고 있었다. 이 부문별 배치는 폰티악 공장에 세 가지 이점을 제공해주었다. 첫째, 상당한 숙련도와 기술을 요하는 기계를 작동시키는 데 있어 같은 공간에 동일한 기능을 수행하는 기계를 함께 배치함으로써 기계조작원의 전문성을 제고할 수 있었다. 둘째, 기계 구입 및 유지비가 비싸기 때문에 부문별로 관리하게 함으로써 기계 생산성의 극대화와 책임소재를 명확히 할 수 있었다. 셋째, 부문별 배치는 어떤 부품도 생산할 수 있게 하기 때문에 더할 나위 없이 유연한 구조였다.

생산과정은 언제나 공정 엔지니어 사무실에서 시작되었는데, 기술자는 부품도면을 분석해 부품생산에 필요한 활동과 절차의 순서를 결정했다. 나중에 이 순서가 수정되는 경우도 종종 있었다. 〈그림 3-1〉에서 점선으로 표시된 부분이 공장에서 A제품이 만들어지기까지 거치게 되는 경로이다. 가령 A제품이 차축(車軸)이면, 일단 미세절단기에서 출발해 바깥 지름의 모양을 만드는 터닝머신turning machines (혹은 선반) 쪽으로 옮기고, 다시 호빙머신hobbing으로 옮겨 기어 모양으로 자른 다음, 소둔로(燒鈍爐)annealing furnace에서 열처리를 통해 금속의 내부응력을 조정

〈그림 3-1〉 미시간 매뉴팩처링 공장의 전형적인 작업 배치도

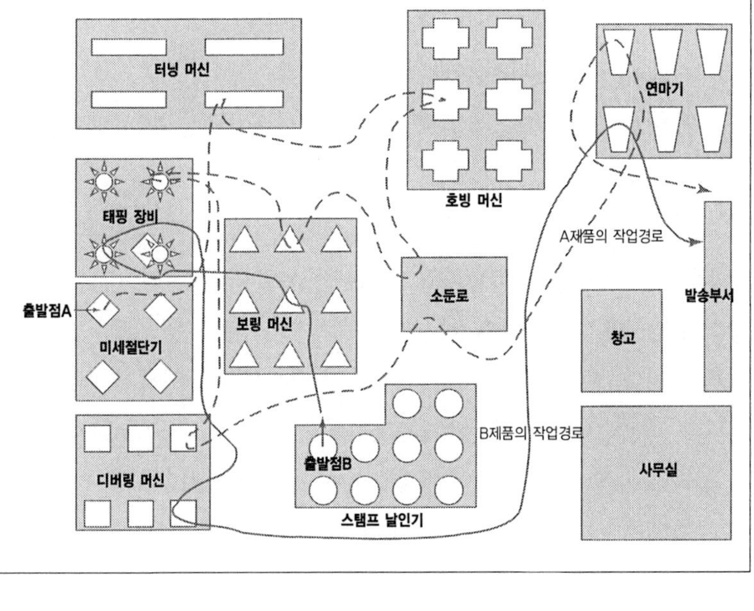

하게 된다. 이어서, 구멍을 뚫고 나사산screw threads을 깎은 다음, 구멍을 더 뚫고 디버링deburring 작업을 통해 모서리에 남은 예리한 금속조각들을 제거한다. 다시 한 번 소둔로에서 열처리를 거친 부품은 연마기polishing machine로 옮겨서 마침내 작업이 마무리된다. 더 단순한 브래킷bracket 제품B는 더 적은 수의 작업공정을 거치게 되며, 더 복잡한 제품이 있다면 같은 부문을 여러 번 거치게 된다.

폰티악 공장은 차축과 현가장치를 만드는 데 필요한 모든 유형의 금속공작 기계를 최소 한 대씩 보유하고 있고, 각 부문이 다른 부문과 독립되어 있기 때문에 과정에 얽매여 있지 않아서 엔지니어와 작업근로자들은 거의 모든 부품을 생산해낼 수 있었다. 만약 설계상 특정한 부품을 위한 구체적인 공정이 필요하다면, 그 부품을 처리할 수 있는 기계가 있는 부문으로 가져가기만 하면 된다. 특정 공정을 거치지 않아도 되는 제품인 경우 당연히 그 공정 부문은 거치지 않는다. 매번 하나의 부품이 작업처리를 위해 해당 부문에 도착하게 되면, 기계가 이전 작업을 마칠 때까지 기다려야 했다. 이전 작업이 완료되면 기계조작원이 다음 작업을 처리할 수 있도록 기계의 작업설정을 했다.

부품생산에 필요한 작업의 유형과 순서는 공장 내에서 거치게 되는 경로를 결정한다. 모든 제품이 공장 내에서 같은 경로를 거치게 된다면 작업 관리가 훨씬 수월해질 것이다. 기계조작원이 매번 서로 다른 부품생산에 요구되는 기계의 작업설정을 바꾸어야 하겠지만, 다음 작업을 하려면 누구에게서 부품을 받아 어디로 주어야 할지 항상 확실히 알 수 있을 것이다. MMC 공장에서 생산되는 제품설계에 정해진 대로라면, 폰티악 공장에서는 작업경로가 20개나 되었고, 경우에 따라서는 그보다 훨씬 많아질 때도 있었다. 뱀처럼 구불구불한 20개나 되는 작업경로를 관리하려면 상당한 행정적 감독과 기획력이 필요했다. 문제가 발생할 소지는 다분했다. 근로자들의 작업이 표준화된 반복주기에 따르지 않기 때문에 실수가 발생하거나 그로 인해 재작업을 하는 경우도 흔했다. 또한 제품생산 경로가 교차하는 지점에 있는 장비를 필요로 하는 작업이 동시에 발생하면 예기치 않은 병목현상을 겪어야 했다.

종합병원의 가치제안과 작업배치

재미있는 것은, 우리가 〈그림 3-1〉에서 각 기계 부문의 명칭을 지운 후 뱀같이 구불구불한 작업경로를 의료계 종사자들에게 보여주었더니, 종합병원의 환자 이동경로와 비슷하더라는 것이다.

실제로, 환자들은 증상에 따라 종합병원의 여러 부서를 거쳐 독특한 경로를 보이며 이동한다. 어떤 환자는 먼저 응급실을 방문한 뒤, CT 촬영을 위해 방사선과로 갔다가 수술실로, 그 다음엔 집중치료실(ICU)로 이동한다. 일반병실로 옮기기 전까지 집중치료실에 있는 동안 방사선과를 몇 번 더 다녀오기도 한다. 퇴원하기 전까지 일반병실에 있는 동안 필요한 검사를 받기 위해 신경과 병동에 다녀오기도 한다. 임산부라면 입원수속을 한 뒤 바로 분만실로 가서 아기를 낳고 18시간 동안 일반병실에 입원했다가 퇴원할 것이다. 어떤 임산부는 조산(早産)을 해서 아기가 몇 주 동안 신생아 집중치료실에 입원할 수도 있다. 평소 건강했던 사업가가 가슴에 통증을 호소하며 병원을 찾아왔을 때 운동 부하 심전도 검사cardiac stress test를 받고 이상이 발견되면 혈관성형술angioplasty을 받을 것이다. 심장마비 환자의 경우 스텐트stent를 삽입할 수 없는 상태면 시급히 우회로 조성술bypass surgery을 받을 수 있게 해당 진료부서로 보낼 것이다. 어떤 환자는 외래에서 대장내시경검사colonoscopy를 받으러 병원을 방문할 것이다. 폰티악 공장에서처럼, 모든 진료과를 가진 훌륭한 종합병원의 전문직들은 기술의 도움을 받아 직관의학이 제공할 수 있는 모든 해결책을 만들어낼 수 있다.

3차진료기관으로서 최고 수준의 대학 연계 병원academic medical centers은 복잡한 시설 속에서 무려 100개 이상의 '서비스' 계열, 혹은 서로 다른 진료 경로를 관리할 것이다.[29] 반면, 지역병원들은 현재 다루는 질병이 40개 정도에 불과하기 때문에 그만큼 관리해야 하는 진료경로도 단순하다.[30]

MMC 폰티악 공장의 간접비용

폰티악 공장의 매니저인 노엘 앨런Noelle Allen은 방금 전 겪은 일로 좌절감에 빠져 있다. 본사 회계감사팀이 다녀갔는데 폰티악 공장의 '간접비 배부율overhead burden rates', 즉 직접노동비에 지출한 금액 1달러당 간접비 지출이 6.2달러에 달한다는 지적을 받았기 때문이다. 폰티악 공장의 간접비 배부율 6.2달러는 9개 공장 통틀어 가장 높은 수치였다. 간접비는 각종 설비비용과 감가상각뿐만 아니라 작업일정계획, 자재공급, 품질관리, 보수 및 재처리, 제품폐기, 설비유지비, 자재취급, 회계, 전산시스템 등에 들어간 비용까지 포함한다. 간접비는 직접적인 제품생산에 지출한 비용을 제외한 모든 비용을 말한다. 기업 효율성 전문가들이 앨런에게 경고하기를, 현재의 높은 간접비를 개선하지 못하면 폰티악 공장에서 생산되는 제품은 비용이 적게 드는 다른 공장으로 이전될 것이며 폰티악 공장은 결국 문을 닫게 될 것이라고 했다.

폰티악에서 생산된 제품의 품질 또한 전체 MMC 공장 가운데 최악이었다. 간접비 중에 15%가량이 작업 중에 혹은 출하 직전에 검사관이 발견한 제품의 흠을 보수하고 작업을 다시 하는 데 쓰였다. 말하자면 앨런이 맡고 있는 공장은 총체적인 부실 그 자체인 셈이다.

적정한 가격책정을 위해, MMC는 원가관리시스템을 통해 수백 개에 이르는 모든 제품별로 생산에 필요한 직접노동시간과 구체적인 자재비를 추적하는데, 이것을 '직접' 비용이라고 부른다. 그리고 이런 직접노동비용에 간접비 배부율을 곱해 각 제품의 간접비 지출 '비중'을 계산해낸다. 간접비를 구체적인 제품별로 할당하는 것이 쉽지 않지만, 간접비를 보전할 수 있는 수준에서 각 제품의 가격을 책정하려면 그렇게 해야만 했다.

앨런이 생각하기에, 폰티악 공장은 간접비가 높았지만, 그렇다고 돈을 낭비한 것도 아니었다. 폰티악은 MMC가 처음으로 세운 공장이다. 차축에 대한 수요가 많아지면서 MMC는 새로운 공장 8개를 추가로 지었다. 폰티악 공장은 지난 몇 해 동안 내부 또는 외부에 페인트칠을 한 번도 하지 않았다. 공장 주위를 둘러싼 부지는 조경작업을 하지 않아 잡초가 무성했다. 초라한 로비에는 부서별 직원 연락처와 함께 놓인 전화기 한 대가 안내원을 대신한 지 오래다. 앨런 자신도 비서가 없으며, 제2차 세계대전 때 만든 것 같은 그녀의 낡은 갈색 철제 책상은 심지어 전임자가 걷어찼는지 한쪽이 찌그러졌다.

아이러니하게도, 오하이오주(州)에 있는 메이스빌Maysville 공장은 간접비가 가장 낮은데 폰티악이 가지지 못한 모든 것을 갖추고 있다. 공장부지는 아름답게 꾸며져 있고, 사무실과 접대공간은 말끔하게 장식되어 있으며, 사무가구 또한 최신식이었다. 로비에 안내원이 있고, 심지어 공장 매니저의 비서까지 있었다. 뿐만 아니라 공장의 간접비배부율은 폰티악의 3분의 1밖에 되지 않았지만, 제품의 품질은 업계 최고 수준이었다.

앨런은 메이스빌 공장의 비결이 무엇인지 배우러 공장을 찾았다. 그녀가 공장을 둘러보면서 작업반장과 면담하고 생산실적을 꼼꼼히 살펴보니, 그 비결을 알 것 같았다. 메이스빌 공장은 규모가 컸고, 그래서 어느 정도 경제성을 누리고 있었다. 15년 전에 기업 경영진이 폰티악 공장에서 생산수량이 가장 많았던 두 개의 작업경로를 '분리' 해 새로 지은 메이스빌 공장으로 이전시켰다. 그리고 메이스빌 공장에 작업을 새로 배치할 때 폰티악 공장에서처럼 구불구불한 경로가 아닌 두 개의 직선 형태로 생산라인을 배치했다. 폰티악 공장에는 매우 중요한 장비지만 메이스빌에는 없는 장비들도 있다는 것을 깨달았다. 메이스빌의 두 가지 작업경로에는 그 장비를 이용해야 하는 작업이 없기 때문이다.

앨런은 그때 일을 이렇게 회고한다.

"두 공장이 아주 다른 2개의 가치제안을 중심으로 조직되어 있다는 것을 깨달았어요. 폰티악 공장의 가치제안이 '설계를 누가 하든간에, 우리는 그 모든 제품을 만들어낸다' 는 것이라면, 메이스빌의 가치제안은 '우리의 두 가지 작업경로를 통해 생산할 수 있는 제품이 필요하다면, 가능한 한 저렴하면서도 최고의 품질을 가진 제품을 우리가 만들어주겠다' 는 것이죠. 어떤 가치제안이 더 좋고 나쁜지는 알 수 없어요. 그냥 다를 뿐이죠."

폰티악 공장의 경제성이 어떤지 알아보기 위해, 앨런은 다른 공장 매니저들에게 세 가지 자료를 요청했다. 각 공장의 간접비 배부율과 연간 매출액, 그리고 각 공장에서 매월 제품생산에 소요되는 작업경로 수를 비교하려는 것이었다. 앨런은 각 공장 규모의 경제가 간접비 배부율에 얼마나 큰 차이를 가져오는지 살펴보기 위해 그래프를 그렸다. 세로축은 간접비 배부율을, 가로축은 연매출로 측정한 공장 규모를 나타내며 각 공장의 위치를 그려넣었다(퍼센트 변화가 보기에 더 좋기 때문에 앨런은 로그함수를 써서 그래프를 그렸다).

〈그림 3-2〉에서 보듯이, 처음에는 자료를 통해 아무런 결론도 내릴 수 없었다. 전반적으로 데이터가 우하향(右下向)하는 기울기를 나타

내면서, 오하이오주 프리몬트Fremont와 미시간주 세기너Saginaw 등 일부 큰 공장들이 비교적 높은 간접비 배부율을 나타낸 반면, 오하이오주 리마Lima에 있는 작은 공장은 간접비를 잘 통제하는 것처럼 보였다.

그러다 문득 직감적으로, 앨런은 생산하는 제품계열의 수에 따라 각 공장을 선으로 연결해보니 그제서야 모든 것이 분명해졌다. 실제로 규모의 경제성이 있었지만 그것을 상쇄시키는, 이른바 '복잡성 비용costs of complexity' 이란 것도 있었다. 즉, 공장에서 더 많은 제품계열을 생산할수록 간접비 배부율이 높아지는 것처럼 보였다.

한동안 쓰지 않던 회귀분석 실력을 제대로 발휘해, 그녀는 일정한 규모와 제품라인의 복잡성이 주어졌을 때 공장의 간접비 배부율이 어떻게 되는지 예측할 수 있는 방정식을 유도해냈다. 이때, 제품라인의 복잡성이란 제품이 공장에서 생산되기 위해 거치는 서로 다른 경로의 수를

〈그림 3-2〉 규모의 경제와 이를 상쇄하는 생산라인의 복잡성 비용

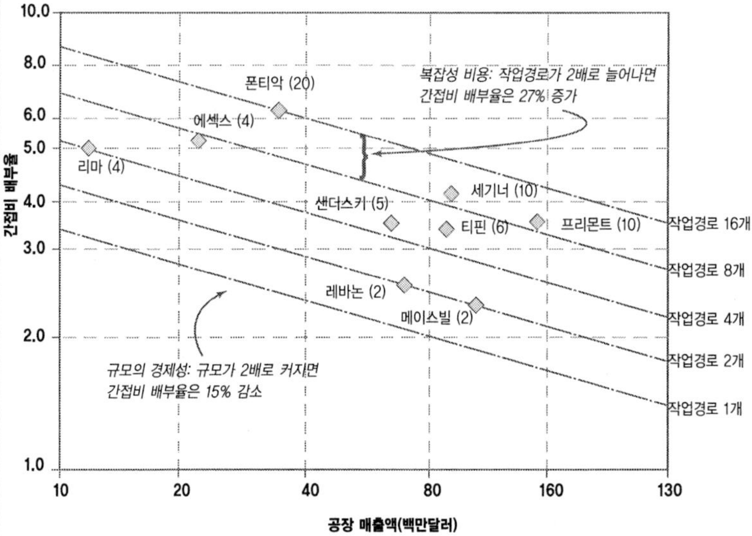

말한다. 그녀는 다음의 방정식에 기초해 그래프에 우하향하는 점선을 그려넣었다.

ln (간접비 배부율) =

1.729 − 0.233 [ln (공장 규모)] + 0.34 [ln (제품계열의 수)]

그녀의 분석에 의하면, 작업경로의 복잡성을 고정시키면 공장 규모가 두 배로 늘어날 때마다 간접비 배부율이 15%씩 감소하는 것으로 예측되었다. 가령, 어떤 공장이 2개의 제품계열을 가지고 있고 매출이 4,000만 달러 정도 된다면 간접비 배부율은 2.85인 반면, 같은 제품계열 수를 가지고 있지만 매출이 두 배, 즉 8,000만 달러인 공장은 간접비 배부율이 15% 낮은 2.42(= 2.85×0.85)가 되는 것이다. 한편, 동일한 규모의 공장에서 제품계열의 수가 2배로 늘어나면 간접비 배부율은 27%증가했다.[31] 2개의 작업경로가 있고 매출이 4,000만 달러인 공장이 2개의 경로가 추가적으로 필요한 제품을 생산하되 매출에 변함이 없다면, 간접비 배부율은 2.85에서 3.62(= 2.85×1.27)로 증가할 것이다.

앨런은 방금 설명한 분석을 해보고 나서야 폰티악 공장의 상황이 이해되었다. 폰티악 공장은 규모가 작아서 큰 공장들이 누리는 규모의 경제로부터 혜택을 보지 못했다. 게다가, 메이스빌 공장에 비해 열 배나 되는, 너무 많은 제품계열을 생산했기 때문에 복잡성 비용 또한 어마어마한 수준이었다. 실제, 메이스빌 공장에서는 찾아볼 수조차 없던 작업일정 계획, 자재공급, 비용회계 등의 항목이 폰티악 공장의 간접비 함수에는 포함되어 있었다. 폰티악 공장의 실제 간접비 배부율은 앨런이 유도해낸 방정식의 추정치보다 훨씬 낮은 수준이었다. 그나마 안내원을 해고하고, 공장 페인트칠과 조경작업을 늦추고, 찌그러진 철제 책상을 바꾸지 않는 등 수년 동안 경비절감을 위해 노력했기 때문에 그나마 유지할 수 있었던 것이다.

메이스빌과 폰티악 공장은 서로 근본적으로 다른 사업 모델을 가지고 있었다. 두 공장의 차이는 서로 상반되는 가치제안에서 비롯되었다. 메이스빌의 가치제안은 제한된 범위의 제품을 저가에 대량생산하는, 말하자면 가치부가과정 사업 모델을 가지고 있었다. 반면, 폰티악 공장의 가치제안은 아무리 소량이라도 일단 요청받은 제품은 무엇이든 만들어내는 것이었고, 이 사업 모델은 솔루션 숍과 여러모로 닮아 있다.

두 공장은 각자의 가치제안을 전달하기 위해 서로 다른 자원의 집합, 즉 서로 다른 유형의 직원과 기계가 있었다. 과정 또한 달랐다. 폰티악에서는 각 제품계열이 구불구불한 독특한 경로를 거쳤고, 그 복잡성을 관리하기 위해 상당한 수준의 간접비용이 필요했다. 메이스빌에서는 제품이 2개의 제품별 전용 생산라인을 따라 리듬감 있게 이동했다. 그 결과, 두 공장에서 간접비를 보전하는 데 필요한 이윤폭markup, 혹은 수익공식이 각각 달랐다. 이 이야기는 어느 한쪽이 효율적이고 다른 한쪽이 비효율적이라는 것을 보여주는 사례가 아니다. 상당히 다른 가치제안을 전달하기 위해 서로 다른 사업 모델을 사용하는 이 둘은 모두 꽤 효율적이라고 할 수 있다.[32]

종합병원의 복잡성이 만들어내는 간접비용 구조

대부분의 병원은 제공하는 서비스의 '직접노동비 비율'을 계산하지 않는다. 입원에서 퇴원에 이르기까지 환자들이 거쳐가는 경로의 수를 관리하기 위해 환자 관리에 들어가는 직접비용과 복잡성 관련 비용을 비교할 수 있는, 폰티악 공장 사례에서 본 것과 같은 '간접비 배부율'을 알지 못한다. 이것을 병원에서 계산하는 것은 매우 어려운 일이다.

주로 의사와 간호사가 일하는 병원의 '직접노동'은 시간의 상당부분이 일정계획 및 조정, 하자보수 및 재작업, 기록작성, 각종 물류와 인력관리 등 폰티악 공장에서 발생한 것과 같은 종류의 간접활동에 쓰이기 때문이다. 하지만, 우리 연구에 따르면, 3차의료기관의 간접비 배부율은 대략 8.0 정도로 추정된다. 지역병원은 6.0 정도 되는데, 제공하는 서비스의 범위가 그만큼 좁기 때문이다. 숄디스Shouldice와 같은 가치부가과정 병원의 간접비 배부율은 대략 2.6 정도 될 것이다.

MMC 사례에서 기업 회계감사팀이 폰티악 공장의 간접비를 통제하지 못했다고 노엘 앨런을 질책하는 우(愚)를 범했듯이, 종합병원에 대해 고비용 구조라고 병원을 비난하는 우를 범하지 말아야 한다. 종합병원에서 나타나는 높은 간접비용 구조와 예기치 못한 합병증은, 모든 환자에게서 발생할 수 있는 어떤 질환이라도 해결하려는 종합병원만의 가치제안을 전달하는 데 필요한 사업 모델 속에 본질적으로 내재된 것이기 때문이다. 병원의 솔루션 숍과 가치부가과정 활동을 서로 다른 의료전달 모델로 분리시키지 않는 한, 식스-시그마six-sigma 전문 컨설팅이나 정보통신 기술에 수천만 달러 혹은 수억 달러를 쓰더라도 비용이나

〈표 3-1〉 종합병원과 집중화 병원의 비용 격차 비교 사례

구 분	숄디스 병원	종합병원
각종 재료 및 물품비용	200달러	200달러
직접노동비용	650달러	770달러
간접비용	1,450달러	6,030달러
총비용 (동일 재원일수 기준)	2,300달러	7,000달러
제공하는 서비스 계열 수	1개	100개
간접비 배부율	2.2	7.8

비용 자료출처: Herzlinger, Regina E., *Market Driven Health Care,* Cambridge, Massachusetts: Perseus, 1997. (이 책에서 레지나 헤이츠린거는 탈장교정술 비용이 숄디스 병원에서는 2,000달러인 반면, 미국의 병원에서는 2,400~1만5,000달러라고 밝혔다.)

의료의 질은 크게 변화시키지 못할 것이다.

파괴적인 가치부가과정 클리닉 사업 모델이 의료비와 질에 미치는 파급효과는 엄청나다.[33] 아래의 〈표 3-1〉에 예시한 것과 같이, 전형적인 미국 종합병원의 탈장교정술 비용과 외과적 탈장교정술에만 집중화된 숄디스 병원의 비용을 한번 비교해보자. 숄디스 병원에서 취급하는 유일한 질병인 외복벽탈장에 몇 가지 유형이 있지만, 숄디스에 입원하는 환자들은 모두 동일한 진료경로를 따른다. 입원기간은 4일이다. 첫날에는 수술 전 식사조절dietary preparation을 하고, 둘째 날에는 수술을 받는다. 셋째 날과 넷째 날에는 컨트리클럽 같은 병원 시설에 머물며 회복한 후 퇴원한다. 비용은 2,300달러 정도다. 환자의 만족도는 거의 만점에 가깝고, 의료과오 소송으로 드는 비용지출은 거의 없다. 반면, 동일한 수술을 미국의 3차의료기관에서 하면 비용은 3,350달러로, 그것도 외래를 기준으로 한 것이다. 만약 환자가 종합병원에 4일간 입원한다면 비용은 대략 7,000달러일 것이다. 〈표 3-1〉은 비용의 차이가 어디서 발생하는지를 보여주고 있다.[34] 저렴한 비용은 집중화focus에서 나오고, 의료의 질은 한 가지 일을 해결하기 위한 올바른 통합에서 나온다.

MMC의 원가회계관리와 특수제품에 대한 보조

MMC에서는 처음에 대부분의 새로운 제품 라인이 폰티악에서 생산되기 시작했다.[35] 새로운 제품의 생산량이 충분히 많아지자, MMC 경영진은 생산경로 혹은 작업순서를 복잡한 폰티악 공장에서 분리해서 좀더 집중화된 공장으로 이전, 그곳에서 생산을 계속하게 했다. 대량생산되는 제품계열이 분리돼 나갈 때마다 폰티악 공장은 경제성에 타격을 입었다. MMC 경영진이 '땅콩버터 방식peanut butter method'이라고 부르는 방법으로 간접비를 할당하고 있었기 때문이다. 즉, 각 MMC 공장에서는 제품생산에 필요한 직접노동비와 공장 전체의 배부율을 곱해서 모든 제품의 간접비 배부율을 계산했기 때문에, 모든 제품에 간접비가 고루 분산돼버리는 것이 문제였다. 그래서, 공장의 간접비 중에서 각 제품이 '흡수' 하는 비중은 제품별 직접비용의 비중과 동일했다.

몇 해 전, MMC 경영진이 폰티악 공장 매출의 25%를 차지하는 소형 차축 제품계열을 레바논Lebanon 공장으로 이전하기로 했는데, 이 때 앨런은 그 제품계열이 폰티악 공장 간접비의 25%를 '흡수' 하고 있었기 때문에 필사적으로 저지했다. 그 제품 라인이 없어지면 폰티악 공장 간접비의 25%를 남은 제품 라인으로 메워야 한다는 것을 직감적으로 느꼈기 때문이다. 앨런의 생각은 옳았다. 결국 제품계열이 이전하고 나자 폰티악 공장의 매출 수입은 사라진 반면, 작업일정 계획과 조정, 자재취급, 비용회계 등 간접활동으로 바쁘기는 마찬가지였다.

앨런은, 돌이켜보니 폰티악 공장의 간접비 대부분이 표준화된 대량생산 제품계열에서 발생하는 것이 아니라는 것을 깨달았다. 공장의 간접비는 소량생산되는 특수제품에서 주로 발생되고 있었다. 소형 차축 계열이 짊어지고 있던 간접비 부담이 폰티악에 남은 특수제품으로 떠넘겨짐으로써, 제품의 수익성이 갑자기 나빠지게 되었다. 특수제품에 더 많은 간접비용이 할당되었기 때문이다. 그동안 고객들은 특수제품에 특별히 더 높은 가격을 지불하는 데 익숙해 있지 않았기 때문에, 앨런이 더 높아진 간접비 배부율을 보전할 수 있는 수준까지 가격을 올리는 데 거의 2년이 걸렸다.

가격조정 과정이 노엘 앨런에게는 고통스러운 일이었지만, 결과적으로 MMC에는 이로운 일이었다. 각각의 일에 따라 서로 다른 사업 모델을 가지고 고객이 해결하려는 일을 다룸으로써, MMC는 대량생산되는 표준제품의 실제 생산비를 보전함과 동시에 적절한 이윤을 남길 수 있었으며, 특수제품 또한 실제 비용을 반영하는 수준에서 가격을 책정할 수 있었다. 즉, 고객에게 적절한 가격선에서 온전한 가치제안을 전달할 수 있게 된 것이다.

당시 MMC의 주요 경쟁사 중 하나인 인디애나 스탠다드(ISI)Indiana Standard Inc.는 공장을 하나만 가지고 있었다. 인디애나주(州) 코코모Kokomo에 있는 공장은 규모가 아주 크고 시설이 복잡해 〈그림 3-2〉에서 보여준 프리몬트 공장과 비슷했다. ISI는 MMC가 폰티악에서 레바논 공장으로 이전시킨 소형 차축 분야 시장을 선도하고 있었다. 흥미로운 점은 ISI의 유일한 공장인 코코모 공장의 매니저 또한 MMC 폰티악 공장의 노엘 앨런이 레바논 공장으로 소형 차축 계열이 이전하는 것을 반대한 것과 같은 이유로, 소형 차축 계열을 위한 집중화된 시설을 만들 것을 주장했다. ISI는 그의 의견을 받아들여 모든 ISI 제품의 생산을 한 공장에 집중하기로 했다. MMC가 소형 차축 생산을 레바논 공장으로 이전시키고, 낮아진 간접비 부담을 반영해 저가정책을 펴기 시작하면서 MMC는 ISI가 점유하고 있던 시장을 빠른 속도로 장악했다. ISI는 코코모 공장 매출과 생산량이 급감하면서 소형 차축 제품의 이윤 또한 사라졌고, 그동안 생산해온 특수제품의 가격을 더 이상 지탱할 수 없게 되었다. ISI는 결국 재정악화를 겪게 되었고, 다시는 회복하지 못했다.[36]

MMC 공장에 대해 앨런이 계산했던 척도는 이후 제조업계에 널리 사용되고 있다. 일반적으로 볼 때, 공장 규모가 두 배가 되면 단위 간접비용이 15% 감소하며, 공장에서 생산되는 제품계열의 수가 두 배가 되면 25~30% 증가한다.[37]

병원의 원가회계 시스템과 특수진료에 대한 보조

종합병원과 집중화된 의료공급기관의 비용이 현격하게 차이가 나는데도, 특히 급속히 증가하는 병원 비용이 고용주와 메디케어Medicare 시스템의 목을 조이는 상황에서, 우리는 왜 더 적극적으로 환자 관리를 각각 솔루션 숍과 VAP 클리닉으로 분명하게 분리시키지 못하는 걸까? 이유는 집중화된 병원들, 특히 VAP 클리닉들이 종합병원의 사업 모델에 비해 너무 파괴적이기 때문이다. 또한, 병원이 진료건수가 많은 시술을 간접비용 집약적인 종합병원 내에 붙잡아두려는 이유는, 그것이 병원에서 발생하는 상당한 간접비용을 흡수하고 있기 때문이다. '높은 건수로 발생하는 시술을 계속 유지함으로써 종합병원들은 솔루션 숍에 요구되는 가치제안–환자의 모든 질병을 진단하고 치료법을 찾아내는 능력–을 전달하는 데 핵심적인, 독특하고 자주 발생하지 않는 특수진료를 제공하는 데 소요되는 비용을 보조해줄 수 있는 것이다.'[38]

이것은 중요한 통찰력이다. 규제당국과 정책결정자, 입법가들이 주요 병원업계 관계자들에게 파괴적인 집중화 사업 모델의 필요성을 강조한다면, 병원의 지도자들은 물론 반대할 것이다. 그들은 제너럴 모터스 경영진이 1970년대와 1980년대에 도요타가 미국에 도움이 될지 어떨지에 대한 질문을 받았을 때 말한 것과 정확히 똑같은 대답을 할 것이다. 물론 도요타는 제너럴 모터스의 형편을 어렵게 만들었지만, 역사는 언제나 파괴적 사업 모델이 미국에 유익했다는 것을 입증했다.

현재 우리의 종합병원을 이롭게 하는 것이 보건의료 전체를 이롭게 하지는 않는다. 여러 개의 가치제안이 있으면 그만큼의 사업 모델이 반드시 필요하다.

의료관광과 병원산업의 세계화

병원산업은 좋든 싫든 이미 국가단위를 넘어 세계화되고 있다. 세계 곳곳에서 온전한 솔루션 숍이 가진 역량에 이끌려, 직관의학에 속한 세계 최고의 의사들에게 그들의 복잡한 질환을 맡기기 위해 국립 유대인 병원National Jewish이나 메이요 클리닉Mayo Clinic과 같은 장소로 환자들이 모여들고 있다.

'의료관광' 이라 부르는 이 현상은 미국과 유럽의 종합병원에서 부가가치과정 시술들을 걷어내 싱가포르 · 태국 · 인도 등지로 흘려보내고 있다.[39] 이 현상은, 부분적으로는 의사와 간호사의 낮은 인건비 때문에, 그보다는 가치부가과정 사업 모델에 집중함으로써 얻는 간접비 우위 때문에 보는 각도에 따라 기회가 될 수도 있지만, 반대로 상당한 파괴적 위협으로 인식되고 있다. 싱가포르항공 일등석에 앉아 세계적 수준의 싱가포르 현지 병원으로 날아간 환자. 세계적 수준의 외과의사에게서 수술을 받고 가까운 리조트에서 회복한 후 미국이나 유럽으로 돌아오는 데 들어간 비용이 여행경비를 다 포함해도 미국이나 유럽에서 수술받는 비용의 절반 수준이라면 어떻게 생각해야 할까?

4장에서 다루겠지만, 통상적으로 한 산업 내에서 성능을 평가하는 요인들이 일단 확실하게 충족되고 나면, '품질' 의 정의가 극적으로 바뀌게 된다. 즉 동일한 성능에 편의성이 추가되거나, 저렴한 가격과 편안함 같은 요건을 전달할 수 있는 새로운 사업 모델들이 기회를 갖게 된다. 6장에서는, 고용주가 직원의 보건의료에 좀더 폭넓은 영향력을 행사하기 시작하는 등 이미 시작된 추세가 병원산업의 전국 규모 확장과 세계화를 어떻게 가속화할 것인지 살펴볼 것이다.

사업모델 혁신의 두 번째 물결

대부분의 산업에서, 이전에는 불가능했던 일을 하게 해주는 급진적인 신기술이 출현하게 될 때, 그 기술은 비싸고 복잡하기 때문에 서비스 공급이 중앙에 집중되어야만 한다. 사람들과 그들이 가진 문제들이 기술을 향해 움직이게 되고, 그 반대로 되는 경우는 거의 없다. 예를 들어, 축음기가 발명되기 전까지 고품질의 음악을 듣기 위해 뉴욕 사람들은 카네기홀로 가야 했고, 누군가에게 메시지를 보내려면 전신국telegraph office으로 직접 찾아가 숙련된 교환원에게 맡겨야 했다. 1960년대와 1970년대에는 전산처리를 하려면 천공카드를 들고 기업이나 대학에서 운영하는 메인프레임 컴퓨터 센터로 찾아가 전문가에게 대신 작업을 부탁했다. 1970년대와 1980년대에는 복사를 하기 위해 원본 문서를 들고 제록스 고속복사기가 설치된 복사센터로 가서 전문기사에게 작업을 요청했다. 필요한 것이 있을 때마다 사람들은 시내 백화점이나 대형 쇼핑몰로 가서 물건을 사들고 집으로 돌아와야 했다.

현대 보건의료의 현실을 들여다보면, 다른 산업의 과거 모습과 하나도 다르지 않다. 병원은 질병을 가진 사람들을 비싼, 중앙집중화된 장소로 불러들이고 있다. 혈액과 기타 체액 및 조직 샘플은 여기저기 흩어져 있는 의원에서 수거돼, 복잡한 고속장비로 필요한 분석을 하는 중앙의 임상병리 시설로 운송된다. CT와 MRI 같은 영상장비도 중앙에 집중되어 있기는 마찬가지다. 본질적으로 오늘날 보건의료산업은 우리의 문제를 해결책이 있는 곳으로 가져가게끔 구조화되어 있다.

우리가 연구한 다른 산업에서는, 파괴적 혁신으로 이런 시스템이 역전되면서 해결책이 문제가 있는 곳으로 다가갔다. 다운로드 할 수 있는 MP3 형태의 고음질 음악이 우리가 생활하고 일하고 즐기는 곳으로 다가왔으며, 전화는 집에서 원하는 즉시 장거리 통신을 할 수 있으며, 심지어 휴대전화는 우리가 주머니나 지갑 속에 넣어 다니면서 통신할 수 있게 해주었다. 개인용컴퓨터(PC)는 우리가 집이나 사무실에서 전산처리를 하게 했고, 노트북이나 휴대용 단말기는 더 나아가 우리가 어디에 있든 상관없이 항상 전산처리가 가능하도록 탈(脫)중앙화했다. 캐논의 탁상용 복사기는 복사 능력을 개인사무실 공간 안으로 옮겨놓았으며, 다목적 잉크젯 복합출력기all-in-one ink-jet printers는 가정에서 복사가 가능하게 만들었다. 인터넷 소매업은, 사람들이 쇼핑을 위해 가게로 가는 것이 아니라, 오히려 사람들 곁으로 다가와 쇼핑을 권하고 있다. 이 모든 사례에서 발견되는 공통점은 파괴적 혁신으로 인해 품질과 편의성, 소모되는 단위비용이 극적으로 개선되었다는 점이다.

병원산업에 불어 닥칠 파괴적 혁신의 첫 번째 물결은, 앞에서도 언급했듯이, 서로 다른 사업 모델을 각각의 가치제안에 맞는 별도의 조직으로 분리해내는 것이다. 9장에서 더 깊이 다루겠지만, 파괴적 혁신의 두 번째 물결은 환자를 해결책으로 데려오는 것이 아니라, 해결책을 환자 곁으로 가져가는 과정이 될 것이다. 환자는 자신의 사무실에서 의사와 간호사로부터 오늘날 중앙집중화되어 있는 검사와 시술을 받을 수 있게 될 것이다. 그리고, 의사결정 알고리즘은 세계적 수준의 실력 있는

〈그림 3-3〉 파괴적 보건의료 혁신의 연속 단계

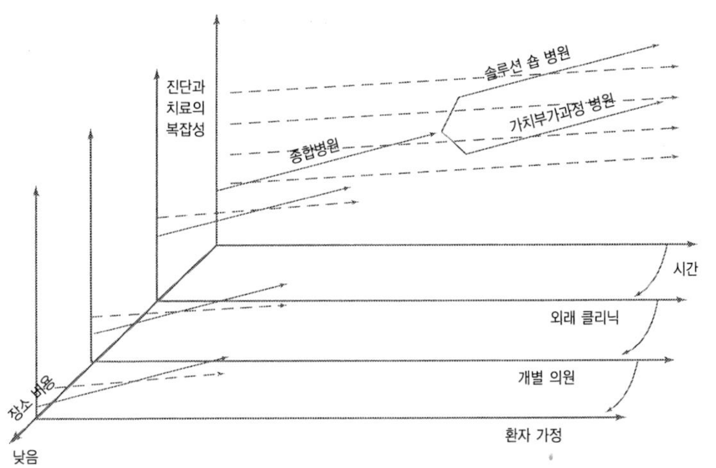

전문가의 식견을 일차진료의사의 손에 쥐어줌으로써 솔루션 숍을 파괴시킬 것이다. 기술적 진보가 미흡해 능력의 탈중앙화가 제한되는 분야에서는 많은 경우 (온라인) 접속성connectivity 개선을 통해 가상 탈중앙화virtual decentralization가 가능할 것이며, 이것은 흔히 원격의료telemedicine라고 부르는 활동이다.

〈그림 3-3〉은 보건의료의 질을 희생시키지 않으면서 지속적으로 비용을 낮추고 접근성을 높이기 위해 필요한 파괴적 혁신의 단계적 진행을 묘사하고 있다. 그림에서 가장 뒤쪽에 위치한 경쟁 평면에서부터 출발해보자. 먼저, 종합병원은 솔루션 숍 또는 가치부가과정 사업 모델에만 집중하는 병원 내 병원을 만들거나 별도의 기관을 설립해야 한다. 솔루션 숍은 직관의학 활동에 맞는 방식으로 통합될 수 있고, 가치부가과정 병원은 제공하는 시술의 단계들을 최적으로 통합시킬 수 있을 것이다. 그 다음으로, 대규모의 집단 외래 클리닉에 기술이 이전되어야 하고, 그렇게 되면 현재는 병원에서만 가능한 시술들 중 가장 간단한 것부터 이곳으로 옮겨지게 된다. 이어서 그러한 클리닉들은 더 정교한 시술을 할 수 있는 역량을 점차 축적해나가야 하고, 이를 통해 결국에는 기존에 병원에서 해온 활동의 더 많은 부분이 외래 클리닉으로 옮겨지게 될 것이다.

외래 클리닉들이 상위시장으로 이동하는 한편, 소규모 집단 혹은 단독으로 개원한 의원으로 기술이 이전되어야 한다. 그렇게 되면 의원이 오늘날 대형 외래 클리닉에서 진행하는 시술 중 간단한 것들부터 시작할 수 있게 된다. 이들 의원 또한, 기술 발달에 힘입어 점차 클리닉에서 더 정교한 시술들을 하나둘씩 가져올 수 있게 된다. 그리고 의원들이 상위시장으로 이동하는 동안, 기술의 발달을 통해 단순한 것들부터 시작해 기존에는 의사 진료실에서 했던 것들을 가정에서도 할 수 있게 될 것이다.

파괴적 혁신을 촉진하기 위해, 제약회사와 의료기기 회사들은 의료를 제공할 수 있는 능력과 장소를 〈그림 3-3〉의 앞쪽 평면으로 이전시킬 수 있도록 하는 데 그들의 기술력과 제품개발 노력을 집중해야 한다. 이런 기술적 진보가 보건의료 혁신에 매우 중요하며, 집중화와 파괴를 중심으로 한 사업 모델의 혁신은 보건의료의 비용과 질에 상당한 개선을 불러올 기전이 된다. 존슨앤드존슨(J&J)의 계열사인 에티콘 엔도-서저리Ethicon Endo-Surgery 같은 일부 기업은 이미 파괴적 혁신에서 '인텔 인사이드Intel Inside' 와 같은 역할을 할 수 있는, 즉 적은 비용으로 더 편리하게 의료를 제공할 수 있는 장소에서 정교한 시술을 더 많이 할 수 있도록 추진력을 제공하는 엔진이 되는, 의료기술과 의료기기, 약물 등의 신제품 개발에 그들의 역량을 집중하기 시작했다.[40] 파괴적 혁신에 제약산업과 의료기기 산업이 해야 할 중요한 역할에 대해서는 8장과 9장에서 다시 살펴보도록 하겠다.

궁금해지는 병원의 미래

우리가 연구해온 파괴적 혁신의 거의 모든 사례에서 공통적으로 발견되는 현상이 있다면, 그것은 파괴당하는 쪽, 즉 기존에 해당 산업의 선두주자들이 생존을 위해 본능적으로 파괴의 행보를 늦추기 위한 방어 행동을 취한다는 점이다. 그러나, 품질이나 비용, 접근성 등의 측면에서 파괴적 경쟁자들이 소비자들에게 제공하는 혜택이 너무 분명하기 때문에 결국 이들의 발목을 잡던 규제들이 없어지면서 파괴의 행보는 더욱 가속된다. 이는 곧 사업 모델이 공격당하는 기업들 간에 심각한 유휴 생산능력excess capacity을 초래하게 되는데, 기업들 모두를 지탱할 만큼의 충분한 고급시장의 수요가 존재하지 않기 때문이다. 그래서 그들 중 일부가 파산하거나 합병을 당하면서 비용과 생산능력이 줄어들고, 더 많은 비용과 생산능력을 덜어내기 위해 다시 또 합병이 되는 과정들이 반복된다.

몇 가지 사례를 살펴보자. 캐피탈 원Capital One과 GE 캐피탈 같은 비(非)은행 융자기관nonbank lenders들은 신용평가기술을 이용해 대출시장을 파괴했다. 그들은 신용카드에서 시작해 자동차나 주택담보 대출에 이어 이제는 중소기업 대출에 이르기까지 점차 상위시장으로 이동해왔다. 비은행권 금융기업들이 높은 거래물량을 차지하는 시장층을 잠식함에 따라, 대형 은행들은 자신들의 높은 간접비를 보전하기 위해 여전히 충분한 이윤폭이 보장되는 최상위 시장, 즉 대기업 금융 분야로 달아났다. 최상위층의 시장수요가 그리 충분하지 않기 때문에, 대형 은행들은 그들 시스템에서 공급용량을 덜어내기 위해 인수합병을 반복했다. 뉴욕을 예로 들면, 매뉴팩처러스 하노버Manufacturers Hanover는 케미칼 뱅크Chemical Bank에 합병되었고, 이 회사는 다시 체이스Chase에 합병되었고, 이어 JP모건JP Morgan에 합병된 후, 결국 뱅크 원Bank One에 이를 때까지 합병이 계속되었다. 이런 합병 과정은 결코 특정 기업의 승리를 보여주는 증거가 아니며, 파괴적 혁신 이론을 증명해준 사례에 불과하다.

이와 유사한 합병과정은 미니밀minimills의 파괴적 공세에 몰린 대규모 종합제철 회사에서도 나타났다. 백화점들은 월마트Wal-Mart와 타깃Target이 발밑에서부터 성장해 올라옴에 따라 합병되기를 반복했다. 사우스웨스트Southwest, 라이언에어RyanAir, 스카이웨스트SkyWest 같은 파괴적인 지역 항공사들이 대형 항공사에 매력이 없었던 단거리 노선에서 먼저 입지를 굳히고, 그 여세를 몰아 상위시장인 장거리 노선까지 잠식하기 시작하면서 대형 항공사들은 파산하거나 합병의 수순을 밟고 있다. 전 세계 대형 증권거래소들이 빠른 속도로 통합되어가는 것도 바로 전자증권거래망(ECNs)electronic communications networks에 의해 파괴당하고 있기 때문이다.

일반적으로, 통합과정에서 가장 먼저 매각되는 기업도 돈을 많이 벌지만, 통합 후 가장 마지막에 남는 기업이 가장 많은 돈을 번다. 연쇄적인 통합과정의 중간에 매각되는 기업들은 상위시장으로 올라오는 저가의 경쟁력을 갖춘 파괴적 기업들과 붐비는 상위시장 사이에 끼여 독자 생존을 위한 몸부림을 하다가 결국 피를 보고 쓰러지는 경우가 대부분이다.

이것이 종합병원에 의미하는 것은 무엇일까? 파괴적인 솔루션 숍과 VAP 클리닉이 성장함에 따라 우리가 필요로 하는 종합병원의 수는 점점 줄어들 것이라는 점이다. 그나마 생존하는 종합병원들도 진료건수가 높은 서비스에서 얻는 이윤으로 진료건수가 작고 표준화되지 않은 솔루션 숍 서비스의 비용을 더 이상 지탱할 수 없을 것이다. 고난이도의 시술은 그에 걸맞는 수준의 간접비용을 할당받을 수 있을 때 비로소 가격이 인상될 것이다. 이런 서비스들에 대한 과잉소비가 오늘날 보건의료시스템의 비용을 증가시키는 주요인이라면, 소비를 계속해서 보조해주는 한 문제를 해결할 수 없다. 이 서비스의 가치에 대한 현명한 판단을 하려면 서비스를 처방하고 사용하는 사람들이 실제 비용을 정확히 파악해야 한다.

우리의 병원 시스템에서 파괴적 변화가 성공하려면 가격산정과 지불방식, 규제, 인증제도 등 상호 의존적인 분야의 변화가 수반되어야 하는데, 결코 쉬운 일이 아니다. 의사와 환자 모두가 최적의 결정을 내리고 절충하도록 하는 인센티브와 가격산정 및 성과, 질에 대한 자료가 서로 연계되어야 한다. 종종 지역 내에서 가장 큰 고용주이기도 한, 대학연계 병원과 종합병원의 큰 정치적 영향력을 극복하는 것 또한 결코 만

만찮은 일이 될 것이다. 이 장에서 제시한 파괴적 변화를 관리하는 것은 어려운 일이지만, 적절한 방식으로 접근하기만 하면 불가능한 것도 아니다. 그 방식에 대해서는 앞으로 차근차근 살펴볼 것이다.

한편, 값비싼 의료기관들이 더 비용효율적이 되기를 기대하거나, 비싼 대가를 요하는 전문직들의 보수를 깎고 환자를 쥐어짜게 만드는 일은 결코 보건의료의 비용을 절감하고 접근성을 높이기 위한 현실적인 수단이 될 수 없다. 비용절감과 접근성 향상은 파괴적 혁신에서 비롯되는 것이며, 그것은 더 저렴한 의료제공자가 더 저렴한 장소에서 기존과 동일한 혹은 더 나은 양질의 정교한 진료작업을 점차 더 많이 할 수 있게 만드는 데서 비롯된다.

파괴적 혁신은 더 저렴한 가격으로 더 많은 사람들에게 다가감으로써 엄청난 성장의 기회가 될 수 있지만, 보통 지도자들은 본능적으로 그것을 위협으로 받아들인다.[41] 미시간 매뉴팩처링 코퍼레이션(MMC)이 메이스빌과 레바논 공장을 세웠듯이, 오늘날의 병원들이 스스로를 파괴적으로 혁신하기 위해 집중화 병원을 세운다면, 그러한 진화는 지주회사의 차원에서 시스템 전체의 편익을 실현하는 일이기 때문에 고통이 되기보다는 이익이 될 것이다.

제 4 장

의사 진료 모델의 파괴적 혁신

우리가 의사를 파괴하려 하는 것은 이들에게 무슨 원한이 있거나 부러워서가 아니다. 이 책의 저자 중 두 명은 의사이고, 나머지 한 명은 뛰어난 의사들의 용감한 직관이 아니었다면 벌써 두 번 죽었을 목숨이고 한쪽 팔을 쓰지 못하게 되었거나 적어도 한쪽 눈을 실명했을 사람이다. 우리가 이들에 대한 파괴를 외치는 이유는 전문직의 파괴가 한 산업의 제품과 서비스를 더 저렴하게 만들고 접근성을 높이는, 자연스럽고도 필요한 단계이기 때문이다.

파괴적 혁신은 세계 경제사에서 반복적으로 일어나는 일이다. 건축가는 오늘날 가장 크고 가장 특이한 건물을 빼고는 거의 모든 것을 기술자가 설계할 수 있게 하는 정교한 소프트웨어에 파괴당하고 있다. 디즈니Disney 영화사의 삽화가들은 디지털 애니메이션을 활용하는 픽사Pixar의 기술자들에게 파괴당하고 있다. 변호사는 보조역할을 하던 사무장에게, 그리고 은행의 대출담당자는 신용평가 알고리즘에 각각 파괴당하고 있다. 이들 각각의 산업은 건축과 삽화, 법률, 대출 등의 업무가 직관의 영역에 있을 때 형성되었다. 노동집약적 산업에서 값비싼 서비스 공급자들과 그들의 사업 모델이 기술적 촉진요인 때문에 파괴되는 현상은 비용을 낮추고 품질을 향상시키는 결정적인 수단이 되어왔다.

〈그림 4-1〉은 의사 진료의 사업 모델이 어떤 식으로 파괴될 것인지를 나타낸 것이다. 전형적인 일차진료의사의 업무는 아래에 열거한 것과 같이 네 가지 서로 다른 보건의료 전달의 범주로 구성된다.[1]

1. 정밀의학의 영역에 속한 질환들(일반적으로 급성질환)에 대한 단순한 진단과 치료: 귀앓이, 결막염, 인후통sore throat 등이 여기에 해당한다.
2. 만성병 환자에 대한 지속적 관리: 당뇨병, 고지혈증(高脂血症), 낭창(狼瘡)lupus, 담배중독, 비만 등이 여기에 해당한다.
3. 수시 건강검진 및 질병예방: 이는 아래 네 번째 범주의 진료를 유도한다.
4. 직관의학의 영역에 있는 질병의 사전 확인: 일부는 일차진료의사가 다룰 수 있겠지만, 대부분은 전문의에게 의뢰한다. 골다공증, 천식, 충수염(맹장염), 암, 하지불안 증후군restless leg syndrome이 여기에 해당한다.

〈그림 4-1〉에서 첫 번째 범주로 제시했듯이, 리테일 클리닉retail clinics에 근무하는 진료간호사nurse practitioners(와 기타 의사보조원physician extenders)들은 의사의 진료행위 중 정밀의학 부분을 파괴시킬 수 있다. 보통 이런 경우에 해결하려는 일은 이런 것이다. "가능한 한 빠르고 편리하게, 내가 생각하는 질병이 맞는지 확인해주고 치료법을 처방해주세요." 사업 모델의 혼재로 의원의 기능이 흐트러져 있는 경우, 리테일 클

〈그림 4-1〉 의사 진료 모델의 집중화와 파괴

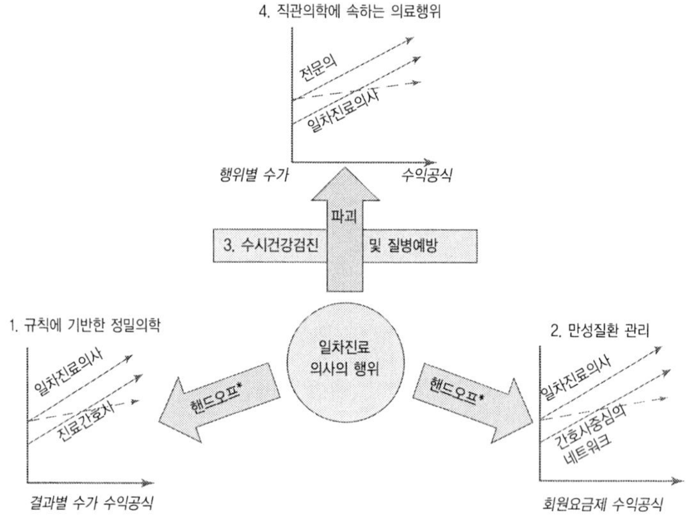

*역자 注: 핸드오프(hand-off)는 말 그대로, 지금까지 맡아 해오던 일에서 손을 떼거나 다른 상대에게 넘기는 것을 말한다.

리닉은 VAP 사업 모델로서 진료과정 단계를 통합할 수 있다. 즉, 대기 시간 없이 언제나 15분 이내에 위에 언급한 구체적인 일을 최적으로 수행할 수 있다.

일차진료의사의 진료모델에서 두 번째 큰 변화는 행동집약적 질환, 즉 만성질환 환자들의 지속적인 관리가 네트워크 촉진 사업 모델을 가진 조직으로 이전되는 것이다 (〈그림 4-1〉의 두 번째 범주). 여기에는 만성질환자들을 건강하게 유지시킴으로써 사업수익을 얻는, 테네시주(州) 내슈빌 Nashville 소재의 헬스웨이 Healthways Inc.와 같이 질병관리를 돕는 의료전문직 네트워크가 포함된다.[2] 이 범주의 일부는 페이션츠라이크미[3] PatientsLikeMe.com, 디라이프[4] dLife.com와 같이 환자와 그 가족을 위한 네트워크의 손에 넘겨질 것이고, 여기서 환자들은 만성질환을 안고 살아가는 방법을 서로에게서 배울 수 있다. 이 부분에 대해서는 5장에서 더 깊이 있게 다룰 것이다.

예방과 조기검진을 포함하는 수시 건강검진(세 번째 범주)은 종종 전문의로 의뢰가 이루는 출발점이 된다. 규칙중심의 질병 치료와 많은 만성질환 관리가 일차진료의사에게서 다른 곳으로 옮겨지더라도, 검진만큼은 여전히 일차진료의사의 전문분야로 남을 것이다. 그러나, 일차진료의사들은 저렴한 의원 진료실용 검사 및 영상장비[5], 그리고 방대한 양의 연구자료를 통합한 온라인 진단 로드맵을 이용해 더 많은 진단능력을 보유하게 됨으로써 현재 전문의가 수행하는 해당 솔루션 숍 기능을 차지할 것으로 예상된다(네 번째 범주).[6]

솔직히 말해 오늘날 일차진료 역시 복합적인 사업 모델을 가지고 있다는 점에서 병원과 똑같은 병에 걸려 있다. 〈그림 4-1〉에 *이탤릭체*로 표기한 부분에 주목해보자. 리테일 클리닉의 진료간호사는 의사의 진료활동 중에 '결과별 수가제fee-for-outcome'로 요금을 받아야 하는 VAP 사업 부분을 파괴할 것이다. 만성질환자 관리 사업은 본질상 회원 요금제fee-for-membership를 기준으로 보상받는 질병관리 네트워크 사업자에게 이전되어야 한다. 일차진료의사가 전문의를 파괴해 얻게 되는 솔루션 숍 사업은 행위별 수가fee-for-service에 따라야 한다.

이 장의 나머지 부분에서는 일차진료의사의 미래에 관한 세 가지 관측, 즉 한편으로 진료간호사에게 규칙중심의 정밀의학 분야를 내주고, 다른 한편으로 질병관리 네트워크에 만성질환 관리 분야를 내주는 반면, 전문의 영역을 파괴적으로 침투할 것이라는 우리 관측에 대해 좀 더 깊이 있게 살펴보려고 한다. 왜 의사의 진료활동이 이 같은 파괴적 혁신 경로를 밟게 되는지는, 우리가 혁신에 관한 연구를 하면서 만들어 낸 두 가지 모델로 설명될 수 있다. 첫 번째 모델은 한 시장에서 파괴적 혁신이 진행됨에 따라 우리가 '경쟁기반basis of competition'이라고 부르는, '질'의 보편화된 개념이 어떻게 변화하는지 설명해준다. 두 번째 모델은 1장에서 소개한 개념으로, 단순히 고객을 이해하는 데 집중하는 것이 아닌, 그들이 해결하려는 일job-to-be-done을 간파하는 것이 성공적 혁신의 결정적인 요소라는 것이다.

이 장에서 말하고자 하는 핵심은 병원이 근본적으로 양립할 수 없는 두 가지 사업 모델을 함께 가지고 있는 것처럼, 대부분의 의원진료도 마찬가지라는 점이다. 즉, 직관의학, 정밀의학, 만성질환 관리, 건강관리와 예방이라고 하는 전혀 다른 별개의 영역들을 다루기 위해 지나치게 복합적인 기능들을 갖추려 한다는 점에서 그렇다. 비용과 질 측면에서 통합을 최적화하려면 이 영역들은 반드시 분리되어야 하고, 그 다음에는 반드시 파괴되어야 한다.

리테일 클리닉Retail Clinics : 변화하는 경쟁기반의 전조(前兆)

혁신에 관한 우리의 연구에서 일관되게 나타난 현상 중에 하나는 파괴적 혁신이 진행되면서 제품과 서비스의 질에 대한 개념이 예측 가능한 방식으로 변한다는 것이다. 파괴적 혁신의 궤적을 보여주는 아래의 〈그림 4-2〉에서 보듯이, 특정한 시점에 모든 시장의 모든 계층에는 하나의 경쟁기반이 존재한다. 경쟁기반은 고객들이 높은 가격을 지불하게 만드는 개선의 유형을 말하는데, 왜냐하면 그런 개선은 고객들이 제품의 구매과정과 사용경험에서 바라는 것과 그들이 실제로 경험하는 것 사이의 격차를 줄여주기 때문이다.

회사들이 파괴적 혁신을 나타내는 궤적의 왼쪽 편에서 상위시장

〈그림 4-2〉 경쟁기반과 질 개념의 변화 양상

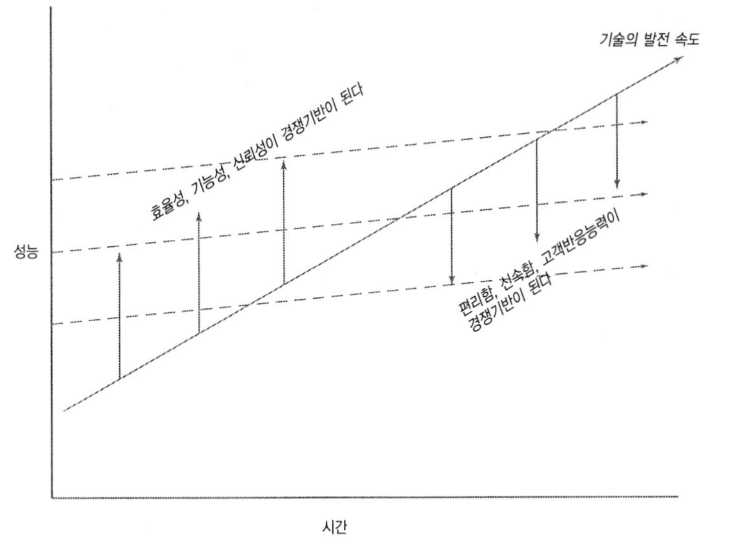

up-market에 판매를 하고 있을 때는 성능과 신뢰성이 경쟁기반이 된다. 이때는 시장에 나와 있는 최고의 제품마저 고객의 기대에 비해 성능이 그리 만족스럽지 못하기 때문이다. 성능과 신뢰성은 파괴적 혁신의 궤적을 기준으로 좌측상단에 위치한 고객들이 생각하는 질의 개념으로, 이런 차원에 대해 고객의 요구에 가깝게 다가가는 제품과 서비스는 높은 가격을 받을 수 있게 된다.

반면, 궤적의 오른쪽에서는, 즉 시장에 나와 있는 제품의 성능과 신뢰성이 고객이 필요로 하거나 활용할 수 있는 수준 이상으로 개선된 경우에는 일종의 하위시장을 겨냥하는 꼴이 되는데, 이때는 단순히 성능이 더 좋다고 해서 고객들이 더 높은 가격을 지불하려 들지는 않는다.[7] 성능이 계속해서 개선됨에 따라, 초과만족된 고객층들은 더 나은 제품을 만들어준 것에 대해 공급자들에게 고마워 하기는 하겠지만, 그 제품들에 대해 더 이상 높은 가격을 선뜻 지불하지는 않는다. 이 상황에 대해 우리는 시장이 더 이상 가격을 중심으로 움직이지 않으며, 범용화되었다고 말한다. 이제 높은 가격을 받을 수 있는 경쟁기반 혹은 개선의 유형이 바뀐 것이다. 고객들은 정확히 그들이 필요로 하는 것을 쉽고 빠르게 얻을 수 있게 하는 혁신에 높은 가치를 매긴다. 다시 말해, 파괴적 혁신의 궤적을 따라 우측으로 이동하게 되면, 즉 효능과 신뢰성이 기대 이상으로 충분히 만족된 후에는 편리함, 신속함, 고객반응 능력 responsiveness 같은 것들이 질을 나타내는 요소로 부각된다.

예를 들어, PC산업 초창기에는 애플 컴퓨터가 만든 제품들이 시장을 지배했다. 애플이 자체 개발한 아키텍처*는 제품을 손쉽게 사용할 수 있게 했고, IBM이 주도했던 개방형 아키텍처에 기반해 만들어진 경쟁제품에 비해 고장도 훨씬 적었다. 고객들은 애플 제품에 30% 이상의 높은 가격을 선뜻 지불했는데, 그것은 그 제품들이 고객이 원했던 질적 수준에 근접하는 성능을 갖추고 있었기 때문이다. 그런데, 1990년대 들어 애플 컴퓨터의 성능 수준이, 성능에 대한 기대가 낮은 하위시장의 고객이 요구하는 것 이상으로 개선되기에 이르렀고, 이때부터 경쟁기반이 변했다. 고객들은 더 높은 '품질' 의 애플 제품에 대해 더 이상 높은 가격을 지불하려고 하지 않았다. 대신, 그들은 델 컴퓨터에 주목하기 시작했다. 델 컴퓨터의 사업 모델은 새로이 부각되는 차원의 질을 개선했기 때문이다. 새로운 차원의 질은 바로 고객화 customization 와 편리함이었다.[8]

경쟁기반과 질 개념의 변화 양상은 주식중개에서부터 소비자 대출, 자동차산업, 음악산업, 통신산업, 경영교육에 이르기까지 거의 모든 산업에서 공통적으로 나타난다. 일단 성능이 좋아지고 충분히 신뢰할

---

*역자 注: 아키텍처는 하드웨어와 소프트웨어를 포함한 컴퓨터 시스템의 구조를 말한다.

수준이 되면, '질'을 뜻하는 대명사는 '편리함'이라는 단어로 바뀌어버린다.

보건의료의 경쟁기반

이 책 전반에 걸쳐 우리가 주장하는 바는 보건의료 분야에서도 사업 모델의 파괴적 혁신을 위한 때가 무르익었다는 것이다. 그것이 불가능하거나 아직은 시기상조라고 보는 이들은 종종 질을 문제 삼는데, 가령 간호사 중심의 리테일 클리닉이 제공하는 의료의 질이 의사의 그것에 못 미친다는 것이다.[9]

견실한 이론의 핵심은 그것을 사용하는 사람들에게 상황에 따라서는 올바른 해답이 달라질 수 있다는 것을 알려주는 것이며, 이것은 보건의료 문제에서도 예외가 아니다.[10] 직관의학의 영역에서는 활용가능한 의료가 아직 환자들의 기대를 충분히 만족시키지 못하기 때문에 보건의료의 질을 정의하는 개념과 경쟁기반은 언제나 성능과 신뢰성이 된다. 이런 상황에서, 제일 좋은 의사–보통 출신학교나 경험, 명성만 보고 판단한다–를 찾아가거나 대형 대학연계병원으로 가는 것들이 양질의 보건의료를 의미한다.

그러나, 의학이 발전해 파괴적 혁신의 궤적에서 오른쪽에 해당하는 정밀의학의 영역에 이르게 되어 효능과 신뢰성이 충족되고 나면, 양질의 보건의료를 나타내는 개념은 편리함, 고객반응 능력, 가격의 적절성affordability으로 바뀐다. 본질적으로 경쟁기반의 변화를 불러오는 욕구에는 위계(位階)가 있다. 성능과 신뢰성은 가장 먼저 충족되어야 할 욕구지만, 의료가 그런 측면에서 충분한 수준 이상이 되면, 소비자들은 속도와 편리함, 가격의 적절성에 기초해 보건의료에 대한 의사결정을 하게 되고, 또 그렇게 해야만 한다.[11]

양질의 보건의료에 대한 개념 정의가 어떻게 변화할 수 있는지 이해를 돕기 위해 헬렌 부인의 사례를 한번 살펴보도록 하자. 어느 추운 겨울 아침, 헬렌의 막내딸은 귀가 아파서 잠에서 깼다. 전에 열 번도 넘게 이런 증상이 있었던 터라, 헬렌은 자주 가는 소아과 의사에게 전화를 걸었다.

"선생님, 케이티가 귀가 좀 아픈 모양인데요. 우리 애들이 너무 자주 그래서 몇 년 전에 검이경(檢耳鏡)도 하나 샀거든요. 케이티 귀 안에 색깔을 보니까 옅은 분홍색이네요. 죄송한데, 전화로 약국에 암피실린 처방을 좀 내려주실 수 없을까요?"

의사가 답했다. "글쎄요, 그건 좀 어렵겠는데요. 일단 직접 진찰해 봐야 되겠어요."

"그럼 오전에 좀 봐주시면 안 될까요? 통증이 심한 모양인데, 제가 오늘 회사에 바쁜 일이 좀 있어서요."

"오늘은 하루 종일 환자 예약이 다 차있어서 좀 어렵긴 한데, 혹시 시간이 날지도 모르니까 오후 2시쯤 와보실래요?"

헬렌은 오후 2시에 케이티를 데리고 소아과 의원을 찾았고, 두 시간을 더 기다린 끝에 의사를 만날 수 있었다. 의사는 케이티를 한 번 보더니 진찰을 시작한 지 30초도 안 돼서 이렇게 진단을 내렸다.

"귀에 염증이 있네요."

"그건 제가 아침에 이미 드린 말씀이잖아요!" 헬렌은 짜증이 나서 투덜댔다. "아무튼, 큰애가 학교에서 올 시간이라 빨리 집에 가야 되니까, 지금 처방전 좀 써주세요."

소아과 의사는 처방전을 써주었고, 헬렌은 차로 10분 거리에 있는 약국까지 운전해 갔다. 거기서 또 20분을 기다린 후에야 겨우 필요한 약을 구해서 집으로 돌아올 수 있었다. 미국에서 하루에도 수천, 수만 번 이상 일어나는 이런 과정 때문에 헬렌은 소중한 시간을 낭비해야 했다. 그녀의 고용주 입장에서 보면, 헬렌의 생산성 손실은 물론이고, 자가보험에 가입해 있었기 때문에 추가로 150달러를 지출해야 했다.

파괴적인 리테일 클리닉과 양질의 보건의료

얼마 후, 헬렌의 집 근처에 있는 대형 할인매장 안에 '미닛클리닉MinuteClinic'이라는 리테일 클리닉이 문을 열었다. 진료간호사들nurse practitioners밖에 없지만, 이 클리닉에서는 예약 없이 와도 15분 이내 진료를 끝마칠 수 있다고 한다.[12] 입구에는 이런 푯말이 붙어 있다. '우리는 구체적으로 다음과 같은 질병을 진단하고 치료합니다.' 2007년 4월24일 현재 진료항목은 〈표 4-1〉과 같다.[13] 표지판에는 각 서비스별로 가격도 나와 있다. 가격대는 39~79달러였는데, 헬렌이 사는 지역에서 의사가 진료하는 의원들보다 40%나 저렴했다. 말하자면, 미닛클리닉에서 다루는 질환들은 모두 파괴적 혁신의 궤도에서 우측에 있는, 즉 정밀의학 영역에 속하는 것들이다.

진료항목이 몇 개 안 되는 것 같지만, 리테일 클리닉 분야의 전문가

〈표 4-1〉 미닛클리닉의 진료 항목

흔한 질환	피부질환	예방접종
알레르기 방광염(여성) 기관지염 중이염 결막염과 다래끼 부비동염 패혈성 인두염 세균성 외이도염 독감 진단 전염성 단핵구증 임신 진단	무좀 단순포진 사슴진드기 물림 농가진(膿痂疹) 가벼운 화상 가벼운 피부감염과 발진 가벼운 일광피부염 덩굴 옻나무 알레르기 백선(白癬) 사마귀 제거	DTP(디프테리아, 파상풍, 백일해) 계절성 독감 A형 간염(성인 및 소아) B형 간염(성인 및 소아) 뇌수막염 MMR(홍역, 유행성 이하선염, 풍진) 폐렴(10~12월) 소아마비(IPV) TD(파상풍, 디프테리아)

인 메리 케이트 스콧Mary Kate Scott에 따르면, 이 질환들은 일차진료의사를 방문하는 건수 중 17%를 차지하고 있고, 방문건수로는 대략 8,000만 건이나 된다. 또한, 적절한 기술만 뒷받침된다면 미닛클리닉과 같은 리테일 클리닉이 최대 60~100개 질환을 다룰 수 있게 될 것이라고 한다.[14] 리테일 클리닉에서 다루는 질환에 대한 진료비용은 일반적인 일차진료의사를 방문할 때 비용에 비해 32~47% 저렴한데, 이로 인해 절감되는 액수는 30~40억 달러에 이른다.[15] 게다가, 이는 숨어 있는 비용절감액은 반영되지 않은 것으로, 가령 무보험자층에서 큰 비중을 차지하고 있는 시간제 근로자에게 특히 중요한 의미를 가지는 '근로시간 손실'을 줄임으로써 절감되는 비용을 들 수 있다. 마지막으로 가장 중요한 점은 미닛클리닉 같은 곳이라도 갈 수 있다는 것이 환자에게는 상당한 안정감을 느끼게 해주는 반면, 이것은 단순히 금액으로 환산하기 어려운 부분이라는 점이다.

대부분의 의료공급자들이 싫어하는 것 중 하나가 환자의 만족도를 공개하는 것인데, 미닛클리닉은 공개 하고 있다. 1~5점 척도에서 5점은 '매우 만족'을 의미하는데, 미닛클리닉의 평균점수는 4.9 이상을 기록하고 있다. 흥미로운 점은 미닛클리닉에는 의사가 없는데 한 번도 의료과오로 인한 소송에 휘말린 적이 없다. 이유인즉슨, 의료과오 소송은 기본적으로 오진과 치료상의 오판으로 발생하기 때문이다.[16] 미닛클리닉의 진료는 정밀의학의 영역에서만 하기 때문에 진단은 정확하고 치료법은 예측 가능하면서도 효과적이다.[17]

일 혹은 문제의 해결 측면에서 볼 때, 의사가 진료하는 의원과 리테일 클리닉 중에 어떤 것이 질 높은 의료이고, 어떤 것이 질 낮은 의료일까?

최근의 연구결과를 보면, 리테일 클리닉은 비소비(非消費)와 경쟁한다는 점에서 '하위시장low-end'을 노린 파괴적 혁신이라기보다는 '새로운 시장' 을 개척한다고 할 수 있다. 리테일 클리닉을 이용한 환자 중 60% 이상은 개인 주치의가 없는 사람들이다.[18] 상기도 감염, 부비동염, 기관지염, 인두염, 예방접종, 중이염, 외이염, 결막염, 요로감염, 혈압 또는 각종 선별검사 등 상위 10개 진료항목이 리테일 클리닉 방문건수의 90%를 차지한다. 반면, 이 진료항목은 환자들이 일차진료의사를 찾는 이유 중 18%에 불과하다.

여러 가지 차원의 질

1장에서 정리한 바와 같이, 해결해야 될 일jobs-to-be-done을 중심으로 시장을 세분화하는 것도 보건의료의 질을 적절히 측정하는 데 유용한 또 하나의 차원이 될 수 있다. 모든 일에는 기능적 · 감성적 · 사회적 차원이 있다. 하나의 기업이 고객의 일을 완벽하게 해결해줄 제품이나 서비스를 판매하려 한다면, 고객이 정의하는 대로 이 세 가지 차원을 만족시키는 구매 및 사용 경험을 제공해주어야 한다. 어떤 일의 경우 감성적 · 사회적 차원을 만족시키는 것이 해결해야 할 일의 가장 큰 부분이 되기도 한다.

가령, 다음과 같이 요약될 수 있는 어떤 일이 있다고 가정해보자. "나는 중요한 사람이라는 느낌, 그리고 부러움을 받는 상류층에 속한 느낌을 받고 싶어." 이런 일을 해결하려는 욕구를 가진 사람이라면 구찌 Gucci 시계, 베르사체Versace 핸드백, 샤넬Chanel 향수, 또는 에르메스Hermes 실크 스카프와 같은 명품을 구입할 수도 있다. 이 경우, 사회적 · 감성적 차원이 제품의 기능성에 비해 훨씬 더 중요하다.

이와는 반대되는, 즉 기능성이 중요하게 취급되는 다음과 같은 종류의 일도 있을 것이다. "나는 이 쓰레기들을 힘들이지 않고도 냄새 없이 깔끔하게 보관할 수 있는 공간이 필요해." 구찌 명품 시계를 차고, 샤넬 향수를 뿌리고, 에르메스 스카프를 목에 두른 고객은 베르사체 핸드백을 내려놓고는 아무 거리낌없이 쇼핑할 때 받아온 비닐봉지를 타깃Target에서 구입한 플라스틱 쓰레기통에 덮어씌울 것이다. 그러면서도 돈을 낭비했다고 생각하거나 싸구려 제품을 구매함으로써 질을 포기했다고 생각하지는 않을 것이다.

같은 고객이라 하더라도 시기에 따라 해결해야 하는 일이 다르고, 각각의 일에 질을 서로 다르게 정의한다는 사실은 주어진 상황에서 질을 어떻게 정의하든 간에 고객이 필요로 하는 질을 제공하기 위해 서로 다른 사업 모델이 필요하다는 것을 의미한다.

기능적 · 사회적 · 감성적 차원이 일에서 차지하는 비중은 고객마다 다를 수 있다. 앞서 예로 들었던 헬렌의 경우 그녀가 직접 검이경으로 내렸던 진단을 소아과 의사가 존중하고 약국에 전화해 처방전을 발급해주었다면, 그녀는 보건의료의 질에 만족했을 것이다. 헬렌에게는 의사를 직접 만나는 사회적 · 감성적 경험에 아무런 욕구가 없었기 때문이다.[19] 헬렌과는 정반대로, 어떤 환자는 귀앓이 진단을 받으러 간 의원에서 유명한 의과대학 졸업장이 벽에 걸려 있는 것을 보는 데서 큰 가치를 느낄지도 모른다. 이 경우, 환자는 그저 자신의 건강문제에 대해 이런저런 이야기를 주고받고 싶어서 의사를 방문하고 싶었던 것인지도 모른다.

질(質)은 해결하려는 일을 중심으로 표현되어야 한다. 그 일은 파괴적 혁신이 그리는 궤적의 위치에 따라 달라진다. 일반적으로, 궤적의 왼편에서는 성능과 신뢰성이 질의 개념을 지배하는 경향이 있다. 그런 상황에서 종종 사람들은 필요로 하는 것을 얻기 위해서라면 어떠한 불편함과 비용도 감수하려고 한다. 반면, 궤적의 오른편에서는 기능성과 신뢰성은 당연한 것으로 여겨지며, 속도와 편리함, 고객화, 가격의 적절성과 같은 감성적 · 사회적 차원이 질의 중요한 척도가 된다. 따라서 맞지 않는 상황에 대해 잘못된 질 표준을 강요해서는 안 된다. 고객이 질을 측정하는 방식으로 질을 측정해야 하고, 파괴적 혁신 단계에 상관없이 모든 질환에 대해 질이 항상 같은 것을 의미할 것이라는, 자기합리화에 급급한 방어적 혹은 공격적인 주장 역시 경계해야 한다.

만성질환 관리의 파괴

현재 일차진료의사의 진료행위를 구성하는 두 번째 활동은 만성질환자들의 관리를 도맡아 하고 있는 부분이다. 이것은 다음 장에서 더 자세히 다루게 될 거대한 주제이다. 여기서는 일단 만성질환의 커다란 범주 내에도 매우 다른 형태의 일이 존재하고, 각각의 의료전달을 위한 다양한 사업 모델이 필요하다는 것만 알아두자. 그중 일부는 리테일 클리닉과 같은 가치부가과정 사업 모델을 통해 치료가 가장 잘 될 수 있을 것이고, 소수지만 미래에 일차진료의사가 담당할 솔루션 숍 사업 모델이 잘 들어맞는 경우도 있을 것이다.

그러나, 대부분의 만성질환은 우리가 다음 장에서 살펴보게 될 촉진 네트워크 사업 모델로 관리되어야 한다. 이는 질병관리 네트워크 사업 모델로서, 수익공식은 회원 요금제를 기준으로 하며 의료공급자들은 가입자들이 아파야 돈을 버는 것이 아니라, 그들을 건강하게 유지시킴으로써 이윤을 얻는다. 이런 전환이 중요한 이유는 기존의 의원진료 모델이 그와 정반대 구조를 갖고 있기 때문이다. 즉, 가입자를 건강하게 만들어서 돈을 버는 것이 아니라, 그들이 아파야만 돈을 벌 수 있다. 특정한 행동집약적 만성질환의 합병증은 장기적으로 큰 비용손실을 야기하는데, 이를 예방하기 위한 치료법에 매일 순응하도록 환자를 살피는 것이 이윤을 가져다 주게끔 설계되어 있지 않다. 이 환자들에 대한 치료가 충분히 되지 못하는 이유가 바로 여기에 있다.

전문의(專門醫) 영역의 파괴

한편 일상적이고 규칙중심의 질병관리 분야를 진료간호사가 담당하는 리테일 클리닉에게 내주고, 다른 한편으로는 만성질환 관리를 질병관리 네트워크에게 내주고 나면, 일차진료의사에게 무엇이 남을까? 정답은, 그래도 여전히 남는 것이 많다는 것이다. 그들의 진료는 집중화된 솔루션 숍이 되어야 하고, 부지런히 상위시장으로 이동해 전문의의 영역을 파괴해야 한다. 일차진료의사들은 여전히 직관의학의 영역에 남아 있는, 그래서 이전에는 더 뛰어난 직관력을 가진 전문의에게 의뢰하던, 질병들 중 더 많은 부분을 자신의 손으로 진단하고 치료할 수 있는 능력을 갖게 될 것이다.[20]

일차진료의사가 상위시장으로 나아갈 수 있게 할 기술적 혁신에는 적어도 세 가지 유형이 있다. 첫 번째는 진료현장에서 바로 검사결과를 분석하고 영상촬영도 하는 파괴적 기술 혁신이다. 두 번째는 때로 방대한 양의 출판문헌정보로부터 진단을 도와줄 알고리즘을 추출해내는 온라인 의사결정 수단의 출현인데, 이 수단은 '전문가 시스템 expert system 소프트웨어' 라고 부른다. 세 번째는 원격의료이다.

각종 검사 및 영상촬영의 탈(脫)중앙화

3장에서 우리는, 병원이 '만인을 위해 모든 것을 할 수 있다' 고 생각하기 때문에 통합은 했지만 그것은 의미 없는 통합이라고 했다. 병원의 장비와 인력은 독립적이고 서로 연계가 안 돼 있어 그 어떤 것도 잘 할 수 있도록 조직화되어 있지 못하다.

하나의 조직단위 속에 세 가지 사업 모델이 섞여 있는 의원진료 역시 똑같은 상황에 처해 있다. 특히, 그들 대부분이 영상촬영과 임상병리 검사를 제3의 공급자에게 의존하고 있다는 사실은 의사의 진료실에서 하는 솔루션 숍 활동으로부터 환자는 결코 한 번 방문으로 결론을 얻을 수 없다는 것을 의미한다.

보통, 검사결과는 며칠이 지나야 의원에 통보되고, 그제서야 의사는 데이터를 해석하고 진료에 활용할 수 있다. 가끔, 의원의 간호사가 전화로 "모든 게 정상이네요"라는 메시지를 환자에게 남기는 경우도 있지만, 검사결과 정상으로 나온 환자는 그 결과에 대해 의사와 이야기를 나눌 수 있는 기회를 갖기 쉽지 않다. 추가 검사가 필요하면 환자는 보통 한 번 더 의원에 방문해야 하는데, 한 번 만에 검사결과를 즉시 확인하는 경우에 비해 시간과 비용이 두 배나 더 든다.

앞 장에서 살펴보았듯이, 급진적인 신기술이 등장해서 기존에는 수동적인 수단을 통해서만 가능했던 훨씬 정교한 일을 대체하는 상황이 오더라도, 초창기에는 거의 예외 없이 그 기술은 비싸고 전문지식 집약적 특성을 나타내기 때문에 서비스 제공이 중앙 집중화되고 작업은 전문가들이 수행한다. 그러나, 일단 효능과 신뢰성이 확보되고 나면, 기술은 다시 탈중앙화되고, 경쟁기반은 편리함이나 기타 성능을 대변하는 새로운 요소들로 바뀌게 된다.

이미 일부 보건의료산업 분야에서 중앙화에 이은 탈중앙화 양상이 나타났다. 1930년까지만 해도 의사와 간호사들이 아픈 사람이 있는 곳으로 찾아가는 것이 전형적이었다. 예를 들어 1930년 무렵 의사와 환자의 만남은 40% 이상이 왕진(往診)을 통해 이루어졌다.[21] 그러나, 현대의학이 복잡해지면서 진료행위는 점차 대형 병원에 집중되었고, 전문의들과 정교한 진단장비가 팀을 이루어 솔루션 숍 활동을 수행하기 시작했다. 앞으로 파괴적 혁신 기업들은 단순하고 저렴한 장비를 개발해서 이를 통해 영상촬영과 검사결과의 분석이 개별 의원의 진료 현장으로 다시 한 번 분산될 수 있도록 해야 한다. 결국, 이를 통해 일차의료 현장에서 즉시 일을 해결하는 의원의 능력이 극대화될 수 있다.[22]

이런 현상은 이미 일어나고 있다. 예를 들어, 초창기 투석 장비는 매우 복잡하고 값이 비쌌기 때문에 기계가 병원에 설치되어야만 했고, 따라서 신부전 환자는 투석치료를 받기 위해 병원으로 가야만 했다. 그 후 장비가 더 단순하고 저렴해지면서, 환자 입장에서 볼 때 더 편리한 장소에 투석 클리닉을 세워 간호사나 전문기술자들이 서비스를 제공할 수 있을 정도가 되었다.[23] 폐기능 검사 장비, 휴대용 심전도(EKG) 기계, 약물 주입기 infusion pumps 등도 의료서비스 제공 장소를 병원에서 의원이나 클리닉으로 옮겨놓았다.

그러나, 상대적으로 최근에 중앙화가 되었기 때문에 이제 막 탈중앙화가 시작된 보건의료 분야가 있다. 1960년대까지만 해도 많은 의사들은 자신의 진료실에서 현미경을 통해 직접 혈액과 소변, 기타 조직 샘플을 분석했다. 속도가 빠르고, 복잡한 자본집약적 다채널 혈액분석 장비가 등장하면서 의사들은 이 서비스를 외부에 아웃소싱 주었고, 혈액과 조직분석 작업의 중앙화가 보편화되었다. 지금은 배송차량이 정기적으로 의원을 돌면서 검체물을 수거한 다음, 육로나 항공을 통해 중앙화된 고효율 검사시설로 보낸다.

한편, 아박시스 Abaxis의 피콜로 엑스프레스 Piccolo xpress 같은 제품은 신발상자 크기만 한 휴대용 분석기로, 여러 종류의 일상적인 화학지수 chemistry panels 분석을 수행할 수 있는데, 환자 검사를 다시 한 번 탈중앙화시키고 있다.[24] 이에 대해서는 9장에서 의료기기와 진단장비의 미래를 다룰 때 다시 살펴볼 것이다.

온라인 진단 보조도구와 전문가 시스템 소프트웨어

일차진료의사가 전문의의 솔루션 숍 활동을 파괴시킬 두 번째 유형의 기술은 온라인 또는 소프트웨어에 기반한 진단 보조도구들이다. 이 중에서도 하버드 의과대학에서 창업해 나온, 매사추세츠주(州) 체스트넛 힐Chestnut Hill에 있는 시뮬컨설트SimulConsult社의 제품이 대표적이다. 시뮬컨설트 창업자들은 신경계 질환에 관한 수만 건의 연구결과를 통합해 데이터베이스로 만들었는데, 해당 질병의 주요 증상은 물론 환자별 증상의 차이, 다양한 조합의 증상을 보이는 환자별로 여러 치료법에 어떤 반응을 보이는지와 같은 정보가 수록되어 있다.[25]

시뮬컨설트의 인터넷 프로그램에 접속한 의사는 환자 증상에 관해 가능한 한 많은 정보를 입력하게 된다. 입력이 끝나면 시스템은 환자가 가지고 있을 법한 증상 혹은 질병에 대해 진단명 후보목록을 생성해내고, 각 진단이 맞을 확률을 함께 표시한다.[26] 예를 들면 'A상태일 확률은 65%, B증후군일 확률은 18%, C질병일 확률은 12%, 혹은 다음에 열거된 질병일 확률 각 몇 퍼센트…' 그런 다음, 시스템은 관찰이나 문진, 검사를 통해 환자에 관한 몇 가지 정보를 추가로 수집할 것을 의사에게 요청한다. 의사가 추가정보를 입력하면, 시스템은 이에 기초해 진단명 후보목록을 줄이고 확률을 수정해 보여준다. 시뮬컨설트가 신경계 질환을 위한 진단도구로 시작했지만, 지금은 다른 분야로 영역을 확장하고 있다.[27]

시뮬컨설트 같은 도구에 관해 이야기를 나누다보면, 임상에 종사하는 전문의들은 이 도구들이 여전히 전문의의 직관에 의해서만 가능한 미묘한 차이를 식별해내지 못하기 때문에 얕잡아 보는 경우가 많지만, 일차진료의사들의 반응은 뜨겁다. 휴대용 초음파 기기처럼, 이 도구들도 파괴적 혁신이 가진 고전적 속성 중 하나를 가지고 있다. 즉, 전문의에게는 그것이 기존의 진단작업만큼 훌륭한 것이 아니지만, 일반의에게는 명확한 진단에 한 걸음 더 다가가게 해준다. 전문의에게는 도구들이 의료과오 소송의 가능성을 높이지만, 일반의에게는 오히려 오진 소송의 가능성을 상당히 줄여줄 개연성이 높다.[28]

원격의료

혈액 샘플을 분석하고 신체 내부구조를 선명하게 촬영해낼 수 있는 능력이 일차진료의사의 진료현장에 가까이 다가가는 동시에, 통신기술은 멀리 떨어져 있는 전문의가 마치 자신의 진료실에서 직접 환자나 일차진료의사와 함께 있는 것처럼 느끼면서 데이터를 검토할 수 있게 해줄 것이다. 전문의들은 시뮬컨설트 같은 도구에 일반의들이 정보를 입력함으로써 생길 수 있는 초기 결함을 보완하는 역할로서 일차진료의사의 가설이나 결론을 확인해주거나 바로잡아줄 수 있다.

접속성Connectivity은 수많은 산업을 극적으로 변화시켰지만, 문제는 다른 기술적 촉진요인들과 마찬가지로 파괴적인 혁신을 위해서뿐만 아니라 기존의 방식을 존속시키는 수단으로 사용될 수 있다는 점이다. 통신기술이, 전문의가 진료시간을 연장해 더 많은 환자를 치료하고, 환자와의 상호작용을 촉진하는 수단으로 사용될 때, 전문의들이 기존에 돈을 벌어온 것과 같은 방식으로 돈을 벌 수 있도록 돕는다는 점에서 기존의 사업 모델을 존속시키는 것이 된다.

그러나, 전 세계를 잇는 접속성이 기존에 보건의료를 전혀 이용할 수 없었던 비소비(非消費)nonconsumption 부문으로 진료를 확장하거나, 일차진료의사와 간호사, 의사보조원들이 기존에 다른 곳으로 의뢰해야 했던 업무를 수행할 수 있게 도와준다면, 이런 사업 모델이야말로 진정으로 파괴적이라고 할 수 있다.

예를 들어, 뉴멕시코 대학의 프로젝트 에코Project ECHO는 통신기술을 이용해 뉴멕시코 시골지역에 C형 간염과 HIV 같은 질환에 대해 전문의료를 제공하고 있다. 그러나, '프로젝트 에코'의 방식은 전문의와 지역 보건의료인들(진료간호사와 의사보조원들) 간에 협진(協診)을 통해 지속적으로 지역 의료인력들의 실력과 역량을 향상시킴으로써 기존에 전문의에게 의뢰해야 했던 많은 환자들을 독립적으로 관리할 수 있게 한다는 점에서 주목할 만하다.[29]

우리는 이 세 가지 종류의 수단들—물론, 미래에는 또 다른 수단이 생겨날 것이고, 그중에 하나는 뒤에 다시 언급하겠지만, 전자건강기록이 될 것이다—이 함께 작용해 일차진료의사가 점차 전문의와 나아가 병원의 솔루션 숍 사업 영역까지 파괴할 수 있도록 과정을 최적으로 통합할 것이라고 믿고 있다. 3장에서 우리는 '전문 솔루션 숍'이란 환자를 중심으로 여러 관련 전문의들의 전문지식을 집중시키고 직관적인 질환을 더 정확히 진단하게 하는 과정을 갖춘 조직이라고 정의한 바 있다. 우리는 앞서 언급한 도구들이 향후 몇 십 년에 걸쳐 전문 솔루션 숍만의 역량을 의원에 통합시킬 것이라고 믿고 있다.

다른 파괴적 혁신에서도 그랬듯이, 이 변화는 가장 단순한 분야에서부터 시작될 것이다. 앞으로 수년간, 더 복잡한 문제들은 여전히 전문 솔루션 숍 활동에 종사하는 전문의 팀에 의뢰해야 할 것이다. 파괴적 혁신은 하나둘씩 단계를 거치면서 진행되는 것이지, 하루 아침에 일어나지 않는다. 그리고, 의사들이 이런 트렌드, 즉 현장에서의 진단 및 영상촬영 기술, 전문가 시스템, 원격의료와 개인건강기록 등의 수단을 활용해 환자들이 해결하려는 요구를 통합적으로 충족시킬 때 효과가 극대화될 것이다.

간호사, 일차진료의사, 전문의의 미래

오늘날 미국 보건의료 시스템의 심각한 위기 중 두 가지를 꼽으라면, 간호사의 부족과 그보다 더 심각한 일차진료의사의 부족 현상이다. 이 장의 결론 부분에서 자연히 알게 되겠지만, 더 큰 문제는 미래에 이 두 전문직이 더 많이 필요하게 될 것이라는 점이다. 그리고 우리가 예측한 대로 실제 의료의 중심이 이동하게 된다면 전문의는 남아돌게 될 것이 분명하다.

간호사 부족 현상은 여러 가지 복합적인 요인에서 기인한 것으로 보인다. 그중 하나는, 간호대학의 교육역량이 부족한 것이고, 다른 하나는 간호사를 직업으로 고려하는 사람들이 선택할 수 있는 다른 대안은 많은 데 비해, 일단 간호사의 길로 들어선 후에는 그들이 선택할 수 있는 진로는 제한적이다. 우리는 리테일 클리닉의 성장과 함께, 파괴적 혁신을 통해 지금까지 의사들이 수행한 활동이 진료간호사와 의사보조원에게 더 많이 넘어감에 따라 간호사의 진로 제한 문제가 다소 완화될 것이라고 믿고 있다.

한편, 일차진료의사의 부족은 너무 심각해, 2005년 현재 2만1,885개 내과 수련의 자리 중 43.7%가 외국 의과대학 졸업생으로 채워지고 있는데, 미국의 의과대학 졸업생들 대부분이 전문의 과정을 선택하기 때문이다.[30] 크게 보면 이것은 메디케어Medicare 시스템과 민간보험이 다양한 서비스의 가격을 결정하는 방식 때문에 생긴 왜곡현상이다. 이 시스템은 전문의에게는 높은 수가를 적용하고, 파괴적 혁신에 핵심적인 역할을 하는 일차진료의사에게는 낮은 수가를 적용하고 있다. 우리는 7장에서 의료비 상환방식과 이로 인해 발생하는 의도하지 않은 결과를 둘러싼 복잡한 문제점에 대해 논의할 것이다. 10장에서는 앞으로 우리에게 필요한 의료인들을 교육하는 문제를 좀더 깊이 있게 살펴볼 것이다.

문지기의 역할

일차의료가 금전적인 면에서나 전문직으로서 의과 대학생들에게 인기가 없는 핵심적인 이유는, 보건의료시스템의 '문지기' 역할이 일차진료의사에게 맡겨져 있기 때문이다. 일차진료의사는 본질적으로 솔루션 숍(행위별 수가)에 해당하는 진료와, 가치부가과정 활동(결과별 수가), 질병관리 네트워크 사업(회원요금제)을 동시에 수행해야 하기 때문에, 이로 인한 복잡성 비용을 떠안아야 하는 부담이 있다.

우리가 내린 결론은, 어디로 가야 할지 모르는 환자들을 안내해줄 일종의 개인적인 조언자가 절실히 필요하다는 것이다. 이들을 통해 환자들은 의료를 어디서 받아야 할지 확인하고, 적절한 사업 모델을 통해 의료를 제공받을 수 있어야 한다. 보건의료 개혁을 주장하는 많은 사람들은 이런 조언자를 '책임의료조직(ACO)Accountable Care Organization'이라고 부르는데, 이 조직의 관점은 각 개인이 소비하는 보건의료를 조율하는 데 초점이 맞춰져 있다.

책임의료조직(ACO) 개념에 대한 연구는 다트머스 대학의 엘리엇 피셔Elliott Fisher 박사 연구팀이 주도하고 있다.[31] 이 조직은 어떤 환자가 해결하려는 문제가 있으면, 더 집중화되고 전문화된 의료공급자들과 개인전자건강기록을 연계해 적절한 시기에 적절한 의료공급자를 그 환자에게 안내해줄 수 있다. 어떤 사람들은 이 조직이 마치 운전자가 길을 잃었거나 도움이 필요할 때 누를 수 있는, GM 자동차에 내장된 장치와 비슷한 역할을 한다고 해서 '메디컬 온스타OnStar 버튼' 이라는 비유적 표현을 쓰기도 한다.

한편에서는 환자 중심의 메디컬홈medical home이 조언자 기능을 할 수 있을 것이라고 주장한다. 메디컬홈은, 한 명의 개인이-대체로 의사가 담당하겠지만- 환자를 위한 최초의 접촉창구가 되어 전체 의료진의 진료를 조율하고 모든 의료기관에 걸쳐 질과 안전성이 보장되도록 의료를 통합하는 하나의 의료 모델이다.[32] 그러나, 우리는 조언자의 역할을 개별 일차진료의사에게 맡기는 것은 좋은 선택이 아니라고 본다. 이미 사업 모델의 혼재로 문제가 많은 일차진료의사에게 그런 기능까지 맡긴다면 환자가 해결하려는 일을 통합적으로 다룰 수 없을 뿐 아니라, 그들이 통제할 수 없는 부분까지 의료조정의 책임을 부가하는 결과를 낳을 뿐이다. 게다가, 효과적으로 조언자 역할을 수행하는 데 필요한 정보력과 실력, 관점을 개별 의사가 가지고 있지 않다. 일차진료의사 입장에서는 이런 부담이 없어야 처음에 그들이 직업을 선택할 때 예상했던 의료영역의 활동이나마 제대로 수행할 수 있다. 6장과 7장에서 살펴보겠지만, 진료 조정과 통합의 책임은 좀더 상위의 의료수준에 할당되어야 한다.

진료 조정을 위한 정보통신기술(IT)의 역할

우리는 현재 대부분의 일차진료의사의 사업 모델이 가진 가치제안을 이렇게 정의했다. "무슨 문제가 있든지, 이리로 가져오세요. 우리가 문제를 직접 해결하든지, 아니면 해결할 수 있는 누군가에게 보내드립니다."

'환자를 위해 모든 것을 하겠다' 는 식의 모델이 유효하려면, 적어도 이론상으로는 우리가 받는 모든 진료를 항상 일관되게 조정할 수 있는 능력과 안목을 갖춘 일차진료의사가 필요하다. 일차진료의사가 우리가 받는 진료를 전체적으로 모니터링함으로써 서로 다른 의료공급자들의 틈바구니에서 우리가 헤매지 않게 한다. 또 여러 질병에 대한 치료를 서로 다른 의료기관과 전문의에게서 받더라도 모순이나 부작용이 발생하지 않도록 한다. 원래 의도한 대로 시스템이 잘 작동한다면, 의사의 기억력과 진료실에 보관된 의무기록은 우리의 병력이 저장되는 곳이 된다.

그러나 우리 대다수를 위해 진료를 조정해줄 수 있는 의사가 있던 행복한 시절은 이미 옛날이 된 지 오래다. 실제 미국 의학연구원에서 나온 'To Err is Human(인간은 실수하기 마련이다)' 와 같은 보고서에 따르면, 오늘날 진료 조정의 부재로 이전에는 몰랐던 심각한 수준의 환자 피해가 발생하고 있다.[33] 이것은 오늘날 의사들이 히포크라테스 선서를 진지하게 받아들이지 않아서도 아니고, 우리가 받는 진료를 주의 깊게 감독하고 조정하지 않아서도 아니다. 그보다는 왜곡된 행위별수가제 아래서는 진료를 감독하고 조정하는 일이 다른 활동에 비해 단지 수익성이 떨어지기 때문이다.[34]

진료에 조정이 필요한 분야는 상당히 많다. 메디케어 수급자의 4분의 1이 4개 이상의 만성질환을 가지고 있고, 매년 평균 13명 이상의 의사에게서 진료를 받고 있으며, 처방건수는 연간 50건이 넘는다.[35] 2007년 현재, 미국에서 판매되고 있는 처방약은 1만3,000개가 넘는데, 이는 50년 전에 비해 16배 증가한 것이다.[36] 질병과 의료공급자, 치료법의 조합은 거의 무한하기 때문에, 환자의 부작용을 예측하고 모니터하는 것은 인간이 상상할 수 없을 정도로 큰일이다.

이제까지 미흡했던 진료 조정의 역사에 비추어볼 때, 최근에 떠오르는 파괴적 가치 네트워크가 현재의 시스템보다 더 단편적이라는 점에 당황스러울 수 있을 것이다. 우리가 받을 모든 진료에 대해 한 명의 일반의나 한 곳의 종합병원이 책임을 지는 시스템이 아니기 때문이다. 즉, 우리가 예견한 대로라면, 리테일 클리닉에서 일하는 진료간호사가 일상적인, 규칙중심의 질병치료를 담당하고, 촉진 네트워크가 행동 의존적 만성질환을 환자가 스스로 관리할 수 있게 도울 것이다. 전문 솔루션 숍이 여전히 직관의학의 영역에 있는 질환을 다루는 한편, 가치부가과정 클리닉들은 확진한 질병에 대한 시술을 담당할 것이다. 진료 조정이 이미 무계획적으로 되고 있는 상황에서, 집중화된 수많은 개별 의료공급자에게서 진료를 받게 된다면 진료 조정의 문제가 더욱 악화되지 않을까?

'그렇지 않을 것'이라는 게 우리의 생각이고, 여기에는 그럴만한 이유가 있다. 〈그림 4-3〉에서 보듯이, 적절히 실행되기만 한다면 개인전자건강기록(PEHR)[37]이 우리가 개별적으로 받는 진료를 하나로 연결시키는 결합조직(結合組織)의 역할을 할 수 있다. 정보통신기술의 도움

〈그림 4-3〉 개인전자건강기록의 역할

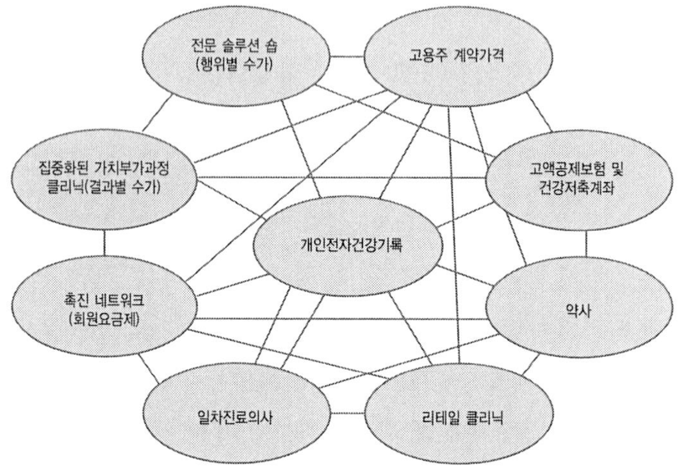

이 없이는, 핵심적인 진료 조정의 역할은 절대로 한 명의 의사나 환자 자신이 감당할 수 없다.

전자건강기록의 필요성에 대한 논의는 입법을 위한 공청회나 보건의료회의에서 수 없이 다루어졌고, 다양한 형태의 전자건강기록 시스템을 개발하고 적용하는 데만 수십억 달러의 돈을 써왔다. 의료시스템을 새로 만들 때는 물론이고, 현재 우리 시스템에서 의료의 질과 관리운영비 문제를 해결하기 위해 전자건강기록이 필수라는 데는 이견이 없다. 표준화된 형태로 개발된 의무기록 기술을 적용해 의료공급자들이 보건의료 체계 내 어디에 있든 한 번의 마우스 클릭만으로 환자의 병력을 찾아볼 수 있게 하자는 것에는 모두가 한 목소리를 내고 있지만, 그러한 전자건강기록에 대한 꿈은 여전히 요원해 보인다.

개인전자건강기록의 도입이 지지부진한 것을 두고 단순히 의사들이 가지고 있는 일종의 '공룡' 증후군 때문이라고 보기는 어렵다. 많은 의사와 병원관리자들은 인터넷을 이용해 전 세계 어디서든 최고의 전문의가 가진 지혜를 환자에게 전달하는 일에 매진해왔다. 또한 오늘날 의사들은 업투데이트UpToDate에서 최신 임상지침을 확인하고[38], 전자의학저널을 이용해 최신지견을 공부하며, 의사면허 유지를 위해 온라인으로 의사 재교육(CME)Continuing Medical Education 과정을 수강한다. 참고서적과 환자 차트를 가지고 다니는 대신, 그들은 휴대용 단말기로 신속하게 참고자료를 찾고 필요한 계산을 한다. 다른 한편으로, 그들은 성능 좋은 컴퓨터를 이용해 X선 촬영 사진으로 인체 내부구조를 선명하게 보여주는 3차원 영상을 합성해내기도 한다. 최첨단 기술을 활용해 의료를 제공하는 데는 열심인 의료전문가들이 왜 유독 전자건강기록과 같은 첨단 정보통신 기술을 활용하는 데는 미온적인 태도를 보이는 걸까?

혁신에 관한 다른 연구에서 밝혔지만, 다른 모든 이들이 '그렇게 해야 된다' 고 생각하는 데도 재능 있는 사람들이 하지 않는 데는 합리적이고 충분히 예측 가능한 이유들이 있다. 전자건강기록(EHR)이 곧 도입될 듯하면서도 왜 10여 년간 제자리걸음만 되풀이하는지 역시 합당한 이유가 있다. 그 첫 번째 이유는 우리가 1장에서 사업 모델을 설명할 때 소개했던 '일 해결jobs-to-be-done' 이라는 개념에 그 뿌리를 두고 있다. 두 번째 이유는 이른바 '상호 의존적 시스템의 쌍방 수용 문제Problem of Mutual Accommodation of Interdependent Systems' 때문으로, 제목만 들으면 상당히 복잡해 보이지만 제목 속에 그 본질에 대한 설명이 완벽하게 담겨 있다고 생각한다.

의사 진료가 해결하려는 일

전자건강기록이 해야 할 일은 지협적인 일이 아니라 시스템 전체 수준의 일로서, 다른 곳에 있는 서로 다른 의료공급자들이 환자에게 어떤 의료를 제공했는지 볼 수 있게 한다. 미국 인구의 60% 이상을 진료하는 개별의원에게 자신들의 환자를 다른 의료공급자가 더 효과적으로 진료할 수 있도록 전자건강기록 시스템에 투자하고, 그것을 채택하라고 하는 것은 그들에게 엄청난 이타심을 요구하는 일이다.[39]

게다가, 종이기록은 환자의 전환비용switching cost을 높이기 때문에, 많은 의사들에게 환자기록은 그들의 전략적 자산이기도 하다.[40] 시스템이 더 효과적으로 기능을 발휘하도록 도우라고 하는 것은 대부분의 개별의사들이나 이들과 경쟁관계에 있는 병원에 요구할 일이 아니다. 반복하지만, 돈이 안 되는 활동에 종사하라고 강요하는 것은 쉬운 일이 아니다.

그렇다면, 혹시 의사들이 자신을 위해 전자건강기록을 도입하지는 않을까? 이 경우에 대한 답은 '그렇지 않다' 이다. 우리가 '신규 시장 파괴new market disruption' 라고 부르는 경우는 고객이 파괴적 제품을 구입하는 것 외에는 다른 대안이 없는 상황이다. 포드 자동차의 T모델 승용차와 소니의 포켓용 트랜지스터 라디오, 블랙&데커Black & Decker의 9.99달러짜리 저렴한 플라스틱 핸드 드릴 등이 큰 성공을 거둔 이유가 이 때문이다. 그것들은 경쟁제품에 비해 확실히 파괴적이었고, 그래서 경쟁사들의 공격을 받지 않았다. 또한, 고객의 관점에서 볼 때 중요한 점은, 단순한 제품 외에는 그들에게 다른 대안이 없었다는 점이다.

한편, 하나의 제품에 대해 비소비(非消費) 부문이 아예 없다면, 즉 모든 사람들이 그들의 일을 해결하는 데 친숙한 무언가를 구매할 수 있다면, 성공을 위해 넘어야 할 장벽은 훨씬 높아진다. 이 경우 파괴적 제품이 성공할 수 있는 유일한 길은 고객이 이미 사용하고 있는 것보다 일을 더 잘 해결해주는 것뿐이다. 성능이 더 나아지거나, 같은 성능에 훨씬 저렴한 경우가 아니라면 고객은 절대 구입하지 않을 것이다.

이해를 돕기 위해, 대형 출판사들의 종이책에 대한 파괴적 혁신으로서 1990년대 말에 등장한 전자책 사례를 한번 살펴보자. 당시 전자책은 기존의 출판사에 대해 파괴적이었음에도 불구하고, 모든 사람들이 이미 책에 대한 접근성을 가지고 있었기 때문에 도약에 성공하지 못했다. 외면적으로나 겉으로 드러나지 않는 미묘한 차별성 측면에서 전자책은 기존의 종이책만큼 소비자들이 해결하려는 일을 잘 수행하지 못했기 때문이다. 한편, 그로부터 10여 년이 지난 지금, 아마존Amazon이 만들어낸 킨들Kindle은 상당한 주목을 받고 있는 듯하다. 왜일까? 소비자들이 중요하다고 생각하는 대부분의 질 차원에서 책만큼 훌륭하고 어떤 면에서는 훨씬 나은 기능을 갖추고 있기 때문이다. 그렇기 때문에 이제서야 기존의 도서출판 사업에 대한 파괴가 본격적으로 일어날 수 있게 된 것이다.

거래건별로 돈을 지급받는 평범한 의사 입장에서는 종이처방전을 쓰고 종이기록을 보관하는 것이 전자건강기록을 도입하는 것보다 여전히 비용이 적게 드는 반면 훨씬 더 편리하다. 금전적인 면에서 의사진료의 핵심수단은 기록보관의 효율성이 아니라 몇 명의 환자를 진료하느냐에 있다. 의사들은 언제든지 대안으로서 종이기록을 사용할 수 있기 때문에, 전자의무기록 제품은 개별의원의 주목을 받지 못했던 것이고, 앞으로도 기존에 종이로 된 처방전이나 의무기록지에 비해 의사들이 생각하는 측면에서 일을 더 잘 해결하는 킨들과 같은 제품이 등장하기 전까지는 상황이 변하지 않을 것이다.

우리가 예상하건대, 의사 입장에서 전자건강기록이 해결해야 할 일은 다음과 같은 것들이다.

1. 이전의 환자 방문이나 오늘 내가 수집한 자료를 정리하고, 비교분석할 수 있게 할 것.
2. 자료를 저장하고, 나중에 나를 포함해 다른 사람들이 그것을 쉽게 찾을 수 있게 할 것.
3. 보험기관에 제출할 요양급여 청구명세서 작성 양식과 일치할 것.
4. 내 진료활동과 의사결정을 기록해 법적 보호를 받을 수 있게 할 것.
5. 정상적인 환자 진료과정과 기타 업무에 방해가 되지 않을 것.

많은 의사들에게는 종이와 펜으로 기록하는 것이 여전히 전자기록시스템보다 일을 잘 수행하게 해준다. 또한, 전자건강기록 시스템을 도입하는 비용은 종종 의료공급자들이 부담해야 하는 반면, 그로 인해 기대되는 환자의 안전, 자료보안, 진료조정, 질병예방 등 편익의 대부분은 의료공급자가 아닌 환자나 보험자에게 돌아가는 경우가 많다. 이렇듯

'거시적(巨視的)인' 문제점들을 해결할 인센티브도 거의 없고, 외부 지원도 없기 때문에 대부분의 의사로서는 그동안 해왔던 방식을 고수하면서 상황을 지켜볼 수밖에 없다.

상호의존적 시스템의 쌩방 수용 문제

한편, 파트너즈 Partners, 메이요 Mayo 클리닉, 인터마운틴 Intermountain, 퇴역군인회(VA), 미닛클리닉 MinuteClinic, 카이저 퍼머넨테 Kaiser Permanente 같은 대형 의료공급자 조직들은 시스템적 관점이 있기 때문에 상대적으로 전자건강기록을 도입하는 데 성공한 편이라고 할 수 있다. 그러나, 개인전자건강기록의 도입을 찬성하는 사람들조차 이 기관들이 기술을 도입한 방식에는 비판적이다. 왜냐하면, 각 시스템의 기록이 환자가 휴대해 어디서든 활용할 수 있는 표준화된 형태가 아니고, 다른 시스템과 서로 호환도 안 되기 때문이다. 한마디로, 그들의 건강기록이 전혀 '개인화' 되어 있지 않다는 것이다. 이 기관들은 각자 자체 개발한 전자건강기록 시스템을 도입했다. 그래서 각자의 시스템 내에서는 어디서든 즉시 기록에 접근할 수 있지만, 일반적으로 시스템 외부에서는 접근이 어렵게 되어 있다.

모든 사람들이 표준화된 형식으로 전자건강기록을 만들어달라고 하는데도, 그들은 왜 요구를 무시하는 것일까? 이 상황을 설명해줄 논리는 다음과 같다. 어떤 산업의 가치사슬(A라고 하자) 내에 하나의 단계가 있는데, 그 단계에 속한 제품과 과정을 이루는 아키텍처 architecture는 상호의존적이 되어야만 단계(A)가 최적화될 수 있고, 다른 어떤 것에 맞출 수는 없다. 오히려, 최적화된 단계(A)에 인접한 가치사슬 내의 단계 중 어딘가(B라고 하자)에 속한 제품과 과정이 그 단계(B)의 최적화를 위해 앞서 말한 원래 가치사슬 내의 특정 단계(A)에 맞추고 모듈화되어야 한다.

예를 들어, PC에 들어 있는 인텔의 마이크로프로세서는 인텔이 자체 개발한 독점적이고 상호의존적인 아키텍처를 가지고 있는데, 이유는 이것이 컴퓨터의 성능을 크게 좌우하기 때문이다. 마이크로프로세서는 최적화되어야 하는데, 이것은 마이크로프로세서를 사용하는 컴퓨터가 모듈화된 아키텍처를 가져야 한다는 것을 의미하며, 따라서 엔지니어들은 프로세서가 컴퓨터에 맞출 수 없기 때문에 프로세서가 요구하는 아키텍처에 맞춰서 기계의 나머지 부분을 설계해야 한다. 한편, 리서치인모션(RIM)社의 블랙베리BlackBerry의 경우, 엔지니어들은 시장의 성능수요를 충족하기 위해 전체 기기의 성능을 최적화하는 데 여전히 애쓰고 있다. 그 결과 블랙베리는 RIM 고유의 독점적이고 상호의존적인 아키텍처를 가지게 되었다. 이것은 이 제품에 대해 인텔의 범용 프로세서를 사용할 수 없고, 오히려 기계에 맞춰 모듈화된 프로세서를 설계해야 한다는 것을 의미한다. 이 프로세서는 블랙베리가 요구하는 모든 기능을 지원해야 하지만, 블랙베리가 요구하지 않는 기능은 지원할 필요가 없다. 따라서, 이 경우 블랙베리의 전체적인 설계를 절충할 수 없기 때문에 프로세서가 블랙베리의 구조를 수용해야 하는 것이다.

다시 말해, 한쪽 혹은 다른 쪽이 반드시 모듈화되고 상대에게 맞춰져야 한다. 그래야만 기능이 아직 충분하지 않은 쪽이 상호 의존적이 되고 최적화될 수 있다.[41]

회사 경영진이 독점적인 형식을 갖춘 상호 의존적 제품 두 개를 한꺼번에 하나의 가치사슬 안에 밀어넣으려 하는 경우 초래되는 결과는 엄청난 비용과 극도의 고통뿐이다. 어느 쪽도 상대를 수용하려고 하지 않기 때문이다. SAP와 같은 기업이 만든 전사적 자원관리(ERP) 소프트웨어를 도입하는 경우를 예로 들어 보자. SAP 제품의 아키텍처는 매우 상호 의존적이라서, 시스템의 한 요소를 바꾸려면 다른 모든 요소를 바꾸어야 한다. 상호 의존성이 경제성을 갖추려면 표준화가 필수적이다. 한편, 한 운영기업이 갖고 있는 생산 · 기술 · 조달 · 판매 · 관리 등의 과정 또한 엄청나게 상호 의존적이어서, 역시 하나를 바꾸려면 전체를 바꾸어야 한다. 어쨌든 회사 경영진이 이른바 'SAP 도입'을 추진할 때, 그들은 하나의 고정 대상을 또 다른 고정 대상에 억지로 밀어넣으려 한다. SAP 시스템 도입을 추진하기 위해 회사들은 종종 엑센추어 Accenture 나 딜로이트 Deloitte 같은 컨설팅업체에 1억 달러 이상을 지불하기도 한다. 결국에는, 운영회사의 과정이 SAP 시스템에 맞춰진다. SAP 도입과정을 두 번 다시 겪고 싶어하지 않을 정도로, 그 과정은 물리적 · 감정적으로 견디기 힘든 작업이다.[42]

통합된 의료시스템들이 저마다 자체 개발한 독점적인 전자의무기록 시스템이 있는 이유는 진료와 보수지불, 원가관리, 조달, 경영을 위한 모든 과정이 각자의 독특한 방식으로 그 조직 내에서 상호 의존적이기 때문이다. 다시 말해, 표준화된 형식의 전자의무기록 시스템에 그들의 과정을 끼워 맞추기보다는 그들 조직의 확립된 과정에 맞춘 시스템을 개발하는 것이 그들에게는 더 자연스럽고 비용효과적인 것이다.[43]

의사들이 더 큰 시스템의 개별 행위주체인 것처럼, 병원 시스템들도 마찬가지로 더 큰 시스템 내의 하부 시스템들이다. 그들의 운영과정을 하나의 표준화된 형식에 끼워 맞추는 것, 그래서 다른 시스템의 의료공급자들이 그들의 환자를 쉽게 진료하는 것은 그들의 관심사가 아니다. 다시 말해, 하나의 하부 시스템 내에 속한 개인, 혹은 큰 시스템 내에 속한 하부 시스템에 걸맞은 수준의 시야를 가진 실체에게 더 상위의 시스템적 문제를 해결하는 일에 자발적으로 투자하기를 기대할 수는 없다. 우리가 기대할 수 있는 만큼이 지금 우리의 현실이 되어 있는 셈이다.

앞으로 나아가야 할 방향

기술적 표준이 출현한 역사에 비추어볼 때, 보건의료의 파괴적인 가치 네트워크의 구성요소를 하나로 아우르는 데 핵심적 역할을 할 개인건강기록이 출현할 수 있는 일반적인 경로는 크게 세 가지로 볼 수 있다. 첫 번째는 산업이 자리 잡기 전에 출현하는 것으로, 시장에 지출하려고 계획하는 경제주체들이 모여 표준을 만들어내는 경우다. 유럽의 이동통신산업이 대표적인 예다. 유럽에서는 휴대전화 단말기 설계와 송수신탑 및 기지국을 설치하기 전에(GSM)Groupe Special Mobile이라고 부르는 방식을 도입하기로 했고, 시스템 내의 모든 제품들을 이 표준에 맞춰나갔다.

보건의료의 경우, 기존의 기업들인 카이저 퍼머넨테와 메이요 클리닉이 하나의 표준을 만들어내는 것에 비하면 새로 출현하는 파괴적 기업들이 더 손쉽게 하나의 표준 의무기록 형식을 만들어낼 수 있을 것이다. IBM이 PC산업에서 그랬던 것처럼, 하나의 대형기업이 중심이 되어 파괴적 신생기업들의 표준작업을 지휘할 수 있을 것이다. 파괴적 시스템이 탄탄하게 성장하는 동안, 여기에 참여하는 새로운 기업은 그들의 운영과정을 기존의 개인건강기록 시스템에 맞춰나가게 될 것이다. 그러나, 안타깝게도 지금은 이렇게 할 수 있는 상황이 아니다. 기존의 사업자들, 특히 통합형 건강시스템들이 파괴적 과정에서 핵심적인 역할을 해야 하기 때문이다.

서로 경쟁관계에 있는 개별적인 대형 시스템이 자리 잡은 후에는 표준화가 되기 어렵기 때문에, 두 번째로 고려해야 할 진로는 가상화virtualization이다. 이것은 '외래언어'를 하나의 공통언어로 번역해주는 기술을 말하는데, 기존에 서로 호환성이 없던 형식을 결합해 결함없이 함께 작동하게 해준다. 현재 컴퓨터 하드웨어와 운영체제 사이의 인터페이스를 구축하는 작업에서 주로 적용되고 있는 기술이다. VM Ware(EMC社의 계열사)와 같은 업체가 만든 하나의 '가상화 계층virtualization layer'은 CISC 또는 RISC 프로세서를 사용하는 컴퓨터가 유닉스UNIX, 윈도우Windows, 애플Apple, 리눅스Linux 등 운영체제에 상관없이 잘 작동할 수 있게 해준다.[44] 바누Vanu, Inc.와 같은 기업들이 개발한 '소프트웨어 무선software-defined radio' 기술 역시, GSM(AT&T), CDMA(Verizon, Sprint), IDEN(Nextel) 등 서로 호환이 되지 않는 무선통신표준들 간에 이런 종류의 가상화를 제공하고 있다.

세 번째 가능성으로는 하나의 표준을 받아들이도록 강제하는 것이다. 정부는 지정된 표준에 따라 IT시스템을 갖추는 기업에만 보조금을 지원하는 규정을 만들 수 있다. 하지만 정부가 이렇게 하더라도, 정부가 지정한 대로 개인건강기록 시스템을 구현하려면 앞서 말한 두 가지 중 하나의 과정을 거쳐야 한다. 어쨌든, 일련의 파괴적인 기업들이 하나의 플랫폼을 중심으로 탄탄히 성장하고 시스템을 구축하게 될 것이다(플랫폼은 페이스북Facebook 같은 것이 될 가능성이 크다[45]). 이 플랫폼이 더 많은 신규기업들에 표준으로 채택되면, 가상화 소프트웨어가 개발돼 기존의 대형 통합 의료공급자들이 자체 개발한 시스템과 연동시킬 수 있을 것이다.

이와 같은 일이 실제 일어나고 있는데, 보스턴 어린이병원Children's Hospital Boston 기술팀이 개발한 '인디보Indivo' 시스템이 그 예다.[46] 이 시스템은 1970년대와 1980년대에 도요타 자동차가 생산시스템의 정보 흐름을 설계할 때 따른 원칙을 그대로 따르고 있다.[47]

메인프레임 컴퓨터가 널리 보급되었던 1960년대와 1970년대에 미국의 자동차 및 트렉터, 냉장고 등 복잡한 제품을 생산하던 업체들은 이렇게 말했다. "우리가 가진 문제는 복잡하다. 따라서 그 해결책도 복잡해야 한다." 그래서, 그들은 자재소요계획(MRP)Materials Requirements Planning이라고 하는 소프트웨어 시스템을 개발했는데, 시스템 설계와 도입에 수천만 달러가 드는 경우도 많았다. 이 시스템은 수직정렬 구조를 가지고 있었는데, 수천 명에 이르는 공장의 모든 근로자와 작업장에서 지속적으로 정보를 취합해 중앙컴퓨터에 저장하는 방식이었다. 정보를 취합한 컴퓨터는 다시 그 정보를 각 근로자와 작업장으로 보내, 그들의 다음 단계 작업 내용과 처리방식, 작업기한 등을 지시했다. 그러나 MRP는 큰 효과를 거두지 못했는데, 수천 명에 이르는 공장 근로자 중 한 명이 정보를 잘못 입력하거나, 적시에 적절한 정보를 받지 못하거나, 혹은 기계에 문제가 발생하면 컴퓨터 시스템이 실제 발생하는 현상을 제대로 인식하지 못했기 때문이다. 급기야 근로자들은 컴퓨터 시스템을 무시하기 시작했고, 대신 일 처리에 필요한 자료를 교환하기 위해 비공식적 방법을 개발해 사용했다.

도요타 자동차의 접근법은 달랐다. "우리는 복잡한 문제를 가지고 있다. 그래서 우리는 단순한 해법을 개발하기 위해 문제를 단순화해야 한다." 도요타가 이런 결정을 한 이유는 기업 고유의 철학 때문이기도 하지만, MRP 시스템이나 메인프레임 컴퓨터에 지출할 자본금이 없었기 때문이다. 정보를 취합하고 배분하는 수직정렬 구조를 가진 중앙화된 시스템 대신, 도요타는 근로자의 작업내용과 작업방식, 작업기한에 관한 모든 정보가 공장 내에서 혹은 공장 간에 제품이 이동하는 경로를 따라 항상 함께 움직여야 한다는 결론을 내렸다. 정보는 그것을 필요로 하는 모든 사람들이 바로 인식할 수 있도록 표준화된 형식에 따라 가시화되었다. 이것은 훨씬 단순한 시스템이었고 실제 효과도 더 좋았다. 정보가 제품과 한순간도 분리되지 않았고, 따라서 작업자들이 제품 처리를 할 때 필요한 정보를 바로 확인할 수 있었다. 이런 정보시스템이야말로 고품질 제품을 상당히 효율적으로 만들어낼 수 있었던 도요타의 핵심역량이었다.[48]

인디보Indivo 시스템은 이와 비슷한 원칙에 따라 만들어졌다. 데이터가 언제나, 적어도 가상적인 형태로, 환자를 따라 다니기 때문이다. 이 시스템의 기록들은 '개인' 건강기록(PHRS)이라고 불리는데, 어떤 데이터를 기록에 포함할 것인지 환자가 결정하기 때문이다. 어떠한 의료공급자도 다른 공급자에게 환자 데이터를 요구할 법적권리를 가지고 있지 않은 반면, 환자는 자신의 신상에 관한 한 어느 공급자에게서든지 데이터를 받아낼 전권이 있다. 〈그림 4-4〉의 맨 아래쪽에 묘사했듯이, 환자 개인은 병원이나 약국, 의원, 보험자, 검사분석기관 등에서 해당 데이터를 자신의 기록에 입력하도록 요청할 수 있다. 정보는 오픈-소스 형식open-source formats으로 보관되며, 환자가 공유를 허락한 대상에게만 접근이 허용된다. 환자들은 자신이 이용하는 모든 의료공급자에게서 데이터가 자동으로 건강기록에 입력되게 요청할 수 있고, 매번 건별로 자신의 기록에 해당 데이터를 불러들일 수도 있다.

〈그림 4-4〉의 맨 위쪽에 보이듯이, 여러 기업과 연구기관으로 구성된 하나의 사업생태계가 건강기록 시스템 위에 자리를 잡을 수 있다.[49] 이들은 개인건강기록에 저장된 데이터를 이용해 각각의 고유한 응용 프로그램을 만들어낼 수 있다. 예를 들어, 어떤 사업가가 천식환자를 위한 질병관리 응용 프로그램을 개발할 수도 있을 텐데, 이 프로그램을 이용하고 싶은 환자들은 자신의 개인건강기록을 이 사업자에게 개방하면 혜택을 볼 수 있을 것이다. 응용분야는 연구 프로젝트가 될 수도 있고, 그 프로젝트에 참여하고자 하는 개인은 연구자들에게 자신의 개

인건강기록을 개방하면 된다. 이런 개념은 허락한 사람에게만 정보가 공개된다는 면에서 페이스북Facebook 같은 소셜 네트워킹social networking 사이트를 구성하는 패러다임과 유사하다.

시스템의 데이터가 저장장치에 담겨 실제로 환자를 따라 함께 이동한다기보다는 서버에 저장될 가능성이 크지만, 근본적인 조직화 원칙인 데이터가 반드시 사람을 따라 다닌다는 측면에서 도요타의 개념과 유사하다. 이 시스템은 환자의 안전뿐만 아니라 임상연구를 위해 상당한 편익을 제공해준다. 임상시험에서는 연구대상이 되는 약물의 직접적인 효과를 분석해야 되기 때문에 다른 동반질환comorbidities이 없는 환자만을 세심하게 선택하게 된다. 그러나, 현실에서 실제 약물을 복용하는 환자들은 다르다. 즉, 환자들은 실제 한 가지 이상의 질환이 있거나 신약과 상호작용을 일으킬 수 있는 여러 가지 약물을 복용하는 경우가 많다. 그래서, 시판(市販) 후 안전성조사Postmarketing surveillance를 통해 모든

〈그림 4-4〉 개인전자건강기록 시스템의 구조 예시

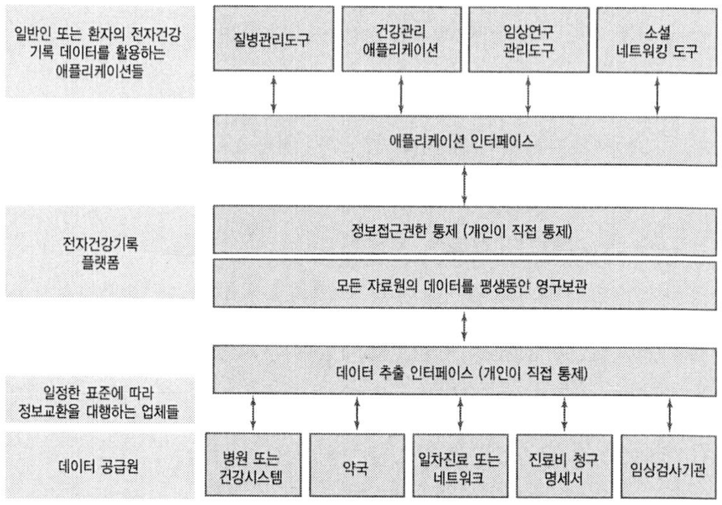

잡음 속에서 약물의 부작용을 찾아내는 것은 어려운 일이다. 하지만, 〈그림 4-4〉와 같은 구조를 가진 개인건강기록 시스템이 있다면 연구자들은 약물이 시판된 후에도 지속적인 모니터를 할 수 있다.

인디보 시스템은 상호 의존적인 두 개의 구조 사이에 가상 계층을 삽입함으로써 앞서 언급한 상호 의존적 시스템의 쌍방 수용 문제를 해결해냈다. 이 시스템에는 데이터가 개방형 모듈 구조를 가지고 있어 이 데이터를 사용하는 다른 응용 프로그램의 최적화가 가능하다. 모듈화(개방형 구조)되어 있다는 것은 개인건강기록의 데이터가 범용성을 띤다는 것을 의미한다. 따라서, 이 자체로 돈을 벌거나 전략적 자산이 될 수는 없다. 대신에, 이 데이터를 사용해 응용 프로그램을 만드는 기업들이 수익을 거둘 것이다. 이 분야에 사업을 구축하려는 일부 정보통신기술 업체들은 데이터에 대한 접근성을 통제함으로써 수익을 얻으려고 하는데, 이것은 잘못된 전략이다. 데이터가 범용화되면, 그것을 사용하는 응용 프로그램들은 탈범용화될 것이고, 따라서 수익은 바로 탈범용화되는 응용분야에서 발생할 것이다.

현재까지, 월마트나 인텔을 포함해 많은 대형기업들이 인디보를 표준으로 채택했다. 우리는 〈그림 4-4〉의 맨 아래쪽에 있는 데이터 공급자들이 앞으로 그들의 기록과 인디보 시스템이 서로 호환이 된다는 점을 홍보하기 시작할 것이고, 다른 기업들도 그들의 시스템과 인디보 데이터베이스 간 인터페이스를 가상화하는 일에 앞다투어 경쟁할 것이다.

저비용 · 고품질의 보건의료 시스템이 효율적으로 작동하는 데 개인건강기록이 얼마나 중요한지는 아무리 강조해도 지나침이 없다. 이 주제에 대한 우리의 논의가 계기가 되어, IBM이 PC산업의 파괴에서 그랬던 것처럼, 강력한 잠재력을 가진 지휘자가 나타날 수 있기를 바란다. 인디보 시스템이나 이와 유사한 것들이 좋은 시발점이 될것이다.

제 5 장

만성질환 관리의 파괴적 혁신

3장과 4장에서 살펴본 사업 모델의 혁신은 보건의료 분야의 비용을 줄이는 한편, 질을 높이고 접근성을 개선하기 위한 중요한 전략적 요소이다. 그러나, 이 장에서 살펴볼 만성질환 관리를 위한 사업 모델 혁신은 그중에서도 가장 중요한 혁신일는지 모른다.

현재 미국인 중에 약 9,000만 명이 당뇨병, 고혈압, 관절염, 치매 등과 같은 만성질환을 가지고 있다. 18~34세 청년층의 3분의 1이상, 45~64세 장년층의 3분의 2, 그리고 노인층의 거의 90%는 적어도 한 개 이상의 만성질환이 있다.[1] 물론, 전염병이나 외상(外傷), 임산부 관리 maternity care와 같은 급성 의료도 비용을 발생시키지만, 만성장애는 미국이 지출하는 직접적인 의료비용의 4분의 3을 차지한다. 또한, 수많은 만성질환 중에서도 당뇨병, 울혈성 심부전증 congestive heart failure, 관상동맥질환, 천식, 우울증 등 5개 질환이 이 비용의 대부분을 차지하고 있다.[2] 상당수의 만성질환은 다른 2개의 만성질환, 즉 비만과 흡연에 그 뿌리를 두고 있다. 생애 마지막 18개월 동안 상당히 많은 의료비를 지출

하게 되는 핵심적인 이유는 바로 이 기간에 만성질환의 합병증이 마지막으로 급격하게 발생하기 때문이다.[3]

요컨대, 현재의 만성질환 관리방식을 변화시키지 않고서는 그 어떤 프로그램도 끝없이 치솟는 보건의료비 문제를 해결하는 데 도움이 되지 못한다.

기술적 진보로 한때 치명적이었던 질병들이 만성으로 바뀐 것은 최근의 일이기 때문에, 만성질환이라는 것도 비교적 새로운 현상이다. 가령, 1920년대 이전까지만 해도 소아당뇨는 급성질병이었고, 이 질병에 걸리게 되면 몇 달 이내에 사망했다. 그러나 한때 동물에서 추출했던 것을 쓰다가, 이제 생체합성으로 만든 인슐린을 주입하게 되면서부터 제1형 당뇨병은 치명적인 급성질환에서 만성질환으로 바뀌어버렸다. 관상동맥질환도 1970년대까지는 대체로 급성질환이었다. 환자들은 대부분 병에 걸린 줄도 모른 채 심장마비로 죽어갔다. 관상동맥우회로조성술이나 스텐트, 스타틴계(系) 약물로 이제 심장질환은 만성병이 되었다. 지난 10여 년 사이에 에이즈와 일부 암 또한 만성질환으로 바뀌었다. 다발성 경화증multiple sclerosis과 낭포성 섬유증cystic fibrosis은 치명적인 재발성 질환이었는데, 새로운 약물과 의료기기 덕분에 환자들 삶의 질이 크게 개선되었다.

이것은 축하할 일이기는 하지만, 무서운 속도로 증가하는 만성질환자들의 수와 그로 인해 더 장기간 지출해야 할 의료비 부담을 생각하면 마냥 기뻐할 일만은 아니다.[4] 의료비 부담이 가중되는 핵심적인 원인은 이런 환자들을 관리하는 데 이용되는 기존의 사업 모델, 즉 의사의 진료와 병원의료가 기본적으로 급성질환을 다루는 데 적합하게끔 설정되어 있기 때문이다. 이들은 사람들이 아파야 돈을 벌지, 사람들을 건강하게 유지시키는 것으로는 돈을 벌 수 없다. 개별 시술과 진료에 대한 보험청구 코드가 9,000개가 넘지만, 환자의 순응이나 그것의 향상, 또는 환자들을 건강하게 유지시키는 일에 대한 청구코드는 단 한 개도 없다.[5]

주어진 사업 모델 내에서 의료공급자들의 효율성을 향상시킨다고 해서 이런 문제가 해결될 수는 없다. 오히려, 만성질환 관리를 위한 새로운 사업 모델을 만들어내는 것이 더 확실한 해결책이며, 이 가능성을 탐색해보는 것이 이 장에서 초점을 맞출 부분이다.

만성질환의 범주

어떤 타당한 이론을 구축하기 위해서는 그 이론이 다루고자 하는 범주부터 정확히 정의해야 한다. 연구자들은 보통 이론구축의 예비단계 혹은 이론을 기술하는 단계에서 연구대상이 되는 현상의 특성에 따라 이론에서 다룰 범주를 정의하게 된다. 그리고, 그러한 특성의 존재 여부와 관심을 가지고 있는 결과가 어떤 상관성을 가지는지 확인한다. 예를 들어, 기업에 대한 전형적인 연구에서는 자본조달 형태에 따라 기업을 자기자본 혹은 투자자본 등의 범주로 나누고, 이 두 집단에서 기업의 성공률을 비교한다.

그러나, 이와 같은 연구에서 도출되는 기술적(記述的) 이론들은 평균적인 경향성을 나타낼 뿐이다. 연구자가 단순히 범주와 상관관계를 기술(記述)하는 단계를 넘어 관심의 대상이 되는 결과를 초래하는 인과기전을 발견했을 때만 이론의 예측력이 크게 도약한다. 이를 통해 학자는 상황에 따라 바람직한 결과를 초래하거나, 혹은 그렇지 않을 수도 있는 어떤 행동에 관해 정확하고 예측 가능한 효과적 처방을 내릴 수 있다.[6]

의료시술에 관한 이론들 또한 정확히 이 패턴을 따른다. 초기단계에서 질병은 그 특성, 즉 신체증상에 따라 분류된다. 환자가 헐떡이며 숨을 제대로 못 쉬면 천식으로 분류하고, 혈당 수치가 높으면 당뇨병으로 분류하는 식이다. 의학이론이 이와 같이 기술적(記述的) 단계에 있을 때, 의료행위는 직관적이거나 경험적이 될 수밖에 없으며, 의료결과는 확률적으로 표현되는 것이 일반적이다.

한편, 질병을 유발하거나 건강한 상태를 유지하게 만드는 기전에 따라 질병을 구분할 수 있게 되면 의학이론도 큰 발전을 이루게 된다. 질병을 특성이 아닌 원인에 따라 진단할 수 있다는 것은 질병에 관한 이론이 기술적 단계에서 처방적 단계로 발전하게 되는 것을 의미하며, 이것이야말로 정밀의학으로 바뀌는 과정의 핵심이다.

앞서 살펴본 예에서, 환자가 숨을 헐떡이는 것이 알레르기 반응 때문인지, 또는 기도의 염증 때문인지, 기도에 이물질이 들어가서 그런 것인지, 아니면 심장에 문제가 있어서 기도에 체액이 쌓인 때문인지를 정확히 아는 것은 생사를 가름할 수 있다. 효과적인 치료는 정확한 문제의 정의에 달렸다.

보건의료 분야에서 가장 흔하게 쓰이는 범주 구분 중 하나는 질병을 급성과 만성으로 나누는 것으로, 한쪽은 오랫동안 상태가 지속되는 반면, 다른 한쪽은 그렇지 않다. 하지만, 이것은 기술적(記述的)인 범주화에 불과하며, 이것만 가지고는 질병을 어떻게 치료해야 할지 알 수 없다. 만성질환 자체도 근본적으로 종류가 다양하기 때문에, 어떤 종류의 사업 모델이 효과적일지 제안하기 전에 우선 서로 다른 사업 모델을 필요로 하는 다양한 종류의 만성질환을 구분할 필요가 있다.

대부분 급성질환은 이환기간(罹患期間)이 상대적으로 짧기 때문에 질병의 진단과 치료에 동일한 사업 모델을 적용할 수 있지만, 만성질환은 사정이 다르다. 질병을 진단하고 치료법을 처방하는 데 적합한 사업 모델과 환자가 치료를 지속하게 하고 합병증 없이 살아갈 수 있도록 행동을 변화시키는 데 사용되는 모델은 서로 달라야 한다. 이 둘은 근본적으로 다른 작업이다. 따라서, 이제부터는 사업 모델 혁신을 통해 진단 및 치료의 효과와 비용이 어떻게 향상될 수 있는지 알아본다. 이어서 환자들이 치료를 지속하게 하려면 어떤 종류의 사업 모델을 활용해야 하는지를 살펴볼 것이다. 이 장에서 우리가 내릴 결론 중 하나는 만성질환으로 고통받는 사람들과 그들에게 들어가는 비용이 엄청난데도 그러한 만성질환을 진단하고 처방을 내리며, 환자가 치료에 순응하도록 장려하는 데 최적화된 사업 모델이 거의 없다는 것이다.

만성질환의 진단 및 치료법 처방을 위한 사업 모델

우리는 질병을 이해하는 데 필요한 과학적 지식의 정밀성과, 문제의 진단 및 효과적인 치료법 처방을 위해 요구되는 세부 전문분야의 범위에 따라 〈그림 5-1〉과 같이 일부 만성질환을 나누어보았다. 이 질환의 구분은 독자들의 이해를 돕기 위한 것이므로, 전문가에 따라서는 질환을 다르게 구분할 수도 있다.

우리는 〈그림 5-1〉의 왼쪽에 있는 질환을 '직관적 만성질환'이라고 부르겠다. 관심이나 재원의 부족으로 현재까지 연구가 충분히 되지 않았거나, 질병이 본질적으로 복잡해서 완전히 이해하기 위해서는 여러 분야의 전문지식이 필요하기 때문에 우리는 이 질환에 대해 충분히 알지 못한다.[7] 하지만, 두 가지 중요한 사실은 알고 있다. 첫째, 과학을 통해 궁극적으로는 이 '질환' 각각이 사실은 하나 이상의 서로 다른 인과 기전에 의한 것이지만 단지 한 가지 증상으로 표현된 것일 뿐임을 알게 될 것이라는 점이다. 둘째, 이런 서로 다른 원인들은 상호 의존적인 분자적 경로를 통해 인체의 여러 장기에 걸쳐 나타나며, 여기에 각 개인의

〈그림 5-1〉 만성질환 유형별 진단 및 처방에 필요한 의료행위

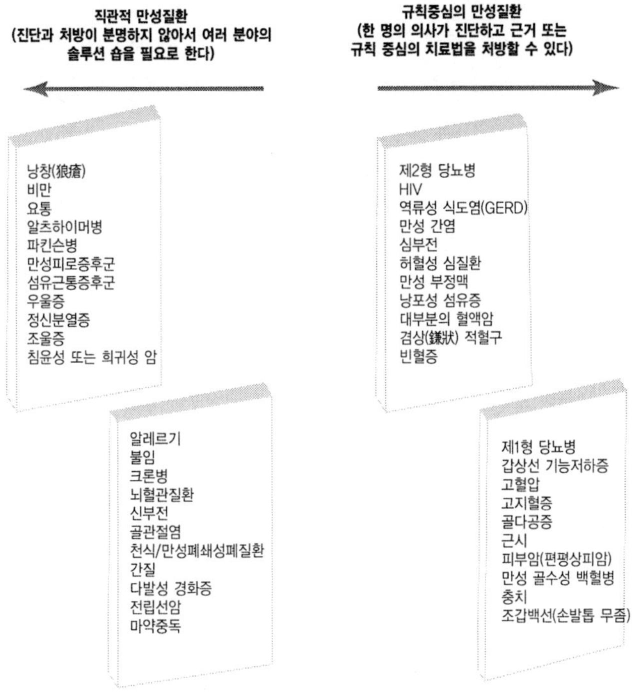

유전적 차이와 환경적 요인이 얽히면서 더 복잡해진다는 것을 알고 있다. 이런 이유들이 결합돼 만성질환의 진단과 치료가 매우 복잡해지고, 규칙중심의 치료로 발전하는 속도도 더디어진다.

따라서, 직관적 질환을 효과적으로 진단하고 가능한 한 최선의 치료과정을 처방하기 위해서는 세부 진료분야의 여러 전문가들이 상호작용을 해야 하고, 모든 데이터를 활용해 최선의 처방을 찾기 위한 직관적 실험을 반복해야 한다. 질병이 초기단계에 있을 때 의사들은 발현된 증상의 기저에 있는 질병이 무엇인지 알 수 없을뿐더러 효과적이고 예측 가능한 치료법을 처방할 수 없다. 그래서, 그들은 여러 가지 데이터와

여러 분야의 관점을 종합해 '변별진단differential diagnosis'을 내려야 한다. 즉, 질병의 원인에 대해 하나의 가설을 세우고, 실험적인 치료과정을 처방한 뒤 이것이 어떤 결과를 초래하는지 관찰한다. 필요하다면 가장 효과적인 치료법을 찾을 때까지 진단과 처방을 수정하는 과정을 되풀이하게 된다.

우리는 〈그림 5-1〉의 오른쪽에 있는 질병에 '규칙중심의 만성질환'이라는 명칭을 붙였는데, 이들에 대한 치료법이 경험의학 또는 정밀의학 영역에 속해 있기 때문이다. 직관적 만성질환과는 달리, 규칙중심의 만성질환에 대한 진단과 효과적인 치료법의 처방은 보통 개별 의료공급자에 의해 충분히 관리될 수 있다. 이 질환의 대부분은 증상의 원인에 대해 확실히 알지 못하는 관계로 아직 정밀의학 수준에 이르지 못했지만, 궁극적으로는 대부분 정밀의학으로 분류될 날이 올 것이다.

하지만 지금으로서는 거의 모든 규칙중심의 질환이 경험의학의 수준에 놓여 있다고 할 수 있다. 즉, 질병 진단의 기준이 되는 증상을 측정할 수 있는 명확한 척도가 나와 있고, 특정 치료과정을 따르게 되면 평균적으로 다른 방법을 따를 경우에 비해 바람직하지 않은 증상이나 장기적 합병증이 최소화될 수 있다는 식의 분명한 통계적 근거도 있다. 심장질환(만성 안정형 협심증chronic stable angina)이나 당뇨병, 울혈성 심부전증 같은 질환에 대해서는 임상근거에 기반한 표준 지침이 잘 마련되어 있다.

규칙중심의 만성질환을 진단하고 처방법을 발견하기 위한 사업 모델은 이미 존재하는데, 그것은 바로 전통적인 의사 진료 모델이다. 이 질환 중 상당수는 그 규칙이 이미 널리 수용되고 있어서 진단과 처방을 진료간호사의 손에 넘겨줘도 의료의 질에 문제 없을 정도가 되었다.

우리가 기존에 만성질환을 다루어왔던 방식에는 우리에게 손실을 일으키는 문제가 두 가지 있다. 첫 번째로, 〈그림 5-1〉의 왼편에 있는 질환을 효과적으로 다루기 위해서는 여러 전문분야의 관점이 요구되지만 이 일을 위해 보통 우리가 활용해온 사업 모델에서는 거의 항상 개별 의료인에게 의존해왔다는 점이다. 이해를 돕기 위해 앞서 3장에서 살펴본 천식환자의 예를 들어보자. 그 친구가 국립 유대인 병원에서 천식을 치료할 수 있었던 것은 그곳의 의료진들이 팀을 구성해 통합된 방식으로 일했기 때문에 가능했다. 그곳에 가기 전까지 그 친구는 서로 다른 진료과에 속한 수많은 개별의사들을 전전해야 했다. 그들 대부분은 유명한 수련병원의 스태프들이었다. 하지만, 그들은 이 친구를 개별적으로 진료했고, 협진(協診)을 위해 숙련된 과정 같은 것은 아예 없었다. 그들은 통합된 방식으로 진료하기 위해 함께 모인 적이 한 번도 없었다. 병원은 그들 전문의들이 통합된 의료제공자라고 생각했을지 모르지만, 실제로는 그 친구를 이리저리 의뢰하는 개별 의사들의 단순집합체에 불과했다.

이 책의 공동저자, 제리 그로스만Jerry Grossman은 이 책을 집필하는 중에 심장이 안 좋아서 메이요 클리닉을 방문했을 때 이와 유사한 경험을 했다고 한다. 거기서는 일련의 검사를 하고 나서, 전문의 팀이 한방에 모여 각자가 수집한 데이터를 함께 살펴본 후 제리의 심장에 종양이 있다는 진단을 내렸다. 이것은 희귀성 질환으로 결국 그의 목숨을 앗아가고 말았다.

암 진단이라고 하는 안 좋은 소식을 접한 그가 보스턴으로 돌아와 우리에게 건넨 첫마디는 "거기서 겪은 더 없이 훌륭한 진료경험은 인상적이었다"는 것이다. 그는 또 이렇게 말했다. "그들은 과정이란 걸 갖고 있더군! 모든 것에 적용되는 천편일률적인 과정이 아니더란 말이지. 환자마다 각기 다른 질병을 가지고 있는데, 그들은 각 환자들을 독특한 방식으로 다루는 숙련된 과정을 가지고 있었어." 통합되지 않은 다른 병원들과 달리, 국립 유대인 병원과 메이요 클리닉은 전문 솔루션 숍이다.

클리브랜드 클리닉Cleveland Clinic도 최근에 솔루션 숍으로 조직을 재정비했다. 병원들이 대부분 내과, 외과, 소아과, 기타 일반진료과 등 과별로 구분할 때, 클리브랜드 클리닉의 CEO 토비 코스그로브Toby Cosgrove는 구조조정을 통해 병원 내에 전문 솔루션 숍 역할을 할 단위조직으로서 몇 개의 '연구소institutes'를 설치했다. 예를 들어 신경학 연구소에는 신경과 의사neurologists, 암 전문의oncologists, 방사선과 전문의radiologists, 신경외과 전문의neurosurgeons, 정신과 의사psychiatrists, 심리학자psychologists 등이 모여 환자별로 행동 변화나 간질의 원인, 뇌종양 유형 등에 대해 가능한 한 정확한 진단을 내리기 위해 협진을 하고 있다.

국립 유대인 병원이나 메이요 클리닉, 클리브랜드 클리닉처럼, 〈그림 5-1〉의 왼쪽에 놓인 직관적 만성질환을 진단하고 그 해법을 제시하는 데 필요한 여러 유관 분야를 통합하는 과정을 제대로 갖춘, 즉 전문 솔루션 숍의 기능을 갖춘 조직은 극소수에 불과하다. 전반적으로, 대부분의 만성질환자들에 대한 치료 시스템은 개별적인 의료제공자들로 구성되어 있다. 비록 그들이 병원 내 부서에서 혹은 집단개원의 형태로 진료하더라도, 대부분의 의사 진료는 개별적으로 이루어지고 있고, 환자들은 한 의사에게서 또 다른 의사에게로 보내지고 있을 뿐이다.

대부분의 병원에는 친구가 가진 독특한 유형의 천식이나 제리의 심장 종양과 같이 개별 환자에 적합한 방식으로 의사들의 전문지식을 종합하는, 잘 다듬어진 경로가 갖추어져 있지 않다. 이 책을 집필하는 동안 우리가 만나본 많은 의사들은 다른 의사들과 함께가 아닌, 혼자 일하도록 훈련받았다고 했다. 어떤 사람들은 보건의료 분야를 미국에 마지막 남은 거대한 가내공업cottage industry이라고 표현했다.

진단의 경제성

혹자는 이런 질문을 할 수도 있을 것이다. "일반 사람들에게는 엘리트 계층을 위해 엘리트 의료인들이 제공하는 것처럼 보이는 이 솔루션 숍을 찾아 비행기를 타고 이동하는 것이 오히려 비용이 더 많이 드는 게 아닐까?" 현대적 보건의료산업의 기본구조가 만들어졌던 1세기 전만 해도 비용이 꽤 많이 들었을 것이다. 그러나, 천식을 앓고 있던 친구가 국립 유대인 건강병원을 찾아 덴버로 여행하는 데 든 경비는 이전에 여러 의사에게서 진료를 받고 여러 가지 약물을 복용함으로써 친구나 친구가 다니는 회사가 부담해야 했던 비용에 비하면 더 저렴한 편이다. 〈그림 5-1〉의 왼편에 놓인 질환은 미국에서 가장 흔하면서도 많은 비용을 발생시키는 것들이며, 미국 전역과 전 세계의 수많은 솔루션 숍 사업을 지탱할 시장이라고 할 수 있다.

직관적 만성질환을 위한 전문 솔루션 숍이 필요하다는 것은 이 질환의 진단과 처방을 위한 새로운 사업 모델을 만들어낼 창업의 기회 또한 많다는 것을 의미한다. 앞으로 연구가 더 활발해지겠지만, 일부 연구에 따르면 낭비되고 있는 만성질환 관리비용 중 상당한 부분이 환자에게 부적절한 치료법을 처방했기 때문이라고 한다.[8] 정확한 진단을 통해 문제를 해결하는 것은 어떤 산업에서든 중요한 가치임이 틀림없다.

직관적 만성질환을 위한 전문 솔루션 숍이 많지 않은 핵심적인 이유는 메디케어와 민간 보험회사의 의료비 상환공식이 진단보다는 치료에 더 높은 수익성을 보장해주고 있기 때문이다. 본질적으로 보자면, 상환공식은 창출된 가치가 아닌, 활동에 기초를 두고 의료활동을 평가하기 때문이다. 6장, 7장, 11장에서 살펴보겠지만, 이런 가치창출의 왜곡을 극복할 한 가지 방법은 건강보험과 의료전달 조직 모두를 운영하는 대형 통합 의료공급자 시스템들이 그 내부에 솔루션 숍을 만드는 것이다. 이 통합시스템은 전반적으로 통합이 안 되어 있는 우리 보건의료 체계 내에서 독특한 관점을 제시하는데, 그들이 가치사슬의 한 지점에서 더 많은 돈을 지출하는 대신 다른 곳에서 더 큰 비용절감을 거둘 수 있기 때문에 그렇다. 올바른 진단의 경제성에 대해 그들이 갖고 있는 통찰력은 나머지 보건의료산업에 의미 있는 교훈을 가르쳐줄 것이다.

치료에 대한 환자순응의 확보

대부분의 급성질환의 경우, 문제에 대한 진단을 하고, 치료법을 찾아서 적용하는 수준에서 일이 완료되지만, 만성질환의 경우 진단과 처방은 오직 시작에 불과하다. 이제부터는 환자가 매시간, 매일, 매월, 어쩌면 남은 삶 동안 의사가 권고한 치료법에 순응하는 일이 남았다. 가끔은 상당한 정도의 불쾌한 행동변화를 요구하기도 한다. 환자가 직면하는 문제를 잘 다룰 수 있도록 이익을 보면서도 효과적으로 도와주기 위한 사업 모델은 문제의 진단과 처방을 위한 사업 모델과 많이 다른데, 여기에 맞는 사업 모델이 없다는 것이 현재 만성질환 관리가 안고 있는 두 번째로 심각한 문제점이다.

우리가 제안하는 사업 모델의 기초가 되는 이론의 타당성은 범주나 상황을 올바르게 정의하는 것에 입각하고 있다. 〈그림 5-2〉는 두 가지 차원을 기준으로 이 사업 모델에 의해 해결해야 할 질병을 정리한 것이다.

그래프의 수직축은 환자가 처방받은 치료법에 순응함으로써 질병의 증상이나 합병증을 피하려는 내재적 동기 수준을 나타낸다. 대체로 이런 동기를 유발하는 것은 환자가 느끼는 합병증의 강도와 발생의 즉시

〈그림 5-2〉 환자의 치료순응에 영향을 미치는 요인

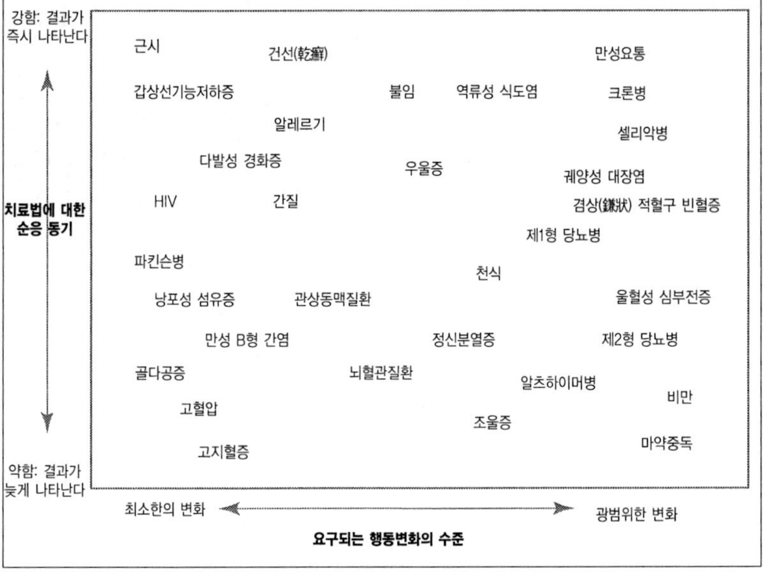

성이다. 예를 들어 안경이나 콘택트렌즈를 착용하는 것이 귀찮은 일이지만, 사람들은 대부분 처방에 잘 따른다. 그렇게 하지 않으면, 당장 앞이 잘 안보이기 때문이다. 만성요통 환자도 처방받은 약을 열심히 먹는데, 그렇게 하지 않으면 통증이 가시지 않아 치료에 순응하지 않았을 때의 결과를 바로 느끼게 되기 때문이다.

반면에, 고지혈증 환자는 약을 안 먹거나 식습관을 당장 바꾸지 않아도 한참 동안 그날 그날 느끼는 몸상태가 별로 달라지는 게 없다. 체중을 줄이고, 건강에 해로운 음식을 삼가고, 담배를 끊는 일도 그 대안, 즉 하루 더 그 습관을 유지하는 것에 비해 더 큰 불쾌감을 유발한다. 이런 질환을 가진 많은 사람들이 폐암으로 죽고, 실명을 하고, 다리를 잘라내고, 신장과 심장의 부전으로 고통받는다는 것을 알면서도, 〈그림 5-2〉의 아래쪽에 있는 많은 환자들이 치료를 '내일'로 미루는가 하면, 통계적으로 뻔히 결과를 예측할 수 있는데도 자신만은 예외일 거라고 믿으려는 경향이 있다. 이 모든 것들은 치료에 순응하지 않아도 결과가 즉시 나타나지 않고 지연되기 때문이다.

그래프의 수직축에서 천식이 가운데 있다는 점에 주목하기 바란다. 천식의 특성을 기준으로 다른 질환들의 상대적 위치를 설명하기 위해서 그렇게 한 것이다. 천식의 합병증이 나타나면, 즉 숨이 가빠지거나 새근거리는 소리를 내기 시작하면, 환자들은 제대로 호흡하려는 동기를 강하게 느끼게 되고, 그런 일이 생기기 전 며칠 또는 몇 시간 전에 필요한 조치를 하지 않은 것에 크게 후회한다. 흡연자가 폐암 진단을 받고서 일찌감치 담배를 끊지 않은 것을 후회하는 것도 마찬가지 현상이다. 〈그림 5-2〉의 세로축에서 질병의 상대적 위치는 '합병증이 발생하기 전에' 환자가 증상이나 합병증을 예방할 수 있는 조치를 취하려는 동기가 얼마나 강한지를 나타낸다.

〈그림 5-2〉의 가로축은 각 질병에 적합한 사업 모델을 결정하는 두 번째 요인, 즉 치료에 요구되는 행동변화의 정도를 나타낸다.[9] 그래프 상에서 왼쪽으로 갈수록 약을 복용하면 낫는 정도로 간단한 수준의 행동변화가 요구된다고 할 수 있다.[10] 반면에, 그래프의 오른쪽에 놓인 질환은 증상이나 합병증 발현을 막기 위해 환자나 가족의 행동변화가 상대적으로 많이 요구된다. 병을 안고 살아가는 동안 새로운 행동의 지속을 요구하는 치료방식은 환자나 그 가족의 직관에 크게 의존한다.

이 질병들 대부분은 의사가 진단을 내릴 수 있지만, 진단과 처방을 한 후에는 환자가 넓은 범위에서 해야 할 것과 하지 말아야 할 것을 가르쳐주는 것 외에는 달리 해줄 수 있는 게 없다. 환자와 가족은 보통 경험을 통해 증상이 악화되는 것을 최소화하기 위한 식이요법과 활동 등 자신에게 맞는 알고리즘을 찾아내야 한다. 그렇게 하도록 훈련을 하면,

특히 자신의 행동이 초래하는 단기적 결과로부터 피드백을 통해 활동을 다시 조정할 수 있게 되면, 일반적으로 그러한 행동집약적 질환을 가진 환자들은 시행착오를 통해 의사보다 더 나은 질병관리 알고리즘을 만들어낼 수 있다. 이런 경험적 접근법은 환자마다 다르기 때문에 스스로 배울 수 있어도 남에게 가르치기는 어려운 경우가 많다.

〈그림 5-3〉에 제시한 바와 같이, 오른편에 있는 질환은 증상을 완화하거나 질병에서 벗어나게 해줄 간단한 방법이 존재하지 않기 때문에 '행동의존성' 질환으로 분류될 수 있다. 대부분 약물치료와 함께, 규칙적인 운동, 체중감량, 식습관 조절, 세심한 증상 모니터 등이 합병증 없이 질병을 관리하기 위한 핵심요소가 된다. 반면에, 〈그림 5-3〉의 왼편에 있는 질환들은 '기술의존성 만성질환'이라고 할 수 있다. 이번에는 가로축을 기준으로 살펴보자. 우선 위쪽에 있는 것들은 결과가 즉시 나

〈그림 5-3〉 만성 사분면: 치료 불순응의 결과가 늦게 나타나는 행동집약적 질환들

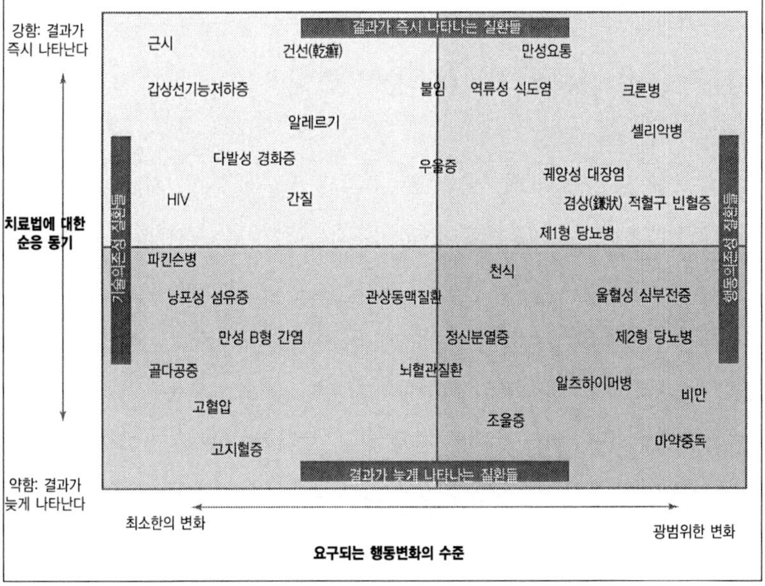

타나는 질환들이다. 이 질환을 가진 환자들은 효과적인 약물복용과 행동변화를 충실하게 지속할 것으로 기대된다. 그렇게 하지 않았을 때 환자를 불편하게 만드는 부정적 결과가 즉시 나타나기 때문에 환자가 규칙을 따를 동기는 충분하다.

한편, 아래쪽에 있는 질환들은 그 결과의 발현이 지연되는 것들이다. 약물을 복용하고 처방받은 행동을 지속할 만큼 충분히 긴 안목을 가진 환자들도 일부 있지만, 대부분은 그렇지 않다. 환자들은 대부분 의료인의 소견에 동의하면서도 필요한 조치를 차일피일 미루는 경향이 있다.

만성질환자 관리에 드는 비용 중 대부분은 〈그림 5-3〉의 우측하단에 놓인 질병에서 발생한다. 각각 수천만 명이 앓고 있는 비만, 흡연, 알코올 중독, 당뇨, 천식, 울혈성 심부전증 등이 결과가 지연되는 행동의존성 질환에 속한다. 사각형 중에서 이 질환들이 속한 부분을 우리는 '만성 사분면Chronic Quadrangle' 이라고 부르겠다.

기술적 진보와 만성질환의 변화

〈그림 5-3〉에서 네 부분으로 구분된 질환에 대한 치료 순응을 향상시키는 데 어떤 사업 모델이 필요한지를 살펴보기 전에 우선 기술적 진보가 만성질환에 어떤 영향을 미치는지부터 알아보자. 여러 면에서 기술적 진보가 만성질환의 해결책인 동시에 원인이 되기 때문이다. 그림에서 나타난 만성질환의 상대적 위치는 오늘날의 모습을 우리가 예측한 것으로, 이 중 많은 것들은 계속해서 그 위치가 변할 것이다. 역사적으로 보면, 이 질병 중 상당수가 한때는 짧은 기간 내에 환자의 사망을 초래했기 때문에 급성질환이었다. 어떤 질병들은 몸을 쇠약하게 하면서

평생 동안 지속되는 것들이었다가 기술의 발달로 환자가 더 오랜 기간 질병을 관리하며 정상적인 삶을 살게 되었다. 지속적인 기술적 진보는 〈그림 5-1〉의 왼편에 있던 직관적 만성질환을 간단히 치료할 수 있는 규칙중심의 질환으로 바꾸어놓았다.

결국에는, 과학적 진보로 인해 만성질환이 다시 '급성' 질환으로 바뀔 수 있을 것이고, 질병의 완치는 물론 어떤 경우에는 예방까지 가능할 것이다. 대부분의 위궤양 치료가 이런 변화과정을 겪고 있다. 1세기 전에는 심각한 위궤양으로 환자들은 출혈을 하고 결국 사망에까지 이르렀다. 위궤양을 안고 살아가기 위해서는 상당한 정도의 행동과 식습관의 변화가 요구되었다. 의사들은 대부분의 궤양이 과다한 위산 분비가 원인이라고 믿었기 때문에 위산 분비를 억제하기 위해 '타가멧Tagamet' 같은 약물을 처방했다. 당시 환자들은 스트레스와 매운 음식을 피하고, 약물을 충실히 복용하면 적당히 건강을 유지하면서 살아갈 수 있었다.

한편, 임상 소화기질환에 대해 잘 모르던 호주의 병리학자 로버트 워렌Robert Warren 박사가 1982년에 인체 위궤양 조직에서 *헬리코박터 파이로리Helicobacter pylori*라는 박테리아 균주를 발견했는데, 기존에 과학자들은 강한 산성 환경의 위에서 그러한 박테리아가 살 수 없다고 생각해왔기 때문에 충격적인 발견이었다. 워렌 박사는 대부분의 궤양이 이 박테리아 감염에 의한 것이라고 주장했으며, 이것은 곧 이 질환이 항생제로 치유가 될 수 있다는 것을 의미했다.

워렌의 팀 동료 베리 마샬Barry Marshall은 과거 황열병Yellow Fever이 모기에 의해 전파되는 바이러스 때문이라는 것을 증명하기 위해 월터 리드Walter Reed가 스스로 모기에 물린 사실을 상기하면서[11], 자신도 파이로리 균주(菌株)가 섞인 혼합물을 직접 삼켰다. 몇 주 후 그는 위궤양 진단을 받았지만, 항생제 투여를 통해 깨끗이 나았다.[12] 이후 연구를 통해 이 박테리아가 장내 궤양의 90%와 위궤양의 80%를 일으킨다는 것을 밝혔고, 한때 만성질환이던 이 질환은 대부분 완치가 가능한 급성질환으로 관리되고 있다.

마찬가지로, 크론병Crohn's Disease 또한 기술발전으로 〈그림 5-3〉상에서 그 위치가 바뀌고 있다. 다발성 경화증multiple sclerosis과 크론병은 서로 다른 만성질환으로 인식되고 있지만, 이 둘은 사실 백혈구 세포의 증가로 파괴적 염증반응이라는 공통의 원인이 있고, 단지 증상표현이 다르게 나타난 것일 뿐이다. '타이사브리Tysabri' 라는 약물이 두 '질환' 의 증상을 모두 완화시키는 것으로 보이는데, 그 작용기전은 백혈구 세포에 전달되는 신호를 억제함으로써 염증을 제어하는 것이다. 이와 같은 약물은 궁극적으로 크론병을 〈그림 5-3〉의 지도 상에서 왼쪽으로 이동시킴으로써 보다 덜 행동집약적인 치료법으로 관리할 수 있게 만들 것이다.[13] 사실 '리피토Lipitor' 와 같은 스타틴계statin 약물은 이미 고지혈증을 〈그림 V-3〉의 우측하단이 아닌 좌측하단에서 관리하도록 위치를 이동시켰다.[14]

미국과 유럽은 물론, 아프리카에서 끔찍한 수준으로 유행하고 있는 에이즈는 비교적 짧은 기간에 엄청난 자원이 동원되어 급성질환에서 만성질환으로 바뀌었다. 이제는 더 나아가 완치가 가능한 급성질환의 상태로 또다시 변혁시키기 위한 노력이 계속되고 있다.[15]

보다 덜 행동집약적인 치료 약물이 출현하게 되면 알코올 중독과 흡연도 좌측 하단으로 옮길 가능성이 있다. 심지어, 비만과 혈당수치 증가 등의 증상을 공유하는 서로 다른 기저질환에 대한 지식이 축적되면 비만과 당뇨 중 일부 형태 또한 궁극적으로는 좌측하단으로 옮길 것이라는 기대를 해볼 수 있다.[16]

만성질환 관리를 위한 사업 모델

이제까지 우리는 만성질환 관리가 두 가지 서로 다른 '사업군'으로 나뉘어야 한다고 주장을 했다. 첫 번째는 진단과 처방을 위한 사업이고, 두 번째는 환자가 처방된 치료법에 지속적으로 순응하도록 도와주는 사업이다. 곧 언급하겠지만, 이 두 사업 간에 업무영역 또한 구분되어야 한다. 과거 우리가 의지해온 사업 모델은 본래 이런 일에 적합한 것들이 아니며, 만성 사분면에 속한 질환들에서 합병증이 많이 나타나는 이유도 바로 이 때문이다.

과거의 사업 모델과 치료중단의 문제

병원과 의원의 자원, 과정, 수익구조가 급성질환의 관리에 최적화되어 있음에도 우리의 보건의료 시스템은 전문직들에게 거의 모든 만성질환에 대한 지속적인 관리 역할까지 맡겨왔다. 의사들은 만성질환의 진단과 병세의 평가, (가능한 경우) 합병증의 치료에 대해 보상받을 수 있다. 하지만, 대부분 건강보험은 질병보험 sickness plans에 가깝기 때문에, 병원이나 의원이 예정된 진료 이외의 시간에 환자의 치료 순응을 모니터링하고 독려하는 데 지출한 비용은 보상해주지 않는다. 예를 들어, 건강보험은 당뇨병으로 인한 괴저(壞疽)를 치료하기 위해 사지를 절단하는 시술에는 비용을 지불해주는 반면, 비용이 많이 드는 비참한 치료를 막을 수 있는 추구관리는 보상해주지 않는다. 물론 이것은 의사나 보험자의 잘못은 아니다. 잘못이 있다면 오래전 급성질환을 다루도록 설계된 사업 모델이 잘못 적용되고 있다는 점이다. 지금과 같은 구조로는 병원이나 의원이 만성질환자들의 지속적인 치료를 책임지게 할 방도가 없다.

카이저 재단Kaiser Foundation 건강보험 및 병원 그룹의 회장이자 CEO를 맡고 있는 조지 할보슨George Halvorson이 미국 의료비 지출에서 큰 비중을 차지하고 있는 만성질환 중 하나인 천식환자 관리의 경제성에 관해 언급한 내용을 살펴보자.

숫자를 놓고 한번 비교해보자. 환자들은 천식을 예방하는 차원에서 의원을 방문할 때 진료비로 100달러를 지불하고, 산소흡입기 처방을 받고 200달러를 지불한다. 한편, 환자가 천식으로 응급실을 찾아가게 되면 병원은 2,000~4,000달러의 수입을 올릴 수 있고, 입원을 하게 되면 1만 달러에서 많게는 4만 달러까지 수입을 올리게 된다. 행동이 돈을 쫓아간다고 할 때, 오늘날 우리 사회에서 과연 돈이 어디로 흘러가겠는가? 천식을 예방하는 쪽이 아니라는 것은 틀림없다. 천식이 미국에 유행처럼 퍼져 있음에도 말이다.[17]

〈그림 5-3〉의 네 가지 범주에 속한 환자들을 치료하기 위해서는 각 질병에 적합한 사업 모델이 필요하다. 좌측상단의 사분면에 위치한, 치료를 지속하지 않으면 그 결과가 즉시 나타나는 기술의존성 질환의 경우 그 답이 간단하다. 의사들은 진단과 처방을 하면 환자들이 치료법에 따를 것이라는 점을 확신할 수 있다.[18] 주기적인 사후관리와 병세 모니터링을 위해 진료일정을 잡기만 하면 된다. 의사들은 이런 서비스들이 의사진료 모델에도 부합하기 때문에 이 일을 잘할 수 있을 뿐만 아니라 대가도 받을 수 있다. 환자들에게 새로운 사업 모델이 필요한 부분은 나머지 세 가지 영역이다.

행동의존성 질환을 위한 환자 네트워크

〈그림 5-3〉의 우측에 위치한 것과 같은 행동의존성 질환을 관리하

기 위한 일차적인 수단은 촉진 네트워크facilitated network 사업 모델이 되어야 한다. 1장에서 언급했듯이, 촉진 네트워크의 핵심은 거기에 참여하는 사람들이 서로 정보나 물건을 교환하는 데 있다. 때로는 이베이eBay나 크레이그스리스트craigslist에서처럼 금전적인 매매를 하기도 하고, 유튜브YouTube에서처럼 사용자 제작 콘텐츠user-generated content가 공유되기도 한다. 일반적으로, 네트워크를 촉진하는 기업들은 이런 사업 모델로 돈을 벌지만, 사용자들이 네트워크에 참여하는 데는 또 다른 이유가 있다.

행동의존성 만성질환을 비용효과적으로 다루기 위해 촉진 네트워크 사업 모델을 활용하는 것이 새로운 현상은 아니다. 예를 들어, 미국의 알코올중독자 모임Alcoholics Anonymous은 환자 네트워크로 사용자들이 서로 사용자 제작 콘텐츠를 공유하는 곳이다. 환자들은 서로에게 알코올 중독을 극복하는 방법을 가르쳐주고, 그 과정을 이겨낼 수 있도록 도움을 주고 받는다. 대부분의 의사들은 금주 증세나 알코올성 간질환, 알코올 중독 증세와 같은 급성증상을 치료해줄 수는 있지만, 만성적인 중독 상태를 해결하는 데는 도움을 주지 못한다. 또 다른 예로는 수없이 많은 체중감량 네트워크를 들 수 있다. 큰 성공을 거두지는 못했지만, 만성적인 비만질환 환자들을 모아 그들 간에 상호작용을 촉진하는 일에 초점을 맞추고 있다.[19]

촉진 네트워크 중 상당수는 환자와 그 가족들로 구성된 비영리협회 조직에서 운영하고 있으며, 환자들이 스스로 질환을 관리하고 최선의 치료방식을 찾을 수 있도록 온라인 또는 오프라인 모임을 주선한다. 대표적인 예가 당뇨병 환자 및 가족들로 구성된 온라인 네트워크 '디라이프dLife'이다. 디라이프는 매주 방영되는 CNBC 프로그램과 함께 검색이 편리한 웹사이트를 제공해 여기에 접속한 회원들은 병을 이겨내는 데 도움이 되는 '건강관리 비법'을 서로 주고 받는다.[20] 또 다른 예로, 하지불안증후군(RLS)Restless Legs Syndrome 재단은 환자들에게 최신 치료법을 소개하고 관련 정보를 제공해 환자들이 스스로 질병에 대해 의료인들을 교육할 수 있도록 돕는 데 주력하고 있다.[21] 환자들이 의료인을 교육한다니 흥미로운 일이 아닐 수 없다. 솔루션 숍과 가치부가과정 사업 모델이 제공하지 못하는 환자관리의 공백을 네트워크들이 메우고 있는 것이다.[22]

우측상단의 사분면에 속한 환자들, 즉 치료에 순응하지 않은 결과가 즉시 나타나는 행동의존성 질환에 걸린 환자들의 경우 자발적으로 촉진 네트워크에 참여할 것으로 기대된다. 그들은 질병을 관리하며 더 나은 삶을 찾는 일에 충분한 동기를 가지고 있는 사람들이기 때문이다. 얼마 전까지만 해도, 환자와 그 가족들은 의사와 친구, 친지 등을 통해서만 같은 질병에 걸린 사람들을 찾을 수 있었다. 하지만, 오늘날에는 인터넷 덕분에 같은 질병에 걸린 다른 사람을 찾아서 그들과 연결하는 일이 훨씬 수월해졌다. 물론 여전히 의사들이 이 환자들을 주기적으로 관리할 필요가 있지만, 기술적 진보를 통해 이런 질환의 위치가 좌측하단으로 이동되기 전까지는 환자가 스스로 자신의 질병을 관리할 수 있도록 수단을 제공하는 것이 의사가 해야 할 역할이다. 기원전 5세기(대략 BC 484~425년경)에 '페르시아 전쟁사'를 저술한 그리스의 역사가 헤로도투스Herodotus는 바빌로니아를 여행하는 동안 이 네트워크 모델의 선구적 형태라고 할 만한 상황을 관찰했는데, 그의 기록은 다음과 같다.

… 이런 관습이야말로 그들이 갖춘 제도 중에서 가장 현명한 것이 아닐까 싶다. … 그들에게는 의사도 없었다. 한 남자가 병에 걸리면, 그들은 그를 광장에 눕혀놓는데, 그러면 지나가는 사람들이 그에게 다가가 말을 건넨다.

만약 그 사람과 같은 질병에 걸린 적이 있거나 주위에 그 질병에 걸렸던 사람을 알고 있다면 조언을 해준다. 알고 있는 치료법이나 그 환자에게 도움이 될 만한 것이라면 무엇이든 상관없다. 다만, 그 병자 앞을 지나는 사람들은 반드시 그가 무슨 병에 걸렸는지 물어보아야만 광장을 지나갈 수 있다.[23]

치료 불순응의 결과가 늦게 나타나는 질환의 관리

〈그림 5-3〉의 아래쪽 두 사분면에 속한 만성질환의 경우는 환자의 질병 치료가 아닌, 건강유지로 돈을 버는 조직에 의해 관리되어야 한다. 건강 유지에 대한 청구코드는 존재하지 않기 때문에 기본적으로 행위별 수가제 아래서 사업을 하는 의료공급자들은 여기에서 제외된다.

환자를 건강하게 유지함으로써 돈을 버는 조직들은 정해진 연간회비를 받고 회원들이 필요로 하는 모든 보건의료 서비스를 제공하게 된다. 이런 보험기전은 의료공급자들이 환자 두(頭)당 얼마씩 정해진 연간회비를 받는다고 해서 '인두제(人頭制) capitation' 라고 불리고 있다. 7장에서 더 자세히 다루겠지만, 인두제는 개별적인 의료공급자들을 제로섬 zero-sum 게임, 즉 상대가 잃어야 내가 득을 보는 관계에 빠뜨리기 때문에 미국 인구의 95%에 의료를 공급하는 비통합 보건의료 시스템 nonintegrated health systems하에서는 제대로 작동할 수 없었다.[24] 이 개별 공급자들은 비용 효과성에 대해서 시스템 차원의 폭넓은 안목을 가질 수 없다. 인두제는 보험자가 의료공급자의 역할까지 담당하는 통합 시스템에서만 효과를 발휘할 수 있다.

인두제라고 하는 보험기전이 효력을 발휘할 수 있는 의료공급 조직에는 두 가지 유형이 있다. 첫째는 이른바 '질병관리 네트워크' 라는 것으로, 테네시주 내슈빌에 본사를 둔 헬스웨이Healthways, Inc.와 유나이티드헬스 그룹UnitedHealth Group의 자회사인 옵텀헬스OptumHealth가 대표적이다. 헬스웨이와 옵텀헬스는 천식, 당뇨, 비만, 울혈성 심부전증 같은 만성질환자 '인구집단population'의 건강을 책임지고 있다.

헬스웨이는 진료간호사nurse practitioners를 고용해, 적어도 일주일에 한 번씩은 개별 환자에게 연락을 한다. 간호사들은 환자가 처방받은 치료법을 잘 따르는지 진척상황을 모니터링하기 위해 전화로 환자에게 자료를 수집하고, 스스로 어떻게 자신을 관리하고 모니터링할지 알려줄 뿐만 아니라 각 환자의 상황에 맞게 치료법을 조절해준다. 각 환자의 데이터와 상담기록은 헬스웨이의 환자기록 시스템에 저장되기 때문에, 다음 주에 다른 진료간호사가 그 일을 넘겨받더라도 항상 같은 사람이 업무해왔던 것처럼 정보를 완전히 숙지한 상태에서 환자에게 전화를 걸고 상담할 수 있다. GE나 휴렛패커드(HP), 캐터필라Caterpillar, 페더럴 익스프레스Federal Express 처럼 자체보험self-insurance 조직을 갖춘 대형 고용주들이 질병관리 네트워크의 성장에 주요 견인차 역할을 하고 있다. 이 기업들은 네트워크에 일정한 연간회비를 지불하고 비용이 많이 드는 특정한 만성질환을 가진 직원과 가족들의 관리를 맡긴다. 가령, 헬스웨이의 경우 환자가 처방받은 치료법에 순응하도록 돕고 동기부여를 함으로써 환자의 건강이 향상되는 정도에 따라 벌어들이는 수익이 달라진다. 이 기업은 환자를 건강하게 유지시켜서는 돈을 벌 수 없는 행위별 수가제 시스템에 관리를 맡기는 경우에 비해 비용은 상당히 줄어들고 결과는 훨씬 더 낫다고 주장한다. 헬스웨이는 연간 35%씩 성장해, 이제는 매출액이 거의 7억5,000만 달러에 달하며 적용 인구 수는 2,890만 명이나 된다.[25]

환자의 웰빙이나 건강을 유지시켜줌으로써 이득을 보는 또 다른 의료공급자들은 카이저 퍼머넨테Kaiser Permanente와 가이싱어 헬스 시스템Geisinger Health System 같은 통합형 정액제 의료공급자들integrated fixed-fee providers이다. 이 의료공급자들은 자체 병원과 클리닉을 소유하고 있고, 의사를 직접 고용하며, 별도의 보험회사를 운영한다.[26] 예를 들어, 카이저 재단은 회원들에게서 선불로 일정한 금액의 월회비나 연회비를 받고 그들이 필요로 하는 모든 보건의료 서비스를 제공한다. 따라서 회사 입장에서는 회원을 건강하게 유지하면 그만큼 수익을 볼 수 있다. 이 통합형 의료공급자들은 그들 시스템 내에 회원을 계속 보유함으로써 수익을 볼 수 있는데, 의료에 대한 접근성을 제한하기보다는 회원의 건강을 유지시키고 의료에 대한 만족도를 제고함으로써 비용을 절감할 인센티브가 되기 때문이다. 우연인지 모르겠지만, 카이저의 경우 다른 건강보험에 비해 가입회원의 탈퇴 비율이 훨씬 낮다.[27]

만성질환자들에게 합병증이 생기지 않도록 하기 위해 이런 사업모델이 효과적으로 작동하기 위해서는 환자들이 기술적 촉진요인을 활용해 스스로를 모니터링하고 가끔은 자가치료도 할 수 있어야만 한다. 이런 잠재력은 제1형 당뇨병 관리에서 가능성이 가장 크다고 할 수 있겠다. 정보에 밝은 적극적인 환자들은 어디를 가든지 포켓 사이즈의 혈당계를 들고 다니며 직접 인슐린을 주입하고, 지난번 혈당수치에 따라 용량을 조절한다. 자신의 식사량과 식사시기를 조절하고, 신체활동량도 모니터링한다. 모니터링과 자기관리를 통해 그들은 혈당수치를 조절하기 위한 자신만의 알고리즘을 개발할 수 있을 것이다. 환자마다 고유한 신체적 특성과 식습관, 신체활동, 약물요법이 어떻게 상호작용하는지 의사 입장에서는 잘 이해하기 어려운 부분이라서 개별 환자에 맞는 규칙중심의 섭생법(攝生法)을 제공할 수 없다. 오히려, 환자가 스스로 자신에게 적합한 방식을 찾아가야 한다.

고혈압과 고지혈증, 울혈성 심부전증 등은 저렴하고 편리한 측정

장비의 개발을 통해 환자가 자신의 질병에 일차적인 관리자 역할을 할 수 있게 될 또 다른 질병사례들이다. 물론 이 경우 환자들은 앞서 언급한 질병관리 네트워크 사업 모델 내에서 의료전문가들에게 적절한 감독과 도움을 받아야 한다.

우리는 치료에 순응하지 않은 결과가 즉시 나타나지 않는 만성질환의 경우, 환자가 처방된 치료법에 순응하지 않는 문제는 환자의 건강유지를 통해 수익을 얻는 경제적 모델을 가진 조직의 손에 질환의 관리를 맡긴다면, 완벽하게 해결은 안 될지 몰라도, 어느 정도는 해소될 수 있을 것이라고 본다. 물론 환자들 자신도 건강유지를 통해 이득을 볼 수 있어야 한다.

치료에 순응할 환자 개인의 동기

만성질환자들에게 영향을 미치는 거의 모든 보건의료 결정을 의사의 눈과 귀가 미치지 못하는 곳에서 환자들 자신이 하고 있다. 예를 들어, 의사가 당뇨병 환자를 진료하는 데 쓰는 시간은 일년에 고작 2시간이지만, 환자가 스스로 자신의 질병을 관리하는 데 쓰는 시간은 8,758시간이나 된다.[28] 심지어 〈그림 5-2〉의 좌측하단에 있는 기술의존성 질환의 경우에도 처방약물을 복용할 것인지 말 것인지에 관한 결정을 환자가 내린다. 의료공급자가 해줄 수 있는 부분이 끝나면 만성질환 치료법의 효능과 합병증으로 인한 비용은 결국 합병증을 예방하거나 지연시키는 치료과정에 환자가 얼마나 순응할 동기가 있는가에 달려 있는 셈이다.

〈그림 5-3〉의 우측하단에 있는 '만성 사분면'에서 우려되는 보건학적 문제와 관련해 비용을 줄이고 건강관리를 개선하기 위해 무엇을

해야 할지 우리는 잘 알고 있다. 담배를 끊고, 체중을 줄이고, 혈당수치를 90~130mg/dl 사이에서 유지하고, 나쁜 저밀도지질단백질(LDL)을 100mg/dl이하로 낮추고, 천식증세가 없는 정상적인 날에도 스테로이드 호흡기를 사용하는 것 등.[29] 문제는 '어떻게 하면 환자들에게 동기를 부여해 그들이 해야하는 것들을 하게 만들 것인가' 이다.

문제를 해결할 실마리는 우리가 1장에서 사업 모델에 관해 논의할 때 소개했던, 고객들이 해결하려는 일을 제대로 이해하는 데서 찾을 수 있다. 사람들이 하는 '말' 만 들어서는 종종 잘못된 판단을 내릴 수 있기 때문에, 사람들이 어떤 식으로 행동의 우선순위를 정하는지 예측하기 위해서는 그들의 '행동' 에 주목해야 한다.

이해를 돕기 위해, 디지털카메라가 나오기 전에 우리 생활이 어땠는지를 한번 돌아보자. 우리는 다 찍은 필름을 사진관에 맡겨 현상을 했다. 대부분 두 장씩 인화했는데, 한 장 더 뽑는 비용이 거의 무료이거나 굉장히 저렴했을 뿐만 아니라, 혹시 잘 나온 사진이라도 있으면 다시 인화를 맡길 필요없이 할머니한테 바로 한 장 보내드릴 수도 있으니까 편리할 거란 생각을 했기 때문이다. 인화되어 나온 사진을 받은 후에 우리는 그것들을 어떻게 했을까? 우리는 사진을 앞뒤로 넘겨 한번 훑어보고는 사진봉투에 다시 넣어서 박스나 서랍에 넣어두었다. 인화한 사진의 98%는 우리가 한두 번밖에 보지 않는 것들이었다. 나중에 다시 보려고 추억에 남을 만한 사진들을 골라 앨범에 정리하는 수고는 꼼꼼한 사람들이나 하는 일이었다. 우리들 대부분은 '그렇게 해야지' 생각하면서도 안 하거나 '내일 해야지' 하고 미루기 일쑤였다. 만약 시장조사팀이 사진을 앨범에 정리하는 것에 대해 고객에게 설문조사를 한다면, 고객은 그렇게 하기를 원한다고 말하겠지만, 실제로 그들의 행동을 관찰해보면 그들이 한 말과는 전혀 다르다는 것을 알게 된다.

필름사진 촬영을 파괴하기 위해 디지털카메라가 처음 등장했을 무렵, 시장조사에 근거해 해당 업체들은 몇 가지 가치제안을 내세웠다. 첫째는 '재밌거나 중요한 사진이 있으면 이메일의 파일첨부 버튼을 눌러 가족이나 친구에게 전송할 수 있다'는 것이었고, 둘째는 '시간을 조금만 투자해 사진편집하는 방법을 배우면, 예전에는 잘 안 찍혀서 한 번 밖에 보지 않던 사진들을 한꺼번에 편집해 적목현상을 제거할 수 있다'는 것이었다. 세 번째 가치제안은 '모든 이미지를 온라인 사진첩에 보관할 수 있고, 수천 장의 사진을 쉽게 분류해 검색 · 인화까지 할 수 있다'는 것이었다.

그런데, 대부분의 디지털카메라 사용자들의 실제 행동을 관찰해보면 사진편집용 소프트웨어 사용법을 익힌 사람들은 소수에 불과하며, 온라인 사진앨범을 갖고 있는 사람들은 더 드물다. 왜일까? 사실 이런 일들은 새로운 기술이 나오기 전에 사람들의 생활 속에서 우선순위에 있었던 것들이 아니기 때문이다. 대부분의 디지털카메라 사용자들이 실제로 사용한 기능은 가족이나 친구에게 사진 파일을 이메일로 전송하는 기능이다. 왜냐 하면, 우리가 사진을 두 장씩 뽑던 시절에 해결하려고 했던 일이 이것이었기 때문이다. 사람들이 이미 하려고 했던 일을 더 쉽고 저렴하게 해결할 수 있게 해주는 혁신을 *'킬러 앱killer app.'* *이라고 한다.[30] 사람들이 하려고 하지 않는 일을 더 쉽고 저렴하게 해결할 수 있게 해주는 혁신은 마치 진흙투성이의 끝도 없는 오르막길을 오르는 일처럼 성공하기가 힘들며 보통은 실패로 끝이 나고 만다.

해야 되는 줄 알면서도 그것을 하기 싫어하는 사람들은 그들이 알고 있는 것을 무시하는 데 상당히 독창적인 능력을 가지고 있다. 내일

---

*역자 注: 새로운 테크놀로지의 보급에 결정적 계기가 되는 애플리케이션을 말한다.

하겠다면서 미루거나, 그냥 안 해도 괜찮다는 결론을 내린다. 우리는 우리가 바라는 행동에 맞추어서 규칙을 그럴듯하게 합리화한다. 모든 산업의 마케팅 담당자들이 이런 현실에 맞닥뜨려 있다. 즉, 소비자들은 성취해야 된다고 들은 것이 아닌, 그들이 성취하고 싶어하는 것을 매일 우선시하는 경향이 있다. 대학생들은 교과서의 내용을 보충할 온라인 사이트를 열심히 탐구함으로써 배움을 연장할 동기가 있어야 하고, 운전자들은 그들 자신의 이익을 위해서 속도제한을 지켜야 하지만, 그들은 그렇게 하지 않는다. 우리가 다루어야 할 문제는 당뇨병 환자나 흡연자들, 비만인들에 국한된 행동이 아니라, 인간 본성에 해당하는 행동이다. 다른 사람들은 따라야만 한다고 생각하면서도 정작 자신은 그 중요한 규칙들을 따를 필요가 없다고 믿고 있는 현실에 대해 우리들 대부분은 떳떳할 수 없다.

'일 해결' 이라는 개념을 통해 그렇게 많은 회사가 성공적으로 혁신할 수 있었던 이유 중 하나는 그것이 직접적으로 행동의 원인을 파고들기 때문이다. 어떤 사람이 특정한 인구특성을 가진 집단에 속해 있다는 사실은 종종 특정한 제품에 대한 구매 성향과 상관관계를 보이기도 하지만, 사실 구매 행동을 불러일으키는 것은 그러한 구매를 통해 고객들이 하려고 했던 일을 해결할 수 있느냐 하는 것이다. 마찬가지로, 어떤 사람이 제2형 당뇨병이 있고 과체중이라는 사실이 환자가 처방된 치료법에 순응할지 말지와 상관관계를 보일 수도 있겠지만, 치료에 대한 순응을 불러일으키는 것은 그들이 해결하려는 진정한 욕구가 무엇이냐에 달려 있다.

그렇다면, 비만과 제2형 당뇨병, 심장질환, 담배 중독 등으로 고통받으면서도 치료에 순응하지 않는 대다수 환자들이 정말로 해결하려는 일은 무엇일까? 사람들은 단지 질병에 걸리고 싶어하지 않을 뿐이다.

"오늘 상태가 괜찮고, 내일도 괜찮을 거야. 그러니까 그냥 그것에 대해서는 생각하고 싶지가 않아." 건강을 유지하는 것을 삶에서 우선시하는 사람들은 소수에 불과하다. 대부분 사람들에게 건강해지는 것은 막상 아프게 되었을 때나 우선시되는 일이다. 이것이야말로 정말 중요한 사실이다. '건강을 유지하고 싶다' 고 하는 일을 평소에 중요시하는 사람들은 만성질환에 걸리지 않는다. 혹 질병에 걸리더라도, 담배를 끊고, 체중을 줄이고, 심혈관에 좋은 필수운동을 한다. 설사 유전적 소인 때문에 제2형 당뇨병 관리에 필요한 체중감량을 할 수 없는 경우에도 '건강을 유지하고 싶어 하는 일 혹은 욕구' 를 가진 환자들이라면 더 이상 합병증이 나타나지 않도록 부지런히 혈당수치를 모니터링하고 조절할 것이다.

직장인들이 해결하려는 일

치료를 제때 받지 않아도 그 결과가 바로 나타나지 않는 만성질환에 걸린 사람들 대부분이 중요시하는 일은 자신의 '육체적 건강을 잘 유지하는 것' 보다는 '재정적 건강, 즉 경제적 형편을 잘 유지하는 것' 이다.

얼마 전에 미국 최대 기업 중 하나에서 임원을 맡고 있는 한 사람이 우리에게 들려준 이야기가 있는데, 회사의 치솟는 의료비를 통제하려고 했다가 실패한 일에 대해 그녀는 이렇게 회고했다.

"우리는 직원들에게 헬스클럽 회원권을 50% 할인된 가격에 제공하는 등 몇 가지 웰빙 프로그램을 도입했어요. 직원들이 체중을 감량하고 균형잡힌 몸매를 가지도록 인센티브를 준 거죠. 그렇게 프로그램을 도입한지 2~3년쯤 지나서 어떤 직원들이 프로그램을 이용하고 있는지 살펴봤어요. 프로그램에 등록한 직원은 전체 직원 중에 15%도 안 되었고, 그나마 대부분은 이미 신체 상태가 나무랄 데 없는 사람들이었어요.

우리가 목표로 했던 당뇨병과 심장질환 고위험군에 속한 직원들 중에 프로그램에 참여한 사람은 거의 없었어요."

이 회사는 또 다른 급여혜택으로 *401(k) 퇴직연금제도**를 도입했다. 직원이 퇴직연금계좌에 불입한 액수만큼 회사가 추가로 불입해주는 것이었다. 우리는 이 임원에게 직원들 중 몇 퍼센트나 참여했고, 어느 정도 적극적으로 퇴직연금계좌에 불입했는지 물어보았다. 임원의 대답은 이랬다. "70% 이상이 참여했어요. 직원들은 자신들의 육체적 건강보다는 재정적 건강에 더 신경 쓰는 것 같았어요."

이런 상황은 이 회사에서만 일어나는 일은 아니다. 비만이나 제2형 당뇨병, 담배 중독, 심장질환에 걸렸거나 걸릴 위험이 있는 많은 사람들은 장기적인 차원에서 그들의 살림 형편을 나아지게 하는 일에는 매우 적극적이다. 72%의 미국인들이 401(k) 퇴직연금계좌에 불입하고 있으며,[31] 점점 더 많은 사람들이 자신의 피코FICO 또는 신용점수를 적극적으로 관리하고 있다.[32] 그들은 나중에 대출할 일이 있을 때를 대비해서 제때 공과금을 납부하고, 빚을 줄이려고 노력하는 등 신용점수에 영향을 미칠 수 있는 각종 변수들을 착실히 관리한다.

이런 행동이 시사하는 중요한 사실은 치료에 순응하지 않아도 결과가 바로 나타나지 않는 질환인 경우, 의료비와 비참한 합병증을 줄이기 위해서는 기존의 '웰빙' 프로그램보다는 그들이 치료에 순응함으로써 '재정적 건강'이라고 하는 일을 해결할 수 있도록 하는 시스템이 더 효과 있을 것이라는 점이다. 건강저축계좌(HSAs) 같은 시스템이 그 예로, 건강을 추구함으로써 부(富)를 추구하는 일을 달성할 수 있도록 해준다.[33]

---

*역자 注 : 미국의 직장인들을 위한 확정기여형 기업연금제도를 말한다.

현재의 메디케어와 직장건강보험 시스템은 '환자의 건강'과 '장기적으로 재정 형편을 나아지게 하려는 일'을 분리시키고 있다. 예를 들어, 당뇨병 환자들은 혈당수치를 규칙적으로 체크해야 하는데, 한번 측정할 때마다 드는 검사지strip 비용이 1달러 좀 넘으니까, 일년이면 스스로 혈당체크를 하는 데 최고 1,500달러가 드는 셈이다. 그런데 이 검사지의 생산단가는 10센트도 되지 않는다.[34] 몇 년 전인가 CVS, 월마트, 리버티Liberty 같은 대형 소매점들이 자사 브랜드를 단 혈당계를 판매하기 시작했는데, 혈당계와 함께 판매되는 검사지 가격을 기존 브랜드 제품의 절반 수준으로 인하했다.[35] 하지만, 스토어-브랜드store-brand 혈당계는 큰 인기를 끌지 못했다. 기존의 건강보험 적용을 받는 환자들에게는 구입비용에 별반 차이가 나지 않았기 때문이다.

현 시점에서 볼 때, 〈그림 5-3〉의 '만성 사분면Chronic Quadrangle'에 속한 질환은 환자가 치료에 순응하지 않더라도 신체적 또는 재정적 건강에 즉각적인 결과가 나타나지 않는다. 단기적으로, 이 범주에서의 불순응nonadherence은 환자의 신체적 건강상태에 거의 영향을 미치지 않으며, 환자들이 치료를 하거나 보다 비용효과적으로 질병을 관리하기 위해 열심히 노력한다고 해서 그만큼 단기간에 재산이 더 크게 불어나지도 않는다. 장기적으로 볼 때도 별반 달라질 것은 없다. 왜냐하면, 불순응으로 인해 합병증이 생겨 높은 비용이 발생하더라도 보험회사나 메디케어가 보호해줄 것이기 때문이다.

현재, 고용주나 보험자가 그들의 직원 또는 가입자들이 특정한 유전적 소인을 갖고 있거나 불건강한 행동을 선택했기 때문에 질병에 걸리는 경우, 그리고 치료법에 순응하지 않는 경우에도 그러한 특성을 감안해서 건강보험료를 차별화하는 것은 법으로 금지되어 있다. 흥미롭게도 생명보험의 경우 고객이 가지고 있는 질병 위험요인에 따라 상품가격을 차별화할 수 있도록 허용하고 있다. 장애보험disability insurance 또한 가격이 차별화되어 있다. 대출금리도 마찬가지로 고객의 소비지출 행태, 재산, 부채 등에 따라 달라진다. 11장에서 다루겠지만, 치료 순응을 향상시킴으로써 단지 신체적 건강뿐만 아니라 재정적 건강을 향상시키려 한다면 이 규제는 바뀌어야 한다.[36]

이 일을 가능하게 할 한 가지 방법의 예를 들어 보겠다. 신용평가기관들이 우리가 가진 모든 부채와 공과금 납부 성실도와 같은 데이터를 수집해 우리의 신용점수를 계속 업데이트하듯이, 인제닉스Ingenix 같은 기업들은 사람들의 건강점수health score를 계산해오고 있다.[37] 이런 기업들은 약제급여관리회사의 데이터베이스에서 처방전 조제기록을 모두 추출해, 급성질환과 만성질환으로 분류한 뒤, 질병 프로필을 기준으로 자체 개발한 알고리즘을 통해 나중에 우리 혹은 우리 가족이 보험에 가입할 경우 비용이 얼마나 발생할지를 예측해낸다.

아직까지는 인제닉스가 건강점수를 블루 크로스Blue Cross, 블루 쉴드Blue Shield 같은 보험자에게만 제공하고 있는데, 보험자들은 건강점수를 고용주들에게 판매하는 건강보험상품 가격을 책정하는 데 활용하고 있다. 인제닉스에는 6개월에 한 번씩 최신 건강점수를 각 개인에게 보내주는 것이 별로 어려운 일이 아닐 것이다. 이미 많은 이들의 401(k) 퇴직연금과 건강저축계좌를 관리하고 있는 피델리티Fidelity 같은 기업을 통해 건강점수를 보내도 될 것이다. 통지서에는 건강점수와 함께 건강저축계좌 불입 수준과 건강점수를 현 상태로 유지할 경우 앞으로 건강저축계좌의 잔고가 어떻게 변할지에 대해서도 예측해줄 수 있을 것이다. 또한, 건강점수를 향상시키면 건강저축계좌의 수지가 얼마나 개선될 수 있는지, 그리고 구체적으로 건강점수 구성요소 중 어떤 항목과 행동들이 건강점수 향상에 가장 도움이 되는지도 알려줄 수 있을 것이다.

개별 직장인의 건강저축계좌는 재난성 질환catastrophic illness에 대한 보험특약과 패키지로 운영될 것이다.[38] 오늘날 이미 건강점수가 개별 가입자들의 보험급여와 상환에 들어가는 비용을 계산하는 데 사용되고 있기 때문에, 이와 같은 시스템에서는 단지 그 계산과정을 명시적으로 알려 주기만 하면 된다. 또한, 만약 어떤 사람의 건강점수가 너무 낮아서 미래에 재난성 보험 가입비용이 증가할 것으로 예측되었다면, 고용주는 직원의 건강저축계좌에 대한 불입비율을 줄이는 대신 장기적 합병증 비용이 증가한 만큼 추가로 보험에 적용해주기 위해 그 돈을 전용할 수 있을 것이다.

개인의 신체적 건강과 재정적 건강을 결합하는 시스템은 만성질환 관리를 위해 현실성 있는 사업 모델을 개발하는 데 필수적이다. 과거에 보면 어떤 사람들은 형평성을 이유로 이런 제안을 반대했다. 기본적으로 그들의 주장은 건강이 어느 정도 자신이 통제할 수 없는 것들에 의해 결정되기 때문에 질병에 걸린 것이 자신의 잘못이 아닌 사람들에게 더 높은 보험급여 비용을 물려서는 안 된다는 것이다. 이 주장에 대해 우리의 생각은 다르다. 생명보험, 장애보험, 주택보험, 자동차보험 등 사실상 다른 모든 보험에 대해 이미 우리 사회는 사람들이 자신의 경험수준에 따라 보험료를 차등해서 납부할 수 있고, 또 그래야 한다는 데 동의했다. 그런 경험이 자신의 잘못이든 타인의 잘못이든 상관없이 말이다. 이 문제를 둘러싼 여러 가지 자위 논리가 예상되지만 결국 사람들은 이 정책에 상당히 빠르게 적응해갈 것이라는 게 우리의 생각이다.

고용주들이 해결해야 할 일: 진단과 치료순응관리 사업 모델의 분리

이 장에서 주장하려는 내용의 핵심은 질병을 진단하고 처방하는 일은 환자가 매일 처방된 치료법에 순응하도록 관리하는 일과는 매우 다르다는 것이다. 사업 모델이 너무 다르기 때문에, 당연히 전체적인 만성질환 관리에 각 부분을 담당하는 의료제공자도 달라져야 한다. 이는 곧 두 사업 모델의 분리가 필요하다는 것을 의미하며, 다만 그 틈 사이에서 환자가 방치되는 일은 없어야 하기 때문에 이를 관리할 조직 또한 필요하다.

이 주제에 대해서는 다음 장에서 더 자세히 다루겠지만, 일단 여기서는 고용주가 만성질환 관리에서 핵심적인 역할을 할 수 있을 것이며, 이 두 사업 모델 사이에서 환자가 방치되지 않게 하는 데 적극적인 역할을 해야 한다는 사실만 이야기해두겠다. 고용주들이 항상 해결해야 할 핵심적인 일은 가능한 한 최고의 직원을 채용하고 유지하며, 그들의 생산성을 최대로 끌어올리는 것이다.

고용주들이 하는 이야기를 듣다 보면, 대개는 직원과 가족들의 보건의료비를 지원해주는 일에서 벗어나고 싶어하는 것처럼 느껴질 수 있다. 하지만, 실제 고용주들이 어떻게 행동하는지를 살펴보면, 매년 직원당 수천 달러를 지출하고 있을 뿐만 아니라, 새로운 직원들을 채용하고 교육을 통해 자질을 향상시키고, 이직을 막기 위해 엄청난 경영자원을 투자하고 있다. 따라서, 고용주들이 생산적인 직원들에게서 이익을 거둘 수 있기 때문에 앞으로 직원들의 보건의료, 특히 만성질환의 질과 비용을 관리하는 데 더욱 적극적인 역할을 할 것이다. 과거에 고용주들이 보건의료 비용을 직원에게 전가해온 이유는, 그외에는 다른 방법을 알지 못했기 때문이다. 우리는 이 책을 통해서 보건의료비가 우리 시스템에 외생변수가 아니라는 것을 보여주려 한다. 즉, 보건의료비는 우리가 만든 시스템에 의해 야기되는 것이다. 또한 다음 장에서 살펴보겠지만, 기업들이 적극적으로 나선다면 의료비와 서비스의 질에 지대한 영향을 미칠 수 있다.

우리는 앞 절에서 만성질환 관리가 어떻게 바뀌어야 할지에 관해 기초적인 요인들을 설명했다. 이 질환들을 진단하고 가장 효과적인 치료법을 정의하는 일은 매일 환자가 치료법에 순응하도록 관리하는 일과는 매우 다르다. 똑같은 만성질환자라도 일의 특성에 따라 근본적으로 다른 두 가지 사업 모델에 의해 다루어져야 한다.

만성질환 관리에 들어가는 비용 중 상당한 부분이 잘못된 진단과 효과적이지 않은 약물치료로 발생한다. 오진 중에는 실질적인 의료 과오도 있겠지만, 그보다는 사업 모델의 오류에 기인하는 부분이 더 크다. 상당히 많은 만성질환이 신체의 여러 부위에 복합적으로 결부되어 나타나기 때문에 직관의학의 영역에 속해 있고, 따라서 한 명의 전문의가 올바른 답을 찾아내기에는 지식에 한계가 있을 수밖에 없다. 비슷한 수준의 전문지식을 갖춘 다른 전문가에게 환자를 단순히 의뢰하는 일만으로는 상호의존적인 문제를 해결할 수 없다. 이것은 의사의 잘못이 아니다. 그보다는 그들이 그런 일을 하도록 만든 사업 모델의 잘못이다. 소수의 선도적인 메디컬 센터가 이미 시작했지만, 더 많은 의료조직이 직관적인 만성질환을 진단하고 효과적인 치료법을 찾아내는 일, 즉 (개별적으로 나눠지지 않은) 전문 솔루션 숍을 만드는 일에 앞장서야 한다.

행동의존성 치료법을 받아야 하는 환자들에게는 무엇을 해야 하고, 그것을 어떻게 해야 할지에 관해 알려줄 누군가의 도움이 필요하다. 적어도 헤로도투스의 시대부터 알코올중독자 모임이 만들어진 오늘날에 이르기까지, 세 가지 사업 모델 중에서 이 일을 해결하는 데는 네트워크 사업 모델이 가장 적합하다는 것이 입증되었다. 또한, 인터넷은 만성질환을 가진 환자들이 개인적 경험을 통해 다른 사람들에게 힘을 주고 코치해줄 수 있는, '자신과 같은 처지에 놓인 사람들' 을 찾는 일을 훨씬 수월하게 만들었다.

과거에, 치료순응을 관리해 줄 주체로서 우리가 의존해왔던 의사 진료는 사실 그 일을 할 동기가 별로 없었다. 그 일을 해서는 돈을 벌 수 없었기 때문이고, 전문직이 돈을 벌지 못하는 일을 하면서 생존할 수는 없는 일이다. 환자를 건강하게 유지시킴으로써 돈을 벌 수 있는 사업 모델에는 두 가지가 있다. 하나는 옵텀헬스OptumHealth와 헬스웨이Healthways 같은 질병관리disease management 기업들이고, 다른 하나는 카이저 퍼머넨테Kaiser Permanente와 가이싱어Geisinger 같은 통합형 정액제 의료공급자integrated fixed-fee providers 조직들이다.

현재, 이 기업들이 치료 불순응에 따른 결과가 지연되어 나타나는 질환을 가진 환자의 일부만 관리하고 있다는 사실은, 고용주들과 보험자들에게 이런 종류의 순응관리를 필요로 하는 더 많은 직원과 보험가입자들에게 사업을 적용할 기회가 있다는 것을 의미한다. 또한, 치료 불순응 결과가 지연되어 나타나는 행동의존성 질환을 가진 환자 중 다수가 신체적 건강보다는 재정적 건강에 더 신경 쓴다는 사실은 이 두 가지를 결부시키는 방안이 이 질환을 가진 많은 환자들에게 주목받을 수도 있다는 것을 의미한다.

제6장

새로운 가치 네트워크를 통한 의료혁신의 촉진

"결국, 우리가 내릴 수 있는 유일한 논리적 결론은
세상에서 가장 성가신 행정체계에 엄청난 돈을
낭비하고 있다는 것이다."

– 헨리 아론, 브루킹스 인스티튜션Brookings Institution 경제학자,
미국 보건의료체계에 관한 기고문 중에서 [1]

우리는 보건의료의 질을 높이고, 편리한 접근성을 확보하는 동시에 비용을 낮추는 방안에 대해 연구하는 동안, 해결해야 할 문제가 무엇인지 분명하게 알게 되었다. 품질과 비용, 접근성의 향상과 같은 기본적인 문제점들은 보건의료에서만 나타나는 고유한 것들이 아니라, 여러 다른 산업의 역사에서도 문제가 된 것들이다. 다른 산업의 경우, 비싸고 복잡했던 제품과 서비스를 단순하고 저렴하게 바꾸어놓은 것은 파괴적 혁신disruptive innovation이었다. 이 과정에는 항상 세 가지 요인, 즉 테크놀로지(기술), 사업 모델, 가치 네트워크가 필요했으며 이것은 보건의료에서도 마찬가지다.

기술적 촉진요인은 질병을 그 원인에 따라 더 정확하게 진단할 수 있는 능력을 말하는데, 일반적으로 예측 가능하고 효과적인 규칙중심의 치료법을 개발하기 위한 전제조건이 된다. 그러고 나서는 3, 4, 5장에서 살펴보았듯이, 단순화한 해결책을 비용효과적으로 시장에 내놓기 위한 파괴적 사업 모델의 혁신이 필요하다. 혁신이 가능하려면 우선 병원과 의사진료의 영역을 전문 솔루션 숍과 가치부가과정 클리닉으로 분리시키고, 환자 네트워크와 질병관리 네트워크를 통해 환자와 의료공급자 모두 웰빙과 여러 만성질환의 관리로 이익을 볼 수 있어야 한다. 결국 이를 통해 의료공급자들이 더 편리한 장소에서 더 저렴하게 서비스를 제공할 수 있는 역량을 갖추게 되면 위에 언급한 각 사업 모델 영역 내에서 파괴적 혁신이 지속적으로 일어나게 될 것이다.

파괴적 변화는 결코 만만한 일이 아니다. 과연 누가 이 모든 일을 해낼 수 있을까? 답은 파괴적 혁신의 세 번째 촉진요인인 가치 네트워크에 있다. 가치 네트워크는 새로운 사업 모델들이 시스템에 새롭게 등장하는 파괴적 행동주체들의 상호작용과 조정을 담당하는 환경을 의미한다. 가치 네트워크가 무엇이고, 파괴적 혁신을 하는 산업에서 새로운 가치 네트워크가 어떻게 출현하는지, 그리고 보건의료에서 이를 어떻게 가능하게 할 것인지가 이 장에서 다룰 내용이다.

가치 네트워크와 파괴적 혁신

가치 네트워크는 어떤 기업이 사업 모델을 갖추고, 공급자와 유통 협력업체 및 판매업체들과 함께 목표로 하는 고객층의 공통된 니즈에 반응해 수익을 얻는 사업환경을 말한다.[2] 같은 가치 네트워크에 속한 각 기업의 사업 모델은 그 시스템 속에서 물건을 서로 사고 파는 거래를 하는 다른 기업들의 사업 모델과 일치하는 경향이 있다. 그런 모든 기업의 사업 모델이 다양한 혁신의 경제적 가치에 대한 인식을 결정하고, 존속적 혁신과 파괴적 혁신을 통해 기대할 수 있는 보상과 위험의 형태를 결정한다.

1장에서 간단히 언급했지만, 파괴적 혁신에서 가치 네트워크가 어떤 역할을 하는지는 1955년에서 1975년 사이의 소비자 가전산업을 보면 잘 알 수 있다. 1970년대 초까지만 해도, 라디오와 TV 제품 대부분은 비싸고 전력소모가 많은, 어린아이 주먹 크기만 한 진공관을 사용했다. 당시 이 제품들을 생산한 기업은 RCA Radio Corporation of America, 제너럴일렉트릭(GE), 웨스팅하우스 Westinghouse, 모토로라 Motorola, 제니스 Zenith, 필코 Philco 등 전자산업 대형업체들이었다. 진공관 TV와 라디오는 덩치가 크고 가격이 비쌌으며, 주로 대형가전매장에서 판매되었는데, 이 매장은 고객의 집을 방문해 전에 판매한 제품의 진공관을 교체해주는 방문수리를 통해 상당한 수입을 올리고 있었다. 진공관은 수명이 짧고 고장이 잦아 적어도 1년에 한두 번은 수리를 받아야 했다.

〈그림 6-1〉에서 보듯이, 1950년대 말에서 1960년대 초, 소니 Sony는 트랜지스터를 이용한 휴대용 라디오와 소형 TV를 출시해 진공관 TV 및 라디오 제조업체들을 파괴하기 시작했다. 파괴적 혁신의 고전적인 예가 되는 소니 제품들은 RCA가 진공관을 사용해 만든 제품에 비해 품질이 썩 좋지 않았다. 하지만 가격이 저렴하고 크기가 작았기 때문에 지갑 사정이 여의치 못하거나 덩치 큰 RCA 제품을 들여놓을 만큼 넓은 아파트에 살지 못했던 과거 비소비(非消費) 고객들의 구매욕구를 불러일으키기에는 충분했다. 그때는 거의 모든 전자제품이 대형가전매장을 통해 유통되고 있었기 때문에, 소니도 처음에는 이 매장에서 제품을 유통시키려고 했다. 하지만 소니 제품에 관심을 보이는 매장은 하나도 없었다. 소니 제품의 가격대나 제품당 매출이익 gross margin이 너무 낮았던 것이다. 게다가 소니 제품은 진공관을 사용하지 않았기 때문에 매장 입장에서는 진공관 교체수리를 통해 돈을 벌 수도 없었다.

그런데 소니는 운이 좋았다. 같은 시기에 K마트와 월마트 같은 대형할인매장이 생겨나기 시작한 것이다. 이 할인매장은 진공관 TV를 팔

〈그림6-1〉 개별사업이 아닌, 가치 네트워크 수준에서 발생하는 파괴적 혁신

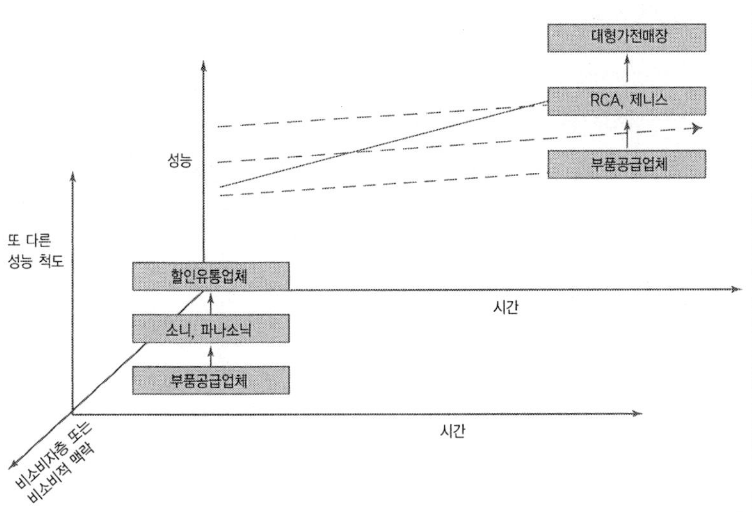

여력이 없었다. 매장에서 팔던 다른 제품에 비해 가격대가 너무 높았고, 부품교체 서비스를 해줄 만한 전문성도 없었기 때문이다. 서비스가 거의 필요없는 저가의 소니 제품은 그런 할인유통업체에 그야말로 안성맞춤이었다. 다시 말해, 소비자 가전산업에서 벌어진 파괴적 경쟁은 단순히 RCA와 소니 사이의 경쟁이 아니었다.

1960년대 말에 이르러 트랜지스터로 대형 TV를 생산해낼 수 있는 수준으로까지 고체전자공학solid-state electronics이 발전하면서부터는 소니만 RCA를 괴롭힌 것은 아니었다. 부품공급업체에서부터 고객과 맞닿아 있는 소매업체에 이르기까지 새로운 가치 네트워크가 기존의 낡은 가치 네트워크 전체를 파괴시켰다. 모든 가치 네트워크는 테크놀로지와 사업 모델 측면에서 각각 단단히 밀착되어 있다. 부품소재와 공급, 설계, 조립, 유통, 소매업 등 기존 시스템의 모든 구성요소들이 기술적·경제적으로 상호의존하고 있기 때문에, 가령 RCA 대신 소니를 갈아 끼우는 것과 같이, 한 가지 구성요소를 다른 것으로 대체해서 원래의 가치 네트워크에 끼워 넣을 수는 없다.

기존 보건의료 가치 네트워크의 흡인력

파괴적 혁신기업이 해당 산업에서 기존의 확립된 가치 네트워크를 통해 혁신적 제품을 상업화하려고 할 때, 즉 〈그림 6-1〉의 뒤쪽 경쟁평면 속으로 제품을 끼워 넣으려 할 때, 원래의 가치 네트워크는 (트랜지스터를 사용한 소니 제품에서 그랬듯이) 신제품을 받아들이지 않거나, 기존의 가치 네트워크에 부합하도록 제품을 변형해 편입시킨다.

이해를 돕기 위해, 여러분이 미국 의회 의원인데, 절박한 사회문제를 해결할 획기적인 정부 프로그램을 생각해냈다고 가정해보자. 여러분은 법안을 작성하고, 입법절차를 밟기 위해 발의(發議)를 한다. 몇 주 후, 여러분은 관련 노조단체에서 한 통의 서한을 받는데, 법안의 특정조항을 삭제하고 그들이 원하는 조항을 추가하지 않으면 법안에 반대할 것이라고 쓰여 있다. 이 노조의 지지가 중요하기 때문에 여러분은 노조의 요구대로 법안을 수정한다. 한 달 후, 여러분의 법안이 상정될 위원회의 위원장인 텍사스주(州) 출신의 중견 상원의원에게서 또 한 통의 서한을 받는데, 의원은 특정조항을 삭제하고 대신 자신의 출신 지역구 경제에 도움이 되는 조항을 신설하지 않으면 법안 상정조차 못 하게 할 거라며 으름장을 놓는다. 그래서 여러분은 또 법안을 수정한다. 얼마 후, 이번에는 공화당 원내총무가 여러분을 방문해 특정조항을 삭제하고 기업에 도움이 되는 조항을 추가하지 않으면 의사진행 방해를 통해 법안 통과를 막겠다고 한다. 결국 여러분이 마련한 법안은 통과되지만, 입법 과정을 거쳐 실제로 실행되는 프로그램은 여러분이 원래 구상한 것과는 전혀 다른 것이 되어 있다. 여러분의 혁신을 가로막을 수 있는 실력자들의 지지를 얻기 위해 여러분은 그들의 입맛에 맞게 아이디어를 이리저리 뜯어고치고 다듬어야 하는 것이다. 우리는 이것이 옳고 그른지를 따지려는 것이 아니다. 다만, 일이 이런 식으로 진행된다는 것을 말하려는 것뿐이다.

이와 같은 '입법' 과정이 기업에서 똑같이 일어나고 있으며, 기업을 둘러싼 가치 네트워크에서도 마찬가지다. 여러분이 커다란 잠재고객층의 절박한 욕구를 충족해줄 혁신적인 신제품 아이디어를 생각해냈다고 가정해보자. 예산을 지원받기 위해 여러분은 사업계획서를 작성하고 사내 자원할당 프로세스를 거치게 된다. 몇 주 내로 엔지니어링 매니저에게서 한 통의 전화가 걸려오는데, 그녀는 아이디어는 마음에 들지만 새로운 부품공급업체에서 별도 설계된 부품을 납품받는 안에는 반대한다. 이미 다른 제품을 위해 만족스러운 가격에 부품을 대량으로 납품하는 기존 업체의 디자인을 활용하지 않으면 여러분의 계획을 지원해줄 수 없다는 것이다. 그래서 제품성능이 다소 떨어지겠지만 할 수 없이 그녀의 제안을 받아들인다.

이어서 여러분은 최고재무책임자(CFO)에게서 한 통의 이메일을 받는데, 내용은 이렇다. "당신은 우리 회사의 재무 5개년 계획을 잘 모르는 것 같군요. 당신의 제품 아이디어는 이 계획을 달성하는 데 별 도움이 안 됩니다. 안그래도 자금을 지원해야 할 분야가 넘쳐나는데, 매출이익을 45% 정도는 내야 합니다. 그것이 가능하다면 당신이 낸 사업계획에 지원할 수도 있어요." 그래서 여러분은 매출이익 목표를 맞추기 위해 제품의 기능과 사양을 다시 뜯어고치고, 결국 CFO의 동의를 받아낸다.

마지막으로, 세일즈 매니저가 여러분을 찾아와 이렇게 말한다. "당신이 낸 사업계획서를 봤는데, 다른 사람한테는 훌륭한 아이디어인지 몰라도 우리가 보기에는 그렇지 않아요. 특히, 당신이 목표로 하는 고객

말인데요. 우리 판매원들은 고객들과 접촉해본 적도 없는데, 달랑 이 제품 하나 때문에 전혀 새로운 고객기반을 마련하라는 것은 말이 안 돼요. 또 작년에 도입한 성과보상제도로는 이 물건을 팔 수 없어요. 우리 고객들이 필요로 하는 것에 좀더 초점을 맞추고, 세일즈에 대한 특별보상이 가능하도록 가격을 조정하지 않으면 이 사업계획을 지원해줄 수 없겠네요." 세일즈 인력이 뒷받침 안 되면 물건을 팔 수 없으니, 여러분은 할 수 없이 계획을 또 수정한다.

결국, 여러분의 사업계획서는 예산지원을 받아내지만, 승인된 계획상의 제품은 원래 구상했던 것과는 전혀 다른 것이 되어 있다. 예산지원을 받기 위해 동의를 구해야 하는 주체들의 힘이 너무 강해서 여러분은 원래 예상했던 시장기회가 아닌, 회사의 사업 모델에 맞추어서 아이디어를 이리저리 뜯어고치고 다듬어야 한다. 문제는 바로 여기에 있는 것이다. 여러분의 아이디어가 회사 사업 모델에 맞지 않으면, 회사 시스템이 그 아이디어를 받아들이지 않거나, 받아들이더라도 회사의 사업 모델과 회사가 속한 가치 네트워크에 부합될 때까지 계속 제품을 변형시킨다. 우리는 이것이 옳고 그른지를 따지려는 것이 아니다. 다만, 세상이 이런 식으로 돌아간다는 것이다.

제품개발 과정의 최종단계에서 많은 기업의 임원들은 해마다 새로운 유사제품군들이 파이프라인에서 쏟아져 나오는 것을 보면서 제품개발 과정의 시작단계에 있는 사람들에게 "창의력을 발휘해. 우리에겐 더 많은 창의성이 필요하다고!" 외쳐댄다. 하지만, 창의적인 제품 아이디어가 없는 게 문제가 아니라는 것을 그들은 깨닫지 못하고 있다. 오히려 문제의 근원은 시장의 요구에 맞게 새로운 사업 모델을 만들어내지 못하는 그들 자신의 무능력 내지는 의지의 부재(不在)에 있다.

새로운 제품이나 서비스를 도입할 때, 상업화 수단으로서 새로운 사업 모델을 만드는 대신 기존의 가치 네트워크에 맞춘 사업 모델을 활용하는 것이 대부분 더 손쉬워 보인다. 존속적 혁신 sustaining innovations의 경우 기존의 시스템을 활용하는 것이 옳은 일이다. 하지만 파괴적 혁신의 경우에 그렇게 하는 것은 자살행위나 다름없다. 기존의 것을 재활용함으로써 비용과 시간을 절약할 수 있을 것처럼 보이지만, 그것은 착각에 불과하다.[3] 적절한 사업 모델을 만들어내는 것은 파괴적 혁신이 성공하는 데 필수적이다. 또한, 적절한 가치 네트워크를 만들어내는 것은 파괴적 사업 모델이 성공하는 데 결정적인 역할을 한다.

보건의료 분야의 현재 가치 네트워크

오늘날 보건의료 분야의 지배적인 가치 네트워크에 대해 제대로 설명하려면 한 권의 책으로 엮어도 모자랄 정도지만, 몇 가지 핵심적인 특성을 요약해보면 다음과 같다. 대부분 의원은 독립적이고 영리를 추구하며, 단독 혹은 집단 개원의 형태를 띠고 있다. 의사가 '특권'을 쥐고 있는 병원은 의원과 독립적으로 운영되고 있는데, 상당수는 병원체인에 속해 있다. 영리든 비영리든 간에 그런 병원의 구분은 세금 당국에만 의미가 있을 뿐이며, 둘 다 비용을 초과하는 수입 잉여금을 확보해야 한다. 이 가치 네트워크에서 일하는 의사와 간호사는 그들이 속한 전문직 협회에서 면허를 취득하고, 각각의 협회에서 인증받은 의과대학과 간호대학에서 훈련을 받는다. 고용주와 보험자, 정부 등 제3자가 우리가 소비하는 보건의료 비용의 제일 큰 몫을 지불한다.

이런 주체들의 활동과 상호작용을 지배하는 기전은 비용상환제도 reimbursement이다. 7장에서 좀더 자세히 살펴보겠지만, 본질적으로 메디케어와 민간 건강보험이 지불가격을 결정하는 데 사용하는 공식이 제품과 서비스의 수익성을 결정한다. 의료공급자들로서는 돈을 벌 수 없는 분야에 계속 종사할 수 없기 때문에 돈을 많이 벌 수 있는 일을 더 많이 할 것이라 예상할 수 있다. 그 결과, 의도된 것은 아니겠지만 비용상환 제도는 결국 영속적인 규제 기전으로 자리 잡았고, 보건의료를 개혁하려는 사람들에게는 무엇보다 다루기 힘든 문제가 되었다.

일반적으로 고용주들은 직원들(종종 퇴직사원들까지 포함)과 그 가족에게 건강급여를 제공하기 위해 유나이티드헬스UnitedHealth, 블루 크로스·블루 쉴드(BCBS)Blue Cross · Blue Shield 같은 업체가 만든 한두 개의 건강보험과 일괄계약blanket contracts을 체결하고 매년 갱신한다. 따라서 건강보험은 최선의 계약조건을 확보하기 위해 해당 지역의 대형병원과 일괄계약 협상을 하는데, 보험가입자들을 그 병원에 보내주는 조건으로 가입자들이 필요로 하는 모든 서비스에 대해 가격할인을 받는 것이다. 건강보험은 개원의들과도 계약을 맺는데, 의사들은 좋은 수가를 받는 조건으로 필요 시 환자를 그 건강보험이 보유한 네트워크 내의 다른 병원과 의원으로 의뢰하는 데 합의한다.

메디케어Medicare와 메디케이드Medicaid 같은 정부 프로그램에 가입할 자격이 없는 대부분의 환자들은 이 민간 건강보험 중 한 곳에 가입하게 될 것이고, 보험자 입장에서는 계약을 체결한 고용주들에게 경제적 편익을 제공해야 하기 때문에, 결과적으로 해당 건강보험에 가입하지 않은 외부 환자들에게 제공되는 보건의료비는 매우 높게 책정되어야 한다.

공급망을 아우르는 일괄계약 시스템은 기존의 가치 네트워크에 속한 행위주체 간에 상호의존적이고 상호강화적인 유대를 형성하게 하고, 네트워크 외부에 놓인 사업기회에는 흥미를 느끼지 못하게 만든다. 아이러니하게도, 이 시스템은 비용이 가장 높은 사업 모델, 즉 종합병원에 서비스를 집중시키는데, 이들이 일괄계약을 이행할 수 있는 서비스 범위를 갖추고 있기 때문이다. 이 시스템은 종합병원의 파괴적 혁신을 유도하기는커녕 오히려 최대한 풀가동할 수 있도록 병원의 존속을 도와주고 있는 셈이다. 이런 단단한 상호의존성은 모든 가치 네트워크가 지닌 공통된 특성으로, 파괴적 혁신이 일어날 때 늘 새로운 가치 네트워크의 창출이 수반되는 이유도 바로 이 때문이다.

매년 의료를 직관의학에서 경험의학과 정밀의학의 영역으로 옮겨 놓을 파괴적 혁신의 촉진요인이 되는 많은 기술이 나타난다. 전문 솔루션 숍, 집중화된 가치부가과정 클리닉, 개인건강기록, 만성질환 관리를 도울 네트워크, (7장에서 살펴볼) 건강저축계좌 등과 같은 형태의 파괴적 사업 모델 또한 출현한다. 하지만 우리가 보기에는, 이런 파괴적 사업 모델을 가진 기업가들은 보통 기존의 가치 네트워크 속에 그것들을 끼워 넣으려 하기 때문에, 결과적으로 그 사업 모델의 파괴적 잠재력이 현재 시스템에 거의 흡수되어버리고 만다. 충분한 규모와 범위를 가진 강력한 주체가 나타나 새로운 가치 네트워크를 만들어내고, 그 속에서 파괴적 기업이 모여 새로운 시스템을 형성하기 전까지는 상당히 오랜 기간 보건의료가 여전히 비싸고, 접근성이 낮은 상태로 남아 있게 될 것이다.

비통합형 시스템의 혁신 능력 부재

그렇다면 누가 이런 역할을 해낼 수 있을까? 어떤 종류의 조직이 새로운 파괴적 가치 네트워크를 만들어낼 수 있을지를 생각해보는 한 가지 좋은 방법은 여러분이 가지고 있는 데스크톱 혹은 노트북 컴퓨터의 덮개를 벗겨서 그 부품들을 살펴보는 일이다. 각 부품은 서로 다른 회사가 만든 것이다. 십중팔구 운영체제는 마이크로소프트, 프로세서는 인텔이 만든 것일 테고, 아마 디스크 드라이브는 시게이트Seagate, 플래시 메모리는 삼성이 만든 것일 테다. 그래픽 카드는 엔비디아Nvidia, DRAM 칩은 마이크론Micron이나 삼성에서 만들었을 것이다. 대부분의 평면 스크린은 샤프Sharp가 만든 것이고, 컴퓨터가 델Dell이나 휴렛패커드Hewlett-Packard, 레노버Lenovo 같은 브랜드를 달고 있을지는 모르겠지만, 퀀타Quanta나 플렉스트로닉스Flextronics, 아수스텍ASUSTeK 같은 회사에 의해 아시아에서 조립된 것들이다.

제품 아키텍처architecture가 성숙상태에 접어들었고 모듈화되어 있으며 기업들이 집중화되어 있는 개인용 컴퓨터 산업의 경우 긍정적인 측면이 있다면, 그것은 기업들이 각자 하고 있는 일에 매우 능숙해질 수 있다는 점이다. 부품을 만드는 기업 간 조율작업에는 간접비가 거의 발생하지 않는데, 표준화된 인터페이스를 통해 조율되기 때문이다. 하지만 '개방형' 아키텍처의 문제점은 제품의 근본적인 아키텍처를 재구상하는 일이 기존의 산업구조하에서는 불가능하다는 것이다. 컴퓨터를 예로 들자면, 마이크로소프트는 더 나은 운영체제를 만들 수 있고, 인텔은 프로세서의 성능을 개선할 수 있으며, 시게이트는 디스크 드라이브의 용량을 늘릴 수 있다. 샤프는 스크린 해상도를 높일 수 있고, 플렉스트로닉스는 더 효율적으로 부품을 조립할 수 있다. 그러나 오늘날 이 기업 중 어느 누구도 현재의 PC와 근본적으로 다른 아키텍처를 설계하거나 작업을 추진할 수 있을 정도의 사업범위를 가지고 있지 않다.[4]

대부분의 보건의료산업도 PC산업만큼 비통합적이고 전문화되어 있는데, 이는 곧 현재 보건의료산업의 활동주체 대부분이 새로운 시스템 아키텍처를 만들어낼 규모와 범위를 가지고 있지 못하다는 것을 의미한다.[5] 병원은 수술실의 사용량을 극대화할 방법을 찾아낼 수 있고, 보험회사는 청구명세서 처리의 효율성을 개선할 수 있으며, 제약회사는 신약에 대한 임상시험 비용과 기간을 최소화할 수 있고, 의사들은 시간당 더 많은 환자를 진료하기 위해 노력할 수 있다. 하지만 각각의 목표가 서로 어긋나기 때문에 이들 각 주체에 의한 개선활동이 원활하지 못한 경우가 많다. 전반적으로 볼 때, 의료공급자는 고가의 서비스를 더 많이 제공함으로써 수익을 높이는 반면, 보험회사는 할인이나 지불 거부를 통해 의료서비스 제공비(提供比)medical loss ratios를 줄임으로써 수익을 높인다. 제약회사는 독점적인 특허약물로 돈을 벌지만, 고용주는 더 저렴한 제네릭 약물 사용을 권장한다. 오늘날 보건의료산업에서 파괴적 가치 네트워크를 재구성할 수 있는 규모와 범위를 가진 행위주체는 극소수에 불과하다.

통합을 주도할 잠재적인 후보자들

이렇듯 지금 대부분의 행위주체에서 새로운 파괴적 가치 네트워크를 조립해낼 능력이 없다면, 과연 누구에게 의지해야 하는 걸까? 우선 여러 후보를 평가할 기준부터 살펴보자. 파괴적 가치 네트워크를 만들어낼 이상적 주체는 그것의 주된 수익구조가 단순히 우리를 건강하게 만드는 일뿐만 아니라, 우리가 건강을 계속 유지할 수 있게 해줌으로써 돈을 버는 것이어야 한다. 그 주체는 우리와 오랫동안 관계를 맺음으로써, 장기적으로 더 높은 비용절감을 거두기 위해 필요하다면 지금 더 많은 지출을 할 수 있어야 한다. 그 주체는 하나의 시스템으로서 이에 참여하는 구성원들이 필요한 지출을 할 동기를 가짐으로써, 돈과 건강이 불필요하게 낭비되지 않아야 한다. 또한 그 주체는 신속하게 행동할 수 있어야 한다.

우리는 〈그림 6-2〉에 변화를 주도할 몇몇 잠재적 후보들을 열거해 놓았다. 이 장의 마지막 부분에서 분명해질 테지만, 여러 가지 이유로 우리는 개별 기업가 집단이 나타나 새로운 시스템을 구성할 때까지 기다리거나 정부가 나서서 필요한 변화를 지휘하기 바라는 것은, 시간이 너무 많이 걸리기도 하지만 효과도 없다는 결론을 내렸다. 통합되지 않은 조직들, 심지어 대형 건강보험과 병원체인도 마찬가지로 통합형 정액제 공급자들이 되기 전까지는 지휘자 역할을 맡을 수 없다. 그런 의미에서 가능성이 희박한 조직에는 〈그림 6-2〉에서 '×' 표시를 했다. 결론을 말하자면, 우리는 대기업, 통합형 정액제 공급자 조직, 대형 고용주 등이 가치 네트워크의 개혁을 선도할 가능성이 높다고 생각한다.

개별 기업가들에 의한 통합

앞서 든 사례에서 우리는 트랜지스터를 사용한 전자제품의 경우 월마트, 타깃, K마트가 출현해 유통채널 협력업체가 된 것이 소니로서는 행운이었다고 했다. 적기에 할인소매점이 자생적으로 출현하지 않았더라면, 소니 제품이 시장에 출시되는 시기는 상당히 지연되었거나 아

〈그림 6-2〉 파괴적 보건의료 가치 네트워크의 통합을 주도할 잠재후보

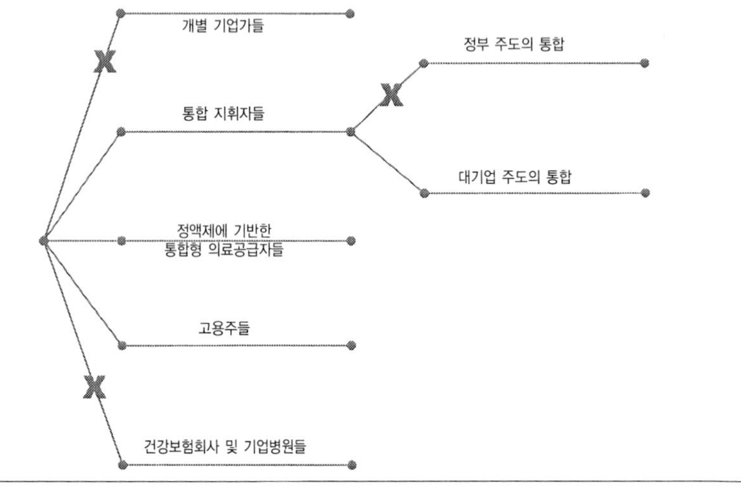

에 출시되지 못했을 것이다. 왜냐하면 소니로서는 자사 제품을 적극적으로 팔아줄 판매채널이 절실했던 때이기 때문이다. 누구든 시도해보겠다면 말리지 않겠지만 보건의료 개혁에서만큼은 개별 기업가들이 산발적으로 나타나 새로운 파괴적 가치 네트워크를 구성할 수 있을 때까지 기다릴 시간적 여유가 없다. 또한 그러한 개별 기업가들이 동시다발적으로 출현할 것이라고 믿으며 마냥 운에 맡길 수도 없는 노릇이다. 우리 보건의료 시스템이 스스로를 치유하기도 전에 대부분의 도시와 마을은 (의료비 부담으로 인해) 파산할 것이고, 주요 기업은 국제경쟁력을 잃게 될 것이며, 수백만 명의 사람들이 수준 이하의 의료혜택을 받아야만 할 것이다. 더 적극적인 통합이 절실한 이유가 바로 여기에 있다.

통합 지휘자로서의 정부

민주주의는 변화의 수단이 아니다. 다만, 과거의 방식이 앞으로 그대로 유지되어야 할 때는 지배구조의 유지를 위한 훌륭한 시스템이 된다. 민주주의 사회에서 보통 현상유지를 통해 이득을 보는 사람들은 현재 시스템을 보존하기 위해 규제와 정책을 교묘히 조작할 수 있는 충분한 영향력과 수단을 가지고 있다. 11장에서는 이런 방식을 모델로 하여 파괴적 혁신에 직면해 정부의 규제정책이 어떻게 바뀌는지 그 과정을 살펴볼 것이다. 중요한 사실은 현상유지에 이해관계를 두고 있는 이들의 힘이 막강하기 때문에, 정책변화는 언제나 때늦은 시기에 일어나고, 규제가 미치지 못한 부분에 혁신이 뿌리내린 것이 기정사실화되었을 때에야 변화가 일어난다는 것이다. 선진국 중에서 (싱가포르와 같이) 권력이 중앙에 집중되어 있는 극히 드문 경우를 제외하면 정부가 나서서 파괴적 가치 네트워크의 출현을 지휘할 권력은 물론이고 그럴 의지도 없다는 것이 모델을 통해 밝혀졌다.

대부분의 국가보건체계 nationalized health systems는 미국의 민간체계와 마찬가지로 분절적인 봉토사회 fragmented fiefdoms의 구조를 갖고 있으며, 11장에서 언급하겠지만, 그들이 파괴적으로 변화될 가능성은 오히려 더 적다. 물론 정부가 통합된 의료공급자 역할을 하는 경우가 있다. 즉, 강력한 행정조직이 재정관리와 지불자 역할을 함과 동시에, 병원을 운영하고 의사를 고용하는 경우이다. 싱가포르의 보건부라든지, 미국의 퇴역군인 건강청 Veterans Health Administration과 같은 경우 정부가 민간부문의 통합된 공급자들만큼 파괴적 가치 네트워크의 창출을 선도할 유력한 후보가 될 수 있을 것이다.

대기업 주도의 통합

파괴적 가치 네트워크를 통합할 한 가지 방안은 힘있는 하나의 대형기업 혹은 기업집단이 나서서 새로운 시스템의 아키텍처를 구상하고, 시스템을 구성하는 각 부문의 인터페이스를 정의한 다음, 재정적 영향력과 마케팅 수완을 동원해 새로운 시스템에서 각각 결정적인 역할을 수행할 수 있는 조직과 기업군을 만들어내는 것이다. 보건의료에서 이런 역할에는 3, 4, 5장에서 논의했던 전문 솔루션 숍, 가치부가과정 클리닉, 질병관리 및 환자중심의 네트워크, 리테일 클리닉뿐만 아니라, 7장에서 다루게 될 새로운 보험 및 지불 시스템 등이 포함된다. 이런 새로운 가치 네트워크는 더 적은 수의 전반적인 용도의 기관과 더 많은 수의 집중화된 기관으로 구성될 것이기 때문에, 시스템을 하나로 묶어 각 기관 사이에 상호작용을 촉진함으로써 그 틈 사이에서 환자들이 낙오되지 않도록 하기 위해서는 4장에서 언급한 개인건강기록이 중요한 연결고리 역할을 해야 한다.

8장과 9장에서 살펴보겠지만, 제약회사와 의료기기 회사들은 일차진료의사들이 전문의를 파괴하고, 간호사와 의료기사가 의사를 파괴하고, 외래 클리닉이 병원을 파괴할 수 있도록 이전보다 더 진단기술[6]에 초점을 맞추고 전문가 시스템expert systems을 지원하는 방향으로 기술개발을 할 필요가 있다. 10장에서 다루겠지만, 새로운 가치 네트워크를 지휘할 주체 또한 의사와 간호사 훈련방식의 변화를 주도해 그들이 새로운 시스템에서 효과적으로 업무를 수행할 수 있게 한다.

이런 통합은 IBM이 PC 가치 네트워크의 개발을 촉진했던 방식이다. IBM은 이미 파괴에 성공적으로 한 번 대처한 경험이 있기 때문에, 파괴적 혁신의 역사에서는 보기 드문 경우다. 1960년대 초, 디지털 이큅먼트(DEC)의 미니컴퓨터는 IBM이 지배하던 메인프레임 컴퓨터 시장을 향해 파괴적 공세를 펼치기 시작했다. 가치 네트워크를 통합할 지휘자가 없었기 때문에, 이 파괴적 혁신이 완료되기까지 무려 30년이 걸렸다. 먼저 디지털 이큅먼트, 데이터 제너럴Data General, 프라임Prime, 스트라투스Stratus, 닉스도르프Nixdorf 등 신생기업에 이어 왕 연구소Wang Laboratories, 휴렛패커드까지 미니컴퓨터 산업에 뛰어들었다.[7] 그러나 이 기업들의 성장은 오라클Oracle 같은 다른 신생기업이 나타나 실제 기계에서 돌아갈 소프트웨어를 생산하기 전까지는 제한적이었다. 소프트웨어를 생산했던 신생기업 또한 프라이엄Priam, 퀀텀Quantum 같은 또 다른 신생기업군이 8인치 디스크 드라이브를 생산해내기 전까지는 그 성장이 제한적이었다.

디지털 이큅먼트가 미니컴퓨터 혁명을 일으킨 지 12년쯤 지난 1969년, IBM은 미네소타주(州) 로체스터에 독립적인 미니컴퓨터 사업부를 만들었다.[8] IBM은 기존에 메인프레임 컴퓨터를 판매할 때는 60%의 매출 총이익을 설정했는데, 미니컴퓨터는 45%만 충족해도 되도록 했다. 즉, 이 사업부가 기존의 IBM 사업과는 전혀 다른 사업 모델을 만들 수 있도록 전권을 부여한 것이다. 이것은 매우 드문 경우지만, 덕분에 IBM은 미니컴퓨터의 공격에서 살아남은 유일한 메인프레임 컴퓨터 생산업체가 되었다. 다만, IBM이 그렇게 될 수 있었던 것은 파괴의 속도가 점진적이었기 때문이다.

이후 개인용 컴퓨터(PC)가 출현해 미니컴퓨터 사업을 파괴했을 때 IBM은 PC시장을 선도하게 된 유일한 미니컴퓨터 생산업체인 반면, 다른 미니컴퓨터 업체들은 모두 무너졌다. 더욱이 파괴적 혁신이 완료되는 데는 10년밖에 걸리지 않았다. IBM의 비결은 무엇이었을까? 우선 플로리다주(州)에 독립적인 PC사업부를 만들고, 이 사업부가 또 하나의 별도 사업 모델을 만들어내게 하는 융통성을 다시 한 번 발휘했다. 이 사업부는 수백만 대의 PC를 판매하는 동안 매출 총이익을 25%만 달성하면 되었다. 또한 중요한 것은 PC사업부의 활동을 지원하기 위해 IBM이 새로운 가치 네트워크의 창출을 지휘했다는 점이다.

PC사업이 성공하려면 기존에 미니컴퓨터 사업이 사용한 것과는 전혀 다른 종류의 부품 공급업체가 필요했다. 예를 들어, 논리회로logic circuit는 인쇄회로기판printed wiring board 대신 마이크로프로세서를 사용했는데, IBM은 이 부품의 충분한 공급물량 확보를 위해 인텔Intel이라는 실리콘밸리의 작은 회사에 상당한 지분을 투자했다. PC에는 5.25인치 디스크 드라이브와 단순한 운영체제가 필요했는데, IBM은 시게이트Seagate와 마이크로소프트Microsoft라는 두 신생기업과 좋은 조건으로 장기간 부품공급 계약을 체결함으로써 두 회사의 사업을 지원했다. 한편, PC는 메인프레임이나 미니컴퓨터와 달리 공장의 판매사원들이 직접 고객에게 전화해 판촉활동을 할 수 없었기 때문에, IBM은 자체적으로 소매점 체인을 만들어 PC제품을 시장에 유통시켰다. 나중에는 마이크로에이지MicroAge, 컴퓨터랜드ComputerLand, 컴프유에스에이CompUSA 같은

독립 소매상들도 여기에 가세했다.[9]

여러 산업에서 보면 보통 파괴적 혁신은 신생기업이 이루는데, IBM과 같은 선도업체가 스스로를 파괴하고 자신이 가진 사업범위와 권력을 이용해 새로운 파괴적 가치 네트워크의 구성을 지휘한 경우는 매우 드물다. 보건의료 분야에서도 이런 일이 가능할까?

존슨앤드존슨(J&J) 같은 거대기업이라면 이런 일을 할 수 있을 것이다. 존슨앤드존슨은 제약, 의료기기, 소비자 건강제품, 진단기술 등의 사업분야를 거느린 유력한 기업이기 때문에, 의료공급자와 보험회사를 인수하거나 그들의 활동을 지휘할 충분한 능력이 있다. 유나이티드헬스그룹UnitedHealth Group은 건강보험과 정보관리 분야를 지배하는 기업으로 시장지위를 이용해 변화를 지휘할 수 있을 것이다. 제너럴 일렉트릭(GE)도 자사가 거느린 대규모 메디컬 시스템 사업을 토대로 마음만 먹으면 통합을 지휘할 수 있을 것이다. 하지만 결론적으로 말해, 문제는 통합 지휘자로서의 역할을 수행할 수 있는, 혹은 그럴 의사가 있는 회사가 그리 많지 않다는 점이다.

정액제에 기반한 통합형 의료공급자들

새로운 가치 네트워크를 통합할 두 번째 후보는, 자신의 조직 산하에 새로운 가치 네트워크에 필요한 모든 요소를 만들고 조정하는 대형 의료공급 조직이다. 그런 통합형 건강 시스템에는 몇 가지 중요한 특성이 있다.

첫째, 그들은 건강보험과 지불시스템을 자체적으로 운영한다. 건강 시스템을 이용하는 환자나 의료구매자들은 보통 정해진 금액의 연회비를 납부하고, 필요한 모든 의료서비스를 이용한다. 둘째, 의사들은 개별 사업가가 아니라 건강 시스템에 직원으로 고용된다. 셋째, 건강 시스템 내 의료공급 기관들은 3~5장에서 언급했듯이 집중화된 사업 모델을 사용하는 경향이 있다. 운영하는 종합병원의 수를 제한하는 한편, 전문 솔루션 숍과 가치부가과정 클리닉, 외래 클리닉, 리테일 클리닉 등으로 기능을 분리해 집중화시킨다. 또한, 정보시스템을 구축해 서로 다른 의료공급 조직 간에 적절한 협진(協診)을 하게 한다. 마지막으로, 이 기업은 많은 직원을 거느린 고용주이기도 하다.

여기서 주목할 점은, 정액제 fixed-fee에 기반한 통합형 의료공급자들이 의료의 파괴적 혁신을 주도할 조직뿐만 아니라, 그로 인해 파괴당할 조직까지 직접 거느릴 것으로 기대된다는 점이다. 이런 상황을 기대하는 것이 상당히 어려운 일이지만 불가능한 것은 아니다. 병원처럼 보통 한 가지 서비스를 제공하는 조직이, 가령 외래 클리닉이나 리테일 클리닉 체인을 만듦으로써 스스로를 파괴할 것이라고 기대하기는 어렵다. 하지만 통합형 정액제 의료공급자인 경우 그만의 독특한 구조로 실제 의료제공 장소를 되도록 가장 비용효과적인 곳으로 옮기고, 그런 장소가 없다면 새로 만들어내려고 할 인센티브가 충분히 존재한다. 또한 그들의 구조는 만성질환을 진단하는 솔루션 숍 본연의 활동에 더 많은 돈을 투자하고 애초부터 만성질환 예방을 오히려 장려한다. 이것은 시간이 경과하면서 다른 곳에서 비용절감을 실현하게 해줄 범위의 경제성을 갖추고 있기 때문에 가능하다. 일반적으로, 환자들은 대부분 건강보조플랜 health assistance plans–우리는 건강보험과 비용상환기전을 통틀어 이렇게 부를 것이다–보다는 의료공급자를 바꾸는 데 드는 전환비용 switching costs이 더 크다고 느낀다. 그 결과, 통합형 정액제 의료공급자 시스템의 가입자들은 다른 비통합형 건강보험에 가입한 사람들에 비해 더 오랜 기간 가입자격을 유지하는 경향이 있다. 가입자의 낮은 탈퇴율로 통합형 시스템은 가입자의 장기적인 건강에 대한 투자수익을 더 오랜 기간에 걸쳐 평가할 수 있게 된다.

이 통합형 공급자들의 경우는 기업 임원들이 시스템 차원의 안목이 있기 때문에 외래센터를 세워 병원을 파괴하고, 진료간호사가 일차진료의사를 파괴하고, 또 일차진료의사가 전문의를 파괴할 수 있도록 하는 일이 훨씬 수월하다. 그들 입장에서는 파괴적 가치 네트워크의 통합을 지휘할 필요가 없다. 그것을 스스로 만들어낼 수 있기 때문이다. 회사 차원에서 전자건강기록의 표준형식을 지정하고, 시스템 내에서 환자가 어디를 가든 즉시 기록에 접근할 수 있게 한다. 통합형 의료전달 네트워크integrated delivery networks 라는 이름으로 1980년 말부터 1990년대에 걸쳐 출현한 일부 의료공급 조직들도 이런 활동 전반을 할 수 있도록 다각화되어 있지만, 이들은 경영통합이 되어 있지 않기 때문에 각 사업단위의 운영이 비교적 독자적으로 이루어지고 있다. 따라서, 이런 유형의 조직이 파괴적 가치 네트워크를 구성할 가능성은 별로 없다.

진정한 의미에서 통합된 시스템인 경우 환자를 건강하게 유지시킬 인센티브가 존재하며, 이 인센티브가 종종 결정적인 역할을 한다. 예를 들어, 정교한 중합체 기술 덕분에 치과의사들은 어린이 치아에 실란트sealant를 도포함으로써 충치치료는 물론 충치발생을 예방할 수 있다. 하지만, 어린이 치과진료에 실란트를 사용하는 치과의사는 3분의 1도 안 된다. 왜일까? 치아 수복dental fillings이 대부분 개원 치과의사의 주요 수입원이기 때문이다. 흥미로운 사실은, 매년 정해진 금액을 받고 필요한 모든 치과진료 서비스를 제공하는 선불제 치과보험prepaid dental plans과 계약한 치과의사는 실란트를 사용한 치아 도포에 열성을 보인다. 그들에게 충치치료는 수입원이 아니라 비용이 되기 때문이다.[10]

일부에서는 정액제 지불방식과 의료공급이 우리가 언급한 것과 같이 동일한 사업조직 내에 연계되어 있을 경우 의료를 최소화함으로써 수익을 극대화할 동기가 있다고 우려하지만, 역사적으로 그런 경우는 거의 없었다. 고객에게서 연회비를 받고 그들에게 필요로 하는 만큼 서비스를 제공하는 기업과 비영리 조직의 예는 우리 주위에 넘쳐난다. 각종 운동클럽, 미국자동차협회(AAA), 제너럴 모터스 온스타OnStar 서비스가 그 대표적인 사례다. 이 조직들의 주요 수익원은 고객의 만족도와 충성도에 있다. 따라서, 그들은 가능하면 비용효과적으로 고객을 즐겁게 할 방법을 찾는 일에 강한 동기를 가지고 있다.

통합에 실패한 사례

1990년대에 '통합'을 위한 시도가 두 차례 있었는데, 그 결과는 상당히 비참한 수준이었다. 첫 번째 통합 시도는 3차진료기관들이 지역사회 병원과 집단 개원의들을 인수한 사례다. 대형병원들이 그 조직들을 인수해 소유하고 있었지만, 우리가 말하는 방식의 진정한 통합은 되지 않았다. 그들의 목적은 종합병원이라는 공룡조직에 가능한 한 많은 환자를 공급하기 위해 거대한 '집수(集水)' 시스템을 구축하는 것이었다. 반면에, 우리가 주장하는 통합의 목적은 값비싼 진료장소와 의료공급자로부터 새로이 출현하는 기술적 촉진요인을 포착할 수 있는 파괴적 사업 모델을 향해 의료가 질서정연하게 이동될 수 있도록 관리하는 것을 말한다.

'통합'을 위한 두 번째 시도는 인두제(人頭制)capitation의 도입이다. 인두제는 고용주나 개인이 보험회사에 1인당 연회비를 지불하면, 보험회사가 일차진료의사와 계약해 시스템의 '문지기' 역할을 하게 함으로써 총 진료비가 인두제 수입 총액을 초과하지 않도록 강력한 재정 인센티브를 만들어내는 시스템이다. 인두제가 제대로 작동하지 못한 이유는 통합되지 않은 의료공급자 시스템에 사용되었기 때문이다. 이 경우에는 한쪽이 이득을 보면 항상 다른 쪽이 손해를 본다. 의료이용을 감독할 책임이 있는 이들은 자신의 수입과 비용만 생각했다. 그들에게는 전체 시스템 차원의 안목이 없었던 것이다. 게다가 구체적인 인두제 요율에 따라 계약한 의료공급자들이 활용할 수 있는 실질적인 의료 이용 및 비용 자료도 없었다. 비통합적 시스템에서는 특정 환자의 의료 책임을 딱 꼬집어 한 당사자에게 묻기 어렵다.[11] 대부분의 정책이나 프로그램들도 그렇지만, 어떤 환경에서는 잘 작동하는 것이 다른 환경에서는 그렇지 않은 경우가 많다. 인두제 역시, 통합된 시스템에서는 잘 작동하지만, 분절적인 비통합적 시스템에서는 제대로 작동하지 않았다.

비용과 가격수준을 낮출 상대적 능력

분절적인 의료공급자들에 비해 통합형 정액제 공급자들은 다음과 같은 이유로 낡은 규제에 간섭을 덜 받는다. 우리는 앞서 전문직들의 의료행위를 가능하게 하는 면허 등의 인증절차가 기존의 주체들이 구성한 업계단체에서 관여한다고 했다. 이 단체들은 동업자 조합의 성격을 띠며, 여러 가지 기전을 통해 이미 가입한 회원들이 신규회원의 입회자격을 결정한다. 메디케어나 민간 건강보험은 '인증받은' 시술에 대해서만 비용상환을 해주고 있기 때문에, 현재 의료시스템의 비용상환제도는 이와 같은 동료에 의한 인증 시스템이 더욱 탄탄하게 자리매김할 수 있게 해준다. 이것은 이전에 의사가 받아온 훈련을 통해서만 가능했던 서비스를 간호사가 직접 할 수 있는 수준으로 기술이 발달하더라도 서비스의 주체가 바뀌는 것은 불가능하다는 것을 의미한다. 왜냐하면, 의사가 담당해온 서비스를 제공할 수 있도록 인증을 받지 못한 간호사가 그 서비스를 직접 제공하게 되면 비용을 상환받지 못할 것이고, 해당 권한에 대한 인증을 담당해온 의사 단체가 간호사에게 그 인증을 해줄 리 만무하기 때문이다.

통합형 정액제 공급자 시스템이라면 비용상환이 문제될 것은 별로 없기 때문에, 어느 정도는 전문직 단체의 배타적인 관행을 우회할 수 있다. 이들은 전체 시스템에 최선이 되는 의사결정을 더 쉽게 할 수 있다. 진료간호사nurse practitioner가 규칙중심의 질병에 의료서비스를 제공할 수 있다면, 통합형 정액제 공급조직은 그 시스템 내에서 일어나는 행동을 최적화하기 위해 내부이전가격 (內部移轉價格)과 같은 가격시스템을 만들어 환자들이 리테일 클리닉retail clinics 쪽으로 향하게 만들 수 있다. 이런 종류의 파괴가 독립적인 의사들의 사업에는 고통을 안겨주겠지만, 통합형 시스템의 경우 의사들이 독립적인 사업가가 아니라 시스템에 고용된 직원이고, 시스템 차원에서 거두어들인 비용절감액의 일부가 그 의사들과 공유될 수 있기 때문에 더 균형잡힌 의사결정이 가능해진다.

별도 교육을 받은 의사보조원physician assistants이 대장내시경검사를 능숙하게 할 수 있다면, 통합형 시스템은 그들에게 서슴없이 그 일을 맡길 것이다. 반면, 비통합형 시스템은 이렇게 할 수 없다. 개별 보험자들은 인증받은 의사가 그 일을 했을 때만 비용상환을 해줄 것이고, 또한 시술별로 정식절차를 통해 의사보조원들에게 그런 인증을 해주려면 몇 년이 걸릴지 모르기 때문이다. 시스템의 이익에 반하는 특정 당사자들의 편협한 이해관계를 잘 조절할 수 있다면, 통합형 시스템은 다른 곳에서 개혁에 방해되었던 모순을 해결할 수 있을 것이다. 통합형 시스템은 기본적으로 '부분적이 아닌, 전체적인 최적화'를 목표로 만든 것이다.

대부분의 미국인에게 진료를 하는 분절적인 시스템에서 비용상환율 결정에 사용되는 기전은, 진료비 지불당사자들이 가장 비용효과적인 장소로 의료를 이동시킬 동기를 저하시킨다. 메디케어 및 메디케이드 서비스센터(CMS)가 사용하고 있고, 대부분의 민간 건강보험 역시 따르고 있는 의료수가 산정방식은 상대가치점수(RVUs)relative value units라고 부르는 개념에 의거해 비용추정치를 산출해낸다. 이것은 본질적으로 하나의 서비스나 시술을 수행하는 데 필요한 전문지식과 활동량, 시간 등의 비용을 계산하려는 것이다. 이런 상대가치점수의 가중총합은 매년 전반적인 비용상승분과 지역별 비용 변이지수(가령, 캘리포니아주의 샌프란시스코에 비해 유타주의 샐리나 지역의 진료비용이 적다)에 따라 조정된다.[12]

그러나 메디케어의 수가산정방식에는 의료공급자의 사업 모델을 반영하는 요소는 없다. 이것은 가치부가과정 수술센터가 고관절 및 슬관절 치환술을 제공하더라도 간접비가 훨씬 높은 인근 종합병원과 동일한 수가를 적용받는다는 것을 의미한다. 그래서 종합병원은 여전히 비용을 상쇄할 수 있을 정도의 비용을 상환받는 한편, 간접비가 더 낮은 가치부가과정 수술센터는 상당히 높은 이윤을 챙기게 된다. 기본적인 진찰의 경우, 리테일 클리닉에서 더 낮은 비용으로도 할 수 있지만, 수가는 여전히 일반 의원에 이윤을 보장할 수 있는 수준에 맞춰져 있다. 다시 말해서, 현재 시스템에서는 고비용 구조의 병원과 의원이 사업을 계속할 수 있도록 만들어진 가격보호장치 속에 저비용 의료공급자까지 들어가 있는 셈이다. 반면에 경쟁적인 다른 산업분야의 경우 저비용 공급자가 시장에 나타나면, 고비용 공급자는 경쟁력을 유지하기 위해 가격을 낮추어야 하거나, 저가시장을 파괴적 경쟁자에게 내주고 상위시장으로 옮겨가야만 한다. 통합형 정액제 공급조직은 사업 모델별로 차별화되지 못하는 행정적 관리가격으로 자원할당을 결정하기보다는, 서로 다른 사업 모델의 비용구조에 기초해 의사결정을 할 수 있다.

캘리포니아주의 카이저 퍼머넨테Kaiser Permanente[13] 외에 시스템 내에 자체적으로 새로운 파괴적 가치 네트워크를 구성할 수 있는 사업범위를 가진 조직으로는 유타주의 인터마운틴 헬스케어Intermountain Healthcare, 펜실베이니아주의 가이싱어 헬스 시스템Geisinger Health System, 캔사스주의 비아 크리스티 헬스 시스템Via Christi Health System, 퇴역군인건강청Veterans Health Administration 등이 있다.[14]

우리는 학자들이 이 시점에서 책을 내려놓고 달려나가 보건의료산업 전체와 비교해 이 기업들이 의료비 상승을 잘 통제했는지 알아보지 말기를 당부한다. 우리는 이들이 아직 의료비를 극적으로 감소시킬 파괴적 잠재력을 제대로 입증하지 못했다고 생각한다. 그들이 현재까지는 통합을 통해 기존 사업 모델의 성과를 최적화하는 수준에 머물러 있기 때문이다. 하지만 통합형 정액제 공급조직들은 새로운 파괴적 가치 네트워크를 구축할 역량을 발휘할 수 있는 방식으로 구조화되어 있기 때문에, 언젠가 그 역량을 발휘한다면 그들은 지금 서비스를 제공하고 있는 지역시장에서 지배력을 높이는 것은 물론, 다른 지역으로까지 범위를 확대할 기회를 갖게 될 것이다. 이것이 함축하는 바는 보건의료산업의 파괴적 변혁이 국가적 차원에서 획일적으로 진행되기보다는 지역적 차원에서 일어날 것이라는 점이다.

비통합적인 대형병원 체인과 건강보험의 이사회 및 기업임원들은 앞으로 10~20년간 보건의료에서 우리가 언급한 것과 같은 종류의 통합이 경쟁력 확보에 결정적인 영향을 미칠 것이라는 현실을 직시해야 한다. 이미 건강보조플랜health assistance plans들이 서로 합병하고 통합하려는 움직임이 있는데,[15] 이들의 통합은 그 방향이 잘못되었다. 통합의 목표는 덩치를 키우거나 간접비를 공유하는 것이 아니라, 질병이 아닌 (예방차원의) 건강관리로 이윤을 얻는 기업을 만들어내는 것이어야 한다.

이를 통해 직관의학, 경험의학, 규칙중심 의학 등 각 진료영역에 맞는 파괴적 사업 모델을 갖추고, 해당 환자들을 적절한 의료공급자에게 보내는 기전을 갖춘 시스템이 되어야 한다.

통합 주체로서의 고용주

전혀 새로운 파괴적 가치 네트워크를 구축할 수 있는 통합적 사업 범위를 갖춘 세 번째 집단으로는 많은 직원을 고용하고 있는 직장을 들 수 있다. 언뜻 보기에는 고용주들이 직원의 보건의료를 감독하거나 심지어 서비스를 직접 제공하는 일까지 하려 드는 것이 좀 어처구니없어 보일 수 있다. 고용주들이 하는 말만 들어보면, 직원들의 보건의료비를 지불하는 일에서 그들이 손 떼고 싶어한다고 생각할 수도 있다. 하지만 실제 고용주들이 하는 행동을 지켜보면, 많은 기업이 과거에 비해 훨씬 더 적극적으로 직원들의 보건의료를 관리하려고 한다는 점이 그럴듯한 이야기로 다가온다. 고용주들은 직원의 건강을 유지시키고 그들을 가능한 한 생산적으로 만들어야 이득을 볼 수 있다. 그래서 고용주는 매년 직원을 채용하고 교육해 자질을 향상시키며, 직원을 계속 보유하기 위해 수천 달러를 지출한다. 많은 고용주들이 보건의료 비용에 대해 투덜대면서도, 한편으로는 직원들이 조직을 떠날까봐 직원들에게 제공되는 의료혜택에 작은 변화를 주는 것조차 겁을 낸다는 사실은, 많은 기업의 인사전략에서 건강급여가 어떤 역할을 차지하는지 잘 보여주고 있다.

앞서 시사한 바 있지만, 보건의료 시스템을 관리하고 책임을 맡을 이상적인 주체는 다음과 같은 특성을 가지고 있어야 한다.

1. 장기적 안목을 가지고 있어서, 내일 비용절감을 더 많이 하기 위해 필요하다면 오늘 보건의료에 투자할 수 있어야 한다.

2. 사람들이 질병에 걸렸을 때가 아닌, 항상 건강을 유지할 수 있게 만드는 일에서 돈을 번다.
3. 환자의 개인적 특성을 파악하고 신경을 쓴다.
4. 의료를 편리하게 제공할 수 있는 곳에 위치한다.
5. 필요한 변화를 비교적 결단력 있게 추진할 수 있어야 한다.

고용주와 통합형 정액제 의료공급 조직이 보험회사나 개별의사, 병원 등 다른 어떤 주체보다 이런 이상형에 더 가깝다는 것이 드러났다. 그들은 종종 우리 자신보다 더 우리의 건강에 신경을 쓴다.

작금의 악덕자본가들 행태를 보아 기업의 임원들이 이윤을 추구하기 위해 수단을 가리지 않고 노동자를 착취하지 않을까 하는 의심을 품는 사람들도 있을 것이다. 물론 모든 기업이 직원을 위해 보건의료 프로그램을 공평하고 온정적으로 관리할 것이라고 단정짓는 것은 어리석은 일이다. 그러나 일반적으로 고용주들은 우리 사회의 다른 어떤 주체보다 직원 및 그 가족의 건강과 생산성에 큰 이해관계를 가지고 있다. 주요 고용주들이 직원들의 의료를 관리하고, 심지어 직접 제공하는 일에 더 적극적으로 나설 것이라고 믿는 이유가 바로 여기에 있다. 그렇게 해서 주요 고용주들이 마련해놓은 기반구조를 다른 더 작은 고용주들이 활용할 수 있게 될 것이다.

위에 제시한 다섯 가지 기준을 중심으로 여러 후보 주체에 대해 우리가 평가한 결과를 〈그림 6-3〉에 정리해놓았다. 왼쪽 첫 번째 열에는 의료관리의 전반적인 책임을 맡을 후보 주체를 나열했다. 물론 이들 외에 다른 후보 주체들이 있을 수 있다. 가령, 피델리티Fidelity 같은 금융서비스 회사라든지, 메드코Medco 같은 약제급여관리 회사(PBM), 인튜이트Intuit와 구글Google 같은 정보통신기술 회사 등이 포함될 수 있다. 다만,

여기서는 어떤 완벽한 후보목록을 작성하기보다는 단순히 예시를 목적으로 하고 있기 때문에 그 수를 제한했다. 그래프의 맨 윗줄에는 이상적인 주체의 기준을 열거했다. 평가결과는 '컨슈머 리포트Consumer Reports' 지(誌)에서 사용하는 거품 모양의 그래픽 표현을 차용했다.

건강보험회사들은 환자에게서 지역적으로 근접해 있지 않고, 환자를 개별적으로 다루고 있지 않기 때문에 의료관리의 주체로는 적절하지 않은 것으로 평가되었다. 이들은 시간적으로도 단기간만 환자의 의료를 관리하고 있다. 가령, 대부분 가입자의 건강보험 계약기간은 대략 5년에 불과해,[16] 이들에게는 단기적으로 예방의료에 돈을 지출할 경제적 인센티브가 별로 없다. 만약 예방의료를 제공하지 않아 나중에 합병증이 생기더라도 그로 인한 손해가 다른 보험자에게 발생할 가능성이 크기 때문이다. 우리는 결단력 있게 행동할 수 있는 능력 면에서 건강보험회사들을 평균 이하로 평가했는데, 이는 그들의 경영능력이 부족해서라기보다는 할 수 있는 것과 할 수 없는 것을 선별적으로 통합할 수 있는 능력이 그들에게는 없기 때문이다.

평가표에서 개별 병원과 의원에 속이 비어 있는 거품으로 표시한 부분은 해당 기능을 수행함으로써 오히려 역효과가 발생할 수 있다는 것을 나타낸다. 그들의 사업 모델이 사람들을 건강하게 유지시키기보다는 사람들이 아파야만 돈을 벌 수 있도록 디자인되어 있기 때문이다. 한편 정부는 사람들의 개별적 욕구에 반응하지 못하는 비(非)인격성impersonality의 문제를 안고 있다. 정부가 평생 우리 삶에 관여하겠지만, 정부의 시간적 지평이 다음번 선거 때까지로 국한되거나, 보건의료 영역을 벗어난 다른 예산의 압박을 받는 경우가 종종 발생한다.

반면에, 많은 고용주는 직원의 건강과 생산성에 투자함으로써 상당한 이득을 볼 수 있다는 것을 알고 있다. 그 증거로, 생산적인 직원이 수익을 가져다 주기 때문에 그들은 직원을 교육하는 데 이미 상당히 많은 돈을 쓰고 있다. 기업은 직원의 결근과 이직을 최소화하기 위해 노력한다. 이와 관련된 통계를 수시로 점검해 조금이라도 문제의 조짐이 보이면 그것을 해결하기 위해 특별 프로젝트에 착수한다. 또 건강보험에 비해 직원이 평균적으로 같은 직장에 머무는 기간이 더 길기 때문에 다른 후보에 비해 기업은 더 장기적인 안목을 가지고 있다.[17] 한마디로 말해, 고용주들은 통합형 정액제 의료공급 조직을 제외하면 그 어떤 다른 후보들보다 우리의 보건의료 프로그램을 잘 관리할 '이상적인' 주체에 가깝다. 어떤 면에서는 환자들보다 고용주들이 더 나은 경우도 많다. 앞장에서 살펴본 대로, 모든 책임이 환자에게만 남겨질 때의 문제점은 많은 사람들이 매우 짧은 시간적 지평을 갖고 있다는 것이다. 사람들은 건강에 좋지 않은 생활습관이 초래하는 장기적 결과를 무시하는 경우가 많다.

고용주들이 관리하는 통합형 직원건강 프로그램은 다음과 같은 특성을 가질 것이다.

1. 고용주들은 자가보험체계를 갖출 것이다. 직원의 의료비는 '진정한' 보험이라고 할 수 있는 고액공제 보험과 연계된 건강저축계좌(HSA)를 통해 보상하게 될 것이다. 7장에서 다루겠지만, 건강저축계좌를 직원들에게 홍보할 때는 그것이 단순히 또 다른 유형의 건강보험이 아니라, 퇴직연금에 대한 추가적인 세금공제 수단이라는 점을 부각시켜야 한다.

2. 고용주에게서 직접, 또는 홀 헬스 매니지먼트Whole Health Management 같은 위탁업체를 통해서 월급을 받는 일차진료의사와 진료간호사가 대다수 직원과 그 가족의 일차의료를 담당하게 될 것이다.[18] 이런 봉급제 의료공급자들이 의료이용에 관한 의사결정

을 감독하게 될 것이며, 그들의 성과는 직원의 건강수준이 얼마나 향상되었는지에 따라 측정되고 보상될 것이다.

3. 고용주들은 병원, 외래 클리닉, 리테일 클리닉 retail clinics 등과 직접 계약을 맺을 것이다. 그들은 가능하면 직관의학의 영역에 놓인 질병관리는 전문 솔루션 숍solution shops에 맡기고, 정확한 진단을 한 경우 가치부가과정 value-adding process 병원과 클리닉에 맡길 것이다. 또한, 리테일 클리닉의 이용을 권장하고, 고비용 구조의 가치부가 과정 시술이 필요한 경우 해외에 있는 저렴한 병원으로 '의료관광'을 보내는 것도 마다하지 않을 것이다. 적절하다고 판단되면 직원들의 '자가치료' 도 장려할 것이다.

4. 고용주들은 직원들이 다니는 병원과 클리닉, 전문의원에서 사용하는 시스템과 호환이 되는, 오픈-소스 형식의 개인전자건강기록

〈그림 6-3〉 보건의료 관리주체 후보들에 대한 평가

	장기적 안목	건강관리로 수익창출	개인적 친밀성	편의성	단호한 실천능력
건강보험회사	미흡	우수	역효과 초래	역효과 초래	미흡
개별의사	미흡	역효과 초래	우수	우수	역효과 초래
개별병원	역효과 초래	역효과 초래	역효과 초래	미흡	역효과 초래
정부	미흡	우수	역효과 초래	중립	미흡
개별 직장인	중립	우수	탁월	해당 없음	역효과 초래
고용주	우수	탁월	우수	탁월	우수
통합형 의료공급 조직	우수	탁월	중립	탁월	탁월

범례: 탁월 (●), 우수 (위쪽 반 채움), 중립 (오른쪽 반 채움), 미흡 (아래쪽 반 채움), 역효과 초래 (○)

을 직원들이 직접 관리하게 할 것이다. 실제, 고용주들이 의료공급자와 계약을 맺을 때 기록의 호환성을 협상의 전제조건으로 삼을 것이다.

5. 그들은 질병관리 네트워크 사업자와 계약을 맺어 행동의존성 만성질환에 대한 지속적 치료순응을 관리하게 할 것이다. 이런 네트워크 중 몇몇은 헬스웨이 Healthways, 옵텀헬스 OptumHealth같이 질병치료가 아닌 건강유지를 도움으로써 수익을 올리는 사업 모델을 갖춘 업체가 운영할 수 있다. 고용주들은 직원들의 만성질환을 진단하고 치료법을 찾는 전문 솔루션 숍과 행동의존성 질환자들이 치료를 지속하도록 도와줄 질병관리 네트워크를 기능적으로 분리하는 데 주안점을 둘 것이다.

6. 고용주들은 건강저축계좌(HSA) 시스템에 체중감량, 규칙적인 운동, 금연, 만성질환 치료에 대한 순응 등 직원들의 행동에 금전적으로 보상해주는 기전을 통합시킬 것이다.

고용주가 직원의 건강을 관리하는 방향으로 통합하는 것이 무엇을 의미하는지에 관해 이해를 돕기 위해, 먼저 이런 통합에 성공한 기업, 쿼드/그래픽스 Quad/Graphics의 예를 자세히 살펴보고, 이를 일반적인 통합이론의 측면에서 되짚어보고자 한다.

쿼드/그래픽스, 건강관리를 향한 수직통합

위스콘신주(州) 밀워키에 본사를 둔 쿼드/그래픽스는 미국에서 가장 큰 인쇄업체 중 하나로, 직원 수는 1만2,000명, 연매출은 20억 달러에 달한다. 해리 쿼드라치 Harry Quadracci는 직원 11명을 데리고 1971년 처음 인쇄소 문을 열었다. 업계에서 대기업으로 자리를 잡은 후에도 쿼드라치는 여전히 구내식당에서 직원들과 함께 점심식사를 했는데, 거기서 직원들의 의료비 문제라든지 진료예약에 관한 이야기를 자주 접했다. 당시, 회사 의료비는 하루가 다르게 치솟고 있었다. 쿼드/그래픽스는 그즈음 자체 인쇄기계와 잉크를 개발했으며, 구내식당도 자체적으로 운영했다. 급기야 쿼드라치는 직원들의 보건의료도 자체적으로 해결할 수 있지 않을까 고민하기 시작했다.[19]

그 결과 쿼드/그래픽스는 의료의 중간매개자를 거치지 않고, 또한 의료비를 줄일 목적으로 1990년 자체 일차진료 클리닉을 개설했다. 현재 이 기업은 네 개의 메디컬 센터를 운영하며, 가정의학, 내과, 소아과, 산부인과, 가벼운 외과수술, 임상병리검사, 재활치료, 신체검진 등의 서비스를 제공하고 있다. 이 모든 것이 직원과 그 가족에게는 무료로 제공되는데, 질병치료뿐만 아니라 웰빙도 강조해 당뇨병이나 비만 같은 만성질환 관리 프로그램도 갖추고 있다. 쿼드/그래픽스는 100% 자가보험 체계를 갖추고 있으며, 지역 병원 및 전문의들과 직접 계약을 맺어 상급 진료를 제공받고 있다.

이 시스템으로 회사의 보건의료비와 직원들의 질병이환율 및 결근율은 큰 폭으로 감소한 반면, 직원들의 건강수준은 눈에 띄게 향상되었다. 같은 중서부지역에 있는 다른 기업들이 직원 1인당 의료비로 평균 9,000달러 이상을 지출하는 데 반해, 쿼드/그래픽스는 6,500달러 정도를 지출하고 있다. "망가진 모델에 반창고를 붙이려고 하는 대신, 우리는 아무것도 없는 무(無)에서 새로운 일차진료 모델을 만들고 싶었어요." 이미 고인이 된 쿼드/그래픽스 창업자의 동생이자 의료사업부 (쿼드메드QuadMed) 본부장을 맡고 있는 레오나드 쿼드라치Leonard Quadracci 박사가 한 말이다.[20]

쿼드/그래픽스의 직원과 가족 중 80% 정도가 사내 클리닉을 통해 일차진료 및 기타 산전관리, 피부관리 같은 서비스를 이용하고 있다. 나머지 20%는 외부 의료진을 이용하는데, 물론 이 경우는 비용을 더 많이 부담해야 한다. 2004년 한 해를 통틀어 직원들이 사내 클리닉을 방문한 건수는 6만500건에 달한다.

쿼드/그래픽스는 다른 기업에 비해 일차의료에 더 많은 돈을 쓴다. 2003년 한 해 동안 같은 지역의 다른 기업들이 직원 1인당 평균 375달러를 쓴 반면, 이 회사는 715달러를 지출했다. 이런 투자로 병원진료나 고가의 전문의료에 대한 비용지출이 줄었다. 이것은 시스템을 최적화시키는 선택으로, 비통합형 시스템은 절대 할 수 없는 일이다. 쿼드메드 의료사업부에 소속된 의사 26명에게 지급되는 보너스는 매일 몇 명의 환자를 진료했느냐가 아니라, 환자들이 매긴 평가결과와 그들의 건강결과health outcomes에 따라 달라진다. 쿼드메드의 의사들은 30분에 한 명씩의 환자를 진료하고, 남는 시간에는 환자가 가진 다른 건강문제라든지 질병예방법을 상담해준다. 직원들은 한 번 방문할 때마다 5달러만 내면 된다. 2005년 현재, 지난 5년간 쿼드/그래픽스의 의료비 증가율은 5% 미만으로, 이는 미국 전체 평균 9.8%에 비해 훨씬 낮은 수준이다.

쿼드/그래픽스는 일찌감치 전자의무기록에 투자했기 때문에, 미국 전체 건강수준에 비해 얼마나 효과를 거두고 있는지 쉽게 분석해낼 수 있다. 고혈압을 가진 직원 중에서 쿼드메드를 이용하는 직원의 92%가 규칙적으로 투약하고 지속적으로 혈압을 관리하고 있다. 이에 반해 전국질보장연합회National Coalition on Quality Assurance가 수집한 건강보험 자료에 따르면, 미국 전체 평균은 40% 수준에 불과하다. 전국적으로 임산부의 제왕절개율이 26%에 달하지만, 쿼드메드에서 산전관리를 받는 임산부의 경우는 그 비율이 12%에 불과하다.

쿼드/그래픽스는 의사에게 연봉으로 13만~16만 달러를 지급하는 데, 이는 밀워키 지역의 일반의들이 버는 평균수입과 비슷한 수준이다. 어떤 의사들은 기업가적 성향이 있어서 직접 사업을 운영하고 싶어 하는데, 쿼드메드에서 그런 꿈은 이룰 수 없다. 그저 환자를 진료하는 것이 좋아서 의학을 공부한 의사도 있고, 그런 이들에게는 기업의 건강부서에서 일하는 것도 그리 나쁜 선택은 아니다. 11년 전 쿼드/그래픽스에 입사한 내과의사 앤 멀코우Ann Merkow는 이렇게 말한다. "처음 입사면접을 볼 때, 저는 '그저 인후통이나 다루는 의사가 되고 싶지는 않다' 고 말했어요. 환자를 건강하게 유지시키고 그만큼 보상을 받는 건 보람 있는 일인 것 같아요. 밖에서 민간진료할 때는 환자 방문건당 비용상환을 받고, 예방진료에 대해서는 돈을 받을 수 없기 때문에, 환자에게 시간을 많이 투자하면 오히려 벌을 받는 거나 마찬가지죠."

"이곳에서 우리가 배운 점은, 일차진료가 제대로 되기만 한다면 놀라운 결과를 만들 수 있다는 거죠." 쿼드/그래픽스 의료사업부의 사업관리팀장 존 뉴버거John Neuberger의 말이다. 환자의 개인정보 보호를 위해 모든 의료진들은 클리닉에서 취득한 환자의 개인정보를 외부에 유출시키지 않겠다는 비밀준수약정서에 사인해야 한다. 클리닉의 환자정보시스템은 쿼드/그래픽스의 다른 사업부 시스템과는 별개로 운영되고 있다.

1940년대에 헨리 카이저Henry J. Kaiser가 퍼머넨테Permanente를 캘리포니아 남부지역의 일반인에게 확대한 것과 같은 방식으로, 쿼드/그래픽스도 이제 다른 기업에 보건의료서비스를 판매하고 있다. 쿼드/그래픽스는 브릭스앤스트라톤Briggs & Stratton Corp.과 로크웰 오토메이션Rockwell Automation Inc. 등 위스콘신주에 위치한 두 기업과 계약을 맺고 풀서비스 클리닉을 운영 중이다.

소형엔진 생산업체인 브릭스(앤스트라톤)은 2000~2003년 사이에 밀워키 지역의 의료비가 두 배로 뛴 직후 이런 결정을 내렸다. "현 시스템을 우리 힘으로 어떻게든 고쳐보려고 했지만, 그게 잘 안 되더군요." 브릭스 인사담당 이사 제프리 멜로치Jeffrey Mahloch의 말이다. 노사갈등으로 직접 클리닉을 운영하기 어려웠던 브릭스는 결국 쿼드/그래픽스에 위탁운영을 맡겼다.

브릭스 클리닉은 2003년 문을 열었는데, 첫해 방문건수는 회사가 예상한 것보다 많은 약 8,000건을 기록했다. 직원들의 의료 및 산재보상 비용 지출을 50만 달러나 줄일 수 있었다. 이에 고무된 브릭스는 지난해 7월 미주리주의 포플러 블러프Poplar Bluff 공장에 두 번째 클리닉을 개설해 역시 쿼드/그래픽스에게 위탁운영을 맡겼다. 이 클리닉의 인기가 어찌나 좋은지, 1만7,000명의 인구가 사는 그 지역에 이미 분원까지 거느린 병원과 수십 개소의 의원이 있었음에도 주위에 다른 대기업들 역시 앞다투어 합동 클리닉joint clinic 건립계획을 세우고 있다.

"보건의료시스템에 점점 더 많은 돈을 쓰지 않으려면 길은 하나밖에 없습니다. 그건 바로 기업이 직접 보건의료사업에 뛰어드는 거죠." 브릭스의 대표이사 존 쉬얼리John Shiely의 말이다.

최근 출현한 시에이치디 메리디언CHD Meridian이나 호울 헬스 매니지먼트Whole Health Management 같은 업체는 자체적으로 클리닉을 지을 생각이 없는 브릭스앤스트라톤 같은 기업을 위해 자체 브랜드의 통합형 직원건강시스템을 운영해주고 있다.[21] 우리는 이 장 끝에 있는 부록에 쿼드/그래픽스나 브릭스앤스트라톤처럼 직원들의 건강관리를 위한 통합작업에 직접 나선 다른 기업의 사례를 정리해놓았다. 퍼듀팜즈Perdue Farms, 도요타 자동차, 세이프웨이Safeway, 스콧츠Scott's, 피트니 보우스Pitney Bowes, 버몬트 주립대University of Vermont, 스프린트Sprint, 퀄컴Qualcomm, 제너럴 밀스General Mills 등이 대표적이다.

수직통합의 역사

'핵심' 이 되는 역량에만 초점을 맞추고 '다른 곳에 한눈 팔지 말라' 는 것이 경영학에서 기업 임원들에게 흔히 주문하는 내용이지만, 기업들이 생산과정에 중요한 투입자원을 비용효과적으로 공급할 수 있도록 하기 위해 핵심역량 분야가 아닌데도 공급망을 전방통합하려고 한 경우는 그 역사가 결코 짧지 않다.

예를 들어 1880년대까지만 해도 육우는 사육된 지역 내에서 도축되었고, 경제적인 장거리 운송수단이 없었기 때문에 쇠고기의 판매와 소비 또한 그 지역 내에서 했다. 이로 인해 쇠고기 육류산업은 규모의 경제를 갖출 수 없었다. 당시, 구스타프 프랭클린 스위프트Gustavus Franklin Swift는 캔사스 시티에 대규모 축사를 건립하고 도축작업을 중앙집중화시킴으로써 식육산업을 탈바꿈시켜 이른바 '쇠고기 저가시대' 를 연 주인공이다. 육우 사육업자들이 각지에서 소를 데려오면 스위프트의 축사에 한꺼번에 수용할 수 있었기 때문에 상당히 저가에 육가공 처리를 할 수 있었다. 하지만, 여전히 신선한 쇠고기를 중서부 및 북동부 인근의 대도시지역으로 운반할 방법이 없었다. 그래서, 결국 스위프트는 세계 최초로 냉장설비를 갖춘 열차를 설계하고 이를 상용화했다. 일단 대도시지역으로 쇠고기를 운반할 길이 열리자, 이번에는 해당 지역의 정육점에서 쇠고기를 신선하게 보관할 수 있도록 직접 냉장설비를 제작하고 판매하는 일까지 사업영역을 통합해나갔다. 핵심역량 분야는 아니지만 사업에 결정적인 영역으로까지 통합한 스위프트의 노력 덕분에, 그가 설립한 스위프트는 그 후 10년 동안 연간 육우 200만 마리와 돼지 400만 마리, 양 200만 마리를 도축하는 성과를 거두었다.[22]

또 다른 예로, 포드 자동차의 창업주 헨리 포드Henry Ford가 혁신적인 '모델 T' 승용차를 생산할 당시 일정한 규격과 특성을 지닌 부품을 오차 없이 찍어내기 위해서는 고품질의 저렴한 강철이 필요했는데, 기존의 개별 생산업체에서 필요한 물량을 충분히 확보할 수 없었다. 그래서 포드는 미시간주 디어본Dearborn 조립공장 바로 옆, 리버 루즈River Rouge에 자체 제강(製鋼)공장steel mill을 건립했다. 제강은 포드의 '핵심역량'은 아니었지만, 반드시 필요한 역량이었다.

아웃소싱이 대세인 요즘에도 중견관리자급 직원들을 직접 훈련하기 위해 사내에 기업대학corporate university을 만드는 회사가 점점 늘고 있다. 비즈니스 스쿨을 나온 MBA를 채용하려면 비용이 많이 들기도 하고, 학교에서 각 회사의 요구에 맞는 지식을 충분히 습득하는 것도 아니기 때문에 제너럴 일렉트릭(GE)이나 도요타, 모토로라, 맥도날드, IBM, 타타 컨설팅서비스Tata Consultancy Services, 블랙앤데커Black & Decker, 골드만삭스Goldman Sachs, 퍼듀팜즈Perdue Farms 등 수많은 기업은 직접 경영대학management university이나 자체 연수 프로그램을 만들어 운영한다. 경영교육은 원래 제너럴 일렉트릭이나 기타 기업이 가지고 있는 '핵심역량'이 아니었다. 이 기업들은 경영진이라고 하는 생산과정의 중요한 투입요소를 비용효과적으로 공급하기 위해 어쩔 수 없이 우수한 경영자를 훈련하는 일을 핵심역량으로 삼아야 했다.

직원의 보건의료를 관리하는 일을 직접 통합한 기업들도 마찬가지 의사결정을 한 것이다. 경영교육이 제너럴 일렉트릭이 아니라 하버드 비즈니스 스쿨의 핵심역량이었던 것처럼, 보건의료는 병원과 개별 의사들의 핵심역량이었다. 그러나 기업은 노동인력의 생산성에 중요한 기여인자를 비용효과적으로 조달할 수 없기 때문에, 보건의료의 필요를 충족하는 일에 역량을 쏟기로 결정한 것이다.

스위프트와 포드는 구체적으로 그들이 원하는 것을 역량 있는 외부의 공급업체에서 비용효과적으로 조달할 수 있게 되면서 궁극적으로는 각각 식육운송 및 냉장진열사업과 제강사업에서 손을 뗐다. 우리는 제너럴 일렉트릭도 구체적으로 자사가 원하는 경영인재를 특정 비즈니스 스쿨에서 육성해낼 수 있게 된다면 똑같은 전철을 밟을 것이라고 생각한다. 마찬가지로, 쿼드/그래픽스 또한 직원들의 보건의료를 관리하는 사업을 영원히 지속하지 않을 것이다.

중소기업은 어떻게 될까?

물론, 중소기업은 대기업이 할 수 있는 수준으로 수직통합을 하지 못한다. 그러나 인적자본을 채용해서 개발하고 유지하는 데 기업이 똑같은 수준으로 투자하는 것도 아니다. 그래서 우리는 모든 기업이 일제히 통합된 직원건강 프로그램을 제공할 것이라고 기대하지는 않는다. 심지어 통합된 직원건강사업을 하기에 적합한 대기업조차 시범사업을 통해 수년에 걸쳐 대상직원과 적용부서를 점차 확대해나가는 방식으로 추진해야 할 것이다. 파괴적 혁신은 항상 뿌리내리기 쉬운 곳에서부터 시작되며, 산업의 파괴적 변혁은 일회성으로 그치는 것이 아닌 하나의 과정이다. 초기에 중소기업의 모든 직원을 대상으로 파괴적 가치 네트워크를 구성할 수 없을지도 모른다는 사실은, 그러한 혁신이 아예 불가능하다는 것을 의미하지는 않는다.

통합, 소비자 중심 보건의료, 그리고 경쟁

앞서 언급했지만, 위크햄 스키너Wickham Skinner의 집중화 방식을 접목해 보건의료의 '집중화 공장focused factories' 이론을 최초로 주장한 레지나 헤이츠린거Regina Herzlinger 교수가 최근에는 소비자 중심 보건의료consumer-driven health care에 관한 연구를 주도하고 있다.[23] 포터Porter와 테이스버그Teisberg 교수는 최근 보건의료비를 줄일 수 있는 경쟁의 촉진요인으로서 시장 중심의 가치 개념을 명쾌하게 설명한 저서를 출간했다.[24] 이제 우리는 의료공급자의 '통합'과 '시장지배력market power'의 집중–이 것들은 종종 비경쟁적 시장에서 나타나는 특성이다–이 보건의료 비용을 낮추는 동시에 질과 접근편의성을 높일 수 있는 열쇠라고 주장하고 있다. 혹시 보건의료 의사결정에 고용주들이 더 많이 개입하는 동시에 규모가 더 크고 강력한 통합형 정액제 의료공급 조직들이 혁신을 주도해야 한다는 우리의 구상이, 일반적으로 산업을 소비자 중심적으로 만드는 공개시장 경쟁open-market competition 원리에 위배되는 것은 아닐까?

우리는 헤이츠린거, 포터, 테이스버그의 주장에 동의한다. 다만, 통합은 그들이 생각하는 최종결과를 가능하게 할 새로운 사업 모델의 창출에 핵심적인 단계이다. 가치 네트워크에 근본적인 구조적 변화가 필요한 시점에 통합이 얼마나 중요한 가치를 지니는지 역사가 잘 보여주고 있다.[25] 이런 변화가 중요한 이유는 경쟁 그 자체가 비용을 떨어뜨리는 것이 아니라 '파괴적 경쟁disruptive competition'만이 그러한 결과를 초래하기 때문이다.

사업 모델이라는 것은 하나의 고객집단이 오래전부터 하려고 했던 일을 더 효과적으로, 그리고 저렴하면서도 편리하게 할 수 있도록 도와주는 가치제안을 중심으로 만들어진다. 따라서, 그들이 해결하려는 일을 제대로 이해하는 것은 그 일의 해결을 최적화하기 위해 필요한 자원과 과정의 일관된 통합의 전제조건이 된다. 그때 가서야 비로소 소비자들은 진정한 만족을 얻게 된다. 병원과 의사진료가 일에 초점을 맞추기보다는 만인을 위해 모든 것을 하겠다는 생각을 품고 있기 때문에 올바른 통합을 이루지 못하는 것이다. 현재와 같은 환경하에서는 그들이 소비자 중심적이 되기는 어렵다.

요약

우리는 이 장을 마무리하면서 몇 가지 예측과 권고안을 제시하려고 한다. 통합형 정액제(IFF)integrated fixed-fee 의료공급 조직이 파괴적 사업 모델을 활용해 더 저렴한 비용으로 더 나은 의료를 제공하기 위해 적극적으로 노력한다면 그들 조직이 번창하는 것은 물론이고, 의료의 질과 편의성을 저해하지 않으면서도 전체 보건의료 비용 또한 낮출 수 있을 것이다. 왜냐하면 품질은 올바른 통합에서 비롯되고, 비용의 감소는 집중화를 통한 간접비의 감소에서 비롯되기 때문이다. 5년 이내에 이런 진보를 눈으로 확인하게 될 것이며, 10년 후에는 비용과 고객만족도에 차이가 확연히 드러날 것이다. 그때가 되면 효과적인 통합형 정액제(IFF) 의료공급 조직들이 많을 것이기 때문에, 직원들에게 보건의료를 제공하거나 그것을 감독해야겠다고 절실히 느끼는 고용주들은 별로 없을 것이다. 따라서, 이런 상황에서는 각 지역에서 통합형 정액제 의료공급자들의 시장점유율이 더욱 높아질 것이다. 통합하지 않은 병원체인과 건강보험회사들은 점점 설 자리를 잃게 되면서 비난을 쏟아낼 것이 틀림없다. 그중 일부는 반독점 규제법 위반이라는 주장을 펴기도 할 것이다. 아니면, 통합형 정액제(IFF) 구조를 받아들이는 의료공급 조직들이 늘어나면서 같은 지역 내에서 3~4개 이상의 IFF 의료공급 조직들이 경쟁할 수도 있고, 경쟁으로 사업 모델의 혁신이 더욱 가속화될 수도 있을 것이다.

IFF 의료공급 조직들 중 몇몇은 지역을 확대해 여러 시장에 자신들의 통합형 모델을 똑같이 적용해나갈 것이다. 고용주들이 점점 더 IFF 의료공급 조직에 의존하게 되면, 파괴적 사업 모델을 가지고 있지 않은 비통합형 의료공급자들은 결국 파괴당하는 모든 기업들이 겪는 재정적인 위기와 통합을 경험할 것이다.

행위별 수가 모형이 시장에서 차지하는 비중이 점점 줄어들 것이기 때문에, 전통적인 건강보험회사들이 운영하는 대형 건강보조플랜은 살아남기 위해 힘든 몸부림을 해야 할 것이다. 7장에서 다루겠지만, IFF 의료공급 조직들이 진출하지 않은 비통합된 시장영역에서 팔리던 그들의 포괄적 급여comprehensive coverage 상품은 건강저축계좌와 연계되는 자기우선부담금이 높은high-deductible '진정한' 보험상품에 그 자리를 내줄 것이다. 이 상품들의 시장점유율이 2010년에는 10%에 불과하겠지만, 2013년에는 시장점유율의 50%를 차지하고, 지금으로부터 불과 8년 후인 2016년에는 90%를 차지할 것이다. 이런 두 가지 상품이 같은 고객을 대상으로 같은 일을 해결하는 것이기 때문에, 피델리티 인베스트먼트Fidelity Investments 같은 401(k) 퇴직연금 관리회사들은 건강저축계좌를 관리하고 마케팅하는 데 상당한 이점을 가질 것이다. 새로운 파괴적 사업 모델을 만들기 위해 건강보험회사들은 IFF가 되려는 대형 병원기업들과의 합병을 모색해야 할 것이다.

이런 비전에도 우리는 보건의료에 대한 대부분의 전략적 투자가, 과거의 사업 모델이 미래에도 여전히 지배적인 것으로 남을 것이라는 전제하에 진행될 것이라고 생각한다. 대부분의 대형 건강보조플랜은 시장점유율이 잠식당하는 상황에 대응해 서로 계속 합병해나가려 할 것이고, 그로 인해 전국적인 규모로 덩치가 커지면서부터는 합병 상대를 찾기가 점점 어려워질 것이다. 그들은 결국 그릇된 방향으로 통합해나가게 된다.

보통 이사회가 지역사회에 무언가 공적을 남기고 싶어하기 때문에, 많은 병원기업은 미래를 향해 용감한 행보를 한다는 생각으로 최첨단 시설을 갖춘 종합병원을 건립하겠지만, 이것은 과거 속으로 스스로를 발목 잡히는 일이다. 대규모 자본투자와 그로 인한 높은 고정비용 지출은 그 병원들을 최대한 활용해야 한다는 강한 압박감으로 작용해, 미래를 향한 진정으로 용감한 행보라고 할 수 있는 새로운 파괴적 사업 모델, 즉 가치부가과정 클리닉이나 전문 솔루션 숍을 만들어낼 명분을 정당화하기 어렵게 만든다.[26]

한동안 IFF 의료공급 조직이 서비스를 제공하는 지역이 매우 제한적일 것이고, 대부분의 의료공급자와 보험시스템이 여전히 지금과 같은 방식으로 사업을 지속할 것이다. 때문에 고용주들은 직원들에게 직접 보건의료를 제공하고 그것을 감독하는 것 외에는 다른 대안을 찾기 힘들 것이다. 하지만 결국 IFF 의료공급 조직이 지리적으로 시장을 확대함에 따라 이들로부터 서비스를 받게 될 것이다.

건강보험이라는 중간매체를 통해 의료공급자와 계약을 맺는 현재 시스템은 원래 고비용 구조의 사업 모델을 갖고 있는 의료공급자와의 계약을 통해 비용을 통제하는 데는 여러모로 제한이 많다. 점점 더 많은 고용주들이 직접 나서서 근본적으로 저비용 사업 모델을 통해 더 나은 의료를 제공하는 의료공급자들과 계약을 맺으려 할 것이다. 이런 직접적인 계약은 일정한 계획에 따라 가격이 결정되는 왜곡현상으로부터 가치 네트워크를 벗어날 수 있게 할 것이고, 결국 시스템의 매개자 역할을 하는 건강보조플랜이 연결고리에서 떨어져 나가게 될 것이다.

대기업들이 직원과 가족들에게 직접 일차의료를 제공하기 위해 통합하지 않더라도 몇 가지 영향력이 큰 회사방침의 변화를 통해 파괴적 보건의료 가치 네트워크의 출현을 지휘하는 데 상당한 역할을 할 것이다. 예를 들어, 만성질환 관리에 들어가는 상당한 비용이 다양한 직관적 만성질환에 대한 오진으로 잘못된 치료법에 지출되었다고 보는 우리의 견해가 옳다면, 범위의 경제성을 갖춘 주요 대기업들은 제대로 된 솔루션 숍으로 그런 환자들을 더 많이 보낼 것이고, 이를 통해 솔루션 숍을 육성하고 그 경제적 가치 또한 규정하게 될 것이다. 그들은 행동의존성 질환을 가진 환자들의 건강을 오랫동안 유지시킴으로써 수익을 얻는 헬스웨이Healthways나 옵텀헬스OptumHealth와 같은 전문적인 네트워크 회사와 계약을 늘려갈 것이다. 그리고 더 많은 고용주들은 특정한 시술을 필요로 하는 직원들이 가치부가과정 클리닉, 리테일 클리닉, 의료관광지 중 어디가 됐든 파괴적 의료전달 모형을 통해 가장 최적의 의료를 제공할 수 있는 곳을 이용하게끔 장려할 것이다.

파괴적 가치 네트워크가 점차 확립되어감에 따라, 현재의 가치 네트워크에서는 대체로 소외되어 있는 중소기업의 직원과 자영업자, 그리고 가난한 무보험자들 또한 새로운 시스템 속에서는 저렴한 비용에 더 좋은 품질의 의료를 더 편리하게 이용하게 될 것이다.

우리의 결론은 실제로 이런 일들을 잘 해낼 실체가 틀림없이 존재한다는 것이다. 다만, 역량을 갖춘 실체가 하루 빨리 그런 선택을 하기를 바랄 뿐이다.

통합형 직원건강 프로그램의 성장

6장 본문에서 소개한 쿼드/그래픽스 외에 여러 형태로 통합형 직원건강 프로그램을 도입한 다른 기업의 사례를 살펴보자. 이를 통해 우리는 쿼드메드QuadMed의 사례가, 비합리적이고 반동적인 경영진이 의사결정한 지극히 예외적인 경우가 아니라는 점을 알게 될 것이다. 오히려, 쿼드/그래픽스를 포함해 여기 소개된 기업들은 점점 중요해지고 있는 트렌드를 선도하고 있다. 트렌드란 기업 임원들이 헨리 포드Henry Ford와 구스타프 스위트프Gustavus Swift, 잭 웰치Jack Welch의 전통을 이어받아 개별 공급자에게 맡길 수 없는 중요한 투입요소의 공급을 위해 직접 통합에 나서는 추세를 말한다.

퍼듀팜즈Perdue Farms (메릴랜드州 솔즈베리)

레스토랑과 식료품 소매점에 닭고기 및 관련 제품을 공급하는 퍼듀팜즈는 연매출 20억 달러가 넘는 개인소유 기업이다. 이 기업은 일차진료의사뿐만 아니라 발병 치료와 신경학 분야의 전문의를 둔 메디컬 센터와 제네릭 의약품을 위주로 한 약국을 자체적으로 운영하고 있다. 2004년, 퍼듀팜즈의 직원 1인당 보건의료비는 미국 전체 평균(8,000달러)의 약 40% 수준인 3,000달러에 불과했다. 2003년에는 전년대비 지출이 0.75% 감소한 반면 2004년에는 1% 증가에 그쳤다. 퍼듀팜즈는 건강보험회사의 의료공급망을 이용하는 대신 외부의 병의원과 직접 계약을 맺고 있다.

퍼듀팜즈는 직원들에게 19점 만점의 설문지를 작성하도록 하고, 자체 개발한 알고리즘을 이용해 식습관에서부터 안전벨트 착용에 이르기까지 다양한 행동습관에서 5대 건강위험요인을 파악한다. 사내에 클리닉이 설치되어 있어서, 직원 중 만성질환 합병증 고위험군은 6주에 한 번씩 근무시간 중에 의사를 방문해 현재 치료법이 효과 있는지 확인한다. 환자가 예약시간에 나타나지 않으면, 의료진이 공장에 직접 찾아가 주의를 준다. 위험요인을 통제하기 위해 적용한 방법이 효과 없으면 또 다른 방법을 시도한다. "미국의 보건의료 전달 시스템은 시스템도 아닐뿐더러 보건의료를 전달하고 있지도 않아요." 퍼듀팜즈의 최고의무책임자, 로저 메릴Roger Merrill의 말이다.[27]

도요타 자동차 (텍사스州 샌안토니오)

도요타의 북미 생산부문은 미국 생산공장에 자체 약국을 개설해 보건의료비 증가에 대처해온 지 오래되었다. 한편 2007년 1월에는 텍사스주 샌안토니오에 새로 지은 공장에 900만 달러를 투자해 종합 보건의료시설을 완공했다. 이 시설은 2,000명의 공장 직원 및 가족뿐만 아니라 2,100명의 부품 공급업체 직원에게까지 서비스를 제공한다.

도요타가 이런 결정을 하게 된 것은 회사의 보건의료비가 2001~2006년 사이에 두 배로 증가해, 직원 1인당 연간 1만1,000달러 정도를 지출했기 때문이다.[28]

"(도요타에서) 우리가 비용구조를 개선하는 방법은… 품질을 개선하는 것입니다. 보건의료도 마찬가지라고 봅니다." 회사 대변인, 다니엘 지거Daniel Sieger의 말이다.

시에이치디 메리디언 헬스케어CHD Meridian Health Care가 운영하는 보건의료센터는 작업관련 사고를 관리하기 위해 보통 대형 생산공장에서 제공하는 직업보건 서비스에서부터 예방 및 일차의료 서비스, 가정의학, 내과, 소아과, 치과, 안과, 물리치료, 방사선과, 약국 및 임상병리검사에 이르기까지 종합서비스를 제공하고 있다. 시에이치디 메리디언 헬스케어의 모(母)회사인 아이-트렉스I-Trax의 CEO 딕슨 테이어R. Dixon Thayer에 따르면, 보건의료센터는 특히 보건의료비 지출의 큰 비중을 차지하는 만성질환의 관리와 예방에 신경을 쓰고 있다고 한다. 이곳에서는 의사의 환자 1인당 진료시간이 20분으로 표준화되어 있다.

퍼포먼스 푸드 그룹Performance Food Group (버지니아州 리치몬드)

지난 2년간 직원 6,000명을 대상으로 현장클리닉on-site clinic을 운영해온 퍼포먼스 푸드 그룹에는 건강관리적립금Healthy Awards Account 이라는 제도가 있다. "보건의료비를 통제하는 유일한 방법은 자신이 스스로 건강을 유지하기 위해 노력하는 것이란 점을 직원들은 잘 알고 있죠." 최고인사관리책임자 샬롯 퍼킨스Charlotte Perkins의 말이다. 예를 들어, 일주일에 세 번 체육관을 이용하는 직원들은 현금으로 보상을 받는다. 샬롯은 이렇게 부연설명을 한다. "이건 유동성 지출 계좌flexible spending account와 흡사해요. 보상금은 해가 바뀌어도 계속 적립이 가능하니까, 금액은 계속 불어나는 거죠."[29]

피트니 보우스Pitney Bowes (코네티컷州 스탬포드)

우편물 처리장비를 생산하는 이 업체는 현장클리닉을 7개 운영하고 있다. 현장 직원의 73% 정도가 이 클리닉을 이용하며, 연간 방문건수는 3만5,000건에 달한다.[30]

버몬트 주립대학교University of Vermont (버몬트州 벌링톤)

5년 전, 4,000명에 달하는 교직원들을 위해 현장클리닉을 개설한 버몬트 주립대학교 벌링톤 캠퍼스 또한 교직원들이 각자 건강에 신경 쓰도록 하는 데 효과를 거두고 있다. 이 대학은 다양한 점수가 부여되는 건강관리활동 메뉴를 교직원들에게 제공하고 있다. 건강위험평가를 받는다든지, 운동 프로그램을 시작하거나 금연 프로그램에 등록하는 등 교직원이 선택한 활동에 따라 일정한 점수를 부여하는 인센티브 프로그램이다. 적립된 점수는 1년에 최고 100달러까지 환산이 가능하며, 직원들은 이 돈을 캠퍼스 내 혹은 인근지역에서 물건을 구입하는 데 사용할 수 있다.[31]

스콧츠 미라클그로Scott's Miracle-Gro (오하이오州 메리스빌)

잔디관리 제품을 생산하는 대형업체 스콧츠는 직원의 건강행동을 관리하고 변화시키려는 기업 중에서도 단연 손꼽히는 회사다.[32] 20년간 담배를 하루에 두 갑씩 피웠던 이 회사의 CEO 호레이스 하게돈Horace Hagedorn은 자신처럼 골초였던 어머니가 어느날 폐암으로 죽자, 이에 충격을 받아 건강관리 프로그램에 관심을 갖기 시작했다. 하게돈은 그날로 담배를 끊었다. 2000년대 초, 스콧츠의 보건의료 비용이 폭발적으로 증가하는 상황을 지켜본 하게돈은 직원들이 의료를 너무 남용한다는 느낌을 받았는데, 정부나 건강보험산업에서 적절한 해답을 찾을 수 없었다. 2003년 2월 스콧츠는 직원들의 건강보험료를 두 배로 올렸고, 직원들의 사기는 땅에 떨어졌다. CEO는 1사분기 직원과의 담화에서 스콧츠의 현실을 설명했다. 스콧츠의 연간 보건의료비 지출은 1999년 이래 42% 증가해 2,000만 달러에 달하는데, 이는 2003년도 매출 순이익의 20%에 해당했다. 더 큰 문제는 이듬해에는 그 비용이 20% 증가할 것이고, 향후 두 자리대 증가 추세가 지속될 것이라는 점이었다. 당시 6,000명의 직원 중 절반이 과체중이거나 고도비만morbidly obese 이었으며, 4분의 1이 흡연을 하고 있었다.

몇 달 후 하게돈은 CNN방송에 한 의사가 출현해 기업이 비만과 당뇨병, 흡연을 좀 더 심각하게 받아들여야 한다고 말하는 것을 들었다. 의사는 "회사가 비용을 지불하고 있으니, 회사가 무언가를 해야 하지 않겠냐"고 했다. 방송을 본 하게돈은 급기야 직원들의 흡연을 금지하고 비만을 관리해야겠다는 생각을 굳히게 되었다. 그 수단으로 모든 직원 가족과 친척들의 흡연을 위한 중재 프로그램을 마련했다. 법무팀에서는 스콧츠의 결정이 연방법률에 위반될 수도 있다고 우려했지만, 결국 본사가 있는 오하이오주를 비롯해 21개 주에서는 직원의 흡연습관에 따라 채용과 해고를 결정하는 것이 위법이 아니라는 결론에 도달했다.

스콧츠는 또한 흡연 관련 중재안이 웰빙 프로그램과는 거리를 두어야 할 필요가 있다는 것도 깨달았다. 어느 누구도 경영관리자가 직원들을 건강수준에 따라 차별해서는 안 된다고 생각했기 때문에, 결국 제3자가 프로그램을 운영했다. 2005년 이 회사는 수십 개의 기업을 위해 현장 일차진료소와 체력단련실을 관리하는, 클리브랜드에 본사를 둔 홀 헬스 매니지먼트Whole Health Management에 위탁운영을 맡겼다. 홀 헬스 매니지먼트는 직원들의 건강자료와 보험청구 자료를 수집해 개인별 건강성과를 측정했는데, 이 개인자료는 외부에 노출되지 않게 보안을 철저히 했다. 현장 클리닉 의사들도 개인정보를 철저히 관리하겠다는 점을 직원들에게 보장했다.

하게돈은 직원들과 가진 한 집담회 자리에서, 회사 체육관이 있으면 건강관리 프로그램에 도움이 될 것이라는 직원들의 제안을 받고, 즉시 본사 길 건너편에 의료 및 체육 복합센터를 건립했다. 홀 헬스가 운영하는, 2만4,000평방피트 규모의 이 시설을 건립하는 데 500만 달러가 들었다. 클리닉에는 정규직 의사 2명과 간호사 5명, 영양사 1명, 물리치료사 2명, 그리고 시간당 30달러를 받고 개인지도를 해주는 운동코치팀이 고용되었다. 이 복합시설은 무료 처방약 조제를 비롯해 직원들이 가지고 있을지 모를 건강 관련 필요의 대부분을 충족시킬 수 있다.

스콧츠의 모든 직원은 철저한 건강위험평가를 받아야 하는데, 질문은 대략 이런 것들이다. 담배를 피웁니까? 음주는 어느 정도 합니까? 부모의 사망원인은 무엇이었습니까? 기분이 가라앉는다든지, 슬프거나 절망스럽다고 느낍니까? 지쳤다고 느낍니까? 배우자와의 관계는 어떻습니까? 자녀와의 관계는 어떻습니까? 임신 중이거나 당뇨병 또는 고지혈증이 있습니까? 등등. 평가받기를 거부하는 직원은 매달 보험료에 40달러를 추가로 내야 한다. 홀 헬스Whole Health 측 분석가들은 데이터마이닝 프로그램을 이용해 거의 모든 직원의 신체적 · 정신적 건강과 가족력을 분석한 후 정보를 보험청구자료와 비교한다. 건강코치들은 중등도 이상의 고위험군에 속하는 직원들을 파악한 다음, 해당 직원들에게 건강코치를 한 명씩 지정해 실천계획을 마련하게 한다. 실천계획에 따르지 않는 직원은 40달러에 더해 월 67달러를 추가로 더 내야 한다. "당근도 써봤지만, 그런 회유책만으로는 효과가 없더라고요." 직원복지급여를 담당하는 팸 쿠릴라Pam Kuryla의 말이다.

체육관을 자주 이용하는 직원은 특별히 제작된 핀을 선물로 받아 신분증을 매는 끈에 부착하고 다니는데, 이것을 탐내는 사람들이 있을 정도로 인기가 많다. 또한 각자의 건강실천 계획에 발전이 있는 직원에게는 하와이 여행이나, 무료 전신 및 얼굴 마사지 이용권, 기타 상품이나 현금을 부상으로 주는데 직원들 사이에 경쟁이 치열하다. 지금까지, 본사 직원의 70% 이상이 체육센터를 이용하고 있다. 금연 프로그램은 이미 30% 이상의 성공률을 보이고 있다. 건강관리 프로그램을 운영하는 데는 연간 400만 달러가 소요되지만, 회사 측은 3~4년 후쯤부터는 손익을 맞출 수 있을 것으로 내다보고 있다. 다른 대기업은 건강관리 프로그램의 투자수익률이 300% 정도로 나타나고 있다.

하게돈의 금연 정책은 특히 씹는 담배를 즐기는 직원이 많은 생산공장에서 논란이 되었다. 그도 그것을 모르는 바는 아니다. 그의 아내도 담배를 끊는 데 3년이나 걸렸다. 하지만, 그는 "담배가 자살행위이기 때문에 그것을 장려할 수 없다"고 못을 박으면서도, "스콧츠의 직원들이 마음만 먹는다면 어떤 지원도 아끼지 않겠다"고 밝혔다.

기타 기업들

캔사스 시티에 있는 서너Cerner Corp와 스프린트 넥스텔Sprint Nextel Co.은 직원들의 생산성을 높이고 불필요한 근무시간 낭비를 줄이기 위해 작업장 클리닉을 추가로 개설하고 있다. 퀄컴Qualcomm은 홀 헬스 매니지먼트Whole Health Management와 함께 7,000명의 직원을 위해 샌디에이고에 종합현장진료소 개설을 추진하고 있다. 캐터필라Caterpillar는 통합형 직원건강 프로그램을 실시하고 있다. 제너럴 밀스General Mills는 미네아폴리스 본사에 1개의 직원 클리닉을 운영하고 있다. 그 밖에 IBM, 마이크로소프트, 헤라엔터테인먼트Harrah's Entertainment, 퀄러Kohler Inc., 밀러 맥주회사Miller Brewing Co. 등도 통합형 직원건강 프로그램 도입을 고려 중이다.[33] 컨설팅업체인 왓슨 와이어트Watson Wyatt와 비영리단체인 전국보건비즈니스그룹National Business Group on Health이 2008년에 공동으로 수행한 설문조사 결과에 따르면, 조사표본이 된 기업 중 30%가 2009년에 현장클리닉을 운영할 계획이 있다고 답했다.[34]

제 7 장

의료비 상환방식의 파괴적 혁신

일부에서는 의사들이 일단 면허를 받고 나면 전통적인 규제의 영향을 별로 받지 않는다는 견해가 있다. 미국 연방관보Federal Register [1]를 살펴봐도 진료대상 환자라든지, 사용할 수 있는 치료법과 프로토콜protocols, 진료장소, 성과 측정방식 등과 같은 사항에 관해 의사들을 명시적으로 규제하는 조항이 많지 않은 것은 사실이다.

그러나 여러 모로 이 네 가지 차원의 진료활동에 관한 의사들의 선택은 서비스의 대가를 지불받는 방식을 통해 미시적으로 규제가 되고 있다. 비용상환제도Reimbursement는 미국에서 의사를 규제하는 주요 기전으로 자리 잡았다.[2] 의사들의 다양한 진료활동에 대한 지불여부, 지불시점, 지불수준을 결정하는 일은 의사들의 진료활동 영역과 수익성을 좌우하기 때문에 부지불식간에 다른 어떤 것보다 광범위하게 영향력을 행사하는 강력한 규제기전이 되어버렸다.

보건의료 개혁에 관해 어떤 방안을 놓고 논의할 때, 비용상환제도라고 부르는 규제 시스템이 그것을 허용하지 않을 것이라는 점을 참석자들이 깨닫는 순간, 그러한 논의는 막다른 골목에 몰리고 만다. 비용상환제도는 현상(現狀)을 존속시키는 방식으로 구조가 짜여 있다. 항상 해왔던 방식으로 일을 하거나, 기존의 의료구조 내에서 개선하는 의료제공자들은 자신이 하는 일의 대가를 지불받을 수 있다. 그러나 의료 구조를 바꿈으로써 시스템을 파괴적으로 혁신시키려는 경우 돈을 한 푼도 벌지 못하는 끔찍한 상황을 배제할 수 없다. 왜냐하면 파괴적 혁신을 통해 세상에 처음 나오는 것들은 비용상환제도로 기준이나 가격을 정한 기존의 제품 범주에 전혀 맞지 않기 때문이다.

보건의료 개혁가들은 보건의료 서비스를 받는 사람들이 비용을 잘 알고, 적어도 그 비용의 일부를 부담하지 않는다면 보건의료의 가치를 향상시킬 수 없다는 주장을 강하게 펴왔다.[3] 이와 동시에, 현대사회를 살아가는 대다수 사람들은 고용주나 정부가 보건의료비를 지원해야 할 도덕적 의무를 지니고 있다고 생각하는데, 그런 믿음은 거의 종교를 신봉하는 수준에 가깝다. 따라서 우리는 고용주들이나 메디케이드 Medicaid, 메디케어 Medicare가 대부분의 보건의료 비용을 보상해주어야 한다고 믿음으로써 정상적으로는 효율과 책임성을 강화하고, 더 큰 가치를 전달하도록 촉진하는 시장의 압력으로부터 의료공급자와 환자를 고립시키고마는, 상당한 모순상황에 빠져버렸다.

보건의료의 왜곡을 심화시키는 비용상환제도의 더 큰 문제점은 보험자들이 지불하는 가격(의료 수가) 대부분이 시장원리에 따라 정해지지 않는다는 점이다. 반대로, 그것은 공산주의 체제에서나 사용하는 가격산정 알고리즘과 밀실협상의 냄새를 풍기는 관리가격 administered prices 이다. 의료제품과 시술의 가격을 정하고 그것을 승인하는 사람들은 대개 메디케어와 민간보험자들 편에 서서 지불해야 할 대상을 일러주는 의사와 보건경제학자, 보험회계사들이다.[4]

우리가 공산주의에서 나타나는 것과 같은 비효율성의 문제를 안고 있다는 점은 전혀 놀랄 일이 아니다. 병원들은 관상동맥우회술과 같이 수익성이 높은 시술에 집착한다.[5] 정신과 치료와 외상 치료trauma care처럼, 이른바 돈을 까먹는 서비스라든지, 장기적으로 비용을 절감하게 해 줄 예방 및 일차의료 서비스를 기피하는 병원도 있다.[6] 결국 대가를 제대로 받지 못하거나 손해를 보면서 제공해야 되는 서비스가 점점 줄어들면서 더 많은 사람들이 '접근성'을 잃고 있다. 하지만 고객이나 사회를 위한 가치라든지, 수요와 공급, 그리고 경쟁의 원리가 그런 이익과 손실에 반영되어 있는 것은 아니다. 그보다는 비용과는 크게 상관없이 부적절하게 설정된 가격 때문에 생긴 결과이다. 그러나, 공산주의 체제에서처럼, 높게 잘못 책정된 가격이 대체로 낮게 책정된 가격을 상쇄하기 때문에 별 문제없이 제도가 굴러가고 있으며, 병원과 의원들도 대부분 그러한 항목들 간에 교차지원을 통해 적당한 선에서 이익을 누리고 있다.

이 장의 목적은 파괴적 혁신을 효과적으로 촉진하려면 어떻게 비용상환제도를 바꾸어야 할지를 알아보고, 정책결정자들과 보험자, 고용주들이 이런 변화를 어떻게 성공적으로 추진할 수 있을 것인지 살펴보는 것이다. 그 내용은 다음과 같이 여섯 가지로 구분된다. 우선 어떻게 오늘날과 같은 상황에 이르게 되었는지를 독자들에게 이해시키기 위해 먼저 건강보험과 비용상환제도의 역사부터 살펴볼 것이다. 두 번째는, 여러 나라에서 흔히 사용되고 있는 제도를 고찰해볼 것이다. 세 번째는, 비용상환제도가 보건의료산업에 초래한 문제점에 대해 더 심도 있게 살펴볼 것이다. 네 번째와 다섯 번째는, 기존의 제도에 의해 초래된 문제점을 극복할 수 있는 두 가지 비용상환제도를 제안하는데 '통합형 인두제integrated capitation', 그리고 고액공제보험high-deductible insurance과 연계된 '건강저축계좌health savings accounts'가 바로 그것이다. 마지막에는, 건강보험이 없는 빈곤층에 적절한 보건의료를 제공하기 위한 몇 가지 방안을 추가적으로 제안할 것이다.

건강보험과 비용상환제도의 역사

1900년대 초 현대의학의 시대가 도래하기 전까지만 해도, 심각한 질병을 치료하는 데 드는 비용이 지금처럼 재정적 파탄을 가져오는 정도는 아니었다. 가족이 집에서 환자를 돌보거나, 자선단체가 지역사회 시설에 환자들을 수용했기 때문에 그래도 감당할 만했다. 의사와 병원들이 중환자에게 해줄 수 있는 것이 별로 없었기 때문에, 건강보험보다는 생명보험이 의학적 현실과 더 잘 맞았다. 당시 판매되었던 건강보험은 오늘날 우리가 장애보험disability insurance이라고 부르는 것과 비슷해서, 의료비를 보장하기보다는 질병이나 심각한 사고로 인한 소득손실을 막는 것이 주목적이었다.

1920년대부터 1940년대에 걸쳐 종합병원이 발전하면서부터는 이전에는 치명적이었던 질병에서 회복되는 환자들이 많아졌다. 이 과정에서 의료비는 점점 비싸져서 급기야 경제적 파탄을 가져오는 수준까지 증가했다. 1928년 한 달에 5달러를 저축하려고 안간힘을 쓰던 상황에서 평균 140달러나 되는 병원비는 한 가족을 경제적 파탄으로 몰고 가기에 충분했다.[7] 그래서, 재난성 질환이나 사고로 인한 엄청난 손실에서 사람들을 보호하기 위해 건강보험산업이 출현하게 되었다.

대공황 시절, 나중에 블루 크로스Blue Cross로 알려지게 된 일련의 선구적인 비영리 회사들이 나타나 저렴한 연회비를 받고 병원 서비스를 이용하게 해주는 선불제 보험상품을 판매하기 시작했다. 의사 서비스에 적용이 되는 선불제 보험을 판매하는 회사도 등장했는데, 이들이 바로 블루 쉴드Blue Shield의 전신이다.[8] 규제기관은 블루 크로스와 블루 쉴드가 비영리조직이라는 이유로 가입자 개인의 건강상태에 상관없이 집단요율부과방식community rating에 따라 가격을 정하도록 강제했다. 따라서, 같은 지역사회 집단에 속한 모든 사람들은 동일한 보험 적용에 동일한 가격을 부담하게 되었다.

건강보험 시장은 영리보험회사들이 참여하기 시작하면서부터 급속히 팽창했다. 앞서 예로 든 비영리조직과 정부 승인을 받은 유사한 보험자들과 달리, 영리보험자들은 경험요율부과방식experience rating에 따라 보험상품을 개발할 수 있었다. 그 덕분에 비용이 적게 드는 젊고 건강한 '알짜배기' 고객들만 골라 더 낮은 가격에 보험을 판매할 수 있었다. 이런 새로운 유형의 건강보험은 주택보험이나 생명보험과 마찬가지로 개별 보험판매원이 판매했고, 건강보험 비용은 개인이 전액 부담했다. 〈그림 7-1〉에 나와 있듯이, 이 보험상품에 가입한 사람들의 수는 1940년 전체 보험가입자들 중 10%에도 못 미쳤으나, 1970년대에는 거의 80%에 육박할 정도로 늘어났다.[9]

〈그림 7-1〉 보험 유형별 가입자 비중의 변화

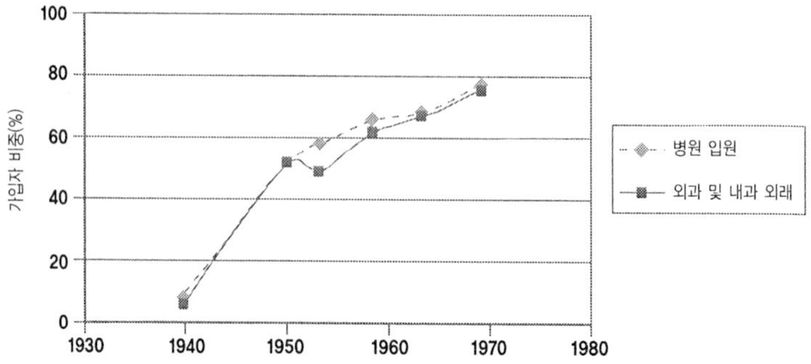

출처: Anderson, Ronald and Newman, John F. "Societal and Individual Determinants of Medical Care Utilization in the United States," *The Milbank Quarterly* 83, Issue 4, 1973.

규범으로 자리잡은 직장건강보험Employer-Based Health Insurance

전액 본인 부담 건강보험 시장이 막 태동한 가운데, 1930년대 들어 캘리포니아의 헨리 카이저Henry Kaiser 같은 소수의 기업가들은 직원을 위한 복리후생 employee benefit의 일환으로서 건강보험 비용을 지원하기 시작했다. 카이저의 직원건강 프로그램은 대공황 시절 콜로라도 강 유역의 수로 개발공사가 한창이던 모하비Mojave 사막에서 처음 시작되었다. 사막의 작은 병원에서 카이저의 건설노동자들을 진료하던 의사 시드니 가필드Sidney Garfield와 보험중개사였던 헤롤드 해치Harold Hatch는 재난성 질환으로 인한 비용손실뿐만 아니라 선불제로 모든 의료서비스를 제공하는 새로운 보험상품을 개발했다. 카이저가 보기에 선불로 하루 5센트씩 내도록 하는 이 방식은 꽤 괜찮은 조건이었고, 실제로 험악한 자연환경에서 일할 노동자를 모집하고 그들의 건강을 유지시키는 데 큰 보탬이 되었다.

미국 의회는 제2차 세계대전 동안의 엄청난 예산적자와 인플레이션을 통제하기 위해 1942년 재정안정화법 Stabilization Act을 통해 폭넓은 물가통제 방안을 마련했다.[10] 이 법률은 노동자의 임금인상을 제한하는 한편, 노동자의 채용과 보상을 위한 수단으로 기업이 직원에게 보험상품을 제공하는 것은 허용했다. 대부분의 기업들은 연금과 생명보험을 제공했는데, 콜로라도 수로 개발공사 때 직원들의 의료비를 지원해줌으로써 어떤 파급효과를 거두었는지 생생히 기억하고 있었던 헨리 카이저는 캘리포니아 롱비치Long Beach 조선소에서 일할 직원을 채용하는 데 이 법안을 활용했다. 그는 단순히 직원들의 보건의료비를 지불해주는 것이 아니라, 자체 클리닉을 통해 직원들에게 직접 보건의료를 제공하는 전략을 생각해냈다. 그것이 직원들의 건강을 유지시키고 병원 신세를 지지 않도록 하는 데 보탬이 될 것이라고 믿었기 때문이다. '퍼머넨테Permanente' 라

이름 붙인 것이 바로 미국 최초의 건강유지기구(HMO)health maintenance organization이다.[11] 1944년, 카이저는 일반인들도 퍼머넨테 건강 플랜 Permanente Health Plan에 가입할 수 있도록 문호를 개방했다. 기존의 보험상품에 비해 적용범위도 넓고 가격도 저렴했기 때문에 특히 노동조합원들에게 인기가 많았다.

제2차 세계대전이 끝난 후, 기업주들은 건강보험을 확대해 '대형 메디컬major medical 플랜'이라는 것을 제공하기 시작했는데, 이것은 기존의 기초적인 병원 보험상품에는 적용이 되지 않았던 주요 질환이나 사고에 의한 심각한 상해를 치료하는 데 드는 비용까지 그 적용범위가 광범위했다. 1949년에 리버티 뮤추얼 보험회사Liberty Mutual Insurance Company가 처음으로 대형 메디컬 상품을 내놓은 이후, 이와 비슷한 상품들이 민간 보험시장을 급속하게 잠식해, 1953년경에 이르러서는 대형 메디컬 플랜에 가입한 사람들의 수가 120만 명에 달했다. 이런 수치는 당시 미국 전체 인구의 1%에 해당하는 것이었다.[12]

1913년에 확립된 연방소득세제federal income tax system를 처음으로 완전히 재정비한 1954년도 세입법(공법83-591호)Internal Revenue Act에는 직원건강보험에 대한 회사 부담분을 손비(損費)처리할 수 있도록 하는 규정이 포함되었다. 이때부터 건강보험은 세금공제가 되는 보수의 형태로 공식 인정을 받게 되었고, 기업주들은 임금을 인상하는 대신에 건강보험을 앞다투어 제공하기 시작했다. 1962년에 이르러서는 전체 근로자의 25%에 해당하는 3,820만 명이 직장에서 제공하는 대형 메디컬 보험에 적용을 받았다. 1969년에 9,260만 명으로 증가한 적용인구는 1973년에 통과된 건강유지기구법HMO Act에 힘입어 1977년에는 전체 근로자의 79%에 해당하는 1억1,730만 명으로 그 수가 늘어났다.[13]

1960년대 들어, 기업주들과 건강보험회사들은 각각 인력시장과 보험시장에서 차별화를 꾀할 목적으로 '포괄적' 건강급여를 도입하기 시작했는데, 이것은 일상적인 보건의료 비용까지 상환해주는 것이었다. 최고의 직원을 모집하고 보유하기 위해 좋은 기업일수록 직원의 부담분을 더 낮추는 한편, 더 포괄적인 급여를 제공했다. 얼마 안 가서 이 두 가지 유형의 기업주가 제공하는 보건의료 보조, 즉 재난성 질환에 대한 진정한 보험과 일상적인 보건의료 비용에 대한 상환은 단일 종합 건강보험 상품으로 결합되었다. 그리고, 부지불식간에 이것은 오늘날 세계시장에서 경쟁력을 유지하려고 애를 쓰는 기업주들의 부담으로 작용하기에 이르렀다. 6장에서 언급한 대로, 우리는 이런 서로 다른 유형의 결과물, 즉 보험과 비용상환을 '건강보조health assistance' 라고 부를 것이다.

의료비 상환의 유형

행위별 수가제(行爲別 酬價制)

오늘날 지배적인 의료비 상환방식은 행위별 수가제(FFS)fee-for-service 로, 의료공급자는 서비스를 더 많이 제공할수록 더 많은 돈을 벌 수 있게 된다. 그 결과 오늘날 미국 의료시스템에서는 의료공급자들의 수가 많은 만큼 제공되는 의료의 양도 엄청나다. 여러 연구결과를 보면, 미국 의료서비스 중 많게는 절반가량이 의학적으로 불필요한 것들인데, 그 원인의 상당부분은 행위별 수가제가 만들어내는 재정적 인센티브 때문이라고 한다.[14]

메디케어와 메디케이드는 직장건강보험을 적용받지 못하는 특정 인구집단을 위해 정부가 후원하는 프로그램으로, 젊고 건강한 노동연령층과 늙고 가난한 인구집단 사이에 심각한 의료보장 격차를 해소하기 위해 마련된 것들이다. 가장 필요로 하는 병든 환자들에게 보건의료를 제공하는 일은 오랫동안 대다수 미국인들의 관심을 끌지 못했지만, 전국민 의료보장universal coverage을 추진하려는 노력은 루즈벨트 대통령의 뉴딜New Deal 시기부터 존재해왔다. 하지만, 미국의사협회가 이끄는 이익집단들은 전 국민 의료보험체계가 의사와 환자 관계를 해칠 것이라는 우려를 표명했다(이것은 그들의 지갑 사정에 대한 우려를 가리기 위한 연막이라고 말하는 이도 있다). 그들은 그런 인프라 구조의 도입을 좌절시키려는 노력을 1965년까지 이어가다가, 결국 타협안으로 노인과 빈곤층에 의료보장을 제공하기 위해 마련된 메디케어와 메디케이드 도입에 동의했다.[15]

이 프로그램을 운영할 때 행위별 수가제를 적용하도록 한 것도 이 타협안의 일부였다. 아무런 해를 끼치지 않을 것처럼 보였던 이 결정은 보건의료비와 노인 가입자의 수가 증가함에 따라 그 후 수십 년 동안 감당할 수 없을 정도로 의료비를 증가시킨 핵심적인 요인이 되었다.

인두제(人頭制)

통제불능의 의료비 증가 추세는 1980년대까지 계속되었다. 의사와 병원에 대한 비용상환방식이었던 행위별 수가 모형에 대한 비난이 쏟아졌고, 이 문제를 해결할 방안으로 '인두제Capitation'가 부각되었다. 카이저 퍼머넨테Kaiser Permanente 같은 건강유지기구(HMO)들은 일정액의 연회비를 받고 가입자들이 필요로 하는 모든 의료를 제공했다.

인두제는 카이저같이 경영상으로 통합된 의료공급 조직에서 사용하는 효과적인 건강보조 메커니즘으로서 오늘날까지 여전히 주목받고 있다. 이 방식은 의료공급자들이 필요 이상으로 많은 의료를 제공하게 만드는 행위별 수가 상환방식의 인센티브를 제거하는 대신, 의료공급자들이 환자의 건강을 유지시키기 위한 건강관리와 예방 서비스에 관여하게 하는 인센티브를 제공한다. 진료간호사nurse practitioners나 의사보조원physician assistants과 같이 비용이 적게 드는 의료인을 활용하고 비용이 적게 드는 장소에서 진료를 제공함으로써 더 큰 잉여 또는 수익을 거둘 수 있기 때문에, 이런 점에서 실제로 인두제는 통합형 의료공급조직 내에서 파괴적 사업 모델의 개발을 촉진한다.[16]

우리는 이런 통합형 의료공급 조직 내에서 행해지는 유형의 인두제를 '통합형 인두제integrated capitation' 라고 부른다.

인두제가 유명무실하게 된 이유는 건강유지기구(HMO) 형태가 아닌 전통적인 건강보험자들이 서로 독립적인 일차진료의사와 전문의, 병원으로 구성된 네트워크하에서, 그것도 환자들의 주치의 선택권을 제한하면서까지 건강유지기구의 비용통제방식을 흉내 내려고 했기 때문이다. 일차진료의사들은 두당 정해진 요금에 수입을 전적으로 의존해야 했고, 비용이 더 많이 드는 전문의 및 병원 진료에 대한 환자의 접근 여부를 결정하는 '문지기' 가 되었다.

'비통합형 인두제Nonintegrated capitation' 가 사람들의 눈 밖에 나게 된 것은 일반적으로 다음의 세 가지 이유 때문이다. 첫째, 직장인들이 회사를 옮기기도 하고, 기업주들이 직원들에게 제공하는 건강보험을 바꾸는 경우도 자주 있기 때문에, 1980년대와 1990년대를 통틀어 직장인들의 건강보험 평균 가입기간은 3년에 불과했다.[17] 보험자나 의료공급자들은 당장 의료에 투자함으로써 나중에 심각한 질병으로 발전해 더 큰 손실을 발생시키지 않도록 예방할 수 있지만, 그런 일이 그들의 경제적 관심사가 되지 못한 이유는 어쨌거나 결과가 시간상으로 3년 이후에 일어날 것이라고 믿었기 때문이다. 그들에게 주어진 인센티브는 단기적으로 의료비 지출을 최소화하는 것이 되어버렸다. 왜냐 하면, 그로 인해 환자가 심각한 질병을 앓게 되더라도 그 의료비는 나중에 다른 사람에게, 심지어는 한참 시간이 흘러 메디케어에 청구될 가능성이 컸기 때문이다.

두 번째 문제는 인두제가 선택의 자유를 제한했다는 것이다. 의사를 선택할 때에 비해 HMO 같은 보건의료시스템을 선택하는 경우가 더 마음 편한 소비자들이 있는가 하면, 진료수준에 상관없이 의사와 병원을 마음대로 선택할 수 있는 자유를 중요시하는 사람들도 많다. 이런 사람들은 다른 의사를 찾거나 유명한 전문의에게서 진료받고 싶은데 불필요하다거나 네트워크 계약범위를 벗어난다는 이유로 문지기 역할을 하는 일차진료의사가 그것을 거부했을 때 화가 단단히 났다. 기업주들이 처음 건강급여를 제공하기 시작한 핵심적인 이유가 회사가 원하는 인재를 채용하고 그들을 유지하는 것이었기 때문에, 결국 대부분의 기업주들은 의사 선택을 제한해서 직원들의 신뢰를 위태롭게 하면서까지 비용절감을 하려고 들지 않았다.

세 번째 문제는 인두제가 도입된 환경의 비통합적 구조 때문에 발생했다. 인두제는 카이저Kaiser와 같은 통합형 시스템에서 잘 작동한다. 그러나, 자영업자로서 문지기 역할을 하는 일차진료의사는 또 다른 자영업자인 전문의와는 제로섬zero-sum 게임 관계에 있다고 할 수 있다.[18] 일차진료의사가 더 비싼 전문의에게 환자를 의뢰하면 일차진료의사의 수입이 줄어들었고, 일차진료의사가 환자 의뢰를 제한하면 전문의들은 자신의 수입이 줄어든다고 불평했다. 어느 누구도 비용과 편익에 관해 그들에게 요구되던 시스템 차원의 의사결정을 할 안목은 가지고 있지 않았다. 더 비싼 의료에 대해 환자의 접근을 거부했을 때, 일차진료의사는 신뢰받는 관계를 맺어야 할 대상인 그들의 환자로부터 신랄한 비판을 받아야 했다. 한편, 일차진료의사들이 너무 쉽게 비싼 의료에 접근을 허용하면, 이번에는 안그래도 비용절감을 하려고 혈안이 된 보험회사가 그들의 판단을 의심했다. 그래서, 사업주 입장에 놓인 많은 독립개원의들은 인두제를 지극히 싫어하게 되었다. 통합형 의료공급 조직에서 일하는 봉급제 의사에게는 이런 상황이 딜레마가 될 이유가 별로 없었는데, 그것은 의뢰여부가 그들의 소득에 큰 영향을 미치지 않았기 때문이다.[19]

직장인들과 비통합형 시스템 의료공급자들의 격렬한 반발로 1998년경부터 대부분의 기업주들은 행위별 수가제 방식으로 상환방식을 되돌렸고, 보건의료비 지출의 급속한 증가세가 다시 시작되면서 2003년에는 증가율이 또다시 두 자릿 수를 기록했다. 이 시점부터 많은 기업주들이 택한 전략은 더 많은 의료비를 직원에게 전가하는 것이었다. 그러나 비용을 전가한다고 해서 비용이 감소하는 것은 아니다.

현행 건강보조시스템이 만들어내는 왜곡

앞서 말한 이유로 행위별 수가제로 되돌아가버린 오늘날의 건강보조방식은 보건의료의 효능과 효율에 크게 세 가지 왜곡을 만들어내고 있다. 첫째, 파괴적 의료공급자의 출현을 가능하게 하기보다는 비용이 많이 드는 공급자를 존속시키고 있다. 둘째, 그것들이 서비스 가격을 결정하고 있기 때문에 의료산업의 여러 분야에 걸쳐 수익성을 둘러싼 인위적인 거품을 만들어 내고, 결과적으로 새로운 제품과 서비스에 대한 투자가 그릇된 방향으로 흘러가게 만든다. 셋째, 현재 계약방식은 병원의 비용을 낮추기는커녕 오히려 비용을 높이고 있다. 지금부터 이런 각각의 왜곡에 대해 자세히 살펴보자.

고비용 사업 모델에 갇힌 의료

현행 건강보조시스템이 만들어내는 첫 번째 문제는 행위별 수가제로 인해 보건의료가 고비용 구조를 지닌 기관에 갇혀 파괴적 사업 모델로부터 격리되어 있다는 점이다. 투석환자에 대한 지불방식의 역사를 살펴보는 것보다 이런 왜곡을 더 잘 설명할 수 있는 길은 없을 것이다.[20]

빌렘 콜프Willem Kolff 박사는 1943년 최초의 '드럼 투석기'를 개발했다.[21] 이것은 한국전쟁 때 널리 쓰여 급성신부전으로 인한 사망률을 반으로 줄였다. 이후 병원들은 일시적인 신부전의 원인이 밝혀질 때까지 급성신부전 환자를 위한 입원투석 시설을 앞다투어 세우기 시작했다. 만성신부전 환자를 위한 병동을 개설한 병원들도 일부 있었지만, 그런 환자들은 영구적으로 입원해야 했기 때문에 당시로서는 현실성이 없었다.

그러나 1960년에 벨딩 스크라이브너Belding Scribner가 테플론Teflon으로 코팅된 U자 모양의 관을 이용해 장기적으로 투석환자의 혈관에 편리하게 접속할 수 있게 해주는 동정맥루arteriovenous (AV) shunt를 최초로 개발하면서 상황은 달라졌다. 스크라이브너 션트Scribner Shunt라고도 불리는 이 기구가 일단 삽입되고 나면, 더 이상의 수술은 필요하지 않았다. 환자들은 여전히 평생, 적어도 신장이식을 받을 때까지는 투석을 받아야 했지만, 이때부터는 통원치료가 가능해졌다. 이런 발명의 잠재력을 간파한 스크라이브너는 1962년 세계 최초로 외래투석센터를 설립했고, 이 때문에 신장학 분야는 괄목할 만한 성장을 거듭했다. 급증하는 만성신부전 환자들의 기대수명 또한 투석치료를 통해 갑자기 늘어나게 되었다. 5장에서 사용한 표현을 빌리면, 급성질환이었던 신부전은 크게 보면 만성질환으로 바뀌었다.

스크라이브너의 동정맥루는 진정한 파괴적 사업 모델을 가능하게 했다. 오늘날 미국에는 4,200개 정도의 투석센터가 있다. 환자들은 전국 각지에서 예약만 하면 집에서 멀리 떨어진 투석센터에 가서 치료를 받을 수 있다. 신장내과 전문의가 아닌 투석간호사가, 병원이 아닌 클리닉에서 투석치료의 대부분을 제공하고 있다. 오늘날 투석치료가 35만 명에 달하는 미국인의 목숨을 연장했지만, 그동안 엄청난 의료비가 지출되었다. 2004년 말기 신부전 환자 관리에 들어간 비용은 325억 달러로, 이후로도 매년 9~10%씩 증가할 것으로 본다.[22]

이야기는 여기서 끝나는 게 아니다. 외래투석센터가 이 시장에서 병원을 파괴시켰던 것처럼, 가정투석in-home dialysis은 외래투석센터를 파괴시킬 엄청난 잠재력을 가지고 있다. 1960년대에 처음 개발된 가정용 투석기는 형편없었다. 기본적으로 세척기를 개조한 정도의 수준으로, 비싼 돈을 들여서 집 안의 전기와 배관 설비를 바꾸어야 했다. 그 기계는 복잡하고 작동법도 어려웠다. 그러나 가정투석용 기술이 발전해 사용이 편리해지고 환자의 사생활을 보장해줄 수 있게 되면서 수요가 크게 늘었다. 1972년에 이르러 미국 전체 투석환자의 40%에 해당하는 1만1,000명의 환자가 가정투석 방법을 사용하게 되었다.[23] 오늘날 매사추세츠주 로렌스에 본사를 둔 넥스테이지NxStage의 시스템 원System One과 같은 기계는 크기가 겨우 전자레인지만 하기 때문에 집 안에서 옮기거나 집 밖을 나갈 때 휴대할 수 있다. 집 안의 전기와 배관 설비를 바꿀 필요도 없고, 기계 사용법도 간단해졌다.[24] 가정에서 하는 혈액투석은 클리닉에서 받는 투석에 비해 비용이 40% 저렴하다.[25] 이 파괴적 기술을 채택했다면 2005년도에 메디케어 비용 39억 달러를 절감할 수 있었을 것이다.[26] 이것은 미국 의료비 전체로 보면 얼마 안 된다고 생각할 수 있지만, 일반인에게는 엄청난 돈이다. 게다가 외래의 경우 한 주에 세 번 투석치료를 받지만, 가정투석은 보통 하루에 한 번씩 하기 때문에 정상적인 인체생리에 더 잘 맞고, 따라서 건강결과도 더 좋아질 수 있다.

그러나 파괴적 혁신이라고 할 수 있는 가정투석이 더 저렴하고 편리하다는 이점을 가지고 있음에도 시장의 방향은 오히려 반대로 움직이고 있다. 지난 14년간 혈액투석센터는 매년 7.25%씩 성장해온 반면,[27] 가정투석을 이용하는 환자는 기술이 형편없던 1972년엔 1만1,000명이었는데 반해, 지금은 전체 환자 중 0.6%에 불과하며 수적으로도 2,000명이 채 안 된다.[28]

투석치료에서 파괴적 혁신을 가로막은 것은 무엇이었을까? 답은 '행위별 수가제'라는 상환방식이다. 투석센터가 여기저기 생겨나고 있던 1972년, 미국 의회는 모든 신부전 환자에게 투석 치료비를 지원하는 말기 신장질환(ESRD)End-Stage Renal Disease 프로그램을 도입했다. 말기 신장질환은 법적으로 모든 환자에게 치료비 상환을 보장해주고 있는 유일한 질환이다.

시설건립에 상당한 고정비용을 투자한 프레지니우스Fresenius나 다비타DaVita 같은 투석센터 소유 업체들은 시설을 풀가동해야만 수익을 거둘 수 있다. 게다가 신장내과 전문의들은 자신이 일하는 투석센터와 경제적 이해관계를 가진 경우도 있고, 환자의 투석치료 장소(클리닉 또는 집)를 결정하는 데 큰 영향을 미친다. 수백만 명의 신부전 환자를 돌봐온 이들이 구성하고 있는 가치 네트워크는 지금까지 성공적이었다. 그렇다면, 혹시 이들이 외래가 아닌 가정에서 투석을 받도록 환자들을 설득할 가능성은 없을까? 고비용 서비스에 대한 대가가 확실히 보장되어 있고, 그로부터 상당한 이윤을 취할 수 있는 현재 상황에서는 가능성이 별로 없는 얘기다.

의료비 상환방식의 개혁을 통해서 행위별 수가제가 없어지면 파괴적 사업 모델이 촉진될 것이라는 증거로서, 넥스테이지NxStage는 자신의 투석환자 중 30~40%가 민간환자라는 사실을 들고 있다.[29] 투석치료를 언제 어떻게 시작할 것인지에 관한 의사결정에 소비자들이 더 적극적으로 참여하는 뉴질랜드에서는 혈액투석 환자의 25%가 가정투석을 받고

있다.[30]

우리는 불붙은 보건의료비의 증가세를 걱정하면서 어떻게 그 불에 행위별 수가제라는 기름을 갖다 부을 수 있는 것일까? 그 이유는 병원과 의원들이 독립적인 구조로 되어 있는 현재 상황에서는 다른 대안이 없기 때문이다. 현재 병원과 의원진료 내에 각각 혼재되어 있는 서로 다른 사업 모델을 분리하는 것이 중요한 첫걸음이 되는 이유도, 그리고 기업주와 통합형 정액제 의료공급자 등 통합된 조직이 나타나서 이 문제를 품속에 다 끌어안아야 하는 이유도 바로 이 때문이다. 방금 말한 이런 상황이 현실화되면, 우리는 보건의료 분야의 거래를 하는 데 행위별 수가제가 최선의 방법이 아닐뿐더러 유일한 방법도 아니라는 것을 알게 될 것이다. 솔루션 숍에서는 행위별 수가제가 계속 유지될 것이다. 하지만 가치부가과정 사업에서 하는 일에 대해서는 결과별 가격price-for-outcome에 기초해서 대가를 보상해주고 지불하게 될 것이다. 네트워크 서비스에서 얻는 편익에 대해서는 회원요금제fee-for-membership 또는 거래별 수가fee-for-transaction에 기초해서 대가를 지불할 것이다.

메이요 클리닉의 로버트 네스Robert Nesse 박사는 다음과 같은 질문을 통해 현재 상황을 이야기했다. "TGI 프라이데이즈에서 파는 햄버거를 예로 들어보겠습니다. 만약 친절한 서비스와 함께 유쾌한 장소에서 제공되는 햄버거를 하나의 결과로서 정해진 가격을 지불하지 않고, 그 음식점에서 일하는 요리사 수라든지 주문을 받고 고객응대를 하는 종업원 수만큼 지불해야 된다면 햄버거 한 개의 가격이 어떻게 변할까요?"[31]

관리가격제Administered Pricing가 만들어내는 왜곡

부지불식간에 오늘날의 건강보조산업이 만들어낸 세 가지 폐해 중 두 번째는 메디케어와 보험회사들이 다양한 보건의료 제품과 서비스 가격을 결정하고 상환할 때 사용하는 가격관리 시스템이다. 처음에는 의료를 제공한 병원과 의사들이 '통상적이고, 적절한 수준에서 관행에 따라 정한' 금액, 즉 관행수가에 기초해 보험자가 진료비를 상환해 주었다. 하지만, 3장에서 언급했지만, 병원 내에 사업 모델이 혼재되어 있을 뿐만 아니라 환자들이 거칠 수 있는 임상경로가 거의 무한대에 가깝기 때문에 일반적인 병원이 각 환자와 시술별로 간접비용을 정확하게 배분하는 것은 사실상 불가능한 일이다. 더욱이, 그 수가는 시술의 가치가 아니라 비용에 기초해 결정된다. 집중화된 가치부가과정 병원과 클리닉을 제외하면, 의료공급자나 보험자 모두 대부분의 서비스에 대해 실질적인 비용과 가치를 정확히 알지 못한다.

메디케어와 메디케이드, 민간 건강보조회사들이 환자와 의료공급자 사이에 끼어들면서, 궁극적으로 시장은 힘있는 소수의 구매자가 다수의 공급자들에게 지불할 가격을 결정하는, 경제학자들이 '수요독점 monopsony' 이라고 부르는 방향으로 진화했다. 시장의 지배력이 바뀌면서, 결국 건강보조회사들은 병원과 의사들이 청구하는 금액이 '통상적이고 관행에 따르는' 수준일 수는 있겠지만, '절대 적절하지는 않은' 수준이라는 판단을 내렸다. 그래서, 건강보조회사들은 1세기 전에 제조업 분야에서 프레데릭 테일러Frederick Taylor가 했던, 비용에 기초한 시간동작 연구와 같은 작업을 통해 공식을 만들어냈다.

보험자들의 알고리즘은 의사의 노동, 간접비용, 장비비용, 지리적 위치, 기타 요인을 이용해 상환금액을 계산했다. 이런 공식은 20년 전에 흔히 사용되던 방법에 기초하고 있기 때문에, 이렇게 해서 만들어진 수가체계는 빠르게 변화하는 현실을 정확하게 반영하지 못했다. 수가체계가 처음 만들어진 이후로 수천 번 이상 수정되었고, 끊임없이 업데이트되고 있지만, 상환금액이 서비스의 현실적인 가치를 전혀 반영하지 못하는 경우가 종종 발생한다. 이럴 때마다 건강보조회사들과 의료공급자들은 기업주들과 함께 가격에 관해 논의를 하기보다는 그냥 기업주들에게 비용증가분을 전가해버리는, 더 수월한 방법을 택한다.[32] "그들은 마치 자기들 돈인 냥 내 돈을 쓰고 있어요." 이런 상황을 두고, 한 대형 제조업체 CEO가 우리에게 늘어놓은 한탄이다.

결과적으로 일부 의료서비스, 특히 시술 중심의 서비스는 수익성이 좋아진 반면, 진찰이나 진료실 밖에서 하는 의료는 보상수준이 낮아져서 바람직스럽지 못한 것으로 전락해버렸다. 수익이 투자를 끌어들이기 때문에, 이런 가격산정 기전을 통한 사실상의 광범위한 경제적 규제는 미국의 보건의료경제를 중앙계획경제로 바꾸어놓았다. 이것이 공산주의식 중앙계획경제와 다른 점이 있다면, 크렘린 궁전에서 배후조종을 하는 사람들은 의식적으로 그런 힘을 행사했다는 것이고, 미국에서는 중앙계획이 의도하지 않은 것이라는 점뿐이다.

하지만 상황은 더 악화되고 있다. 현재의 관리가격제하에서 메디케어와 메디케이드, 건강보조회사들은 결코 의약품과 의료기기, 서비스 각각에서 이루는 개선의 미묘한 차이를 반영할 수 있는 고유한 가격산정 알고리즘을 수립할 수 없다. 대신 그들은 이런 것들을 큰 범주로 묶어서 분석한 다음, 범주별로 가격을 산정하고 관리한다. 이 범주가 바로 미국의사협회의 관리하에 있는 현대의료행위분류(CPT) 코드라는 것이다. 어떤 의약품이나 의료기기가 문제를 비용효과적으로, 그러나 아주 독특한 방식으로 해결할 수 있는 파괴적 잠재력을 지니고 있다고 하자. 문제는 이 신제품을 위한 별도의 CPT 코드를 부여받기 위해서는 비용이 너무 많이 드는데다가, 파괴당할 당사자들을 대표하는 조직인 미국의사협회가 파괴적 제품을 승인할 가능성은 매우 낮다는 점이다. 결국 아무리 의욕이 넘치는 파괴적 기업이라 하더라도 이런 난관을 버텨내기는 쉽지 않다. 물론 파괴적 잠재력을 지닌 혁신제품을 기존의 CPT 범주에 억지로 끼워 맞출 수 있다. 그러나 이것은 기존 시장에 확립된 기술의 가격과 성능을 존속시키는 방향으로, 그것들과 바로 대비되게끔 파괴적 기술을 병치시키는 결과를 가져온다. 행위별 수가제와 비용 전가가 지배하는 세계에서, 의사결정자가 파괴적 혁신을 받아들일 인센티브는 존재하지 않는다.

일괄계약 방식으로 인한 시장 왜곡

오늘날 보건의료산업의 효율성을 저해하는 건강보조 프로그램의 세 번째 문제는 보험회사들이 병원으로부터 서비스 가격 할인을 받기 위해 택하고 있는 일괄계약blanket contracting 관행에 있다. 이것은 보건의료 향상을 위한 기회가 실제로 어디에 있는지에 관한 신호를 심각하게 왜곡시켜 의료공급자와 투자가들을 혼란에 빠뜨리고 있다. 서비스 가격 할인은, 병원이 할인한 가격을 만회하기 위해 대형 보험자들과 일괄계약을 맺지 못하는 환자들에게 가격을 올려 받게 만들기 때문에 잘못된 것이다.

대부분의 다른 산업에서는 경쟁적인 구조가 기업들로 하여금 스스로를 차별화하게 만든다. 가령, 기업은 다른 경쟁사보다 더 나은 제품과 서비스를 제공하려고 하고, 자신들이 가장 강점인 분야에 자원을 집중한다. 반면에, 종합병원은 보험회사에서 일괄계약을 따내려면 보험가입자들이 필요로 할지도 모르는 모든 종류의 서비스를 어쩔 수 없이 제공해야 하고, 경쟁에서 이기기 위해서라도 다른 병원들이 제공하는 서비스를 똑같이 갖추려고 한다. 이 때문에 종합병원의 복잡성은 더 악화되고, 간접비는 더욱 상승한다. 결국 만능의 기능을 갖춘 사업자들끼리 경쟁을 붙이는 꼴이 되고, 모든 병원이 모든 분야에서 최고가 되려고 안간

힘을 쓰게 만든다. 이런 전략이 효율성과 품질 향상에 도움이 될 거라고 생각하는 경영자는 아무도 없다. 파괴적 의료전달 조직들은 더 집중화될 것이기 때문에, 일괄계약 관행은 많은 환자를 고비용 구조의 종합병원 사업 모델 속으로 몰아넣게 된다. 따라서 더 많은 환자를 파괴적 의료공급자로 향하게 하기보다는 고비용 구조에도 불구하고 종합병원의 사업이 계속 번창하게 만든다.

건강보조회사들은 병원과 가격인하 협상을 하기 위해 복수의 고용주들을 한데 묶어 더 많은 가입자 수를 확보함으로써 가치를 창출한다고 주장한다. 그러나 단지 할인을 목적으로 한 협상은 공급자들이 초과이익excess profits을 챙기고 있는 상태에 있거나, 공급자들의 경쟁시장이 너무 느슨해서 가격통제가 안 되고 있는 상태라면 가격인하를 불러올 수 있다. 오늘날 병원의 사정은 이 두 가지 중 어떤 것에도 해당하지 않는다. 전형적인 병원의 경우, 매출이 좋은 해에도 이익은 총수입의 2%에 불과하다.[33] 입원비가 비싼 것은 종합병원이 초과이익을 챙기기 때문이 아니다. 높은 비용이 발생하는 것은 본질적으로 그들이 가지고 있는 '만능이 요구되는 가치제안' 때문이다. 병원에 지급되는 가격을 쥐어짠다고 해서 병원의 효율성이 획기적으로 향상되지 않을 것이다. 이것은 마치 미시간 매뉴팩처링의 사례에서 기업 회계사들이 노엘 앨런의 폰티악 공장을 쥐어짜서 비용을 줄이려고 한 것과 비슷한 상황이다. 병원의 고비용 구조는 한 지붕 아래 여러 사업 모델이 혼재해 있는데다, 각 모델을 통해 제공되는 서비스가 복잡하기 때문에 생긴 것이다. 건강보조회사들의 계약관행은 이런 상황을 더욱 악화시키고 있고, 비용을 떨어뜨리기는커녕 오히려 증가시키고 있다.

이 장의 나머지 부분에서 우리는 향후 보건의료 시스템에서는 두 가지 유형의 지불방식이 필요하다는 주장을 하려고 한다. 고용주들이 건강문제의 본질에 따라 가장 적합한 사업 모델을 갖춘 의료공급자를 활용하기 위해 직원들의 보건의료를 직접 관리하기 시작할 때, 고액공제 건강보험과 건강저축계좌를 연계한 복합상품은 우리 시스템이 더 나은 방향으로 발전하는 데 도움이 될 것이다. 그리고 통합된 주체들이 의료를 제공하는 경우에는 인두제가 가장 좋은 해답이다.

성질이 서로 다른 상품의 분리

고액공제 건강보험

보험은 확률은 낮지만 일단 발생하면 엄청난 금전적 손실을 초래하는 사건에 대비하게 해준다는 데 그 가치가 있다. 보험은 재산을 보호하기 위해 우리가 세우는 재정계획의 중요한 부분으로, 사망·장애·화재·사고 등에 의한 경제적 파급효과로부터 우리와 우리의 가족을 보호하게 해준다. 마찬가지로 건강보험도 감당할 수 없는 병원비 지출에 대비하려고 만든 것인데, 병원의료가 발전했지만 회복되기까지 비용이 감당할 수 없을 정도로 높았던 1920년대에 처음 등장했다. 우리는 이런 종류의 상품을 '진정한 보험true insurance'이라고 부른다.

1920년대부터 의료비용이 극적으로 증가하기 시작한 이래 재난성 질환으로부터 금전적 손실을 막으려는 보험에 대한 필요는 아직까지 별로 바뀐 것이 없다. 〈그림 7-2〉는 1928년과 2002년의 미국 인구와 의료비 지출 비율의 분포를 비교하고 있는데, 이 두 시점 모두에서 파레토 법칙Pareto's law이 뚜렷하게 나타나고 있다. 즉, 인구의 20%가 전체 보건의료비 지출의 80%를 차지한 반면, 5%의 인구가 전체 비용의 50%를 지출하고 있다. 하지만 누가 이 5%의 인구집단에 속할 것인지를 정확히 예측하는 것이 어렵기 때문에, 아주 부유한 사람을 제외한 거의 모든 사람들이 금전적 손실에서 자신을 보호하기 위해 보험을 필요로 한다.

그러나 발생과 재발 확률이 높고, 금전적으로 큰 손실을 초래하지 않는 사건에 보험을 드는 것은 그다지 의미 없다. 사람들이 옷을 구입하거나 전기료를 내기 위해 보험을 들지는 않을 것이다. 보험회사가 이런 것들을 보험으로 처리하기 위해 판매 및 제반경비를 보전하고 이윤을 내려면, 예측 가능한 사건의 비용을 상회하는 수준으로 보험료를 책정해야 한다. 이것은 제3자를 통해 청구하기보다는 비용을 직접 지불하는 것이 오히려 싸게 먹힌다는 것을 의미한다.

고용주들이 저가의 예측 가능한 재발성 보건의료에 지불하기 시작했을 때, 그 비용은 세금공제 혜택을 받는 직원보수의 한 형태였다. 하지만 보험회사들이 진정한 보험과 함께 이 급여를 '포괄적 건강플랜' 속에 포함시킴으로써, 결국 이치에 맞고 가치 또한 만들어내는 보험상품을 행정적 경상운영비 때문에 오히려 경제적 가치를 파괴시키는 비용상환 서비스와 한데 묶어버린 셈이 되었다.[34]

〈그림 7-2〉 1928년과 2002년의 의료비 분포

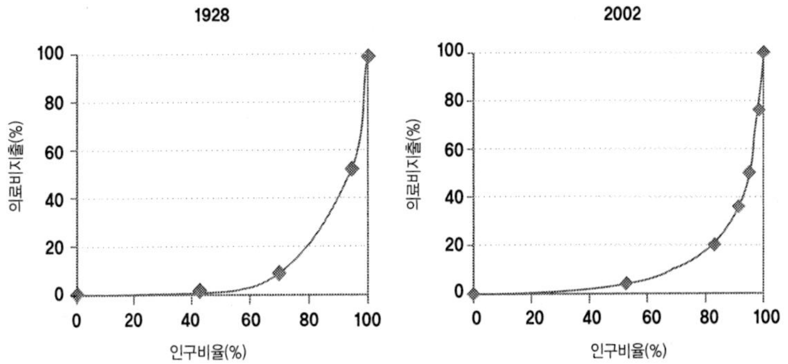

출처: Falk, IS, et al., "The Costs of Medical Care," Publications of the Committee on the Costs of Medical Care: No.27, The University of Chicago Press, 1933; Conwell, L. J. and Cohen, J. W. Characteristics of Persons with High Medical Expenditures in the U.S. Civilian Noninstitutionalized Population, 2002. Statistical Brief #73. March 2005, Agency for Healthcare Research and Quality, Rockville, MD.

솔루션 숍 서비스와 가치부가과정 사업의 가격을 적절히 책정하기 위해서 병원 내에 있는 서로 양립할 수 없는 사업 모델들을 분리해내야 하는 것처럼, 서로 양립할 수 없는 건강보험과 비용상환 상품 또한 경제적 가치를 파괴하는 게 아니라 창출할 수 있도록 따로 분리해야 한다. 점점 더 많은 기업이 고액공제 보험high-deductible insurance(HDI)과 건강저축계좌Health Savings Accounts(HSA) 상품을 한데 묶지 않고 개별적으로 연계시켜 직원들에게 제공하고 있는 것은 바로 이런 이유 때문이다. 우리가 보기에는, 포괄적 건강플랜을 이런 구성요소별로 분리시키는 것이야말로 보건의료에서 해야 할 가장 중요한 개혁이 아닐까 싶다. 인두제를 활용해 적극적으로 파괴적 혁신을 도모하는 통합형 보건시스템을 통해 직원들에게 의료를 제공할 상황이 안 되는 고용주들은 HDI-HSA 연계상품이 그들이 만들려 하는 새로운 파괴적 가치 네트워크의 필수요소가 될 것이다.

건강저축계좌(HSA)

건강저축계좌가 처음 공식화된 것은 2003년 조지 W. 부시 대통령이 승인한 '메디케어 현대화법Medicare Prescription Drug, Improvement, and Modernization Act'을 통해서였다. 이 계좌는 사람들이 비교적 예측 가능한 재발성 저가 의료비를 지불하기 위한 것으로, 세금감면이 되고 개인이 계속 관리하게 한 저축수단이다. 건강저축계좌는 보통 고액공제 보험상품과 함께 제공된다. 건강저축계좌의 근간이 되는 개념은 이미 최소한 20년 전부터 논의되어왔지만, 메디케어 현대화 법을 통해 가입자격에 관한 여러 가지 규제가 풀린 것이다.

건강저축계좌의 작용기전을 간단히 살펴보면 이렇다. 회사가 직원과 가족에게 건강보조 프로그램을 지원하는 데 연간 1만 달러가 들고,

직원은 본인부담금과 비급여 항목에 지출하는 돈을 포함해 연간 3,000달러를 부담한다고 가정하자. 이에 대한 대안으로 회사는 예측할 수 없는 고액 의료비를 지불하고, 재산을 보호하도록 직원을 고액공제 보험 상품에 가입시키고, 가입보험료로 연간 5,000달러를 지원해주는 한편, 피델리티 투자금융과 같은 업체에 건강저축계좌를 개설해 5,000달러를 입금해줄 수 있다.[35] 이 계좌는 직원이 이미 갖고 있는 401(k) 퇴직연금계좌와 연계되는 상품이다.

이전에 직원들의 보건의료를 지원하기 위해 지출한 비용과 마찬가지로, 건강저축계좌에 불입되는 금액 역시 회사 입장에서는 세전(稅前) 비용으로 처리된다. 직원들의 입장에서는 401(k) 퇴직연금에 세전 기여금 형태로 돈을 불입하는 것과 마찬가지로, 건강저축계좌에 세전 금액으로 5,000달러를 불입할 수 있게 된다.[36] 또한, 401(k) 퇴직연금과 같은 방식으로 투자할 수 있고, 그로 인한 이익금 또한 세금이 면제된다. 다시 말해, 건강저축계좌는 직원들의 노후자금 마련에 큰 보탬이 된다.[37]

고액공제보험의 보상 기준치에 못 미치는 의료비 지출 금액에 대해서는 직원들이 자신의 건강저축계좌에 있는 돈으로 직접 지불해야 한다. 이것은 직원들이 의료비를 더 검소하게 지출할수록 건강저축계좌에 쌓이는 면세 적립금 수준은 더 커진다는 것을 의미한다. 은퇴한 후에는 401(k) 퇴직연금계좌와 건강저축계좌에 적립된 금액을 직원들이 원하는 다른 용도로 얼마든지 사용할 수 있다.

한 가지 더! 직원과 가족에게 건강보험을 제공하는 비용은 매년 약 10%씩 증가하는데, 이런 추세가 지속된다면 사업 수익률이 점차 떨어져 결국 기업이 제공할 수 있는 일자리도 사라지고 말 것이다. 따라서 건강저축계좌에 매년 불입하는 기업의 기여금은 5,000달러를 넘기 힘들 것이다. 하지만 직원들에게는 큰 문제가 되지 않는다. 왜냐하면, 건강저축계좌의 기금을 관리하게 될 뮤추얼 펀드의 수익률이 보통 연평균 복합성장률 8~10% 수준이기 때문에 의료비가 상승하더라도 그만큼 적립금이 증가할 것이기 때문이다.[38] 우리가 이 책에서 제안하는 파괴적 사업 모델이 실현될 경우, 현재보다 큰 이득을 볼 수 있을 것이다. 우리는 더 중한 질병에 대해 더 좋은 치료법을 갖게 될 것이고, 일상적인 보건의료에 대한 접근은 훨씬 더 편리해질 것이며, 또한 노후자금을 갖게 될 것이다.

〈그림 7-3〉은 건강저축계좌가 어떻게 고액공제보험과 연계될 수 있는지를 보여준다. 건강저축계좌는 자주 발생하는 저가의 보건의료비를 지불하는 데 사용되고, 보험은 의료비 지출이 연간 공제상한금액(또는 자기우선부담금)을 초과할 때부터 의료비를 지원하게 될 것이다. 건강저축계좌로 지불 가능한 금액과 보험이 개시되는 최소기준 금액 사이

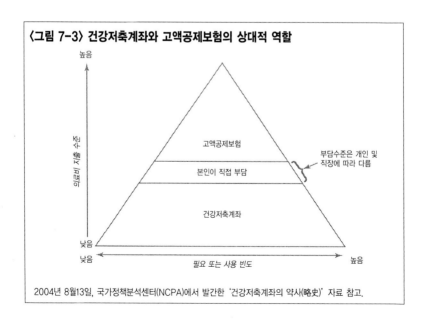

〈그림 7-3〉 건강저축계좌와 고액공제보험의 상대적 역할

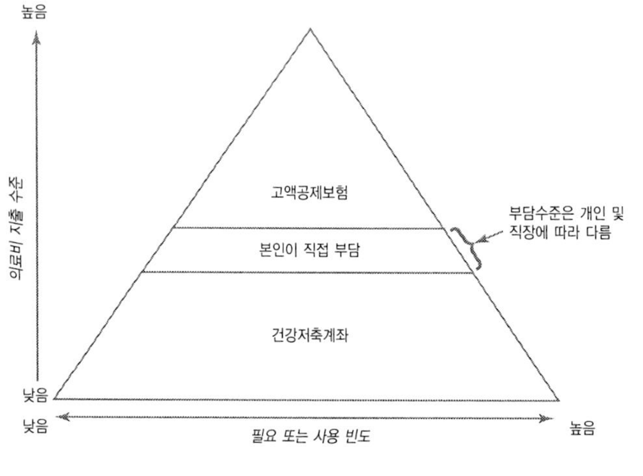

2004년 8월13일, 국가정책분석센터(NCPA)에서 발간한 '건강저축계좌의 약사(略史)' 자료 참고.

의 격차는 각 직장 건강플랜의 특성, 그리고 가입자가 얼마나 보건의료비를 경제적으로 지출하느냐에 따라 달라질 수 있을 것이다.

요컨대, 건강저축계좌(HSA)는 그 의도가 사용자들에게 보건의료비의 통제권을 쥐어줌으로써 현명하게 지출하도록 장려하려는 데 있다. 이것은 비용상환 시스템의 단점과 제약을 없애는 대신, 가격에 민감한 소비자들이 그들 스스로 정한 기준에 따라 가치를 추구하도록 동기부여를 한다. 아울러, 건강을 추구하는 행위는 자연스럽게 재산을 늘리는 수단도 된다. 대체로 건강에 좋은 행동을 하는 개인은, 장기적으로 볼 때 저축금액이 더 큰 폭으로 늘어날 것이다.

보험과 비용상환 기전이 해결해야 할 일

1장에서 밀크셰이크 사례를 통해 살펴본 '일 해결' 모델은 여러 형태의 건강보조 프로그램이 가진 장단점을 평가하는 데 도움이 된다. 이 모델에는 특별히 주목할 만한 함의가 두 가지 있다.

첫째, 보건의료비를 지불하는 과정은 해결해야 할 일이 아니라, 고객들이 건강을 되찾거나 유지하려는 근본적인 일을 해결하기 위해 의료공급자들을 이용하면서 겪게 되는 경험이다. 사람들은 보통 더 편리한 지불방식을 선호할 것이다. 비용 또한 해결해야 할 일이 아니라, 일을 해결하는 데 이용되는 서로 경쟁관계에 있는 제품과 서비스들의 특성에 불과하다.

둘째, 현행 의료비 상환방식을 개혁하고 싶다면 그 개혁은 고용주와 의료공급자, 정치인, 환자, 그리고 보험자가 하려는 일 또는 그들이 가진 문제를 해결해주어야 한다. 이들 각각은 개혁안을 거부할 수 있는 힘이 있다. 이들 중 누군가가 넘기 힘든 장애물을 만든다면, 그 집단을 새로운 시스템에서 과감히 잘라내야 한다. 그렇지 않으면 개혁은 시끄러운 잡음만 만들다 결국 실패하고 말 것이다.

환자, 의료인, 제조업체, 정치인, 고용주 그리고 보험자가 해결하려는 일

이 문제에 관해 다루려는 사람이 있다면 누가 됐든 환영이지만, 우리는 환자와 의료인, 제조업체(제약, 바이오테크 및 의료기기 회사), 정치인, 고용주, 그리고 건강보조회사들이 해결하려는 일들 중에서 특히 보험과 비용상환에 영향을 미치는 8가지의 일을 정리해보았다. 우선 각각에 대해 간단히 살펴본 다음, 다양한 보험과 비용상환 방식이 얼마나 이런 일들을 잘 해결할 수 있는지 비교해 〈그림 7-4〉에 정리해보겠다.[39]

환자가 해결하려는 일

1. 건강을 회복하는 일

사람들이 병에 걸리면, 거의 예외없이 건강을 회복하는 일이 최우선이 된다.

2. 건강을 계속 유지하는 일

이것이 (전부는 아니라 하더라도) 많은 사람들이 해결하려는 중요한 일인지를 알고 싶다면, 달리기 코스 한 쪽에 서 있어 보거나 자연산 식품이나 영양제의 매출수치만 살펴봐도 충분히 알 수 있다. 한편 비만이나 당뇨병, 심장질환, 천식 같은 질환이 있거나, 니코틴에 중독된 많은 사람들은 이것을 매일 실천해야 할 다급한 일로 생각하지 않거나, 극복하기 너무 어려운 도전이라고 여긴다.

3. 경제적 능력을 갖추는 일

경제적 능력은 사람에 따라 또는 인생의 시기에 따라 의미가 달라진다. 젊은 사람들에게는 자동차나 집, 고화질 평면TV 등 그들이 원하는 것을 누릴 수 있는 능력을 얻는 것을 의미할 때가 많은 반면, 중년층에게는 노후를 편하게 보낼 수 있을 만큼의 충분한 돈을 저축하는 것을 의미한다. 어떤 의사는 '어떤 환자들은 자신의 건강보다는 지갑 사정에 더 신경을 쓰는 것 같다'는 이야기를 우리에게 하기도 했는데, 실제로 그런 경우가 더러 있다. 건강이 안 좋아지기 전까지는 많은 사람들이 건강에 대한 욕구보다는 경제적 능력을 갖추는 일에 더 강한 욕구를 느낀다.

4. 재산의 소실 또는 파손으로부터 보호받는 일

이것은 대부분의 보험이 존재하는 이유이다. 우리는 도난, 사고, 재해 등으로 입은 소실이나 파괴로부터 중요한 재산의 가치를 보호하기 위해 손해보험, 주택융자금상환보증보험mortgage insurance, 자동차보험 등에 가입한다.

의료인과 제조업체가 해결하려는 일

5. 제공한 제품과 서비스에 대해 적절한 대가를 받는 일

이윤을 남길 수 있는 수준으로 대가를 보상받는 것은 병원과 의사, 네트워크가 재정적으로 생존하는 데 필수적이다. 솔루션 숍 서비스 제공자는 행위별 수가에 따라 대가를 지불받아야 한다. 가치부가과정 서비스를 제공하는 이들은 결과별로 지불받고, 네트워크 촉진사업자들은 회비로 대가를 지불받아야 한다. 모든 공급자들은 그저 비용을 보상받는 수준이 아니라 성취한 결과의 가치만큼 보상받고, 가능한 한 애를 먹지 않고 제때 지불받을 수 있기를 원한다. 진단기술과 치료제, 의료장비, 기타 의료용품 제조업체들은 새로운 혁신을 이어나갈 수 있을 만큼의 충분한 이윤을

남길 수 있기를 바란다.

고용주가 해결하려는 일

6. 최고의 직원을 비용효과적으로 모집하고 유지하며, 그들의 생산성을 높이는 일

고용주들이 직원들의 보건의료 비용을 지원하는 일에 뛰어들게끔 만든 근본적인 이유였다. 지금도 마찬가지며, 많은 회사들은 이 일을 해결하기 위해 오히려 이전보다 더 절박하게 매달리고 있다.

보험회사가 해결하려는 일

7. 불필요한 서비스에 대가를 지불하지 않도록 하는 일[40]

건강보조회사들은 에트나Aetna나 유나이티드헬스UnitedHealth 같은 영리기업이든, 블루크로스/블루쉴드(BCBS) 같은 비영리조직이든, 아니면 미국의 메디케어Medicare와 메디케이드Medicaid, 다른 나라의 국가보건체계 등 정부든간에 재정적으로 생존할 수 있어야 한다. 이를 위한 핵심수단은 의학적으로 적절한 서비스에만 지불하는 것이다. 보험자들은 이를 통해 역시 이익 얻는 것을 목적으로 하고 있고, 스스로 공평하다고 생각되는 가격수준에서 비용을 청구하는 의료공급자들과 종종 적대관계에 놓인다. 보험회사들에 비용통제의 핵심 포인트는 지불을 거부 또는 연기하거나 일부만 지불하는 것인데, 지불 여부를 놓고 의료공급자들과 사사건건 따지는 과정에서 상당한 비용이 추가로 발생한다.

정치인이 해결하려는 일

8. 민심을 얻는 일

정치인들이 재선에 성공하기 위한 방법 중 하나는 예산에 균형을 유지하는 가운데 그럴듯한 공약을 더 많이 내거는 것이다. 하지만, 정부의 예산지출에 균형을 맞추는 일이 갈수록 어려워져서 현실적인 공약을 만드는 것이 쉽지 않다. 앞서 언급했듯이, 의료비 상승 추세는 이미 지방정부를 사실상 파산상태로 만들었다. 늘어나는 노령인구에 대한 건강보장 수단으로서 미국 메디케어가 지출하는 비용은 실로 엄청난 수준이어서 20년 후쯤엔 국방, 메디케어, 메디케이드를 제외한 다른 분야에 쓸 연방예산은 바닥이 날 것이다. 폭증하는 의료비를 통제하려는 시도는, 유권자들의 거센 반발을 불러올 가능성이 크기 때문에 아무리 대담한 정치인이라 하더라도 민심을 잃을까 쉽사리 운을 떼지 못한다.

채점표: 다양한 보험 및 비용상환 방식의 일 해결 능력에 대한 평가 결과

〈그림 7-4〉는 여러 가지 지불방식이 위에서 열거한 일들을 얼마나 잘 해결할 수 있을지 평가한 결과를 보여주고 있다. 우리는 '컨슈머 리포트' 잡지가 사용하는 동그라미 모양의 표현법을 사용해 각 대안의 평가결과를 표기했다. 속이 채워진 동그라미는 일을 훌륭하게 해결하는 것을 의미하며, 속이 빈 동그라미는 일을 제대로 해결하지 못하는 것을 의미한다. 이 결과는 수많은 시간을 들여 우리가 직접 인터뷰한 자료와 업계 회의자료, 기타 발간 보고서 등을 취합 · 분석해 만든 것이다.

먼저 주목할 점은 그 어떤 대안도 환자가 해결하려는 첫 번째 일, 즉 '건강을 회복하는 일'을 훌륭히 해결하지 못한다. 왜냐하면, 환자를 낫게 하는 것은 지불방식이 아니기 때문이다. 지불방식의 역할은 기껏해야 의료에 대한 접근에 장애가 되지 않는 것뿐이다. 따라서 첫 번째 일에 대해 우리가 지불방식에 줄 수 있는 최고 평가는 중립이다. 이 일을 해결할 수 있는 능력을 기준으로 볼 때 꼴찌는 비통합형 시스템에서 사용되는 인두제로, 이것이 접근성을 제한하기 때문에 그렇다. 우리는 국가보건체계도 중립으로 평가했다. 일차의료의 경우에는 대다수의 국가보건체계가 미국보다 더 나은 접근성을 제공하지만, 전문의료에 대한 접근성은 엄격히 제한되는 경우가 많다. 통합형 인두제, 그리고 고액공제보험(HDI)과 건강저축계좌(HSA)를 연계한 복합방식은 '환자가 건강을 계속 유지하는 일' 을 가장 잘 해결하는 것으로 평가되었다. 이 일을 해결하려는 재정적 동기가 그 기전에 통합되어 있기 때문에 그렇다.

행위별 수가제, 인두제, 국가보건체계 등도 의료비를 지불하지만, 소비자들이 경제적 능력을 갖추도록 도와주는 것은 HDI-HSA 복합방

〈그림 7-4〉 다양한 보험 · 비용상환 방식의 일 해결 능력에 관한 평가

		행위별 수가제	국가건강보험	개별 시스템에서의 인두제	통합 시스템에서의 인두제	건강저축계좌 및 고액공제보험
환자의 일	건강을 회복하는 일	◑	◑	◒	◓	◑
	건강을 계속 유지하는 일	◑	◑	◒	◓	◓
	경제적 능력을 갖추는 일	◑	◑	◑	◑	◓
	재산의 소실이나 파손으로부터 보호받는 일	◑	◓	●	●	●
의료공급자의 일	서비스에 대한 대가를 받는 일	◓	◒	◑	●	◓
고용주의 일	최고의 직원을 비용효과적으로 모집하고 유지하는 일	◓	○	◒	◓	●
보험자의 일	불필요한 서비스에 대가를 지불하지 않도록 하는 일	○	◒	●	●	◑
정치인의 일	예산균형을 맞추면서 민심을 얻는 일	○	○	○	◓	◓

범례 ● 탁월 ◓ 우수 ◑ 중립 ◒ 미흡 ○ 역효과 초래

식뿐이다. 한편, 우리는 '제공한 서비스에 대해 적절한 대가를 받는 일'을 해결하는 데는 국가보건체계의 능력이 미흡한 것으로 평가했다. 왜냐하면, 국가보건체계로부터 요양급여비를 받아내는 것은 복잡하지 않지만, 민간환자를 진료하는 데 비해 의료공급자들이 받는 보상수준이 대체로 낮기 때문에 그렇다.

〈그림 7-4〉에서 시사하는 바는, 역사적으로 가장 지배적인 세 가지 건강보장 방식, 즉 메디케어와 메디케이드를 포함한 행위별 수가제, 비통합형 보건체계에서 사용된 인두제, 그리고 국가보건체계 등은 결정적인 하나 혹은 그 이상의 일을 아주 형편없이 처리한다는 점에서 각각 치명적인 결함이 있다. 특히 행위별 수가제는 고삐 풀린 보건의료 비용의 증가세에 제동을 걸지 못하기 때문에 정치인과 보험회사가 해결하려는 일에는 형편없다. 반대로, 건강저축계좌와 고액공제보험을 연계한 복합방식은 완벽하지 않지만 다른 대안에 비해 더 많은 일을 더 잘 해결할 수 있는 속성을 갖추고 있는 듯하다.[41] 통합형 의료공급 조직에서 쓰이는 인두제, 즉 통합형 인두제는 전반적으로 일 해결 측면에서 평가결과가 가장 좋다.

통합형 인두제와 건강저축계좌는 왜 널리 확산되지 못했을까?

통합형 인두제와 HSA-HDI 복합방식이 훌륭하다면, 왜 이런 새로운 방식으로 빨리 전환되지 않는 것일까? 통합형 인두제의 경우 그 답은 명확하다. 인두제는 통합형 의료공급 시스템에서만 잘 작동하는데, 현재 통합형 의료공급 조직을 통해 의료를 제공받는 미국 인구는 약 5%밖에 되지 않는다.[42] 비통합형 시스템에서 인두제가 적용되면, 개별 자영업자들이 제로섬 게임으로 내몰리기 때문에 결국 한 사람의 의사가 이득을 보면 다른 의사는 손해를 보게 된다. 보건의료 분야에서 파괴적 가치 네트워크를 만들려는 기업들 중에 통합형 의료공급 조직이 우위를 차지하고 있기 때문에, 앞으로 통합형 인두제가 더 널리 확산될 것이다.

HSA-HDI 복합방식이 의료개혁가들이 생각한 것보다 느리게 확산되는 데는 두 가지 이유가 있다.

첫째, 이 방식은 대체로 6장에서 언급했던 새로운 파괴적 가치 네트워크를 만들어야 한다는 조건이 무시된 채, 그리고 3~5장에 걸쳐 언급했듯이 의료공급에 대한 일상적인 접근을 편리하고 저렴하게 만드는 사업 모델 혁신도 없이 그 자체만 달랑 도입되었다. 포괄적인 건강보장으로 우리는 오랫동안 보건의료 서비스의 실질적인 비용을 인식하지 못하고 있었다. 본인 부담금이 10달러밖에 안 되는 상황에서 대체로 의원진료가 비효율적이고 질이 떨어진다고 해도 우리 대부분은 그냥 참아왔다. 고작 10달러에 우리가 무엇을 더 바라겠는가? 하지만, 어느날 갑자기 환자가 150달러나 되는 의원진료비 전액을 자신의 건강저축계좌에서 내야 한다면, 그들이 구매하는 것의 가치와 편의성에 대해서 각별히 신경쓰게 될 수밖에 없다. 그리고 그렇게 신경을 쓰는 것에는 쉽사리 만족하지 않는다. 이 때문에 리테일 클리닉retail clinics과 같은 혁신이 동시에 진행되어야만 건강저축계좌에 대한 만족도를 이끌어낼 수 있다. 우리가 사람들로 하여금 자신의 의료비를 전액 지불하라고 요구하려면, 의료를 저렴하고 편리하게 이용하도록 만들어야 한다.

확산속도가 생각보다 느린 두 번째 이유는 첫 번째 이유와 관련 있다. 파괴적 혁신을 시장에 내놓을 때 고려해야 할 한 가지 원칙은, 최초 고객은 기존 제품을 사용하는 사람들이 아니라 비소비자(非消費者)층nonconsumers이어야만 한다. 왜냐하면 새로운 것이 원래 고객에게서 낡은 것의 자리를 빼앗는 유일한 방법은, 기존의 낡은 제품을 사용하던 사람들이 가치 있다고 생각하는 성능 면에서 새로운 것의 성능이 더 낫다는 것을 입증하는 길밖에 없기 때문이다.[43] 많은 기업은 건강저축계좌(HSA)를 단순히 건강보험 메뉴 중 한 가지 옵션으로 직원에게 제공해왔다. 이것은 건강저축계좌를 기존의 방식과 정면으로 존속적 경쟁을 붙이는 꼴이며, 역사적으로 이런 전략이 성공한 경우는 드물다. 행위별 수가제에 기반한 포괄적 건강보장 방식과 특성 하나하나를 놓고 일일이 비교되는 상황에서 건강저축계좌는 전문가가 아닌 사람들의 눈에 썩 좋아보이지 않는다. 직원들은 기존의 포괄적 보장 방식에서 내는 '본인 일부 부담금' 수준과 건강저축계좌를 선택했을 때 감수해야 할지 모르는 위험, 즉 〈그림 7-3〉에 있는 고액공제보험과 건강저축계좌 사이의 '전액 본인 부담 구간'을 비교하게 된다. 많은 사람들은 '안전한 길'을 선택하려 했고, 결과적으로 기존의 포괄적 보장 방식을 고수하게 되었다.

HSA-HDI 복합방식이 파괴적으로 가장 뿌리를 잘 내린 곳은 기존의 포괄적 보험이라는 사치를 누릴 형편이 안 되는 소규모 기업과 신생기업이다. 이것은 1980년대에 401(k) 퇴직연금 투자상품이 기존의 연금상품을 파괴시킨 양상과 유사하다. 연금상품이 미국에서 급여항목으로 처음 출현한 것은 1950년대 초의 일이다. 그로부터 30년간 연금이나 사회보장같이 대부분의 근로자들이 받은 퇴직급여의 형태는 확정급여 방식defined benefit plans이었다. 이것은 직원이 퇴직 시 수령하게 될 퇴직급여 규모와 지급방식이 사전에 약정되는 방식으로, 적어도 이론적으로는 직원이 일하는 동안 회사나 정부가 연금 투자기금에 적립해놓은 돈을 나중에 지급받는 것이다. 하지만, 대부분의 소규모 기업과 신생기업은 퇴직연금을 제공할 수 없었고, 이들의 직원은 퇴직에 대비해 각자 알아서 저축을 해야 했다.

한편, 1980년대에 들어서면서 개인퇴직계좌Individual Retirement Accounts와 401(k) 퇴직연금이 출현했다. 이것은 확정기여 방식defined contribution plans인데, 이를 통해 기존에 풍족한 퇴직연금을 지급할 형편이 못 되는 고용주들이, 대기업들이 직원들에게 제공한 퇴직금보다는 훨씬 적은 액수지만 그나마 얼마라도 확정된 금액을 기여할 수 있었다. 이 제도를 통해 직원들도 자신의 연금에 비과세로 기여금을 적립할 수 있게 되었기 때문에, 어떤 기업주들은 직원들이 기여한 액수만큼 퇴직연금에 기여하는 경우도 생겨났고, 더 작은 회사에서 일하는 직원들까지 퇴직에 대비해 비과세 혜택을 누리면서 저축을 하게 되었다.

확정급여 방식과는 달리, 확정기여 방식에서는 직원들이 퇴직연금 적립금의 투자운용을 책임져야 한다. 궁극적으로 퇴직연금계좌에 적립되는 금액은 직원들이 얼마나 착실히 기여금을 불입하고 투자관리를 했느냐에 따라 달라진다. 확정급여 방식의 퇴직연금에서 기준으로 삼는 상품의 '질' 측면에서 보면, 401(k) 퇴직연금은 확정급여 방식에 비할 바가 못 된다. 하지만, 다른 파괴적 혁신과 마찬가지로, 이런 방식은 기존의 연금급부에서 소외된 비소비자층에서 엄청난 인기를 끌었다. 401(k) 퇴직연금은 퇴직금으로 한 푼도 받지 못하는 것보다 훨씬 나은 대안이기 때문이다.[44] 이 파괴적 혁신의 결과로, 전통적인 연금방식을 택하는 기업은 점점 줄어들고 있다.

행위별 수가제(메디케어 포함), 인두제, 국가보건체계 등 기존의 포괄적 건강플랜은 연금에 비유하자면 확정급여 방식이다. 이것은 직원과 그 가족들이 얼마를 가져갈 것인지에 초점을 맞추며, 확정급여를 지급하는 데 필요한 만큼 정부와 고용주가 기여할 것이라는 가정을 하는 것이다. 반면, 건강저축계좌는 확정기여 방식이다. 고용주와 직원들이 얼마를 기여하고 그것을 유지할 것인지에 초점을 맞춘다. 참여하는 사람들이 가져갈 수 있는 혜택은 그들이 얼마나 의식적으로 기여하고, 적립금을 얼마나 세심하게 관리하며, 그리고 얼마나 현명하게 보건의료서비스를 이용하는가에 따라 달라진다. 이런 방식은 파괴적 특성을 가지고 있기 때문에, 처음에는 소규모 기업과 신생기업, 자영업자 등 기존의 포괄적 플랜에서 드는 비용을 지원하지 못한 회사와 개인을 중심으로 뿌리내린 다음, 상위시장을 향해 파괴적 행보를 이어갈 것으로 기대된다.

오늘날 HSA-HDI 복합방식이 절대 보건의료계를 휩쓸 만큼 충분히 주목받지 못할 것이라고 생각하는 사람들이 있는데, 그것은 거의 모든 신기술이 낡은 것을 대체할 때 S자 곡선의 패턴을 보이기 때문이다. 기술적 또는 경제적 우위로 인해 새로운 접근법이 낡은 것을 대체할 때는 그 대체 양상이 〈그림 7-5〉의 왼쪽에서 보듯이 거의 항상 S자 곡선을 따른다.[45] 세로축은 새로운 접근법의 시장 점유율을 의미한다. S자 곡선은 급경사를 이룰 때도 있고, 완만한 경사를 이룰 때도 있지만 변하지 않는 사실은 파괴적 혁신이 대부분 이런 패턴을 따른다는 것이다. 처음에는 대체하는 속도가 느리다가, 급격하게 빨라지고, 마지막에 가서

〈그림 7-5〉 새 것이 낡은 것을 대체하는 패턴

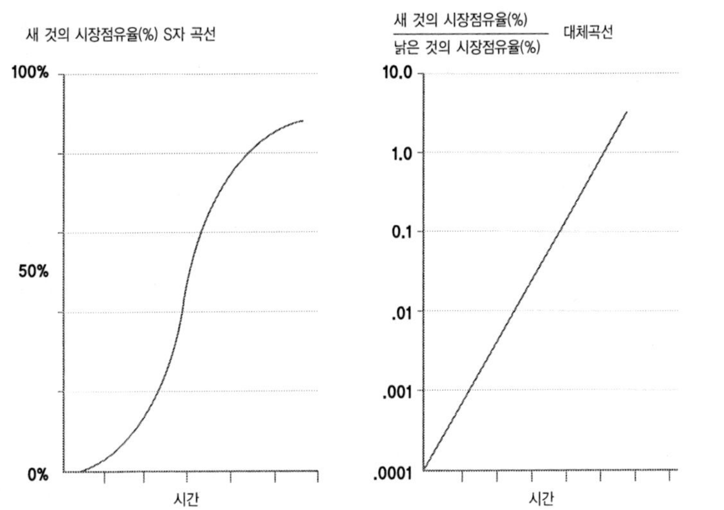

는 시장점유율 100%에 점근(漸近)한다.

이런 대체가 발생할 때 기존의 선도기업들을 괴롭히는 문제가 나타난다. 신생 기술이 전체 시장의 아주 작은 부분만을 차지하고 있을 때, 즉 대체속도가 S자 곡선 왼쪽의 평평한 바닥을 그리고 있을 때, 기존의 선도기업들은 앞으로 시장이 직선적으로 증가할 것이라는 전망을 하게 되고, 결국 오랫동안 별로 중요하지 않을 것이기 때문에 새로운 접근법을 걱정할 필요가 없다는 결론에 도달하게 된다. 하지만 갑자기 세상이 확 뒤집히고, 기존의 기업들을 무색하게 만들어버린다. 디지털카메라 기술은 곡선의 평평한 부분에서 10년 동안 잠복해 있다가, 어느 순간 급속하게 필름 회사들을 뒤엎어버렸다. 결과가 궁금한가? 폴라로이드Polaroid가 나가떨어지고, 아그파Agfa도 나가떨어졌으며, 후지필름은 안쓰러울 만큼 안간힘을 쓰고 있다. 코닥만이 겨우 그런 물살을 헤쳐냈지만, 결코 쉬운 일은 아니었다.[46]

회사들이 이 경험에서 교훈을 얻을 것이라고 생각하겠지만, S자 곡선을 그리는 기술확산 패턴은 풀어야 할 숙제를 안겨준다. 그것은 '지금 곡선의 평평한 부분에 있다면, 세상이 뒤집어질 만큼 확산속도가 빨라지는 게 1년 후가 될지, 아니면 10년 후가 될지 어떻게 알 수 있는가' 하는 것이다. 다행히 이런 변화를 예측할 방법이 하나 있다. 첫째, 〈그림 7-5〉의 오른쪽 그래프처럼, 새로운 것의 시장점유율을 낡은 것의 시장점유율로 나눈 비를 세로축으로 하여 그래프를 그려야 한다. 새로운 것과 낡은 것의 시장점유율이 둘 다 50%라면 이 비율은 1.0이 될 것이다. 둘째, 세로축의 눈금단위는 그런 시장점유율 비율에 로그함수를 취한 값으로 해야 한다. 그래프에서 보듯이, 0.0001, 0.001, 0.01, 0.1, 1.0, 10.0 등의 단위를 모두 등간척도가 되게 만드는 것이다. 이런 식으로 그래프를 그리면, 데이터는 항상 직선상에 위치하게 된다. 직선의 기울기는 급경사를 이룰 수도 있고, 완만할 수도 있다. 하지만 그래프는 언제나 직선 형태를 띠게 되는데, S자 곡선을 수학적으로 '선형화' 했기 때문이다.

결과적으로, 새로운 접근법의 시장점유율이 전체 시장의 2~3%밖에 안 되더라도 선형화된 곡선의 기울기를 통해 이제 충분히 감을 잡을 수 있게 되고, 직선을 연장함으로써 새로운 혁신이 언제쯤 시장의 25%, 50%, 90%를 차지하게 될지 전반적으로 예측을 할 수 있다. 우리는 이 선을 '대체 곡선substitution curve' 이라고 부른다.

〈그림 7-6〉은 건강저축계좌(HSA)와 고액공제보험(HDI)이 기존의 민간 건강보험을 대체하는 속도를 나타내는 그래프이다.[47] 현재 HSA-HDI 복합방식은 민간보험에 적용을 받는 전체 인구 중 약 3.1%를 차지한다.[48] 한편, 이 그래프는 2010년경이 되면 HSA-HDI 복합방식이 시장의 10%를 차지하고, 2013년에는 50%, 2016년에는 90% 수준에 근접할 것이라는 점을 시사한다. 다시 말해 이 방식은 몇 년 동안 S자 곡선의 평평한 부분에 있었지만, 구부러진 급경사 부분으로 곧 진입할 것이다.

〈그림 7-6〉 HSA-HDI 복합방식이 기존의 민간 건강보험을 대체하는 속도

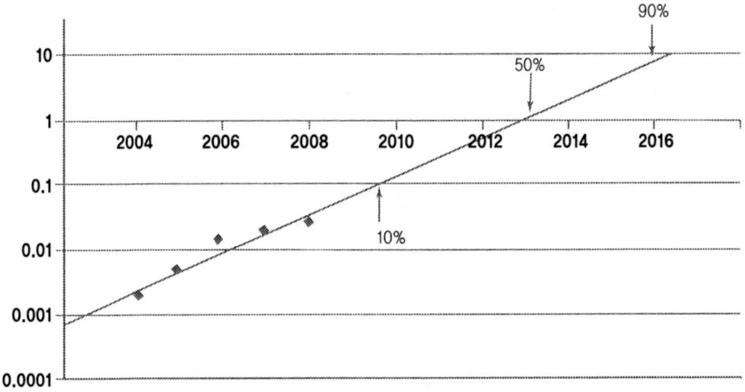

잊지 말아야 할 것은, HSA-HDI 복합방식이 오늘날의 포괄적 건강보장 방식을 대체한 후에도 솔루션 숍은 행위별 수가제로 지불되어야 할 것이고, 가치부가과정 공급자는 결과별 수가제fee-for-outcome로, 질병관리 및 환자네트워크 공급자는 회원요금제fee-for-membership로 지불될 수 있다는 점이다. 이들은 현재의 보험 및 비용상환 방식과는 별개로 적절한 수익공식을 채택할 수 있다.

같은 일을 두고 경쟁하는 서로 다른 제품들은 결국 통합될 것이다

서로 다른 제품이 같은 일을 두고 경쟁하는 경우, 그 제품들은 대개 하나로 통합된다. 따라서, 401(k) 퇴직연금과 건강저축계좌는 피델리티 투자금융 같은 재무관리 회사가 함께 관리할 것이고, 소비자들은 하나의 계좌명세서를 통해 서로 다른 페이지에서 두 상품의 계좌내역을 확인할 것이다.

이해를 돕기 위해 리서치인모션(RIM)Research In Motion이 개발한 휴대용 무선 이메일 장비 블랙베리BlackBerry를 예로 들어보자. 블랙베리는 많은 사람들이 하려고 했던 일, 즉 자투리 시간을 생산적으로 활용하는 일을 하도록 설계되었기 때문에 큰 성공을 거두었다. 사람들의 마음속에서는 이런 일의 해결을 위해 블랙베리와 휴대전화가 경쟁하는 관계에 있다. 통화를 하는 것도 자투리 시간을 생산적으로 활용하는 또 다른 방법이기 때문이다. 우리는 2001년 고객들은 자투리 시간을 생산적으로 활용하려고 할 때마다 두 제품을 모두 휴대하고 그중에서 선택해야 했기 때문에 블랙베리와 휴대전화가 결국 하나의 제품으로 합쳐질 것이라고 예측했다.[49] 이후 블랙베리는 음성통화 기능을 추가했고, 이제 대부분의 휴대전화는 문자메시지와 게임, 전자수첩 기능을 제공한다.

정리하면 원칙은 이렇다. 서로 다른 제품이 고객의 생활 속 서로 다른 시간과 장소에서 발생하는 두 가지 다른 일을 해결하는 데 사용될 때, 그 제품들은 서로 독립적으로 남아 있을 것이다. 두 가지 일을 모두 해결하는 제품을 제공하는 기업은 둘 중 하나에만 집중하는 기업에 비해 우위를 가지지 않을 것이다. 그러나 서로 다른 제품이 해결하려는 그 일이 어떤 고객에게 같은 시간과 장소에서 발생하는 경우는 두 가지 제품을 모두 제공하는 기업이 경쟁우위를 가질 수 있다. 당좌예금계좌checking accounts, 적금계좌savings accounts, 신용카드, 증권거래서비스, 생명보험, 소비자 대출, 주택융자 대출 등 고객이 원할지도 모를 다양한 금융서비스 상품을 제공함으로써 '금융 슈퍼마켓' 이 되려고 한 기업들이 성공하지 못한 이유도 바로 이 때문이다. 방금 열거한 일들은 각각 고객의 삶에서 서로 다른 시점에 발생하는 것들이다. 반면, 주유소와 편의점이 통합된 이유는 부실음식junk food으로 배를 채우려는 욕구와 자동차에 기름을 채워야 하는 필요를 동시에 느끼는 고객이 많기 때문이다.

이것은 피델리티 투자금융과 같은 기업이 고객에게 이미 '경제적 능력을 갖추는 일' 을 도와주는 401(k) 퇴직연금관리 서비스를 제공하고 있기 때문에, 〈그림 7-4〉에서 보듯이 401(k)와 똑같은 종류의 일을 수행하는 건강저축계좌 또한 제공할 가능성이 있음을 시사한다. 그런 금융기업들은 고객들에게 기존 명세서를 통해 매월 퇴직연금과 건강저축계좌의 내역을 함께 통보할 것이다. 피델리티Fidelity의 사업 모델은 관리하는 고객자산의 일정비율을 수수료로 받는 것이기 때문에, 고객이 건강을 유지하고, 적절한 예방의료를 통해 장기적으로 의료비 지출을 낮추도록 도와주는 일에 이해관계를 가진다. 기업들이 이 상품들의 상호의존성을 깨닫고 상품의 기능을 계속 통합함에 따라 이런 유형의 금융서비스와 보건의료의 통합은 가속화될 것이다.

실제로, 건강저축계좌의 행정비용을 최소화하기 위해 어떤 건강저축계좌 가입자들은 이미 보건의료 제품이나 서비스를 구입할 때 현금카드 같은 것을 사용하고 있다. 사용자가 카드를 긁으면 특별한 바코드를 통해 건강저축계좌 적립금으로 구매할 수 있는 제품과 서비스에 구매인증이 되기 때문에 의료비 상환을 위한 서류작업이 필요 없게 된다.[50]

미국 연방예금보험공사(FDIC), 연방준비은행(FRB), 증권거래위원회(SEC) 등이 상업은행과 투자은행의 운영을 감독하듯이, 재무 건전성과 고객 서비스 표준을 제정할 '연방건강보조위원회 Federal Health Assistance Commission' 같은 기관이 필요할 것이다. 상품 약관에는 직원들이 회사를 바꾸더라도 계속 보장을 받고 계좌를 관리할 수 있도록 하는 조항이 반드시 포함되어야 한다. 기업마다 직원들의 건강저축계좌와 고액공제보험에 기여하는 비율은 자율적으로 정하게 하되, 계좌는 반드시 개인이 소유하고 지속적으로 관리할수 있도록 해야 한다.

의료보장은 되지만 의료를 이용할 수 없는 무보험 저소득층

정치인과 각종 권익보호단체, 응급실 행정관리자들이 모여 의료비 문제를 협의할 때면, 이들은 흔히 재난성 질환에 대해 보험 적용을 받지 못하는 미국인의 수가 증가하는 현실을 보건의료비 증가의 주범이자 결과물로 지목한다. 매사추세츠 같은 일부 주에서는 최근 모든 지역민에게 건강보험 적용을 강제하는 법안을 제정했다.[51] 일정한 최소 규모 이상의 사업장은 직원을 위해 반드시 보험을 구매하도록 강제했다. 보험을 구매할 능력이 없는 최소 규모 이하의 사업장은 정부의 보조를 받을 수 있고, 기타 저소득층도 개인 건강보험을 구매할 때 보조금을 신청할 수 있다. 이 보험상품들은 가격대를 낮추기 위해 보통 자기 우선 부담금

수준이 매우 높게 설정되어 있는데, 오히려 이것은 빈곤층으로 하여금 돈을 내고 재난성 보험에 강제로 '가입'하게 해놓고 보험 적용 문턱을 높게 설정해 대다수가 그것을 이용하지 못하게 하는, 어리석은 상황을 연출하고 있다.

건강보험이 없는 사람들에게는 의료비 하면 머릿속에 제일 먼저 떠오르는 것이 재난성 질환으로, 입원했을 때 치러야 하는 비싼 비용이 아니다. 그보다는, 급성 감염성 질환과 흔한 약물치료에 드는 일상적인 비용이다. 우리가 그런 사람들에게 고액공제보험 적용을 강제하는 한편, 못사는 동네에 저렴한 리테일 클리닉retail clinics이 개설되는 것을 의사 집단이 가로막게 한다면, 우리가 도우려는 사람들이 그들의 일상적인 건강복지에 필수적인 비재난성 의료에 접근할 수 없게 만드는 꼴이 된다. '뉴잉글랜드 의학저널'의 전(前) 편집장 마르시아 안젤Marcia Angell 박사는 이런 상황을 "의료보장은 되지만 막상 의료를 이용할 수는 없는 상태coverage without care"라고 했다.[52]

그러나 해결방안은 있다. 401(k) 퇴직연금계좌에 직원들이 불입하는 금액만큼 고용주들이 기여금을 지원해줌으로써 퇴직금을 적립할 수 있도록 인센티브를 만들었듯이, 정부도 건강저축계좌를 통해 똑같은 의료비 지원을 할 수 있다. 즉, 정부가 일정한 기여금 산정기준에 따라 저소득층 주민들이 건강저축계좌에 불입하는 만큼 그에 상응하는 금액을 지원하는 것이다. 아울러, 정부는 이와 같은 공동기여 방식의 건강저축계좌joint-contribution HSAs와 연계해 리테일 클리닉과 환자 네트워크 같은 저비용의 파괴적 사업 모델을 촉진함으로써 고질적인 '무보험 저소득층' 문제를 어느 정도 해소할 수 있다. 무보험 저소득층을 위한 해결책은 단순히 그들이 보건의료를 저렴하게 이용하도록 도와주는 것에 그치는 것이 아니라, 또한 의료 자체를 저렴하게 만드는 것이어야 한다.

제 8 장

제약산업의 미래

전체 보건의료비의 약 10%[1]를 차지하는 의약품은 의료비 문제를 일으키는 원인일까, 아니면 그 문제를 풀 수 있는 해법일까? 제약산업을 비판하는 사람들은 흔히 1995~2002년 사이에 두 배로 증가한 약제비 지출을 두고 그것을 같은 시기에 감당할 수 없을 만큼 증가한 보건의료비 지출의 주범으로 지목한다.[2] 한편, 또 어떤 사람들은 무게당으로 따지면 약값이 비싼 편이지만, 다른 치료 대안에 비하면 약물치료가 훨씬 저렴하다는 주장을 펴기도 한다.

두 가지 주장이 모두 일리가 있다. 어떤 의약품은 역사적으로 치명적이던 급성질환을 만성질환으로 바꾸는 데 일익을 담당했고, 덕분에 우리는 적당한 삶의 질을 누리면서 더 오래 살 수 있게 되었다. 의약품은 한편으로 우리의 수명을 연장시키고 삶의 질을 향상시켰지만, 다른 의약품에 드는 비용뿐만 아니라 완치가 안 된 상태에서 환자들이 질병을 안고 살아야 하기 때문에 발생하는 합병증 비용이 전 세계적으로 보건의료비를 상승시키는 요인이 되기도 했다.

의약품 중에는 파괴적 혁신의 기술적 촉진요인으로 작용해서 의료비를 낮추는 경우도 있다.[3] 과학자들과 의사들은 질병에 대한 지식 위에 덮여 있던 수의(壽衣)를 단계별로 조금씩 벗겨내 더욱 정밀한 영역으로 우리를 이끌고 있다. 이런 지식의 변혁을 주도하는 사람들의 상당수는 최고의 의과대학 내 혹은 부속 연구시설에서 국립보건원(NIH)의 지원을 받아 연구하는 과학자들이다. 그러나 변혁 과정에서 상당 부분의 응용과학과 거의 모든 상업기술은 제약회사와 의료기기 회사에서 개발되고 추진되었다.

실제로 정밀의학을 향해 행군하는 과정에서 거둔 최근의 승전보는 노바티스Novartis(글리벡Gleevec), 아스트라제네카AstraZeneca(이레사Iressa),[4] 제넨테크Genentech(허셉틴Herceptin) 같은 기업이 이룬 것들이다. 제약회사와 의료기기 회사들은 보건의료의 파괴적 혁신에 중추적인 역할을 해야 한다. 왜냐하면, 더 저렴한 의료제공장소에서 더 저렴한 의료공급자가 점점 더 많은 일을 할 수 있도록 기술적 촉진요인을 공급하는 주체가 바로 이들이기 때문이다. 이 장에서는 보건의료를 변혁시키기 위해 제약회사가 해야 할 역할에 대해 살펴볼 것이며, 의료기기 회사의 역할에 대해서는 9장에서 다룰 것이다.

보건의료의 파괴적 변화는 제약산업의 구조를 크게 바꾸어놓을 것이고, 그것이 선도기업에는 엄청난 경영상의 압박으로 작용할 것이다. 오늘날 '대형 제약사' 들을 위협하는 파괴적 변화는 미니밀steel minimills(소규모 제철소), PC제조업체, 월마트, 도요타 등이 주도한 것과는 종류가 좀 다르다. 이 파괴적 신생기업들은 단순하고 저렴한 제품을 소비자들의 요구도가 가장 낮은 시장에서부터 팔기 시작해서 한 단계씩 상위시장up-market을 공략해 들어갔다. 반면, 제약회사에 가해지는 파괴적 위협은 '공급망 파괴supply chain disruption' 라고 할 수 있으며, 이미 산업 내에서 진행 중이다. 즉, 오랫동안 제약산업을 지배해온, 수직적으로 통합을 이룬 제약회사들이 후보약물 발굴과 개발에서부터 임상시험 관리, 생산에 이르기까지 사업영역의 많은 부분을 전문기업에 적극적으로 아웃소싱하기 시작했다. 제약회사들이 사업영역을 줄이기 위해 더 많은 부문을 아웃소싱함에 따라, 이 일을 하청받는 기업들은 오히려 자신이 하는 사업에 더 많은 가치를 추가하기 위해 통합하고 있다.

이런 파괴를 이끄는 힘은 '단계별 시장 파괴market tier disruption'를 이끌어 내는 것과 같은 종류이다. 선도기업들은 이윤이 가장 많이 남는 것에 투자를 집중하는 한편, 이윤이 가장 적은 활동영역을 버림으로써 수익성을 개선한다. 반면, 기존 선도기업들이 떨구어낸 사업영역을 물려받은 파괴적 진입 기업들은 선도기업들이 '아웃소싱' 하고 있는 가치부가활동을 더 많이 흡수함으로써 수익성을 개선한다.

이 흐름이 역전되지 않는다면, 오늘날 대형 제약회사 중 상당수는 지금으로부터 10년 정도 지난 시점에 그들 스스로가 무심코 제약산업의 경쟁환경을 평평하게 만들어버려서 새로운 진입 기업들이 이전에는 넘지 못했을 높은 진입장벽을 극복하게 만들었음을 깨닫게 될 것이다. 그때가 되면 선도기업들은 그들의 핵심역량으로 갖고 있어야만 하는 활동영역을 이미 하청업체에 아웃소싱해버렸다는 것을 깨닫게 될 것이다. 또한, 대형 제약사들이 과거에 핵심역량이라고 생각했던 활동–특히 세일즈와 마케팅–은 미래에는 더 이상 경쟁우위를 가져다 주지 않을 것이다. 이런 파괴가 일어난 후, 제약산업은 보건의료를 정밀의학의 영역으로 인도하는 데 더 효율적이고 효과적인 역할을 할 것이다. 오늘날의 대형 제약사들이 이 변화를 주도할지 아니면 변화의 희생양이 될지는, 그 기업의 임원들이 기업을 얼마나 솜씨 있게 조종해 이런 파괴적 위험지대를 헤쳐나가느냐에 달려 있다.

의약품 공급망의 파괴

왜, 그리고 어떻게 공급망을 거슬러 올라가면서 파괴가 일어나는지를 이해하려면 한 부품공급업체-(적어도, 처음에는) 작은 규모였던 대만의 전자제품 생산업체 아수스텍ASUSTeK-과 그 업체의 고객사-델Dell 컴퓨터-간에 일어났던 상호작용을 한번 살펴보자. 이와 같이 두 기업의 조합을 선택한 이유는 이들 간의 상호작용이 공급망 파괴 현상을 경험하는 모든 기업에 공통적으로 일어나는 것이기 때문이다.

아수스텍은 델 컴퓨터에 들어가는 아주 단순한 회로기판을 생산하는 것으로 처음 사업을 시작했다. 이후 아수스텍은 다음과 같은 흥미로운 가치제안을 들고 델을 찾아왔다. "저희가 이 작은 기판을 만드는 일을 잘해왔다는 것은 아시죠? 그렇다면, 저희에게 메인보드motherboard 생산도 한번 맡겨보는 게 어떠세요? 어차피 회로를 만드는 일이 그쪽의 핵심역량은 아니잖아요. 저희한테 맡겨주면 20% 더 저렴한 비용에 해드리겠습니다."

델의 사업기획팀이 아수스텍의 제안을 검토하고 내린 결론은 이랬다. "와, 그럴 수 있겠는데! 게다가 그들에게 메인보드 부문을 줘버리면 회로생산에 관련된 모든 자산까지 대차대조표에서 떨어버릴 수 있어서 좋고!" 델은 메인보드 생산 부문을 아수스텍에 넘겨주었다. 델의 수입에는 아무런 영향이 없었지만, 수익은 상당히 높아졌다. 아수스텍은 수입도 늘었고, 자산을 더 효율적으로 활용한 덕분에 수익 역시 높아졌다. 다시 말해, 델은 메인보드 사업에서 손을 떼서 이득을 보았고, 아수스텍은 메인보드 사업으로 확장해서 이득을 보았다.

아수스텍이 다시 찾아왔다. "메인보드 만드는 일을 저희가 잘해왔다는 건 잘 아실 테고…. 생각해보니까, 컴퓨터의 핵심은 메인보드더라고요. 귀찮게 컴퓨터의 나머지 부분을 직접 조립할 필요가 있습니까? 저희에게 맡겨주시죠. 어차피 조립이 그쪽의 핵심역량은 아니잖아요. 저희한테 맡겨주면 20% 더 저렴한 비용에 해드리겠습니다."

델의 사업기획팀이 이 제안을 검토하고 내린 결론은 이랬다. "그럴 수 있겠는데! 그들에게 조립을 넘겨주면 조립에 관련된 모든 자산까지 대차대조표에서 떨어버릴 수 있어서 좋고!" 그들은 컴퓨터 조립의 책임을 아수스텍에 넘겨주었다. 델은 수입에는 아무런 영향이 없었지만, 수익은 상당히 높아졌다. 아수스텍은 수입도 늘었고, 자산을 더 효율적으로 활용한 덕분에 수익 역시 높아졌다. 델은 조립에서 손을 떼서 이익을 봤고, 아수스텍은 조립에 뛰어들어서 이익을 봤다.

그 후 아수스텍이 또 찾아왔다. "그쪽을 대신해서 컴퓨터 조립을 저희가 잘 해왔다는 건 알고 계시죠? 생각해보니까, 모든 부품 납품업체를 상대하고, 유통문제로 골치를 앓고, 고객에게 컴퓨터를 배송하는 등 귀찮은 공급망 관리를 직접 할 필요가 뭐 있습니까? 유통관리는 어차피 그쪽의 핵심역량이 아니잖아요. 저희에게 공급망 관리를 맡겨주면 20% 더 저렴한 비용에 해드리겠습니다."

델의 사업기획팀이 이 제안을 검토하고 내린 결론은 이랬다. "그럴 수 있겠는데! 그들에게 공급망 관리를 맡기면 우리는 비용도 줄일 수 있고, 모든 유동자산을 대차대조표에서 떨어버릴 수 있어서 좋고!" 그들은 공급망 관리 책임을 아수스텍에게 넘겨주었다. 델은 수입에는 아무런 영향이 없었지만, 이번에는 자산이 없기 때문에 이전보다 수익, 특히 총자산수익률은 훨씬 더 높아졌다(눈치챘는지 모르겠지만, 월스트리트는 자산이 가벼운 기업을 좋아한다). 아수스텍은 수입이 또 늘었고, 부가가치서비스에 진출한 덕분에 매출이익 역시 높아졌다(눈치챘는지 모르겠지만, 월스트리트는 부가가치서비스 기업을 좋아한다). 델은 공급망 관리에서 손을 떼서 이익을 봤고, 아수스텍은 공급망 관리를 시작해서 이익을 봤다.

그러고 나서 아수스텍이 또 찾아왔다. "저희가 공급망 관리를 잘해 왔다는 건 알고 계시죠? 생각해보니까, 골치 아프게 그쪽에서 컴퓨터 디자인을 직접 할 필요가 뭐 있겠습니까? 컴퓨터 디자인은 적당한 부품을 고르는 일이 전부인데, 부품업체들을 저희가 잘 아니까 저희한테 컴퓨터 디자인을 맡겨보는 게 어떻습니까? 저희가 20% 더 저렴한 비용에 해드리겠습니다."

델의 사업기획팀이 이 제안을 검토하고 내린 결론은 이랬다. "그럴 수 있겠는데! 그들에게 컴퓨터 디자인을 맡겨버리면 더 이상 엔지니어를 고용할 필요가 없으니까 비용은 더 줄어들겠군. 어차피 우리의 핵심역량은 브랜드잖아!" 그들은 컴퓨터 디자인의 책임을 아수스텍에 넘겨주었다. 델은 수입에는 아무런 영향이 없었지만, 이번에도 수익은 더 높아졌다. 아수스텍은 수입과 수익이 둘 다 높아졌다. 델은 디자인에서 손을 떼서 이익을 봤고, 아수스텍은 디자인에 뛰어들어서 이익을 봤다.

우리가 이 책을 쓰고 있는 지금쯤, 아수스텍은 다시 어딘가를 찾아갈 준비를 하고 있을 것이다. 이번에는 찾아가는 곳이 델이 아니라 베스트 바이Best Buy 같은 대형 전자제품 소매점이다. 그들은 이런 제안을 할 것이다. "아시다시피 우리는 세계 최고 컴퓨터의 디자인과 생산을 맡고 있어요. 매장에 보니까 컴팩, 휴렛패커드, 델 브랜드 제품을 진열하고 계신데, 저희가 제품을 공급할 테니 직접 브랜드를 만들어 보는 게 어떻습니까? 어떤 상표든지 상관없이 저희가 20% 더 싸게 공급해드릴게요."

그렇다. 이런 식으로 회사 하나가 사라지고, 다른 회사가 그 자리를 차지하게 되는 것이다. 어떻게 이럴 수 있냐고? 누군가 어리석은 짓을 해서 이렇게 된 것은 아니다. 두 회사의 관리자들은 비즈니스 스쿨 교수들과 최고경영컨설턴트들이 하라고 한 그대로, 즉 이윤이 가장 적은 활동은 접고 이윤이 가장 많이 나는 활동에 집중해서 수익성을 높였을 뿐이다. 하나의 진입기업이 시장의 가장 하층부에서 시작해 단계별로 상위시장을 공략하는 파괴의 유형과 마찬가지로, 공급망 파괴를 일으키는 원인은 바로 수익성의 추구에 있다. 고객사가 회사 내에 남은, 가장 적은 가치를 부가하는 활동에서 계속 손을 떼게 만든 원인은 바로 이윤의 추구였다. 부품공급업체가 고객사에 더 높은 가치를 부가하는 활동을 제공하기 위해 노력한 것도 바로 수익성을 추구하는 행위였다.

왜 이런 파괴 현상을 충분히 예상할 수 있느냐 하면, 새로운 기업이 시장에서 이윤이 가장 적은 부분, 또는 공급망에서 가치가 가장 낮은 부분으로 진입할 때 해당 산업의 기존 선도기업이 진입기업의 공격을 피해 달아나는 이유가 이윤 추구이기 때문이다. 진입기업이 맨 밑바닥에서 시작해 바로 윗단계의 시장, 혹은 바로 다음 단계의 공급망을 손에 쥐려고 노력할 것이라는 점을 예상할 수 있는 것도 그들이 이윤을 추구한다는 사실 때문이다. 파괴를 당하는 쪽에는 이윤이 가장 적게 남는 활동이, 파괴를 하는 쪽에는 이윤이 가장 높은 활동이 되는 것이다.

공급망 파괴는 언제 가능할까?

전략과 혁신에 관한 연구에서 우리가 확인한 변함없는 사실 중 하나는 생산시스템을 구성하는 요소들이 예측 불가능한 상호의존적 관계에 있을 때, 기업의 성공적인 사업 운영을 위해서는 상호의존적 관계에 있는 요소들을 모두 통합해야 한다는 것과, 위에서 언급한 것과 같은 종류의 공급망 파괴는 불가능하다는 것이다. 한 산업의 역사에서 이런 상황이 나타나는 시기를 〈그림 8-1〉에 도식화해보았다. 즉, 이 상황은 산업의 초창기에 기술적 수준이 미숙하고, 최고의 제품조차 성능이 충분히 좋지 않아서 기업들이 성능을 최적화하기 위해 상호의존적인 최적의 해결책이 필요한 시기에 발생한다. 예를 들어, 메인프레임 컴퓨터 산업의 초창기에는 하나의 기업이 운영체제나 논리회로, 기억장치, 응용 소프트웨어 등을 독자적으로 제공할 수 없었다. 당시 컴퓨터 시스템을 구성하는 각 요소의 디자인은 서로 다른 요소의 디자인에 의존하고 있었다. 그래서, 한 컴퓨터 회사가 어떤 것을 해결하려면 모든 것을 해결해야 했고, 수직적으로 통합된 회사들만이 상당한 경쟁우위를 가질 수 있었다.

고급 디지털 방사선 의료서비스가 처음 등장했을 때도 이와 비슷한 상호의존성의 문제가 있었다. 컴퓨터단층촬영장치(CT), 컴퓨터 영상처리, 저장 시스템 및 전송 서비스 등의 인터페이스를 어떻게 구성할 것인지에 대한 표준이 없었기 때문에, 이 분야에서 사업할 수 있는 것은 대형 통합시스템 공급자들밖에 없었다.

그 시기(파괴 과정을 보여주는 도표에서 좌측상단)에는 한 기업이 모듈화된 구성요소에서 컴퓨터나 디지털 영상 시스템을 조립하려 한다면, 시스템의 각 부분이 다른 부분과 어떻게 인터페이스를 가질 것인지 일일이 지정해야 한다. 그러나 표준화는 말할 것도 없이 인터페이스를 일일이 지정하는 것조차 그 산업의 초창기에는 존재하지 않는 높은 수준의 기술적 지식을 필요로 한다. 또한, 그 과정에서 엔지니어가 마음껏 디자인할 수 있는 자유가 없기 때문에 기술적으로 가능한 수준보다 디자인이 훨씬 후퇴해야 하고, 제품의 성능과 신뢰도가 충분하지 않은 시기에 이렇게 하는 것은 경쟁적 자해행위competitive suicide를 하는 것이다. 제품 성능이 충분히 좋지 않거나 신뢰할 수 없을 때, 경쟁우위는 자체 개발한proprietary 최적화한 제품이나 과정 아키텍처를 가지고 경쟁하는 기업들에 돌아간다.

한꺼번에 모든 것을 만들어낼 것을 요구하는 상호의존성이 지배하는 산업에 뛰어드는 데는 고정비용이 수반된다. 이렇게 해서 상당한 규모의 경제를 이룬 대형기업은 비용우위를 가지게 된다. 또한, 상호의존성은 경쟁적 차별화를 할 수 있는 많은 기회를 제공한다. 이런 요인들 때문에 결과적으로 거의 모든 산업의 초창기에는 수직적으로 통합된 대형기업들이 지배력을 갖게 된다. AT&T, 유에스 스틸 U.S. Steel, 알코아 Alcoa, 스위프트 Swift, 제너럴 모터스, 포드, IBM, 디지털 이큅먼트 Digital Equipment, 듀퐁, 골드만 삭스, 시티뱅크, 유나이티드 에어크래프트 United Aircraft,[5] 그리고 하버드 비즈니스 스쿨 등은 수직통합의 이점을 이용해 해당 산업을 선도하게 된 사례 중 극히 일부에 불과하다.[6]

덧붙이자면, 요즘 애플사의 휴대용 뮤직 플레이어 아이팟 iPod이 빨리 성장해서 산업을 지배하게 된 것도 이런 이유 때문이다. 모듈화된 구성요소를 가지고 시스템을 조립하려고 한 다른 기업들은 결국 사용하기

〈그림 8-1〉 통합과 비통합이 각자 우위를 가지는 상황

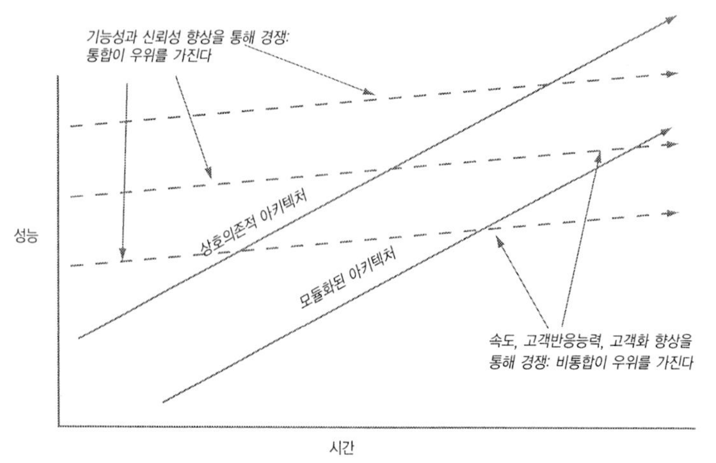

불편하고 신뢰성도 떨어지는 제품을 만들어내는 데 그쳤다. 하지만 애플은 아이팟 플레이어의 디자인부터 음악사이트 아이튠즈iTunes를 통한 음원 형식 지정과 음악 다운로드 기술 등 처음부터 끝까지 최적의 통합을 이루어냄으로써, 최적화되지 않은 산업표준 아키텍처를 가진 기업들이 현재로서는 경쟁을 할 수 없는, 단순하면서도 멋진 시스템을 만들어냈다.[7]

한 산업의 역사에서 초창기에는 대체로 공급망 파괴는 일어날 수 없다. 산업의 리더들에게 아웃소싱은 기술적으로 가능하지 않거나 경쟁적 측면에서 바람직하지 않기 때문이다.

그렇지만 한 산업의 기술력이 무르익고, 제품의 성능이 충분히 좋아지기 시작하면, 그 산업의 제품이나 서비스의 아키텍처가 모듈화될 수 있다. 이것은 여러 구성요소의 인터페이스를 결정하는 표준이 명료하고도 충분히 포괄적으로 구체화될 수 있어서 독자적인 기업들이 개별 구성요소를 공급할 수 있다는 것을 의미한다. 그 구성요소들을 대충 모아서 제품을 만들어도 성능이 충분히 좋다. 이런 상황이 되면 과거 수직적으로 통합된 거대기업이 지배했던 산업구조는 전문화된 기업집단이 수평적으로 층을 이루는 형태로 변모된다.[8]

우리는 컴퓨터산업에서 발생한 이 과정을 <그림 8-2>에 정리해보았는데, 왼편에 열거된 것들은 컴퓨터 제조와 서비스에 관련된 가치사슬 단계를 나타낸다. 컴퓨터산업이 시작된 후 처음 20년간은 IBM, 컨트롤 데이터Control Data, 디지털 이큅먼트Digital Equipment 같이 수직적으로 통합된 기업들이 지배했다. 당시의 기술여건과 경쟁기반이 통합을 필요로 했기 때문이다. 그러나 파괴적 PC 가치 네트워크를 구축하는 작업의 일환으로, IBM은 PC 구성요소들을 정의하고 제품의 아키텍처 내에서 그 구성요소들 간의 인터페이스를 결정할 명확한 표준을 확립했다. 그 결과, 그림의 오른쪽에서 보듯이 산업이 해체되기 시작했고, 마이크로소프트, 인텔, 시게이트Seagate 등 각 구성요소를 독자적으로 생산하는 집중화된 기업집단이 수평적으로 층을 이루는 산업구조로 변했다.[9]

제약산업의 해체Dis-Integration는 이미 시작되었다

머크Merck, 화이자 Pfizer 등 대부분의 대형 제약사들은 처음에 약국에서 쓰는 화합물을 제조하고 공급하던 전문 화학공장이었다. 시간이 지나면서 이들은 신약의 연구개발, 약국과 병원에 제품을 유통시키는 일, 다양한 소비자와 기관단체에 대한 의약품 마케팅 등 인접한 활동영역으로 통합해나갔다. IBM, 제너럴 모터스, 유에스 스틸, AT&T 등 앞서 언급한 기업들처럼, 대형 제약기업에는 새로운 화합물의 연구개발부터 제품의 판매와 광고에 이르는 영역으로 수직통합이 경쟁력이 되었다. 이를 통한 차별화와 엄청난 규모의 경제는 선도 제약기업들이 수년 동안 막대한 수익을 뽑아낼 수 있게 해주었다.

〈그림 8-2〉 컴퓨터 산업에서 통합과 전문화가 일어난 시기

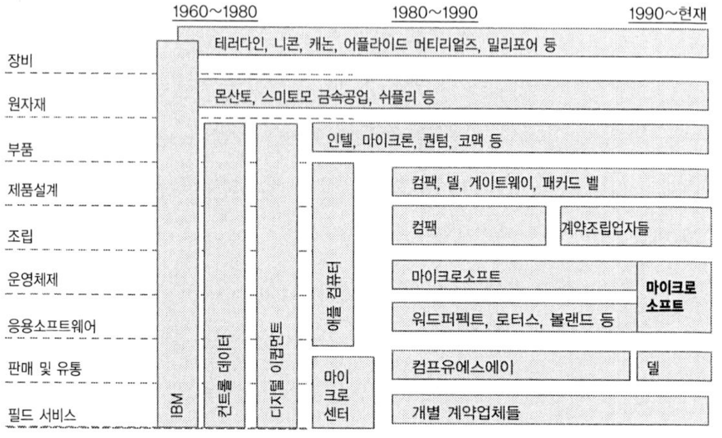

그렇지만 제약산업은 조금씩 해체되어가고 있다. 미리어드 제네틱스Myriad Genetics 같은 기업은 주로 진단법 개발에 집중하고 있다. 많은 대형 제약사들이 우시팜테크WuXi PharmaTech 같은 신약발견 전문 수탁기업에 의존하거나 신약발견에 관련된 위험을 덜어내기 위해 더 작은 기업에서 약물 라이선스를 사들이는 일에 의존하는 경우가 늘고 있다. 라이선스를 사들인 제품은 이미 오늘날 '거대 제약사' 매출의 30%를 차지하고 있다.[10]

한편, 신약 개발과정의 다른 부분 역시 아웃소싱되고 있다. 임상시험을 진행하는 과정이 더 분명하게 정의되고, FDA 규제로 더 복잡해지면서 퀸타일즈Quintiles, 아이콘ICON, 파렉셀PAREXEL, PPD, 코반스Covance 같은 임상시험수탁기관(CRO)contract research organization들이 제약회사의 임상시험 관리를 대행하기 시작했다. 임상시험은 요구되는 환자의 수라든지, 수행되는 지역범위, 복잡한 규제요건, 여러 의학 전문분야의 잠재적 연관성 때문에 비용이 엄청나게 증가했다. 제품개발을 확실히 예측할 수 없는 상황에서 연중 계속되는 임상시험의 관리에 들어가는 고정비용을 (아웃소싱을 통해) 변동비용으로 전환하는 것은 주요 제약사들이 비용압박을 덜 수 있게 되는 것이다. 컴퓨터산업에서 아수스텍이 그랬던 것처럼, 일부 CRO가 신약발견에서부터 제형연구, 제품개발, 수탁생산, 마케팅, 디테일 활동detailing 등 가치사슬의 여러 활동 영역으로 차츰 통합해가고 있다는 것은 놀랄 일이 아니다. 심지어 어떤 기업들은 그들의 고객사와 경쟁하기 시작했다.[11] 예를 들어, 코반스Covance는 2008년 8월에 일라이 릴리Eli Lilly로부터 약물초기개발센터를 인수할 것이라는 발표를 했다. 코반스가 에반스빌Evansville에 있는 자체 클리닉을 통해 제1상 임상시험을 수행하게 됨에 따라, 릴리 또한 코반스와 맺은 10년간 서비스 계약의 일환으로 인디애나 대학 의료원에 있

는 릴리의학연구센터의 문을 닫을 것으로 전해졌다.[12]

마찬가지로, 전문화된 생산 및 마케팅 조직들 또한 대형 제약사들의 고정비용을 가변비용으로 전환시키는 데 일조하고 있다. 미국의 코덱시스 Codexis, 포르투갈의 호비온 Hovione, 인도의 카딜라 헬스케어 Cadila Health Care, 중국의 상해약업집단(上海藥業集團) 등은 전 세계에 수천 개가 넘는 위탁생산업체 중에 극히 일부에 지나지 않으며, 시장규모는 2009년 1,450억 달러에 달할 것이다.[13] 벤티브 헬스 Ventiv Health and Professional Detailing, Inc.와 같은 영업 · 마케팅 대행기업들은 대규모 영업인력을 조직하고 훈련할 수 있기 때문에 제약사 입장에서는 자체 영업인력을 더 이상 유지할 필요가 없어졌다.

이런 해체가 진행되면서 제약산업의 경쟁조건은 훨씬 대등해졌다. 통합에 드는 비용이 과거 넘을 수 없는 진입장벽이 되었던 것과는 달리, '가상' 제약회사의 사업 모델은 새로운 진입기업들의 성장수단이 되었고, 대형 제약사들 중에는 거듭된 아웃소싱으로 제품 포트폴리오 관리자로서의 역할만 수행하는 경우도 생겨나고 있다.[14] 이제부터는, 어떤 산업에서 이런 일이 발생할 때, 경쟁조건이 계속해서 대등하게 유지되는 것이 아니라, 과거 선도기업들에 유리했던 경쟁조건이 새로운 기업집단에 유리한 방향으로 바뀐다는 것을 살펴볼 것이다.

규모의 차이가 해체를 몰고 온다

제약산업의 해체를 견인해온 주요인은 해당 산업 가치사슬의 서로 다른 지점에서 나타나는 '규모의 경제 불일치'였다. 이런 가치사슬 중 어떤 부분에서는 성공적으로 경쟁하는 데 엄청난 규모가 요구되는 반면, 다른 부분에서는 규모의 경제가 별 의미 없어서 작은 기업들이 큰 기업을 상대로 효과적으로 경쟁할 수 있다.

규모의 경제 불일치가 어떻게 산업의 해체를 몰고 오는지 이해하기 위해서, 빅 아이디어 그룹(BIG)Big Idea Group의 출현에 관한 사례연구를 살펴보자.[15] 처음에 BIG은 전국을 돌면서 혁신적인 장난감 아이디어를 찾는 '아이디어 경진대회'를 주관하는 기업이었다. BIG의 창시자 마이크 콜린스Mike Collins는 취미생활 잡지에 광고를 내서 새로운 장난감이나 게임을 발명한 사람들을 호텔 회의실로 초대해, 성공적인 장난감 아이디어를 발굴하는 데 일가견이 있는 심사위원들 앞에서 아이디어를 발표하게 했다. 높은 잠재력을 가진 아이디어를 찾아내면 발명가들과 바로 계약을 맺은 다음, 매력적인 견본품과 사업계획서를 만들어 70여 개 장난감 제조업체나 소매업자들 중에서 그 아이디어에 가장 잘 맞는 사업 모델과 판로를 확보한 업체와 판권 계약을 맺었다.

'아이디어 경진대회'에 발명품을 가지고 온 사람들은 어떤 사람들이었을까? 특이하게도 그들은 가게 종업원부터 가정주부, 사무직 종사자, 박사급 물리학자, 변호사에 이르기까지 장난감 발명과는 상관없을 법한 사람들이었다.

경진대회에서는 모든 발명가의 아이디어를 뽑아줄 수 없기 때문에 작품을 탈락시켜야 하는 경우가 더 많은데, 이때 콜린스는 아이디어가 어떤 점이 부족해서 채택하지 못했는지 세심하게 피드백을 해주었다. 이렇게 하면 각 발명가들과 친밀한 관계를 유지할 수 있고, 더 나은 발명품을 만드는 데 도움이 될 것이라고 기대했기 때문이다. BIG은 더 나은 아이디어를 발명해내는 수천 명의 발명가들과 조금씩 네트워크를 쌓아갔다. 콜린스의 데이터베이스에는 발명에 재능 있는 사람들과 이들이 만든 발명품 아이디어 정보가 축적되면서, 콜린스에게 장난감 산업이 아닌 다른 분야의 기업에서 해당 분야의 아이디어 경진대회를 개최해달라는 요청이 쇄도하기 시작했다. 여기에는 가정용품이나 사무용품을 만드는 업체, 정원관리용품 생산업체, 심지어 의료기기 회사들도 포함되어 있었다. 사업범위가 넓어지면서 콜린스는 아이디어를 찾기 위해 광범위한 광고를 내는 것보다는 자신이 보유한 데이터베이스를 뒤져 의뢰인들이 필요로 하는 신제품과 비슷한 유형의 발명 경험이 있는 사람들을 찾아내는 것이 더 낫다는 것을 알게 되었다. 그렇게 함으로써 더 목표 지향적이고 효과적으로 아이디어를 탐색할 수 있었고, 성공할 확률도 더 높아졌다. 수십억 달러 규모의 기업들이 아무리 훌륭한 연구개발 인력이 있다고 한들, 실력이 검증된 수천 명의 발명가 네트워크를 손에 쥐고 있는 콜린스와는 경쟁이 안 되는 법이다.[16]

신제품 개발을 아웃소싱하는 'BIG 모델'이 어떤 유형의 산업에서 효과를 발휘할 수 있는지, 또 어떤 산업에서 효과 없는지 뚜렷한 패턴을 보인다. 장난감, 사무용품, 가정용품, 정원관리용품, 의료기기를 포함해 어떤 산업은 신제품을 개발하기 위해 반드시 규모가 클 필요 없는 경우도 있다. 이 경우 최소효율 규모minimum efficient scale는 두 사람이면 족하다. 한 사람이 아이디어를 내고 가족이나 같은 동네에 사는 사람 중에서 기계공학자 한 명만 더 구하면 바로 견본품을 제작하고 사업을 시작할 수가 있다. 두 사람의 혁신능력을 합치면 해당 산업을 주름잡는 대형기업의 연구개발 능력을 압도할 수 있다. 하지만, 토이저러스Toys 'R' Us나 월마트, 홈디포Home Depot, 병원공동구매집단을 통해 신제품을 시장에 출시하려면 규모가 커야 하기 때문에 혁신가들 대부분은 발명품을 가지고 회사를 차려 성공하겠다는 생각은 하지 못한다. 가치사슬의 서로 다른 단계에서 요구되는 규모 집중도의 불일치로 신제품의 개발과 상업화의 접점에서 기업들의 해체가 야기된다. 헨리 체스브로Henry Chesbrough는 이것을 '개방형 혁신open innovation'이라고 불렀다.[17]

개방형 혁신이 불가능한 산업도 있다. 즉, 제품개발을 위한 최소효율 규모가 크고, 가치사슬의 상업화 단계에서 발생하는 일과, 발명 및 개발 단계에서 발생해야 할 일들이 상호의존 관계에 있지만 그것을 예측할 수 없을 때가 그렇다. 역사적으로 볼 때, 마이크로프로세서 사업이 그랬다. 가치사슬 중 개발과 생산 및 마케팅 단계에서 경쟁력을 갖추려면 규모가 커야 했고, 제품생산 방식과 디자인 방식 간에는 상당한 상호의존성이 존재했다.[18]

최소효율 규모의 불일치는, 적어도 부분적으로는 약물 발견과 개발 분야가 왜 그렇게 많은 신생 바이오테크 기업들로 붐비게 되었는지, 그리고 과거에 저분자 화합물 분야와는 달리 왜 기존의 제약회사들이 바이오테크놀로지 분야를 지배하는 데 성공하지 못했는지 설명해준다. 분자생물학 지식의 본질, 그리고 그러한 지식을 더 발전시키는 데 필요한 기업의 규모는 작기 때문에 바이오테크 제품의 발견과 개발 분야에서 작은 기업들이 큰 기업을 상대로 경쟁할 수 있는 여건을 제공한다. 과거에는 제약산업에서 개방형 혁신이 불가능했지만, 이제는 가능하다.

최근에 알게 된 개방형 혁신의 기술적 실현 가능성과 더불어, 해체를 선호하게 만드는 교란요인 compounding factor이 하나 있는데, 그것은 가치사슬의 여러 단계에 걸쳐 나타나는 '예측력의 불일치 predictability mismatch' 라고 할 수 있다. 성공할 만한 신제품을 발견하는 일은 본질적으로 확률과정(確率過程)에 의존하고 있기 때문에 처음부터 끊임없이 제약산업을 괴롭혀온 근본적인 골칫거리이다. 신물질 신약 new molecular entities을 발견하고, 작용부위를 알아내고, 인체질환에서 잠재적 효능을 조사하는 일, 그리고 안전성 동태를 결정하는 일 등은 대부분 아직도 비용이 많이 드는 시행착오 과정에 의존하고 있다. 최근 조합화학 combinatorial chemistry이나 고효율 검색 high-throughput screening과 같은 기술들이 개발되었지만, 이것들은 인체작용에 대한 우리 지식이 여전히 제한적이라는 사실에서 비롯되는 무작위성randomness의 문제를 해결한다기보다는 주로 신약발견의 확률과정을 자동화하는 기술에 불과하다.[19]

릴리와 화이자 같은 제약회사들이 우연히 프로작Prozac과 비아그라Viagra[20] 같은 신약을 발견하게 되면, 이것들을 환자와 의료진에게 가져가기 위해서는 상업기반을 마련해야 한다. 하지만, 그러한 상업조직이 마련되고 그 조직의 매니저들에게 사업 성장의 책임이 맡겨지면, 그 다음에는 확률적 신약발견 과정을 통해 어떻게든 그 분야의 환자와 의사들의 충족되지 못한 요구를 더 효과적으로 충족시킬 차세대 약물을 제공하기 위해 예측 가능한 방법을 찾아나서야 한다. 결과적으로, 제약회사의 마케팅 인력이 그들의 시장지위에 걸맞는 약물의 라이선스를 사들이는 경우가 늘어나고, 이것은 제약산업의 해체를 견인하는 또 다른 요인이다.[21]

제약산업에서 "돈이 벌릴 곳을 향해 뛰어라"

산업이 해체되고 있다는 사실은, 가치사슬의 각 단계에서 통합된 회사들이 집중화된 기업들과의 경쟁에 점점 더 많이 직면하게 된다는 위험성을 내포하는 것이다. 집중화된 공격자들은 한쪽에서만 전쟁을 하면 되지만, 거대 제약사들은 사방에 있는 적들로부터 공격당할 처지에 놓여 있다.

아마 대형 제약사들이 직면한 더 심각한 위협은, 해서는 안 될 전쟁에서 싸워 이기려고 한다는 점이다. 즉, 그들은 과거에 이익을 가져다 준 가치사슬 단계에서 승리를 거두려고 집착하는 반면, 미래에 만족스러운 수익을 가져다줄 가치사슬 영역에 대해서는 싸움을 피해 달아날 가능성이 크다. 치료제는 과거에 대부분의 돈을 벌어들인 분야로, 대형 제약사들은 이 영역에서 승리하려고 싸울 것이다. 반면, 미래에 가장 만족스러운 수익을 가져다 주는 것은 진단의약품 분야이다.

우리는 이 도전을 캐나다의 유명한 아이스하키 선수 웨인 그레츠키 Wayne Gretzky의 표현을 빌려 "돈이 벌릴 곳을 향해 뛰어라 skating to where the money will be"라고 부른다. 언젠가 '어떻게 훌륭한 선수가 될 수 있었냐' 는 질문을 받은 그레츠키는 이렇게 답했다. "저는 아이스하키를 할 때 퍽 puck이 있었던 자리가 아니라, 퍽이 갈 만한 곳을 향해 뛰었어요."[22] 제약산업이 처한 것과 같은 파괴적 과도기에는, 산업 내의 대다수 기업들이 과거에 돈을 벌어들인 가치사슬 지점을 향해 '뛰고' 투자를 한다. 역사를 통해 우리가 배운 교훈은, 그들이 거기에 도착했을 때쯤 돈은 이미 가치사슬의 다른 지점으로 옮겨버린 뒤라는 것이다.

현재 미국의 진단의약품 산업은 200개 이상의 기업으로 구성되어 있고, 매출 규모는 약 286억 달러에 달한다.[23] 제약시장 규모가 3,000억~4,000억 달러 정도된다는 점을 감안하면 진단의약품 생산업체들이 거둔 지금까지의 실적은 보잘것없는 수준이다.[24] 역사적으로 진단의약품은 제약산업에서 그 가치를 제대로 인정받지 못했다. 흔히 진단검사는 임상적 의사결정에 제한적으로만 부가가치를 창출하는 것으로 인식되었다. 즉, 검사가 본질적으로 방어적이고 방향을 제시하거나 확진을 목적으로 한다고 보았기 때문에 의사의 직관을 대체한다기보다는 그것을 보조하고 강화하는 수단으로 인식되었다. 그 결과, 진단학 분야는 메디케어가 만든 비용상환 목록에서 가치가 저평가되어 있다. 정밀한 진단으로 발생하는 비용절감액과 부정확한 진단으로 발생하는 비용을 따져보면 엄청난데도, 진단 부문이 메디케어 급여비에서 차지하는 비중은 고작 1.6%에 불과하다.[25]

이와 같은 과거의 유산은 오히려 새로운 정밀진단법에는 짐이 되어, 이전에 나온 제품과 똑같은 상환금액이 책정되는 경우가 종종 발생한다. 새로운 진단법을 개발한 업체들이 미국의사협회를 통해 새로운 코드를 받으려고 하기보다는 기존의 CPT 코드[26]를 통해 수가를 받을 경우 상황은 더 악화된다. 이런 관행은 검사비용이 더 적게 드는 진단검사를 적절히 보상해줄 수는 있겠지만, 간호사와 같이 비용이 더 적게 드는 의료공급자가 그 효과를 예측할 수 있는 효과적인 치료법을 제공할 수 있게 함으로써 단위비용당 가치를 더 많이 제공하는 진단검사에 대해서 반드시 적절한 보상을 해주는 것은 아니다. 그 자체로는 더 비싸지만 보건의료시스템의 다른 부분에서 비용절감을 가져다 줄 수 있는 유전자 및 분자 진단기법의 개발과 활용이 지연되고 있는 이유가 바로 이 때문이며, 통합적 관점이 의료산업의 파괴적 혁신을 추진하는 데 결정적인 요인이 되는 것도 이 때문이다. 만약 어떤 시스템에서 한 조직이 비용을 들여 진단했는데, 그로 인해 절약한 돈이 다른 조직의 주머니로 들어간다면, 그러한 상황에서 시스템 전체에 최적화된 의사결정이 내려질 것이라고 기대하는 것은 무리다. 우리는 진단기술 공급자와 통합형 정액제 의료공급 조직 간에 계약을 맺는 상황에서라면 정밀한 진단의 진정한 가치를 반영하는 가격책정이 가능해지리라고 믿는다.[27]

질병의 정확한 진단, 그리고 효과를 예측할 수 있는 효과적 치료법은 마치 열쇠와 자물쇠의 관계와 비슷하며, 둘 다 우리가 언급한 보건의료 전달의 새로운 사업 모델을 향한 문을 여는 데 필수적이다. 컴퓨터 산업의 파괴를 가져온 기술적 촉진요인들, 즉 마이크로프로세서와 윈도우 운영체제가 PC의 대형 컴퓨터 파괴에 따른 수익의 상당한 부분을 거둬간 것처럼, 제약산업의 만족스러운 수익은 진단기술과 치료제의 접점에서 발생할 것으로 보이는데, 그 이유는 더 낮은 비용으로 의료를 제공하는 사업 모델이 이 접점을 통해서 성장할 것이기 때문이다.

잘못된 아웃소싱의 위험

전략전문가 마이클 포터 교수가 창안한 '다섯 가지 힘 Five Forces' 분석틀은 한 산업의 가치사슬에서 특정한 요소가 어떻게 그 산업의 수익을 불균형적으로 더 많이 가져갈 수 있는지를 설명하는 근거로, 분석가들이 한 세대에 걸쳐 사용해왔던 것이다.[28] 포터의 분석틀은 특정한 시점에 어떤 현상이 발생하는 이유를 설명한다는 점에서 정태(靜態) 모형이다.

파괴 disruption 모형은 이 포터의 모형에 동태적 차원을 추가한 것으로, 시간의 경과에 따라 다섯 가지 힘의 파급효과가 어떻게 예측 가능한 방식으로 가치사슬의 다른 부분으로 이동하는지 보여준다. 즉, 다섯 가지 힘에 의해 역사적으로 만족스러운 수익을 올릴 수 있는 능력이 집중되었던 가치사슬 단계가 언제, 어떻게, 왜 활기를 잃고 범용화되는지를 보여주며, 역사적으로 한계수익 marginal profits 면에서 별 볼 일 없었던 가치사슬 단계가 언제 매력적으로 바뀔지 예측할 수 있게 해준다.[29]

다섯 가지 힘의 동태적 차원을 이해하는 것이 왜 오늘날 제약산업의 경영진에게 중요한지를 이해하기 위해, IBM의 PC사업부 경영진들이 지금 제약기업들이 처해 있는 것과 유사한 상황에서 저질렀던 전략적 실수에 대해 살펴보자.

메인프레임 컴퓨터 시절, 컴퓨터의 성능은 시스템 아키텍처 수준에서 결정되었다. IBM 컴퓨터는 수천 개의 서로 다른 부품으로 만들어졌는데, 그중 어떤 것도 기계의 성능을 결정적으로 좌우하지는 못했다. 그보다는, 그 모든 부품을 한데 짜맞추었던 시스템 엔지니어의 예술적 재능을 통해 시스템 수준에서 성능이 결정되었다. 보고서에 따르면, 당시 산업 전체 수익의 95%를 IBM이 가져갔다고 한다. 반면, 부품공급업자들은 몇 년 동안 전혀 수익조차 없이 비참한 나날을 보냈는데, 이것은 그 어떤 개별 부품도 컴퓨터의 성능을 좌우하지 못했기 때문이다.

플로리다주에 별도의 PC사업부를 설립했을 당시만 해도, IBM의 마이크로프로세서 기술력은 인텔보다 나았고, 운영체제 기술력은 마이크로소프트를 능가했다. 하지만, IBM은 이 구성요소들을 아웃소싱을 통해 두 회사에서 조달하기로 했는데, 컴퓨터의 설계와 조립에 집중하기 위해서였다. 당연한 결과지만, IBM은 이 두 회사를 키워준 셈인데, 나중에 산업 전체 수익의 상당부분을 두 회사가 가져가게 되었다. 반면, IBM이 머물러 있던 시스템 설계와 조립이라는 가치사슬 단계에서 나중에 만족스러운 수익을 거둔 회사는 하나도 없었다.

IBM은 왜 그렇게 했던 걸까? 과거에 부품은 만족스러운 수익을 거둘 수 있는 분야가 아니었기 때문이다. 그러나, 거의 모든 파괴적 혁신 분야가 그렇지만, 파괴적 PC사업에서도 제품의 성능을 결정하는 것은 '제품의 내부에 있는 기술적 촉진요인' 이며, 새로운 파괴적 산업에서 수익이 생기는 곳도 이 부분이다. 일반적인 원칙으로 보면, 수익은 시스템 전체의 성능이 결정되는 가치사슬 단계에서 발생한다.

초기 단계에서 성능은 제품의 독점적인 디자인을 통해 결정되는 경향이 있다. 하지만, 파괴가 진행되면서 제품의 아키텍처가 표준화되고 모듈화됨에 따라, 제품의 성능은 제품 내부에 있는 구성요소의 성능으로 결정된다. 앞의 예에서 돈을 벌 수 있는 능력이 특정 구성요소로 옮겨진 이유는 컴퓨터의 성능을 결정하는 것이 그 내부에 있는 마이크로소프트와 인텔이 만든 구성요소였기 때문이다. 이 시기에는 그런 구성요소들을 한데 짜맞추는 엔지니어의 독점적인 예술적 재능은 필요없게 된다.

대형 자동차 생산기업도 IBM의 경영진이 한 것과 같은 실수를 했다. 그들은 하지 말아야 할 전쟁에서 싸워 이기기 위해 정작 해야 할 전쟁은 하지 않았다. 역사적으로 자동차 부품 사업은 설계나 조립만큼 수익이 좋지 않았기 때문에, 1990년대에 걸쳐 컨설턴트와 금융공학자들, 그리고 투자은행가들은 대형 자동차 기업을 부추겨서 자동차 부품 사업을 매각하고 주요 하부조직들을 '1차Tier One' 협력업체에서 조달하게 했다. 당시 경영진들은 자동차산업의 미래가 아닌 과거에 대응했던 것인데, 실제로는 자동차의 구조가 점점 표준화되면서 자동차 내부의 하부시스템들이 자동차의 성능을 결정하게 되었고, 따라서 수익성이 가장 좋고 더 독점적인 지위를 가질 수 있게 해주는 분야가 되었다. 10년도 더 된 오래전에 우리가 이것을 이미 경고했음에도[30] 내일의 핵심역량을 아웃소싱하는 일이 자동차산업에서 급속히 진행되었다. 주요 1차 협력업체들은 이제 자동차 조립 업체보다 더 높은 수익을 올리고 있으며, 주가수익률도 더 높다.[31]

제약산업에서 대체로 치료 효능을 제한하는 기술적 촉진요인의 핵심은 진단기술이다.[32] 그러나 (당연한 일인지 모르겠지만) 내일의 매력적인 사업분야를 매각하는 똑같은 현상이 제약산업에서도 나타나기 시작했다. 바이엘Bayer은 최근 진단사업부를 54억 달러에 매각했다. 2007년에는 애보트Abbott Laboratories가 81억3,000만 달러에 진단사업부의 상당부분을 매각하기 위해 협상을 벌였다.[33] 이 기업들 역시 IBM과 제너럴 모터스의 전철을 밟아 미래에 대비하지 못하고 그저 과거에 대응하고 있다. 이 진단사업 분야의 매각을 염두에 두고 있는 사람들에게 해주고 싶은 경고는, 그렇게 하라고 재촉하는 투자은행가들이 사실은 후방거울rearview mirror을 통해 미래를 내다보는 우를 범하고 있다는 점이다.

이와 동시에 셀레라 지노믹스Celera Genomics, 어플라이드 바이오시스템즈Applied Biosystems[34] 같은 분자진단기술 업체들은 미래에 진단기술과 치료제가 강한 기술적 상호의존 관계에 놓일 것이라는 점을 감지하고, 이미 제약회사들을 인수하기 시작했다. 밀레니엄 파머수티컬Millennium Pharmaceuticals 같은 기업들은 애초부터 의약품과 진단기술 분야에 종사해온 반면, 로슈Roche는 두 산업에 오랫동안 영향력을 발휘해온 역사를 지니고 있다. 정밀진단 기술과 예측할 수 있는 효과적 치료제가 만들어내는 시스템 차원의 가치가 더욱 분명해짐에 따라, 만족스러운 수익성을 결정하는 다섯 가지 힘은 제약산업에서 바로 이 가치사슬 단계로 옮겨질 것이다.

실제로 특정질환에 대해 더 정확한 신호를 보내주는 생체지표들이 더 많이 밝혀지고 이에 기반한 약물 개발이 활성화되면, 사용할 수 있는 진단도구가 있음에도 이를 활용하지 않아서 부적절한 약물이나 용량을 처방하는 실수를 저지른 경우가 의료과오 소송의 주를 이룰 것이다.[35]

2장에서 살펴본 사례, 즉 항응고 약물 '와파린warfarin' 요법을 시행하기 전에 유전자 검사(노모그램nomogram으로 알려져 있다)를 통해 적절한 투약용량을 결정하려는 추세는 검사와 치료를 결합함으로써 임상진료의 질을 향상시키려는 시스템 차원의 의지와 요구가 있음을 나타내는 것이다.[36]

정밀진단은 상당한 가치를 만들어낼 수 있다. 예를 들어, 한 연구결과에 따르면 HER2 단백질의 과다발현 여부를 찾아내는 진단검사를 먼저 하지 않을 경우 유방암 치료제 '허셉틴Herceptin'을 사용한 환자의 1인당 치료비는 7만9,181달러인 반면, 처음에 진단검사부터 하는 경우 환자 1인당 비용이 5만4,738달러에 불과했다. 이런 차이가 발생하는 이유는 정밀진단을 하지 않는 경우 약물의 효력을 볼 수 없는 환자들에게도 약물치료를 하기 때문에 그렇다. 검사비는 366달러에 불과하지만, 검사를 통해 환자 1인당 절감되는 비용은 무려 2만4,000달러나 된다.[37]

임상시험 과정의 용도변경

최근 몇 년 사이 제약산업의 가치사슬 단계는 어느 정도 '모듈화' 되었기 때문에 새로 출현한 집중화된 기업이 가치사슬의 여러 단계에서 다른 기업에 의존하지 않고도 충분히 독립적으로 사업을 영위할 수 있게 되었다. 그 결과 제약기업들은, 특히 임상시험과 같은 부분을 퀸타일즈Quintiles와 같이 집중화된 임상시험수탁기관(CRO)에 아웃소싱하기 시작했다. 임상시험수탁기관들은 임상시험의 설계와 관리 분야에 탁월한 역량을 보유하고 있다.

그러나 정밀의학의 장래를 밝게 하는 정밀진단의 이점을 활용하려면 앞으로 제약산업의 가치사슬 단계가 더욱 상호의존적이 될 필요가 있는데, 상호의존성의 상당부분은 임상시험 과정을 중심으로 형성될 것이다. 제약산업을 선도하는 기업들이 오늘날 임상시험의 관리를 아웃소싱하기 시작했다는 것은 이들이 내일의 핵심역량을 아웃소싱하고 있다는 것을 의미한다. 이것은 미래에는 오늘날의 제약기업과 다른 방식으로 운영상의 통합을 하는 기업들이 제약업계의 거물이 될 것이라는 점을 의미한다.

역사적으로 제약회사들이 의약품의 제조 및 시판 허가를 얻기 위해 따라야 하는 과정은 다음의 네 가지 단계로 구성되어 있다. 첫째, 관심의 대상이 되는 인체질환과 되도록 특성을 유사하게 맞춘 동물을 대상으로 의약품의 안전성과 효능을 '모형화' 해야 한다. '제1상Phase I 임상시험' 이라고 부르는 다음 단계에서는 임상시험에 자발적으로 참여하기로 한, 주로 건강한 사람들을 대상으로 약물의 안전성을 테스트한다. 안정성이 확보되고나면, 제2상Phase II 임상시험을 통해 목표질환을 가진 비교적 적은 수의 환자군에게 약물을 투입해 인체 효능을 예비검증하게 된다. 이 환자군에서 해당 약물이 충분한 수준의 효과를 나타낸다면, 제3상Phase III 임상시험을 통해 훨씬 많은 수의 환자를 대상으로 더 오랜 기간에 걸쳐 약물의 효능과 안전성을 테스트한다. 대부분의 경우 임상시험을 수행할 때는 이중맹검법double blind을 기초로 하며, 임상시험이 진행되는 동안에는 연구자와 환자 모두 어떤 것이 진짜 신약이고 어떤 것이 위약placebo–때로는 약물대조군을 사용한다–인지를 알지 못한다.

제3상 임상시험을 끝마쳤을 때 흔히 나타나는 결과는 약물의 효능이 환자 일부에게만 나타난다는 점이다. 대부분의 경우 일부 환자에게는 바람직하지 않은 부작용도 나타난다. 만약 식품의약품안전청(FDA)에 조언을 해주는 의사들이 치료의 성공률이 충분한 수준(보통 30% 이상)이고, 부작용이 심각하지 않거나 완화될 수 있는 여지가 있다고 판단하면, 자문단이 의약품 허가를 내주도록 권고한다.[38] 허가를 받고 나면 제약회사는 의약품 포장용기 안에 넣을 '설명서' 문구를 각별히 신경써서 작성해야 하는데 의약품을 누가, 어떤 환자들에게, 어떻게 투약해야 하는지, 치료효능을 기대할 수 있는 적응증은 무엇이고, 투약으로 인한 부작용에는 어떤 것들이 있는지 등 의약품에 관한 많은 정보를 상세하게 기록해야 한다.

네 단계로 된 임상시험 과정은 기본적으로 동일한 증상을 가진 모든 환자들이 같은 질환이 있을 것이라고 가정하는데, 2장에서 살펴보았듯이 분자생물학의 발전으로 이런 가정은 종종 옳지 않다는 것이 밝혀지고 있다. 임상시험을 설계할 때, 진단을 정확하게 하고 임상시험 대상자들이 동일한 질환이 있다고 가정하면, 본질적으로 그 임상시험의 용도는 특정 약물이 환자에게 도움이 되는지 아닌지를 '검증test' 하는 것이 된다. 이때 일부 환자군이 약물에 반응하지 않는다는 사실은 통계적으로 유의한 효능 신호에서 분리해내야 하는 확률적 잡음으로 간주된다. 따라서 치료제가 효과를 나타내는 환자의 비율과 확률적인 부작용의 동태 이외에는 임상시험에서 배울 수 있는 것이 없다. 다시 말해, 대부분의 임상시험은 치료가 직관의학의 영역에 머무를수 밖에 없도록 만드는, 태생적 한계가 있는 셈이다.

더 많은 질병이 정밀의학의 영역으로 이동될 수 있도록 하고, 그에 따른 비용감소와 품질향상이 가속화되도록 하려면, 제약산업과 규제당국은 임상시험을 과정의 마지막 단계에서 하는 '검증'으로서가 아닌, 짜임새 있는 연구과정의 한 부분으로서 인식할 필요가 있다. 어떤 치료에 효과를 나타내는 환자가 있는 반면, 동일한 증상을 가진 환자인데도 효과를 나타내지 않는 경우가 있다면, 그것은 눈에 보이지 않는 무언가 다른 요인이 있다는 증거다. 즉, 같은 증상을 나타내는 여러 질환이 있는데 시험대상이 되는 약물이 우연히 그 기저질환들 중 적어도 하나에 치료효과를 나타내는 것이거나, 유전적 차이로 동일 질환을 가진 환자가 어떤 치료제에 서로 다르게 반응하는 것일 수도 있다. 아니면 이 두 가지 경우에 모두 해당할 수도 있다. 그렇다면, 치료제에 반응하는 경우와 그렇지 않은 경우 그 차이가 어디에서 발생하는 것인지, 분자적 수준과 유전자 수준에서 연구해보아야 할 것이다. 이 연구를 통해 제약회사들은 질병과 환자의 상호작용에 영향을 미치는 요인을 파악하기 위해 생체지표를 개발할 것이고, 치료제에 대한 의사결정에 방향을 제시할 수도 있다.[39]

이와 같이 '연구시험 research trials' 형태로 임상시험의 틀을 다시 짠다면 같은 증상을 공유한다는 이유만으로 두루뭉술한 범주에 함께 묶어 놓은 질환을 정밀하게 진단해내려고 노력하는 이들에게 큰 도움이 될 것이다. 이 시험은 신약 발견과 개발 과정의 일부분으로 묶여야 한다. 진단기술과 치료기술의 개발 역시 새로운 방식으로 이런 연구시험과 짜임새 있게 연계되어야 한다. 이 과정을 어떻게 추진할 것인지에 관해서는 몇 가지 아이디어를 이 장의 〈부록〉에 대략적으로 언급해놓았다.

이런 활동을 아웃소싱해버리는 기업들은 이 분야에서 제 역할을 찾을 수 없을 것이다. 이에 반해 핵심역량을 연구시험을 통해 정밀진단을 위한 생체지표를 찾아내고, 이것을 예측 가능한 효과적 치료제 개발에 접목하는 데 두는 기업들은 성공적인 사업을 영위할 수 있을 것이다. 아수스텍이 델 컴퓨터에 했던 것처럼, 이 기업들은 그 핵심역량을 중심으로 그들의 고객사로부터 더 많은 부가가치 서비스를 도맡아하면서 사업을 계속 키워나갈 것이다. 이 장의 말미에서 살펴보겠지만, 많은 약물에 있어서 그 시장을 정의하는 방식 자체도 바뀔 것이기 때문에, 궁극적으로 이 기업들은 제품의 마케팅까지 도맡아할 것이다.

임상시험 비용의 미래

미국에서 허가된 약물을 투여받는 환자들 곁에는 약물 사용 설명서에 나와 있지 않는 부작용 사례를 캐내기 위해 민사소송전문 변호사들이 늘 붙어다니는데, 그로 인해 제약회사를 상대로 한 크고 작은 소송이 끊이질 않는다. 이런 잠재적 비용을 우려한 나머지, 제약회사와 규제당국은 가능한 한 문젯거리를 없애서 위험한 약물이 시장에 나오지 않게 하거나 설명서에 방어문구를 삽입하기 위해 어쩔 수 없이 제3상 임상시험의 기간을 연장하고 범위를 확대할 수밖에 없었다. 이처럼 커진 임상시험의 규모 때문에 신약 개발비용은 10억 달러 수준을 훌쩍 넘어버렸다.[40] 과거 제약기업들이 합병을 통해 거대한 조직을 만든 것은 이런 임상시험에 댈 돈을 마련하기 위해서이기도 했다.

임상시험을 연구시험의 형태로 바꾸더라도 처음에는 대부분의 질병에 대해서 정밀한 진단이 가능하지 않을 것이기 때문에 비용을 절감할 수 없을 것이다. 이것은 결국 한동안 대부분의 임상시험에 다른 질병을 가진 환자들이 계속해서 등록될 것이라는 점을 의미한다.[41] 사실, 진단기술과 약물유전체학pharmacogenomics이 접목되면 한동안은 비용이 증가할 수도 있다. 여기에는 새로운 유전자 표적의 출현도 한몫을 할 것이다. 이전에는, 제약회사들이 특정 표적을 대상으로 약물개발에 착수하는 시점에 이미 그 표적에 관해 작용원리라든지 치료기전 등 수십 개의 연구자료가 나와 있었다. 그런데, 그렇게 연구가 많이 진행된 표적을 대상으로 진단기술과 약물이 개발된 후인, 2000년대 초반에 이르러서는 유전자 표적 하나당 발표된 연구자료의 평균 수는 8개로 떨어졌다. 많은 수의 새로운 표적들이 실패하는 비율이 높아지게 되면, 초반에는 유전자에 기초한 약물개발 비용은 오히려 증가할 수 있다. 이는 제약회사들이 기존의 잘 알려진 표적을 대상으로 훨씬 덜 위험한 '복제' 의약품 개발에 주력하게끔 하는 계기가 된다.[42]

하지만, 약물유전체학을 통해 정밀의학이 더욱 발전하게 되면, 많은 임상시험의 범위와 지속기간, 비용은 상당히 감소할 것이다. 우리가 질환을 정밀하게 진단할 수 있게 될 때, 하나의 임상시험에 등록된 모든 환자는 동일한 질환을 가지고 있을 것이다. 진단에 모호함이 없어질 때, 대부분의 의약품은 더 짧은 기간 내에 더 적은 규모의 임상시험을 통해서 그것이 효과가 있는지 없는지를 확실히 알게 될 것이다.[43] 이것은 오늘날 임상시험에 자금을 조달하는 데 거대 제약기업들이 누리고 있는 규모의 이점이 미래에는 별 의미가 없어질 것이고, 따라서 큰 회사나 작은 회사 모두 비슷한 조건하에서 경쟁하게 될 것이라는 점을 의미한다. 다시 한 번 강조하지만, 이 변화는 단번에 일어나는 것이 아니라, 질병과 연구시험이 거듭되면서 조금씩 변화해나갈 것이다.

예를 들어, 제넨테크Genentech는 허셉틴Herceptin 임상시험에 '유방암' 진단을 받은 모든 환자를 포함하기보다는 HER2/neu test를 통해 종양에서 HER2 단백질이 과다발현된 환자만 포함했다. 제넨테크는 보통 암질환에서 임상시험에 요구되던 수준, 즉 2,200명이 아니라 470명의 환자만을 대상으로 임상시험을 했다. 또한, 5~10년이 걸리던 임상시험 기간도 2년으로 단축시킬 수 있었다. 기존의 방식으로 진행되었더라면 임상시험이 길어지면서 치료를 받지 못했을 12만 명의 환자에게 치료제를 더 빨리 공급함으로써 환자에게 이익이 되었을 뿐만 아니라, 회사 입장에서도 제품을 조기에 출시함으로써 25억 달러의 수익을 추가적으로 올릴 수 있었다.[44] 임상시험 비용이 계속해서 증가할 것이라고 단정짓기는 어렵다. 험난한 여정이 되겠지만, 결국에는 비용이 점점 감소할 것이다.

그렇다면, 오늘날 제약산업의 선도기업은 이런 변화에 어떻게 대처해야 할까? 물론, 해체와 만족스러운 수익을 거둘 수 있는 분야의 변화가 일어나지 않을 것이라고 생각해버리면 그만이겠지만, 변화를 일으키는 원인이 이성적으로 수익을 추구하는 행위에 있기 때문에 우리는 변화가 일어날 것이라고 예측한다. 변화 패턴은 이미 여러 산업에서 일어났고, 제약산업에서도 본격화되고 있다. 그렇다면, 제약업계의 선도기업을 운영하는 입장에서 취할 수 있는 대안은 미래의 핵심적인 진단기술을 가진 최고의 기업을 소유하되, 그것을 별도로 관리함으로써 자사뿐만 아니라 업계의 다른 많은 선도기업들에게도 서비스를 제공할 수 있게 하는 것이다.

이제까지 우리가 기술한 제약산업의 당면 과제는 결코 만만한 일이 아니다. 하지만, 제약산업에서 일어나고 있는 변화는 이것이 전부가 아니다. 앞으로 살펴보겠지만, 결과적으로 제약시장은 더욱 분할될 것이다. 정밀의학이 발전하는 상황에서 증상으로 질병을 정의하고, 그것에 기반해서 거대시장을 필요로 하는 블록버스터급 신약을 개발할 기회는 점점 줄어들 것이다. 새로운 유형의 블록버스터 신약이 출현하지만, 그 제품을 위한 시장은 여러 의학전문 분야에 걸쳐 존재하게 될 것이다. 이것은 오늘날 기업이 가지고 있는 판매방식의 가치가 근본적으로 바뀌게 될 것이라는 점을 의미한다.

제약산업은 어떤 식으로 분할될까

제품시장과 제약업체의 소형화

수익의 추구는 주요 제약회사에 앞에서 언급한 것 외에 또 다른 파괴적 두통거리를 안겨주고 있다. 큰 회사가 성장하려면 큰 시장이 필요하다. 이들의 경우 작은 시장을 겨냥한 제품에 자원을 할당하기가 어렵다. 그런 제품으로는 거대기업이 성장하는 데 필요한 충분한 수입을 확보할 수 없기 때문이다. 게다가, 미래에 의약품 시장은 더욱 분할될 것이다.

〈표 8-1〉에서 보듯이, 제약산업의 연구개발비는 미국 국립보건원(NIH) 예산의 거의 두 배에 달하지만, 정작 신약 개발현황은 최근 들어 부진을 면치 못하고 있다. 제약산업은 다른 산업에 비해 연구개발에 훨씬 더 많은 돈을 쓰고 있다. 제약산업의 연구개발비는 1980년에 20억 달러였던 것이 1990년에 84억 달러, 2006년에 552억 달러로 급증한 반면, 성공적으로 시장에 출시된 의약품의 수는 점점 줄어들고 있다. 지출은 늘었지만 결과물이 줄어들었기 때문에, 신약 한 개당 비용은 급상승하고 있다. 설상가상으로, 그 기간에 시판 허가를 받은 의약품의 75%는 '복제약' 으로 분류될 수 있는 것들이며, 25%만이 기존 제품보다 실질적으로 개선된 것들이다.[45] 왜 이런 일이 벌어지고 있는 것일까?

〈표 8-1〉 제약산업의 연구개발비 추세 [46]

연도	FDA 승인을 받은 신물질 신약 (NME)의 수[1]	우선심사를 거친 신물질 신약 (NME)의 수[2]	PhRMA 회원사의 R&D 지출액 (단위: 10억 달러)	성공한 약물 1개당 비용 (단위: 백만달러, 2000년 달러화 기준)
2006	18	6	43.4	1,500달러*
2005	18	13	39.9	1,300달러*
2004	31	17	37.0	1,200달러*
2000	27	9	26.0	800달러
1990	23	12	8.4	300달러
1980	12	**	2.0	150달러

*필자들의 추정치 **우선심사 과정이 없었음

1 생물학적 제제 허가 신청(BLA)을 통해 승인된 품목은 제외했음.
2 FDA의 '우선심사(priority review)' 대상은 질병의 예방이나 진단 및 처방 등에서 기존의 약물에 비해 현저히 개선된 신물질 신약(NME)에 국한됨. 한 개 이상의 기존 약물과 치료효능이 유사한 약물은 일반심사(standard review) 대상임.

그런 비용의 증가에도 혁신적인 성공을 거두지 못하는 것이, 기술곡선에서 마지막 단계의 특성이라고 할 수 있는 과학기술의 고갈 때문은 아니다.[47] 오늘날 과학자들은 현대적인 기술과 장비로 무장한 덕분에 새로운 분자를 개발할 수 있는 능력은 그 어느 때보다도 충만하다. 오히려, 문제는 성공과 산업성장의 오랜 역사를 통해 형성된 기대에 따라 자원할당이 되고 있다는 점이다.[48] 최근, 제약회사들은 주로 합병을 통해 성장해왔다. 1994~2004년 사이에 성사된 기업합병 사례를 보면 그 가치가 각각 20억 달러 이상으로 평가된 기업들이 적어도 20개 이상 합병되었다.[49] 기존 제품을 흡수함으로써 제품 파이프라인을 확보하는 동시에, 더 많은 신약 발견에 필요한 규모를 갖추고, 약물 임상시험 비용을 조달하려는 것이 이 합병의 공통된 명분이었다. 그러나, 특정한 약물이 자원할당 과정에서 공격적으로 자금을 조달하려면 시장의 크기가 '흥미를 끌 만큼' 충분히 커야 하는데, 기업들은 규모와 범위를 키우는 과정에서 신약개발에 요구되는 시장의 최소 규모마저 키워버린 셈이다.

이 상황을 다르게 설명하면, 이런 것이다. 한 기업의 주식가격은 어떤 면에서 투자자들이 예측하는 미래 현금흐름의 할인된 현재가치를 나타낸다. 만약 어떤 이유로 투자자들이 그 회사의 현금흐름이 생각했던 것보다 느리게 성장할 것이라는 기대를 하게 된다면, 미래 가치의 할인 폭이 커짐에 따라 새롭게 예측한 현금흐름의 할인된 현재가치를 반영하는 수준에 도달할 때까지 주식가격은 계속 하락하게 된다. 따라서, 훌륭한 관리자라면 회사의 주식가격을 유지하거나 높이기 위해서 일정한, 또는 더 높은 비율로 회사를 키워야 된다는 생각을 갖게 된다. 만약 투자자들이 10억 달러 규모의 회사가 매년 10%씩 성장할 것을 기대한다면, 그 회사의 관리자들은 단순하게 말해서 다음해 신제품으로 1억 달러의 수입을 올려야 한다. 문제는, 그 회사의 총수입이 500억 달러 규모인데 여기서 10%씩 성장하려면 다음해 신제품으로 50억 달러의 수입을 올려야 한다는 점이다. 회사가 더 커지고 더 성공할수록, 처음에는 그 시장이 작을 수도 있는 신제품을 우선시할 수 있는 능력을 잃어버린다는 것이 바로 성공이 가져다주는 보상의 달콤씁쓸한 면이다. 어떤 시점에서 크게 성장할 수 있는 기회라고 생각되던 시장이 나중에는 개발에 요구되는 자원을 끌어들일 만큼 충분히 큰 시장이 아닐 수도 있다.

대다수 제약회사들이 연간 1억 달러 규모의 의약품을 크게 성장할 수 있는 기회라고 생각했던 때가 그리 오래전도 아니다. 그런데, 회사들이 성장하면서 1억 달러 규모의 의약품은 과거의 영광을 잃어버렸고, 대신 연간 10억 달러 규모의 의약품이 '블록버스터'의 지위를 차지했다. 오늘날, 선도기업들은 덩치가 너무 커져서 10억 달러 규모의 의약품으로도 그들이 직면한 성장의 문제를 해결하지 못한다. 거대한 제품 시장은 이 기업들의 중역들에게는 헤로인heroin과 같은 것이다. 결국 광범위한 시장을 대상으로 하고 더 적은 비용으로 개발이 가능한 '복제' 의약품은 주목을 받는 반면, 시장이 작거나 비용상환이 불충분한 제품들은 무시된다. 스타틴계(系) 약물을 생산하는 기업은 여섯 개나 되는 반면, 미국 전체를 통틀어 독감백신을 생산하는 제약회사가 단 두 개에 불과한 것도 바로 이런 이유 때문이다.[50]

제약회사들이 큰 시장에 중독되는 것이 위험한 이유는 오늘날 대부분의 블록버스터 제품 시장이 사실은 광범위한, 증상에 따라 구분된 질환을 겨냥한 의약품들로 구성되어 있기 때문이다. 예를 들어, 릴리Lilly의 프로작Prozac과 자이프렉사Zyprexa는 각각 우울증과 정신분열증을 겨냥해 블록버스터 지위에 도달했다. 하지만, 향후 몇 년 후에는 이 두 질환이 사실은 공통된 징후와 증상을 공유하는 여러 종류의 다른 질환들로 구성된 '질환군'으로 밝혀질 수도 있고, 프로작과 자이프렉사가 이 질환들 중에서 하나 혹은 몇 개 질환을 치료하는 데만 효과적인 약물이라는 것이 밝혀질 수도 있을 것이다.

리피토Lipitor와 같이 지질을 저하시키는 블록버스터 약물들도 마찬가지다. 혈중 콜레스테롤 수치가 상승한 것은 몇 가지 다른 질환들이 공유하는 '증상[51]'에 불과하다는 것과 리피토는 그런 질환들 중 하나 혹은 몇 가지를 치료하는 데만 효과적인 약물이라는 것을 발견할 수도 있다. 이런 약물을 복용하는 많은 환자들이 사실은 약효가 없는 별 개의 질환이 있는 환자들이라는 것을 알게 될 것이다. 정밀의학의 도래는 이런 의약품 시장의 대부분을 분할시킬 것이다. 그래서, 지금보다 더 많은 질환과 제품들이 생겨날 것이며, 제품당 수입은 더 낮아질 것이다. 작은 규모의 제약회사들은 이런 시장을 잘 발견할 뿐만 아니라 더 매력적이라고 느낄 것이다. 그러나, 대규모로 합병된 거대 제약사들에게 이 시장은 그들을 압박하는 큰 폭의 단기적 수입증대라는 문제를 해결해주지 못한다. 그들의 사업 모델이 제품을 개발해서 더 작은 시장에 내다 팔기 위한 것은 아니기 때문이다.

신약 하나를 개발하는 비용이 10억 달러나 되는데 이것이 가능하겠느냐는 질문을 할 수도 있겠지만, 오늘날 제약회사들이 신약 한 개당 이 만큼의 비용을 쓰고 있지만, 성공적인 제품을 출시하는 데 10억 달러가 드는 것은 아니라는 점이 해답이 될 수 있다. 사실, 많은 비용이 드는 부분은 시행착오 과정이다. 그 비용의 상당 부분은 큰 시장을 찾기 위해서 시장이 작은 약물을 걸러내는 데 쓰인다. 그러한 여과 과정에서 수많은 혁신들이 내동댕이쳐진다. 비용의 또 다른 부분은 임상시험에서 약물을 테스트하는 데 쓰이는데, 그러한 임상시험에서는 증상으로 정의되는 질환을 가진 다수의 환자들에게서 결국에는 약효가 없다고 밝혀지는 경우가 흔히 발생한다. 우리가 정밀의학의 영역을 향해 이동할수록 오늘날에 비해 성공적인 신제품을 개발하는 데 드는 비용은 훨씬 줄어들 것이다.

이렇듯 제약시장이 세분화되면, 정밀진단으로 새로운 블록버스터 신약들이 등장할 것이다. 우리는 이미 앞에서 이에 해당하는 사례를 하나 언급했는데, 그것은 바로 엘란Elan Pharmaceutical의 신약 타이사브리Tysabri(성분명: natalizumab)이다. 엘란의 과학자들은 다발성 경화증multiple sclerosis이 하나의 공통된 기저질환 경로에서 비롯되는 몇 가지 증상발현 중의 하나일 뿐이라는 것을 발견했다. 다발성 경화증인 경우, 이런 분자경로는 백혈구 세포가 중추신경계를 과다하게 침범해 염증과 신경세포 손상을 일으키게 한다. 흥미로운 점은 이와 동일한 분자경로가 다른 환자에게서도 발견되는데, 이들의 경우에는 크론병Crohn's disease이라고 부르는 염증성 장질환의 형태로 나타난다는 것이다. 지금은 궤양성 대장염ulcerative colitis과 류마티스 관절염으로 분류되는 증상들이 언젠가 동일한 기저질환에서 비롯된다는 것이 밝혀질 가능성도 높다. 만성

골수성 백혈병chronic myeloid leukemia뿐만 아니라 위장관 간질 종양gastrointestinal stromal tumors을 치료하는 데도 사용되는 노바티스Novartis의 글리벡Gleevec은 새로운 블록버스터 유형의 또 다른 예에 해당한다. 이 두 가지 종양은 모두 비슷한 분자경로를 통해 번식한다.

타이사브리는 분자수준의 기저질환을 완화시키기 때문에 기저질환에서 비롯되는 다양한 모든 증상발현을 치료하는 블록버스터가 될 잠재력이 있다. 실망스럽지만, 물론 FDA는 여전히 질병을 증상에 따라 분류하고 있어서, 엘란은 각각에 대해서 별도의 임상시험을 해야 한다. 하지만, 과학연구를 통해 정밀의학이 발전하고 있기 때문에 새로운 장르의 블록버스터를 찾아낼 가능성은 점점 높아지고 있다.

암치료 분야에서는 이미 새로운 블록버스터들이 등장하고 있다. 2008년 이노사이트 연구소Innosight Institute 주최로 열린 학술대회에서 마라 아스피날Mara Aspinall 박사는 만약 암진단을 받은 환자가 있다면 유방암, 골암, 뇌암 등과 같이 인체장기에 따라 전문진료과가 조직된 병원에서 치료를 받으려해서는 안 된다고 주장했다. 왜냐하면, 본질적으로 그런 의료기관들은 질병을 부정확하게 진단할 가능성이 높기 때문이다. 이 경우에는 그들이 제공하는 치료법에 환자가 반응할지 여부가 우연에 좌우된다고 할 수 있다. 반면, 신뢰할 만한 암연구소라면 종양이 번식하는 서로 다른 분자경로를 중심으로 그 조직이 구성되어 있어야 한다. (사실은 51개 유형의 암으로 세분화될 수 있다고 밝혀졌기 때문에) 백혈병을 치료하는 블록버스터 약물은 더 이상 존재하지 않겠지만, 신체부위보다는 분자경로에 따라 분류되는 질환을 치료하는 블록버스터(또는 '니치버스터niche busters')는 나타날 수 있을 것이다.

〈그림8-3〉은 이 차이를 아스피날 박사가 도식화한 것이다. 그림의 왼쪽에서 보듯이, 환자와 질병을 신체부위에 따라 분류했던 과거에는

〈그림 8-3〉 질병을 정의하는 방식에 따라 달라지는 의료기관의 구조

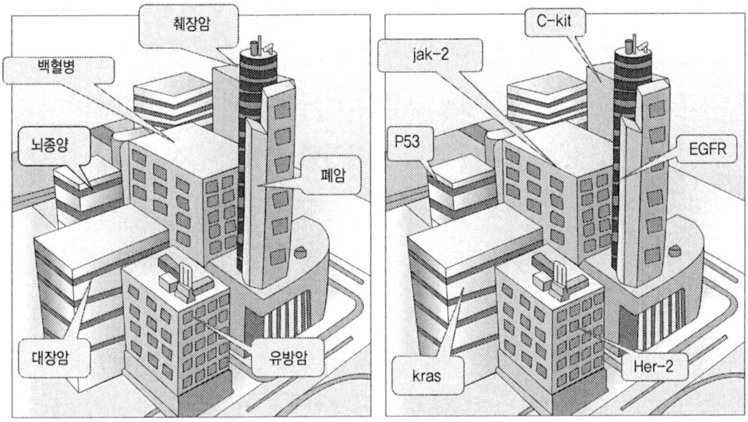

과거에는 의료를 제공하는 구조가 질병이 발생하는 인체부위를 중심으로 조직되는 것이 전형적이었다.

적정의료를 제공하기 위해, 미래의 구조는 질병의 유형을 중심으로 조직되어야 한다.

출처: Mara Aspinall, of Genzyme Corporation and the Dana Farber Cancer Institute, June 2008.

여러 질환에 똑같은 치료법이 적용되었다. 반면, 그림의 오른쪽에서 보듯이, 미래에는 병원이 종양의 종류에 따라 환자를 분류하게 되면서 신체의 여러 부위에서 발생하는 특정질환들을 각각에 효과를 나타내는 방법으로 치료할 수 있을 것이다.

오늘날의 거대 제약사는 어떻게 대응해야 할까?

화이자나 GSK 같은 주요 제약회사에 이것은 무엇을 의미하는 것일까? 이 기업은 오늘날의 경쟁여건에 비추어볼 때 덩치가 너무 크고, 10년 후에 직면하게 될 분할된 제품시장의 측면에서 보면 더욱 그렇다. 그런 그들이 할 수 있는 일은 그동안 덩치를 키우기 위해 인수했던 기업들을 처분하거나, 존슨앤드존슨(J&J) 같은 방식으로 조직 내부를 구조조정하는 방법이 있다. 610억 달러에 달하는 J&J의 수입은 전 세계에

250개가 넘는 운영회사에서 나오는데, 그 각각은 별도의 경영이사회를 가지고 있다.[52] 이들 중에는 작은 규모도 있지만, 올소-맥닐Ortho-McNeil 이나 얀센Janssen, 센토코Centocor와 같은 일부 자회사들은 각각 수십억 달러 규모의 사업체가 되었다. 오늘날의 거대 제약사들이 따라야 할 원칙이 있다면, 그것은 미래에 성장을 견인할 시장이 기본적으로 그 규모가 작을 것이라는 점이다. 많은 소규모 자회사들로 구성된 기업체들은 한 덩어리로 된 거대기업에 비해 이런 기회를 훨씬 민첩하게 찾아낼 수 있을 것이다.

다행히 적어도 노바티스와 같은 일부 주요 제약사들이 이런 미래를 꽤 분명하게 인식하고 있는 것 같다. 그들은 연구개발 부서를 해부학적 장기나 증상에 따른 질병이 아니라, 분자경로에 따라 세분화했다. 약물개발을 적절한 질병분류와 결부시킴으로써 기대할 수 있는 혜택 중 하나는, 치료법에 의한 손상 환자가 줄어든다는 점이다. 이를 통해 환자 소송의 잠재적인 부담이 줄어들 뿐만 아니라, 약효를 나타내는 환자 비율이 너무 적어서 FDA 허가를 받지 못했거나 사전에 예측하지 못했던 부작용으로 시장에서 철수된 수십 개의 약물을 구조할 수도 있다. 소수 환자에게만 약효를 나타낸다는 이유로 FDA 승인을 받지 못한 약물의 가치를 확인하는 데 분자검사법이 유용하다는 것은 이레사(제피티닙)와 허셉틴(트라스투주맙) 관련 임상시험을 통해 이미 입증되었다.

의약품 마케팅의 변화

지금까지 주된 의약품 판매수단은 '디테일 활동detailing' 이었다. 즉, 기본적으로 제약회사의 영업사원들이 의사를 방문해서 환자에게 처방되는 신약에 관해 자세히 설명해주는 것이다. 〈그림 8-4〉에서 보듯이, 지금까지 의약품 디테일 활동은 제약회사의 영업 및 마케팅 비용 총액의 70% 이상을 차지해왔다. 이런 활동은 제약회사에 큰 투자비용이기도 했지만, 의사들에게도 큰 기회비용을 수반한다. 하지만 환자에게 처방할 수 있는 의약품에 대해 설명하고 배우는 시간을 함께 가지는 것이 양측 모두의 이해관계와 맞아떨어졌고, 의약품 디테일 활동을 하는 영업사원과 의사 간에 강한 상호신뢰관계가 형성되는 경우가 종종 있었다. 이것은 새로운 기업이 제약산업에 진입하지 못하게 하는 또 다른 장벽을 만들어내기도 했다. 영업력을 갖춘 판매조직을 만드는 일은 아무나 따라할 수 없는 엄청난 투자를 필요로 한다.

디테일 활동을 하는 판매조직의 높은 고정비용은 제약산업이 높은 판매량을 좇아 더 큰 규모의 경제를 달성하도록 만들었고, 이것은 다시 제약회사로 하여금 블록버스터 약물을 찾아나서거나 판매조직을 통해 더 많은 수량을 밀어붙일 수 있도록 인수합병을 하게 만들었다. 하지만, 디테일 활동은 이제 효력이 떨어졌고, 지금까지 판매조직의 영업력과 의사와의 유대관계를 중심으로 회사의 수익모델과 경쟁우위가 조직되어왔기 때문에 이것은 큰 문제가 아닐 수 없다. 오늘날 의사들은 더 많은 환자를 진료해야 하는 압박을 받고 있기 때문에 제약회사 영업사원에게 할애할 수 있는 시간이 없다. 또한, 약물에 대한 정보를 얻는 일도 다른 대안이 있기 때문에 이제 영업사원에게 의존할 필요가 없어졌다. 의사들은 인터넷을 통해 적절한 약물을 검색하고, 부작용과 다른 약물과의 상호작용 가능성에 관한 지식을 얻을 수 있으며, 심지어 진료실에서 환자를 보면서 이와 같은 일을 할 수 있게 되었다.

제약회사들은 이런 낡은 영업방식에서 벗어나 환자의 '자가진단'을 도와줌으로써 의사에게서 원하는 의약품을 요구하게끔 '유도' 하는 방식의 마케팅 기법에 점점 초점을 맞추고 있다. 1997년 8월에 FDA가 특정 상표를 중심으로 한 소비자 직접 광고(DTC)direct-to-consumer 를 TV에서 할 수 있게 허용한 이후로, 이 방식은 마케팅 예산에서 점점 중요한 부분으로 자리잡게 되었다. 〈그림 8-4〉에서 보듯이, 소비자 직접 광고(DTC)가 2005년에 이르러서는 제약회사의 전체 영업 및 마케팅 예산 중 3분의 1 이상을 차지할 정도로 커졌다.[53] DTC 비용은 1996년에 10억 달러였는 데 반해 2005년에는 42억 달러로 늘어났는데, 이것은 총 판촉비용 total promotional spending의 증가율을 상회하는 수준이다.[54]

이와 같은 상황은 거의 모든 파괴적 혁신에서 일어나는 것이다. 제품이 복잡하고 비쌀 때는 회사에 고용된 전문 영업인력이 판매해야 하며, 제품을 구입하고 사용하는 고객 역시 전문가들이다. 그렇기 때문에, 예를 들어 메인프레임과 미니컴퓨터는 사용자들에게 직접 판매되었다. IBM이 가진 영업조직의 영업력과 명성은 경쟁사들이 감히 엄두도 못 내는 강력한 수단이었다. 그러나 개인용 컴퓨터(PC)는 그런 방식으로 판매할 수 없었고, 최종 사용자들에게 직접 마케팅해서 그들이 유통채

〈그림 8-4〉 제약회사의 영업 및 마케팅 비용 추이[55]

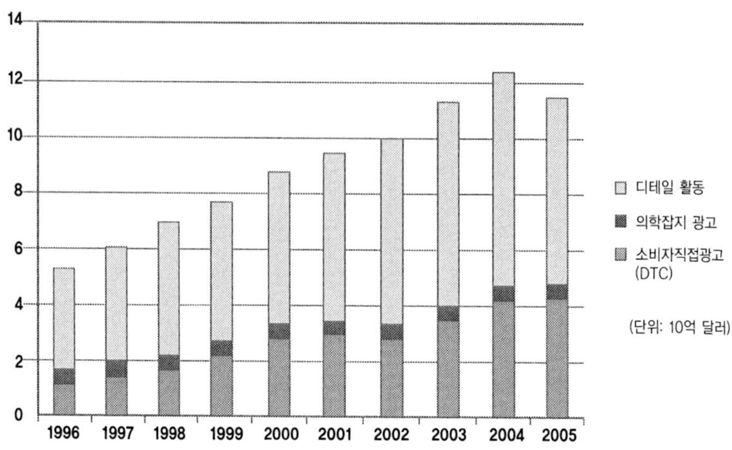

널을 통해 제품을 구입하도록 유도해야만 했다. 이후 복사기, 뮤추얼 펀드, 고객관계관리(CRM) 소프트웨어, 카메라 등 많은 제품들에 대한 마케팅 기법 또한 이와 비슷한 패턴을 보였다. '파괴' 라고 하는 경제력은 회사 영업사원들을 통해 제품을 시장으로 밀어넣는 '푸시push' 전략에 의존하기보다는 고객을 대상으로 대량 마케팅을 해서 그들이 유통 · 소매 채널을 통해 특정제품을 구입하도록 유도하는 '풀pull' 전략을 구사하도록 기업의 마케팅 모델을 변화시켰다.

영업모델 파괴의 첫 번째 단계에서는 영업과 유통에서 여전히 큰 규모의 경제성이 요구될 것이다. 소비자 직접 텔레비전 광고와 소매점 진열대 공간을 차지하는 일은 규모와 범위, 자본을 필요로 한다. 하지만, 이 경우에도 인터넷이 규모의 장벽을 허물어버렸기 때문에 작은 기업은 폭넓게 광고를 할 수 있고, 고객도 직접 소매점에 갈 필요없이 원하는 제품을 찾을 수 있다.

의약품의 DTC 광고는 환자의 안전과, 보건의료 제품 및 서비스의 불필요한 소비를 걱정하는 사람들이 보건의료의 파괴적 혁신에서 가장 우려하는 부분이다. 왜 이런 변화가 우려를 낳는지 이해하기 위해, 인두제가 개별적으로 진료를 하고 의료를 공급하는 시스템에 도입되었을 때 나타난 효과를 다시 한번 떠올려보자. 의료비 지출을 억제할 책임을 문지기 역할을 하는 일차진료의사들의 어깨에 지우는 경우, 이것은 환자가 전문의에게서 진료를 받거나 다른 의사에게서 이차소견을 받으려고 할 때 그것이 불필요하다고 판단되면 환자들에게 안 된다고 말해야 하는 역할을 일차진료의사들에게 지우는 셈이다. 의사들은 환자들에게 안 된다고 말하는 것이 환자관계를 해친다고 불평한다. 소비자 직접 광고는 환자들이 올바르게 자가진단을 하지 못했을 경우 환자들에게 그러면 안 된다고 말해주어야 할 책임을 또다시 의사들에게 지우는 것이고, 이것은 불편하고 익숙지 않은 역할을 하도록 또다시 의사들을 몰아세우는 꼴이 된다. 무엇을 요구해야 할지 환자들이 잘 몰라서 그저 의사가 시키는 대로 받아들였던 시절에는 별 문제가 안 되었지만, 이제는 그렇지 않다.

우리가 이런 주장을 하는 데 있어서, 의사들을 비난하거나 많은 사람들이 DTC 광고를 대하는 부정적 반응에 대해 비판할 생각은 없다. 모든 부모들이 겪는 심정도 의사들과 별반 다르지 않다. 돈에 제약을 받지 않는다면 아이들의 요구를 들어주는 것은 (단기적으로는) 어려운 일이 아니다. 마찬가지로, (행위별 수가제 아래서 그렇듯이) 돈에 제약을 받지 않는다면 의사들이 환자들에게 안 된다고 말할 필요가 없으니 문제는 훨씬 간단해진다.

소비자에 대한 직접적인 마케팅은 결국 유익한 것이기 때문에 현재의 변화는 그저 보건의료 마케팅의 과도기적 현상일 뿐이라고 받아들이는 게 좋다. 어떤 산업이 직관의 영역에 있을 때는, 그것이 직관에 의한 컴퓨터 분야이거나 건설 · 인쇄, 아니면 투자이든 간에 상관없이, 전문가들이 전문가들에게 판매하는 경향이 있다. 그러나 패턴 인식 단계를 거쳐 규칙중심의 의사결정 영역으로 발전해가면서부터는, 점차 최종 사용자에게 판매하는 단계로 이행하게 된다. 해당 질병이 패턴 인식이나 규칙중심의 진단 및 치료 영역으로 옮겨가지 않은 상황에서 의약품을 소비자에게 직접적으로 광고하는 것이 너무 앞서가는 변화일지 모르겠다. 하지만, 우리는 오히려 소비자들을 위해 더 정확한 자가진단 도구를 제공하고, 건강저축계좌같이 불필요한 의료를 소비하지 않도록 인센티브를 만들어내는 지불체계로 이행하는 것이 이런 문제를 해결하는 올바른 접근법이라고 생각한다. 또한 유감스럽지만 처방전을 써주는 의사는 상황에 따라 환자에게 안 된다고 말하는 것에 익숙해져야 할 필요가 있다.

현재 의약품 판매방식의 파괴는 전국 방송과 전국 지면매체에 광고를 하는 것이 비싸고 규모집약적이라는 점에서 아직도 초기단계에 놓여 있다. 작은 규모의 기업에는 이것이 진입장벽이 된다. 그러나, 일차진료의사가 전문의를 파괴하고, 진료간호사nurse practitioners가 일차진료의사를 파괴하고, 자가진단이 전문가에 의한 의료를 파괴함에 따라, 온라인 진단도구의 사용은 더 널리 퍼져나갈 것이다. 온라인 사이트들이 미래에는 의약품 DTC 광고활동의 중심지가 되면서, 과거의 진입장벽 또한 허물어버릴 것이다.

제네릭 의약품의 파급효과

제약산업의 불확실한 미래에 관해 이야기할 때, 제네릭 의약품 부문은 구세주인 동시에 가해자로 묘사되어왔다. 제네릭 생산업체는 오리지널 의약품의 특허가 만료되기를 기다렸다가 리버스 엔지니어링rcverse-engineering을 통해 생물학적으로 동등한 약물을 만들어내기 때문에 약물을 개발하는 데 〈표 8-1〉에서 보는 것과 같은 높은 임상시험 비용을 지출하지 않아도 된다. 종종 그들은 오리지널 의약품을 생산하는 제약회사가 오랜 기간에 걸쳐 대규모로 펼친 마케팅 노력에 편승하곤 한다.[56] 그런 면에서, 뇌물수수나 부도덕한 행동으로 주목을 받던 제네릭 업체가, 한때 다른 생명체(오리지널 제약사)가 생존을 위해 먹다 남긴 음식 찌꺼기(특허가 만료된 신약)나 주워먹고 사는 독수리 같은 존재라고 종종 손가락질당했던 것은 그리 놀랄 일이 아니다.[57]

반면, 특허가 만료되면 신약 물질은 전 세계 모든 제약업체가 생산을 시도할 수 있는 범용품commodity으로 바뀌기 때문에 제네릭 생산업체간 경쟁은 유난히 치열하다. 테바Teva, 닥터레디Dr. Reddy's, 란박시

Ranbaxy (최근 다이이찌산쿄Daiichi Sankyo에 인수되었다) 같은 외국 기업을 중심으로 한 경쟁은 의약품 가격에 상당한 인하를 가져왔다. 월마트에서 4달러짜리 처방의약품이 판매되는 것을 지켜보면서[58] 환자와 보험자, 그리고 지불자들이 제네릭 의약품을 통해 그동안 제약산업을 비판해온 주된 이유였던 높은 약제비를 일부분만이라도 감소시킬 수 있지 않을까 기대하게 되는 것은 당연하다.

많은 병원들은 건강보험회사 및 고용주들과 협력해 '단계별 목록tiered formularies'을 개발했는데, 이는 범주별로 의사가 처방할 수 있는 의약품 종류와 단계별 처방순위를 지정해놓은 목록이다. 동일 성분의 제네릭 의약품이 있는 경우 그것을 해당 치료법에 일순위로 올리고, 만약 제네릭 대체성분이 없거나 제네릭 처방이 부적절한 경우 그 다음 순위의 약물을 처방하게 하는 방식이다.

우리는 제네릭 생산업체가 대형 오리지널 제약회사를 파괴하기 시작할 것이라는 데는 동의하지만, 앞서 언급한 것과는 다른 이유 때문에 파괴할 것이라고 생각한다. 제네릭 생산업체가 자체 신약 연구개발에 착수함으로써 오리지널 제약사와 직접적인 경쟁을 시작할 경우, 약물분자라고 하는 기술적 촉진요인 자체는 기본적으로 두 업체에 공통된 것이다. 따라서, 문제는 제네릭 생산업체가 효과적으로 경쟁하는 데 필요한 연구개발 및 그 이후의 마케팅을 수행하는 또 다른 방식, 즉 파괴적 사업 모델을 가지고 있는가, 가지고 있지 않다면 앞으로 그러한 사업 모델을 만들어낼 수 있는가 하는 것이다.

그러나 제네릭 업체는 최근까지 이렇게까지 할 절박한 이유가 없었다. 미국에서 의료비 상환시스템은 원가가산방식cost-plus system으로 의료수가를 산정해왔는데, 이것은 오리지널 제약회사가 연구개발 및 마케팅 비용을 보전할 수 있도록 충분한 금액의 수입을 보장해주었다. 이것은 고질적인 미국 국방부의 계약방식을 떠올리게 하는데, 그 방식에 따르자면 가격이 언제나 비용을 보상할 수 있는 수준으로 결정되었기 때문에 아무도 비용에 신경을 쓰지 않았다. 이런 가격산정방식은 심지어 오리지널 의약품이 미국보다 훨씬 싼 가격에 팔리는 외국시장에서의 손실분까지 메워준다. 외국에서 팔리는 의약품 가격이 너무 싸기 때문에 많은 대담한 기업가들과 입법가들은 오리지널 의약품을 재수입하려고 한다. 이런 가격 격차가 존재하게 된 것은 다른 나라 혹은 단일지불자 시스템이 가격 협상을 더 잘해서 그런 것이 아니라, 원가가산방식의 상환시스템으로 인해 어쩌다 보니 미국이 전 세계 의약품 연구개발을 위한 일차적인 자금조달원이 되어버렸기 때문이다.

그렇다면 신약개발에 드는 진짜 비용은 얼마나 될까? 제네릭 생산업체들은 원가가산방식의 계약환경이 아니라, 저가(低價) 중심의 치열한 경쟁 속에서 성장해왔기 때문에, 실질적이고 합리적인 비용을 훨씬 더 가깝게 반영하는 사업 모델을 개발했을 가능성이 높다. 그러나 과거에는 제네릭 생산업체와 오리지널 제약회사의 사업 모델을 비교하기 어려웠다. 제네릭 생산업체들은 신약개발에 뛰어든 경우가 드물었기 때문에, 가치제안value proposition 이 매우 달랐다. 이들은 대형 오리지널 제약사처럼 위험한 투자를 할 필요없이, 적당한 수준의 연구개발 및 마케팅 비용을 들여서 괜찮은 정도의 수익을 벌어들이는 일에 꽤 만족스러워했다.

수년 동안 관리가격제administered pricing는 특허만료일을 경계선으로 해서 서로 대치하고 있는 오리지널 제약사와 제네릭 생산업체 간에 데탕트detente를 만들어왔다. 그러나 그들이 의지해온 오리지널 제약사들의 신약개발이 부진해지면서, 테바Teva와 같은 몇몇 제네릭 생산업체들은 직접 신약개발에 뛰어들기 시작했다. 이미, 테바의 수입 중 20%는 특허 의약품에서 나오고 있다. 인도와 이스라엘에 있는 제네릭 생산업체가 개발한 신약의 연구개발 및 마케팅 비용은 미국과 유럽에 있는 오리지널 제약사들의 평균 신약 개발비용의 30~40% 수준인 듯하다.[59] 이 정도 수준이라면 더 많은 4달러짜리 의약품을 찾고 있는, 비용에 민감한 환자와 의료공급자, 보험자, 그리고 지불자들로 구성된 파괴적 가치 네트워크에 잘 부합할 것이다. 궁극적으로는 마이크로프로세서 시절에 IBM과 디지털 이큅먼트Digital Equipment가 처했던 상황과 마찬가지로, 제네릭 생산업체와 오리지널 제약사 모두 동일한 기술적 촉진요인을 가지게 될 것이다. 그러나 파괴적 혁신은 결국 고객들이 요구하는 품질을 여전히 제공하면서도 더 적은 마진으로 돈을 벌 수 있는 사업 모델과 기술적 촉진요인이 결합될 때 가능해진다.

요약

앞으로 제약산업의 최고 항해사들이 그들의 기업을 조종해나가야 할 바다에 상당한 항로수정이 있을 것이다. 기술적 · 상업적 상호의존성 때문에 대부분의 산업이 성장하는 초기에, 그리고 선도기업들이 나타나 지배하기까지는 전형적으로 수직통합이 핵심적 역할을 한다. 그리고 나서는 한때 통합을 재촉했던 요인들을 파괴적 혁신 과정이 되돌려놓음으로써 산업 해체를 야기해 다수의 전문기업들이 수평적 층을 이루는 가치 네트워크가 만들어진다. 오랫동안 대규모의 강력한 통합기업들이 선도했던 제약산업은 이제 아무도 거역할 수 없는 해체화dis-integration를 향해 나아가고 있다.

이런 해체를 견인하는 힘은 아웃소싱으로, 결국 '공급망 파괴'를 초래한다. 제약산업을 선도하는 통합기업들은 더 높은 수익성을 추구하는 과정에서 가장 주변부에 있는, 가장 부가가치가 낮은 활동을 저비용 공급업체에 아웃소싱하기 시작한다. 이것이 마무리되면 수익성을 향상시키기 위한 다음 단계는 남은 것들 중에서 또다시 가장 부가가치가 낮은 활동을 찾아 계속 아웃소싱하는 것이다. 이 아웃소싱 계약을 따내는 기업들은 정반대의 동기를 가진다. 더 높은 수익성을 거두려는 이들은 고객사들이 떨어내고자 하는, 점진적으로 더 높은 부가가치를 가지는 활동을 취하기 위해 열심히 노력한다. 산업을 선도하는 기업들이 직접 하는 일은 조금씩 줄어들고, 그들의 공급업체들이 하는 일은 더 많아지게 된다. 이 과정은 선도기업들의 부수적인 사업 모델이 모두 청산될 때까지 계속된다. 제약산업에서도 이 과정이 이미 진행 중이다. 처음에는 약물발견과 신약개발, 위탁생산, 임상시험 관리를 전문으로 아웃소싱 계약을 따내던 기업들이 이제는 제약산업의 가치사슬 대부분을 아우를 정도로 사업범위가 확대되었다.

일단 해체가 되면, 가치사슬에서 만족스러운 수익을 거둘 수 있는 단계는 이동하게 된다. 만족스러운 수익을 올릴 수 있는 능력은 그 산업의 시스템 전체 성능을 결정하는 기술이 있는 가치사슬 단계에 집중되는 것이 전형적이다. 파괴가 진행될 때, 이 단계에는 보통 제품 내부의 기술적 촉진요인이 자리하고 있다.

의약품인 경우, 이것은 미래에 정밀진단 기술과 예측 가능한 효과적 치료법을 연결시키는 활동에 산업의 수익성이 집중될 것이라는 점을 시사한다. 이 활동의 핵심은 임상시험의 관리가 될 것이며, 방식은 마지막 단계에서 약효를 검증하는 것이 아닌, 연구시험research trials으로서 틀을 짜야 한다. 진단기술과 치료기술의 개발이 이런 연구시험을 통해 짜임새 있게 결부될 것이다. 대부분의 선도 제약기업들은 수익의 극대화라고 하는, (그들의 입장에서 바라보면) 나무랄 데 없이 합리적인 이유로 이런 활동에서 점점 멀어지고 있는데, 이런 활동이 미래에는 결정적인 핵심역량으로 자리 잡게 될 것이다. 현명한 리더라면 잘못된 행보를 되돌려야 마땅하다.

의약품 시장은 분할될 것이다. 제약회사들의 수입원은, 수십억 달러짜리 블록버스터 제품에 좌우되기보다는, 대체로 제품별 매출수입 규모가 훨씬 작은 다양한 제품군에서 나오게 될 것이다. 따라서, 오늘날 메가급으로 합병된 글로벌 제약사들은 그동안 블록버스터 의약품에 중독되어 있던 원가구조와 투자모델을 재고해야만 할 것이다.

새로운 종류의 블록버스터 의약품이 등장하겠지만, 이것은 제약회사의 영업과 마케팅 역량에 상당한 구조조정을 요할 것이다. 질환에 대한 지식이 축적될수록, 의학 전문 과목 자체가 부정확하게 정의되어 왔기 때문에 이것에 기반해온 대부분 기업의 판매조직 또한 부정확한 방식으로 조직되어 있다는 것을 깨닫게 될 것이다.

대부분의 산업에서, 초창기 제품들은 너무 복잡하고 비싸기 때문에 전문가가 전문가에게 직접 판매해야만 한다. 그러나 파괴적 혁신이 탄력받기 시작하면, 파괴적 제품들로 구성된 경제여건에서는 직접 판매 방식이 아니라 최종 사용자를 향한 마케팅 방식을 따르게 되며, 최종 사용자들은 유통채널을 통해 제품을 구입하도록 유도된다. 의약품에 대한 소비자 직접 광고가 붐을 이루는 것도 정확히 이런 패턴을 반영하는 현상이다. 더 간단하게 자가진단하게 해주는 제품과 서비스를 제공하는 기업들은 상당한 상업적 기회를 가지게 될 것이다. 문제는 이것이 지배적인 마케팅 방식이 될 것인지 여부가 아니라, 누가 이런 시스템을 효과적으로 작동할 수 있게 만들 것인가 하는 점이다.

이와 동시에 제네릭 생산업체들은 변화하는 보건의료 환경에 맞게 자신들의 사업 모델을 바꿈으로써 점점 상위시장으로 진출하기 시작할 것이다. 기존의 오리지널 제약사들이 새로운 가치사슬에 신속하고 수월하게 적응할 수 있을지는 더 지켜보아야 알 수 있을 것이다.

다시 말하자면, 우리가 보기에 지금 제약산업은 엄청난 변화를 맞이하고 있다. 여러 산업을 통해 보아왔지만, 이런 변화는 정해진 패턴에 따라 발생한다. 그리고 언제나 어떤 사람들에게는 기회가 되고, 또 어떤 사람들에게는 위협이 된다. 그러나 그것이 기회가 될지 위협이 될지는 결국 당사자가 어떤 선택을 하느냐에 달려 있다. 우리는 제약회사의 중역들이 이런 변화를 기회로 만들어갈 관점을 가지는 데에 이 장이 도움이 되기를 바란다.

임상검증시험 Clinical Test Trials을 대체할 임상연구시험 Clinical Research Trials

부록

지금 싹트고 있는 '약물유전체학' 은 환자의 고유한 유전자 특성을 감안해 최적의 치료법을 선택함으로써, 구체적으로 각 개별 환자에게 맞는 맞춤형 보건의료를 제공할 것이다. 환자들을 분자검사법에 의거해 하부집단으로 세분화하려는 개념은 연구자들이 질병의 근본원인에 파고들게끔 장려할 것이다. 신약개발과 질병치료가 미래에는 〈그림 8-5〉와 같은 경로를 통해 될 것이다.[60]

이런 대형 임상시험은 여러 가지 자세한 임상결과를 통해 각 환자 범주에 대한 최적의 의사결정을 가능하게 한다. 그런데 이 과정은 여러 가지 우려 또한 불러일으킨다.

기존의 접근법을 통해 각 약물의 가치를 입증하기 위해서는 매번 장기간의 대규모 임상시험이 요구된다. 게다가 관련되는 환자의 하부집단이 다양하다보니 시험대상의 모집과 자료분석도 어려워진다. 이전보다 더 작은 시장을 겨냥해 약물을 추가적으로 개발하는 일이 비용을 절감해주지도 않고 더 복잡하기만 하다면, 기존 제품을 이미 보유하고 있는 제약회사들의 입장에서는 이런 (작은 시장을 겨냥해 신약을 개발하는) 일이 달가울 리 없다.

연구시험 과정은 기존 치료제를 근소하게 개량시킨 '복제' 의약품의 개발을 초래할 수 있다. 기존의 기업에는 그동안의 마케팅과 영업 노력으로 이미 확립된 더 큰 규모의 기존 시장이 있기 때문에 〈그림 8-5〉의 왼쪽 경로가 더 매력적으로 보일 것이다. 이와 같은 신약개발 모델하에서는, 거의 언제나 존속적인 제품들이 기업의 요구에 더 잘 부합한다.

파괴되어야 할 기존의 신약개발 모델에서 우리가 '비효능군Worse Responders'이라고 정의한 환자집단들은, 비소비자(非消費者)이거나 서비스를 충분히 제공받지 못한 불만족 소비자들이다. 현대 과학이 이룬 성과가 있다면, 그것은 우리가 기존의 치료법으로 충분하지 않은 개인들을 분리해낼 수 있게 해준 것이다. 따라서 기술적 촉진요인으로서 분자진단학은, 비소비자층에 집중하려는 신규기업들에 의해 파괴될 새로운 목표시장을 만들어낼 것이다.[61]

위에서 도식화한 신약 개발과정에 따르면, 비소비자들은 주로 〈그림 8-5〉의 오른쪽에 위치한다. 왼쪽에 위치한 환자들은 이미 충분히 좋은 약물을 가지고 있게 된다. 그들의 임상결과를 더욱 향상시키려는 노력은 근소한 편익만 만들어낼 뿐이다. 물론,

〈그림 8-5〉 가능한 임상연구 디자인 예시

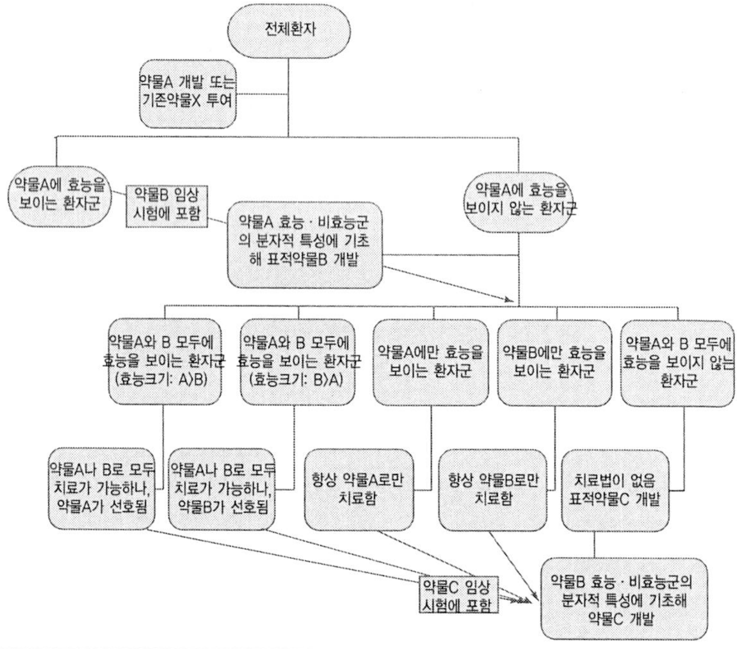

〈그림 8-6〉 단순화한 임상연구 디자인 모델

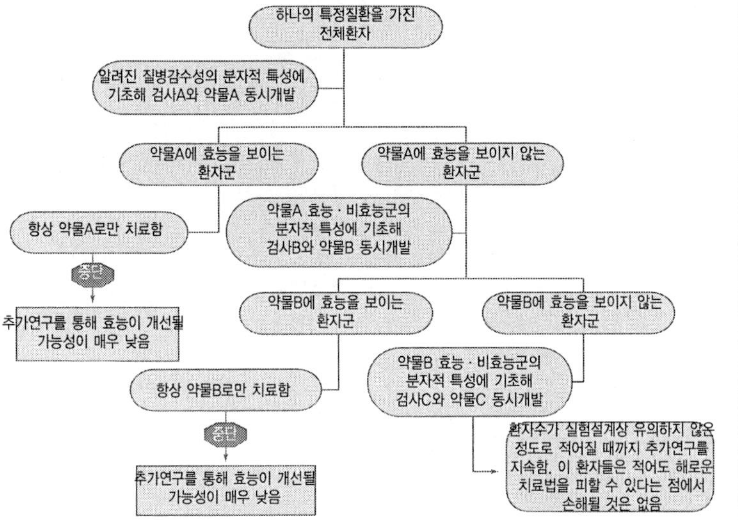
하나의 특정질환을 가진 전체환자
알려진 질병감수성의 분자적 특성에 기초해 검사A와 약물A 동시개발
약물A에 효능을 보이는 환자군
약물A에 효능을 보이지 않는 환자군
항상 약물A로만 치료함
중단
추가연구를 통해 효능이 개선될 가능성이 매우 낮음
약물A 효능 · 비효능군의 분자적 특성에 기초해 검사B와 약물B 동시개발
약물B에 효능을 보이는 환자군
약물B에 효능을 보이지 않는 환자군
항상 약물B로만 치료함
중단
추가연구를 통해 효능이 개선될 가능성이 매우 낮음
약물B 효능 · 비효능군의 분자적 특성에 기초해 검사C와 약물C 동시개발
환자수가 실험설계상 유의하지 않은 정도로 적어질 때까지 추가연구를 지속함. 이 환자들은 적어도 해로운 치료법을 피할 수 있다는 점에서 손해될 것은 없음

이 환자들도 이후의 임상시험에 언제나 포함될 수 있겠지만, 중요한 것은 새로운 치료제가 재검증을 정당화할 수 있을 만큼 충분히 의료를 발전시키지 않는다면 이 환자들이 이후의 대규모 임상시험에 초점이 되어서는 안 된다는 것이다.

〈그림 8-6〉은 모든 치료제에서 약효가 나타나지 않는 환자들에게 초점을 맞춘 좀 더 비용효과적인 접근법을 초래할 신약 개발과정의 수정안을 도식화한 것이다. 약물유전체 검사법이 보통 환자집단을 중복해서 검출해내기 때문에 기존의 일부 효능군이 포함되는가 하면 비효능군이 전부 포함되지 않을 수 있어서, 이 모델은 다소 지나치게 단순화된 면이 있다. 〈그림 8-6〉의 계통수에서 각 세대(또는 단계)에는 하나 이상의 검사 · 약물 조합이 있을 수 있지만, 기존 치료제에 반응하지 않는 사람들에게 초점을 맞춘다고 하는 원칙은 여전히 적용된다.

제9장

의료기기와 진단장비의 미래

의료기기와 진단장비(MDDE) medical device and diagnostic equipment 산업에서 만들어낸 제품을 이용하는 의사들은, 많은 사람들에게 상상할 수 없을 만큼 축복을 베풀어왔다. 이식형 심장박동기와 제세동기 defibrillators는 심율동 이상 heart irregularities으로 쇠약해진 사람들에게 정상적인 삶을 살게 해주었고, 혈관성형술 Angioplasty은 수백만 명의 사람들에게 재발하는 가슴통증을 완화해주었다. 또한 인공 고관절과 슬관절은 수백만 명의 병자들이 더 활동적이고 독립적으로 살 수 있게 해주었으며, 휴대용 혈당계는 당뇨병 환자들이 부지런하기만 하면 무서운 합병증을 피해 더 오래 정상적인 삶을 살 수 있게 도와주고 있다. 기존의 외과적 수술법이 몇 주간의 회복기를 요한 반면, 저침습성 외과용 기기는 심각한 외과수술을 외래에서 할 수 있게 해주었을 뿐만 아니라, 회복기간도 며칠밖에 걸리지 않는다. 뇌 깊숙이 삽입된 신경자극장치에서 나오는 전자기파 펄스 Electrical micropulses는 파킨슨병 Parkinson's disease으로 인한 진전(震顫, 떨림)을 사라지게 할 수 있으며, 심지어 어떤 환자에게는 우울증 증상을 완화시키기도 한다.

1세기 전만 해도 엑스레이X-ray가 유일한 영상촬영기술이었으며, 뼈를 겨우 촬영할 수 있는 수준에 불과했다. 연부조직soft tissues의 영상을 촬영할 방법이 없었기 때문에, 많은 외과수술은 '시험적 수술exploratory surgery'의 성격을 띠었다. 이것은 곧 의사들이 인체 내에서 어떤 일이 벌어지는지를 알기 위해서는 해부를 해야 했음을 의미한다. 오늘날에는 전산화단층촬영(CT)이나 양전자방출단층촬영(PET), 자기공명영상촬영(MRI) 등의 장비와, 인체 장기의 생생한 움직임을 잡아내는 초음파와 형광투시법 덕분에 의사들은 인체 내부에서 진행되고 있는 일을 놀랄 만큼 또렷하게 볼 수 있게 되었다. 오늘날 대부분의 외과수술은 영상촬영기술을 통해 교정해야 할 문제를 확정적으로 진단한 후에 한다.[1] 의사가 인체 내부를 들여다볼 수 있는 영상의 화질이 좋아지면서 중재적 방사선학interventional radiology이라는 새로운 의학 전문분야가 생겨났는데, 이 분야에 종사하는 방사선과 의사들은 영상촬영기술을 바탕으로 실제로 최소침습수술minimally invasive surgery 또한 시행하고 있다.

우리는 40년 전만 해도 아무도 상상하지 못했던 놀라운 기술에 매우 익숙해져버렸다. 물론, 일각에서는 이런 상상하지 못했던 기술적 축복이 보건의료 분야에 상상도 못한 비용의 증가 또한 초래했다는 비판을 할지 모른다. 실제로 그런 기술적 축복으로 비용이 증가되었지만, 앞으로는 계속 그렇게 되지 말아야 한다. 이 장에서는 의료기기 및 진단장비 산업의 혁신기업들이 어떻게 하면 그런 기적 같은 기술들을 더 저렴하고, 심지어 더 폭넓게 접근할 수 있을 것인지 진로를 살펴볼 것이다. 우리는 이 산업에 종사하는 중역들이 그들의 시장에 밀려오는 성장의 다음 물결을 향해 나아갈 길을 찾을 때 두 개의 '성장 나침반'을 사용할 것을 제안한다. 우리는 이 나침반이 많은 산업에서 미래 성장을 위한 훌륭한 지침 역할을 했지만, 특히 의료기기 및 진단장비 산업의 미래 성장 분야를 정확히 짚어내고 있다고 믿는다. 첫 번째 나침반은 의료기기 및 진단장비 산업에서 기술적 영역의 탈중앙화를 가리키고 있으며, 두 번째 나침반은 전문성expertise을 범용화하는 제품을 향해 가리키고 있다. 이 두 개의 성장 물결이 동일한 시장 기회를 향해 수렴하면 할수록, 더 큰 성장을 이룰 수 있을 것이다.

산업성장의 물결: 중앙화와 탈중앙화

이 책에서 되풀이되고 있는 논지는 거의 모든 발전된 산업의 시작 단계에서는 초기의 제품과 서비스가 복잡하고 비싸다는 것이다. 그러고 나서 파괴적 혁신을 통해 제품과 서비스들이 좀더 단순하고 저렴해지면서 '대중화' 된다. 우리는 이 장에서 이런 논지를 펴겠지만, 다만 지리적인 측면에서 제품과 서비스를 대중화하는 존속적 혁신 및 파괴적 혁신의 틀을 사용하려고 한다.

현대산업이 출현하기 이전, 우리가 '스테이지 제로Stage Zero' 라고 부르는 시기에는 모든 것을 거의 손으로 해야만 했다. 우리는 직접 편지를 쓰고, 계산자slide rules로 셈을 하고, 카본지carbon paper로 복사를 했다. 이 산업에서 스테이지 제로 시기에는 활동이 지역적으로 흩어져 있었다. '현대적' 기술이 어떤 산업에 등장할 때는 종종 품질과 비용, 속도 면에서 비약적인 향상을 가져온다. 그러나 이런 것들을 달성시키는 장비는 보통 너무 복잡하고 비싸서 상당한 기술력과 자금력을 가진 사람들이나 기관단체만이 그 장비를 소유하고 사용할 수 있다. 희소한 자금과 기술력을 경제적으로 사용하기 위해서 해당 산업의 활동은 '중앙화' 되는데, 이것은 문제해결에 필요한 전문지식을 갖춘 사람들과 장비가 있는 중심지로 해결하려는 문제를 가져가야만 한다는 것을 의미한다. 그렇지만, 궁극적으로 이 중앙화된 해결방식의 비용과 불편함은 파괴적 혁신가들이 문제해결 능력을 '탈중앙화' 시킬 방법을 찾게끔 하는 자극제가 된다. 탈중앙화가 되면, 해결하려는 문제를 중심지로 가져가기보다는 기술적으로 발전된 해법이 문제가 있는 곳으로 다가간다.

예를 들어, '장거리 통신' 산업의 스테이지 제로 시기에는 우리가 편지를 쓰면 철도나 역마차, 보트를 통해 배달되었다. 이어서 전보telegraph가 등장하면서 우편에 비해 통신이 더 빨라졌다. 그러나 우리는 가장 가까운 전신국에 메시지를 들고 가야 했으며, 거기에서 일하는 숙련된 교환원이 모스 부호를 이용해 대신 메시지를 보냈다. 마침내 유선전화가 개발돼 집에서 장거리 통신을 할 수 있게 되었다. 더 이상 우리를 대신해 전문가가 일을 처리하는 중심지로 갈 필요 없어졌고, 그저 집에 들어가서 스스로 하면 되었다. 오늘날에는 휴대전화가 개발돼 우리가 어디에 있건 통신할 수 있게 되었고, 그래서 더 이상 전화기가 있는 곳으로 갈 필요가 없어졌다.

엔터테인먼트에서부터 교육, 전기통신, 은행, 인쇄, 소매업에 이르기까지 다양한 산업에서, 초창기 기술을 실행하는 작업은 비싸고 복잡해서 중앙화되어야만 했다. 그렇지만, 중앙화된 제품과 서비스들이 그 성능과 신뢰도 측면에서 향상되면서 '제1의 물결' 이라고 부르는 성장의 큰 파도가 만들어진다. 그러고 나서 '제2의 물결', '제3의 물결' 등 연속적인 단계의 파괴를 통해 이 해결책들은 탈중앙화되는데, 기술이 더 많이 확산되고 더 저렴해지고 편리해짐에 따라 단계는 더 늘어날 수도 있다. 우리는 일부 산업에서 중앙화를 통한 제1의 성장 물결과 이후 탈중앙화를 통한 제2, 제3의 성장 물결로 이어진 역사적 패턴을 〈표 9-1〉에 요약해놓았다.

〈표 9-1〉 기술 접근성의 중앙화와 탈중앙화 패턴

산업	스테이지 제로	제1의 성장물결	제2의 성장물결	제3의 성장물결 및 그 이후
통신	편지가 유일한 장거리 통신 수단이었다.	전보를 보내기 위해 전신국에 가야 했고, 교환원이 메시지를 모스 부호의 형태로 바꿔 대신 전송했다.	장거리 통화를 하려면 유선전화가 연결되어 있는 방으로 가서 전화를 걸어야 했다.	휴대전화 덕분에 언제 어디서든 장거리 통화를 할 수 있다
계산	계산자를 놓고 계산했다.	데이터를 천공카드의 형태로 만들어 메인 프레임 센터에 가지고 가면, 전문가가 대신 전산처리를 했다.	데스크탑 컴퓨터와 전자계산기 덕분에 집과 사무실에서 계산과 전산처리를 할 수 있게 되었다	이제는 노트북 컴퓨터와 소형기기 덕분에 어디서든 계산과 전산처리를 할 수 있다.
쇼핑	필요한 것을 얻기 위해 여러 가게를 옮겨 다녀야 했다.	시내에 백화점이 생기면서 물건들이 한 곳에 모이게 되었고, 그곳에서 필요한 것을 구할 수 있게 되었다.	도시근교에 쇼핑몰이 생기면서 집에서 물건을 사러 가는 곳까지의 거리가 줄어들었다.	인터넷을 통해 쇼핑을 할 수 있게 되어서 물건들이 있는 곳으로 직접 갈 필요가 없어졌다.
인쇄 · 복사	비서들이 타이핑을 하거나 등사판을 써서 사본을 만들었다.	복사센터에 원본을 가져가면, 전문기사가 제록스 고속복사기를 이용해 사본을 만들었다.	캐논에서 사무실 한 귀퉁이에 놓고 쓸 수 있는 크기의 탁상용 복사기를 출시하면서 복사가 편리해졌다.	이제는 책상 위의 작은 잉크젯 프린터를 통해서 바로 양질의 사본을 만들어 낼 수 있다.
교육	가르침을 받을 사람이 있으면 누구에게서나 격식에 구애받지 않고 배움을 얻었다.	대학에 다니면서 교수로부터 지식을 전수 받았다.	온라인 대학과정을 통해 집에서 수업을 들을 수 있게 되었다.	학생들은 통학길이나 운동을 하면서 휴대용 기기로 강의를 들을 수 있다.
엔터테인먼트	주위사람들끼리 서로에게 오락거리를 제공했다.	영화를 보기 위해 시내에 있는 대형극장이나 자동차 극장에 가야 했다.	집에서 VCR이나 DVD 플레이어, 케이블 TV 등을 통해 영화를 볼 수 있게 되었다.	휴대용 DVD 플레이어로 보거나, 휴대용기기 또는 핸드폰에 다운로드 받아서 어디서든 영화를 볼 수 있다.
음악	마을사람 중에 연주를 할 줄 아는 사람이 있으면 그에게서 음악을 접했다.	고품격 음악을 감상하기 위해서 콘서트홀에 가야 했다.	레코드 플레이어를 통해서 집에서 음악을 감상할 수 있게 되었다.	아이팟(iPod)에 직접 선곡한 음악파일을 담아 다니면서 어디서든 들을 수 있다.
은행 · 금전관리	집에 있는 항아리 속에 돈을 숨겼다.	오전 9시부터 오후 3시까지만 영업을 하는 시내 은행에 돈을 보관했다.	ATM 기기를 통해 언제든지, 그리고 전 세계 어디에서든 현금에 접근할 수 있게 되었다.	신용카드와 온라인 뱅킹 서비스가 생겨나서 ATM 기기를 이용하거나 현금을 취급할 일이 점점 줄고 있다.
주식투자	주식을 소유한 사람은 극소수에 불과했다.	뉴욕증권거래소(NYSE)에 계정을 가지고 있는 증권사를 이용했다. 건당 수수료 300달러를 내면 중개인이 가격협상과 거래를 대신 해주었다.	증권사에 전화를 걸어 NASDAQ 컴퓨터 시스템을 통해 주식거래를 요청했고, 건당 수수료는 70달러였다.	소액의 수수료를 내고 온라인에서 직접 주식을 사고 팔 수 있게 되었다. 거래는 전자증권거래망(ECNs)을 통해 한다.
의료	의사와 간호사, 가족이 환자의 집에서 환자를 돌보았다.	의사와 간호사가 의료를 제공하는 종합병원에 환자를 데려갔다.	한때 입원을 요했던 시술들이 외래 클리닉과 통원수술센터에서도 가능해졌다.	한때 외래 클리닉과 통원수술센터에서만 할 수 있었던 시술들이 의원에서도 가능해졌다.

각자 기억을 되살려서 탈중앙화를 가능하게 한 파괴적 기술 촉진 요인들이 해당 산업에 어떤 영향을 미쳤는지 생각해보기 바란다. 대체로 고객들은 훨씬 더 이익을 보게 된다. 더 높아진 편의성과 더 낮아진 비용 덕분에 더 많은 사람들이 많은 제품과 서비스에 접근하고 소비할 수 있게 되며, 품질은 제1의 물결에서 활용 가능했던 수준보다 더 좋아진다. 혁신기업들이 탈중앙화를 통해 산업을 파괴시킴에 따라 제2, 제3의 물결을 만들어내는 제품과 사업 모델을 가진 기업들은 제1의 물결을 만들어낸 기업들보다 더 큰 '성장신화'를 이루었다.

〈표 9-1〉의 마지막 줄에 병원과 같은 보건의료 전달조직의 사례를 포함한 이유는 이들 또한 동일한 패턴을 경험할 것이기 때문이다. 스테이지 제로 시기에, 의료는 왕진을 다니는 의사와 간호사가 환자 집에서 제공했다. 첫 번째 성장 물결을 통해 의료산업은 종합병원을 중심으로 중앙화되었으며, 시설을 건립하는 데 비용이 너무 많이 들었기 때문에 우리는 전문가들이 있는 장소로 우리 질병을 가져가야만 했다. 그러나 병원산업은 점차 다시 탈중앙화되고 있다. 미래의 성장 물결은 과거 병원에서 해야 했던 일 중 가장 단순한 것들을 다루는 '외래 클리닉 ambulatory clinics'과, 과거 외래 클리닉에서만 가능했던 일들 중 가장 단순한 것들을 다루기 시작한 '의원의 진료실'에 있다. 그렇게 그들은 점점 더 나아질 것이며, 하나둘씩 환자를 다음 단계의 성장 물결로 끌어들일 것이다.

우리는 의료기기 및 진단장비 산업에서 성장 물결의 패턴을 나타내는 몇 가지 사례를 〈표 9-2〉에 열거해보았다. 통계적인 표본은 아니지만, 여기에 묘사된 사례들은 다른 산업에서 나타난 패턴과 일치하는 듯 보인다. 즉, 최초의 성장 물결을 만들어낸 현대적 기술을 처음 실행할 당시의 경제여건과 세부계획은 중앙화를 요구했다. 굵은 글씨로 채워진 박스는 오늘날의 주류 시장을 나타내는 반면, 보통 글씨체로 채워진 박스는 이제 막 출현하고 있는 시장이다. *이탤릭체*로 쓰인 박스는 미래 모습에 대해 우리가 추측한 부분이다.

예를 들어, 한 세대 전의 스테이지 제로 시기에 혈액분석은 의원 진료실에서 했는데, 의사들이 직접 혈액과 소변 샘플 속에 떠다니는 작은 세균들을 현미경으로 들여다보면서 확인했다. 진료실에서 사용할 수 있는 몇 가지 조잡한 화학시약도 있었다. 그러다가 메트패스(MetPath)Metropolitan Pathological Laboratory 같은 기업들이 IBM의 System/360 메인프레임 컴퓨터만 한 크기의 아주 정교한 고속 멀티채널 분석기를 개발해 운용하기 시작하면서 산업의 분석능력을 상상도 못한 수준으로 끌어올렸다. 이제 이런 기계들은 의사들이 전해물질과 혈액세포 수, 그리고 효소, 호르몬, 항체, 기타 단백질 수치 등을 정확히 측정할 수 있게 해준다.[2]

오늘날 대부분의 의원 진료실에서 현미경은 찾아볼 수 없게 되었으며, 자체적으로 임상병리 검사시설을 운용하는 병원도 점점 줄어들고 있다.[3] 검사장비가 중앙화된 것이다. 업체에서 나온 트럭이 하루에 몇 번씩 의원에 들러 진료실 밖 수거함에 담긴 혈액 샘플을 가져간다. 수거된 샘플은 중앙 검사소로 보내서 의료기사가 각 시험관에 담긴 수천 리터의 혈액을 처리하고, 많은 검사목록 중에서 의사들이 요청한 항목에 대해 검사를 수행한다. 분석이 끝나면 결과가 의사에게 통보된다. 분석 가능한 검사의 종류가 폭발적으로 계속 증가하고 있기 때문에, 산업의 기술적 에너지 대부분은 아직도 존속적 혁신sustaining innovation, 즉 중앙화된 전문지식 집약적 기계들을 더 빠르고 더 정확하게, 심지어 더 많은 검사를 수행할 수 있게 만드는 방향으로 초점을 맞추고 있다.

기기와 장비 기술이 폭발적으로 증가한 것은 최근의 일이기 때문

〈표 9-2〉 의료기술의 중앙화와 탈중앙화 주기

스테이지 제로	제1의 물결	제2의 물결	제3의 물결 및 그 이후
의사들이 진료실에서 현미경을 통해 혈액검체를 직접 분석했다.	**채취한 혈액을 중앙검사시설로 보내면, 고속 멀티채널 기기를 통해 필요한 검사를 수행한 후, 분석결과를 다시 의사에게 돌려보낸다.**	테이블탑 기기나 i-stat 같은 휴대용 진단기기가 개발돼 의사의 진료실에서 검사가 가능해졌다.	*가정용 검사장비와 우편주문 서비스로 인해 환자들은 의사에게 진찰을 받을 필요 없이 자신의 혈액상태를 직접 모니터링 할 수 있다.*
겉으로 보기에 환자들은 무작위로 심장마비를 일으켰으며, 저절로 회복되기도 하고 죽기도 했다.	**심장외과의사들이 심장동맥 우회로 조성술을 시행했는데, 처음에는 대학연계병원에서 하다가, 점차 종합병원으로 확대되었다.**	**심장내과의사들이 병원에서 혈관성형술을 시행하지만, 만약을 대비해 심장외과 의사들이 대기하고 있어야 한다.**	*의료기기의 발전으로 외과의사의 도움 없이도 심장내과의사들이 외래 클리닉에서 해당 시술을 안전하게 수행할 수 있게 된다.*
많은 의원에 기초적인 X-선 장비가 있었다.	**환자들이 종합병원의 방사선과에 찾아가면, 전문가들이 CT, MRI, PET 스캐너를 이용해 인체내부를 촬영한다.**	동네 근처에 별도의 영상의학센터가 생겨 검진이 더욱 편리해졌고, 심지어 이동검진차량 덕분에 검진센터가 없는 의료취약지역에서도 서비스를 이용할 수 있게 되었다.	*저렴한 휴대용 CT와 MRI 기기가 VAP클리닉에 설치되어 외과의사가 직접 작동하는 등 환자 프로세스 흐름에 통합된다.*
의사들은 청진기를 통해 소리를 듣거나 뭉친 부위를 만져봄으로써 직관적으로 환자상태를 판단했다.	**병원 방사선과에 초음파기기가 설치되어 방사선과의사가 움직이는 연부조직을 관찰할 수 있게 되었다.**	**카트에 탑재된 더 작은 초음파기기가 개발돼 많은 산부인과와 심장내과에서 진료에 활용할 수 있게 되었다.**	집중치료실과 응급실, 일차진료 클리닉에 있는 의사가 휴대용 초음파기기를 이용해 신속하게 촬영을 할 수 있게 되어서 진단에 도움을 받고 있다.
환자들은 신부전에 걸리면 딱히 치료법이 없어 사망했다	**신부전환자는 병원에 입원하여 대형 장비를 통해 투석치료를 받았다.**	**집에서 더 가까운 외래 투석센터에서 간호사와 의료기사가 제공하는 투석치료를 받는다.**	작은 가정용 투석기를 통해 환자나 환자 가족이 직접 투석치료를 실시할 수 있게 되었다.
의사들은 환자의 소변에서 단맛이 나면 당뇨병이라고 진단했다.	**병원검사실에 있는 기계로 환자의 혈당량을 측정했다. 간호사들이 혈액을 채취해서 직원들이 그것을 검사실에 맡기고 임상병리사들이 기계를 작동시켰다.**	**내분비과 진료실에서 사용할 목적으로 화학시약 검사지가 개발되었다. 간호사들이 혈액을 채취해 검사지의 색깔을 혈당치별 색상조견표와 비교했다.**	**환자들은 포켓용 계산기만한 크기의 휴대용 검사장비를 가지고 다닌다. 바늘로 손가락 끝을 찔러 피를 내고 화학시약 검사지에 혈액을 묻혀 직접 혈당검사를 한다.**
외과수술의 스킬은 무엇보다도 손재주에 크게 의존했다. 환자들은 최고의 외과의사를 찾아서 먼 거리를 여행하기도 했다.	**외과의사는 외과수술로봇을 이용해 복잡한 부위의 시술을 최소침습법으로 행할 수 있게 되었고 결과는 더 좋아졌다. 그러나, 이처럼 수백만 달러가 넘는 로봇을 보유한 곳은 초대형 병원들뿐이다.**	외과의사가 다른 곳에서 로봇을 조종해서 시행하는 원격수술이 가능해진 덕분에 최고의 외과의사에 대한 환자의 접근이 조금은 더 용이해졌다.	*현대식 LASIK 장비와 같은 일부 외과수술로봇은 그 자체가 필요 시설이 다 완비된 하나의 수술실로 변해가고 있다.*

* 많은 경우에 약물요법이 의료기기를 파괴할 가능성이 높은데, 그것은 약물이 의료제공장소와 전문지식의 탈중앙화를 더 높은 수준으로 가능하게 하기 때문이다. 즉, 대부분의 약물은 집에서 복용할 수 있는 것들이고, 의료기기와 달리 대체로 약물은 사용시에 특별한 기술을 요하지 않기 때문이다. COURAGE(Clinical Outcomes Utilizing Revascularization and Aggressive Drug Evaluation)와 같은 임상연구가 지속된다면 다음 번 파괴의 물결이 언제쯤 다가올 것인지를 밝혀내는 데 도움이 될 것이다.

에, 의료기기 및 진단장비 산업의 기술적 에너지 대부분은 혈액검사 사례에서와 같이, 지금까지 여전히 산업의 첫 번째 성장 물결을 존속시키는 혁신에 초점을 맞추고 있다. 이런 혁신은 솔루션 숍 병원과 전문의원에서 일하는 숙련된 임상가들이 놀랄 만한 일들을 더 많이 수행할 수 있게 도와주고 있다.

완전한 주기의 중앙화 · 탈중앙화를 완성시킬, 다음 차례의 성장 물결이 만들어질 수 있도록 충분한 시간적 여유와 창업 추진력이 주어진 경우는 소수에 불과하다. 인버네스Inverness와 퀴델Quidel, 아박시스Abaxis 같은 현장현시진단기술point-of-care diagnostics 업체들은 진단산업을 탈중앙화시키기 시작했다.[4] 제너럴 일렉트릭(GE) 헬스케어와 소노사이트Sonosite는 채 10년도 안 된 기간에 10억 달러 규모의 휴대용 초음파 장비 시장을 창출해냈다.[5] 7장에서 언급했듯이, 가정용 투석 기술은 이미 존재하지만, 비용상환제도가 그런 기술을 투석센터에 묶어 두고 있다. 당뇨병 환자의 혈당관리는 의료기기 및 진단장비 중에서 중앙화 · 탈중앙화의 완전한 주기를 겪은 몇 안 되는 사례에 속한다. 그러나 의료기기 및 진단장비 산업에서 나머지 대다수의 경우는 첫 번째 성장 물결의 특징인 중앙화된 사업 모델을 존속시키는 방향으로 혁신이 일어나고 있다.

〈그림 9-1〉은 3장에서 살펴보았던 파괴의 3차원 도표(그림 3-3)를 재구성한 것으로, 3장에서 우리는 점차 더 저렴한 곳으로 의료제공 장소를 옮기고 그곳의 의료제공자들이 점차 더 높은 수준의 서비스를 제공할 수 있게 하는 것이 보건의료의 비용을 감소시키는 주요 기전이라는 주장을 폈다. 주목할 점은 의료제공 장소의 잇따른 파괴가 의료기기 및 진단장비 산업에서 예상되는 성장의 단계와 밀접하게 연관되어 있다는 것이다. 그것은 고비용 구조의 의료제공 장소에서 더 저렴한 의료제공 장소로 의료활동을 끌어당기는 기술이 상당부분 의료기기와 진단장비를 통해 구현되기 때문이다. 첫 번째 성장 물결은 매우 복잡한 장비와 전문성이 병원에 집중되면서 발생하지만, 그 다음 물결은 속성실험실판정법rapid in vitro assays과 영상진단기술, 의료기기 등 의료제공 장소를 클리닉과

〈그림 9-1〉 중앙화와 탈중앙화를 통한 의료기기 및 진단장비산업의 성장 물결은 사업 모델의 파괴적 혁신과 일치한다

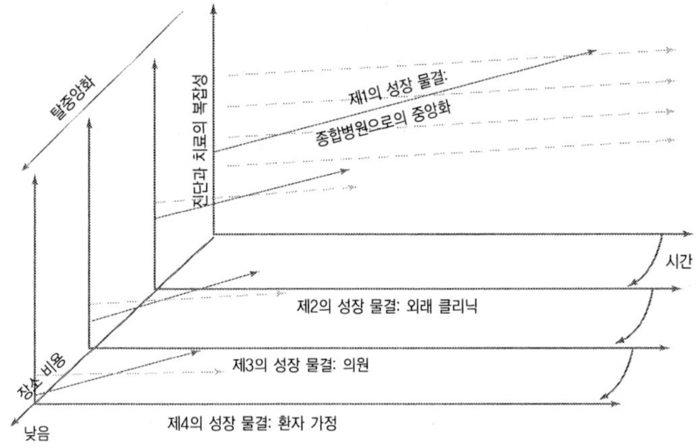

의원 진료실, 나아가 가정으로 옮겨놓는 기술로 가능해진다.

전문성의 범용화(汎用化)

의료기기 및 진단장비 회사들을 위한 두 번째 성장 나침반은 의료 전문직의 전문성을 범용화commoditization하는 기회영역들을 향해 가리키고 있다. 의사의 범용화를 요구하는 것이 불쾌하게 들릴지 모르겠지만, 이것이야말로 꼭 필요한 것이며, 많은 의료기기와 장비업체들이 해낼 수 있는 일이기도 하다. 우리가 보건의료의 성장과 비용감소를 달성하는 길은 오늘날 의사들이 가진 전문지식을 새로운 의사들에게 복제하는 것이 아니라, 그들의 전문지식이 의료기기와 장비를 통해 구현되게 함으로써 전문지식이 더 널리 쓰일 수 있고, 더 저렴하고 쉽게 습득될 수 있도록 만드는 것이다. 전문성의 범용화는 바로 이것을 의미하는 것이다.

2장에서 파괴의 기술적 촉진요인에 관해 다룰 때 우리가 요약했던 화학산업의 발전사를 다시 한 번 떠올려 보자. 화학과 양자역학이론에 관한 이해가 합쳐지면서, 이런 지식은 분자를 만들어내는 '예술art' 적 기교를 과학으로 바꾸어놓았는데, 규칙에 대해 잘 알게 되면서 그 지식이 소프트웨어를 통해 구현되었다. 이로 인해 훈련을 훨씬 적게 받고 낮은 수준의 직관적 능력을 가진 화학 엔지니어들이 이전 세대의 세계 최고 과학자들이 만든 것보다 더 우수한 분자를 더 빠르고 저렴하게 설계하게 되었다. 유기분자를 만들어내는 전문성은 범용화되고 소프트웨어에 담겨 전 세계 수백 개의 섬유 및 화학 기업에 저렴한 가격으로 널리 보급됨으로써 인류에 커다란 혜택을 안겨주었다.[6]

이제, 세 가지 사례를 통해 의료기기 및 진단장비 회사들이 전문지식을 범용화함으로써 어떻게 파괴적 성장을 이룰 수 있는지 살펴보도록 하자. 매년 여름, 클레이튼 크리스텐슨과 그의 동료 엘리자베스 암스트롱은 하버드 의과대학에서 의학교육의 변화관리에 관한 수업을 진행하는데, 이 수업에 주로 참석하는 사람들은 전 세계 의과대학의 학장과 부학장들이다. 몇 년 전, 크리스텐슨은 이 수업에서 플라스틱 분자를 만드는 기술의 역사에 관해 이야기한 뒤, 이런 주장을 한 적이 있다. "오늘날 여러분 주위에는 저렴한 비용과 뛰어난 내구성, 개선된 외형 등의 측면에서 인류에게 엄청난 축복을 안겨다준 플라스틱과 섬유를 20가지도 넘게 찾아볼 수 있습니다. 하지만 이런 축복은 듀퐁의 과학자들이 지닌 전문지식을 복제해서 얻은 것이 아니라, 그들의 전문성을 '범용화' 한 과학과 기술의 진보에서 비롯된 것입니다."

그때 한 의과대학의 학장이 손을 들고 이런 질문을 했다. "왜 이런 이야기를 우리에게 하는 거죠? 우리가 화학자는 아니잖아요. 우리는 의사고, 의사를 교육하고 있어요. 혹시 의사가 범용화될 것이라는 이야기를 하고 싶은 건가요?"

크리스텐슨은 케이스 방식으로 수업을 하는 교사들이 훈련받은 대로, 수업을 같이 듣는 다른 학생들에게 질문을 돌렸다. "다른 분들은 어떻게 생각합니까? 의사들이 범용화될까요?" 그러자, 크리스텐슨을 향해 거센 비판이 쏟아졌다. 크리스텐슨이 파괴 현상을 연구할 때 대상이 되었던 모든 다른 덜 복잡한 산업과 의학은 다르다는 것이 그들의 공통된 의견이었다.

그런데 정형외과 전문의로 신망을 받으며 많은 경험을 쌓은 학장 한 명이 손을 든 후 자리에서 일어나 "강의실에서 조용히 하라"는 말을 하자 수업 분위기가 바뀌기 시작했다. 그리고 나서, 그는 이렇게 말을 꺼냈다. "여러분은 의사들이 범용화될 수 없다고 생각하는 모양인데, 저를 보세요. 제가 바로 범용화된 경우입니다. 25년 전만 해도 당시 선구적인 고관절 및 슬관절 치환술을 할 수 있는 사람은 우리 중 소수에 불과했고, 그것도 최고의 학술의료센터에서 해야만 했어요. 성공적인 결과는 외과의사의 직관과 실력에 크게 좌우되었고, 그래서 보통 진료비 총액의 병원 외 항목 중 절반 이상을 우리 외과의사들이 수입으로 가져갈 수 있었어요."

그리고 나서, 크리스텐슨의 말투를 흉내내면서 그는 다시 말을 이어갔다. "그런데 의료기기 업체들이 무슨 일을 했는 줄 아십니까? 매년 개선된 제품을 내놓고 있는데, 재주가 없는 사람이 아니고서는 인공관절 삽입이 잘못될 수 없을 정도로 시술이 간편해졌지 뭡니까. 그래서 이제는 지역병원에 근무하는 웬만한 정형외과 의사들이 거의 완벽하게 수술을 해낼 수 있을 정도가 됐어요. 그런데도 제가 범용화된 게 아닙니까?" 그의 말을 뒷받침하기 위한 증거로서, 그는 작년에 처음으로 인공관절 제조업체가 진료비 총액의 병원 외 항목 중 50% 이상을 가져가기 시작했다는 말을 덧붙였다. "우리 불쌍한 외과의사들은 30%밖에 못 받아요."

'중재적 방사선학' 으로 부르는, 최근에 생겨난 진료과도 예전에 독특한 전문성 영역에 있던 것이 '범용화' 됨으로써 이와 비슷한 파급효과를 경험하고 있다.[7] 영상촬영기술이 아주 좋아져서 기본적으로 방사선과 전문의로 훈련받은 의사들이 이제 외과수술을 할 수 있게 되었고, 그 밖에 몇 년 동안 전문적인 외과수련을 받아야 할 수 있는 수술을 이들이 먼저 시행할 수 있게 되었다.[8] 우리는 보스턴 지역에 있는 대형 수련병원의 진료과장들이 모인 회의에 참석한 적이 있는데, 그 자리에서는 한 의사가 청중에게 내시경 카메라로 촬영한 복부지방 제거수술 동영상을 보여주고 있었다. 우리는 최소침습법에 의한 문맥portal을 통해 체내에 삽입된 외과의사의 여러 가지 도구들을 수술이 진행되는 내내 마치 컴퓨터 키보드 위에 놓인 손가락을 보듯이 또렷하게 볼 수 있었다. 동영상이 끝날 무렵, 그 의사는 이렇게 말했다. "이 기술의 장점을 말하자면, 수술이 너무 단순해지기 때문에, '아무나' 할 수 있다는 겁니다!"

그러고 나서 갑자기 당황한 표정을 지으며, 손으로 입을 가리면서 그녀는 이렇게 사과했다. "어머, 죄송합니다. 그렇게 말하려고 했던 건 아닌데!"

중재적 방사선학은 특정 시술을 수행하는 데 필요한 기술의 성격을 근본적으로 변화시킴으로써, 많은 외과적 시술을 가치부가과정 사업모델로 옮겨놓을 수 있는 잠재력을 가지고 있다. 미래에는 의사가 모든 해부학적 구조나 환자별 변이, 모든 잠재적 과실 등을 이해하는 것보다는, 수술의 진행경과를 보는 데 필요한 실시간 방사선 기술에 숙달되는 것이 더 중요할 수 있다.

근시 교정을 위한 수술인 '레이저 각막절삭 가공성형술(LASIK)'

은 의료기기 및 진단장비 회사들이 어떻게 전문성을 범용화해서 양질의 의료에 접근성을 높이고 비용을 감소시킬 수 있는지를 보여주는 세 번째 사례에 해당한다. 1995년 첫 임상시험을 마친 LASIK 수술은 2007년 한 해 동안 약 140만 명이 수술을 받는 등 미국에서 가장 흔한 선택적 수술elective surgery이 되었다.[9] 이전의 시력교정술에 비해 LASIK은 더 간단한 수술이다.[10] 전체 수술시간은 한쪽 눈에 10~15분씩밖에 걸리지 않는다. 마취용 점안액을 몇 차례 뿌리고 난 후, 대부분의 수술작업은 컴퓨터로 유도하는 레이저가 처리한다. LASIK은 이전의 수술방식인 '방사상 각막절개술radial keratotomy'에 비해 더 낮은 수준의 기술과 경험으로도 좋은 결과를 얻을 수 있다. 대신, 필요한 기술은 기계 속에 효과적으로 탑재되어 있다. 결국 의료장비가 해당 시술을 하는 안과의사를 점점 범용화해 버린 것이다. 그래서, 이 산업의 가치사슬에서 만족스러운 수익은 해당 시술을 실행하는 영역이 아니라 의료장비를 생산하는 영역에서 발생하게 된다.[11]

의료기기 및 진단장비의 파괴적 성장을 가로막는 것

대다수 산업에서 '성공기업의 딜레마'를 만들어내는 요인들–매출 총이익을 늘리려는 동인(動因)과 사업을 유지시키는 기존 고객들의 수요에 부응해야 되는 필요성–은 기존 기업들이 주도적으로 파괴적 시장을 창출하지 못하게 만드는 이유다. 그런데, 의료기기 및 진단장비 사업에서는 그렇지 않은 것 같다. 특히, 존슨앤드존슨과 GE 헬스케어의 중역들은 일 해결 중심으로 목표제품을 설정하고, 경쟁사에 비해 파괴적인 사업계획을 만들어, 필요하면 별도의 사업단위로 그것을 관리하는 방법을 잘 알고 있고, 그것을 능숙하게 구사하고 있다. 사실, 이 산업의 신생기업은 확고한 기반을 다진 기업에 비해 파괴하는 데 느린 경향이 있다. 우리는 두 가지 유형의 기업에서 성공과 실패 사례를 종합해 의료기기 및 진단장비의 파괴적 탈중앙화를 제한해온 세 가지 장애요인을 발견했다.

첫 번째 장애물은 기술적 미성숙이다. 이전에는 복잡했던 기기를 단순하고 저렴하지만 훈련을 적게 받은 사람들도 소유할 수 있고 효과적으로 사용할 수 있을 만큼 충분히 강력하게 만드는 것은 쉬운 일이 아니다. 2장에서 살펴봤듯이, 전염병에서 기술적 촉진요인이 출현하기까지 250년이란 기간이 걸리지 않았는가! 문제를 이해하고 푸는 데는 시간이 걸릴 뿐만 아니라, 특히 목표가 비점진적이고 '파괴적인' 촉진요인을 찾는 것이라면 그 기간을 예측하기 힘들 때가 많다.

많은 중앙화와 탈중앙화 사례를 통해 볼 때, 파괴가 실현되는 데는 보통 20~25년이 걸릴 것으로 보인다. 이런 사례들을 통해 우리가 말하고 싶은 점은, 통계수치가 얼마나 정확하냐가 아니라, 파괴적 탈중앙화를 가능하게 하는 기술적 촉진요인들이 자리를 잡기까지 보통 2~3년이 아닌 20~30년이라는 긴 시간이 걸린다는 점이다.

IBM의 첫 번째 PC가 나온 것은 1981년인데, 이때는 IBM이 메인프레임 디지털 컴퓨터를 대량으로 생산하면서 스테이지 제로Stage One 시기의 중앙화를 시작한 지 약 25년이 지난 시점이다.[12] 자가용이 대중적으로 보급화되는 계기를 만든 파괴적 혁신 제품으로서 헨리 포드가 승용차 '모델 T'를 도입한 것은 1908년인데, 이것은 칼 벤츠가 자동차의 현대식 생산을 시작한 지 20년이 지난 후다.[13] 1세기에 걸친 소매업 분야의 파괴적 탈중앙화를 주도했던 시어즈Sears의 카탈로그 통신판매방식이 도입된 것은 1893년으로, 이는 도심에 백화점이 처음 생겨난 지 26년 만의 일이었다.[14] 제록스Xerox는 1959년에 고속 보통용지 복사기 '모델 914'

를 출시함으로써 카본지에 타이핑한 원판을 등사판으로 복사하는 수준-스테이지 제로 시기-에 머물러 있던 복사기 산업을 변혁시켰는데, 이를 통해 복사작업을 기업형 복사센터에 중앙화시켰다.[15] 그 후 복사기 산업은 1970년대 말 캐논Canon과 리코Ricoh가 최초의 테이블톱 복사기를 출시하기까지 20년 동안 중앙화된 제1 성장 단계에 남아 있었다.[16] 이렇듯 기술적 촉진요인들이 자리 잡기까지는 시간이 좀 걸린다.

20~25년 주기는 의료기기 및 진단장비 산업에도 마찬가지로 적용되는 것 같다. 예를 들어, 진단검사법 산업에서 제1 성장 단계의 중앙화는 1967년 뉴욕에서 메트패스MetPath가 설립되면서 본격적으로 시작되었다. (이후, 메트패스는 코닝 글래스 웍스Corning Glass Works에 인수됐다가,[17] 결국 지금의 퀘스트 다이아그노스틱스Quest Diagnostics에 매각되었다.) 뉴저지주 프린스턴에 소재한 아이-스테트i-STAT가 혈액샘플을 가지고 여섯 가지 흔한 검사를 수행할 수 있는 세계 최초의 휴대용 혈액진단기기를 출시한 것은 그로부터 25년이 지난 1992년의 일이다.

1973년, 어드밴스드 다이아그노스틱 리서치 코퍼레이션(ADRC)Advanced Diagnostic Research Corporation[18]은 체내의 움직이는 연부 조직 이미지를 임상에서 쓸 수 있을 만큼 충분히 선명하게 만들어내는, 최초의 실시간 선상배열(LART) 방식 초음파 기기를 출시했다.[19] 소노사이트Sonosite와 GE 헬스케어에서 최초로 휴대용 초음파 장비가 개발된 것은 LART 장비가 대량으로 생산되기 시작한 지 25년 후 일이다.[20]

보건의료의 파괴적 혁신이 좀더 일찍 일어나기를 바라는 사람들에게는 이 기간이 무척 길게 느껴질지 모르겠지만, 의료기기 및 진단장비 산업의 여러 부문과 제품군에서 기초가 되는 기술이 이미 20여 년에 걸쳐 성숙해왔기 때문에 이제 곧 파괴적 탈중앙화가 가속화될 것이라는 게 우리의 판단이다.

고객이 해결하려고 애쓰는 일이 이게 맞을까?

자가검사 및 자가진단 기술들이 환자와 그 가정에 더 가까이 다가가지 못하게 가로막는 두 번째 요인은 늘 시장을 제품이나 고객 범주로 세분화해온 마케팅 담당자들의 습관이다. 혁신기업은 고객들이 해결하려고 애쓰는 일과 그렇지 않은 일을 제대로 이해할 필요가 있는데, 이것은 우리가 5장에서 이미 언급한 내용이다. 즉, 우리 모두는 아프다고 느낄 때 건강을 되찾고 싶어한다. 하지만, 건강을 유지해야만 한다고 매일 느끼는 환자는 단지 일부에 불과하다. 많은 사람들이 더 자주 해결했으면 하고 느끼는 일은 육체적 건강을 유지하는 것이 아니라, 재정적 건강을 유지하는 것이다. 가정용 자가검사법과 셀프 모니터링 기술을 도입하려고 계획하는 혁신기업들이 반드시 기억해야 할 점은, 대체로 환자들은 다음과 같은 조건이 충족되어야 의료기기 및 진단장비 제품을 구입하고 사용할 것이라는 점이다.

1. 의료기기 및 진단장비 제품을 구입하고 사용하게끔 만드는 자극이 필요하다. 그것은 질병관리 네트워크 회사에서 일하는 진료간호사nurse practitioner가 매주 확인전화를 하거나, 질병으로 인한 유해증상을 피하고 싶은 바람 때문에 생기는 자극일 수 있다. 건강저축계좌(HSA)에 불입되는 기여금 액수가 건강점수에 따라 달라지는 경우라면 금전적인 이유가 자극제가 될 수 있다.
2. 기술을 이용할 경우, 어느 정도는 확실한 결과를 보여주어야 한다. 결과를 접한 고객이 불확실성만 더 느끼게 된다면 불편해서 그 기술을 이용하지 않는다.
3. 결과가 나오면 뭔가 조치를 취할 수 있게 해주어야 한다.

지금까지는 자가검사기기 시장이 임신진단 키트, 혈당측정기, 배란검사기처럼 몇 안 되는 히트 상품에 국한되었는데, 이 제품들은 모두 여러 번 사용되는 것이다.[21] 하지만 탈중앙화된 소비자 중심의 시장이 본래 까다로운 것은 아닌데다, 다른 기기들을 통해 검사와 모니터링, 후속관리가 계속해서 환자 가정으로 다가갈 것이라는 신호가 실제로 나타나고 있다. INR검사* 기기는 항혈전제를 복용하는 환자들이 정기적으로 쿠마딘Coumadin 클리닉에 가지 않고도 집에서 혈액응고 수치를 관리할 수 있게 도와준다. 어떤 특수조끼는 조울증 환자가 입으면 조증(躁症) 상태로 진행되기 전에 나타나는 과잉행동을 탐지해낼 수가 있어서 끔찍한 일을 당하기 전에 가족이 돌봐줄 수 있게 해준다. 또한 최대 호기량 검사기Peak Flow Meter 같이 천식환자 사이에서 오랫동안 사용되어 온 단순한 기기조차, 환자들이 정보와 경험을 공유하는 촉진 네트워크와 결합될 경우 더 큰 인기를 얻을 수도 있다.

규제와 비용상환방식이 만들어내는 장애물

의료기기 및 진단장비 산업의 탈중앙화를 가로막는 세 번째 장애물은 '규제'다. 기술이 미숙하고, 상당한 훈련과 직관을 통해서만 의료기기 등을 올바르게 사용할 수 있을 때는, 그것을 누가 사용하고 어디에 사용되는지 규제하는 것은 중요한 일이다. 우리가 앞서 살펴본 임상병리검사 산업을 대상으로 1988년 제정된 임상검사실증진법(CLIA)Clinical Laboratory Improvement Act 이 이와 같은 취지로 도입된 규제 사례에 해당한다. 1992년 발효된 CLIA 법안은 각종 검사법이 충족해야 하는 질적 표

---

* 역자 注: 혈액이 응고하는데 걸리는 시간을 표준화된 방법으로 측정하는 검사

준을 마련함으로써 검사의 일관성을 크게 향상시켰다. 표준의 도입으로 검사비용이 크게 증가했지만,[22] 판단이 의료결과에 상당한 영향을 미칠 수 있는 복잡하고 직관적인 활동에 대해서는 규제가 거의 필수적이다.

그러나 직관의학의 시대에 어떤 질환을 치료하는 데 맞춰진 규제들은, 기술적 진보로 인해 이전에는 직관의학을 수행할 자격이 없던 의료제공자들의 능력이 향상된 덕분에 의료가 정밀의학의 영역으로 이동된 다음에는, 파괴적 혁신을 저해하는 경우가 종종 있다. 의료기기 및 진단장비 시장이 아직 첫 번째 성장단계에 머물러 있는 동안에는, 혁신기업이 규제에 대처하려면 자신의 파괴적 제품이 기존의 제품과 성능이 동등하다는 것을 입증하는 데 필요한 모든 임상시험에 투자할 각오를 해야 하고, 나중에는 그런 규제들이 더 이상 필요하지 않다는 것을 증명해 야 한다. 넘기 힘든 장애물이지만, 파괴적 혁신을 가로막는 낡은 규제의 필요성을 제거해나가는 것이 의료기기 및 진단장비 산업의 혁신기업에는 상당한 성장의 기회가 되기도 한다. 그것은 전문성을 범용화하는 기술과 의료가 직관의학의 영역에서 쓰일 때보다 일관되게 더 나은 의료결과를 만들어내는 경우가 종종 있기 때문이다. 파괴와 규제에 관해서는 11장에서 좀더 자세히 살펴볼 것이다.

우리는 7장에서 메디케어와 민간보험자들의 의료비 상환 방침과 관례가 강력한 규제력을 형성하고 있다는 것을 살펴보았다. 파괴적 잠재력을 가진 혁신기업들이 첫 번째 성장 단계에 놓인 중앙화된 시장의 비용상환 논리에 집착할 경우, 규제는 종종 파괴를 억제하게 된다. 장비와 전문가들이 중앙화된 시기에는 서비스를 제공하는 것 자체가 핵심적인 가치제안이 되며, 생존과 수익창출을 위해서는 각 서비스에 대해 행위별 수가방식으로 비용을 청구해야 한다.

예를 들어, 웨스턴 유니언Western Union은 전보문(電報文)에 포함되는 단어 수에 따라 비용을 청구했다.[23] 복사센터는 복사하는 원본의 쪽수에 따라 비용을 청구했으며, 메인프레임 컴퓨터 센터는 사용량에 따라 사내 부서별로 해당 비용을 할당하는 식이었다. 중앙화된 보건의료 서비스를 운영하는 기관들도 이와 같은 방식, 즉 매번 서비스를 제공할 때마다 비용을 청구하는 방식으로 돈을 버는 것이 보통이다. 따라서, 이 기관에 장비를 공급하는 회사는 제품을 출시하기 전에 높은 의료기기 수가를 받기 위해 메디케어 및 민간보험자들과의 협상에 반드시 성공해야만 한다. 이렇게 보험에 등록이 되고 나면, 장비를 운용하는 기관들은 MRI나 X선, 초음파, 혈액검사 등 장비사용 건별로 비용을 청구한다. 이것이 바로 의료기관이 수익을 올리는 방식이자, 결국 장비 제조업체들이 의료제공자들의 장비 선택을 촉진시키기 위해 가능한 한 높은 수준의 비용상환 금액을 확보하려는 이유가 된다.

그런데 산업이 제2, 제3의 성장단계를 거치면서 탈중앙화되면, 기술은 그것을 사용하는 사람들이 수익을 만들어내는 핵심적인 활동을 더 효율적으로 할 수 있도록 해주는 그저 하나의 기전으로 바뀌게 되며, 기존에 돈을 벌어온 방식에 따라 더 많은 돈을 벌 수 있게 해준다. 파괴적 잠재력을 갖춘 일부 혁신기업들이 산업을 탈중앙화시킬 수도 있는 새로운 파괴적 제품 출시전략을 짤 때 새로운 파괴적 제품이 제1의 성장단계에서 사용 건별로 비용을 받은 것처럼 제2, 제3의 성장단계에서 똑같은 방식으로 돈을 벌 수 있을 것이라고 여기는데, 이것은 위험천만한 생각이다. 즉, 그들은 중앙집중화된 의료제공자들이 제1의 성장단계에서 상환을 받은 것과 동일한 CPT(현대의료행위분류) 코드에 맞춰 보험수가 신청을 함으로써 시간과 비용을 최소화하려고 한다. 이와 같이 파괴적 잠재력을 지닌 제품을 기존의 CPT 코드에 '끼워 맞추기'를 하려면, 중앙화 시기에 핵심사업군에 속한 제품들에 의해 정해진 기존의 표준에 따라 과거와 유사한 방식으로 사용되도록 파괴적 신제품을 최대한 뜯어 고쳐야 한다. '현대의료행위Current Procedure'는 말 그대로 현대 의료행위일 뿐이지 파괴적 의료행위가 아니다. 파괴적 의료기기와 장비를 현대 의료행위에 억지로 끼워 맞추면 그것의 파괴적 특성과 경쟁우위가 심각하게 손상되는 경우가 종종 발생한다.

탈중앙화에 따라 수익의 논리가 어떻게 변해야 하는지를 이해하기 위해 현장현시point-of-care 진단기술과 휴대용 초음파 장비를 중심으로 가상의 사례를 살펴보자. 초음파 촬영은 병원의 방사선과와 산부인과에서 사용되던 대로 검사당 수가 혹은 환자당 수가 방식으로 비용이 상환된다. 응급실 의료진이 초음파 촬영을 하려면, 반드시 환자를 방사선과로 보내거나 응급실로 초음파 장비를 가져와야 한다. 보험회사는 초음파 촬영 서비스에 대해 기존의 CPT 수가에 따라 환자별로 각각 별도의 비용상환을 해준다. 혈액검사에 대해서도 마찬가지다. 각각의 검사비용은 기존에 정해진 수가에 따라 상환되며, 병원은 실제 수행한 각각의 검사에 대해 보험회사에 비용을 청구해야만 돈을 받을 수 있다. 응급실 진료비 명세서를 보면 보험에 등재된 많은 활동의 목록이 길게 나열되어 있다.

그렇다면, 이제는 '제1의 성장단계'라고 하는 생각의 뚜껑을 걷어 버리고서, 대부분의 응급실에서 어떤 일이 일어나는지 관찰해보자. 응급실에서 환자들이 보내는 시간의 대부분은 기다리는 시간이다. 환자들은 병상에 누워 검사결과가 도착하기를 기다린다. 혹은 사진촬영하러 가기 위해 방사선과로 이송되기를 기다리거나, 촬영한 영상의 판독이 끝날 때까지 병상을 차지하고 있는 것이다. 심한 경우는 대기실에 앉아 병상이나 입원실이 빌 때까지 기다려야 한다.

응급실의 성과와 수익성은 어떻게 결정될까? 응급실은 검사당 청구하는 비용과 그로부터 생기는 수수료로 돈을 벌지 않는다. 다른 전통적인 보건의료 전달방식과 마찬가지로, 응급의료도 고정비용 집약적 사업이라서 환자회전율patient turnover과 진료처리량throughput에 따라 수익이 결정된다. 병상 수와 인력 수준이 정해진 상태에서 응급실이 돈을 버는(더 현실적으로 말하자면, 손실을 줄이는) 길은 되도록 신속하고 효과적으로 환자가 들어왔다가 나가게 하는 것이다. 만약, 파괴적 혁신기업이 휴대용 검사장비를 개발해 응급실 현장에서 즉시 검사할 수 있고, 의사들이 영상촬영 결과물을 바로 확인함으로써 환자의 문제를 확정적으로 진단할 수 있다면, 검사와 영상촬영장비는 응급실이 기존의 진료방식을 유지하면서도 수익성을 높일 수 있게 해주는 부수적인 생산성 도구가 되기 때문에, 더 이상 비용상환은 필요하지 않을 것이다.[24]

비용을 크게 상회하는 수준에서 비용상환 금액을 협상함으로써 파괴적 제품의 수익을 만들어낼 수 있을 것이라고 생각하는 병원과 장비제조업체가 있다면, 그것은 오산이다. 의료기기 및 진단장비 업체들이 제2 성장단계를 촉진하는 장비생산에 박차를 가하게 되면, 병원과 별도로 운영되는 독립적인 응급시설과 응급처치센터가 더욱 늘어날 것이다. 그 밖에 탈중앙화된 다른 진료환경에서도 이와 유사한 형태로 의료기기 및 진단장비를 사용할 것이다.

편의성, 비용, 그리고 보건의료의 소비

파괴적 탈중앙화의 제2, 제3의 물결을 거치면서 제품과 서비스가 더 저렴해지고 편리해지면 사람들의 소비는 항상 더 늘어나며, 그것도 대부분은 소비수준이 크게 늘어난다. 대부분 사무실에서 걸어서 20초도 안 걸리는 거리에 고속복사기가 있고 책상마다 컴퓨터가 놓여 있는 지금, 복사하려고 복사센터로 원본을 들고 가고, 전산처리를 하기 위해 메인프레임 전산센터에 원본을 들고 가 작업신청을 하고, 손으로 쓴 편지를 일급 메일로 보내기 위해 차를 타고 우체국으로 가야 했던 시절에 비해 우리는 훨씬 더 많은 복사를 하고 더 많은 스프레드시트를 만들어 내며 전자우편으로 더 많은 메시지를 주고받는다. 조용한 곳에 앉아서 그곳에 설치된 유선전화로 전화통화를 해야 했던 시절에 비해 지갑이나 주머니 속에 무선전화를 갖게 된 지금, 우리들 특히 십대 소녀들은 더 많은 음성통화와 문자메시지를 소비하고 있다. 제2, 제3의 성장단계를 일궈낸 혁신기업들이 소비를 편리하고 저렴하게 만든 덕분에, 우리는 과거보다 더 많은 음악을 듣고 더 많은 영화를 감상하고 있다. 이렇게 더 많은 것을 소비하게 된 것을 우리는 대체로 희소식으로 받아들이며, 이것은 우리의 생활수준이 향상된 정도를 측정하는 중요한 척도가 되기도 한다. 이런 제품과 서비스를 더 많이 소비하기 위해 우리는 기꺼이 주머니 돈을 지출한다.

보건의료계 일각에서는 산업에서 일어나는 제2, 제3의 성장 물결을 통해 더 비용이 적게 드는 진단 및 영상장비를 편리하게 이용하는 것이 꼭 희소식이 아닐 수도 있다는 우려의 목소리를 나타내고 있다. 오늘날 중앙화된 값비싼 의료기관을 통해서 이용할 때보다 더 많은 검사와 영상 장비를 소비하도록 사람들을 부추길 수 있기 때문이라는 게 그 이유다. 우리가 보건의료에 지출하는 돈의 절반이 의학적으로 불필요한 서비스에 낭비되고 있다는데,[25] 사람들이 보건의료를 더 많이 소비하게 될 것이라는 점을 우려해야 하지 않을까? 이 물음에 대한 답은 어떤 관점에서 바라보느냐에 따라 달라진다.

매년 고용주들과 계약을 체결해야 하는 보험회사와, 해마다 높아지는 건강급여 비용을 감당해야 하는 고용주와 정부에는 소비 증가가 나쁜 소식이다. 그동안 행위별 수가제로 상환된 값비싼, 중앙화된 영상촬영 및 진단 서비스는 의료비 증가의 주된 원인 중 하나였다. 그러나 5장에서 언급했듯이 새로운 파괴적 가치 네트워크 상에서는 소비자들이 건강저축계좌를 통해 비재난성(非災難性) 의료비를 지불할 것이기 때문에, 이런 제품과 서비스에 더욱 저렴하고 편리하게 접근하게 된다는 것은 좋은 소식임이 틀림없다. 우리 대부분은 '해결했으면' 하는 중요한 일을 가지고 있다. 즉, 지금은 눈에 보이지 않고 느껴지지도 않지만, 가까운 미래에는 죽음이나 곤경을 초래할 전조가 될 수도 있는 심각한 무언가가 우리 몸속에서 진행되고 있지 않다는 것을 확신하고 싶어 한다. 또는, 아플 때면 되도록 빠르고 편리하게 회복기에 접어들 수 있기를 원한다. 지금 현재로서는 이런 일을 해결해줄 저렴하고 접근이 편리한 서비스가 존재하지 않으며, 우리를 둘러싼 보건의료체계는 이런 일을 잘 해낼 수 있는 상황에 놓여 있지 않거나, 그렇게 할 의지조차 없는 것 같다.

대부분의 의료기기와 장비의 보험적용 여부를 결정하는 메디케어 및 메디케이드 서비스 센터(CMS)는, 제한된 예산을 놓고 가입자들의 요구(일)를 해결하기 위해 감당하기 힘든 저울질을 하고 있다. 그러나, 급여비용 지출이 급증하고 메디케어가 어떤 기술이 '합리적이고 필요한 것' 인지를 결정하는 데 비용효과를 고려해야 하는 상황이 더욱 늘어날 것이다. 최근 크게 논란이 되었던 삽입형 제세동기(ICDs) implantable cardioverter-defibrillators나 좌심실 보조장치(LVADs)left ventricular assist devices에 관한 보험급여 결정 사례를 통해 볼 때, 기존의 보험수가 협상제 아래서는 보험자와 의료기기 및 진단장비 업체 모두에게 앞으로 상황이 호전되기는커녕 더욱 힘들어질 것으로 보인다.[26] 의료기기 및 진단장비 산업은 오랫동안 혁신을 지향해온 한편으로 보험적용 여부를 결정하기 위해 새로운 기준을 채택하려는 과거 CMS의 노력을 무색하게 만듦으로써, 보건의료를 고비용의 중앙화된 상태에 머무를 수밖에 없도록 공모해온 측면이 있다.[27] 그 결과, CMS는 여전히 보험급여 결정에 비용효과성을 명시적으로 검토하지 않고 있으며, 적어도 지금까지는 의료기기 및 진단장비 업체들은 제1의 성장단계에서 수많은 존속적 혁신을 통해 잘 버티어왔다.

그러나 의료기기 및 진단장비 산업의 혁신기업들이 제2, 제3의 산업성장을 과감히 추진함으로써 지금은 비싸고 중앙화되어 있는 제품과 서비스들을 점차 더 값싸고, 휴대하기 쉬우며, (앞서 언급한 정형외과의사의 말을 빌리자면) '바보도 취급할 수 있을 만큼' 간편한 것으로 바꾸어놓는다면, 반드시 소비자들은 기꺼이 주머니를 털어 자신의 건강을 관리하는 데 돈을 쓸 것이다. 또한 문제가 있을 때 스스로 진단을 할 것이며, 집에서 더 가까운 장소에 있는 간호사나 일차진료의사에게서 의료를 제공받는 때가 더욱 늘어날 것이다.

제10장

의학교육의 미래

대체로 미국의 의학교육시스템은 세계 최고라고 인정받아왔다. 지난 10년간 의사들의 봉급은 줄고[1] 그만큼 보건의료 제공 절차에 감시가 늘어났지만, 전 세계 우수한 학생들은 여전히 미국의 129개 의과대학 중 한 곳에 들어가기 위해 1만5,000~1만6,000개 자리를 놓고 경쟁한다. 입학경쟁률은 평균 2대 1~3대 1에 달한다.[2] 4년을 투자해 의과대학 학위를 받은 새내기 의사들은 3~4년 과정의 전공의(專攻醫) 수련을 받게 되며, 그 자리는 2만4,000개 정도 된다.[3] 그러고 나서 제대로 된 전문의가 되기까지는 1~5년간 전임의사fellow로 더 일해야 한다.

이렇듯 대단한 의학교육을 거친 의사들은 고도로 훈련되어 최고의 의술을 제공하려는 강한 동기를 가지게 된다. 학부과정까지 포함하면 오늘날 미래의 의사들은 그들의 인생에서 가장 생산적인 시기 중 10~18년간을 단지 직업훈련을 받기 위해 투자하는 것이다. 그런데, 의사가 되면 그들이 바라던 것을 얻게 될까? 이 훈련과정을 거치면서 많은 의사들은 10만 달러가 넘는 빚을 떠안게 되는데,[4] 과연 그들이 앞으로 벌어들일 수입은 이만 한 투자에 대해 적절한 보상이 될까?

의과대학이 가진 숭고한 사명은 '질병으로 고통받는 인류를 위해 헌신할 사람들'을 훈련하는 것이다.[5] 그러나 이 사명은 값비싼 대가를 치러야 하는 것으로, 단지 의대생들에게만 해당되는 이야기는 아니다. 2007년 미국의 공공의료보장기구인 메디케어 및 메디케이드 서비스센터 (CMS)Centers for Medicare and Medicaid Services만 해도 의학수련교육에 80억 달러를 지출했다.[6] 이 투자에 비해 우리 사회는 적절한 보상을 돌려받고 있는 것일까?

사회 전체적으로, 특히 미래의 의사들이 혹시 실망할까봐 걱정이 앞선다. 미국 의과대학 교과과정의 기틀이 처음 마련된 것은 거의 100년 전의 일이다. 물론, 그것을 구성하는 세부 내용은 많이 변했지만, 그 과정을 거치면서 학생들이 경험하게 되는 근본적인 틀은 거의 바뀌지 않았다. 이렇듯 틀에 박힌 교과과정으로 인해 나타난 문제점은 미래의 의사를 교육하는 데 훨씬 더 오랜 시간이 걸린다는 점이다. 더욱이, 그만한 시간과 비용을 투자했음에도 새내기 의사들이 여러모로 실력이 부족해 의료시스템에서 수익을 내면서 진료하려면 2년 정도는 더 현장교육을 받을 필요가 있다는 것이 일부 실력있는 중견의사들의 주장이다.[7]

의과대학이 직면한 위기는 크게 두 가지다. 첫 번째는 파괴적 혁신 모델에서 말하는 성능개선의 존속적 궤적 sustaining trajectory과 관련 있는데, 기존의 의과대학들 간에 폭넓게 받아들이고 있는 우수성 척도에 따라 기존의 시스템 성능을 개선해야 한다는 점이다. 기존의 시스템을 개선하는 것은 방대하지만 긴급한 문제이기도 하다. 계속해서 최고의 의사들을 배출해내기 위해서는 의과대학에 의료 시뮬레이션 시스템을 구축하는 것과 같은 새로운 교육모델이 필요하다. 두 번째는 미국의 의과대학들이 외부로부터 파괴적 혁신을 당할 위기에 처해 있다는 점이다. 미국의 의과대학들은 외국의 의과대학, 일차의료에 초점을 두고 있는 정골의학 osteopathy과 같은 대안적 의학교육, 진료간호사 nurse practitioners · 의사보조원 physician assistants · 의료기사의 훈련, 그리고 기업이 자체적으로 설립한 사설의과대학 in-house corporate medical universities 등에서 위협을 받고 있어 그야말로 사면초가(四面楚歌)에 직면해 있다. 만일 의과대학이 우리가 아래에 제시한 것과 같은 구조적 개선을 하지 못한다면(사실 우리는 대다수의 의과대학이 실패하리라고 예상하지만), 이런 파괴적 경쟁자들, 특히 기업이 운영하는 사설의과대학의 행보는 더욱 빨라질 것이다.

의과대학이 해야 할 일을 하지 못한다면 대형 통합형 의료공급 조직이 나서서 의사들을 훈련할 것이다. 그들이 제공하는 훈련과정은 가치부가과정을 어떻게 설계하고 관장할 것인지, 그런 작업흐름 내에 포함될 여러 의료전문직들을 어떻게 관리할 것인지에 더 많은 초점을 둘 것이다. 그들은 의사들이 전문직 네트워크 내에서 어떤 기능을 수행해야 하는지, 만성질환자들이 더 나은 의료를 제공받을 수 있도록 환자중심의 네트워크를 어떻게 활용할 것인지를 가르칠 것이다. '기업의 사설의과대학' 은 오늘날 진료하기까지 요구되는 교육기간보다 훨씬 짧은 기간에 학생들을 훈련할 것이고, 학생들은 더욱 고른 실력을 갖춰 진료에 대비함으로써 새내기 의사들 간에 실력 차이가 훨씬 줄어들 것이다.

이런 주장을 뒷받침하기 위해, 이 장에서 우리는 먼저 의과대학들이 어떤 역사를 거쳐 오늘날에 이르렀는지를 되짚어보고 몇 가지 척도로 그 성과를 살펴볼 것이다. 두 번째로, 우리는 아주 색다른 훈련이론을 하나 소개할 것이다. 그것은 도요타가 개발한 것으로, 자동차를 어떻게 설계하고 만들 것인지에 관한 것이 아니라, 사람을 어떻게 훈련할 것인지에 관한 이론이다. 세 번째로는, 이런 이론을 중심으로 조직된 의과대학이 어떤 형태를 띠게 될지 설명하고, 존속적 궤적을 따라 의과대학을 개선하려는 대학행정가들이 이런 변화를 어떻게 관리해야 할지에 대해 권고안을 제시할 것이다. 그리고 마지막으로, 의학교육을 파괴시키고 있는 주체들을 살펴보고, 기업의 사설 의학교육이 오늘날의 의과대학 중 상당수를 대체할 것이라는 우리의 예측에 대해 설명할 것이다.

의학교육의 역사

1800년대까지만 해도 미국 의학교육의 대부분은 영리의과대학 commercial medical colleges 에서 맡아왔다. 이 사업이 학교설립자에게 얼마나 좋은 돈벌이가 되었는지는, 1871년 하버드 의과대학의 외과 교수 헨리 비글로Henry J. Bigelow가 쓴 글에서 잘 드러난다. 그는 자신의 저서에서 "더 철저히 교육해야 할 판국에 수업규모를 크게 늘리는 위험을 감수하는 것이 그렇게까지 큰 돈벌이가 될 것이라고는 그 어느 학교도 예상하지 못했다"고 했다.[8] 실제로, 1810~1876년 사이에 미국의 인구가 증가하면서 보건의료에 대한 필요도 함께 늘어났다. 이런 필요를 충족하기 위해 신시내티Cincinnati에서만도 20개 학교가 세워지는 등 영리의과대학이 급격하게 확산되었다. 이 현상을 두고 "의과대학의 설립이 경영대학을 세우는 것만큼 쉬워서야 되겠는가"라는 비판을 하는 이도 생겨났다.[9]

지금으로부터 1세기 전, 즉 1910년에 아브라함 플랙스너 Abraham Flexner가 당시 의과대학에서 쏟아진 이른바 '자격요건을 갖춘 의대졸업생들'의 현저한 실력 격차를 비판하는 역사적인 보고서를 내놓음으로써 미국의 의학교육은 급선회하게 되었고, 대학에 양질의 교육에 대한 자정(自淨)의 책임을 묻기 시작했다. 그 보고서의 결론 중 일부를 소개하면 다음과 같다.

우리 미국에는 전 세계 어디에 내놓아도 뒤지지 않는 실력을 갖춘 의사들이 있다. 그러나 의사들의 실력을 기준으로 볼 때 그 어디에도 미국만큼 최고 · 평균 · 최악의 의사들 간에 격차가 심각한 곳이 없다는 것 또한 사실이다… 우리가 의학교육을 수행하는 방식은 결과적으로 저질 의사들을 대량으로 양산해내는 꼴이 되고 말았다… 과거는 그렇다손 치고, 이제부터라도 불량품을 더 이상 양산하지 말고 적은 수의 의사라도 잘 훈련해서 내보내야 전국 각지의 의료수요를 더 효과적으로 충족할 수 있을 것이다… 병자들이 최신 의학적 진보의 혜택을 온전히 누릴 수 있게 하려면, 비용이 더 들고 힘은 들겠지만 더 평준화된 의학교육이 필요하다.[10]

대대적으로 의학교육을 개혁해야 한다는 플랙스너의 주장을 미국의사협회 산하의 의학교육협의회에서 받아들였다. 다른 조치도 있었지만, 특히 학생들이 2년간의 기초과학교육에 이어 오늘날 '실습 clerkships' 또는 '임상순환 clinical rotations'이라 부르는 임상교육을 2년간 더 받게 하는 표준화된 의학 교과과정이 도입되었다.[11] 이런 발상은 근본적으로 1800년대 유럽의 의과대학과 수련병원에서 차용한 것으로, 당시만 해도 학생들은 고등학교를 졸업하고 바로 의과대학에 진학하던 시절이었다. 의과대학이 그처럼 교육배경이 다양한 학생들을 가르쳐 환자를 충분히 다룰 수 있게 만들려면, 임상기술을 전수하기에 앞서 기초과학부터 가르치는 수밖에 달리 방법이 없었다. 플랙스너 보고서가 나온 무렵에, 기초과학을 비용효과적으로 가르칠 수 있는 유일한 방법은 한꺼번에 많은 수의 학생을 큰 강의실에 모아놓고 강의하는 것이었다. 존스홉킨스 대학은 이 방식을 채택한 최초의 의과대학 중 하나였다.

의학교육의 이런 시간적 분리로 대부분의 의과대학에서 서로 다른 두 개의 교수집단이 형성되었다. 의과대학의 3분의 2가량은, 기초의학 교수진들이 4년 과정의 첫 두 해 동안 기초과학 교과목들을 가르치면서 보통 국립보건원의 지원금으로 자기 분야의 선도적인 학술연구를 수행한다. 한편, 임상교수진들은 3~4년차에 학생들이 배우게 되는 환자진단법과 치료기술을 가르친다. 교수진이 서로 다른데다 학생들이 배운 것을 기억하는 데 한계가 있기 때문에, 아무리 교수가 중요하다고 강조했어도 첫 두 해에 걸쳐 배운 내용 중 일부는 실제 임상진료에서 제대로 활용되는 경우가 드물다. 실습할 때 학생들이 알고 있어야 할 배경지식 중 어떤 것은 첫 두 해 동안 아예 배우지 않는 경우도 있다. 게다가, 그들이 반드시 알아야 할 지식의 상당부분은 정작 그것을 사용할 시기가 되었을 때 이미 기억 속에 남아 있지 않는 경우도 생긴다.[12] 다시 말해서, 이 의과대학에서 학생들이 처음 2년 동안 겪게 되는 과정이 그리 효율적인 경험은 아니다.

나머지 3분의 1에 해당하는 의과대학에서는 과학 교과과정과 임상훈련이 상당한 수준으로 통합되어 있다. 통합방식은 이 시기에 학생들이 겪게 되는 '닭이 먼저냐 달걀이 먼저냐' 하는 문제, 즉 관련된 임상적인 문제에 부딪혀보아야 비로소 난해하게만 느껴지는 기초과학의 중요성을 깨닫게 되는 문제를 해결하는 데 도움이 된다. 정상적인 상태와 비정상적인 상태의 인체생리를 이해하지 않고서는 임상적 징후와 증상이 그저 피상적으로 와닿을 뿐이다.[13]

실습 또는 임상순환 과정은 〈그림 10-1〉에서 예시한 것들을 포함해 다양한 의학분야에서 보통 적게는 3주, 많게는 석 달에 걸쳐 의과대학 임상교수진의 지도하에 현장에서 환자를 돌보는 것으로 구성되어 있다. 이 시스템을 처음 생각해냈을 당시만 해도 모든 의과대학 학생들은 처음 2년간 기초과학 교과과정을 함께 수료했기 때문에 그 후에 이어지는 실습과정도 한꺼번에 시작했다. 학생들이 한꺼번에 기초과정을 들어야 하는 까닭은, 여름이면 집으로 돌아가 집안 농사일을 도와야 했기 때문이다.[14] 하지만, 지금은 병원이 모든 의대생들의 인턴십을 내과와 같은 특정 진료과에서 시작해 다른 진료과로 일정한 순서에 따라 실습할 여건이 되지 못한다. 그래서 병원은 실습학생들을 여러 진료과에 분산시키되, 주요 진료과에는 전체 학생 수의 4분의 1 정도 수용하고 있다.

'순환' 이라는 용어를 쓰지만, 일정한 순서에 따라 학생들의 실습과정이 전개되지 않기 때문에, 다음에 어느 진료과를 가게 될지는 정확히 알 수 없다. 결국 〈그림 10-1〉에서 보듯이, 그때그때 학생들의 관심에 따라, 그리고 실습대상이 되는 환자와 학생의 수련을 담당할 의료진이 있느냐에 따라 실습경로는 달라진다.[15] 따라서, 한 학생이 의과대학의 마지막 두 해 동안 경험하게 되는 실습경로가 가능한 경우의 수는 거의

〈그림 10-1〉 전형적인 의과대학 실습과정에서 가능한 학습경로

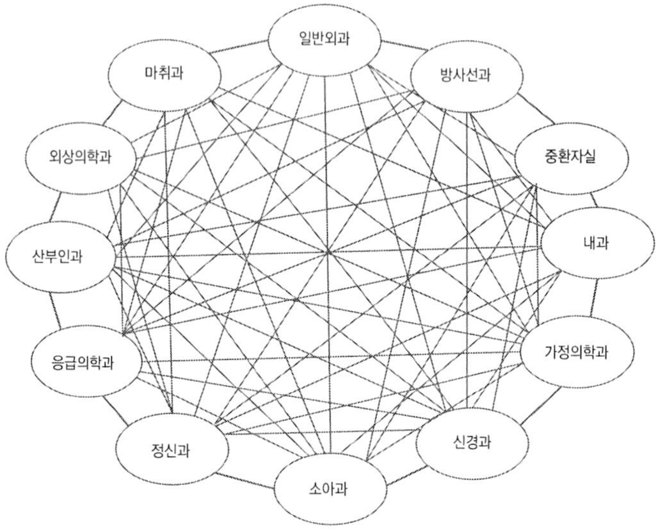

무한대다.

얼핏 보기에는 이 시스템이 유연해보여서 좋을 것 같지만, 실습을 직접 담당하고 학생들이 알아야 할 것들을 제대로 가르쳐야 하는 사람의 입장에서 보면, 이런 상황은 악몽이나 다름없다. 우선, 실습을 받기 위해 어떤 진료과에 처음 들어온 학생들이 그전에 겪은 실습경험은 그야말로 제 각각일 것이다. 여러분이 대학원에서 거시경제학 세미나 수업을 하려는데, 수강생들을 보니 두 명은 미적분을 배우지 않았고, 세 명은 대수행렬matrix algebra을 전혀 접해본 적이 없으며, 또 다른 두 명은 통계학을 아직 수강하지 않았고, 한 명은 국민소득 회계에 기초지식이 아예 없는데다, 정치학을 수강한 학생이 단 세 명에 불과하다면 어떻게 하겠는가. 게다가 이런 학생 간 기초지식의 변이가 달마다 달라진다면 어떻게 하겠는가. 학생들의 지식수준을 모르는 상태에서 여러분이 해야 할 일은 원래 가르치려던 것들은 일단 미뤄두고 모든 학생을 대상으로 기초가 되는 것부터 다시 가르치는 것이다. 그래야만 진도를 같이 나갈 수 있을 것이기 때문이다.

의과대학의 임상교수진들이 처한 상황도 이와 비슷해서, 실습과정에서 복습은 정상적인 수업만큼 흔하게 행해지고 있다. 설상가상으로, 학생들이 특정 진료과에서 실습을 마치면서 어떤 것을 배울지는 교수진들도 장담할 수 없다. 예를 들어, 학생이 신경과에서 실습하는 몇 주 동안에 삼차 신경통trigeminal neuralgia 환자가 내원하지 않는다면 그 학생은 그 질환을 진단하거나 치료하는 방법을 배우지 못할 것이고, 응급의학과에서 실습하는 동안 기관 절개술 환자가 찾아오지 않는다면 그 시술을 어떻게 하는지 실습해보지 못한 채 의대를 졸업할 수도 있다.[16]

무엇보다 심각한 문제는 현행 의학교육 시스템이 의사들에게 독립적인 개별 주체로서 환자 돌보는 방법을 가르치도록 설계되어 있다는 점이다. 지금의 의학교육 틀이 마련된 것이 1세기 전인데, 당시만 해도 의사들은 대부분 다른 의사와 독립적으로 진료를 했기 때문이다. 하지만, 오늘날 의사들은 시스템 속에 놓여 있고, 여러 의료진의 상호작용이 요구되는 과정도 엄연히 존재한다. 수많은 행정적 과정과 임상병리 및 영상진단 과정, 치료선별 과정 등이 그 좋은 예다. 이 과정은 서로 다른 주체들 간의 상호작용 방식을 규정하는 가치 네트워크 속에 내재되어 있는데, 그것은 또 병원이나 의과대학, 진료과마다 다르다. 그러나, 대체로 이런 보건의료 시스템 속에서 사람들이 함께 일하는 방식을 어떻게 만들어내고 실행하고 개선할 것인지에 대해서는 대부분의 의사들이 받는 의학교육에서 거의 다루지 않고 있다.[17]

현행 교육시스템 내에서의 존속적 혁신

하버드 비즈니스 스쿨 교수 스티븐 스피어Steven Spear가 도요타 생산시스템(TPS)Toyota Production System에 관해 이룩한 연구업적은 의학교육을 어떻게 설계해야 의사들이 미래의 보건의료시스템 속에서 효과적으로 진료할 수 있을지 그 실마리를 제공해주고 있다.[18] 스피어 교수는 다른 어떤 학자들보다 심도 있게 도요타 시스템을 연구해왔는데, 단순히 도요타가 어떻게 자동차를 만드는지보다는, 관리자들이 자동차 생산뿐만 아니라 제품의 설계, 공급업체와의 상호작용, 장비의 유지보수 및 직원교육 등 모든 과정을 설계할 때 어떻게 접근하는지에 초점을 맞추었다.

얼핏 보기에 무미건조한 자동차 생산보다는 의사를 양성해내는 일이 더 복잡해보일 수 있다. 하지만 이 두 분야를 잘 아는 사람들은 자동차를 만들어내는 일이 매우 복잡한 작업이라는 데 의견을 같이한다. 자동차를 구성하는 약 1만 개의 개별부품들은 세계 각지에 있는 수많은 업체들이 100만 개가 넘는 공정을 거쳐 만들어내고 있다. 그 과정에는 몇 세대 전의 기술자들이 감히 흉내 내지 못했던 고도의 정밀성이 요구된다. 자동차 조립이 원활하게 되려면 이 부품들이 제때 만들어져 조립공장에 도착해야만 하는데, 만약 1만 개 부품 중 어느 하나라도 제때 도착하지 않거나 제 기능을 발휘하지 못한다면 공장 전체가 멈추거나 모든 자동차가 오작동을 일으키게 된다. 이렇게 중요한 부품들은 서로 다른 언어를 사용하는 사람들이 만들고 있는데, 이 사람들 중 대학을 졸업한 이는 드물다. 게다가, 이들은 간혹 술이 덜 깬 채 출근하는 경우도 있고, 때로는 무단결근을 한다. 이들이 직접 다루는 기계도 독특한 특성이 있어서 다루기가 만만치 않다. 특수한 방식으로 조절해주어야 하거나 고장이 나도 꼭 일정한 부분에 문제가 생기는 경향이 있다. 하지만, 어쨌든 모든 부품은 완벽하게, 그리고 정확한 시간대에 따라 만들어져야 한다. 자동차를 설계하고 생산하는 일은 이렇게 매우 복잡하다.

스피어Spear는 모든 과정이 활동activities, 연결connections, 경로pathways, 개선improvements 등 네 가지 요소로 구성된다고 했다. '활동' 이란 하나의 완전한 결과물을 만들어내는 데 필요한 각각의 단계를 수행하는 일련의 개별적인 작업의 '집합' 을 말한다. '연결' 은 이 개별적인 활동이 시간과 공간, 속성 차원에서 어떻게 서로 연결되고 맞춰져야 하는지를 규정한다. '경로' 는 여러 활동의 흐름과 순서를 나타내는데 누가 무엇을 하고, 그 다음 단계는 누가 수행할 것인지 등을 기술해놓는 것이다. '개선' 은 무비용zero cost으로 완벽한 제품을 생산하려는 궁극적인 목표에 좀더 가까이 다가가기 위해 여러 활동과 연결, 경로를 변화시키는 방법을 말한다.

스피어는 자신의 연구에서, "도요타에는 모든 생산과정에서 일어나는 활동과 연결, 경로, 개선방식을 도요타의 관리자와 직원들이 설계하고 수행할 때 항상 따르는 다섯 가지 '실행 규칙'이 있다"고 했다.[19] 이 규칙은 스피어가 글로 정리하기 전까지는 어디에도 문서화된 적이 없었다. 하지만, 생산 과정 설계의 규칙들은 도요타 곳곳에 마치 공기처럼 녹아 있으며, 관리자들은 규율을 마치 부적처럼 떠받들고 있다. 스피어 연구팀은 규칙을 잘 따르면 병원에서부터 반도체 제조업, 알루미늄 가공에 이르기까지 다양한 산업과 기업에서 도요타가 거둔 것과 같은 수준의 비용과 질, 안전성의 개선효과를 거둘 수 있다는 사실을 발견했다.[20] 이 규칙은 단지 자동차를 만드는 방법이 아니라, 널리 적용이 가능한 원칙인 셈이다.

규칙 1(활동) 하나의 과정에서 각각의 부가가치 단계가 완벽하게 명시되어야만, 각 단계의 작업자가 일을 마치고 다음 단계의 작업자에게 부품을 넘겼을 때 정해진 바에 따라 정확하게 가치가 부가될 수 있다. 이 규칙을 따르게 되면 이전 단계의 작업자가 완벽하게 끝마치지 못하고 넘긴 것을 다시 작업해야 하는 경우도 사라질 것이다. 뿐만 아니라, 다음 단계에서 부가가치를 발생시키지 않는 작업을 하느라 자원을 낭비하는 일도 없어진다. 각각의 활동이 종결되는 시점에서는 작업의 완수 여부를 명확하게 검증하는 기전이 있어야만 정해진 과정 내에서 어떤 활동을 수행하는 작업자와 그 다음 단계의 활동을 수행할 작업자가 모두 각자의 작업을 정확하게 마무리했다는 것을 알 수 있게 된다.

규칙 2(연결) 결코 결함이 있는 부품에 가치를 부가해서는 안 된다. 다음 단계에서 부품이 사용될 준비가 되기 전까지는 그 부품에 대해 작업하지 말아야 한다는 의미다. 이전 단계의 결과물을 즉시 사용할 경우에는 이전 단계의 활동이 완벽하게 수행되었는지 먼저 테스트해야 한다. 이렇게 함으로써 작업자는 문제의 원인이 되는 활동 요소를 개선하게 되며, 그래야만 그 활동 요소가 부적합한 결과를 계속해서 만들어내지 않게 된다.

규칙 3(경로) 하나의 부품이 거치는 과정의 단계별 순서는 정해진 작업자가 수행한 결과물이 언제나 똑같은 다음 단계의 작업자에게 전달되게 하는, 일련의 일대일 작업전달 명세서로 완벽하게 명시되어야 한다. 작업자 간에 일대일로 작업전달이 되지 않고 임의대로 다른 작업자에게 전달되는 일은 없어야 한다. 그래야 혼선 없이 올바른 작업이 되게 책임소재를 명확히 할 수 있으며, 문제의 원인을 바로잡기 쉽다.

규칙 4(개선) 아무 생각 없이 주어진 일을 할 게 아니라, 명세서에 따라 작업하게 되면 매번 완벽한 결과를 만들어낼 수 있는지를 과학적으로 검증하기 위해서, 과정의 각 단계에서는 매번 동일한 방식으로 작업하게 한다. 그렇게 함으로써 작업자는 통제된 실험을 통해 무비용으로 완벽한 제품을 만들어내려는 진정한 목표를 향해 개선할 수 있다.

규칙 5(개선) 어떤 문제의 원인을 해결하지 않고 피해서 일을 함으로써 문제의 소지가 계속 남아 있게 해서는 안 된다. 그릇된 결과가 발생할 때마다 기존의 방법을 변화시킴으로써 다시는 그런 결과가 재발하지 않게 한다.

지난 10여 년 동안 매년 여름 하버드 의과대학에서는 엘리자베스 암스트롱Elizabeth Armstrong 교수[21]와 클레이튼 크리스텐슨Clayton Christensen 교수가 보건의료 분야의 학계 지도자들과 의과대학의 학장들을 대상으로 하버드 메이시 연수원Harvard Macy Institute의 교육 프로그램을 운영해오고 있다. 여기에 참여하는 대다수의 학장들은 처음 이 프로그램에 올 때까지만 해도 학생들이 흡수해야 할 지식이 점차 팽창하고 있어서 의과대학의 교과과정을 5년으로 늘려야 한다고 생각했다.[22] 그러면 교수진은 이들에게 다음과 같은 숙제를 낸다. "이 과정을 마칠 때까지 여러분은 4년이 아니라 3년 만에 학생들 간의 실력 차이는 크게 줄이면서도 더 나은 의사로 훈련할 수 있는 의학 교과과정을 설계해야 합니다." 이 말을 듣는 수강자들은 대부분 불가능한 일이라고 코웃음 치지만, 일단 그들에게 도요타의 실행규칙을 배우게 한다. 과정이 끝날 무렵에 가서 보면 거의 예외 없이 그들은 도요타의 다섯 가지 규칙을 따름으로써 4년이 아니라 3년 만에 더 나은 의사로 훈련하는 일이 실제 가능하다는 것을 깨닫게 된다.

연수원에서 교육받는 동안 많은 학장들이 깨달았듯이, 도요타의 과정을 지배하는 규칙을 어떻게 의학교육에 접목할 수 있을지 지금부터 살펴볼 것이다. 이를 통해 우리가 제안하는 바가 바로 의과대학이 해야 할 존속적 혁신에 해당한다. 아울러, 의학교육에 영향을 미칠 몇 가지 파괴적 혁신도 살펴볼 것이다.

과학과 임상교육의 통합

우리가 제안하려는 것 중에서 의과대학이 바뀌었으면 하는 가장 중요한 부분은 플렉스너의 보고서를 근본적으로 다르게 해석해야 한다는 점이다. 즉, 2년간의 과학교육을 먼저 하고 나서 그것을 적용하는 임상교육을 해야 한다는 견해는, 학생들이 지식을 배우게 되면 그것을 나중에 활용할 때까지 '지식창고'에 효과적으로 보관해놓을 것이라는 전제에서 비롯된 것이다. 이것은 도요타의 규칙에서 보면 잘못된 부분이다. 도요타의 규칙2에 따르면, 학생들이 무언가를 배워서 그것을 즉시 써먹을 수 있을 때 학습효과가 가장 높아지기 때문에, 무언가를 배우면 그것을 바로 활용할 수 있어야 한다. 다시 말해서, 과학 교육과정과 임상실습이 순차적으로 이루어지기보다는 짜임새 있게 병행되어야 한다는 것이다. 그래야만 교수들은 학생들이 알아야 할 시기에 맞춰서 과학을 가르칠 수 있고, 학생들도 배운 것을 더 잘 기억할 것이다.

1세기 전, 의학교육 혁신가들이 지금의 교육방식을 만들어낼 당시만 해도 의대생들은 여름 내내 부모를 도와 고향에서 농장일을 하다가 여름이 끝날 무렵이 되어서야 한꺼번에 학교로 돌아왔다. 당시 유일한 교육기법은 실시간으로 강의하는 것뿐이었고, 모든 학생을 모아놓고 한꺼번에 단체수업을 하는 것이 그나마 가장 경제적인 방법이었다. 오늘날에는 이런 한계가 모두 없어졌다. 학생들은 굳이 의과대학에 한꺼번에 입학할 필요가 없어졌고, 컴퓨터 마우스만 클릭하면 언제 어디서든 세계 최고의 강의를 들을 수 있다.[23] 기초과학 학습은 임상기술 학습과 함께 할 수 있고, 또 그래야만 한다. 실제로 하버드 의과대학은 그런 통합형 교육과정을 선구적으로 개발한 적이 있는데, 바로 20년 전 당시 의대 학장이었던 다니엘 토스테센Daniel Tostesen의 주도로 개발된 '뉴 패스웨이New Pathways' 가 그것이다. 지금은 전체 의과대학의 3분의 1 정도가 이와 유사한 통합식 교육과정을 도입한 것으로 알고 있다.[24]

학습의 일관성을 위한 진정한 순환실습

도요타의 규칙을 통해 우리가 배워야 할 또 하나의 교훈은, 오늘날 의학교육에서 마지막 2년 동안에 받는 '순환실습' 방식을 바꾸어서 소규모 그룹으로 학생들이 임상실습을 받되, 모든 그룹이 동일한 진료과에서 첫 실습을 해야 한다는 점이다. 그렇게 되면, 모든 학생들이 진료과를 동일한 순서로 거치면서 실습한 것이며, 〈그림 10-1〉에서 보듯이 지금처럼 학생들이 이리저리 무작위로 진료과를 거치거나, 그들이 경험하는 실습의 질이 '운'에 좌우되는 일은 없을 것이다.[25]

학생들이 배울 내용과 학습순서가 일정하게 정해지면, 다음 단계 실습을 담당할 해당 진료과의 임상교수진들은 실습 들어가기 전에 필요한 사전지식을 모든 학생들이 습득한 것으로 확신해 실습을 원활하게 진행할 수 있다. 이것이 100년 전에는 불가능했지만, 지금은 가능하다.[26]

오늘날 학생들이 의과대학에서 경험하는 교육일정의 조합이 너무 다양해서 졸업할 즈음에 학생들의 실력은 차이가 많이 날 수밖에 없다. 이 때문에 학생들을 효과적으로 가르치기 어려워지고, 전공의(專攻醫) 선발과정에서 실력을 충분히 검증하기는 더 어려우며, 교육과정의 어떤 부분을 손봐야 할지 파악하는 것은 거의 불가능하다. 진정한 의미의 임상순환을 위해 의과대학이 실습시기를 조정하는 것은 도요타의 규칙 1, 3, 4 를 따르는 일이 된다. 즉, 의과대학은 학생들이 다음 단계 임상실습에 들어가기 전까지 반드시 알아야 할 과학지식과 임상기술을 구체적으로 나열하고, 그런 요건을 충족하는 경우에만 다음 단계 임상실습으로 이동하게 한다.[27]

심각한 질환을 제외하면 환자가 입원하기보다는 외래로 진료를 받는 경우가 점점 늘고 있다. 이것은 임상실습으로 고민이 많은 임상교수진들의 머릿속을 더욱 복잡하게 만든다. 이런 추세라면 실습하는 학생들은 환자들이 앓는 질병의 전체 양상을 경험할 기회를 갖기가 어려울 것이고, 실습기간에 특정 질환을 가진 환자가 병원에 오지 않을 경우 치료기술을 직접적으로 배울 기회가 아예 안 생길 수도 있기 때문이다. 모든 학생들이 미래에 보건의료산업에서 효과적으로 기능을 발휘하는 데 필요하다고 의료계가 여기는 일련의 기술을 개발하게 하려면, 의과대학들이 온라인 환자 사례를 통한 훈련, 비디오를 통한 모의 환자진료, 원격진료체험 등 여러 가지 모의훈련기법의 사용을 더 적극적으로 모색해야 한다.

조종사 훈련이나 기타 직종에서 널리 사용되고 있는 모의훈련장치 simulators는 통제 가능한 훈련환경을 제공하기 때문에 학생들이 특정한 환자를 다루게 될 불확실한 기회에 의존하기보다는 적절한 시기에 적절한 실습을 받을 수 있다.[28] 파괴적 혁신기술의 대명사라고 할 수 있는 모의훈련장치는 의대생들이 어떤 질환을 진단하거나 치료하는 방법을 배울 길이 없는 상황, 즉 해당 질환을 가진 환자들이 병원이나 클리닉에 오지 않는 상황에 우선적으로 도입될 필요가 있다. 모의훈련장치가 실제 환자를 진료하면서 배우는 것만큼 효과적인 학습경험을 제공하게 되기까지는 그리 오래 걸리지 않을 것이다. 그러나, 다른 파괴적 혁신과 마찬가지로 이 분야의 기술도 조금씩 개선될 것이며, 모든 의대생들에게 더 많은 임상사례를 경험할 기회를 제공할 것이다.[29]

끝으로, 의학교육자들은 미래에 의사가 될 학생들이 과정과 시스템을 만들고 개선하고 관리하는 데 더 능숙해지도록 가르치는 부분에 큰 역점을 두어야 한다. 의학교육이 '간호사나 의료기사, 약사, 행정직, 기타 외부의 서비스 제공자들에게서 격리된 채 오로지 의사가 자신의 재능을 잘 발휘할 수 있는 독자적인 예술가가 될 수 있도록 훈련하는 것'이라고 생각하는 것은, 1세기 전에는 적절했는지 모르겠지만 지금은 위험천만한 생각이다. 의과대학들이 아무리 완벽한 기술을 갖춘 개별 의사들을 양성해낸다고 하더라도, 병원이나 클리닉에서 기능장애 상태에 놓인 과정 속에서 일하는 한 그들이 제공하는 의료는 비효과적이고 비싸기만 할 뿐이다.[30] 의사들이 반복적인 실험을 통해 진단명을 확정하도록 훈련받은 것처럼, 이들이 보건의료 시스템 내에서 '병든' 과정에 대해서 똑같은 방식으로 대처할 수 있도록 가르쳐야 한다.[31] 그 작업은 활동 · 연결 · 경로 · 개선 등으로 구성된 과정을 통해 효과적으로 할 수 있는데, 오늘날 의과대학의 교과과정은 대체로 활동에만 초점이 맞춰져 있다.

학습 편차를 줄이기 위한 학습시기의 다양화

1세기 전, 가장 비용효과적인 학습방법은 단체수업을 통해 모든 학생들을 획일적으로 가르치고, 똑같은 방법으로 동시에 시험을 치르는 것이었다. 1세기 전에 만든 교과과정을 지금도 따라야 하는 모든 공립학교와 종합대학, 의과대학들의 어려운 처지를 이해하는 데 도움이 될 것 같아서 스피어Spear 교수의 경험을 소개해본다.

생산 시스템을 연구 중인 박사과정 학생이었던 스피어는 당시 한 대형 미국 자동차업체의 생산공장에 취직해 조립라인에서 일한 적이 있다. 그를 훈련하는 책임을 맡은 트레이너는, 자동차 앞자리 조수석 시트를 장착하는 방법을 알려주기 위해 순서에 맞춰 직접 시범을 보였다. "58초에 한 대씩 자동차가 라인에 들어옵니다. 주어진 시간 내에 이 시트 장착을 끝내야만 다음 작업을 할 수 있어요. 자, 이렇게 하세요. 먼저 이렇게 시트를 집어 듭니다. 이렇게 돌려서 여기에 맞추고 나서, 이렇게 하세요. 그 다음엔 여기를 재빨리 이렇게 조여 매고, 이걸 움직여서 돌리고, 마지막엔 이렇게 하면 됩니다. 알겠죠?"

MIT 학부를 졸업하고 석사학위까지 받은 스피어는, 기계 다루는 일에 자신이 있었던 터라 조립라인을 따라 작업대로 들어오는 자동차 시트를 자신 있게 잡았고, 첫 번째 몇 단계는 쉽게 해낼 수 있었다. 그런데 그가 자동차에 시트를 장착하려는데 정해진 위치에 잘 맞지 않았다. 당황한 스피어는 이리저리 끼워넣으려 해봤지만 결국 주어진 58초를

다 소진하고 말았고, 결국 트레이너가 문제를 해결하기 위해서 조립라인을 정지시켰다. 트레이너가 한 번 더 시범을 보이고 나서 스피어가 다시 했는데, 이번에는 또 다른 부분에서 말썽이 생겼다. 결국, 한 시간 동안 스피어가 제대로 장착한 시트는 고작 네 개가 전부였다. 이 경험을 통해 스피어는 이처럼 수천 개 부품이 들어가고 여러 단계의 작업을 순차적으로 해야 하는 생산라인의 매단계에서 모든 제품을 검사하는 것이 역사적으로 왜 그렇게 중요시되어 왔는지 깨닫게 되었다. 복잡한 공정을 갖춘 회사는 각 단계가 올바르게 되었는지 확신할 수 없었기 때문에 공정 마지막 단계에 반드시 '검사inspection' 라고 부르는 마무리 작업을 거치도록 했다.

의학교육에서는 마무리 작업을 '검사' 가 아닌 '평가assessment' 혹은 '시험testing' 이라는 말로 부르지만, 그것을 하는 이유는 똑같다. 수천 명의 학생들이 수천 가지 상황에서 수백 명의 사람에게서 수천 가지를 배운다. 그 학생들이 배워야 할 것을 제대로 배웠다고 우리가 스스로 확신을 가지려면 학습라인의 마지막에 가서 표준화된 시험을 통해 모든 학생들을 검사하는 길밖에 없다. 이것이 유일한 방법이고, 적어도 스피어가 보기에는 그랬다.

스피어는 그 후 도요타로 갔다. 자동차 앞자리 조수석 시트를 장착하는 똑같은 일을 배정받았지만, 그는 거기서 전혀 색다른 경험을 했다. 그가 교육시간에 들은 말이다. "이 시트를 올바르게 장착하는 데는 모두 일곱 단계의 작업이 필요합니다. 우리는 1단계부터 시작할 겁니다. 여러분이 1단계를 완전히 숙지하지 못하면 2단계를 가르치지 않을 겁니다. 그 과정은 10분이 될 수도 있고, 2시간이 될 수도 있습니다. 설사 하루 종일이 걸린다고 해도 1단계를 숙지하지 못하면 절대 2단계로 넘어갈 수 없습니다. 선행 단계를 정확하고 효율적으로 하지 못하는 사람에게 그 다음 단계를 가르치는 것은 말이 안 되기 때문입니다."

도요타에서 시험과 평가는 작업라인 끝에서의 검사가 아닌, 작업 지시 과정의 한 부분으로 통합되어 있다. 그래서 조립라인에 투입되었을 때 스피어는 모든 좌석 시트를 처음부터 매번 정확하게 장착할 수가 있었다. 도요타에서는 매단계 작업이 제대로 마무리되었는지 바로 확인할 수 있는 기전을 과정에 포함시켰기 때문에 작업라인 끝에 가서 제품을 검사할 필요가 없었다. 결함 있는 제품에 부가가치를 만들어내느라 시간과 돈을 낭비하지 않기 때문에 품질 면에서 회사의 평판도 자연히 좋아졌다.

스피어를 훈련하는 데 동원된 두 회사의 방법은 너무 대조적이다. 미국 공장에서는 학습시간이 일정하지만, 훈련 결과는 편차가 크고 예측이 불가능하다. 도요타에서는 훈련시간에 편차가 있지만, 결과물은 확실하다. 즉, 도요타의 훈련과정을 거친 모든 사람들이 교육받은 대로 작업을 진행할 것이라는 점에서 결과의 불확실성은 낮다는 점이다. 도요타는 회사 내에서 하는 모든 훈련과정과 활동에서 그들의 규칙을 지킨다. 그 철학적 기반은 규칙1과 규칙2에 녹아 있는데, '다음 단계의 가치를 받아들일 준비가 완벽하게 되지 못한 것에는 절대 가치를 부가하지 말라' 는 것이다. 마찬가지로, 우리도 어떤 단계에 있는 학생들이 다음 단계를 성공적으로 마치는 데 필요한 지식을 확실히 이해했다는 것이 검증된 경우에만 그들을 다음 학습단계로 보내야 한다.

1세기 전 유일한 경제적 대안이었던, '고정시간, 가변학습량 모델'을 의과대학이 아직도 따르고 있기 때문에, 우리는 학습과정 말미에 학생들을 시험할 수밖에 없다. 시험이란 것은 본질적으로 우리가 돈을 들였고, 학생들이 배우길 바랐으며, 실제로 그들이 배운 모든 지식을 평가하는 것이다. 시험제도 자체가 학생들의 학습 격차를 찾아내고 심지어

상을 주는 데 그 취지를 두기도 한다. 시험이라는 과정을 통해 최고의 학생을 찾아내고, 그들을 최고 전공의 수련과정으로 진학시킨다. 학습 성취도가 낮은 학생들은 가고 싶지 않은 지역이나 병원에서 전공의 수련을 받게 된다. 이런 접근방식 때문에 의사 훈련과정의 다양성이 지속되었고, 플랙스너 보고서에서 고치려 한 문제도 바로 이 부분이다.

최고의 인재를 나머지에서 추려내도록 설계된 시스템이 야구경기의 월드시리즈와 같은 상황에서는 바람직할지 모르겠지만, 의과대학생들의 교육을 설계하는 데 쓰여서는 안 된다. 우리는 의과대학 졸업생 전부가 그들이 역할을 수행하는 데 중요하다고 간주되는 모든 요소에 숙달되기를 바란다. 현재로서는, 실기시험이나 전문의 면허시험, 의료과오 소송 같은 일종의 사후적 선별과정을 거치기 전까지는 보충교육을 필요로 하는 의사들을 파악하지 못하는 경우가 많다.[32]

도요타의 다섯 가지 실행규칙에 부합하는 방식으로 의과대학의 교과과정 구조를 바꾼다면 훨씬 적은 비용으로 더 나은 의과대학 교육을 할 수 있을 것이다. 물론 이 작업이 수월하지 않을 것이다. 우리는 이런 개혁의 책임을 맡은 사람들에게 스티븐 휠라이트Steven C. Wheelwright와 킴 클락Kim B. Clark 교수가 개발한 '중량급 팀heavyweight teams' 이라는 조직화 도구를 활용해볼 것을 적극 추천한다. 중량급 팀은 앞서 말한 것과 같은 의사결정을 하고 추진하는 권한을 가진 팀을 말한다.[33] 교과과정을 개편하려고 할 때, 보통 학계의 반응은 변화에 영향을 받게 될 각 분야 교수진들 중에서 위원을 선정해 이들을 주축으로 위원회를 구성하고, 여기서 논의를 거쳐 새로운 개선방안을 도출하게 한다. 이 위원회는 휠라이트와 클락이 '경량급 팀lightweight team' 또는 '기능적 팀functional team' 이라고 부르는 집단인데, 구성을 보면 대개 기존에 있던 조직의 부서 구조와 각 부서의 기능을 고스란히 반영하고 있다. 그래서 위원회가 내놓게 되는 해법은 각 위원들이 대변하는 조직의 이해관계를 반영하는 것이 될 수밖에 없다. 의과대학의 행정을 책임지고 있는 사람들이 우리가 권고하는 방안을 중량급 팀이 아니라 경량급의 위원회 구조를 통해 추진하려 든다면 시련과 좌절을 초래할 뿐 원하는 결실을 맺지 못할 것이다.[34]

앞으로는 어떤 종류의 의료전문직들이 필요할까?

앞서 우리가 살펴본 것은 현재 의과대학들이 추진해야 할 존속적 혁신에 관한 것이었다. 하지만, 의과대학들이 외부로부터 파괴당할 위기에 처해 있다는 사실은 변화가 더욱 시급하다는 것을 의미한다.

우리가 앞 장에서 예시했던 미래의 보건의료 모습을 생각할 때 중요한 것은 우리가 필요로 하는 보건의료 전문직의 구성이 미래에는 지금과 달라질 것이라는 점이다. 전문의는 여러 분야를 아우르는 팀 중심의 전문 솔루션 숍solution shops 환경에서 직관의학에 종사할 수 있도록 훈련받아야 한다. 일차진료의사는 전문의를 상당한 수준으로 파괴할 것이다. 더 많은 질환이 직관의학에서 정밀의학의 영역으로 옮겨지는 한편, 인터넷에 기반한 의사결정 도구들이 개발되어 세계 최고의 전문의가 되어야 가질 수 있던 진단능력이 일반의들에게 전파될 것이다. 결국 우리가 필요로 하는 일차진료의사 수는 더 많아지겠지만, 필요로 하는 전문의 수는 줄어들 것이다. 게다가 오늘날 일반의들이 하고 있는 일의 상당 부분이 진료간호사나 의사보조원, 의료기사에게로 넘어갈 것이기 때문에 이 직군들에 대한 훈련도 더 늘려야 한다.

1세기 전, 플랙스너는 “의사를 훈련하는 것이 의료기사를 훈련하는 것보다 더 복잡하고 중요한 일”이라는 결론을 내렸다.[35] 직관의학의 시대가 막 시작된 당시에는 이 생각이 옳았다. 그러나 우리가 미래를 제대로 보고 있는 것이라면 상황이 그의 생각과는 반대로 흘러갈 가능성이 크다. 가치부가과정 클리닉에서 진료하기를 선택한 의사라면, 직관의학의 영역에서 경력을 쌓으려는 의사들이 익혀야 할 일반적인 과학 지식보다는 해당 분야의 장비와 의료기기를 사용하는 방법에 관해 기술적인 훈련을 더 많이 받아야 할 것이다.

오늘날 주요 의과대학들은 우리가 필요로 하는 보건의료 인력을 훈련하는 데 어떤 역할을 하고 있을까? 그 대학들은 앞으로 우리가 필요로 하지 않는 분야의 의사들을 더 많이 훈련하고 있고, 반대로 우리가 필요로 하는 분야의 전문직 훈련은 다른 조직들이 맡아 하고 있다. 미국 의학교육 시스템에는 사회적 필요를 충족시키는 의사를 훈련할 수 있는 종합적인 기획수단이 없다. 한 예로 2006년 미국의과대학협의회에서는, 의사과잉이 예측된다는 여러 보고서가 나와 있음에도 의과대학 정원을 30% 늘려야 한다는 주장을 했다. 이 주장은 일반의가 전문의를 파괴하고 간호사가 일반의를 파괴할 것이라는 우리 예측이 현실화될 경우 더욱 심각한 문제를 야기할 수 있다.[36] 현재 의료자원이 할당되는 기전이 있다면 그것은 의과대학생들이 지적으로나 감정적인 면에서 가장 매력적인 수입과 라이프스타일을 보장해주는 분야를 지원하는 반면, 내과나 가정의학과처럼 의료수가의 제한으로 소득이 낮은 분야를 회피하는 식으로 있다.[37] 이로 인해 세부적인 분야의 전문의들은 급속히 늘어난 반면, 일차의료를 담당하는 의사들은 부족해졌다.[38]

의과대학이 배출해낸 의대생들이 수입이 더 많은 전문분야, 즉 '의료시장의 상층부'를 향해 이동해버림으로써 생긴 일차진료의사의 공백을 누가 메우고 있을까? 세 부류의 파괴적 경쟁자들이 그 공백을 메우고 있는데, 외국의 의과대학들과 정골의학osteopathic medicine을 가르치는 학교, 그리고 간호대학이 바로 그들이다. 이 장 초반부에서 우리는 미국의 의과대학들이 매년 약 1만6,000명의 졸업생을 배출해내고 있고, 그들이 전공의 정원의 약 3분의 2를 충족시키고 있다고 했다. 주로 내과와 가정의학과에서 발생하는 전공의 공백은 외국 의과대학 졸업생들이 채우고 있다. 이들 중에는 외국에서 의과대학을 졸업한 이민자(移民者)들도 있지만, 미국 의과대학에 지원했다가 떨어진 학생들이 쉽게 입학할 수 있는 의과대학들이 중미(中美)지역과 몇몇 카리브해 연안 국가에 여럿 있는데, 그 의과대학을 졸업하고 돌아온 학생들도 많다. 이 의과대학의 기초의학 교수진들은 초창기에는 잘나가는 북미(北美)의 의과대학에 재직 중인 교수들이었는데, 이곳에서 두어 달 정도 부업 삼아 해당 분야의 강의를 해주는 대가로 아주 훌륭한 보수와 함께 멋진 휴양을 보내는 특권을 누렸다. 그러다가, 이제는 북미지역 의과대학의 우수한 교수들이 녹화한 온라인 강의를 중심으로 기초의학 교과과정이 점점 더 확대되고 있다. 이런 파괴적 수업방식을 채택하는 일에는 미국의 일류 의과대학들보다 외국 대학들이 더 적극적이다.

중남미와 카리브해(海) 지역의 의과대학들은 3, 4학년 학생들이 북미지역에서 임상실습을 받을 수 있도록 주선하고 있다. 물론, 보통이 학생들을 받아들이는 곳은 아주 좋은 수련병원은 아니지만, 의사가 되려는 열망이 강해서 기꺼이 외국에서 훈련받으려는 학생들에게는 그리 나쁘지 않은 수준의 병원들이다. 초창기에는 카리브해 지역이나 남미에서 의과대학을 졸업했다고 하면 비웃음을 사곤 했지만, 이들을 비롯해 다른 외국 의과대학을 졸업한 의사들은 2006년 현재 전체 수련의의 27%를 차지할 정도로 이제는 그 수가 크게 늘어났다.[39] 이들 중에는 내과와 가정의학과에서 수련을 받는 비중이 훨씬 높아서, 파괴적 혁신의 패턴을 그대로 보여주고 있다. 이들이 처음에는 미국 의과대학 졸업생들이 외면한 도심 중심부의 저소득층 거주지역이나 시골에서 수련을 받았지만, 이들의 의사국가고시 성적이나 임상실력은 꾸준히 개선되고 있다. 최근에는 지식이나 훈련의 성과를 측정하는 주요 지표에서 외국 의과대학 졸업자들이 미국 의과대학 졸업생들을 앞지르기 시작했다.[40] 이런 식으로 좋은 평판을 쌓아 가치사슬의 상층부로 이동하고 있는 좋은 예로, 카리브해에 위치한 로스Ross 대학과 세인트조지St. George's 대학을 들 수 있다. 여기서 흥미로운 점은 더 엄격한 교육요건과 규제환경에도 불구하고 이런 상황이 연출되고 있다는 점이다.[41]

두 번째 파괴적 경쟁자로는 정골의학(整骨醫學) osteopathic medicine 을 들 수 있다. 정골의학 의사들 Doctors of Osteopathy은 접골(接骨)과 같은 조작적 치료뿐만 아니라, 대개 동종요법 homeopathic care과 '전인적 holistic' 치료를 강조하면서 예방과 웰니스 wellness를 장려한다. 정골의학이 처음 시작된 시기는 1800년대 말로, 이후 시간이 흐르면서 흔히 대증요법(對症療法)으로 불리는 기존 의학의 연구중심 진료방식을 상당부분 채택했다. 카리브해의 의과대학처럼, 정골의학을 가르치는 대학도 처음에는 주류를 이루는 미국의 의과대학에 입학하지 못한 사람들이 선택했던 진학경로였다.

이들은 자신의 정체성과 합법성을 정립하는 과정에서 힘든 싸움에 직면했다. 하지만, 미국 의과대학 학생들이 기피하는 전문영역에서 생겨난 틈새가 정골의학 의사들에게는 기회가 되었다. 정골의학 교육은 오랫동안 그들의 강점으로서 일차의료를 강조해왔다. 그래서 2003년 현재 정골의학 대학 졸업생의 46%는 대증요법으로 불리는 기존 의학의 전공의 수련과정에 지원했고, 그들 중 4분의 3은 일차의료 분야를 전공했다.[42] 일차의료 분야에 대한 의사들의 수요를 부분적으로 반영하는 근거로서, 정골의학 대학 졸업생 수가 1994년 1,750명에서 2007년에는

약 3,300명으로 거의 두 배가량 늘었다.[43]

오늘날 주류를 이루는 의과대학들을 파괴할 세 번째 집단은 진료간호사와 의사보조원을 비롯한 '의사 보조인력들physician extenders'이다. 이미 간호학 분야의 박사학위 소지자들에게는 미국 의사국가고시 2차 시험에 응시할 자격을 주었다.[44] 1장과 4장에서 소개했듯이, 오랫동안 보건의료 전달에서 보조적인 역할에만 머물러 있던 간호사와 진료간호사, 의사보조원들은 환자진료에 점점 더 많은 책임을 나누고 있으며, 그래서 일차진료의사들의 활동 영역과 중첩되는 부분이 늘어나고 있다. 미래에 이 전문직들은 정밀의학의 영역으로 발전해가는 여러 질환에서 환자에게 일차적인 진료를 제공하는 인력이 될 것이다.

현재 미국에서는 모든 종류의 간호사 인력이 부족한 실정이다. 2007년 7월, 미국병원협회는 미국 병원 전체를 통틀어 부족한 간호사 수가 11만6,000명에 달한다는 자료를 내놓았다.[45] 다른 기관의 추정치에 따르면 15년 이내에 그 수가 50만~100만 명으로 늘어날 것이라고 한다.[46] 이런 고질적인 문제는 세 가지 요인으로 설명할 수 있다. 첫 번째는 현재 의료계에 종사하는 간호인력의 노령화로, 이들 중 절반 이상이 15~20년 내에 은퇴할 것이다.[47] 두 번째는, 한 세대 전과 비교해볼 때 요즘은 여성들이 선택할 수 있는 매력적인 직업이 더 많아졌기 때문에 간호학을 선택하는 여성들이 줄고 있다. 예전에는 대부분의 간호사들이 평생을 한 병원에서만 일했기 때문에, 그들을 위해 매력적인 경력관리 방안을 마련할 필요가 없었다. 그래서 간호사라는 직종이 미래에는 보건의료산업의 중추적인 역할을 담당하게 될 것인데도 경력 면에서 더 매력적인 다른 직업 대안이 많아지면서 간호사를 직업으로 선택하는 젊은 남녀가 점점 줄고 있다. 간호사 부족사태를 야기한 세 번째 요인은 간호대학의 교수진이 부족한데다 점점 줄고 있다는 점이다. 2007년에 조사한 바에 따르면, 간호대학 중 83%가 교수 충원이 필요하다고 응답했다.[48] 하지만, 어느 대학도 이런 병목현상에 마땅한 해법을 찾지 못하고 있다.

일차진료의사의 부족을 해소하기 위해 미국은 적어도 부분적인 해법의 하나로 외국 간호대학을 졸업한 이민자들에게 눈을 돌리고 있다. 예를 들어, 2005년 미국 정부는 병원산업의 압력 때문에 순전히 외국인 간호사를 받아들일 목적으로 5만 개의 이민비자를 발급했다. 해마다 미국에 이민 오는 간호사의 절반을 공급하고 있는 필리핀 같은 나라의 젊은 남녀들은 경제선진국에서 더 안정된 생활을 영위하기 위한 손쉬운 방편으로서 간호사를 선택하고 있다.

의학훈련의 인소싱IN-SOURCING

이 장의 전반부와 후반부에서 살펴보았듯이, 의학교육의 존속적 개선의 필요와 파괴적 교육주체의 위협이 엄연히 존재하고 있지만, 우리는 선도적인 의과대학들이 이런 문제점에 단호하게 대처할 수 있으리라 보지 않는다. 오히려 지금과 같은 상태가 한동안 유지될 가능성이 크다. 이유는 대체로 평등한 권한을 가지는 동료들의 합의를 중심으로 돌아가는 이들 조직의 지배기전 때문이다. 대부분의 의과대학에 형성된 교수 문화는 매우 강력하다. 즉, 교수진들 사이에는 조직의 일에 참여함으로써 그들이 얻으려는 것에 관해 폭넓은 공감대가 형성되어 있다. 그들이 원하는 것을 얻기 위해 필요한 행동이 무엇인지에 관해 폭넓은 합의를 했다. 이런 환경에서 협조적인 행동을 이끌어내는 수단, 즉 기획이나 협상, 전통, 민주주의, 민속과 같은 것들은 현상유지를 강화하는 데 유용하며, 변화를 이끌어낸다 하더라도 마지못해 변화에 수긍하게 하는 정도에 그친다.

급진적인 변화가 요구될 때는 반드시 새로운 질서를 확립하고 추진할 수 있는 중량급 팀을 소집할 권력을 가진 경영진이 있어야 하는데, 지금의 의과대학에서 그렇게 할 수 있는 사람은 거의 없다. 의대 학장의 평균 임기는 고작해야 3년이기 때문에 재임 중에 할 수 있는 일이라고는 기껏해야 교수진들이 싫어하는 어떤 조치를 착수하는 정도에 그치기 쉽다.[49] 이런 상황을 감안해볼 때, 지금의 의과대학과 간호대학 대부분이 우리가 필요로 하는 방향으로 변화하지 않을 것이다.

의과대학이 아예 변화하지 못하거나 변화를 하더라도 속도가 너무 느리기 때문에 미국의 경영대학원에 불어닥친 것과 같은 일들이 조만간 의과대학에서 똑같이 재현될 것이다. 결국에는 과거에 의과대학 졸업생들을 고용해왔던 조직들이 손 놓고 앉아서 그들이 필요로 하는 의사와 간호사를 의과대학이라는 '공급자' 들이 제공해주기를 기다리기보다는 의사를 직접 훈련하는 편이 낫다고 생각할 것이다.

경영교육의 파괴적 혁신

미국의 경영대학원은, 크게는 뉴욕에 있는 제너럴 일렉트릭(GE)의 크로톤빌 Crotonville 연수원에서부터 작게는 메릴랜드주 솔즈베리 Salisbury 에 있는 퍼듀 대학 Perdue University 같은 다양한 기업대학 corporate university 에 의해 파괴당하고 있다.[50] 기업대학들이 공략하고 나선 부분은 앞서 설명한 의과대학의 문제점과 비슷한 것이다. 즉, 명문 경영대학원 졸업생들이 헤지 펀드나 사모 펀드, 차입매수 leveraged buyout 및 벤처 캐피털, 전략컨설팅, 투자은행 investment banking 같이 보수가 높은 직종에 몰리고 있다는 점이다.

미래의 기업관리자가 될 사람을 채용해야 하는 일반 기업들로서는 위에서 열거한 고소득 직종의 연봉수준을 명문 경영대학원 졸업생들에게 맞춰줄 수 없다. 2007년을 예로 들자면, 이 고소득 직종의 MBA 초임연봉은 대략 15만 달러로, 이는 일반 기업의 보수체계로는 도저히 맞추기 어려운 고액이다.[51] 그래서 기업은 관리자를 직접 훈련하기 위해 사내 경영교육 프로그램을 만들기 시작했다. 파트타임과 1년제 과정을 비롯해 모든 종류의 MBA 프로그램에서 학생들에게 제공한 총 교육시간은 감소하고 있는 반면, 기업대학의 총 교육시간은 연간 약 25%씩 늘어나고 있다.[52] 기업대학은 1990년 400개던 것이 2000년에 이르러서는 그 수가 2,000개로 늘어났다.[53]

아웃소싱이 판을 치는 시대에, 왜 관리자 훈련을 자체적으로 하려는 기업이 늘고 있는 것일까? 그것은 단순히 특정분야로 몰리는 MBA들을 일반 기업의 관리자로 유치하는 비용이 많이 들어서 그런 것만은 아니다. 기업은 관리자들을 훈련함으로써 개인적인 스킬 뿐만 아니라 그 기업의 내부 프로세스와 문화를 관리할 수 있는 노하우를 전수해 다음 세대에 대비할 수 있다. 초창기에 기업은 기업대학을 통해 중간관리자급이 연마해야 할 가장 단순한 스킬을 다루는 것부터 시작했고, 전략이나 재무상의 복잡한 문제는 MBA를 채용해 해결해 나갔다. 그러나 조금씩 기업대학들은 경영훈련의 더 많은 부분을 책임지게 되었고, 급기야는 GE부터 모니터Monitor(매사추세츠주 케임브리지에 위치한 컨설팅 회사)에 이르기까지 여러 기업이 기존의 경영대학원에서 MBA 학위를 받은 졸업생을 채용하기보다는 사내에서 경영수업을 받은 관리자들을 더 선호하게 되었다.

사설(私設)의과대학

일차진료의사와 간호사 인력에 대한 필요가 늘고 있음에도 기존의 의과대학과 간호대학이 이를 충족시키기 못하는 현실을 감안해볼 때, 큰 규모의 통합형 보건의료 공급조직들이 필요한 의료인력을 자체적으로 훈련할 것으로 예상된다. 심지어 10~15년쯤 후에는 카이저 퍼머넨테 Kaiser Permanente나 인터마운틴 헬스케어 Intermountain Healthcare 같은 대규모 통합형 보건의료 공급조직들이 필요한 의사인력을 자체적으로 훈련할 것으로 예상된다. 메이요 클리닉 Mayo Clinic과 클리브랜드 클리닉 Cleveland Clinic은 이미 세계적인 수준에 이른 각각의 메디컬 센터에 부속된 소규모의 자체 의과대학을 가지고 있다. 이런 인-하우스 in-house 의학훈련은 더욱 흔해질 것이다.

기존 의과대학이 필요한 의사인력을 제공하지 못할 것이라는 점을 대규모 의료공급 조직들이 깨닫기 시작했지만, 여기서 이들이 알아야 할 중요한 부분이 있다. 기존 의과대학에 맞서서 존속적 혁신 방법으로 직접적인 공격을 하기보다는, 파괴적으로 혁신하는 방법을 택해야 한다는 점이다. 즉, 병원이 비싼 전문가 몫이던 일을 비용이 적게 드는 인력으로 이전하게 하는 기술적 동인(動因)을 확보했더라도, 처음부터 의사들을 훈련해서는 안 된다. 그보다는 더 많은 간호사를 훈련하고, 이들이 더 복잡한 일을 할 수 있게 테크놀로지를 제공해주는 데 초점을 맞춤으로써 간호사라는 직업을 더 매력적인 전문직으로 생각하게 다양한 진로를 개발해주어야 한다. 마찬가지로, 부족한 간호사 인력을 충원하기가 너무 어려운 상황이라면, 병원들은 더 많은 의료기사를 훈련하고, 새로운 파괴적 의료전달 모형을 만들어 이들이 종사할 수 있게끔 해야 한다. 다시 말해서, 숙련된 인력이 부족하다면 그 부족한 영역의 바로 아래 수준에 해당하는 인력을 더 많이 훈련하는 방법으로 파괴를 이끌어내는 것이 규칙이어야 한다. 그렇게 하면, 병원은 일련의 작은 단계를 거쳐 자체 전문직 훈련 수준을 높여갈 수 있고, 그래야만 의사를 자체적으로 훈련하고 싶은 시점에 이르러서는 지금까지 해온 훈련에서 논리적으로 수준을 한 단계 높이는 정도로 의사를 훈련할 수 있을 것이다.

반대로, 만약 병원이 어느 날 갑자기 의사를 자체적으로 교육하겠다고 나서면, 의과대학과 각종 자격인증기관은 그것을 막기 위해 사사건건 제동을 걸 것이다. 미국의사협회(AMA) 산하 의학교육위원회(LCME)Liaison Committee on Medical Education와 미국의과대학협회(AAMC)Association of American Medical Colleges는 최근까지 신설 의과대학이 인증을 받기 위해 넘어야 할 장애물이었는데, 또 다른 교육전달주체가 나타나서 전공의 수련 전 단계에서 의사들을 교육하는 일에 직접 뛰어든다고 하면 LCME가 과연 흔쾌히 그러라고 할지 미지수다. 현재까지는 미국에서 의사학위(MD)를 수여하는 프로그램을 개설하려면 반드시 종합대학과 연계를 해야만 한다. 클리브랜드 클리닉은 2002년 자체 의사학위 프로그램(러너 의과대학Lerner College of Medicine)을 개설하기 위해서 케이스 웨스턴 종합대학Case Western University과 연계해야 했다(제한된 수의 의사학위를 발급하는 조건으로 1972년 교육 프로그램 개설허가를 받은 메이요 클리닉은 좀 예외적인 경우다). 게다가 각 주(州)의 의사면허 교부와 전문의 자격인정 제도 또한 현행 의학교육제도와 복잡하게 얽혀 있다. 이 요인들 때문에 병원이 필요한 의사들을 지금 즉시 자체적으로 교육한다는 것은 매우 어렵다. 따라서, 이것은 파괴적 경로의 처음이 아니라 마지막에 해야 할 일이다.

오늘날 대부분의 의료공급 조직은 그들이 필요로 하는 의료전문직의 훈련을 주요 활동 내지 핵심역량으로 수행하고 있지 않다. 그러나 우리가 6장에서 제시했던 주장, 즉 고용주들이 직원들을 위해 일차적인 수준의 보건의료를 직접 제공하려는 이유가 여기서도 똑같이 적용되는 논리라고 할 수 있다. 의료공급 조직들이 적절히 훈련된 전문직을 충분히 공급받을 수 없다는 생각을 하게 되면, 이들은 전문직 훈련을 조직의 핵심역량으로 통합하게 될 것이다. 왜냐하면, 그것이 조직의 성공에 핵심적인 것이기 때문이다. 조직은 통합을 통해 의사와 간호사가 가져야 하는 개별적인 스킬을 익히게 하는 것뿐만 아니라, 의료인력들이 프로세스를 설계하고, 수리 · 개선 및 관리하는 방법 등을 익히도록 훈련하는 일을 더 손쉽게 할 수 있다.[54]

인-하우스in-house 의학훈련은 진정으로 필요한 인력을 의과대학들이 충분히 훈련하지 못해서 생긴 전문인력 부족 현상을 해결하는 것 외에 두 가지 혜택을 더 가져다 줄 것이다. 플랙스너 보고서가 나온 이래로 기초과학과 의료기술에 많은 변화가 있었지만, 그만큼 임상진료 환경도 많이 변했다. 환자들은 더 이상 예전처럼 병원에 오랫동안 머물지 않기 때문에 장기적인 관찰을 할 수 없다. 치료의 많은 부분이 외래 클리닉과 가정에서 되고 있어서, 오늘날 병원에 입원하는 환자들은 예전에 비해 훨씬 중증인 환자들이다. 게다가 의사들은 입원이 필요한 질환의 한 '단면' 만 관찰할 수 있다. 한 주에 반나절 정도, 또는 1년 전체 훈련일정 가운데 고작 몇 주에 불과한 실습기간에 특정 환자가 앓는 질병의 처음과 끝을 모두 지켜보기는 어렵다. 병원 밖에서는 만성질환 관리와 예방진료가 차지하는 비중이 더 크다. 통합형 의료시스템은 질병의 전체 주기에 걸쳐 새로운 진료제공 장소에서 의사와 간호사가 제 기능을 발휘할 수 있도록 훈련하는 일을 오늘날의 의과대학보다 더 잘 해낼 능력과 동기(動機)를 갖게 될 것이다.

모든 과정을 구성하는 네 가지 구성요소, 즉 활동 · 연결 · 경로, 그리고 개선방법을 떠올려보자. 지금 의과대학들은 기본적으로 학생들이 의사가 되는 데 필요한 개별적인 활동을 배우고 수행할 수 있도록 돕는 일에 초점을 맞추고 있다. 오늘날 의과대학이 처한 상황과 문화, 전통의 틀 내에서는 연결과 경로, 개선에 관한 과학적 교육이 제대로 되지 않고 있다. 이것은 우리가 장차 인-하우스 학교(사설의학교육 시설)들이 출현할 것이라고 예측하는 또 다른 이유다. 인-하우스 프로그램은 외국 의과대학과 정골의학, 진료간호사와 의사보조원들에 의한 파괴의 물결을 더욱 크게 증폭시키는 한편으로, 미래의 보건의료시스템에서 지금의 많은 의과대학들이 맡게 될 역할을 더욱 축소시킬 것이다.

제11장

규제개혁과 보건의료의 파괴적 혁신

약품이 대량 공급되기 시작한 19세기 무렵, 순진한 환자들에게 엉터리 약품을 팔던 전형적인 사기꾼들을 *'뱀기름* 장사*snake oil peddler*'* 라고 불렀다. 사회 곳곳에 기생충처럼 자리잡은 이들 때문에 결국 식품의약품안전청(FDA)이 만들어지게 되었다.[1] 그러나, 이처럼 보건의료산업의 특정 부분만 단속하던 FDA의 규제 영향력은 거기서 그치지 않았다. 이제는 정부의 통제가 닿는 범위가 미국 보건의료 시스템 전체에 걸쳐 깊이 뿌리를 박고 있는데, 이런 점에서 보면 보건의료는 더 이상 자동차나 반도체, 전략컨설팅과 같은 종류의 민간영역이라고 보기 어렵게 되었다. 오늘날 보건의료 개혁을 둘러싼 논쟁의 대부분은 현행 의료제도를 민간산업이 고칠 수 있을 것인지, 아니면 정부가 더 깊숙이

---

*역자 注: 뱀기름(snake oil)이라는 말은 원래 미국에서 대륙횡단철도를 건설할 당시, 같이 철도 노역에 투입된 중국인 노동자들이 뱀기름을 바른 데서 유래했다. 백인들도 힘에 부치는 일을 중국인들이 지치지도 않고 해내는 것을 보고 이것이 뱀기름 때문일 거라고 생각했던 미국인들은 뱀기름을 만병통치약으로 생각했다. 그 중 누군가가 상품으로 이것을 팔기 시작했지만, 뱀 기름을 바른 수많은 미국인들이 효과가 없다는 것을 알게 되면서부터 뱀기름은 '엉터리 약품'의 대명사가 되었다.

관여해야 할 것인지에 초점이 맞춰져 있다. 물론, 많은 경제선진국에서는 정부 자체가 보건의료시스템이기도 하다.

이 장에서 우리는 옳든 그르든 간에 정부 정책이 보건의료에 영향을 미치는 방식에 대해 살펴보고, 성공적으로 시스템의 파괴적 혁신을 이루는 데 필요한 규제변화를 제안할 것이다. 이를 위해, 우리는 자발적인 시장 기전을 통해 달성할 수 있는 수준에 비해 공익의 관심사가 더 폭넓은 분야, 이른바 '공공재(公共財)'라 부르는 제품과 서비스를 생산해내는 일련의 산업에서 정부 개입의 역사를 살펴보려 한다. 교육, 육상 및 항공 운송, 금융서비스, 전기통신, 보건의료 등이 여기에 해당한다. 물론, 모든 정책을 일괄하거나 같은 것으로 취급할 수는 없다. 일반적으로 공익 측면에서 이 산업에 영향을 미치고, 규제해온 방식은 그 취지에 따라 다음 세 단계를 거치면서 발전해간다.[2]

1. 지원육성 단계: 특정 산업의 토대가 마련될 수 있도록 지원한다.
2. 안정화 단계: 제품과 서비스에 대한 공정하고 공평한 접근을 보장하고, 제품의 안전성과 유효성을 보장함으로써 관련 산업을 안정화시키고 강화시킨다.
3. 경쟁촉진 단계: 가격을 낮추기 위해 경쟁을 촉진시킨다.

정부와 보건의료산업의 상호작용도 이런 단계별로 묶을 수 있기 때문에, 우리는 이 장의 내용 대부분을 이 세 단계를 중심으로 구성했다. 지금까지 정부는 에너지의 대부분을 두 번째 단계에 쏟아 붓고 있는데, 우리는 다른 산업에서 나타난 전형적인 패턴이 지금 보건의료에 어떻게 작용하고 있는지를 중심으로 규제를 살펴보려고 한다. 다시 말해, 처음에는 환자의 보호를 목적으로 했던 규제들이 결국에 가서는 공급자를 보호하는 꼴이 되어 버린 경우를 살펴보려고 하는 것이다. 이런 규제들을 모형화한 다음, 우리는 그간의 연구에 기반하여 민간부문의 혁신기업들이 어떻게 정책결정자들로 하여금 세 번째 단계에 초점을 맞추도록 만들 수 있을지를 제안하고, 그 정책결정자들이 잘못된 규제를 만들어내기보다는 예측가능한 방식으로 비용을 낮추는 규제개혁을 도입할 수 있게끔 돕고자 한다.[3] 마지막으로, 우리는 정부가 주도하는 단일 지불자 시스템을 채택하면 미국의 보건의료시스템을 개혁하는 데 도움이 될지, 혹은 방해가 될지에 관해 평가하면서 이 장을 마무리할 생각이며, 여기서 얻은 통찰력을 가지고 이미 국가(보건부) 차원에서 대부분의 보건의료를 제공하고 있는 다른 나라의 상황에 대해서도 살펴볼 것이다.

산업의 토대 마련을 위한 정부의 지원

가끔 정부는 어떤 바람직한 산업이 자생적(自生的)으로 출현하지 못할 것이라는 결론에 도달하면, 해당 산업을 직접적으로 지원하거나 그 산업을 육성하는 데 필요한 투자 촉진 방안을 마련한다. 예를 들어, 미국 연방정부는 고등교육 확대를 위해 1862년에 모릴 법Morrill Act을 제정하고, 각 주(州)에 무상(無償)으로 토지를 불하(拂下)해주어 '무상토지불하land grant' 대학을 설립하게 했다. 또한, 같은 해 제정된 또 다른 법안을 통해 북미 대륙을 가로지르는 철로를 설치할 의향이 있는 철도회사에 무상으로 토지를 주고 정부 보조금을 지급하기 시작했다.[4] 1925년에는 켈리 법Kelly Act이 제정돼 민간업자의 항공우편 취급이 시작되었으며, 정부의 지원을 받아 정해진 운항계획에 따르는 항공여객운송산업이 확립되었다. 1932년에 제정된 연방주택대출법Federal Home Loan Act과 1934년과 1936년에 각각 설립된 연방주택국Federal Housing Administration

및 연방저당권구매협회 Federal National Mortgage Association 등은 적절한 수준에서 주택시장이 성장할 수 있도록 돕기 위한 장치들이었다.[5] 정부는 또한 1957년에 주간(州間) 고속도로 Interstate Highway System를 건설해 화물자동차운송산업을 지원했다.

산업의 토대를 마련하기 위해 지출하는 정부의 보조금 정책은 연구개발비의 형태를 띠는 경우도 있다. 예를 들어, 최초의 상용(商用) 제트여객기인 보잉707을 설계하는 데 든 비용은 미 국방부의 군용 화물수송기 예산에서 나왔고, 상업용 원자력 산업과 인터넷 개발을 가능하게 한 연구도 국방 예산에서 나왔다. 마이크로 전자공학과 전기통신기술을 개발해 인류에 엄청난 공헌을 한 벨 연구소 Bell Laboratories를 지원하기 위해 AT&T 가입고객에게 '세금'을 부과한 경우는 정부가 가격규제를 통해 산업을 간접적으로 지원한 예로 볼 수 있다.[6]

보건의료 분야의 기초과학에 대한 지원

미 국립보건원(NIH)은 현대의학의 토대가 되는 모든 기초연구와 많은 응용연구에 자금을 제공해왔다. 한 세대 전 많은 전염병을 정밀의학의 영역으로 발전시킨 지식의 상당 부분과 오늘날 더 많은 질병을 정밀의학의 영역으로 옮겨놓고 있는 분자의학적 통찰력의 많은 부분은 주요 연구중심 대학들이 국립보건원으로부터 연구비를 지원받아 이룩한 성과이다.

개선할 부분이야 어디에나 있기 마련이지만, 우리는 특히 국립보건원이 연구보조금을 배분하고 있는 방식에 대해 한 가지 개선방안을 제시하려 한다. 현재 국립보건원은 연구비 신청서를 심사할 때 단순 맹검(盲檢) 심사방식 single-blind referee system을 사용하고 있다. 연구자가 국립보건원에 연구비 지원을 요청하는 제안서를 제출하면, 국립보건원은 그 제안서를 해당 분야의 전문가에게 보낸다. 심사위원들은 해당 분야에 대한 지식을 기초로 제안서의 잠재적 가치를 평가해, 연구비 지원 확정, 연구계획 수정 후 재심사, 연구비 지원 불가 등의 판정을 내린다. 대개 심사위원들의 신원은 제안서를 제출한 연구자들에게 공개되지 않는다. 이런 단순 맹검 심사방식을 적용하는 이유는 논리적으로 심사위원들이 연구자들의 연구실적을 알아야 하기 때문이라는 것이다. 그러나 사적 인간관계와 정치적 입김은 의사결정 과정에서 배제되어야 하며, 순수하게 질적 우열을 기준으로 의사결정이 되어야 한다.

그런데 이렇듯 특정 분야에 깊은 전문지식을 갖춘 과학자들에게 제안서 심사를 맡기는 방식은 의도치 않게 연구중심 대학과 의과대학에서 진행하는 과학적 연구작업을 구조적으로 점점 더 협소한 세부 분야로 쪼개어 서로 '격리' 시키는 결과를 낳고 말았다. 특정한 세부 학문분야의 전문가들로 구성된 심사위원들은 그들이 잘 아는 학문분야의 지식을 확대시키는 연구제안서를 긍정적으로 평가하는 반면, 학문적 경계를 넘나들면서 새로운 방향으로 지식의 확대를 모색하는 연구제안서에 대해서는 후한 점수를 주지 않는 경향이 있다. 이것은 대부분의 심사위원들이 자기도 잘 모르는 분야에 대한 연구제안서의 가치를 보증하는 것을 부담스러워하기 때문이기도 하고, 또 한편으로는 그런 특성을 보이는 연구들이 결국에는 심사를 맡고 있는 연구자들의 연구와 평판에 도움이 안 되는 방향으로 지식을 심화시키는 것이기 때문이기도 하다.[7]

이렇듯 더 협소한 분야로 과학적 작업이 국한되면 위대한 과학사학자 토마스 쿤Thomas Kuhn이 말한, 이른바 '정상(正常)과학normal science'의 발전이 촉진된다.[8] 즉, 하나의 패러다임이 세워지고, 그 위에 점진적으로 하나씩 지식체계가 축적되어간다. 그러나, 이와 같은 지식과 사고방식의 전문화는 어떤 돌파구를 여는 통찰이 여러 과학기술 분야가 교차하는 부분, 즉 기존과는 전혀 다른 새로운 분야에서 만들어진다는 수많은 증거와는 상치(相馳)되는 측면이 있다. 어떤 돌파구가 개별 학문분야 내에서 마련되는 경우는 드물고, 어떤 분야의 오래된 문제들을 다른 분야의 연구자들이 참신하고 전혀 다른 관점에서 살펴볼 때 새로운 안목을 얻는 경우가 대부분이다.[9] 해당 분야의 전문가들을 오랫동안 괴롭혔던 문제들은 그들이 보지 못했거나 생각하지도 못한 어떤 것을 다른 분야의 누군가가 볼 수 있을 때 풀리는 경우가 종종 있다.[10]

보통, 본능적으로 우리는 자신들이 잘 아는 해당 분야 내에서 믿을 만한 해결책을 찾으려는 경향이 있는데, 해결하려는 것이 정상과학의 문제점이라면 그것은 옳은 방법이지만, 그것이 새로운 돌파구를 필요로 할 때는 옳은 방법이 아니다.[11] 우리가 10장에서, 의학교육에 새로운 돌파구를 마련하는 데 필요한 새로운 구조가 기존의 의과대학 내에서 출현하기보다는 도요타에서 쓰고 있는 것과 같은 원칙들을 채택할 의지와 능력을 가진 (기업의) 사설의과대학corporate medical schools에 의해 마련될 것이라고 한 것도 바로 이런 이유 때문이다.

보건의료에 새로운 돌파구가 필요하다는 데는 의심할 여지가 없다. 이것은 국립보건원이 연구비 지원 방식을 달리할 필요가 있으며, 여러 분야에 걸친 학문 간 연구나 다른 분야에서 개발된 방법을 통해 문제를 해결하려는 연구 프로젝트를 평가할 새로운 방법들을 개발해야 한다는 것을 의미한다. 이런 종류의 연구들은 기존과는 다른 적절한 방법을 통해서만 정확하게 평가되고, 우선순위가 매겨질 것이다.

산업의 안정화와 보장을 위한 규제

어떤 산업의 토대가 일단 마련되고 나면, 정부는 그 분야를 더욱 안정화시키기 위해 공공선(公共善)public good을 위한다는 명분 아래 개입하는 경우가 많다. 이런 '안정화'를 위해 도입되는 많은 규제들의 의도와 그 결과는 기업들이 지속 성장할 수 있도록 돕기 위해 경쟁을 제한하는 것이다. 그 밖에 정부가 개입하는 목적은 정치인들이 생각하기에 특정 산업의 대상 고객이 되는 집단에 속한 모든 사람들이 실제로 그 산업의 소비자가 될 수 있도록 보장하려는 것이다. 물론, 제품의 질이 충분한 수준으로 유지되어 소비자들에게 해를 끼치지 않도록 보장하는 것도 많은 규제의 목적이 된다.

예를 들어, 벨 텔레폰 컴퍼니Bell Telephone Company가 창업된 지 44년이 지난, 1921년에 미국 의회는 윌리스그레이엄법Willis-Graham Act을 제정해, 통신사업을 '자연독점natural monopoly' 상태로 규정했다. 당시 상황을 '자연'스러운 독점 상태로 보기는 어려운데, 1900년대 초에는 이미 수백 개의 지역 전화사업자들과 장비제조업체들이 있었기 때문이다.[12] 그러나 서로 다른 업체들이 만든 시스템 간에 호환성이 없어 전국 규모의 통신망 구축에 기술적 어려움이 컸기 때문에, 윌리스그레이엄법을 제정해 AT&T가 경쟁사와 공급업체들의 인수합병을 통해 완전히 수직통합된 시스템을 구축할 수 있도록 독과점법의 적용을 면제해준 것이다. 다시 말해서, 당시 다양한 종류의 장비들이 기술적으로 상호의존성을 띠고 있었기 때문에, 하나의 기업이 신뢰할 만한 전국적 통신망을 구축할 수 있도록 규모와 범위의 경제성을 부여하기 위해 이런 통합이 필요했다.

대공황 시기의 증권 및 은행 산업에 대한 규제도 비슷한 취지에서 제정되었다. 정부는 가격 설정, 정보공개 규칙 마련, 대차대조표 레버리지leverage의 규제, 은행 및 증권회사 설립 허가제 도입, 예금보험의 의무화 등을 통해 소비자에게 피해를 입힐 수 있는 사기나 모험 행위의 가능성을 제한했다. 주간(州間)통상위원회Interstate Commerce Commission와 민간 항공위원회Civil Aeronautics Board는 해당 산업의 불필요한 과열경쟁을 막고 소비자들이 지역에 관계없이 적정한 가격에 서비스를 이용할 수 있도록 보장하기 위해 각각 화물자동차운수업과 항공산업에 대해 가격과 신규 노선의 추가 등에 관한 규제를 도입했다. 미국 연방항공청Federal Aviation Administration의 규제는 비행기 탑승객들의 안전을 보장하기 위한 것이며, 자동차의 충돌안전도를 평가하는 고속도로교통안전청National Highway Traffic Safety Administration의 각종 규제도 교통사고로부터 우리를 보호하기 위한 것들이다.

지금까지 보건의료산업의 규제 또한 대부분 그 목적이 안정화와 보장에 있었다. 정부가 보건의료산업을 안정화시키고, 보건의료서비스의 접근성과 질을 보장하는 데 사용한 영향력 수단 또한 금융산업이나 화물자동차운수업, 항공산업에서 사용한 규제와 다르지 않다. 정부는 가격을 규제하고, 면허를 교부하며, 서비스를 공급하는 인력과 장비를 인증하고, 아울러 누가 그 산업에 진입할 수 있고 진입할 수 없는지, 그 서비스를 이용할 대상은 누가 되어야 하는지 등을 결정한다. 이런 영향력 수단에 대해 이제부터 살펴보기로 하자.

가격 설정

7장에서 우리는 메디케어 및 메디케이드 서비스센터(CMS)가 제품과 서비스의 가격을 설정하기 위해 사용하는 공식과 방법들이 보건의료에 보편화된 가장 강력한 규제 수단이 되고 있다는 것을 살펴보았다. CMS가 정하는 상환가격은 일종의 '기준율anchor rate'이 되는데, 그것은 대부분의 민간보험회사들이 CMS가 정한 기준을 참고해 가격을 설정하기 때문이다. 또한, 이것은 모든 보건의료 제품과 서비스의 수익성을 결정하기 때문에, 공급자가 가장 이익이 많이 남는 것을 더 많이 팔고 그렇지 않은 것을 더 적게 팔도록 하는 인센티브를 만들어낸다.

대체로 의도하지는 않았겠지만, 정부 지불자의 상환정책은 나머지 보건의료산업 부문에서 할인되지 못하게 함으로써 가격수준이 높게 유지되도록 만들기도 한다. 예를 들어, 각 주(州)에서 운영하는 대부분의 메디케이드 프로그램은 법적으로 제약회사에 평균도매가average wholesale price의 일정 비율을 약제비로 상환해주는데, 그 평균도매가는 제약회사가 마음대로 정할 수 있는 것이다. 다만, 의료비 상환정책에 따라 메디케이드는 매분기 말 실거래가 조사를 통해 업체가 메디케이드에 납품한 가격을 정부 이외의 다른 구매자들에게 판매한 가격과 비교해 그것이 최저가격과 동일하거나 그보다 낮은 가격이 아닐 경우 그 차액만큼 되돌려받을 수 있다. 이것은 연방정부의 가격상한제도와 제약회사에 대한 리베이트 *의무화** 때문에 가능한 일이다.[13]

제약회사의 최대고객으로서 최저가 보장을 받아야 할 정부로서는 이것이 꽤 괜찮은 거래처럼 보인다. 하지만, 문제는 이것이 생각지 못한 부작용을 낳고 있다는 점이다. 가령, '메디퀵MediQuik' 이라는 체인약국이 혈당측정용 검사지를 공급하는 '글루커렉트GluCorrect' 라는 업체와 협상한다고 할 때, 메디퀵이 (마진을 포함해 소매가격이 1달러 정도 하는) 검사지 1개당 통상적인 납품가격인 75센트를 지불하지 않고, 당뇨병 환자에게 더 싼 가격에 시험지를 제공해 환자 유치를 더 많이 할 목적으로

---

*역자 注: 우리나라에서 제약회사가 의사나 병원에 주는 뒷돈을 의미하는 용어로 변질되어버린 리베이트(rebate)는, 미국의 공적부조 프로그램인 메디케이드(Medicaid)와 기타 지불자가 제약회사로부터 약제비 환급을 통해 가격할인을 받는 제도적 장치라고 할 수 있다. 예를 들어, 애리조나주를 제외한 거의 모든 주에서 시행되고 있는 메디케이드 의약품 리베이트 프로그램(Medicaid drug rebate program)은 현재 약 550개 제약회사와 계약을 통해 메디케이드 외래환자의 처방의약품에 대해 약제비 중 일정액을 메디케이드가 제약회사로부터 환급받을 수 있게 하고 있다.

협상을 통해 검사지 1개당 50센트의 할인된 가격에 공급받기로 했다면 어떻게 될까? 글루커렉트가 정부 지불자를 통해 판매하는 제품의 비중이 40% 정도 된다면, 체인약국과 맺은 할인계약 때문에 정부에 납품한 수량만큼 개당 25센트의 차액을 매분기 말에 정부에 다시 환불해주어야만 하고, 이로 인해 메디케과 정부에 납품한 모든 제품의 가격은 결국 50센트로 떨어지는 꼴이 된다.[14]

겉으로 보기에 이 정책은 시장 최저가 구매를 보장해주기 때문에 정부에 이득이 되는 것처럼 보이지만, 사실은 의약품이나 의료기기, 의료서비스 공급업체들이 시장에서 할인을 기피하게끔 만드는 결과를 초래한다. 모든 산업에서 회사를 이끌어가는 위치에 있는 임원들이라면 누구나 자사의 제품 가격을 높게 유지하기 위해 노력하는 것이 당연하다. 메디케이드와 여러 지불자들이 도입한 정책이 사실은 보건의료산업에서 가격이 높게 유지되도록 조장하고 있는 셈이다.[15]

접근성에 대한 규제

안정화와 보장을 위한 또 다른 부류의 정책은 특정한 유형의 의료를 이용할 수 있는 대상자를 선정하고 접근성을 규제하는 것들이다. 예를 들어, 미국에서 발생하는 개인파산의 가장 큰 원인은 의료비 지출 때문이다.[16] 한편, 병원은 무보험자나 의료비를 지불할 수 없는 사람들이라 하더라도 응급처치가 필요한 경우 이들을 거부할 수 없게 되어 있다. 그런 면에서 보면, 미국에는 전 국민 건강보험이 이미 있는 것이라고도 볼 수 있겠지만, 문제는 의료를 이용할 돈이 없어서 할 수 없이 비싼 병원 응급실을 찾아가야 하는 상황에 이를 때까지 병을 키우게 만든다는 점이다. 또, 병원의 입장에서는 응급실 서비스 비용을 회수하지 못하는 경우가 당연히 많이 생길 수밖에 없다. 결과적으로, 생명을 구하는 응급진료를 지불능력에 상관없이 보장해주는 규제는 부유층이 많은 지역에 비해 농촌이나 도시빈민 지역 등 상대적으로 저소득 계층이 많은 곳에 위치한 병원에 훨씬 큰 부담을 지우고 있다.[17]

비보상(非報償) 진료가 누적돼 생기는 악성 부채는 국가세금이 아닌 민간보험 가입자들이 내는 보이지 않는 세금, 즉 보험료로 해결된다고 할 수 있다. 비보상 진료 비용을 메우려면 보험 가입자와 의료비를 지출할 능력이 되는 사람들에게 더 높은 요금을 부과할 수밖에 없다. 궁극적으로, 가장 의료를 필요로 하고 가장 아픈 사람들을 가장 값비싼 솔루션 숍으로 집중시키는 이런 규제는 의도치 않게 이차적으로 의료비와 고통을 크게 증가시키는 결과를 낳고 있다. 여론이 지배하는 미국 사회에서 무보험자와 빈곤층을 보건의료에서 소외시키면서도, 실제로는 (값비싼 병원 응급진료에) 접근성을 보장함으로써 사회적으로 큰 비용이 초래되는 현 상황은 참으로 아이러니한 상황이다. 이와는 대조적으로, 보편적 의료보장을 한다는 정부 주도의 의료시스템에서는 일차의료와 기타 기초진료 서비스에 대해 충분한 접근성을 제공하는 한편으로, 고가(高價) 진료에 대해서는 이용을 엄격하게 제한하는 경우가 많다.

접근성의 문제를 우리가 잘못 규정하고 있다는 근거도 상당히 많다. 단순히 비용 때문만이 아니라 적절한 가격대의 기초진료 서비스를 이용하려면 상당한 불편함을 감수해야 한다는 사실 또한 의료의 접근성을 제한하는 요인이 된다. 비용을 지불할 능력이 없는 사람들을 위한 무료 진료도 간혹 있지만, 그것을 찾는 불편함을 감수하거나 냉대를 받더라도 그것을 꿋꿋하게 참아낼 수 있어야만 이용할 수 있다. 예를 들어, '메스헬스MassHealth' 라 부르는 매사추세츠주의 메디케어 프로그램은 취약계층에 포괄적인 의료보장을 해주고 있다. 그런데, 2002년 3월 메스헬스가 예산지출을 줄이기 위해 기초치과진료 항목에 대한 의료수가를 삭감하자, 가뜩이나 메스헬스와 계약을 맺은 치과의사가 적었는데 수가(酬價) 삭감으로 메스헬스 적용환자를 진료하겠다는 치과의사가 15%나 더 줄어들었다. 환자들은 그나마 다른 항목을 통해 주(州)정부로부터 예산지원을 받는 지역보건소에서 무료 진료를 받을 수도 있었지만, 대다수의 빈곤층이 이곳을 이용하려면 더 큰 불편을 감수해야 했다. 의료수가를 삭감한 지 채 3년도 안 돼 메스헬스 적용환자 중에서 메스헬스를 통해 치과진료를 받은 환자 수는 10만 명이나 줄어들었다.[18]

이 문제를 다루는 방안 중 하나는, 보상을 해주지도 않으면서 무상진료를 반드시 제공하도록 하는 규제를 없애는 것이다. 그렇다고 병들고 가난한 취약계층에 의료를 제공하지 말자는 이야기는 결코 아니다. 오히려, 우리 사회에 존재하는 자선의료 시스템을 통해 이들에게 편리한 양질의 의료를 이용할 동등한 권리를 보장해줌으로써 (병원 응급실에서) 마지막 구원을 받을 수 있을 때까지 병을 키우거나 파산에 이르지 않게 해야 한다. 해결방안을 하나 제시하자면, 가난한 무보험자들에게 보조금을 지급해 자기우선부담금이 높은 고액공제보험high-deductible insurance에 가입하도록 의무화하는 방법이 있다. 단, 필요하다면 보조금을 주어서라도 건강저축계좌health savings account를 반드시 함께 제공해주어야 한다. 하지만, 이것만으로 충분하지 않다. 정부는 부유하고 보험에 가입한 사람들뿐만 아니라 가난한 무보험자들에게도 적정한 가격에 편리하게 이용할 수 있는 의료시스템을 보장해주고 안정화시키기 위해 진료간호사nurse practitioner와 치기공사dental technician가 있는 리테일 클리닉retail clinic을 활성화시키고, 필요하다면 재정지원까지 해야 한다. 우리가 가난한 무보험자들에게 제공한 보건의료 비용을 보상받기 위해 도덕적 · 사회적 책임감 운운하면서, 그들이 적절한 가격에 편리하게 의료를 이용할 수 있게 만들어주지 않는다면, 우리 사회는 '의료보장은 된다지만 막상 의료를 이용할 수는 없는 coverage without care' 상황으로 전락하고 말 것이다.[19]

허가와 인증 제도

정부는 권력을 이용해 보건의료산업의 제품과 서비스의 가격을 정하고 이용할 수 있는 대상을 통제하는 것 외에, 보건의료의 안정화와 보장을 위한 수단으로서 허가와 인증 및 면허 제도를 통해 여러 유형의 의료를 제공하기 위한 경쟁에 참여할 수 있는 개인과 단체를 결정한다.

허가와 인증 중에서도 가장 눈에 띄는 형태는 의약품과 의료기기의 판매여부를 승인하는 식품의약품안전청(FDA)의 권한이다. 8장에서 언급했지만, 신약을 위한 임상시험은 어떤 약물이 충분한 수의 환자에게 도움을 주면서도 그로 인한 피해는 최소화하는지 여부를 확인하기 위한, 일종의 '최종심사' 역할을 하도록 설계된 것이다. 임상시험에서 충분한 수의 환자가 해당 약물에 반응하지 않는다는 결과가 나오면 그 약물은 승인받을 수 없다. 그러나, 분자생물학에 기반한 새로운 관점에서 보자면, 어떤 치료법이 일부 환자에게만 약효를 나타냈다면, 그것은 그 임상시험에 참여한 환자들이 하나의 질병이 아니라 적어도 2개 이상의 서로 다른 질병을 가지고 있거나, 환자 소집단 간에 유전적 변이가 존재해서 특정 치료법에 서로 다르게 반응하고 있음을 나타내는 신호로 받아들여야 한다. 따라서, 미래의 임상시험은 한 번에 승인여부를 결정짓는 검사로서가 아니라, 연구자들이 더 정밀하게 질병을 정의하고 진단할 수 있도록 도와주는 것을 목적으로 하는 연구시험 research trial 으로서 관리할 필요가 있다.

게다가, 역사적으로 임상시험은 특정한 인체부위나 장기에서 관찰할 수 있는 신체증상에 따라 분류되고 진단되는 질병을 중심으로 조직화되어 왔다. 그러나 2장에서 설명했듯이, 이런 구분은 치료하려는 질병의 진정한 본질과 맞지 않는 경우도 많다. 임상시험의 구조는 점점 더 질병을 정밀하게 정의하려는 추세에 맞춰 바뀌어야 하며, 임상시험의 검토대상이 되어야 할 것은 어떤 약물이 근본적인 원인을 치료하는 효능이 있느냐 하는 부분이지, 우연히 상관관계를 나타내는 어떤 증상을 그 약물이 어느 정도 완화시키느냐 하는 부분이 아니다.

이와 관련해 FDA는 이미 상당한 진전을 보이고 있는데, 물론 앞으로 갈 길은 멀지만, 약물평가를 위한 새로운 '조속(早速)검토 fast track' 과정으로서 '크리티컬 패스 이니셔티브 Critical Path Initiative' 와 같은 프로그램을 도입했기 때문이다. 새로운 형태의 연구 및 임상시험으로 구성되는 이 프로그램은 생체지표 biomarker를 연구 종료점 end points에 포함시키고, 약물과 진단법의 공동개발을 추진하며, 최초 진단 시에 환자 집단을 가능한 정밀하게 분류하는 한편, 생물정보학을 활용하고 질병의 변화를 이해하기 위한 추후의 검사와 분석을 위해 검체 표본을 보관하는 것 등을 골자로 하고 있다.[20]

인력과 시설의 허가

미국 연방항공청(FAA)이 관할하는 허가 사항에는 새로운 항공기의 설계와 생산에 따른 비행 안전성만 있는 것은 아니다. 이 기관은 조종사가 항공기 조종 훈련을 제대로 받았는지를 인증할 뿐만 아니라, 다양한 유형의 항공기를 다룰 수 있도록 장비를 갖추고 있는지 관련 설비(設備)를 인증하는 역할도 한다. 마찬가지로, 정부는 단순히 의약품과 의료기기의 허가뿐만 아니라, 관련된 인력과 시설의 인증에도 관여하고 있다.

활용 가능한 테크놀로지의 본질이 그것을 사용하는 데 필요한 솜

씨를 좌우하기 때문에, 과학의 진보를 통해 의료가 직관의 영역에서 정밀의학의 영역으로 옮겨가게 되면 〈그림 11-1〉에서 보듯이 규제의 중심도 시간이 지남에 따라 바뀌어야 한다. 직관의학을 통해서만 질병을 다룰 수 있을 때는 의료과정에서 사용되는 투입요소와 자원이 질 보장 정도를 통제하는 결정적인 요인이 된다. 이런 상황에서 우선적으로 보장을 해야 할 부분은 의사의 훈련과 자격 요건이 된다.

그러나, 시간이 지남에 따라 솔루션 숍에서 의사들이 협력해 결과를 만들어 내는 반복적인 작업을 통해 지식수준과 예측가능성이 높아진다. 또한, 다양한 질병에 다가가는 방법에 관해 그동안 배운 것들 중 최선의 것들이 모여 더욱 구체적인 과정으로 응집되며, 수많은 노하우들이 장비와 의약품을 통해 구체화된다. 이런 기전을 통해 치료법은 경험의학의 영역으로 발전한다. 이 단계에서 우리는 확실한 결과를 보장할 수 없지만, 특정한 의약품이나 의료기기를 사용해 특정한 치료과정을

〈그림 11-1〉 변화하는 의료의 본질에 부합하는 적절한 규제의 방향

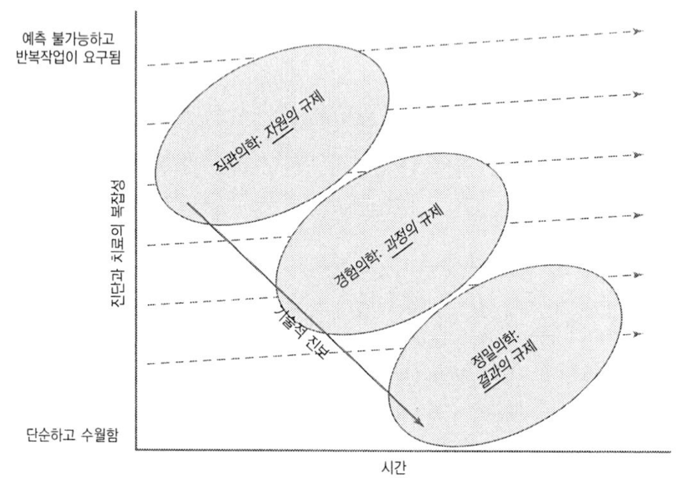

따르는 경우 원하는 결과를 얻을 가능성이 어느 정도인지 말할 수 있다. 이때는 사용되는 자원과 투입요소에 규제의 초점을 맞추기보다는 가장 낫다고 입증된 진료가 행해질 수 있도록 하기 위해 '과정'에 초점을 맞추어야 한다. 예를 들어, 의학전문가단체나 병원협회가 특정한 질병에 대해 새로운 임상지침과 진료기준을 마련하는 것이라든지, 보험회사가 특정한 행위를 한 경우에만 보험적용을 하겠다고 하는 것들이 모두 과정을 지배하는 규제에 속한다고 하겠다.

이런 과정 속에서 의료를 제공하는 전문직들의 경우 과거 직관의학 체제에서 요구되던 정도로 광범위한 훈련이 필요하지 않는 경우도 있다. 따라서, 훈련을 덜 받은 의료제공자들이 과거 전문직들이 했던 일을 완벽하게 해낼 수 있는 경우도 있기 때문에 규제를 담당하는 조직은 규제의 초점을 과정으로 옮기는 동시에 의료자원에 대한 규제도 다시 검토할 필요가 있다.

지식이 향상되면서 의료가 정밀의학의 수준으로 이행되면, 규제의 초점도 자원이나 과정이 아니라 결과로 바뀌어야 한다. 이 단계에서는 결과가 예측 가능해지기 때문에 규제를 담당하는 조직은 투명성을 보장하고 모든 공급자들이 관련 자료를 보고하게 하는 데 초점을 두어야 한다. 과거에 만들어진 투입요소와 과정에 관한 기준을 잘 지키고 있는지 규제하는 것은 이 단계에서 별 의미가 없다. 왜냐하면 경쟁에서 성공하려면 기본적으로 이 기준들을 잘 지켜야 하기 때문이다.

보건의료 개혁을 논하는 많은 사람들은 개별 병원과 의사들에게 결과outcomes 데이터를 공개하라며 획일적으로 투명성을 요구하고 있지만, 우리가 보기에 그런 투명성이 확보되지 못하는 핵심적인 이유는 그들이 요구하는 투명성이 말처럼 그렇게 단순한 문제가 아닌데다, 사과와 오렌지처럼 서로 다른 것을 비교하기 때문이다. 솔루션 숍에서 제공되는, 직관의학의 영역에 놓인 질병을 다루는 경우에는 정확한 진단을 하는 것 자체가 결과outcomes라고 할 수 있다. 그러나, 의료가 가치부가 과정 클리닉에서 제공되고, 정밀의학의 영역에 놓인 질병을 다루는 경우, 결과outcomes는 완치 여부가 된다. 결과 데이터의 투명성이 확보되어야 하고, 그것들을 비교할 수 있는 경우는 후자이다. 따라서, 의료의 과정이라든지, 의사가 통제할 수 없는 의사결정에 따라 인센티브를 부여하는 성과보상제도pay-for-performance에 많은 의사들이 반대하고 나서는 것은 하나도 이상할 것이 없다. 의사들이 반대하는 이유는 그들이 양질의 의료에 반대하기 때문이 아니라, 특정한 결과outcomes만을 장려하려는 성과보상 시스템이 확실하게 정밀의학의 영역에 속한 의료에 대해서만 효과를 나타낼 수 있기 때문이다.[21]

규제를 통해 투입요소와 과정에 관한 기준을 따르도록 고집할 경우, 선구적인 기업이 기존의 기준에서 탈피해 월등한 결과를 만들어내는 방법을 찾아낸다 하더라도 결국에는 규제 때문에 혁신이 가로막히고 말 것이다. 이런 식의 기술적 변화에 적절히 대응한 좋은 사례로, 모든 민간항공편에는 조종석에 반드시 미국 연방항공청이 인증한 조종사와 부조종사가 각각 한 명씩 탑승하도록 했던 규제를 예로 들어 보자. 최근 들어 비행기와 관제센터의 항공전자공학기술은 매우 정교하고 포괄적인 시스템으로 발전해 관제센터와 항공기의 통신에서부터 항법, 조종 등에 이르기까지 항공운항기술의 대부분을 조종사가 아닌 컴퓨터가 수행할 수 있게 되었다.[22] 이런 기술적 정교성과 뛰어난 신뢰성으로 이제는 한 명의 조종사만 있어도 충분하게 된 것이다. 이에, 미국 연방항공청(FAA)은 이클립스 항공Eclipse Aviation과 스펙트럼 에어로너티컬Spectrum Aeronautical, 기타 떠오르는 에어택시air taxi 생산업체들이 만들고 있는 새로운 초경량 제트기microjet에 한해 더 이상 부조종사의 탑승을 강제하지 않고 있다. 초경량 제트기 조종석에는 한 사람이 더 탈 공간도 없다.

보건의료 분야에서 이같은 규제개혁을 반대하는 사람들은 흔히 우리에게 이렇게 말한다. "그래요, 하지만 보건의료는 사람의 목숨이 달린 문제입니다." 이런 사람들에게 우리는 이렇게 답할 것이다. "옳은 말씀입니다만, 비행기는 사람의 목숨이 달린 문제가 아닙니까?" 항공규제의 초점이 장비와 과정, 결과로 이행되는 과정에서 조사한 안전운행 실적을 살펴보면 테크놀로지가 조종사보다 더 우수한 안전성을 나타내고 있다.[23]

환자 보호에서 의료공급자 보호로 변질된 규제

우리가 요구하는 것이 보건의료산업의 전면적인 규제철폐는 아니다. 역사적으로 볼 때도 경쟁시장을 통해 공공선(公共善)에 기여하는 어떤 산업이 형성될 수 없을 때 특정한 시기에는 안정화와 보장을 위한 규제가 반드시 중요한 역할을 해왔다.

그러나 이런 규제의 필연성에는 부정적인 측면이 있는데, 그것은 기술적 진보로 안정화와 보장에 대한 공적(公的) 필요가 충족된 후에도 오랫동안 기존의 규칙이 유지된다는 점이다. 애초에 허가와 인증 제도의 취지가 오로지 환자를 위한 것이었다 하더라도 시간이 지나면 대부분 그런 규칙들은 공급자들의 경제적 이해관계를 보호하는 데 이용된다. 물론, 대상이 환자가 됐든, 탑승객이 됐든 간에, 여전히 '공공선(公共善)'을 위한다는 명분을 내세우기 마련이다. 과학기술의 진보에 맞춰 규제의 초점이 달라지지 않으면, 보건의료의 사업 모델은 고비용 구조에 갇혀 있을 수밖에 없고, 그로 인한 의료결과는 예측이 어려울 뿐만 아니라 혁신을 통해 달성할 수 있는 수준과 비교해 더 나아질 수도 없다. 규제를 하는 주체들은 의료 행위와 과정 및 기술의 진화에 주목하고, 그 흐름에 맞춰 규제의 초점과 본질까지 변화해나가야 하지만, 실제로 그렇게 하는 경우는 드물다.

예를 들어, 민간항공위원회Civil Aeronautics Board는 1930년대부터 1977년까지 노선별로 운행할 수 있는 항공기의 종류와 수, 여객운임 등을 제한함으로써 항공산업을 효과적으로 '안정화' 시켰다. 마찬가지로, 미국의 증권거래위원회Securities and Exchange Commission도 뉴욕증권거래소가 주식 거래 수수료를 일정한 수준으로 높게 유지할 수 있도록 허용함으로써 대공황의 혼란에서 막 벗어난 월 스트리트의 증권회사들을 '안정화' 시켰다. 1970년대에 사우스웨스트 항공과 온라인증권사 찰스 슈왑Charles Schwab이 가격할인을 통해 각각 해당 산업의 기존 업체들과의 경쟁에 뛰어들려고 사업승인을 받는 과정에서 기존 업체를 대변하는 변호사들은 공공선을 명분으로 왜 이들 신규 기업들이 시장에 진입하면 안 되는지에 관해 상당히 설득력 있는 주장을 펼친 바 있지만, 다행히 그런 주장이 받아들여지지는 않았다.

마찬가지로, 보건의료공급자들도 경쟁을 차단하기 위해 늘 안정화와 보장을 위한 규제에 의존한다. 예를 들어, 병원산업의 요청에 따라 2003년 미국 의회는 심장병원과 정형외과병원 같은 전문병원의 설립인가를 전국적으로 동결시키는 조치를 취한 적이 있다. 심혈관 우회술을 받은 환자들이 뇌졸중을 일으킬 경우를 대비해 해당 병원이 심장이나 고관절을 치료하는 능력만 갖추어서는 안 되고 뇌졸중을 치료할 수 있는 능력까지 보유하고 있어야 한다는 게 그 논리였다. 그들은 환자를 위해서는 반드시 종합병원에서 모든 진료를 해야 한다는 주장을 폈던 것이다. 흥미로운 사실은, 정신병원에 입원한 환자에게도 심장마비와 뇌졸중, 저혈당증이 발생하는 경우가 있는데, 종합병원들이 이런 논리를 가지고 정신과 전문병원의 설립을 반대한 적은 없다는 점이다. 환자를 위한다면 당연히 정신질환을 앓는 환자들도 종합병원에서만 다루어야 하는데 말이다. 종합병원들이 정신병원에는 무관심하면서도 심장병원과 정형외과병원에만 정신분열적 우려를 나타낸 이유는 후자의 병원들이 흡수하게 될 시술들은 매우 수익성이 높은 것들인 반면, 전자(정신병원)에서 다루는 환자들은 그보다 수익성이 훨씬 못하거나, 아예 수익을 남길 수 없는 대상이기 때문이었다. 2003년의 설립인가 동결조치는 이 전문병원들이 종합병원의 가장 수익성 높은 시술의 일부를 더 낮은 가격으로 제공할 것을 우려했기 때문에 내려진 정치적 결정이었다.[24]

또 다른 예로, 환자의 안전을 구실로 많은 주(州)에서는 아직도 의사의 직접적인 감독 없이는 정확한 진단이 가능한 패혈성 인두염strep throat과 같은 규칙중심의 질환에 대해서조차 진료간호사nurse practitioner들이 처방전을 발행하지 못하도록 하고 있다. 이 때문에 다른 주에서는 진료간호사가 있는 리테일 클리닉retail clinic을 통해 환자들이 절반 가격에 진료받을 수 있고 멀쩡하게 아무 탈이 안 나는데도, 유독 이 지역에서는 리테일 클리닉들이 의원과 경쟁하지 못하는 상태에 있다. 이보다 더 큰 문제는 의원 진료비를 감당할 여력이 안 되거나 일차진료의사가 없는 지역에 사는 환자들이 미닛클리닉MinuteClinic이 있었다면 얼마 안 되는 돈을 지불하고 진료받을 수도 있었을 텐데 환자의 안전을 위한다는 규제 때문에 아예 진료받지 못하게 된다는 점이다.[25]

보장을 중심으로 하는 규제들은 애초에 전문성이라는 요건을 갖춘 사람들에게만 업종에 종사할 권리를 제한하기 때문에, 처음부터 '사람들은 원래 자신의 필요를 제대로 돌보지 못한다'는 믿음이 지배적인 산업에서 가부장적 규제문화가 형성되는 경우가 종종 있다. 이는 가격할인과 온라인 증권사들에 대해 제기되었던 방어논리였으며, 오늘날까지 법률서비스산업의 파괴적 혁신을 가로막고 있는 규제문화의 바탕이 되고 있다. 또한, 보건의료 분야의 현상유지를 위한 논리로 사용되고 있기도 하다. 의학이 경험의학과 정밀의학의 영역으로까지 발전하게 되면, 사람들은 자신을 돌보는 일의 더 많은 부분을 충분히 스스로 책임질 수 있다. 5장에서 우리가 '만성 사분면Chronic Quadrangle'에 속한 질환을 앓고 있는 환자들의 치료에 대한 순응이 경제적 인센티브와 결부되어야 한다고 했던 것도 바로 이런 이유 때문이다. 이것은 규제를 담당하는 이들이 반드시 허용해야 할 결정적인 변화이다. 이런 질환들은 직관적 영역이 아니라 명백히 경험적 영역에 놓여 있기 때문이다. 가부장적 온정주의는 지금 우리가 놓여 있는 상황에 더 이상 적절하다고 할 수 없다.

의료비 상환을 통한 규제의 추인(追認)

보건의료의 면허, 인증제도와 각종 인허가 활동의 대부분은 민간부문의 전문직이나 업계를 대변하는 협회조직과 대학 및 기타 비영리조직이 운영하고 있다. 메디케어나 민간보험회사에서 대가를 지불받는 과정이 자격요건의 관리와 연계될 때 이런 조직들의 활동은 그 토대가 더욱 탄탄해진다. 영향력이 크면서도 가장 잘 알려져 있는 조직으로는 병원의 연방규제 준수 여부를 감독하고 메디케어 진료비 상환에 필요한 인증을 담당하고 있는 미국의 병원신임합동위원회(JCAH)와, 의과대학 졸업생들의 능력을 평가하고 의사면허의 인증을 담당하는 의사국가고시원National Board of Medical Examiners, 분야별로 의사의 전문성을 평가해 전문의 자격을 인증하는 미국전문의학회American Board of Medical Specialties 등이 대표적이다.

메디케어와 보험회사들이 면허를 가진 전문직들이 제공하는 서비스에 대해서만 지불해주는 정책을 따를 경우, 파괴적 혁신은 불가능해진다. 이제는 병원이 아닌 클리닉(의원)에서, 의사가 아닌 진료간호사가 시술을 대신하더라도 이전과 비슷하거나 더 나은 결과를 만들어낼 수 있을 정도로 기술이 발전했다. 그러나, 인증받은 의료인이 제공하는 서비스에 대해서만 의료비 상환을 해주는 규칙으로 인해 의료비를 낮출 수 있는 파괴적 의료공급자는 의료행위를 할 수 없거나, 할 수 있다고 하더라도 수익을 낼 수 없는 상황에 처하게 되는데, 그것은 기술이 변화하더라도 인증제도가 변하기까지는 대체로 시간이 많이 걸리기 때문이다.

파괴적 혁신을 차단하는 규제 허물기-틈새를 노리는 전략

독재정권이 아닌 민주주의 정부하에서라면, 보통 현상유지를 통해 이익을 얻는 주체들은 현행 시스템을 보존하기 위해 선출직과 임명직 공무원들에게 영향을 미칠 수 있는 수단을 더 많이 가지고 있다. 반면, 이들에 비해 낡은 규제의 초점을 기존의 전문인력이나 시설과 같은 자원에서부터 과정과 결과로 바꾸어달라며 탄원을 내는 파괴적 진입자들이 가진 자원은 빈약하기 그지 없다. 2007년 한 해 동안 보건의료산업이 정부 로비에 지출한 돈은 4억5,000만 달러에 달하는데, 이는 금융, 보험 및 부동산, 통신 및 전자, 에너지 및 천연자원 산업이 정부 로비에 쓴 돈을 훨씬 웃도는 금액이다.[26]

우리가 연구한 바에 따르면, 개혁에 반대하는 쪽이 비대칭적으로 많은 자원을 가지기 때문에 결과적으로 규제를 철폐하려는 싸움에서 정면승부를 펼치면 거의 언제나 개혁가들이 패하고 만다. 규제를 바꾸기 위해 권력기관에 직접적으로 탄원을 내는 파괴적 혁신주체들의 운명은 행정명령을 통해 언젠가 규제가 바뀔 날을 하염없이 기다리거나, 파괴적 아이디어를 아예 포기하는 길밖에 없다. 반면, 앞길을 가로막는 규제를 성공적으로 해체시킨 파괴적 혁신주체들의 경우를 보면, 그들은 규제에 정면으로 맞선 것이 아니라, 규제의 힘이 닿지 않거나 규제가 미처

보지 못한 주변부의 파괴적 시장에서 혁신을 만들어내는 방식으로, 즉 규제를 우회함으로써 성공을 거둘 수 있었다. 파괴적 시장에서 혁신주체들이 성공을 거두게 되면, 이런 상황에 맞추어서 결국 규제도 변한다. 반대로, 파괴적 혁신이 성공할 수 있도록 규제가 먼저 변하는 경우는 매우 드물다.

가령, 이른바 '규정Q Regulation Q' 라고 부르는 규제조항은 1980년까지 미국의 소매금융산업consumer banking에서 경쟁의 구조와 본질을 크게 좌우했는데, 이는 미국 연방준비제도이사회(FRB)가 가맹은행이 수취한 각종 예수금에 대한 지급이자의 상한을 제한하는 규정이었다. 이 규정에 따르면, 당시 시중은행들은 당좌예금checking accounts에 대해서는 이자를 지급할 수 없었고, 상업은행과 저축 대부 조합savings and loan associations이 저축성 예금savings deposits에 대해 지급할 수 있는 이자의 상한도 각각 5.25%와 5.5%로 제한되었다.[27] 이 규제가 풀리게 된 것은 미국 최대 증권사 메릴 린치Merrill Lynch에서 고객의 예탁금을 어음 및 채무증서 등 '단기금융상품(MMF)' 에 운용하고, 그 수익을 고객에게 지급하는 어음관리계좌(CMA) 상품을 개발하면서부터였다. 이 상품에 운용되는 자산은 단기국채가 대부분이어서 높은 수익이 보장되었다. 메릴 린치에 이어 피델리티Fidelity도 재빨리 이자를 지급하는 이자부 당좌예금 상품을 제공하기 시작했다. 메릴 린치와 피델리티는 모두 은행이 아니었고, 따라서 은행권 규제의 손길이 미치지 못하는 영역에서 사업을 하고 있었기 때문에 당좌예금에 대한 이자 지급을 허용하는 것과 관련해 규제당국의 간섭을 받지 않을 수 있었다. 메릴 린치와 피델리티의 파괴적인 금융상품이 선풍적인 인기를 끌면서 시중은행으로부터 엄청난 액수의 자산을 끌어 모으기 시작하자, 결국 연방준비제도이사회(FRB)는 규제를 바꿀 수밖에 없었다. 과거 수년 동안 기존의 가치 네트워크 속에서 이런 규제를 바꾸기 위해 많은 은행과 소비자단체들이 적극적으로 로비활동을 펼쳤으나 결국은 모두 실패하고 말았는데, 결국 그러한 규제를 바꾸는 변화는 새로운 파괴적 가치 네트워크를 만들고 여기에 소비자들을 끌어당김으로써 가능해졌다.

또 다른 예로, 1978년까지 항공사의 운행노선과 운임은 민간항공위원회Civil Aeronautics Board가 규제했는데, 1971년에 사우스웨스트 항공Southwest Airlines 은 일종의 파괴적 시장진입 전략으로서 기존에 대형 항공사들이 제공하는 비행편이 비싸서 이용하지 못했던 사람들을 위해 텍사스주 내에서만 운행하는 단거리 노선을 개발해 매우 싼 가격에 팔기 시작했다. 댈러스Dallas에 본사를 둔 사우스웨스트 항공의 저가항공 상품은 주를 넘나드는 비행편이 아니었기 때문에 노선과 운임에 관해 민간항공위원회(CAB)의 규제를 받지 않았다. 게다가, 사우스웨스트 항공은 댈러스의 중심공항인 DFW공항이 아니라, 더 작고 오래되었지만 경쟁사가 이용하지 않는 러브 필드Love Field 공항을 선택했다. 이후, 사우스웨스트 항공은 점차 텍사스에 인접한 지역으로 운행하는 노선을 추가했지만, 이때도 역시 대형 항공사들이 주로 이용하는 곳을 피해 소규모 공항을 선택함으로써 기존 항공사들의 반대를 최소화할 수 있었다. 결국 훨씬 저렴한 가격에 기존 항공사만큼 안전한 항공편을 제공하는 저가항공사들이 늘어나자, 결국 민간항공위원회는 1978년에 항공산업의 운임과 노선에 관한 규제를 풀어버렸다. 그러나, 이번에도 규제는 당국에 대한 직접적인 맞대응이나 탄원을 통해 철폐된 것이 아니었다.[28]

앞에서 살펴본, 스펙트럼 에어로너티컬Spectrum Aeronautical과 이클립스 항공Eclipse Aviation의 초소형 항공기에 탑재된 가상 부조종사 시스템과 같은 전자항법장치는 대형 항공기의 조종을 이미 오래전에 자동화했지만, 이 기술을 애초부터 대형 항공기에 적용하여 부조종사 탑승 의무화를 없애려고 했다면 대형 항공사의 조종사 노동조합이 이를 필사적으로 저지하려 했을 것이다. 하지만, 특정 항공노선을 운행하는 조종사가 아예 없는 곳, 즉 틈새를 파고 들었기 때문에 승객들만 규제의 변화에 기뻐했던 것이 아니라 조종사들의 반대도 피할 수 있었다. 이클립스와 스펙트럼이 조금씩 상위시장으로 진출해 매년 수백에서 수천 대씩 더 큰 항공기를 판매하게 된다면, 부조종사의 필요성도 점차 사라질 것이다.

보건의료 규제의 초점이 바뀐 몇 안 되는 사례에서도 비슷한 패턴을 발견할 수 있는데, 여기서도 마찬가지로 틈새를 노리는 전략이 중요한 역할을 하고 있다.

매사추세츠주와 알래스카의 사례

방치하면 치아 상실로까지 이어질 수 있는 충치는 예방이 가능한데도 2~5세 어린이의 25% 이상, 12~15세 청소년 중 절반 이상, 그리고 40세 이상의 성인 90%가 앓고 있는 만성질환이다.[29] 전 세계 50억 인구가 충치를 앓고 있는데, 비율적으로 저소득층에서 충치가 더 많다. 산업화된 국가에서 지출되는 전체 보건의료비 중 10%가 충치치료에 쓰이고 있다.[30] 전 세계적인 공중보건 문제를 해결할 파괴적 혁신이 반드시 필요한 상황이다.

이 문제를 해결할 파괴적 혁신은 존재한다. 다만, 필요로 하는 사람들이 있는데도, '환자의 이익' 을 위한다는 명분으로 혁신이 적용되기 어렵게 만들고 있을 뿐이다. 규제가 직접적으로 공격당했을 때 환자가 아니라 의료전문직을 보호하기 위해 규제가 어떻게 변질되는지 알아보기 위해 매사추세츠주의 사례를 살펴보자.

매사추세츠주의 치위생사들은 별도로 훈련받은 치위생사들이 치과의사의 직접적인 감독 없이도 치아 스케일링과 불소 도포를 할 수 있도록 하는 법안을 추진해왔다.[31] 이에 대해 매사추세츠주 치과의사회(MDS) Massachusetts Dental Society는 환자의 안전을 우려하면서 끈질기게 반대했고, 오히려 치과조무사dental assistants 직군을 따로 만들어 훈련하고 치과의사의 직접 감독하에 치아 스케일링과 치아 충전(齒牙充塡)까지 하게 하자는 대안을 제시했다.[32] 그러자, 매사추세츠주 치위생사협회(MDHA)Massachusetts Dental Hygienists' Association는 치과조무사 제도의 도입이 '이미 더 높은 수준의 자격을 갖춘 공인 치위생사를 쥐어짜는 일' 이라며 이에 반대하고 나섰다.[33] 매사추세츠주에서 벌어지고 있는, 파괴적 혁신을 위한 직접적인 공세는 여러모로 보아 장기전이 될 가능성이 크다. 각각의 조직과 전문직들이 그들의 '밥그릇' 을 지키기 위해 싸울 것이기 때문이다.

반면에 사람들의 이목이 집중되지 않는 곳에서는 치과진료에도 파괴가 일어나고 있다. 2000년에 알래스카 원주민 건강 컨소시엄(ANTHC)Alaska Native Tribal Health Consortium은 시골지역에서 나타나는 치과진료의 공백[34]을 해결하기 위해 주정부를 설득, 치아건강보조치료사(DHAT)dental health aide therapist라고 하는 새로운 유형의 치과진료 인력을 도입했다.[35] 이 진료모형은 이미 90년 전에 뉴질랜드에서 도입해 크게 성공을 거둔 바 있으며, 캐나다와 영국 등 42개국에도 이미 이와 유사한 프로그램이 있었다.[36] 알래스카에서 치아건강보조치료사(DHAT)가 되기 위해 최초로 수련을 받은 학생들은 당시 미국에 그런 교육 프로그램이 없었기 때문에 뉴질랜드로 가서 오타고 대학University of Otago 치과대학에서 수련을 받아야 했다. 4년간 교육을 받는 치과대학 학생들과는 달리 치아건강보조치료사들은 1년에 등록금 6만 달러씩을 내고 2년간 수련을 받게 되며, 보수는 일반적으로 치과의사들이 버는 수입의 3분의 1 정도 된다.

치아건강보조치료사들은 2003년부터 알래스카 시골지역에서 치아 청소와 충전(充塡), 발치(拔齒) 등 충치치료를 하기 시작했으며, 정기적으로 케이스를 리뷰하는 수준에서 간접적으로 치과의사의 감독을 받게 했다. 현재 알래스카의 20개 시골마을에 10명의 치아건강보조치료사들이 활동하고 있는데, 예전에 이 지역은 고작 1년에 1~2주 정도 치과의사가 방문해 치료해주던 곳이다. 2005년에 워싱턴 주립대 치과대학의 한 교수가 실시한 질평가 보고서에는 다음과 같이 기술되어 있다.

나는 알래스카의 베델, 버클랜드, 슝낙 등에 있는 치과 클리닉을 방문해 4일간 머무르면서 2005년 초부터 그곳에서 알래스카 원주민에게 일차적인 치과서비스를 제공해온 치아건강보조치료사 4명의 임상성과를 평가했는데, 4명 모두 내가 정한 진료기준을 충족시켰다. 이들은 기초훈련과 이후의 수습과정을 통해 의료공급자로서 충분한 자질을 갖추었으며, 기본적인 예방서비스뿐만 아니라 치아 충전과 발치와 같은 간단한 치과시술도 잘 해냈다. 이들의 환자관리 능력은 진료기준 이상으로 훌륭했으며, 자신들이 다룰 수 있는 진료범위의 한계를 잘 알고 있었으며 결코 정해진 범위를 넘어서는 진료를 하지 않았다. 여러 경우를 살펴본 결과, 환자의 안전에 위협이 될 만한 임상상황을 잘 인식하고, 그것을 피할 수 있는 능력을 갖추었음이 입증되었다. 나의 직접적인 관찰을 통해 볼 때, '치아건강보조치료사들의 훈련만으로는 알래스카 원주민에게 제대로 된 일차진료를 안전하게 제공할 수 없다' 고 한 치과의사들과 치과의사회의 견해는 과장된 것이라고 생각한다.[37]

예상한 대로 미국 치과의사협회와 알래스카 치과의사회는 2006년 알래스카 대법원에 치아건강보조치료사(DHAT)가 치과의사의 감독 없이 치과진료하는 행위를 금지해달라는 소송을 제기했다.[38] 그러나 대법

원은 판결문에서 "만약 알래스카 시골지역의 원주민 치아건강에 대한 책임을 전적으로 알래스카주 의사시험위원회Alaska State Board of Examiners에만 지운다면, 앞서 열거한 것과 같은 많은 건강목표가 계속해서 충족되지 않을 것이다…"라고 밝히면서 알래스카 원주민 건강 컨소시엄(ANTHC)의 손을 들어주었다.[39] 우리는 치과의사가 부족한 미국의 48개 주 시골지역에서도 치아건강보조치료사들의 치과진료가 곧 허용될 것으로 본다. 결국에는 매사추세츠주에서도 이런 파괴가 일어나겠지만, 그 길이 순탄치만은 않을 것이다.[40]

원격방사선학에 관한 전망

처음에는 병원에서 촬영한 디지털 방사선 영상을 다른 나라에 보내 진료 외 시간 또는 '야간'에 판독하게 했던 방사선진단 서비스가 지난 10년간 발전을 거듭해 이제는 원격방사선학teleradiology으로 자리를 굳혔다. 환자가 한밤중에 병원에 오더라도, 방사선 촬영을 해서 미국 내 다른 지역이나 호주, 인도, 프랑스 등지에 있는 방사선과에 보내면 몇 분 이내에 판독 결과를 받아볼 수 있다. 원격방사선진단으로 병원들은 믿을 만한 서비스를 연중무휴 제공할 수 있으며, 방사선과 의사의 부족에도 폭증하는 CT촬영이나 기타 영상진단 수요를 충족할 수 있게 되었다.[41] 진료시간 외 방사선과 서비스 분야에서 가장 큰 업체는 아이다호에 위치한 나이트호크 방사선 서비스NightHawk Radiology Services로, 미국 전체 병원의 26%에 서비스를 제공한다.[42]

원격방사선진단 서비스는 비소비(非消費) 영역을 겨냥해 시작되었기 때문에, 방사선과 의사들로서는 야간과 주말 등 일하기 싫은 시간대를 대신해주는 새로운 서비스를 마다할 이유가 없었다. 그러나 이런 서비스가 낮시간대에도 제공되기 시작하자, 예측한 대로 방사선과 의사들은 반대하기 시작했다. 미국방사선학회American College of Radiology의 지도부에서는 서비스의 질이나 정확성, 책임소재 등과 관련해 다른 나라의 상황과 비교하면서 우려를 제기했다.[43] 아울러, 판독을 의뢰하는 의사와 방사선과 의사가 멀리 떨어져 있으면 의사소통에 문제가 발생할 수 있다는 우려도 제기됐다. 가령, 2002년 매사추세츠 종합병원Massachusetts General Hospital이 인도에 있는 비영리회사와 합작해서 방사선 판독업무의 일부를 인도 의사들에게 맡기려고 한 적이 있는데, 그때 병원 측은 엄청난 양의 항의성 투서에 시달리다 결국엔 사업을 포기하고 말았다.[44] 당시 의회 의원들까지 나서서 환자의 개인정보가 유출될 수 있다는 이유로 환자 데이터의 외국 송출을 엄격히 제한하기까지 했다.

이런 제도적 요건이 강화되면서 방사선과 의사의 자격에 규제의 초점이 맞추어졌다. 즉, 외국에 방사선 판독을 맡길 경우 원격방사선진단 서비스를 제공하는 업체는 반드시 미국에서 훈련을 받고 의사면허를 취득한 방사선과 의사를 고용해야 하며, 판독을 담당할 의사들은 판독을 맡긴 병원의 인증 또한 반드시 받게 했다.[45] 심지어, 어떤 경우에는 미국에 있는 방사선과 의사의 검토나 확인을 거치기 전까지는 서비스업체가 판독한 결과물을 예비결과물로만 취급하기도 했다. 여기에 의료기관신임합동위원회Joint Commission on Accreditation of Health Care Organizations까지 가세해 원격방사선진단 서비스의 면허 및 자격 인정기준을 병원급 솔루션 숍에서 근무하는 방사선과 의사의 수준으로 강화했다.[46] 이런 규제들로 어떤 결과가 빚어졌을까? 앞서 소개한 원격방사선진단 서비스업체인 나이트호크NightHawk에 근무하는 방사선과 의사들은 보통 38개 주의 방사선과 의사 면허가 있으며, 400개가 넘는 병원에서 인정한 자격증을 가지고 있다. 이 회사에는 자격관련 행정업무를 전담하는 직원만 35~40명이 되지만, 그래도 방사선 영상판독을 각 병원에서 자체

적으로 할 때보다 훨씬 저렴한 비용으로 서비스를 제공할 수 있다고 하니 효율이 놀라울 뿐이다.[47]

그런데 다른 한쪽에서는 흥미로운 일이 벌어지고 있다. 방사선 영상에서 희미하게 나타나는 인체 해부 구조를 해석하고 이것을 환자의 임상병력(病歷)이나 신체증상과 결부시키는 일을 더 이상 방사선과 의사의 전문적 식견이나 임상경험에 의존하지 않아도 되는 경우가 점점 늘고 있는 것이다.[48] 정지화면이 아니라 역동적인 인모션 in-motion 연구와 추적분자 molecular tracers를 사용하는 '기능방사선학 functional radiology', 그리고 이와 관련된 분야로서 계측과 점수화 알고리즘에 기초한 '계량방사선학 quantitative radiology'이 발달하면서 방사선과 전문의가 아닌 다른 의사들도 비정상적인 생리현상을 해명할 수 있게 되었다.[49] 초창기에 초음파나 형광투시법 fluoroscopy 같은 기초적인 기술부터 시작해 이제는 점차 고급 기술을 탑재하고 있는 의료장비들은 영상 촬영과 분석을 자동화하는 한편, 과거에는 방사선과 의사의 직관에 의존해야만 했던 진단능력의 일부를 알고리즘화해 구현해내고 있다. 또한, 이 장비들은 공간을 적게 차지하고, 요구되는 차폐장치와 전력소모도 적기 때문에 가치부가과정 클리닉에서 일하는 심장내과 전문의나 정형외과 전문의 진료실에 설치가 가능하다.[50]

방사선과 전문의가 아니라도 간단한 질환은 직접 영상을 촬영하고 해석할 수 있게 됨으로써, 파괴적 혁신에서 나타나는 전형적인 방식으로 비(非)방사선과 의사에게 문호가 개방되었다. 이로 인해 이들이 지역병원의 전문 방사선과(솔루션 숍)에 환자를 의뢰하는 일은 점점 줄고 있다. 방사선과 의사들이 어떻게 하면 해외로 자신의 일거리가 유출되는 것을 막을 수 있을지를 고민하는 사이에 다른 의사들은 자신의 진료실이나 소속된 지역 내에서 그 일의 일부를 직접 해내기 시작했다.

여기서 우리가 알아야 할 중요한 것은, 심장내과 전문의나 정형외과 의사는 규제의 승인을 받으려고 노력할 필요가 없었다는 점이다. 방사선과 의사들은 다른 의사들이 의뢰한 영상을 판독해주는 대가로 행위별 수가제fee-for-service에 따라 돈을 번다. 원격방사선과 의사들은 로엔드 파괴low-end disruption, 즉 저비용 사업 모델을 이용해 시장의 일부를 차지하려 하지만, 이들도 여전히 행위별 수가제로 돈을 벌고 있다. 인두제capitation나 결과별 수가제fee-for-outcome 하에서 일하는 심장내과 및 정형외과 의사들은 영상을 판독해주는 대가로 돈을 버는 것이 아니라 심장과 뼈를 고쳐주는 대가로 돈을 벌기 때문에 방사선과를 둘러싼 규제의 승인을 걱정할 필요가 없었다. 이들에게 방사선학은 더 많은 심장과 관절을 더 빠르고 정확하게 고칠 수 있도록 도와주는 수단일 뿐이다.[51]

향후 몇 년간 심장내과 의사와 정형외과 전문의 등이 컴퓨터 기반의 영상촬영기술을 사용해 방사선과 의사들이 판독하는 수준에 견줄 만한 결과를 만들어낸다면 결국 규제는 의사의 자격요건이 아니라 의료과정과 결과에 초점을 두는 방향으로 바뀔 것이다. 초창기에 진료 외 시간대에 방사선진단 서비스를 제공하는 외주업체들의 안전성을 둘러싸고 붉어졌던 우려는 이미 사라진 상태다.[52] 언젠가는 의사가 진료실에서 바로 진단할 수 있게 되어 더 이상 부조종사로서 방사선과 의사를 필요로 하지 않는 날이 올 것이다.[53]

우리가 제시한 규제완화 전략, 즉 '틈새를 노리는 전략'의 틀을 논하는 데 있어서만큼은 노자(老子)가 우리보다 한 수 위인 것 같다. 이와 관련해 노자가 쓴 글귀를 살펴보면 다음과 같다. '이 세상에 물보다 더 무르고 약한 것은 없다. 그러나 약한 물이 바위 위에 계속 떨어질 때 그 바위는 구멍이 뚫리고 만다. 이처럼 약한 것도 한 곳에 힘을 모으면 강

한 것을 능히 이길 수 있다. 역설적이지만, 부드러운 것이 능히 강한 것을 이긴다.'[54]

경쟁과 효율 향상을 위한 규제

안정화와 품질보장이 확실해지면, 정부는 영향력을 행사하는 세 번째 단계, 즉 해당 제품과 서비스의 비용 적절성과 편의성을 향상시키기 위한 규제로 초점을 바꾸는 경우가 많다. 이것은 안정화와 품질의 보장이 가장 중요한 관심사였을 때 도입되었던 가격할인 및 시장진입에 대한 제한을 푼다거나 각종 규제를 완화하는 형태로 나타난다. 경쟁과 효율을 추구하는 데 쓰는 또 다른 무기로는 독점금지Antitrust 조치가 있다.

경제학자와 경제학과 출신의 규제개혁가들이 비용을 낮추기 위해 습관적으로 쓰는 단순공식은 '경쟁을 촉진하면 가격이 내려간다'는 것이다. 이들의 주장은 경쟁이 없으면 기업들이 독점가격을 유지할 것이라는 믿음에서 출발한다. 그래서 경쟁을 심화시키면 가격이 떨어질 것이라고 생각하지만, 그런 바람이 꼭 현실로 이어지는 것은 아니다. 규제완화나 독점금지 조치가 취해지더라도 신규 진입자들이 기존에 규제가 되던 시절 그 산업을 선도하던 주체에 맞서 '존속적 경쟁sustaining competition'을 해야 하는 상황에 놓인다면, 결국엔 신규 진입자들이 실패할 수밖에 없기 때문에 가격에는 큰 변화가 나타나지 않고 오히려 엄청난 자원만 낭비하는 경우가 흔히 발생한다. 가격의 현격한 감소와 접근성의 향상을 만들어내는 것은 존속적 경쟁이 아니라 '파괴적 경쟁disruptive competition'이기 때문이다. 이것이 시사하는 바는 규제개혁가들이 단순히 경쟁을 도입한다고 될 것이 아니라 '파괴적' 경쟁을 촉진시키는 데 초점을 맞추어야 한다는 점이다.[55] 규제기관이 이 공식을 제대로 이해하지 못할 경우 참혹한 결과가 초래될 수 있다는 것은 역사적으로 거듭 증명된 사실이다. 역사적 사례를 통해 정리한 시나리오는 〈그림 11-2〉에 요약해놓았는데, 먼저 실패 사례 중 세 가지를 함께 살펴보자.

메인프레임 컴퓨터 시장의 독점 규제

1960년대에 메인프레임 컴퓨터 시장을 석권한 IBM은 당시 시장점유율이 70%에 달했으며, 산업 전체 이익의 약 95%를 가져갔다. 거의 독점을 하고 있던 IBM을 미국 법무부(法務部)가 물론 가만 둘 리 없었다. 1968년, 법무부는 메인프레임 컴퓨터 시장에 생산업체 간 경쟁을 심화시키면 컴퓨터 비용이 감소할 것으로 보고, IBM을 분할시키기 위해 소송을 제기했다. 13년 동안 이 소송을 진행하느라 미국 정부는 수억 달러를 썼으며, IBM도 그만큼의 돈을 지출해야 했다.

그런데, 이렇게 소송이 진행되는 동안 미니컴퓨터와 개인용 컴퓨터(PC)의 가치 네트워크가 형성되면서 컴퓨터산업에 파괴적 혁신이 일어났다. 이런 새로운 컴퓨터 생태계의 성장으로 갈수록 많은 고객과 응용프로그램이 메인프레임 가치 네트워크의 영역에서 새로운 파괴적 혁신 네트워크의 영역으로 이동했다. 마이크로프로세서에 기반한 컴퓨터를 사용하는 소비자들이 늘어나면서, 분쟁의 대상이 되었던 메인프레임 컴퓨터를 사용하는 인구가 많지 않다는 것을 깨닫게 된 변호사들은 결국 소송을 중단하고 말았다. IBM의 메인프레임 독점상태가 결국에는 깨지고 말았지만, 그것은 미국의 법무부 때문이 아니라 파괴적 혁신 때문이었다.

우리는 이 시점에서 독자 여러분이 각자의 노트북 컴퓨터를 들여다보면서 두 가지 역사적 가능성에 대해 한번쯤 생각해보았으면 한다. 먼저, 경쟁을 유발하기 위해 IBM을 해체해 메인프레임 컴퓨터 산업의 독점에 제동을 걸었다면 컴퓨터의 비용과 접근성, 품질에 어떤 결과가 초래되었을까? 그리고 그 결과는 실제로 파괴적 혁신이 이러한 세 가지 변수에 미친 결과와 어떻게 달랐을까? 이와 같은 물음을 통해 규제기관과 이들에게 자문해주는 경제학자들은 존속적 경쟁과 파괴적 경쟁을 제대로 구별하는 것이 얼마나 중요한지를 깨달아야 할 것이다.

마이크로소프트의 독점 견제

1990년대 말에는 IBM 때보다 더 심한 독점기업이 등장했는데, 그것은 다름아닌 PC의 운영체제 부문을 지배했던 마이크로소프트Microsoft였다. 당시 마이크로소프트의 시장점유율은 90%가 넘었고, 수익률은 상상을 초월했다. 물론 이런 상황을 미국 법무부가 가만 두고 볼 리 없었다. 1998년 5월, 미국 법무부는 운영체제와 인터넷 브라우저 공급업체 간 경쟁을 심화시키면 컴퓨터 비용이 떨어질 것으로 보고 마이크로소프트를 분할시키기 위해 소송에 돌입했다. 이번 경우에도 소송을 진행하느라 미국 정부는 수억 달러를 썼으며, 마이크로소프트도 회사를 지키기 위해 그만큼의 돈을 쏟아부었다. 2001년에 내려진 1차 판결은 마이크로소프트의 손을 들어줬고, 미 법무부의 1차 공격은 실패로 돌아갔다.

한편, 법무부의 반독점국Antitrust Division이 다음 단계의 조치를 강구하는 사이에 새로운 파괴적 가치 네트워크가 등장하면서 산업의 판도는 새로운 국면으로 접어들었다. 새로운 가치 네트워크는 여러 가지 이름으로 부르지만, 우리는 그것을 '인터넷 중심의 컴퓨터 환경'이라고 부르겠다. 인터넷 중심의 컴퓨터 환경은 우리가 지난 10여 년간 컴퓨터를 접해왔던 환경, 즉 사업자 중심의 컴퓨터 네트워크를 파괴하고 있다. 리눅스Linux는 웹서버Web servers에서 사용되는 운영체제로 자리를 잡았으며 구글Google이나 야후Yahoo, 아마존Amazon 같은 기업들도 리눅스를 기반으로 시스템을 구축했다. 인터넷에 기반한 서비스 속도가 빨라지고, 더 편리하며 신뢰성이 높아지고 있기 때문에, 더 많은 응용 프로그램이 과거의 사업자 중심의 네트워크 환경에서 벗어나 인터넷 중심의 가치 네트워크라는 새로운 경쟁환경으로 이동하게 되었다. 따라서 고객 또한 필요한 문서를 자신의 컴퓨터 하드 드라이브에서 찾는 것이 아니라 인터넷에서 검색해서 찾는 방식으로 바뀌고 있다.

머지않아, 정부는 '웹서버를 통해 컴퓨터 작업을 하는 소비자들이 늘어나면서 사업자 중심의 네트워크를 사용하는 인구가 그리 많지 않다'는 내용의 최신 법률 의견서legal briefs를 마이크로소프트 워드Microsoft Word 프로그램이 아니라 구글 문서도구GoogleDocs를 이용해 작성하고 배포할지 모른다. 이렇게 되면 진행 중인 마이크로소프트의 독점관련 소송도 의미가 없어질 것이다. 마이크로소프트의 독점상태가 결국에는 무너지겠지만, 이 역시 미국의 법무부 때문이 아니라 파괴적 혁신 때문에 그렇게 될 것이다.

통신산업의 존속적 경쟁 도입

1996년 통신법 개정안Telecommunications Deregulation Act을 통해 또다시 미국 정부는 경쟁 자체만으로 비용이 떨어질 것이라는 단순한 논리를 가지고 통신산업의 비용을 낮추고 접근성을 제고하려는 시도를 하게 된다. 경쟁을 촉진하기 위해 마련된 이 통신법 개정안은 유에스 웨스트US West, 퍼시틱 벨Pacific Bell, 벨 사우스Bell South, 아메리테크Ameritech, 사우스웨스턴 벨Southwestern Bell, 벨 아틀란틱Bell Atlantic 등으로 구성된 개별 지역전화사업자(ILECs)로 하여금 정해진 할인가격에 신규사업자들과 기존의 네트워크를 공유하도록 규정했다. 신규 지역전화사업자(CLECs)라 부르는 이 업체들을 고객의 가정과 사무실로 연결되는 통신망의 '최종 구간' 에 신규로 참여시켜 기존의 사업자들과 경쟁을 유발하는 한편, 기존에 개별 지역전화사업자들이 구축해놓은 지역 통신망을 통해 신규 사업자들이 장거리 통신망에 '접속' 할 수 있게 했다. 이 정책의 취지는 신규 사업자들이 기존의 네트워크를 활용할 수 있게 함으로써 전화가입자를 통신망에 최종적으로 연결시키는 작업에서 높은 진입장벽으로 작용했던 물리적 '가입자 회선 local loop의 구축비용' 문제를 해결해 지역전화서비스에 경쟁을 촉진하고 소비자의 이용료 부담을 낮추려는 것이었다.

당시 거의 300개에 달했던 신규 지역전화사업자(CLECs)는 벤처 투자자와 월 스트리트에서 3,000억 달러가 넘는 투자금을 끌어 모아 100군데가 넘는 지역에 진출했다. 그러나, 2002년까지 살아남은 신규 사업자는 겨우 70개 업체에 불과했다. 2007년에 이르러서는 거의 모든 업체가 사업을 중단했으며, 초창기에 잘 나가던 윈스타 WinStar, 코바드 Covad, 노스포인트 NorthPoint, 리듬즈 Rhythms, 텔리전트 Teligent와 같은 대형 업체들은 모두 도산하고 말았다.[56] 이와 같은 지역전화사업의 실패는 나중에 닷컴 거품의 붕괴를 설명할 때도 상징적인 전례로서 사람들의 입에 자주 오르내리게 되었다. 경쟁이 촉진되고 가격이 떨어지기는커녕, 일련의 기업합병 사태만 초래했으며, 지역전화서비스의 가격은 계속 높게 유지되었다.

도대체 왜 이런 결과가 발생한 것일까? 통신법 개정안이 그 취지를 살리지 못한 이유는, 신규 진입자들이 기존 업체들이 확립해놓은 지역통신 인프라를 기반으로 하여 그들에게는 적절하지 않은 기존의 사업모델을 가지고 대형 전화사업자들이 지배하고 있는 분야에서 존속적 경쟁을 해야 하는 상황에 놓였기 때문이다. 다시 한 번 말하지만, 혁신에 관한 우리 연구결과에 따르면 시장에 신규 진입하는 회사가 기존의 선도업체가 지배하고 있는 시장에서 비슷한 종류의 사업 모델을 가지고 존속적 혁신으로 공격하는 경우 승리하는 쪽은 언제나 기존의 선도업체였고, 지역전화사업에서도 결과는 마찬가지였다.

규제기관과 여기에 소속된 변호사들, 그리고 경제학자들이 통신서비스 가격을 낮추고 접근성을 높이기 위한 수단으로서 존속적 경쟁을 통한 기존업체와 신규업체의 맞대결을 부추기는 동안 통신산업에는 정부 지원 없이도 새로운 파괴적 사업 모델이 나타나 또 다른 파괴적 경쟁구도를 만들어내고 있다. 한 가지 예를 들면, 인터넷전화기술(VoIP)을 이용한 스카이프Skype가 3억5,000만 명이 넘는 사용자를 확보하면서 이제는 전 세계에서 가장 큰 전화통신 공급자 중 하나가 되었다. 스카이프는 1년에 최소 35달러 40센트만 내면 시내전화와 장거리전화를 무제한으로 이용할 수 있는 프리미엄 서비스를 제공하고 있으며, 서비스 가입자들은 전 세계 어느 곳을 가더라도 똑같은 전화번호를 그대로 사용할 수 있다.[57] 비용과 접근성의 측면에서 볼 때, 앞으로 무선 인터넷전화기술wireless VoIP과 인터넷영상통화가 만들어낼 혁명적인 변화에 비하면 겨우 시작에 불과하다.[58] 한편, 파괴적 혁신의 궤적을 그린 도표의 가장 뒤쪽에 위치한 (원래의) 경쟁 평면에서는, 통신회사와 케이블TV 회사들이 고화질 TV와 감도(感度)가 더 좋은 유선전화 서비스를 한데 묶어, 이른바 '트리플 플레이Triple Play' 라고 하는 *통방(通放)융합서비스**를 수익성이 가장 좋은 고객들에게 더 높은 가격대의 묶음가격bundled pricing으로 제공하는 방식으로 수십억 달러대의 치열한 존속적 혁신 경쟁을 벌이고 있다.

보건의료서비스의 비용과 접근성의 문제를 개선하는 데 파괴적 혁신 모델을 적용하는 것이 왜 중요한지는 1996년 개정된 통신법을 두고 많은 지역전화사업자들이 이의를 제기했을 때, 미국 연방대법원 판사 스티븐 브레이어Stephen Breyer가 내놓은 의견에서도 잘 알 수 있다. 브레이어는 통신법안의 문제에 대한 검토문건에서 다음과 같이 기술했다. "의미 있는 경쟁은 기업들이 서로 공유하는 부분이 아니라 서로 공유하지 않는 부분에서 발생할 가능성이 크다. 기업들로 하여금 모든 자원과 사업요소를 공유하도록 규칙으로 강제하다보면 사업에 관련된 조건들이 시장에서 형성되기보다는 규제기관에서 결정하기 때문에 경쟁이 유발되지 않고 오히려 규제만 늘어나게 된다."[59]

규제를 받던 많은 제품과 서비스가 직접적인 존속적 경쟁을 통해서가 아니라 파괴적 혁신을 통해서 그 비용이 크게 낮아진 사례는 항공여행에서부터 트럭화물운송, 증권거래에 이르기까지 얼마든지 있다. 이 주제만 다루더라도 책 한 권은 족히 쓸 수 있을 정도로 할 말이 많지만, 여기서는 어떤 일정한 패턴이 있다는 정도로만 언급하겠다. 규제를 만든 쪽이나 규제를 푼 쪽 모두 시장에서 이미 자리매김한 기업들 간에 기존의 사업 모델을 가지고 경쟁을 촉진시키는 방법으로는 크게 비용을 낮추거나 접근성을 향상시킨 경우가 단 한 번도 없었다. 시간이 지나면서 산업의 안정화와 품질 보장을 위해 도입한 규제들을 완화하고 초점을 달리해야 될 때가 오면, 비용과 접근성을 크게 개선시키는 것은 오직 사업 모델의 파괴적 혁신을 통해서만 가능하다. 단순히 더 많은 경쟁을 도입해야 된다는 막연한 주장을 접하게 되면 앞으로는 미국 프로야구팀 뉴욕 양키즈의 전설적인 선수이자 감독이었던 요기 베라Yogi Berra가 남긴 유행어, '언젠가 본 듯한 느낌이 든다!' 라는 말을 꼭 상기해보기 바란다.[60]

---

*역자 注: 우리나라에서 '통방(통신방송)융합' 이라는 용어로 사용되는 트리플 플레이 서비스(TPS)는 가정으로 공급되는 TV(방송), 음성통화, 인터넷 서비스를 하나의 서비스 사업자가 단일 네트워크를 이용해 제공하는 것을 말한다. 통방융합 서비스는 가정의 중요한 통신 서비스를 모두 묶어서 일괄 제공하는 형태의 서비스다. 최근 우리나라뿐만 아니라, 미국에서도 트리플 플레이 시장을 확대하고 매출을 올리기 위한 업체들의 경쟁이 치열하다.

〈그림 11-2〉 규제와 파괴적 혁신이 서비스의 가격하락과 접근성 향상에 영향을 미치는 방식

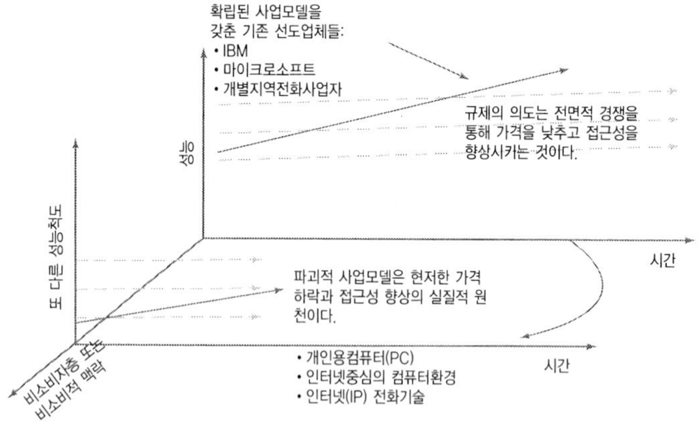

메디케어의 영향력을 축소시킬 방법

이 책을 쓰기까지 지난 10년간 연구해오면서 우리가 느낀 점은, 의사와 기업인들 사이에서 메디케어Medicare 정책이 미국의 보건의료산업 전반에 미치는 부정적 영향에 대해 실망감이 깊어지고 있다는 것이다. 우리가 늘 듣는 이야기는 메디케어의 덩치가 너무 커져서 변화되기 어렵다는 것이다. 하지만 우리는 메디케어가 노인층에 의료를 제공하려는 사명을 계속 수행하면서도 노인뿐만 아니라 모든 사람들을 도와줄 수 있는 혁신을 저해하지 않는, 다시 말해 보건의료산업에 중립적인 주체로서 탈바꿈될 수 있다고 생각한다. 우리가 메디케어를 직접적으로 바꾸려고 하기보다는 메디케어가 영향력을 발휘할 수 있는 범위 밖에 있는 산업부문에서 먼저 변화를 만들어내고, 사업 모델의 파괴적 혁신을 가능하게 하거나 촉진시키는 방향으로 규제 변화를 이끌어냄으로써 급증하는 메디케어 지출비를 통제한다면 메디케어를 변화시킬 수 있다.

어떻게 하면 미국의 보건의료에 심각한 왜곡을 가져오는 메디케어의 가격관리 기전으로부터 영향을 받지 않는 가치 네트워크를 만들어낼 수 있을까? 6장에서 언급했듯이, 가입자로부터 일정한 연회비를 받고 보건의료서비스를 제공하는 대규모 통합형 공급자 조직integrated provider systems 안에 내부시장internal market 기전을 마련하는 것도 한 가지 좋은 방법이 될 수 있을 것이다.

카이저 퍼머넨테Kaiser Permanente나 인터마운틴 헬스케어Intermountain Healthcare, 가이싱어 헬스 시스템Geisinger Health System 같은 조직들이 서로 다른 질병군에 적합한 집중화된 파괴적 사업 모델을 개발해낸다면, 왜곡된 의료비 상환 정책에 맞추기보다는 내부적인 의사결정을 통해 임상효능과 경제성에 따라 환자 진료를 조절할 수 있을 것이다.[61] 이런 의료전달방식이 효능과 비용 측면에서 이점(利點)이 있다는 것이 입증되면, (개별 공급자들이 행위별 수가제에 따라 메디케어에 진료비 청구를 하던) 원래의 경쟁 국면에서 새로운 파괴적 경쟁 국면으로 환자 진료방식이 조금씩 바뀔 것이고, 결국에는 메디케어도 통합형 정액제 의료공급조직에서 하는 것처럼 가입자에게 정해진 연회비를 받고 의료를 제공하는 방식으로 바뀔 것이다. 중요한 것은, 메디케어는 연회비만 신경 쓰면 될 것이고, 이것은 지불자와 공급자 간 협상에 의해 결정될 것이라는 점이다. 기타 구체적인 제품과 서비스의 가격은 의약품과 의료기기, 그리고 서비스 공급자들과 이들로부터 해당 제품과 서비스를 구매하는 통합형 의료조직 간에 경쟁을 통해 결정될 것이다.

공공과 민간이 혼합된 시스템을 가진 미국은 보건의료 개혁을 하는 데는 민간시스템이 별로 발달하지 않은 다른 민주주의 국가에 비해 여러모로 유리한 입장에 있다. 정부가 여기저기 간섭하는 곳에서는 규제가 미치지 못하는 틈새가 없어서 파괴적 혁신이 일어나기 어렵다. 다음에 이어질 이 장의 마지막 부분에서 살펴보겠지만, 이런 국가보건의료체계를 가진 국가에서 우리가 생각하는 개혁을 하려면 그 체계와 정면으로 부딪혀야 하는데, 이것은 최악의 상황이 닥치더라도 별로 쓰고 싶은 방법은 아니다.

국가보건의료체계

이 장 초반부에서 "미국에서는 정부의 통제와 영향력이 보건의료체계 전반에 걸쳐 상당히 폭넓게 나타나고 있으며 복잡하게 얽혀 있다"고 했던 우리 주장에 비해 어쩌면 현실은 더욱 심각할지도 모르겠다. 메디케어 및 메디케이드 서비스센터(CMS)가 정하는 진료수가는 보통 민간보험회사들이 참조하는 기준이 된다. 기본적으로 국립보건원(NIH)과 식약청(FDA)은 생물의학적 연구와 신기술 분야의 혁신을 가능하게 하는 후원자 또는 문지기 역할을 하며, 퇴역군인건강청 Veterans Health Administration, 인디언 건강서비스 Indian Health Service, 연방이나 각 주에서 재정을 지원받는 공공보건소 네트워크 등은 의료를 직접 제공하고 있다.

이 기관들의 폭넓은 영향력을 모두 감안한다면, 보건의료의 위기를 해결할 실질적인 힘과 영향력 범위를 가진 주체는 정부밖에 없다고 생각할 것이다. 대부분의 선진국이 사용하는 시스템, 즉 정부가 관장하는 국가차원의 단일 지불자 시스템을 미국에 도입해야 한다는 주장은, 지난 몇십 년간 끊임없이 되풀이되었다.

그러나 실제 우리가 직면한 중대한 문제는 보건의료비를 어떻게 지불할 것인지가 아니다. 노벨상 수상자 밀턴 프리드만 Milton Friedman은 이미 오래전에 '공짜점심 free lunch 같은 것은 없다' 고 한 바 있다. 의료비 가 개인 혹은 직장을 통해서 지불되든, 아니면 정부가 운영하는 보건의료체계를 통해서 지불되든, 결국에 돈은 사람들의 주머니에서 나오는 것이다.

두 번째로 중요한 문제는, 보건의료비 지출을 어느 정도 할 것인가 하는 점이다. 대체로 미국의 직장들은 직원들의 보건의료비를 지불해주는 쪽을 택했다. 다른 선진국에서 GDP대비 보건의료비 지출 비중이 더 낮은 핵심적인 이유는, 정부가 보건의료비에 대해 충분한 지불을 하지 않는 쪽을 택했기 때문이다. 즉, 국가보건의료체계를 갖춘 대부분의 나라에서 정부는 여러 가지 방식으로 고급 진료에 대한 접근을 제한해왔다. 2005년 공적재원조달 방식의 캐나다 의료시스템이 겪고 있는 문제점에 대해 캐나다 대법원장 베벌리 맥라클린Beverly McLachlin은 "대기자 목록에 대한 접근성을 보장하는 것이 보건의료에 대한 접근성을 보장하는 것은 아니다Access to a waiting list is not access to health care"라고 비꼬아 말했다.[62] 결과적으로, 국가보건의료체계를 갖춘 대부분의 국가에서는 공공시스템에서 적용되지 않는 의료를 대신 보장해줄 수 있는 민간시장이 발달할 수밖에 없었다. 이것은 의료비의 지불 여부를 관료의 선택에 맞기지 않고 사람들이 알아서 스스로 결정하는 것이다.[63]

일반적으로 의사와 간호사의 보수를 통제하고 자원을 배분하는 데는 정부가 운영하는 국가보건의료체계가 더 낫다고 할 수 있는데, 그것은 근본적으로 정부가 보건의료 인력의 대부분을 채용하는 유일한 고용주이며, 가격 통제력을 가진 독점구매자이기 때문이다.[64] 정부가 의료인의 보수를 강력하게 통제하는 나라에서는, 실력 있는 의사들이 부자들을 상대로 더 많은 수입을 벌기 위해 개업하는 경우가 많은데, 이것은 국가보건의료체계가 지닌 또 다른 모순이다. 즉, 의도는 전체 국민을 위해 보편적인 접근성을 보장하려는 것이었지만, 실제로는 엘리트 의료인들은 엘리트 환자만 진료하고, 나머지 의료인들이 나머지 환자를 돌보는 상황이 종종 발생하는 것이다.[65]

우리는 이 책에서 '보건의료비를 낮추는 방법' 에 초점을 맞추고 있다. 바라건대, 지금쯤이면 단순히 보건의료뿐만 아니라 모든 산업에서 비용의 증가를 초래하는 주요인은 전문직들이 일하는 방식, 즉 사업 모델이라는 점을 독자들이 충분히 깨달았을 것이라 믿는다. 국가보건의료체계도 사업 모델의 파괴적 혁신을 통해서 보건의료비를 낮추는 작업을 미국의 시스템보다 더 잘하고 있지 않다. 지금까지는 둘 다 일을 제대로 해내지 못하고 있다.

미국에서 파괴적 혁신을 하려는 사람들이 뛰어넘어야 할 장애물이 많지만, 이들이 앞으로 10년쯤 지나면 대부분의 국가보건의료체계에서 개혁하려는 사람들보다 파괴적 혁신을 통해 보건의료비를 낮추고 접근성을 높이는 일을 더 잘 해낼 수 있을 것이다. 따라서, 우리는 미국의 정치지도자들이 더 이상 정부 통제를 문제해결의 수단으로 보지 말 것을 촉구한다. 이제는 미국 정부가 파괴적 혁신을 촉진할 때가 되었다.

대부분 국가에서 보건부처는 분권화된 봉토(封土)사회라고 할 수 있다. 예를 들어, 병원은 의사의 조직과는 별개로 관리되며, 의사 조직도 의약품 가격결정 및 유통체계와는 별도로 관리되는 식이다. 행정관리들은 공무원이고, 의사들은 보건부에 고용되어 있지만, 이런 시스템은 기본적인 행정관리구조에 있어서 미국의 보건의료산업을 특징짓는 비통합형 체계와 별반 다르지 않다. 다만, 싱가포르나 영국에서처럼 중앙집중화 수준이 높고, 강력한 통제 및 조정권을 갖는 극소수의 공공보건부처는 우리가 앞서 논의했던 카이저 퍼머넨테 Kaiser Permanente 같은 통합형 공급조직과 비슷한 구조를 가지고 있다. 다시 말하면, 변화를 지휘하고 조정할 권력의 중앙집중화가 중요한 것이지, 그런 권력이 정부부처나 민간공급자 중 누구에게 부여되어야 하는지는 중요하지 않다.[66] 커다란 변화를 추진하는 데는 대부분의 정부 보건부처는 역부족이다. 왜냐하면 새로운 파괴적 혁신에 뜻을 같이하도록 개별 주체들을 납득시키는 정치적 과정을 거치다보면 개혁의 원래 모습은 온데간데 없이 사라져버리기 때문이다.

협력 수단

우리는 그동안의 혁신연구를 통해 개발한 '협력 수단Tools of Cooperation' 모형을 이용해 변화를 조직화하고 조정하는 힘이 왜 그렇게 중요한지 설명하려고 한다. 협력 수단 모형의 핵심은 기업이나 보건부가 나아가려는 방향에 대해 올바른 비전을 가지는 것이 우선되어야 한다는 점이다. 미래에 대한 목표와 방향성이 일단 정해지면, 변화를 달성하기 위해 협력과정을 성공적으로 추진하는 데 필요한 자원과 에너지를 가진 주체들과 모든 관련자들을 설득해야 한다.

협력을 이끌어내기 위해 여러 가지 수단이 동원되겠지만, 그 각각의 유효성은 크게 두 가지 차원의 합의가 기존에 얼마만큼 이루어졌는지에 따라 다르다. 두 가지 차원 중 첫 번째는 '관련된 사람들이 원하는 것' 에 대해 얼마나 합의를 이루었는가 하는 것이다. 그들 각각이 추구하는 결과와, 그 결과를 달성하기 위해 그들이 양보할 수 있는 것들, 그리고 그들이 생각하는 우선순위 등에 관한 합의가 여기에 포함된다. 두 번째는 '원하는 결과를 어떤 방식으로 달성할 것인가' 에 관한 합의 수준을 말한다.

변화를 관리해야 하는 사람들에게 주어진 유일한 '최선책' 은 없으며, 두 가지 차원에 대한 기존의 합의 수준에 따라 방법을 달리해야 한다. 즉, 합의 수준을 파악하고 그 상황에서 가장 효과적인 협력 수단을 선택하는 것이 중요하다. 이런 모형은 단순해 보이지만 작게는 가정에서부터 사업부서 단위와 기업, 학군(學群), 나아가 국가와 같은 큰 조직 단위에 적용될 수 있다.

〈그림 11-3〉은 이 두 가지 차원에서의 합의 수준을 도표로 나타낸 것으로, 서로 다른 상황에서 협력해 필요한 변화를 만들어내기 위해 이해 당사자들의 협력을 이끌어내는 데 활용할 수 있는 수단이 정리되어 있다. 각각의 다양한 수단을 경계선으로 묶어놓았지만, 이것은 다양한 상황에서 대략 어떤 것들이 더 효과적인지를 나타내는 것일 뿐, 반드시 어떤 상황에서 활용해야 할 수단이 정해져 있다는 것을 의미하지는 않는다.

권력 수단Power Tools

원하는 것과 그것을 얻는 방법에 대한 관련 당사자들의 입장이 극명한 차이를 보일 때, 새로운 변화를 추구하는 과정에서 이들의 협력을 이끌어낼 수 있는 유일한 수단은 법적 명령, 무력, 강압, 협박과 같은 '권력 수단' 뿐이다. 발칸반도에 평화를 가져온 마샬 티토Marshal Tito가

〈그림 11-3〉 협력 수단의 네 가지 유형

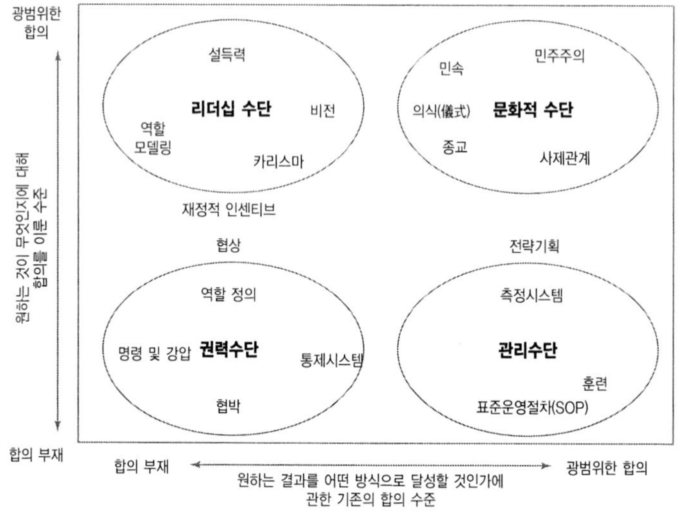

쓴 방법이 여기에 해당한다. 제2차 세계대전이 끝난 후, 그는 발칸반도의 이질적이고 반목이 심했던 여러 인종들을 규합해 다소 인위적인 국가 단위에 편입시켰다. “나는, 당신들이 무엇을 원하고 그것을 어떻게 이룰 것인지에 대해 나와 생각을 같이 하는지, 당신들 서로의 생각이 같은지 아무 상관없소. 내가 겨누고 있는 이 총구가 어디를 향할지 모르니 당신들은 그저 내게, 그리고 서로에게 협력해주기 바라오.” 마샬 티토가 한 말을 요약하면 기본적으로 이런 것이 아니었을까 싶은데, 중요한 것은 그것이 효과가 있었다는 점이다.

합의 수준이 매우 낮은 상황에서 협상이나 전략기획, 재정적 인센티브 같은 수단은 효과가 없다. 〈그림 11-3〉에서 보듯이, 이것은 두 가지 차원 모두에서 어느 정도 합의가 되었을 때만 효과가 있다. 중동지역이나, 지금은 망해버린 미국의 대형 항공사 이스턴 항공Eastern Airlines에서 일어난 유명한 노사분규 때처럼 의견 차이가 극명하게 대립되는 환경에서 협상은 소용 없다.

리더가 조직이 어디로 나아가야 할지를 파악하기 위해 전략기획 수단을 활용할 수 있을지는 몰라도 목표와 수단에 대한 합의가 없는 상태에서는 전략적 계획 자체가 목표에 도달하는 데 필요한 협조적인 행동을 이끌어내지 못할 것이다. 기본적으로 자신이 원하는 것을 가지기 위해 상대에게 대가를 지불하는 것이라고 할 수 있는 재정적 인센티브 수단 또한 합의 수준이 낮은 환경에서는 기대한 결과를 얻을 수 없다. 사람들이 그러한 인센티브의 목표에 동의하지 않고 있기 때문에 그들의 행동은 크게 달라지지 않는다.

합의 수준이 낮은 상황에서 믿을 만한 효과를 발휘하는 것은 오직 권력 수단뿐이다. 중요한 것은, 그러한 수단을 사용할 수 있는 권한을 누가 가지고 있느냐 하는 것이다. 민주주의 국가에서 권력 수단은 대부분 법으로 금지되어 있다. 그렇기 때문에 변화에 대한 지시를 받은 공공 조직의 리더들은 변화를 추진하고 싶어도 쓸 수 있는 권력 수단이 별로 없기 때문에 좌절할 수밖에 없다. 이 부분에 대해서는 나중에 다시 다루도록 하겠다.

관리 수단Management Tools

합의 수준이 〈그림 11-3〉에서 우측하단에 해당하는 경우, 협력을 이끌어낼 수 있는 수단은 본질적으로 과정을 중요시하며, 서로의 견해를 조정하는 데 초점을 둔다. 우리는 이것을 '관리 수단' 이라고 부르는데 훈련, 표준운영절차(SOP), 측정시스템 같은 것들이 여기에 해당한다. 이런 수단이 효과를 발휘하려면, 각 당사자들이 어떤 일에 참여함으로써 무엇을 얻으려 하는지 굳이 합의를 하지 않아도 되지만, 원인과 결과만큼은 반드시 합의해야 한다.

예를 들어, 같은 회사를 다니더라도 노조에 가입되어 있는 생산직 근로자와 마케팅 매니저가 그 회사를 다니는 이유는 서로 다를 수 있다. 그러나 두 집단 모두가 새로운 생산절차를 따를 경우 더 나은 품질의 제품을 더 저렴하게 만들어낼 수 있다는 사실에 동의하고 있다면 그들은 서로 협력할 것이다. 한편, 새로운 방법이나 절차를 따름으로써 예전에 비해 원하는 결과를 더 효과적으로 달성할 수 있을 것이라는 데 사람들이 동의하지 않는다면 새로운 절차를 따르도록 아무리 훈련을 하더라도 사람들의 행동은 달라지지 않을 것이다. 훈련의 효과는 훈련의 질보다는 일이 돌아가는 방식에 대한 합의 수준에 더 많이 좌우된다.

리더십 수단Leadership Tools

〈그림 11-3〉의 좌측상단 부분에서는 직원들이 조직에 참여함으로

써 얻고자 하는 것, 즉 목표에 대한 합의가 높은 수준에 도달해 있기 때문에 과정중심의 수단보다는 결과지향적인 수단이 더 효과적이다. 카리스마를 가진 존경받는 리더들은 일을 어떻게 해나갈지에 초점을 맞추기보다는 사람들에게 동기를 부여해 목표로 정한 일을 해내게 만든다. 그러나 〈그림 11-3〉의 좌측상단에서는 직원들에게 용기를 주고 따르고 싶은 비전으로 인식되는 똑같은 행동이 〈그림 11-3〉의 아래쪽 부분에서는 사람들에게 외면당하거나 비웃음의 대상이 된다. 사람들은 그들이 성취하려는 것에 동의할 때는 비전을 나타내는 문구에서 힘을 얻지만, 그들이 원하는 것에 스스로 동의하지 않을 때는 못마땅한 표정을 짓기 일쑤다.

문화적 수단Culture Tools

〈그림 11-3〉의 우측상단 부분에 위치한 사람들은 같은 방향을 향해 거의 자동적으로 협력해 나아가는데, 이것이야말로 강한 조직문화의 핵심이라고 할 수 있다. 그들은 서로가 원하는 것과 일이 돌아가야 하는 방식에 대해 같은 생각을 하고 있기 때문에 목표와 수단에 대해 논쟁할 필요가 없다.[67] 그러나, 바로 이런 강점이 조직의 변화에 대한 커다란 저항을 야기할 수도 있다. 의식(儀式), 민속, 민주주의와 같이 강력한 조직문화가 뒷받침될 때 사용할 수 있는 협력 수단들은 현재 상태를 유지하기 위한 상황에서만 협력을 촉진시킬 뿐, 변화가 필요한 상황에서는 적극적인 협력을 이끌어내지 못한다. 예를 들어, 기업의 임원진들이 미래에 큰 변화가 있을 것이라는 점을 감지했는데, 조직이 그들이 생각하는 방향으로 흘러가고 있지 않다는 생각을 하게 되면, 조직문화를 유지하기 위해 경영자를 해고해버리는 경우가 종종 있다. 존 스컬리(애플)나 더크 야거(P&G), 칼리 피오리나(휴렛패커드), 조지 피셔(코닥) 등이 그

렇게 해서 기업에서 쫓겨난 CEO들이다.

그렇다면, 합의 수준을 보여주는 2차원 도표상에서 보건의료시스템은 어디쯤 위치하고 있을까? 대부분은 도표의 좌측하단에 있다고 할 수 있다. 환자나 의사, 규제기관, IT 전문가, 병원경영자, 보험회사, 제약회사와 의료기기 회사의 임원진들, 중소기업, 대기업, 정치인 등 보건의료시스템에 이해관계를 가진 모든 당사자들은 서로 다른 우선순위를 가지고 있고, 그것들을 어떻게 달성할지에 대해서도 전혀 합의가 되어 있지 않다.

합의 수준을 나타내는 2차원 도표 상에서 보건의료 분야가 좌측하단에 놓여 있다는 사실은 과거에 개혁가들이 도입한 방법들이 왜 효과를 거두지 못했는지를 잘 설명해주는 부분이다. 예를 들어, 근거중심 의학을 주장했던 개혁가들은 많은 의사들이 입증된 최선의 진료를 따르기보다는 그들 자신의 직관에 계속 의존하는 현실을 안타까워한다. 그러나, 특정한 방식에 따라 진료함으로써 바람직한 결과를 얻을 수 있다는 사실에 동의하지 않는 한 그 고집 센 의사들은 절대로 규칙을 따르지 않을 것이다. 마찬가지로, 성과와 가치 평가표를 만들어내는 게 거의 불가능할 수밖에 없었던 이유도 병원 내에 솔루션 숍solution shops 기능과 가치부가과정value-adding process 비즈니스가 혼재해 있어서 목표와 수단에 대한 합의 수준이 2차원 도표 상의 좌측하단에 놓이게 되었기 때문이다. 성과에 대한 비교평가는 원인과 결과에 대한 합의 수준이 높고, 다양한 당사자들이 평가 대상이 되는 일에 참여함으로써 얻으려는 것에 어느 정도 합의했을 때만 효과가 있다.

이 상황에서 우려되는 부분은 보건의료 개혁이 이슈가 되고 있는 대부분의 사회에서 활용되는 기본적인 개혁의 수단이 민주적인 방식에 의존하고 있다는 점이다. 이 수단은 구성원들이 원하는 목표와 그것을 달성하는 데 필요한 수단에 대해 높은 수준의 합의가 있을 때, 즉 합의 수준을 나타내는 2차원 도표상 우측상단에 놓여 있을 때라야 효과를 발휘한다.[68] 게다가, 합의 수준을 나타내는 2차원 도표에서 문화적 수단에 속하는 모든 방법과 마찬가지로 급격한 변화가 필요할 때 민주주의는 그리 효과적인 수단이 못 된다. 민주주의는 오히려 현재 상태를 유지하려 할 때 가장 효과적인 수단이다.

그렇다면, 우리의 보건의료시스템을 변화시키는 것은 진정 불가능한 일일까? 답은 '그렇지 않다' 이다. '분리' 라고 하는 제5의 수단을 제대로 활용한다면 가능한 일이다.

분리 *Separation*

협력해야 할 당사자들 간에 의견이 근본적으로 너무 달라서 어떤 행동방침에 대해 합의를 이루는 것이 불가능한데다, 아무도 협력을 강제할 수 있을 만큼의 권력을 축적하지 못한 상황이라면 딱 한 가지 수단을 빼고는 그 어떤 것도 효과를 발휘하지 못한다. 비장의 카드는 합의 수준을 나타내는 2차원 도표상에도 존재하지 않는 것으로, 서로 대립하는 당사자들을 각각 별도의 집단으로 '분리' 시키는 방법이다. 이 경우, 분리된 각각의 집단 내에서는 서로 간에 높은 수준의 합의가 형성되어야 하지만, 다른 집단의 구성원과는 굳이 합의를 하지 않아도 된다. 실례로, 마샬 티토의 시대가 막을 내린 후 발칸반도에는 과거에 티토가 한 것처럼 권력을 축적하고 평화유지를 위해 그것을 성공적으로 행사할 수 있는 사람이 아무도 없었다. 보다 못해 나선 빌 클린턴 대통령의 카리스마와 토니 블레어 총리의 외교술도 통하지 않았다. 민주주의와 협상, 경제적 제재, 유인책 같은 것으로는 해결이 되지 않았다. 결국, 분리 separation 외에는 달리 방법이 없었다. 결국, 발칸 지역에 평화가 찾아온 것은 각 인종이 여러 국가와 지역권으로 분리되면서 인종 간에 반목할 이유가 없어졌기 때문이다.

우리가 파괴적 혁신에 관한 연구를 진행하는 동안에도 역시 같은 결과가 관찰되었다. 한때 산업을 선도하던 기업이 이후 업계에 발생한 파괴적 혁신을 거치면서 선도적인 지위를 그대로 유지하게 된 사례를 보면 기업을 이끄는 리더가 '분리' 라는 수단을 사용한 경우밖에 없었다. 이 기업들은 기업 산하에 별도의 독립적인 사업부를 설립해서 사업부가 기업의 영향력에서 벗어나 고유한 사업 모델을 통해 파괴적 혁신의 기회를 추구할 수 있게 함으로써 파괴적 혁신에서 살아남을 수 있었으며, 때로는 별도의 사업부가 모(母)기업을 상대로 경쟁을 하는 경우도 있었다.

어떤 회사에서 핵심사업을 존속시키는 책임을 맡고 있는 직원들이 파괴적 제품을 책임지는 직원들과 같은 부서에서 함께 일하게 된다면, 기존의 고객과 신규 고객 중 누가 더 중요한지, 고급시장과 저가시장 중 어디에 더 큰 성장의 기회가 있는지 등을 결정하는 과정에서 매사에 갈등이 끊이지 않을 것이다. 이 경우 현실적으로 유일한 방책은 분리하는 것이며, 이것이 가능하려면 CEO의 권력 행사가 반드시 필요하다. 이런 이유 때문에 스스로를 파괴적으로 혁신하는 데 성공한 기업은 극소수에 불과하다.[69]

규제개혁을 바라는 이들에게 우리가 '틈새를 노리는 전략' 을 구사해야 한다고 권고하는 이유도 바로 앞에서 설명한 것과 같은 이론적 근거에 따른 것이다. 정의하자면, 규제개혁을 필요로 하는 상황은 두 가지 차원의 합의 수준을 나타내는 도표에서 좌측하단에 위치한다. 원하지 않는 사람들에게 규제 개혁을 강요하려면 엄청난 권력을 필요로 하는데, 민주주의 사회에서 그만한 권력을 소유하고 있는 사람은 아무도 없다. 미국과 같은 보건의료체계하에서는 규제기관과 기존 시장의 영향력 있는 경쟁자들의 눈을 피해서 파괴적 혁신의 거점을 마련할 틈새를 발견할 수 있는 것은 민간 기업가밖에 없다. 미국 정부가 보건의료 분야에 단일-지불자 시스템을 도입하려 한다면, 그것은 '규제의 손길이 닿지 않는' 주변부에서마저 개혁이 자라날 수 없도록 아예 싹을 잘라버리는 일이 된다. 또한, 파괴적 혁신이 기존의 이해관계에 부합하지 않는 상황에서 그나마 파괴적 혁신을 하려고 하는 선도 기업들로부터 혁신을 추진하는 데 반드시 필요한 권력 수단마저 행사할 수 없도록 만들어 버린다.

우리가 이 책을 읽는 독자와 법을 만드는 의회 의원을 비롯해 국민에게 미국의 보건의료 위기를 해결할 방법으로 정부가 통제하는 단일-지불자 시스템을 추진하면 안 된다고 주장하는 이유도 이 때문이다. 상대적으로 수월해보일지 몰라도, 그 방법은 일방통행 도로를 역주행하는 것이나 마찬가지다. 게다가 일단 그 길에 접어들면 다시 나갈 수도 없다.

요약: 변화가 필요한 규제들

앞에서 우리가 다룬 것은 이 책에서 우리가 주장하려는 변혁을 촉진하기 위해 반드시 변해야 할 여덟 가지 규제 혹은 영향력 기제들에 관한 내용이었다. 이것들을 요약하면 다음과 같다.

1. 국립보건원(NIH)은 여러 학문 분야를 아우르는 연구 제안서를 평가할 새로운 방법론을 개발해야 한다. 그렇지 않고 동료심사 방식을 계속 유지할 경우 의학지식의 폭은 더 이상 확대될 수 없을 것이다. 또 서로 다른 관점이 교차하는 지점에서만 나올 수 있는 참신한 발견과 접근법을 포착해낼 수 없게 될 것이다.
2. 메디케어 및 메디케이드 서비스센터(CMS)와 민간보험회사들이 의

료수가를 정할 때 사용하는 산정공식도 바뀌어야 한다. 순수한 형태의 솔루션 숍solution shop과 가치부가과정value-adding process 클리닉, 네트워크 촉진facilitated networks 기업이 고용주나 환자들과 직접적으로 사업계약을 맺게 되면 진정한 가치와 실질적인 비용을 반영하는 수준에서 가격 결정이 허용되어야 한다. 이 가격은 관료가 만들어낸–복잡하기만 할 뿐 정확하지 않은–상대가치 산정공식이 아니라, 공급자 조직의 책임과 소비자를 위한 정보의 투명성에 기반해 결정되어야 한다.

3. 의도한 것은 아니겠지만 시장 최저가를 기준으로 매년 수가를 개정하는 지금의 의료비 상환방식은 업체들이 일정한 수준의 가격을 유지하게 만들어주는 셈인데, 이런 가격결정 방식은 없어져야 한다. 우리가 고용주들에게 권하는 바와 같이 건강보험회사들이 공급업체나 집중화된 의료제공자들과 개별적으로 가격을 협상하게 되면, 전반적인 시장가격은 올라가지 않고 내려갈 것이다.

4. 가난한 무보험자들이 보건의료를 이용할 수 없는 이유는 불편함과 높은 비용 때문인데, 의료공급자들로 하여금 강제로 이들에게 의료를 제공하게 해놓고 보상해주지 않는 것은 시정되어야 한다. 정부는 필요하다면 보조금을 지급해서라도 빈곤층과 무보험자들을 건강저축계좌health savings accounts와 연계된 고액공제 건강보험high-deductible health insurance에 가입시켜야 한다. 이와 동시에, 정부는 단순히 재정적인 안전망을 확충하는 데 그칠 것이 아니라, 충분하게 훈련받은 진료간호사nurse practitioners와 치과보조인력들로 구성된 리테일 클리닉retail clinics이 편리한 곳에 개설되어 모든 사람들이 저렴하고 편리하게 의료를 이용할 수 있도

록 의료공급망의 확충에 관심을 기울여야 한다.

5. 식품의약품안전청(FDA)은 임상시험 과정을 개편해야 할 것이며, 필요하다면 연구시험research trials으로 임상시험의 위상을 재정립해야 한다. 동시에, 제약업체들의 임상시험도 그 범위를 질병의 증상이나 인체 장기에 따라 나눌 것이 아니라, 분자수준에서 정의한 질병 구분에 따라 해야 한다.
6. 면허나 인증과 같은 규제의 초점은 기술의 변화나 과학적 진보와 보조를 맞추어야 한다. 의료가 직관의학intuitive medicine의 영역에 속해 있을 때는 '사람'의 자격인정 여부에 초점을 맞추어야 하지만, 의학 수준이 경험의학empirical medicine을 거쳐 정밀의학precision medicine의 영역으로 발전해갈수록 규제는 '과정'을 평가하는 방향으로 옮겨졌다가, 결국에는 '결과outcomes'의 보장 여부에 초점을 맞추어야 한다.
7. 규제완화에 앞장서는 경제학자들은 경쟁과 독점을 양 극단에 두고 방향성을 가늠하는, 단순하고 오래된 일차원적 사고방식을 버려야 한다. 보건의료 분야의 비용을 현저하게 줄일 수 있는 방법은 경쟁의 도입 자체가 아니라 특정한 형태의 경쟁, 즉 파괴적 혁신의 도입이라는 점을 알아야 한다. 규제자들은 기술의 발달로 파괴적 혁신이 가능해지는 즉시 파괴를 촉진시켜야 한다. 그래야만 보건의료가 저렴해지고 접근성이 높아질 것이다.
8. 직원들이 건강한 행위를 하면 이에 대해 고용주가 재정적 인센티브를 제공해야 한다. 예를 들어, 회사가 직원 개개인의 건강·불건강 행위에 관한 자료에 기반해 장기적인 보험비용을 산출하고, 이에 따라 직원별로 고액공제보험과 건강저축계좌에 대한 부담금의 비중을 결정하고 조정해나가야 한다.

에필로그

복잡하고 값비싼 제품과 서비스의 비용을 낮추고 품질과 접근성을 높여야 하는 필요성은 보건의료 분야에만 국한되는 문제는 아니다. 대부분의 현대 산업은 오늘날 보건의료가 처해 있는 상황처럼, 제품과 서비스가 복잡하고 값비싼 상황에서 시작해서 파괴적 혁신을 통해 비용과 품질, 편의성이 개선되는 방향으로 변모되었다. 여러 산업의 역사를 통해 볼 때, 잘 나가는 선도기업들이 파괴적 변혁을 먼저 주도한 경우는 드물었는데, 그 이유는 무엇이었을까?

파괴적 혁신은 애당초 산업을 선도하는 기업이나 그 고객들의 요구를 충족시킬 수 없었을 뿐만 아니라, 파괴를 통해 얻는 수익이 기존 사업 모델의 관점에서 보면 그리 만족스럽지 못했기 때문이다. 파괴적 혁신은 요구도가 가장 낮은 고객층을 대상으로, 가장 간단한 문제를 해결하는 것에서부터 시작되었다.

파괴적인 기술과 사업 모델은 우리 사회의 여러 분야에서 가격인하와 일관된 품질, 편리한 접근성을 만들어낸 기전이었다. 파괴적 혁신은 이를 무시한 기업들을 가만히 내버려두지 않았지만, 인류에게는 유익한 것이었다. 여러 산업에 걸쳐 품질과 가격 중에서 선택해야만 했던 그간의 상황을 바꾸어놓았기 때문이다. 파괴적 혁신은 좋은 품질과 적절한 가격, 두 가지 모두를 가능하게 한다.

혁신을 위한 파괴disruption는 세 가지 요소로 구성된다. 어떤 산업의 근간을 이루는 기술적 문제의 복잡성을 단순화시키는 '테크놀로지'와, 그렇게 단순화된 해법을 저렴한 비용으로 시장에 내놓게 하는 '사업 모델', 그리고 이것에 잘 부합하는 사업 모델을 갖춘 여러 공급업체와 유통업자들로 구성된 '가치 네트워크' 등이 그것이다. 이 세 요소가 결합된 파괴는 보건의료 분야에 오래전부터 작동하고 있었는데, 전 세계 대부분의 지역에서 전염병 관리가 단순하고 저렴하며 편리하게 서비스를 이용할 수 있게 바뀐 예가 그것이다.

또 다른 보건의료 분야에서는 이보다 더 파괴적인 혁신이 꿈틀대고 있다. 효과를 예측할 수 있는 치료법을 개발하는 데 꼭 필요하다고 할 수 있는 정밀진단법이 그 예로, 직관의학 수준에 놓인 의료를 경험의학을 거쳐 결국에는 정밀의학의 영역으로까지 조금씩 발전시키고 있다. 그러나 이런 기술적 진보에도 다른 여러 가지 요인들로 인해 의료전달방식은 여전히 비용이 많이 드는 낡은 사업 모델에서 벗어나지 못하고 있다.

보건의료 분야의 공무원과 정책결정자들이 이 책에서 주장하는 바대로 기술적 진보를 파괴적 사업 모델과 가치 네트워크의 혁신으로 보완하는 데 유념한다면 보건의료의 비용과 품질, 편의성에 관한 문제들을 크게 개선할 수 있을 것이다. 보건의료산업은 너무 복잡하다. 그러나 핵심적인 요소들을 간추려보면 보건의료도 파괴를 통해 이미 혁신을 이루어낸 다른 산업과 크게 다르지 않다.

파괴적 사업 모델

사업성으로만 보면 종합병원은 좋은 사업 모델이 못 된다. 여러 진료과목 간에 손익을 보정하는 교차지원cross-subsidies이 불가능하다든지, 경쟁에 대한 제한이나 자선단체의 지원이 없다면 대부분의 병원은 도산하고 말 것이다. 찾아오는 모든 환자들의 갖가지 질환을 모두 진단하고 치료하는 것을 가치제안value proposition으로 삼고 있는 종합병원은 다음과 같은 세 가지 유형의 사업 모델을 한 지붕 아래에 모두 품고 있는 셈이다.

솔루션 숍 Solution shop 문제를 진단하고 해법을 제시하는 기능을 하며, 행위별 수가제fee-for-service로 보상을 해야 한다.

가치부가과정 사업 Value-adding process business 확진이 된 질환을 비교적 표준화된 단계에 따라 고치거나 치료하는 시술을 제공하며, 결과별 수가제fee-for-outcome로 보상을 해야 한다.

네트워크 촉진 Facilitated networks **사업** 의료진과 환자들이 서로 정보를 교환하고 도울 수 있도록 네트워크를 제공하는 사업이며, 회원 요금제fee-for-membership로 보상을 해야 한다.[1]

비용 문제는 간접비 때문, 품질 문제는 미흡한 통합 때문

만인을 위해 모든 것을 하겠다는 생각 때문에 종합병원에서는 개별 전문의들과 그들이 사용하는 장비가 서로 독립적으로 기능할 수밖에 없으며, 밀접하게 통합되지 못한다. 이 때문에 환자들은 그때 그때 사정에 따라 여러 진료과를 전전할 수밖에 없다. 이런 이유로 병원은 통합을 최적화하지 못하고, 결국 개별 환자들이 해결하려는 문제를 그 어느 것도 제대로 해결하지 못한다. 그래서, 경우의 수가 너무 많은 복잡한 경로를 거쳐 환자를 내보내야만 하는 병원으로서는 그런 복잡성이 만들어내는 엄청나게 높은 수준의 간접비에 시달릴 수 밖에 없는 것이다.

병원은 앞서 설명한 세 가지 유형의 사업 모델에 따라 스스로를 파괴하지 않으면 다른 주체에 파괴당할 수밖에 없다. 병원이 안고 있는 과도한 비용 부담은 간접비와 관련 있으며, 일관되지 못한 품질과 안전성의 문제는 의료진과 장비가 제대로 통합되지 못해서 생기는 것이다.

병원은 지금 하고 있는 각각의 일을 최상으로 할 수 있는 체제를 갖추지 못하고 있다. 직관의학에 해당하는 진료기능만 전담할 전문 솔루션 숍을 만들고, 확진이 된 질환에 대한 시술은 가치부가과정 클리닉이 담당하도록 하며, 여러 만성질환에 대한 관리는 질병관리 네트워크에 맡기는 식으로 병원의 역할과 기능을 분할한다면 간접비를 줄이는 동시에 적절한 통합을 할 수 있을 것이다.

이것이야말로 품질과 비용 사이에서 타협해야 했던 보건의료의 구습을 청산하고 두 가지를 모두 크게 개선시킬 수 있는 방법이다. 비용의 적절성affordability은 복잡성으로 인해 발생하는 간접비를 줄임으로써 도모할 수 있으며, 품질의 향상은 환자가 해결하려는 일을 중심으로 합리적 통합을 할 때 가능해진다.[2]

지금 일차진료의사들이 하고 있는 행위도 세 가지 사업 모델로 분리되어야 한다. 규칙중심의 의료는 가치부가과정(VAP) 리테일 클리닉retail clinics에 넘겨야 하고, 만성질환 관리는 질병관리 네트워크에 맡겨야 한다. 그래야만 일차진료의사들이 직관의학에 해당하는 진료영역에서 전문의를 파괴시키는 일에 집중할 수 있다.

올바른 가격결정

오늘날 의료시스템의 수익모형에는 세 가지 왜곡현상이 나타나고 있는데, 이것들이 합쳐져 가치 판단을 흐리고 투자 방향을 왜곡하고 있다.

1. 병원에는 여러 가지 사업 모델이 혼재되어 있기 때문에 솔루션숍 활동뿐만 아니라 모든 서비스가 행위별 수가제를 통해 가격이 결정되고 있다. 건강보조플랜health assistance plans은 의료기관과 일괄계약 blanket contracts 을 맺어 일부 서비스에 큰 폭의 할인을 받음으로써 투명하지 못한 방식으로 고가(高價) 서비스 비용을 지불하는 데 따른 손실을 충당하고 있다.
2. 메디케어 및 메디케이드 서비스센터(CMS)와 민간보험회사들이 가격을 결정할 때 사용하는 산정기준은 수요와 공급, 시스템 전체에 걸쳐 창출되는 가치, 또는 서로 다른 유형의 사업 모델을 통해 서비스를 제공하는 데 따른 비용의 차이를 제대로 감안하지 않고 있다.
3. 미국의 보건의료시스템은 대부분 환자가 건강을 유지하기보다는 질병에 걸려야만 이익을 보는 사업 모델에 의존하고 있다.

그렇다면, 이 의료체계를 과연 누가 합리적으로 개혁할 수 있을까?

아담 스미스가 말한 완전한 원자적 경쟁atomistic competition이 수요와 공급, 가치를 정확하게 반영하는 이상적인 가격결정기전으로 작용할 수 있는 상황이 있겠지만, 적어도 극심한 상호의존성으로 대표되는 오늘날의 보건의료시스템은 그런 상황에 속하지 않는다. 오히려, 우리에게는 알프레드 챈들러Alfred Chandler가 말한 '경영자 자본주의managerial capitalism라고 하는 보이는 손', 즉 완전한 시스템 전체를 사업 범위로 포괄하고 있는 통합형 의료공급 조직integrated providers의 신중한 참여가 필요하다. 시스템 차원의 안목을 통해서만 정밀진단과 같은 구체적 활동의 진정한 가치를 평가할 수 있고, 그래야만 비로소 실제 비용과 실질적 가치를 반영하는 가격이 형성될 수 있다.

정액제에 기반한 통합형 의료공급 조직이 이 역할을 수행할 수 있다. 이 조직들은 환자의 건강을 유지시킴으로써 수익을 거두고, 더욱 저렴한 의료서비스 인력과 장소를 활용함으로써 자체적으로 소유한 병원과 전문의들을 파괴해나갈 수 있다. 따라서, 우리는 이와 같은 소수의 통합형 정액제 의료공급 조직들이 미국 전역은 아니라 하더라도 지역적으로 사업 규모를 더욱 확장하기를 바라며, 아직 통합하지 못한 의료공급 조직들은 점차 통합형으로 전환하기를 기대한다.

정액제에 기반한 통합형 의료공급 조직이 없는 지역에서는 고용주들이 파괴적 가치 네트워크를 만드는 일에 앞장서야 할 것이다. 의료비 상환방식은 진정한 형태의 고액공제보험과 건강저축계좌로 대체되어야 한다. 전문 솔루션 숍과 VAP(가치부가과정) 클리닉, 네트워크 촉진 사업 조직 등으로 환자를 적절히 보내기 위해서는 고용주들이 의료공급 조직과 직접 협상을 할 필요가 있으며, 직원들의 의료를 감독하는 일에 지금보다 더 적극적인 역할을 해나가야 한다. 그렇게 해야만 고용주들이 파괴를 촉진시킬 수 있다.

만성질환 관리 기전

만성질환은 전체 보건의료비의 70%를 차지하는데, 인구고령화로 앞으로 의료비 지출은 더욱 증가할 것이다.[3] 결과가 바로 나타나지 않는 행동의존성 만성질환을 가진 직원들('만성 사분면Chronic Quadrangle' 에 속하는 환자들)의 건강관리비용을 지불해야 하는 고용주들은 처방된 치료법에 환자들이 순응하도록 그들의 재정적 건강을 결부시킬 방법을 찾는 데 각별히 신경 써야 할 것이다. 왜냐하면 많은 사람들이 좋든 싫든 간에, 자신의 육체적 건강을 유지하는 것보다는 재정적으로 안정을 유지하는 일에 더 큰 관심을 쏟고 있기 때문이다. 또한, 건강관리를 해줌으로써 수익을 올리는 방식의 질병관리 네트워크와 환자 네트워크를 통해 지금보다 더 많은 부분의 만성질환을 관리할 필요가 있다. 의원의 사업 모델은 이런 일을 하는 데 적합하지 않다.

사업 모델에 따라 분절화되어 있는 의료공급자 집단을 모두 포함하는 방식으로 의료전달을 조정하는 방법은, 전자건강기록을 개인이 통제하게 하는 것뿐이다. 조정해야 할 변수의 수가 너무 많고 복잡하기 때문에 그동안 의료 조정을 책임져온 의사들의 지적 용량으로는, 아무리 뛰어난 의사라고 하더라도 그것을 감당할 수 없기 때문이다. 이렇게 힘든 작업을 관리하기 위해 통합형 의료공급자 시스템은 이미 자체적으로 기록관리시스템을 개발해놓은 상태지만, 도요타가 자동차의 관점을 중심으로 정보시스템을 조직화했듯이 여러 의료공급자들 간에 건강기록의 휴대성이 확보될 수 있도록 의료공급자가 아닌 환자의 관점에서 개방형 시스템을 구축할 필요가 있다.

제약회사와 의료기기 제조업체들은 엄청난 성장기회를 맞고 있는데, 그것은 더 나은 의료를 제공할 능력을 탈중앙화된 의료제공 장소에서 더욱 저렴한 의료인력의 손에 맡길 수 있게 하는 테크놀로지 형태로 나타나고 있다. 이들은 미국 국립보건원(NIH) 및 식품의약품안전청(FDA)과 협력해 의료를 직관의학에서 경험의학으로, 나아가 정밀의학의 영역으로 발전시켜나갈 것이다. 다만, 오늘날 주요 제약회사들이 이런 활동이 시작되는 지점이면서 미래에 경쟁우위와 만족스러운 수익을 가져다 줄 가치사슬의 단계에서 점점 멀어지는 방향으로 해체되어가고 있다는 점은 우려할 만한 일이다.

우리가 미래에 보건의료 시스템에서 필요로 하게 될 의료전문직들을 지금 훈련하고 있지 않다는 점 또한 걱정이 되는 부분이다. 간호사의 만성적인 부족사태는 이들을 훈련할 역량이 없는데다 대학들이 엉뚱한 곳에 투자하고 있기 때문에 앞으로 더욱 심각해질 것이다. 한편, 일차진료의사들의 부족이 갈수록 심각해지고 있는데도 미국의 의과대학은 더 많은 전문의를 양성하고 있다. 대다수의 정치인들은 이런 말을 절대 하지 않겠지만, 우리는 외국의 의과대학과 필리핀, 인도, 카리브해 연안 국가 및 남미 등지에서 훈련받고 미국에 들어온 이민자들에게 감사해야 할지도 모르겠다. 이들이 없다면 우리의 건강을 돌봐줄 미래의 의료인력 중 4분의 1을 잃는 셈이 된다.

우리가 파괴적 변화를 촉진하려면 연방정부와 주정부의 정책과 규제를 크게 변화시켜야 한다. 우리들이 일반적으로 믿고 있는 것과는 달리, 협력을 이끌어내는 수단으로서의 민주주의는 큰 변화가 요구되지 않는 경우에만 효과를 발휘할 수 있다. 왜냐하면, 문제가 얼마나 심각한지와는 상관없이 현재 상태를 유지함으로써 이익을 보는 실체가 있고, 이들은 언제나 막강한 권력을 가지고 있기 때문이다. 항상 누군가에게는 규제가 이익이 되기 마련이며, 민주주의는 잃을 것이 많은 이들이 변화를 방해하는 데 쓸 수 있는 수많은 수단을 제공하고 있다.

그렇지만, 우리는 이 책에서 제시한 개념이 정부 공무원에게 세상의 작동원리를 더 깊이 있게 이해하게 함으로써, 이기적인 주장과 공익을 위한 주장을 구별해내는 데 도움이 될 것이라고 생각한다. 특히, 단순히 기존의 의료공급자들에게 더 효율적으로 일하고 서로 더 격렬하게 경쟁하라고 요구한다고 해서 해법을 찾을 수 있는 것은 아니라는 것을 설득력 있는 이론과 근거를 들어 충분히 설명했다. 침몰하는 타이타닉 호(號) 갑판에 어지럽게 흩어진 의자들의 줄을 맞춘다고 배가 가라앉지 않는 것은 아니다. 의자의 줄이 흐트러진 것이 근본 문제는 아니기 때문이다. 보건의료산업이 처한 위기도 이와 같아서 파괴적 혁신을 하지 않고서는 문제를 해결할 길이 없다.

민주주의라는 수단이 갖고 있는 맹점들이 규제를 책임지고 있는 주체들의 발목을 붙잡고 있기 때문에, 현재 보건의료비를 지불하고 있는 고용주들과, 보건의료 제품을 만들고 의료서비스를 제공하는 회사들이 먼저 나서서 파괴적 혁신을 가능하게 할 규제변화를 이끌어낼 필요가 있다. 다만, 이와 같은 일을 할 때는 역사적으로 파괴적 규제개혁이 이루어진 방식대로, 즉 기존 규제가 미치지 못하는 곳이나 규제 대상이 되지 않는 곳에서부터 혁신을 시작하는 방식을 택해야 한다. 기존에는 서로 독립적인 주체들 간에 이루어왔던 거래와 의사결정을 하나의 조직 내부에 흡수하는 일, 즉 이 책에서 말하는 '통합'이 이런 일을 해낼 수 있는 한 가지 방법이며, 비소비(非消費)를 상대로 경쟁하는 것 또한 방법이 될 수 있다.

우리는 지금까지 지난 10년간 '혁신'이라는 렌즈를 통해 보건의료산업을 연구한 끝에 정리한 내용들을, 인내심을 가지고 끝까지 읽어준 독자 여러분에게 감사의 뜻을 전하고 싶다. 이 책은 길고 험한 학습 과정에서 단지 하나의 이정표에 불과하다. 우리는 보건의료산업에 나타나는 여러 가지 문제점의 근본원인을 이해하려고 노력하는 중이다. 이런 문제를 해결하기 위해 해야 할 일을 명료하고 설득력 있게 전달하려고 노력하고 있다. 우리가 처방한 대로 따르는 사람들을 지켜보고 도와주며, 어떤 일을 더 해야 할지에 대해 그들이 배운 것을 다시 열심히 배우려고 한다. 우리는 이 책에서 우리가 제안한 내용이 근거가 확실하다는 점을 분명하게 말할 수 있다. 그리고, 더 많은 중요한 이슈들에 대해서 우리가 아직 완벽하게 이해하지 못하고 있다는 점 또한 분명한 사실이다. 그보다 더욱 분명한 사실은, 독자 여러분이 우리에게 가르쳐줄 수 있는 것이 훨씬 더 많을 것이라는 점이다. 다만, 우리는 이 책이 어떻게 하면 보건의료의 품질을 높이고 비용을 줄이면서도 모든 사람이 더 편리하게 접근할 수 있도록 만들 것인가에 관해서 우리 모두가 서로에게서 배우는 데 일조할 수 있기를 바랄 뿐이다.

서론 Notes

1 카이저 가족재단(Kaiser Family Foundation)과 메디케어 및 메디케이드 서비스 센터(Centers for Medicare and Medicaid Services)에 따르면, 1970년과 2005년 사이에 국민 의료비 지출의 연평균 명목성장률은 9.8%이었다. 같은 시기에 GDP 명목성장률은 7.4%였다. 자세한 내용은 *Health care cost: A Primer*, Kaiser Family Foundation, August 2007을 참고하기 바란다.

2 미국 감사원장(comptroller general) 데이비드 워커(David Walker)는 현재 집행하지 못하고 있는 메디케어 재정지원을 연방 정부가 약속대로 이행하려면 23조~28조 달러가 필요할 것이라고 예측했다. 이는 워커가 2007년 7월8일 *'60 Minutes'*라는 시사 프로그램에 출연해 메디케어가 국가 경제에 미치는 미래 효과에 대해 인터뷰하면서 밝힌 내용이다.
http://www.cbsnews.com/stories/2007/03/01/60minutes/main2528226.shtml.

3 여기서 정부의 부채는 재정지원이 안 되었거나 인식하지 못하고 있는 연금채무(pension obligations)를 포함한다.

4 Schoen, Cathy, *et. al.*, "Toward Higher-Performance Health Systems: Adults' Health Care Experiences in Seven Countries, 2007," *Health Affairs*, vol. 26, no. 6 (2007), 717-34.

5 "Unsocialized Medicine," *Wall Street Journal*, June 13, 2005: A12.

6 "NHS Audit: Big Spender, Unwise Spender," *The Economist*, September 13, 2007.

7 Brownlee, S., *Overtreated: Why Too Much Medicine Is Making Us Sicker and Poorer*, Bloomsbury USA, September 2007.

8 성경, 잠언 29장 18절

9 가장 앞장서서 소비자 중심의 보건의료를 대변하고 있는 사람은 하버드 비즈니스 스쿨의 레지나 헤이츠린거(Regina Herzlinger) 교수이다. 그녀의 관련 저서로는

'*Consumer-Driven Health Care: Implications for Providers, Payers, and Policy-Makers* (San Francisco: Jossey-Bass, 2004)' 와 '*Who Killed Health Care?: America's $2 Trillion Medical Problem-and the Consumer-Driven Cure* (New York: McGraw-Hill, 2007)' 가 대표적이며, 참고할 만한 책으로는 'Porter, M., and Teisberg, E., *Redefining Health Care: Creating Value-Based Competition on Results* (Boston: Harvard Business School Press, 2006)' 가 있다.

10 이 책에서 우리는 혁신관리의 일반모델을 도출하는 데 사용된 데이터와 분석법에 대해 언급하지는 않을 것이다. 왜냐하면 다른 책과 학술논문에서 이미 충분히 다루었기 때문이다. 이 책에서는 많은 독자들에게 익숙한 사례를 들어 그런 모델과 이론이 어떻게 작동하는지 보여주려 한다. 참고로, 그 사례들은 모델의 타당성을 입증하는 수단으로서 인용된 것은 아니다. 이론과 분석법에 대해 좀더 자세히 알고 싶다면 클레이튼 크리스텐슨(Clayton M. Christensen)이 쓴 도서 'The Innovator's Dilemma' (1997, 국내에는 '성공기업의 딜레마' 란 제목으로 번역)와, 클레이튼 크리스텐슨과 마이클 레이너(Michael Raynor)의 공저 'The Innovator's Solution' (2003, 국내에는 '성장과 혁신' 이란 제목으로 번역)을 먼저 살펴볼 것을 권한다. 이 도서들의 주석에 보면 이론과 모델이 게재된 학술잡지의 원문 출처가 나와 있으니 참고하기 바란다.

11 스타벨(Stabell)과 펠트슈타트(Fjeldstad)는 가치 네트워크(value network)나 상업 시스템(commercial system)을 '상호 연결된 하나의 사슬 체계' 라고 했고(Stabell, Charles. B., and Fjeldstad, Ø. D., "Configuring Value for Competitive Advantage: On Chains, Shops and Networks." *Strategic Management Journal*, May 1998), 마이클 포터(Michael Porter)는 가치 체계(value system)라고 불렀다(Porter, Michael, *Competitive Advantage*. New York: the Free Press (1985): 34).

12 더 자세한 내용을 알고 싶은 독자는 클레이튼 크리스텐슨(Clayton M. Christensen)이 쓴 '성공기업의 딜레마(The Innovator's Dilemma)' 를 참고하기 바란다.

13 이런 스펙트럼의 한쪽 끝에서 다른 쪽으로의 진보는 점진적 과정이라는 것을 기억해야 한다. 제롬 그루프먼의 책 '닥터스 씽킹' (Groopman, J., *How Doctors Think*, Houghton Mifflin Company, March 2007)에 따르면 16~20% 정도되는 상당한 수의 환자들은 명확한 진단을 위해 여전히 직관적 치료가 요구된다. 하지만, 대략 짐작하건대, 오늘날 많은 의사들이 하고 있는 치료는 실제로 직관의학

과 경험의학의 단계를 거쳐왔고, 지금은 거의 정밀의학 내지는 규칙중심의학의 단계에 접근해 있다.

14 우리는 이런 프레임을 개발하고 우리에게 알려준 노르웨이 경영대학원(Norwegian School of Management)의 펠트슈타트(Øystein Fjeldstad)에게 깊이 감사한다. 우리는 이 개념에 대해 각 장에서 더 자세히 설명할 것이다. 펠트슈타트의 이론에 관심이 있다면 다음의 문헌을 참고하기 바란다. Stabell, C. B., and Fjeldstad, Ø. D., "Configuring Value for Competitive Advantage: On Chains, Shops and Networks." *Strategic Management Journal*, May 1998.

15 전략의 개념은 대부분 VAP 사업에 관한 연구에서 나왔다. 자세한 내용은 마이클 포터가 쓴 책 '경쟁우위'(Porter, Michael, *Competitive Advantage*. New York: the Free Press, 1985)를 참고하기 바란다. 최근에는 하버드 비즈니스 스쿨의 톰 아이젠만(Tom Eisenmann) 교수가 네트워크 사업분야의 전략에 관해 이와 비슷한 통찰력 있는 연구를 한 바 있다. 솔루션 숍 사업에서는 포터나 아이젠만이 한 것과 같은 전략 연구를 찾아보기가 훨씬 힘들다.

16 레지나 헤이츠린거(Regina Herzlinger)는 하버드 비즈니스 스쿨 동료인 위크햄 스키너(Wickham Skinner) 교수의 연구결과를 토대로, 그녀의 저서 '시장 중심의 보건의료(Market-Driven Health Care)'에서 집중화(focus)의 가치에 대해 광범위하게 기술하고 있다(Herzlinger, R., *Market-Driven Health Care: Who Wins, Who Loses in the Transformation of America's Largest Service Industry*. Reading, Massachusetts: Addison-Wesley, 1997).

17 Abelson, Jenn, "Shift in Health-Cost Focus Is Said to Show Promise." *New York Times*, July 12, 2007.

18 이런 형태의 다발성 골수종(multiple myeloma) 치료는 아직 정밀의학의 단계에 이르지 못했지만, 경험의학의 단계에 있는 것만은 분명한 사실이다. 따라서 존슨앤드존슨(Johnson & Johnson)은 자사의 신약으로 모든 환자를 치료할 수 있다는 보장을 할 수 없다. 하지만 생체지표에 의한 진단(biomarker diagnosis)을 확실히 할 수 있고, 벨케이드(Velcade)가 특정 환자군(群)에서 높은 비율로 효능을 발휘할 수 있기 때문에, J&J는 적은 비율의 환자군에서 약효가 없을 확률이 있더라도 그것을 감안해 가격을 책정할 수 있게 된다.

19 디라이프(dlife.com)는 의료공급자와 환자들을 위해 소식지, 요리법, 토론공간, 주간 TV 프로그램과 라디오 방송, 맞춤식 온라인 인터렉티브 교육자료를 제공하

고 있다.

20 최근 워터프론트 미디어(Waterfront Media)를 합병한 레볼루션 헬스(Revolution Health)는 비슷한 목표를 가진 사람들을 위해 블로그, 토론방, 소모임 등 온라인 커뮤니티를 제공하고 있으며, 회원이 되면 새로운 소모임을 만들도록 장려한다.

21 Bohmer, Richard, "The Rise of In-Store Clinics-Threat or Opportunity?" *New England Journal of Medicine*, vol. 356, no. 8 (2007): 765-68.

22 Committee on Quality of Health Care in America, *Crossing the Quality Chasm: A New Health System for the 21st Century*, Washington, DC: Institute of Medicine, National Academy Press, 2001; and Kohn, Linda T., Janet M. Corrigan, and Molla S. Donaldson, eds., *To Err Is Human: Building a Safer Health System*, Washington, DC: Committee on Quality of Health Care in America, Institute of Medicine, National Academy Press, 1999.

23 '통합(integration)' 이라는 단어는 의사와 기업인 등 독자에 따라 다른 의미로 이해될 소지가 있다. 의사에게 보건의료의 통합적 접근(integrated approach)은 환자에게 필요한 모든 차원의 의료를 제공할 수 있도록 잠재적으로 관련성 있는 많은 전문진료 분야의 인력으로 하나의 팀을 구성하는 것을 의미한다. 한편, 기업인에게 통합은 보험과 병원, 직원으로 고용된 의사, 외래수술센터, 리테일 클리닉(retail clinics) 등을 하나의 기업 산하(corporate umbrella)에 결합시켜 운영하는 것을 말한다. 이 책에서 통합은 기업인의 관점에서 본 통합을 의미한다.

24 Special Ruling, October 26, 1943, CCH Federal Tax Service, vol. 443, paragraph 6587.

25 이 문구는 뉴잉글랜드의학저널(New England Journal of Medicine)의 전(前) 편집장 마르시아 안젤(Marcia Angell) 박사가 처음 사용했다.

26 Committee for Economic Development Report, October 2007.

27 영화산업에서 이룬 첫 번째 수준의 파괴적 혁신의 예로는 픽사(Pixar)와 같은 영화사가 디지털 애니메이션을 이용해 디즈니(Disney) 같은 전통적인 애니메이션 제작사를 파괴시킨 사례를 들 수 있다. 하지만, 이 두 영화제작사는 모두 가치부가

과정(VAP) 사업에 속한다. 반면, 유튜브(YouTube)는 기존의 사업 모델을 촉진 네트워크(facilitated network) 모델로 바꾸어놓았다.

28 Raymond, Brian, *"Realizing the Transformative Potential of Personal Health Records,"* Kaiser Permanente Institute for Health Policy, Oakland, CA, 2007; Mandl, K. D. and I. S. Keohane, "Tectonic Shifts in the Health Information Economy," *New England Journal of Medicine*, vol. 358, no. 16, April 17, 2008, 1732–37.

29 8장에서 설명하겠지만, 이것이 항상 그런 것만은 아니다. 새로운 유형의 블록버스터 신약이 출현할 수도 있기 때문이다. 예를 들어, 엘란(Elan Pharmaceutical)社가 개발하고 바이오젠-아이덱(Biogen-Idec)社가 판매하고 있는 신약 타이사브리(Tysabri)의 경우 다발성 경화증(multiple sclerosis), 크론병(Crohn' s Disease), 류머티즘성 관절염(rheumatoid arthritis) 외에 기타 몇몇 질환에 치료효과 있는 것으로 보고되어 있다. 이것이 가능한 이유는 이 질환군의 증상은 다르지만 신경계에 생기는 특정한 유형의 염증이라고 하는 근본적인 장애의 원인은 같기 때문인 것 같다.

30 이런 지원은 통신산업에서 이룬 것과 같은 종류에 해당한다. 20세기에 들어 거의 반세기 동안 정부는 지역 통신업체를 일부 지원하고 AT&T의 벨 연구소(Bell Laboratories)가 연구개발비를 회수할 수 있도록 의도적으로 장거리 통화요금을 높게 유지했다. 초소형 전자기술의 역사를 보면 수많은 과학기술의 발견은 벨 연구소에서 이루었고, 이후 매우 저가에 라이선스를 허용함으로써 전 세계로 퍼져나갔다.

31 최근에 나온 일부 연구에서는 혈관성형술(angioplasty)이 환자 1인당 치료비 측면에서 볼 때 개심술(開心術 · open-heart surgery)만큼의 비용이 든다고 주장하는데, 우리의 생각은 다르다. 이들 연구가 정확할지는 몰라도, 그것은 단지 현재의 비용상환시스템에 따른 왜곡된 가격책정과 그에 따른 수익의 결과일 뿐이다.

1장 Notes

1 우리는 사업 모델 혁신의 틀을 개발해준, 우리의 동료이자 이노사이트(Innosight)의 대표직을 맡고 있는 마크 존슨(Mark Johnson)에게 깊이 감사드

린다. 그의 논문 출처는 다음과 같다. Johnson, M. *Seizing the White Space: Business Model Innovation for Transformative Growth and Renewal* (Boston, Massachusetts: Harvard Business School Press, 2009).

2 보통 완전히 새로운 사업 모델은 〈그림 1-2〉에서 시계 반대방향의 순서에 따라 수립되지만, 어떤 파괴적 사업 모델의 혁신은 시계 방향의 순서로 수립되기도 한다. 파괴적 혁신은 기존에 비해 더 값싸고 단순한 상품이나 서비스에 대한 가치제안에서부터 출발해, 가치제안에서 계획했던 수익을 구현할 수 있는 가격수준을 정하는 등 수익공식을 구체화한다. 이어서 그 혁신기업이 수익을 남기면서 가치제안을 전달하는 데 필요한 자원의 수준과 과정의 유형을 정의하게 된다.

3 이 사례의 모델이 된 업체와 제품의 이름은 여기서 밝힐 수 없지만, 구체적인 자료를 제공해주고 이를 출판하도록 허용해준 페디 모스타 컨설팅(Pedi, Moesta & Associates) 측에 감사드린다. 같은 현상에 대해 서로 다른 용어를 사용했지만, 이 사례를 설명하는 데 사용된 개념은 테드 리빗(Ted Levitt)과 피터 드러커(Peter Drucker) 같은 많은 학자들에게서 차용해온 것이다. 이와 같은 방식의 사고를 할 수 있도록 도와준 릭 페디(Rick Pedi)와 밥 모스타(Bob Moesta)에게 감사의 뜻을 전한다.

4 Drucker, Peter E, *Managing for Results*, London: Heinemann, 1964.

5 자세한 내용은 다음의 케이스연구 2편을 참고하기 바란다. Christensen, Clayton M., and Rebecca Voorheis, "Managing Innovation at Nypro, Inc. (A)," Harvard Business School case #9-696-061; Christensen, Clayton M., "Managing Innovation at Nypro, Inc. (B)," Harvard Business School case #9-697-057.

6 우리는 이런 프레임을 개발하고 우리에게 알려준 노르웨이 경영대학원(Norwegian School of Management)의 펠트슈타트(Øystein Fjeldstad)에게 깊이 감사한다. 펠트슈타트의 이론에 관심이 있다면 다음의 문헌을 참고하기 바란다. Stabell, Charles B., and Øystein D. Fjeldstad, "Configuring Value for Competitive Advantage: On Chains, Shops and Networks," *Strategic Management Journal*, May 1998. 펠트슈타트 교수는 세 가지 유형의 사업 모델을 가치 숍(value shops), 가치사슬(value chains), 가치 네트워크(value networks)라고 불렀지만, 그는 우리가 다른 이름을 사용할 수 있도록 허용해주었다. 우리가 다른 이름을 붙이기로 한 것은 마이클 포터(Michael Porter)가 그의 저서에서 전반적인 공급유통망에서 일어나는 활동에 대해 '가치사슬'이라는 용어를

사용했을 뿐 아니라, 크리스텐슨(Clayton Christensen)이 사업 모델에 잘 부합하며 상호 협조적인 가치 체인에서 이루는 일련의 사업을 일컬어 '가치 네트워크'라는 용어를 사용했기 때문에 이 용어들과 구별하기 위해서였다. 하지만, 여기에서 우리가 사용한 용어보다 펠트슈타트와 스타벨이 채택한 용어가 여러모로 더 단순하고 명료하다는 점은 인정한다.

7 관련 사례는 다음의 문헌을 참고하기 바란다. Porter, Michael E., *Competitive Advantage* (New York: The Free Press, 1985).

8 예를 들어, 헬스파트너스(HealthPartners)가 미닛클리닉(MinuteClinic)의 2년간 진료비 청구기록을 분석한 자료에 따르면, 외래진료비가 다른 일차진료 클리닉에 비해 18달러 정도 저렴했다(출처: Kershaw, Sarah, "Tired of Waiting for a Doctor? Try the Drugstore," *New York Times*, August 23, 2007, Al). 2008년도 메디케어(Medicare) 의사 진료수가에 따르면 병의원 외래진료의 경우 10분 진료 시 보험수가가 대략 60달러 정도인데, 이것은 수가코드 CPT 99213에 따른 것으로 대부분의 소규모 의원 진료수가만 반영하고 있다. 민간보험도 대부분 메디케어 수가를 기준으로 하고 있기 때문에, 이를 감안하면 미닛클리닉과 다른 일차진료 클리닉의 진료비 차이 18달러는 대략 30%의 비용절감에 해당하는 것으로 볼 수 있다. 해당 보험수가표는 http://www.cms.hhs.gov/PFSlookup/에서 확인할 수 있다. 또 다른 예로, 1985년에 텍사스 심장병 연구소(Texas Heart Institute)는 관상동맥 우회술(coronary artery bypass grafting)에 드는 입원비, 검사비, 진료비 등 제반 비용을 하나로 묶어 'CardioVascular Care Providers' 라는 패키지 프로그램을 내놓았다. 이 프로그램의 가격은 1만3,800달러로, 당시 메디케어 수가가 평균 2만4,588달러인 데 반해, 무려 44%나 저렴한 것이었다(출처: Edmonds, Charles, and Grady L. Hallman, "CardioVascular Care Providers: A Pioneer in Bundled Services, Shared Risk, and Single Payment," *Texas Heart Institute Journal*, vol. 22, no. 1, 1995. 72-76). 참고로, 3장에서는 숄디스(Shouldice) 병원의 비용절감 사례를 살펴볼 것이다.

9 레지나 헤이츠린거(Regina Herzlinger)는 하버드 비즈니스 스쿨 동료인 위크햄 스키너(Wickham Skinner) 교수의 연구결과를 토대로, 그녀의 저서에서 집중화(focus)의 가치에 대해 광범위하게 기술한 바 있다(Herzlinger, Regina, *Market-Driven Health Care: Who Wins, Who Loses in the Transformation of Americas Largest Service Industry*, Reading, Massachusetts: Addison-Wesley, 1997).

10 이 부분에 관심 있는 독자는 장기이식 분야를 사례로 해서 가치와 결과에 기반한

경쟁 기전을 만드는 것이 얼마나 중요한지를 강조한 마이클 포터(Michael Porter)의 관련 문헌을 참고하기 바란다.

11 Abelson, R., "In Bid for Better Care, Surgery with a Warranty." (출처: http://www.nytimes.com/2007/05/17/business/17quality.html, 2008년 8월 14일 접속)

12 도요타 생산 시스템이 보건의료 분야에 적용된 사례에 관한 구체적인 연구결과는 우리의 동료인 리처드 보머(Richard Bohmer)와 스티븐 스피어(Steve Spear)의 다음 논문들을 참고하기 바란다. Harvard Business School Publishing case #606044, "Virginia Mason Medical Center," by Richard Bohmer and Erika M. Ferlins; and Thompson, D. N., G. A. Wolf, and S. J. Spear, "Driving Improvement in Patient Care: Lessons from Toyota," *Journal of Nursing Administration*, vol. 33, 2003, 585-95.

13 여기서 말하는 '고객'에는 개별 소비자뿐만 아니라 기업고객도 포함된다. 따라서, 소비자들의 네트워크가 가장 친숙한 사례이기는 하지만, 촉진 네트워크 사업은 기업 간(B-to-B) 네트워크와 기업과 소비자 간(B-to-C) 네트워크 모두를 촉진할 수 있다. 펠트슈타트(Øystein Fjeldstad) 교수는 결국에는 모든 가치 네트워크가 촉진 네트워크 형태로 귀결되어 개별 소비자와 솔루션 숍, 가치부가과정 사업 모두를 연결하게 될 것이라고 한 바 있다. 네트워크 사업에 관심 있는 독자는 하버드 비즈니스 스쿨 교수 톰 아이젠만(Tom Eisenmann)의 글을 참고하기 바란다(하버드 비즈니스 스쿨 출판사를 통해 그가 집필한 케이스와 강의노트를 구할 수 있다).

14 이런 추정치는 미국 상무부 경제분석국의 보고서 자료에 근거한 것으로 자세한 내용은 해당 보고서의 '산업별 소득 및 고용 현황' 부분을 참고하기 바란다. http://www.bea.gov/scb/pdf/2007/08%20August/0807_account_6.pdf (2008년 4월28일 검색). 이 추정치는 정보, 금융, 보험, 부동산, 임대업 등이 국민소득에 기여한 부분과, 도소매 교역, 운송 및 저장, 전문가 및 경영관리 서비스, 교육서비스, 보건의료, 공적부조 등이 차지하는 부분을 더한 다음, 자본소모분(capital consumption)을 보정하지 않은 상태에서 국민총소득과 비교해서 얻은 수치이다.

15 Stabell, Charles B., and Øystein D. Fjeldstad, "Configuring Value for Competitive Advantage: On Chains, Shops and Networks," *Strategic Management Journal*, May 1998, 431.

16 서모(Sermo, http://www.sermo.com)는 7만 명 이상의 의사들이 가입한 온라인 커뮤니티로, 인터넷 게시판을 통해 의사들이 생각과 지식을 공유한다.

17 생활방식에 큰 변화가 요구되지 않는 일부 만성질환의 경우 가치부가과정(VAP) 사업이 더 적절할 것이다.

18 페이션츠라이크미닷컴(PatientsLikeMe.com) 사이트를 알려준 캐롤닷컴(Carol.com)의 운영자 그래엄 팰릿(Graham Pallett)에게 감사하며 관련 기사는 다음 출처를 참고하기 바란다. Goetz, Thomas, "Practicing Patients," *New York Times Magazine*, March 23, 2008. 2006년부터 서비스를 시작한 케어플레이스(CarePlace, http://www.careplace.com)는 건강과 주요 질병 주제별로 온라인 커뮤니티를 만들어 사용자들이 서로의 관심사와 경험을 공유할 수 있도록 한다.

19 원래 이것은 2008년에 워터프론트 미디어(Waterfront Media)와 온라인 서비스 분야를 통합한 레볼루션 헬스(Revolution Health)가 만든 가치제안으로, 비슷한 목표를 가진 사람들을 위해 블로그, 토론방, 소모임 등 온라인 커뮤니티를 제공하고 있다.

20 5장에서 다루겠지만, 촉진 네트워크는 전문지식을 범용화(汎用化)하고 자원을 분산시킬 잠재력을 가지고 있다. 다른 산업에서도 그랬듯이, 촉진 네트워크 모델이 일단 확립되면 거래비용이 현격히 감소할 것이다.

21 파괴적 혁신에 관한 크리스텐슨(Christensen)의 연구는 주로 한 가지 유형의 사업 모델에 초점을 맞추고 있지만, 펠트슈타트(Fjeldstad) 교수는 우리가 가치부가과정 사업이라고 부르는 '체인(chain)'이 숍(shop) 모델을 파괴하고, 네트워크가 체인 모델을 파괴할 때 기업과 산업의 가치 지형이 근본적으로 바뀌게 된다고 했다. 최근 펠트슈타트는 기업과 산업 전체 수준에서 일어나는 가치 지형의 변혁에 대한 연구에 초점을 맞추고 있다. 이런 개념에 대해 관심이 있는 독자는 다음의 문헌을 읽어보기 바란다. Fjeldstad, Øystein D., and Christian Ketels, "Competitive Advantage and the Value Network Configuration," *Long Range Planning*, vol. 39, 2006, 126.

22 우리는 3장에서 집중화된 가치부가과정 병원에 의해 종합병원이 파괴되는 과정을 통해 이런 비용절감이 어떻게 가능할지를 살펴볼 것이다.

23 혈관성형술의 난이도를 결정하는 것은 수술대상이 되는 혈관의 수가 아니다. 물

론, 다중혈관 질환과 합병증 위험 간에는 상관관계가 있지만, 기술적인 측면에서만 본다면 혈관 한 개가 되었든 네 개가 되었든 시술에는 차이가 없을 것이다.

24 이와 유사한 영역의 이동이 이미 존재하지만, 아직은 병원이나 전문의 진료와 같은 솔루션 숍 영역에 국한되어 있다. 가령, TASC로 알려져 있는 '말초혈관 질환 관리를 위한 학회 간 컨센서스'를 통해 만들어진 말초혈관 폐색성 질환(PVOD) 치료 기준 및 절차가 있는데, 여기에는 어떤 경우에 환자가 혈관성형술이 아닌 외과적 우회로 조성술을 받아야 되는지에 대한 가이드라인이 제시되어 있다. 물론, 앞서 말한 것과 같은 파괴의 물결이 생겨나려면 적절한 인센티브가 마련되어야 하는데, 이에 상응해 직장보험 체계에서 필요한 변화에 대해서는 6장과 7장에서 살펴볼 것이다. 이 분야의 임상지식과 경험을 우리와 공유해준 모한 난달러(Mohan Nandalur) 박사에게 감사한다.

25 이 책의 공동저자인 제이슨 황(Jason Hwang)이 이노사이트와 그 계열사인 이노사이트 연구소(Innosight Institute)에서 일하고 있다. 이노사이트 연구소는 비영리 기구로 이 책에 제시된 아이디어들을 지속적으로 발전시키고 다양한 보건의료 개혁가들에게 우리의 권고안을 이해시키고 적용하도록 하기 위해 노력하고 있다.

2장 Notes

1 이것은 '성장과 혁신(The Innovator's Solution)'이라는 책에서 소개한 '만족스러운 수익의 보존' 및 '수익이 발생하는 지점으로 나아가는 과정'과 상통하는 것으로, 기술이 전문지식을 범용화함에 따라 그 기술 자체가 가치 네트워크 내에서 새로운 가치를 전달하는 영역을 차지하게 된다는 것이다. 그로 인해 결국 수익 또한 그러한 영역으로 흘러 들어가게 된다.

2 이런 3단계 패턴을 처음으로 알려준 우리의 동료 리처드 보머(Richard Bohmer)에게 감사한다. 이 책에서 소개한 3단계 패턴의 개념은 다음의 문헌에서 인용했다. Christensen, Clayton M., et al., "Will Disruptive Innovations Cure Health Care?" *Harvard Business Review*, vol. 78, no. 5, Sept.-Oct. 2000, 102-17.

3 케블라(Kevlar)의 개발에 힘입어, 이후 듀퐁은 일정한 특성을 지닌 섬유들을 개발하는 데 집중할 수 있었다. 하지만 그런 작업은 여전히 수월하지 않았고 어떤 과정

을 거쳐야 할지 결정하는 데 상당한 직관이 요구되었다. 케블라의 개발에 관한 자세한 내용은 다음 문헌을 참고하기 바란다. Tanner, David, "The Kevlar Innovation," *R&D Innovator*, vol. 4, no. 11, Nov. 1995.

4 Thomke, Stefan, "The Crash in the Machine," *Scientific American*, March 1999.

5 Kahn, Steven E., et al., "Glycemic Durability of Rosiglitazone, Metformin, or Glyburide Monotherapy," *New England Journal of Medicine*, vol. 355, no. 23, Dec. 7, 2006, 2427-43. 이 논문에서는 제2형 당뇨병 환자에 대한 경구 단독요법(oral monotherapy)의 장기적 임상효능에 관해 연구했다. 4년에 걸쳐 점차 고용량의 투약치료를 받은 환자들을 분석한 결과, 각각 로시글리타존(rosiglitazone) 약물을 투여받은 1,456명의 환자 중 40%와 메트포르민(metformin) 투약환자 1,454명 중 36%, 글리부라이드(glyburide) 투약환자 1,441명 중 26%에서 당화혈색소 수준이 7% 이하인 것으로 나타났다.

6 Kearney, Patricia M., et al., "Worldwide Prevalence of Hypertension: A Systematic Review" *Journal of Hypertension*, vol. 22, no. 1, Jan. 2004, p. 11-19. 이 연구에서는 전 세계적으로 고혈압에 대한 인식도와 유병율, 치료현황 등에 대해 살펴보았는데, 투약 중 혈압목표치 140/90 이하로 고혈압을 관리하고 있는 환자의 비율을 보면 적게는 한국의 5.4%에서부터 많게는 바베이도스(Barbados)의 58%에 이르기까지 다양한 것으로 나타났다.

7 Fletcher, Barbara, et al., "Managing Abnormal Blood Lipids: A Collaborative Approach," *Circulation*, vol. 112, no. 20, 2005, 3184-3209. 이 논문에서 저자들은, 전국건강영양조사(NHANES III)와 지질치료평가사업(L-TAP)에서 밝힌 조사결과, 즉 심장병 환자의 16.6~18%만이 미국 성인 콜레스테롤 치료 및 관리 지침(NCEP ATP III)에서 권고한 기준치를 만족시키고 있다는 결과를 소개하면서 콜레스테롤 관리를 위한 새로운 접근법을 제안했다. 한편, 같은 연구에서 저자들은 그들이 제안한 새로운 접근법을 사용할 경우 각각 고(高)위험군의 30.2~37%, 저(低)위험군의 68~72.8%에 해당하는 환자가 목표기준치를 만족할 수 있었다고 발표했다.

8 출처는 다음의 문헌과 같다. Thase, Michael E. and John A. Rush, "Treatment-Resistant Depression," in Bloom, Floyd E. and David J. Kupfer, eds., *Psychopharmacology: The Fourth Generation of Process* (New York: Raven Press, 1995); Williams, John W. Jr., et al., "A

Systematic Review of Newer Pharmacotherapies for Depression in Adults: Evidence Report Summary: Clinical Guideline, Part 2," *Annals of Internal Medicine*, vol. 132, no. 9, 2000, 743-56. 선택적 세로토닌 재흡수 억제제(Selective Serotonin Reuptake Inhibitors, SSRI)와 기타 항우울제 신약에 관한 이들의 연구에 따르면, 51~54%의 환자가 50%의 증상 완화를 경험한 반면, 약물치료를 열심히 받은 환자 중 10%는 24주 이내에 재발했으며 위약 처방을 받은 환자의 32%는 적어도 증상이 50% 정도 완화된 것으로 나타났다.

9 질병과 치료결과에서 나타나는 차이는 비생물학적(非生物學的) 요인에도 영향을 받는다. 이 요인에 대해서는 이 장의 후반부에서 다룰 것이며, 5장에서는 만성질환을 치료하는 과정에서 어떻게 이 요인들을 관리할지에 대해 살펴볼 것이다.

10 이런 직관의학의 영역에서 하는 임상진료의 경우 표준화에서 벗어난 심각한 지역별 변이가 존재하고 있음이 많은 연구를 통해 밝혀졌다. 예를 들어, 연구결과에 따르면 미국 내에서도 지역에 따라 척추수술 건수가 메디케어 환자 1,000명당 0.6~5.0건으로 다양하게 나타났다. 아이다호(Idaho)주의 아이다 폴즈(Idaho Falls) 지역의 경우 메인(Maine)주의 뱅골(Bangor) 지역에 비해 척추수술 건수가 무려 10배 이상 높은데, 이것은 직관의학의 영역에서는 의사들이 초점을 맞추는 수련분야와 의료비 지불방식이 환자에게 가장 효과적인 치료를 결정할 때조차 직관의 일부로서 작용한다는 것을 보여준다. 더 자세한 내용은 다음 문헌을 참고하기 바란다. Weinstein, James N., et al., "United States' Trends and Regional Variations in Lumbar Spine Surgery: 1992-2003," *Spine*, vol. 31, no. 23, 2006, 2707-14.

11 Appleby, Julie, "Back Pain Is Behind a Debate," *USA Today*, October 17, 2006.

12 우리가 '정밀의학' 이라고 부르는 현상을 '개인별 맞춤의학' 이라고 부르는 경우가 종종 있는데, 우리가 보기에 이 둘은 사실 다르다. 왜냐하면, 대부분의 질병에 대해 정밀한 진단이 가능하다고 하더라도 그것이 사람마다 다른 질병을 가지고 있음을 의미하는 것은 아니기 때문이다. 동일한 치료법이 요구되는 동일한 인과기전이 여러 사람에게 똑같이 적용될 수 있다. 곧 살펴보겠지만, 질병을 생물학적으로 정확히 정의할 때도 '개인별 맞춤화', 즉 하나의 개별 환자가 특정 치료에 어떻게 반응할 것인지에 대해 반드시 고려할 필요는 없다. 따라서, 우리는 '정밀의학' 이라는 용어가 보건의료 분야에서 과학적 · 기술적 진보의 본질과 잠재력을 의미할 때는 더 정확한 표현이라고 결론지었다. '개인별 맞춤의학' 이라는 용어는 정밀한 치료에 대해 개인이 어떻게 반응할지에 관해 생물학적 · 비생물학적 측면을 추가적

으로 고려할 때 쓸 수 있는 용어다.

13 우리가 '근거중심의학(evidence-based medicine)' 이라는 용어보다는 '경험의학(empirical medicine)' 이라는 용어를 사용한 이유는 시간의 경과에 따라 질병별로 근거의 설득력이 달라지기 때문이다. 원하는 결과를 얻을 확률이 상당히 높아서 모든 의료제공자들이 특정 시술의 '우수사례' 를 따라하는 상태는 직관의학과 정밀의학 사이의 넓은 영역에 걸쳐 일어나며, 이때는 결과를 확률적으로 표현할 수 있을 정도로 상관관계가 명확해진다. 물론, 경험의학의 세계에서도 직관은 여전히 필요하다. 근거중심의학으로도 불리는 경험의학의 경지는 1990년대 초 캐나다 맥마스터(McMaster) 대학의 데이비드 세킷(David Sackett)과 고든 기얏(Gordon Guyatt)이 이끄는 연구팀에 의해 태동했다고 할 수 있다. 그들은 특정 질환의 진단과 치료에 통계적 분석법을 적용할 수 있을 정도로 충분한 양의 의학지식과 경험이 존재한다고 보았다. 이중맹검법(二重盲檢法)을 사용한 전향적 연구는 방법론의 절대기준일지는 몰라도 현실적이지 않을 뿐만 아니라 윤리적이지도 않다고 주장했다. 대신, 그들은 후향적 연구방법으로서 이미 발표된 방대한 양의 임상문헌을 모아 메타분석을 수행하고, 이를 통해 입증된 최선의 방법을 발표하기 시작했다. 초창기의 작업들은 원시적인 수준이었지만, 시간이 지나면서 질적으로 향상되었으며, 곧이어 다른 연구자들은 등록환자연구(registries)라든지 코호트(cohort) 관찰연구와 같이 단기간의 전향적 연구에 적합한 방법론들을 개발해내기 시작했다. 이런 과정을 통해 근거중심의학이 더 정형화된 학문분야로 자리를 잡기 시작했다. 고든 기얏은 다음의 문헌에서 '근거중심의학' 이라는 용어를 처음 사용했다. Guyatt, Gordon H., et al. "Evidence-Based Medicine. A New Approach to Teaching the Practice of Medicine," *JAMA*, 268 (1992): 2420-25.

14 물론, 의학 발전의 대세는 직관의학에서 경험의학을 거쳐 정밀의학으로 이동하는 것이지만, 어떤 질병에 대해서는 그 흐름이 역전되기도 한다. 가령, 특정한 항생제에 내성을 가진 새로운 박테리아가 나타나면 의사들이 그 환자에게 사용하는 치료법의 효과를 정확히 예측할 수 없게 되기 때문에 경험의학이나 심지어 직관의학으로 치료활동이 회귀할 수밖에 없다.

15 정밀한 진단이 없어도 규칙을 중심으로 한 치료가 가능할 수 있지만, 경험에 의존하는 경우가 대부분일 것이며, 자칫하면 잘못된 경험의 해석과 치료법의 적용으로 인해 중대한 실수를 범할 위험이 있다.

16 물론, 여기서 사용된 추정치는 질병의 잠복기, 독력(virulence), 유전정보 운반체, 전파경로 등에 따라 달라질 수 있다. 하지만, 전염병의 전형적인 비용 추이는 다음

세 단계를 거치게 된다. 처음에, 질병의 원인과 질병생리는 모르지만 치료비용은 낮은 경향을 띤다. 다음으로, 환자는 입원을 통해 상태가 어느 정도 안정되지만 높은 비용이 수반된다. 하지만 환자는 여전히 질병을 일으킨 원인을 모르거나 알아도 치료할 수 없는 상태에 있다. 마지막으로, 질병의 원인을 알게 되고 치료가 가능해지면, 비용은 다시 크게 감소한다. 만약 백신접종과 같은 예방조치가 가능하다면 비용은 더욱 급격히 감소한다. 예를 들어, 소아마비 백신 덕분에 지난 50년간 미국의 보건의료체계는 8,100억 달러의 비용을 절감할 수 있었으며, 2015년까지는 약 1조 달러를 절감할 수 있을 것으로 추정하고 있다(출처: Shankar, Vivek, "U.S. Saved 135,000 Lives, $810 Billion Using Polio Vaccines." Polio Survivors and Associates, January 23, 2007; 2008년 8월 30일에 다음의 인터넷 사이트에서 인용했다. http://www.rotarypoliosurvivors.com/PDF/US%20Saved%20135%20000%20Lives%20%20$810%20Billion%20-%20Polio%20Vaccines.pdf). HIV/AIDS 환자의 경우 비용절감의 폭이 훨씬 크다. 에이즈 환자가 진단을 받은 후 사망할 때까지 든 치료 비용은 1991년 초부터 1992년 말까지 10만2,000달러에서 6만9,000달러로 약 32%가 감소했다. 같은 기간 평균 재원일수는 52일에서 35일로 감소했다(출처: Hellinger, Fred J., "The Lifetime Cost of Treating a Person with HIV," *Journal of the American Medical Association*, vol. 270, July 1993, 474-78). 마지막으로, 항균제 사용으로 1954~1997년 사이에 결핵 신환자 수는 32%가 감소했고, 사망률은 81%가 감소했으며, 손실수명년수(lost life-years)와 치료비용은 각각 87%와 76%씩 감소했다. 손실수명년수를 금액으로 환산한 것을 포함하면 질병의 금전적 부담은 1997년 금액 기준으로 8,940억 달러에서 1,280억 달러로 감소했다. 이것은 치료비용과 전체 질병 부담이 연평균 4.4%씩 감소했음을 의미한다.(출처: Javitz, Harold S. and Marcia M. Ward, "Value of Antimicrobials in the Prevention and Treatment of Tuberculosis in the United States," *International Journal of Tuberculosis and Lung Disease,* vol. 6, no. 4. April 2002, 275-88).

17 Koch, Robert, "Die Aetiologie der Tuberculose," *Berlin klin. Wochschr*, vol. 19, 1882, 221.

18 한편, 우리는 현재의 질병 구분법이 절대적으로 옳다고 믿어서는 안 된다. 따지고 보면 과거에도 당시 방법들이 여러 근거에 바탕을 두고 당대의 합리적인 사람들에 의해 옳다고 믿어졌다. 우리가 할 수 있는 최선은 진단과 치료에 관한 지식을 끊임없이 발전해나가는 것뿐이다. 그렇게 하지 못하면 우리는 자멸을 면하기 어려울 수도 있다. 우리의 과학적 지식과 치료 능력이 닿지 못하는 새로운 감염이 우리를 계속 위협하고 있기 때문이다. 가령, 조류독감으로 알려진 H5N1 인플루

엔자 A형은 병리기전이 정확히 알려져 있지만 치료는 여전히 우리 능력 밖에 있다. 효과적인 예방과 치료가 없이는 1918년에 발생한 스페인 독감에서 보듯이 언젠가 엄청난 사망률의 증가를 경험하게 될지도 모른다는 두려움을 떨칠 수 없다. 거의 근절했다고 생각한 결핵 같은 질병조차 내성을 가진 균주(菌株)에 효과적으로 대처하는 치료법을 개발하지 못한다면 언제 다시 출몰할지 모르는 일이다.

19 전염병 의학에서 나타난 변혁의 핵심은, 질병을 일으키는 유기체나 요인을 예측 가능하고 일상화된 방식으로 확인해내는 데 있다. 이것은 보통 실험실에서 배양을 거쳐 어떤 약물이 가장 효과적인지를 평가하는 작업을 통해 이룰 수 있다. 시간이 지나면서 한 곳에서 축적된 근거는 가령, 폐렴과 같은 질환을 가진 환자를 대상으로 최초의 경험적인 치료를 결정하는 자료원으로 쓰인다. 그런 자료에 기초해 병원 실험실에서 연구한 '항생물질에 대한 세균 감수성 시험(antibiogram)' 결과를 통해 의사들은 어떤 유기체가 질병을 일으키며 어떤 약물이 가장 효과적인지를 알게 된다. 보통 첫 단계는 경험적 치료법으로 시작되지만, 개별 환자의 배양 결과와 특정 약물에 대한 감수성 정보가 임상검사실에 축적이 되면서부터는 더 정밀한 치료법의 개발이 가능해진다. 오늘날에는 미생물학 연구실에서 분자학적 방법론이 사용되면서 경험적 치료법과 정밀한 치료법 사이의 간격이 점점 좁아지고 있다. 각 환자 표본에서 어떤 미생물의 분자적 특성을 파악할 수 있으면 의사들은 어떤 치료법이 그 환자에게 가장 효과적인지 더 빨리 결정하게 될 것이다. 물론, 특정 환자에게 가장 효과적인 치료법은 오랫동안 널리 쓰여온 페니실린 같은 약물일 수도 있고 특정 환자에게 맞춤형으로 개발된 면역분자일 수도 있다.

20 좀더 구체적으로 설명하자면, 글리벡(Gleevec)은 만성 골수성 백혈병(CML) 환자들 중 '필라델피아 염색체(Philadelphia Chromosome)' 로 알려진 유전변이를 가진 환자군을 표적으로 하고 있다. 하지만, CML 환자 중 95%가 이런 변이를 가지고 있기 때문에 글리벡이 전체 CML 환자에 대해 꽤 효과적인 약물로 인정받을 수 있게 된 것이다. 좀더 자세한 내용은 다음 두 군데 인터넷 사이트를 참고하기 바란다. "How Gleevec Works"(http://www.gleevec.com/info/ag/index.jsp); "The Philadelphia Chromosome and CML"(http://www.medscape.com/viewarticle/408451_5).

21 유방 부위에 발생하는 종양 각각의 독특한 유전자 발현 양상을 구분할 수 있게 되고, 허셉틴처럼 효과적이면서 예측 가능한 치료법이 개발된다고 하더라도 안심할 수 있는 것은 아니다. 왜냐하면 종양 그 자체도 더 깊은 인과기전의 한 가지 증상일 수 있기 때문이다. 많은 과학자들은 상당수의 암과 기타 질환의 원인이 전염병에 있을 것이라는 이론을 내놓고 있지만, 종양의 원인을 확실히 이해하기까지는 예방이 어려울 것이며, 재발도 계속될 것이다.

22 허셉틴은 유방암 세포의 유전자에 특이적으로 작용하는 게 아니라 비특이적인 수용체에 작용하기 때문에, 허셉틴조차 결국엔 불충분한 치료로 인식될 것이다(출처: Jeffrey, Stephen, "Cancer Therapy: Take Aim," *The Economist*, 2007).

23 Healy, Bernadine, "Cancer and Me," *U.S. News and World Report*, April 9, 2007, 60–68. 이 잡지 기고문은 그녀가 쓴 다음의 책에서 인용된 것이다. *Living Time: Faith and Facts to Transform Your Cancer Journey* (New York: Bantam, 2007).

24 역사적으로 볼 때, 우리는 우리의 오감(五感)으로 관찰할 수 있는 현상에만 의존해 질병을 진단하고 구분해왔다. 예를 들어, 환자 소변의 단맛과 호흡에서 나는 케톤(ketones) 냄새는 믿을 만한 당뇨병 척도였다. X선으로 더 잘 알려져 있는 뢴트겐 촬영법은 질병을 진단할 획기적인 기술이라고 의사들의 칭송을 받았지만, 우리가 눈으로 비정상을 판단하는 방식의 연장에 불과하다.

25 이런 발전의 상당부분은 질병 위험요인에 대한 지식축적에 힘입어, 흡연이나 지나친 태양광 노출과 같이 암을 유발하는 행동을 줄이도록 하거나 주위 환경에서 발암물질을 제거하는 예방조치를 통해 이룬 성과이다. 아울러, 몇몇 암에서 나타난 사망률 감소는 그 효능이 개선되고 표적화된 약물의 덕분이다.

26 더욱이 간호사에 의한 백신접종은 가치 창출의 측면에서 볼 때 더 큰 파괴적 혁신이다. 왜냐하면 질병의 예방은 질병 발생 이후의 직관적인 진단과 치료에 대한 필요 자체를 없애기 때문이다.

27 Schaffer, Amanda, "In Diabetes, a Complex of Causes," *New York Times*, October 16, 2007.

28 Manning, Anita, "Islets Could Be a Key to Diabetes Cure," *USA Today*, November 13, 2007.

29 "American Medical Association Publishes 'Nostrums and Quackery' Warning the Public Against Humbugs," *New York Times*, January 14, 1912, SM7.

30 Banting, Frederick G., et al., "The Internal Secretion of the Pancreas," *American Journal of Physiology*, vol. 59, no. 479, 1922. 그의 혁명적인 발견

으로 인해, 프레드릭 밴팅 경은 그에게 연구실을 제공한 존 맥클레오드(John Macleod)와 함께 1923년 노벨의학상을 수상했다.

31 악액성(Cachectic)이란, 전신상태에 두드러진 쇠약을 가져오는 상태를 말한다.

32 곧 살펴보겠지만, 이것 역시 관찰 가능한 증상에만 의존해 질병을 구분하게 되면 실제 다른 질병이라도 같은 병명으로 구분하는 오류를 범할 수 있음을 보여준다.

33 자가면역반응의 원인이 아직 불분명하기 때문에 어떤 면에서 진정한 '근본 원인'은 아직 모른다고 할 수 있다. 예를 들어, 만일 어떤 바이러스가 유발요인인 것으로 밝혀진다면 그때는 백신이나 항바이러스제가 더 적합한 치료제가 될 것이다.

34 이것은 2000~2002년 당시 매사추세츠州 케임브리지에 위치한 제약사 '밀레니엄 파머수티컬(Millennium Pharmaceuticals)'의 선임연구원으로 재직 중이던 키이스 디온느(Keith Dionne) 박사와의 면담 내용에서 인용했다.

35 샌프란시스코 종합병원의 86병동은 미국 최초의 에이즈 환자들이 수용된 곳으로 유명한데, 이와 관련된 자세한 정보는 다음 인터넷사이트를 참고하기 바란다. http://www.library.ucsf.edu/collres/archives/ahp/sfgh.html.

36 1987년 질병통제예방센터에서 나온 HIV/AIDS 감시보고서에 따르면, 1981년에는 에이즈 환자 270명 중 91%에 해당하는 247명이 확진을 받은 지 6개월 이내에 사망했다. 1982년에는 그 비율이 87%로 감소했고(2,822명 중2,459명 사망), 1984년에는 81%로 떨어졌다(5,695명 중 4,611명 사망). 다만, 당시로서는 진단이 어려웠기 때문에 시간이 지난 후에 추가적으로 환자가 보고되는 등 보고시점에 따라 각 연도별 환자수는 조금씩 다르다. 위의 보고서 내용을 보려면 다음의 인터넷사이트를 참고하기 바란다. http://www.cdc.gov/hiv/topics/surveillance/resources/reports/pdf7surveillance87.pdf.

37 다시 말하면, 어떤 환자군을 정밀한 질병 경로에 기초해 나눌 수 있지만, 그와는 별도로 환자들이 정밀한 치료법에 어떤 반응을 나타낼 것인지에 기초해 나눌 수도 있다. 개인에게 맞춤형으로 제공되는 치료법에서 가장 큰 혜택을 볼 사람들은 이 두 가지 범주에 중복되는 환자군이다.

38 우리는 많은 연구자들이 질병 경로를 정밀하게 정의하는 것과 치료법에 대한 환자의 반응을 정밀하게 살피는 것, 이 두 가지 개념을 결합시키려는 경향이 있다는 것을 안다. 지난 10여 년간 진단과 치료 모두 분자유전학적 수준으로까지 연구가 된

점을 감안하면, 연구자들이 왜 종종 이 두 가지 개념을 개인별 맞춤의학이라는 범주에 함께 넣어서 생각하려 하는지 이해가 충분히 간다. 하지만, 우리는 이 두 가지 개념을 분리해서 생각하는 것이 중요하다고 믿고 있다. 왜냐 하면, 새로운 파괴적 의료 모델로의 진보를 가능하게 할 기술적 촉진요인들은 이들 두 영역에서 각각 독립적으로 생겨날 수 있기 때문이다.

39 이런 식으로 제1형 당뇨병을 구분하고 있지만 실제로는 자가면역질환이나 감염, 외상, 독소 등 여러 가지 병인(病因)이 있을 수 있다. 지금까지는 '인슐린 결핍' 그 이상으로 정밀하게 원인을 구분한다 하더라도 인슐린 처치로 인한 결과에는 별 영향이 없지만, 더 정밀하게 질병 원인을 구분할 여지는 그래도 남아 있다.

40 "FDA Approves Updated Warfarin (Coumadin) Prescribing Information," *FDA press release*, August 16, 2007. (인터넷 출처: http://www.fda.gov/bbs/topics/NEWS/2007/NEW01684.html)

41 Schwarz, Ute I., et al., "Genetic Determinants of Response to Warfarin during Initial Anticoagulation," *New England Journal of Medicine*, vol. 358, no. 10, 999-1088.

42 McWilliam, Andrew, et al., "Health Care Savings from Personalizing Medicine Using Genetic Testing: The Case of Warfarin," American Enterprise Institute-Brookings Joint Center for Regulatory Studies, Working Paper 06-23, Nov. 2006. (http://www.aei-brookings.org/publications/abstract.php?pid=1127)

43 앞서 논의했던 정밀의학의 교훈을 감안해볼 때, 어떤 환자들에게서 뇌졸중이나 심장마비, 혈액응고 재발의 위험이 높은지 정확히 밝혀낼 수 있다면 잠재적으로 더 큰 이득을 기대할 수 있을 것이다.

44 의사의 의사결정에 대해 관심이 있는 독자는 제롬 그루프먼의 책 '닥터스 씽킹' (Groopman, Jerome, *How Doctors Think*, New York, Houghton Mifflin, 2007)을 읽어보기 바란다.

45 여기서 말하는 이론이란 '만족스러운 수익보존의 법칙(Law of Conservation of Attractive Profits)'을 가리키는데, 이 이론은 클레이튼 크리스텐슨과 마이클 레이너가 쓴 '성장과 혁신'이라는 책의 6장에 요약되어 있다(Christensen, Clayton, and Michael Raynor, *The Innovator's Solution*, Boston, Harvard

Business School Press, 2003). 마이클 포터(Michael Porter)는 1980년대 초에 '다섯 가지 요소(five forces)' 분석틀을 만들어냈는데, 여기서 말하는 5가지 요소가 산업 내 가치사슬의 한 단계에서 어떻게 만족스러운 수익을 얻고, 가치사슬의 또 다른 단계에서 어떻게 경쟁자들을 떼어버림으로써 수익을 보존하게 하는지를 결정한다는 것이다. 그의 분석틀은 유용하지만, 현재의 상태를 설명해줄 뿐 변화를 수용하지 못한다는 단점이 있다. '만족스러운 수익보존의 법칙' 은 포터의 모델과 겹치지만 더 역동적인 차원으로 구성된다는 점, 즉 시간이 지나면서 그러한 요소들이 왜, 그리고 어떻게 가치사슬의 다른 단계로 이동하는지를 설명할 수 있다는 점에서 다르다. 특히, 우리의 이론은 제품과 서비스가 어떤 기전에 의해 범용화(commoditization)되는지를 설명하며, 범용화와 탈범용화(decommoditization)라는 상반된 과정이 가치사슬에 필수적으로 나란히 존재한다는 것을 보여준다. 즉, 이 법칙은 만족스러운 수익을 가져오는 범용화가 가치사슬의 한 단계에서 사라지는 시점과 탈(脫)범용화를 통해 독점적 제품으로 만족스러운 수익을 올릴 수 있는 기회가 인접한 단계에서 부상하는 시점을 보여준다. 우리는 제약회사와 병원 산업의 지도자들에게 이 이론을 적극 추천한다. 왜냐하면 미래는 과거와는 다를 것이기 때문이다. 이 이론을 통해 앞으로 탈(脫)범용화가 일어날 가치사슬에서 어떤 활동에 투자를 집중해야 하는지 이해할 수 있기를 바란다.

46 2003년 11월 7~8일에 걸쳐 보스턴의 하버드 비즈니스 스쿨(HBS)에서 개최된 보건산업분야 HBS 졸업동문회 주최 제4차 연례 보건의료회의에서, 식약청장과 메디케어 및 메디케이드센터(CMS) 소장직을 지낸 마크 맥클러렌(Mark B. McClellan)은 식약청이 이미 이런 방향으로 진보하기 시작했다고 밝혔다.

47 하지만, 기본적으로 아직도 많은 HIV 환자들이 여전히 전문의의 관리를 받고 있다는 사실에 주목할 필요가 있다. 이런 사실은 환자 관리가 더 이상 복잡하지 않은데도 보건의료체계는 여전히 기존의 모델을 고수하고 있으며, HIV 관리를 위한 새로운 모델 개발에 별로 관심이 없다는 것을 의미한다. 7장에서 다루겠지만, 이런 현상은 의료비 상환방식과 관련이 높다. 후진국에서는 많은 경우 간호사가 약물을 처방하고 환자를 관리하고 있다. 그곳에서는 치료를 받지 않는 것을 빼고는 다른 대안이 없기 때문에 파괴적인 의료 모델이 생겨난 것이다.

3장 Notes

1 현대식 병원의 전신은 기본적으로 종교 활동과 밀접한 관련을 맺고 있었으며, 환

자뿐만 아니라 빈곤층까지 돌보았다. 의술과 과학 분야의 훈련을 받은 전문직들을 통해 환자만 돌보는, 이른바 병원의 세속적인 역할은 18세기 초에 이르러서야 그 뿌리를 내리기 시작했다.

2 '과거는 서막에 불과하다'는 글에서 로즈마리 스티븐스(Rosemary Stevens)는 병원의료가 현대적 형태로 변혁하게 된 것은 플로렌스 나이팅게일(Florence Nightingale)이 처음 도입한 간호학의 발전에 힘입은 바가 크다고 했다. 전국 주요 도시에 간호학교가 세워지면서 병원도 함께 성장했다는 것이다(출처: Wiener, Carolyn L. and Anselm L. Strauss, *Where Medicine Fails*, 5th ed., Piscataway, NJ, Transaction Publishers, 1996).

3 Risse, Guenter B., *Mending Bodies, Saving Souls: A History of Hospitals*. (New York: Oxford University Press, 1999).

4 우리는 보건의료 고객들이 해결하려는 일을 두 가지로 단순화해서 나누었지만, 응급상황을 해결하는 것이 세 번째 일이라고 보는 사람들도 있다. 하지만, 우리는 응급상황도 나누어보면 두 가지 일 중 하나에 속한다는 결론을 내렸다. 만약 두 가지 서로 다른 일을 동시에 해결할 필요가 생긴다면, 그것을 동시에 수행하는 가치제안을 전달하기에 적합한 사업 모델이 출현할 것이라는 것이 우리의 생각이다. 예를 들어, 주유소에 편의점이 함께 있는 것이 바로 그런 이유다. 사람들이 자동차 기름과 먹을거리를 동시에 필요로 하기 때문이다. 마찬가지로, 환자가 진단과 치료라고 하는 두 가지 일을 동시에 해결하고 싶어 하는 상황들이 많이 있다. 우리는 처리해야 할 두 가지 서로 다른 일이 동시에 발생할 때, 오로지 그때만이 그 둘을 함께 수행하는 것이 의미 있게 받아들여진다는 것을 발견했다. 이 주제에 대해서는 7장에서 퇴직연금(401(k)) 상품과 건강저축계좌(health savings accounts)의 수렴 가능성에 대해 살펴볼 때 더 자세히 다루겠다.

5 이런 현재의 의료비 상환방식이 유지된 데는 병원에도 상당한 책임이 있다. 11장에서 다루겠지만, 의료수가와 같은 보건의료의 관리가격제도는 기존의 활동주체들이 파괴적 혁신을 방해하는 반독점적 수단으로 사용하는 경우가 종종 있다.

6 Porter, Michael, and Elizabeth Olmsted Teisberg, *Redefining Health Care: Creating Value-Based Competition on Results* (Boston, Massachusetts: Harvard Business School Press, 2006). 이 책의 저자들은 '가치중심 경쟁의 원칙'을 설명하는 부분에서 '가치가 초점을 맞추어야 할 대상은 단순히 비용을 낮추는 것이 아니라 환자'여야 하고, 경쟁은 결과에 기초해야 한다고 주장한다.

7 수많은 학자들은 물론 컨설팅업체들까지 이런 병원 서비스의 가치 측정과 의료기관 간 비교에 애를 쓰고 있다는 것을 잘 알고 있다. 현재 종합병원에 혼합돼 있는 솔루션 숍 활동과 가치부가과정 활동을 분리해낸다면 종합병원이 제공하는 서비스 중 일부에 대해서는 그 가치를 정확히 평가할 수 있을 것으로 본다. 그렇게 되기 전까지는 일반적인 비용 추정치, 그리고 성과 및 품질을 측정하기 위한 대리지표를 이용해 가치의 근사치를 구할 수 있을 뿐이다.

8 물론, 병원의 집중화(focus)가 가져다 주는 비용과 성과의 이점에 대해 강조하는 것이 우리가 처음은 아니다. 집중화의 가치에 대해 처음 연구한 빌 애버나시(Bill Abernathy), 그리고 위크햄 스키너(Wickham Skinner)의 세미나 발표논문 '집중화 공장' (Focused Factory, Harvard Business Review 52 no.3 (1974): 113-21)' 에 기초해 보건의료 분야에서는 레지나 헤이츠린거(Regina Herzlinger) 교수가 이미 주장한 바 있다. 그녀의 관련 저서는 다음과 같다. *Consumer-Driven Health Care: Implications for Providers, Payers, and Policy-Makers* (San Francisco: Jossey-Bass, 2004); *Who Killed Health Care?: Americas $2 Trillion Medical Problem-and the Consumer-Driven Cure* (New York: McGraw-Hill, 2007).

9 위크햄 스키너(Wickham Skinner) 교수는 위에서 말한 논문 '집중화 공장' 에서 별도의 새로운 시설을 만들지 않고도 집중화를 할 수 있는 방법을 제안했는데, 그것을 '공장 내 공장(factory-within-a-factory)' 이라고 불렀다.

10 우리가 종종 언급했듯이, 기존의 종합병원의 입장에서는 스스로를 완전하게 파괴함으로써 혁신해야 할 충분한 이유를 찾기 쉽지 않다. 완전히 새로운 사업 모델이 등장해 파괴적 변화를 일으킬 가능성이 훨씬 크다는 사실을 잘 알고 있지만, 그래도 병원이 살아남을 방법으로서 이런 개념을 제시하고 있다.

11 이 친구에 대한 내용은 대형 우편주문약국이자 약제급여관리회사(pharmacy benefits manager)인 메드코(Medco, Inc.)의 대표이사 데이비드 스노(David Snow)와의 사적인 대화를 토대로 재구성했다.

12 최근, 국립 유대인 건강병원(National Jewish Health)으로 이름을 바꾸었다.

13 솔루션 숍의 가치를 추정하기 위해서는 여전히 그 조직의 명성과 직원들의 기술적 재능에 의존해야만 하지만, 시간이 흐름에 따라 솔루션 숍은 점점 더 차별화될 것이고, 따라서 그들이 제공하는 실제 가치를 더 정확히 반영하는 가격에 따라 요금을 청구할 수 있을 것으로 본다.

14 "Physicians More Likely to Treat Less Acute, More Profitable Patients in Specialty Hospitals that They Own," *Health Affairs*, Web Exclusive (2005): W5-481.

15 신규 전문병원 개설에 관한 일시정지 명령은 2003년 12월 8일에 발효돼 2005년 6월 7일까지 지속되었는데, 처음에는 2003년도 메디케어현대화법(Medicare Modernization Act)에 의거해 제정되었다가, 이후 2005년도 재정적자감축법(Deficit Reduction Act, Public Law no: 109-171, Sec. 5006) 개정시에 일부 제한 조항이 추가되었다.

16 Iglehart, John K., "The Emergence of Physician-Owned Specialty Hospitals," *New England Journal of Medicine*, vol. 352, no. 1: 78-84.

17 다른 유형의 전문병원도 있는데, 소아과, 여성건강, 심장건강을 중심으로 조직된 병원들이 그 예다. 이들 중 대부분은 솔루션 숍과 가치부가과정 병원이 융합된 형태를 띠는데, 앞에서 제안했듯이, 이들도 '병원 내 병원' 을 통해 분리되는 것이 바람직하다고 본다.

18 확진 이전에 하는 수술은 보통 시험적 수술(exploratory surgery)로 분류된다. 일부 연구에 따르면, 암의 병기 구분(cancer staging) 등 여러 질병 및 용도로 행하던 시험적 수술의 필요성이 줄어들고 있다고 한다. 가령, 1990년대 초 40~50%의 환자가 암의 병기 구분을 위한 시험적 수술을 받았는데, 그중 80%는 이중 나선식 컴퓨터단층촬영(double spiral CT scanning)을 통해 시험적 수술 없이도 정확한 병기 구분이 가능하다는 추정이 나왔다(출처: "Inroads Against a Formidable Foe," USC/Norris Comprehensive Cancer Center Report, Fall 1999, http://www.usc.edu/hsc/info/pr/ccr/99fall/inroad.html, 2008년 8월 28일 접속).

19 숄디스(Shouldice) 병원에 관한 자세한 내용은 다음의 케이스 자료를 참고하기 바란다. James L. Heskett, "Shouldice Hospital Ltd.," Harvard Business School Case Study 9-683-068, April 25, 1983.

20 현대의료행위분류(Current Procedural Terminology, CPT) 코드는 모든 의료행위와 관련 서비스의 보험급여청구 및 행정처리에 사용되는 코드로, 구체적으로 CPT 코드 49560번은 '환원성 최초 절개 또는 복부 탈장 교정(Repair initial incisional or ventral hernia; reducible)' 을 말한다. CPT 코드는 미국의사협회

Notes

가 관리하고 있다. 참고로, 여기서 말하는 숄디스의 비용에 여행경비는 포함되지 않는다.

21 전문병원과 종합병원을 비교한 연구들을 보면, 종합병원의 순이익률(net profit margin)이 대략 2~4% 수준인 반면, 전문병원은 6~9% 수준에서 다양하게 나타났다는 결과를 제시하면서 비슷한 종류의 의료를 제공하는 비용에 차이가 별로 나지 않는다고 결론을 내린다. 하지만, 이런 종류의 연구에는 두 가지의 중대한 문제점이 있다. 첫째는 연구에서 분석한 대다수의 '전문' 병원은 솔루션 숍과 가치부가과정 사업이 융합된 형태라는 점이다. 둘째는 의료행위가 종합병원에서 있었든, 가치부가과정 병원에서 있었든 간에 상관없이 CPT 수가가 동일하다는 점이다. 따라서, 연구결과에서 말하는 수익률이 반드시 본질적인 비용 차이를 반영하고 있는 것은 아니다.

22 재발률은 교정술의 유형이나 외과의사의 경험, 환자의 전반적인 건강상태, 기타 여러 요인에 따라 큰 편차를 보인다. 최근의 한 연구에 따르면, 2년 내 재발률이 수술적 치료(open repair)의 경우 4.9%, 복강경 교정술(laparoscopic repair)의 경우 10.1%인 것으로 나타났다(출처: Neumayer, Leigh, et al., "Open Mesh versus Laparoscopic Mesh Repair of Inguinal Hernia," *New England Journal of Medicine*, vol. 350, no. 18: 1819–27).

23 숄디스(Shouldice) 병원 자료에 의하면, 합병증 및 감염 발생률이 0.5% 미만이며, 1945년 이래로 탈장 수술을 받은 환자 30만 명 중 재발률은 1%에 불과하다고 한다(출처: http://www.shouldice.com/admin.htm).

24 Shactman, David, "Conference Report: Specialty Hospitals, Ambulatory Surgery Centers, and General Hospitals: Charting a Wise Public Policy Course," *Health Affairs*, 24, no. 3 (2005): 868–72.

25 이런 분류와 선별 기능이 이미 많은 질병에서 작동하고 있는데도 이에 대한 심각한 논쟁이나 수정 조치 요구가 없다는 것은 흥미로운 사실이다. 예를 들어, 여러 연구결과에 따르면 혈관성형술(angioplasty)은 급성심근경색(acute myocardial infarction) 환자에게 90분 이내에 수술을 해야만 최적의 효과를 발휘한다(출처: Asseburg, Christian et al., "Assessing the Effectiveness of Primary Angioplasty Compared with Thrombolysis and its Relationship to Time Delay: A Bayesian Evidence Synthesis," *Heart* 2007; 93: 1244–50). 그러나 모든 환자에 대해서 90분 이내에 카테터 삽입을 해야 한다는 요구를 하지는 않는다. 대신, 혈관성형술을 할 수 없을 때는 중재술을 담당하는 심장내과 전문의

(interventional cardiologist)의 전문지식이 없어도 투약이 가능한 약물을 통해 혈전용해를 시도한다.

26 물론, 집중화된 솔루션 숍과 가치부가과정 전문병원이 서로 가까운 곳에 있음으로써 얻을 수 있는 이점도 있다. 이들 서로 다른 사업 모델을 연결하고, 하나의 응집된 의료전달체계에 통합시키는 것에 대해서는 6장과 7장에서 다룰 것이다. 우리는 이들 서로 다른 사업 모델을 독립적으로 운영하는 것이 좋다고 생각하지만, 병원 내 병원 같은 형태로 존재한다면 하나의 큰 조직 산하에 공존할 수도 있을 것이다.

27 이 회사의 명칭은 가명이다(출처: Christensen, Clayton M., "Michigan Manufacturing Corp.: The Pontiac Plant-1988," Harvard Business School Case Study #9-694-051, 1993).

28 이 공장이 미시간주 폰티악(Pontiac)에 있으므로 '폰티악 공장' 이라고 부르겠다. 참고로 제너럴 모터스(GM)의 폰티악 사업부와는 관련이 없음을 밝힌다.

29 게다가, 수련병원들은 단순히 환자진료뿐 아니라 레지던트와 의과학생, 간호사, 기타 보건의료인력들을 훈련하는 과정까지 관리해야 하므로 그 복잡성은 더해진다. 수련병원이 이런 특별한 가치제안을 어떻게 하면 더 잘 통제할 수 있을지에 대해서는 10장에서 다시 논의할 것이다.

30 우리가 추정한 제품 계열의 수는 전형적인 병원에서 찾아볼 수 있는 진료과의 순열을 조합한 후 그것을 정상적인 진료과정에서 발생할 수 있는 것들로만 추려서 계산한 것이다. 한 병원에서 얼마나 많은 서비스 계열이 있을 수 있는가를 계산하는 것은 물론이고, 서비스 계열이라는 것을 정의하는 것만 해도 박사학위 논문감이 될 만큼 큰 연구주제이다. 앞으로 다른 학자들이 이 분야를 더 연구해 더 정확한 추정치를 내놓을 수 있기를 바란다. 다른 제조업과 서비스 분야의 연구결과를 가지고 대체적으로 우리의 견해를 정리해보자면 이렇다. 먼저, 하나의 제품 계열이란 공장 내에서 거치는 독특한 경로를 말하는데, 서로 얽히고설키면서 그 경로들이 간접비용을 발생시킨다. 공장이 만들어내는 제품의 수 또는 재고관리단위(stock-keeping units, SKU)와 그 공장의 간접비 배부율(overhead burden rates) 간에는 상관관계가 별로 없다. 간접비에 크게 영향을 미치지 않고도 동일한 작업순서에 따라 복수의 제품 모델을 생산해낼 수 있다. 도요타와 같은 자동차 생산업체가 '혼합모델생산(mixed model production)' 이라고 부르는 방식을 사용할 때도, 서로 다른 모델이 동일한 조립라인 상에서 혹은 동일한 생산 셀(manufacturing cell) 내에서 번갈아서 생산되도록 배열되지만, 혼합모델은 모두 하나의 라인을 따라 동일한 작업순서를 따른다. 그런 공장에서는 조립라인이 여러

Notes

차례 교차하는 일이 없다. 이에 비해, 훌륭한 종합병원에서 근무하는 인력에는 100개 이상의 전문진료 항목을 담당하는 의사들이 포함되며, 이들은 수천 가지 질병을 다룰 수 있는 역량을 지니고 있다. 병원의 진료항목 수는 곧 공장의 재고관리 단위(SKU)에 해당한다. 그러나, 병원에서 다룰 수 있는 질병의 수에 비해 경로 혹은 '처리 단계'의 조합은 더 적다.

31 앨런이 회귀분석을 통해 추정한 방정식은 다음과 같다.
ln(간접비 배부율) = 1.729 − 0.233 [ln (공장규모)] + 0.34 [ln (제품 계열의 수)],
R^2 = 0.94, *t*–통계량: 공장규모 = −5.82; 제품 계열의 수 = 7.22.

32 도요타 자동차는 '혼합모델(mixed model)' 생산방식으로 유명해졌는데, 그것은 동일한 생산라인에서 여러 개의 제품 모델을 생산할 수 있는 능력이 있다는 것이다. 도요타가 이런 유연성을 확보했다고는 하지만, 그 생산라인은 생산단계의 순서가 크게 변하면 그것을 수용하지 못한다. 미시간 매뉴팩처링 사례에 비유하자면, 도요타의 생산라인은 메이스빌 공장의 생산라인과 닮았다고 할 수 있다. 만약 도요타가 다른 제품을 생산하기 위해 생산 단계의 순서를 다양하게 가져가려 한다면, 순서를 변화시킬 때마다 그 모델을 메인 생산라인에서 분리해야 할 것이다. 즉, 새로운 작업이 요구되는 제품을 메인 라인에서 분리해 다른 장비에서 작업을 하거나 이전 단계의 장비로 보내 작업을 한 뒤, 다시 메인 생산라인에 끼워넣어야 한다. 도요타가 생산단계의 순서에 더 많은 변화를 도입하려 할수록 공장 구조는 점점 더 폰티악 공장을 닮아가게 될 것이다.

33 되도록 정확한 자료를 제공하려고 노력했지만, 이 두 가지 사업 모델의 비용을 직접 비교할 수 있는 자료를 구하기가 쉽지 않았다. 또한, 간접비를 할당하는 과정에서 계산된 비용이 어느 정도 자의적일 수도 있을 것이다. 대부분의 병원 시술 비용조차 정부가 정한 관리가격이기 때문에 방법론적으로 비용과 가격책정을 결정하는 시장상황을 정확히 반영하지 못한다는 한계가 있다.

34 이 추정치들은 몇 가지 서로 다른 추정방법을 종합해 얻은 결과로, 병원의 재무제표를 분석하는 한편, 앞서 살펴본 MMC 사례에서 노엘 앨런(Noelle Allen)이 사용한 알고리즘을 통해 규모와 복잡성의 함수로서 간접비 배부율을 측정했다.

35 따라서, MMC의 전통적인 생산과정에 적용되던 원가회계 관리방식과는 별도로 연구개발 활동에 대한 보상을 해야 한다. 대학연계병원과 수련병원도 비슷한 상황이다. 왜냐하면 의료진들도 시간을 쪼개어 교육과 연구, 환자진료를 하고 있기 때문이다. 만약 수련과 연구활동을 단순히 '간접활동'으로 측정한다면, 폰티악 공장에서처럼 환자진료 활동의 간접비 배부율이 터무니없이 높아질 것이다.

36 '땅콩버터 방식'의 원가배분으로 인한 문제점들은 다음 문헌에 잘 정리되어 있다. Johnson, H. Thomas, and Robert S. Kaplan, *Relevance Lost: The Rise and Fall of Management Accounting* (Boston, Massachusetts: Harvard Business School Press, 1987). 여기서 얻은 통찰력으로 이후 카플란 교수는 활동기준원가(Activity-Based Costing) 방식을 제안하게 되는데, 관련 문헌은 다음과 같다. Kaplan, Robert S., and Steven R. Anderson, *Time-Driven Activity-Based Costing: A Simpler and More Powerful Path to Higher Profits* (Boston, Massachusetts: Harvard Business School Press, 2007). 많은 기업들은 활동기준원가방식과 같은 시스템을 이용해 원가를 측정하고, 실제 생산비용을 훨씬 정확하게 반영하는 가격을 책정할 수 있게 되었다. 이런 장점에도 병원들은 아직도 이 방식을 적극 도입하는 데 어려움을 겪고 있다.

37 이런 척도의 상당부분은 1980년대 보스턴 컨설팅 그룹에서 근무했던 클레이튼 크리스텐슨과 그의 프로젝트 팀원들이 개발한 것으로, 당시 연구대상이 된 산업은 코팅직물에서부터 건설, 장비유통, 전기자동차, 회로 차단기(circuit breakers), 변압기, 자동차 조타장치(steering gear)에 이르기까지 다양했다. 사실, 도요타와 혼다가 미국 자동차산업을 파괴시키면서 사용했던 핵심 전략은 집중화를 통한 사업 모델 혁신이었다. 1980년대 미국 자동차업계가 고객에게 제시했던 가치제안은 고객들이 다양한 사양의 자동차를 주문할 수 있다는 것으로, 가령 1980년 당시 포드가 만든 썬더버드(Thunderbird)는 옵션 사양이 무려 25만 가지나 되었다. 한편, 일본 업체들은 보통 일곱 가지 정도의 사양만 제공했다. 그들은 '셀 생산' 방식으로 공장을 조직화해 각 제품 계열을 별도의 경로에서 생산했고, 이를 통해 전체 간접비용을 더욱 낮출 수 있었다.

38 새로운 의료 사업 모델이 시스템 전체에는 이득이 되는데도, 수익성이 좋은 서비스를 보호하기 위해 병원들은 그런 변화에 반대하는 경우가 많다. 한 예로, 미국통원수술센터(Ambulatory Surgical Centers of America)가 메인(Maine)주에 새로운 외과수술센터를 건립하겠다는 계획을 발표했을 때, 메인주 주립 메디컬 센터(Maine Medical Center)는 새로운 병원이 지역민들의 의료비 부담을 낮추고 메인주의 보건예산을 절감할 수 있다는 것을 알고 있었음에도 이에 반대했다. 우리는 이 사례를 제공해준 루이스 하셀(Lewis Hassell) 박사에게 감사한다.

39 "Medical Tourism: Sun, Sand and Scalpels," *The Economist*, March 8, 2007, 62.

40 제약회사와 의료기기 회사의 경영진이 알아야 할 일반적인 원칙은, 보통 존속적

혁신에 비해 파괴적 혁신이 더 강한 성장기회를 제공한다는 점이다. 예를 들어, 1980년대와 1990년대에 존슨앤드존슨은 파괴적 잠재력을 가진 4개 중소기업을 인수한 후 그들을 독립된 조직으로 운영하면서 자본과 기술을 투자해 성장을 견인했다. 라이프스캔(LifeScan)의 혈당계, 비스타콘(Vistakon)의 일회용 콘택트렌즈, 에티콘-엔도-서저리(Ethicon Endo-Surgery), 코디스(Cordis)의 관상동맥 성형술 분야 등 4개 사업은 14%의 연평균 복합성장률을 보이며 수십억 달러의 매출을 올리는 사업이 되었다. 투자분석 보고서에 따르면 이들을 제외한 존슨앤드존슨의 다른 모든 의료기기 및 진단 사업부문을 다 합쳐도 같은 기간동안 존속적 혁신에 투자해 거둔 연평균 복합성장률은 대략 3.5%에 불과했다.

41 하버드 비즈니스 스쿨의 클라크 길버트(Clark Gilbert) 교수는 다니엘 카너먼(Daniel Kahneman)과 아모스 트베르스키(Amos Tversky)의 선구적인 연구에 기초해, 파괴적 혁신을 위협 혹은 기회로 여기게 만드는 인식구조의 차이를 분석했다. 우리는 그의 연구보고서를 읽어볼 것을 독자들에게 적극 추천한다 (Gilbert, Clark G., *Can Competing Frames Co-exist? The Paradox of Threatened Response*. Boston, Massachusetts: Harvard Business School Working Paper #02-056, 2002).

4장 Notes

1 이들 범주가 상호배타적인 것은 아니다. 많은 신체 이상은 한 가지 이상의 진료범주 안에서 다루어지기 때문이다.

2 McQueen, M. P., "Look Who's Watching Your Health Expenses: Employers Increasingly Turn to 'Care Managers' to Control Medical Costs, but Some Wonder If Patients Always Benefit," *Wall Street Journal*, September 25, 2007, D1.

3 페이션츠라이크미(PatientsLikeMe)는 매사추세츠주 케임브리지(Cambridge)에 소재한 소셜 네트워킹 사이트로, 초창기에는 다발성 경화증(multiple sclerosis), 근 위축성 측색 경화증(amyotrophic lateral sclerosis, 또는 루게릭 병), 파킨슨병, HIV 등의 질환에 걸린 환자들을 위한 커뮤니티를 제공했다. 우리는 이 기업을 알려준 캐롤닷컴(Carol.com)의 운영자 그래엄 팰릿(Graham Pallett)에게 감사하며, 관련 기사는 다음 출처를 참고하기 바란다. Goetz, Thomas, "Practicing

Patients," *New York Times Magazine*, March 23, 2008.

4 O'Meara, Sean, "Diabetes Education Goes Multimedia," *Nurses World*, April/May 2007.

5 일차진료의사의 입장에서는 환자곁 검사(near-patient testing)의 성능이 충분히 신뢰할 정도가 되어야만 진료실에서 그것을 사용하려고 할 것이다. 또한, 현재 환자곁 검사의 단가가 중앙화된 검사에 비해 아직 낮은 수준은 아니다. 그러나, 편의성을 생각한다면 가격이 그리 높은 수준은 아니다. 게다가, 검사결과가 나올 때까지 기다리는 시간과 결과 확인을 위해 의원을 재방문하는 비용까지 포함할 경우, 환자곁 검사에 들어가는 전체 비용은 중앙화된 검사에 비해 더 낮아질 것이다. 또한, 제품의 성능이나 신뢰성에 대한 환자의 기대수준이 의사에 비해 더 낮을 수 있고, 특히 소비자 중심의 의료시장에서는 신속성과 편의성에 대한 환자의 수요가 사실 의사가 필요하다고 생각하는 시기보다 훨씬 빨리 형성될 수 있다는 점을 알아야 한다. 예를 들어, 가정용 검사 키트는 의사나 건강전문가들이 (그들의 잣대에서 볼 때) 성능이나 신뢰성 측면에서 형편없다고 생각했지만 여러 질환용으로 소비자들이 쓰고 있는 경우도 흔히 찾아볼 수 있다.

6 어떤 전문의들은 일차진료의사에게 환자를 돌려보내지 않으려고 하위시장을 통합해 일차진료 영역으로까지 진료활동을 확장한 경우가 있지만, 전반적으로 볼 때 장기적으로 전문의에게는 이런 영역확장을 할 금전적 동기가 별로 없다고 생각한다.

7 이런 원칙은 우리가 생각해낸 것이 아니다. 경제학자들은 이 현상을 '한계효용체감의 법칙'이라고 부른다. 미시경제학에서는 한계가격이 한계효용과 같아진다고 보는데, 고객이 성능향상에 대해 지불하는 가격의 증가분은 고객이 그러한 향상된 성능을 활용함으로써 느끼는 추가적인 만족감 또는 효용과 같아진다는 것이다.

8 델 컴퓨터의 고객화(customization)는 IBM에 기반한 PC 아키텍처를 사용하는 고객을 위해 훨씬 다양한 종류의 하드웨어 부품과 액세서리, 소프트웨어를 제공하는 방식으로 되었다. 일부 산업에서는 고객화와 편리함의 정도가 이미 충분한 정도를 넘어서 비용으로 경쟁의 기반이 변화한 경우도 있다. 그러나, 가격과 비용은 모든 시장에서 항상 중요시된다. 따라서, 우리는 혁신에 관한 연구에서 단 한 번도 가격 중심의 경쟁에 초점을 맞추지 않았다. 혁신기업에 가장 중요한 문제는 '어떤 종류의 혁신에 고객들이 가치를 둘 것이며, 더 높은 가격을 지불할 것인가' 하는 점이다. 데스크톱 PC의 경우, 델 컴퓨터는 이미 지나친 수준의 고객화와 편리함을 제공해 더 이상 높은 가격을 받는 것이 불가능한 상황, 즉 비용 중심의 경쟁 양상이

Notes

시장 하부에서부터 시작되어 상위시장으로 퍼져나갈지도 모르겠다.

9 리테일 클리닉에서 제공하는 의료의 질에 대한 미국의사협회(AMA)의 입장은 다음의 보도기사에 잘 나와 있다. Japson, Bruce, "Rise of Retail Clinics Giving Doctors a Chill," *Chicago Tribune*, June 12, 2006.

10 견실한 이론이 어떻게 만들어지는지에 대해 더 자세히 살펴보려는 독자는 다음 도서를 참고하기 바란다. Christensen, Clayton M., and Michael E. Raynor, *The Innovator's Solution* (한국어판: '성장과 혁신'), Boston, Massachusetts: Harvard Business School Press, 2003, 12-17.

11 이 주제에 대해 더 깊이 연구하려는 독자들은 크리스텐슨의 저서 '성공기업의 딜레마' 8장을 읽어보길 권한다 (*The Innovator's Dilemma*, Boston, Massachusetts: Harvard Business School Press, 1997). 또한, 이 개념은 윈더미어 어소시에이츠(Windermere Associates)가 개발한 구매의 계층(buying hierarchy)을 기초로 했다는 것을 밝히며, 관련 내용은 앞서 소개한 '성장과 혁신'의 4장과 5장을 참조하기 바란다.

12 미닛클리닉(MinuteClinic)은 2007년, CVS-Caremark에 합병되었다. 클레이튼 크리스텐슨(Clayton Christensen)과 존 케나지(John Kenagy), 리처드 보머(Richard Bohmer)는 하버드 비즈니스 리뷰 2000년 9 · 10월호에 기고한, '파괴적 혁신은 보건의료를 치료할 수 있을 것인가?' 라는 글에서 파괴적 사업 모델로서 미닛클리닉을 처음으로 언급했다. 당시 막 생겨난 클리닉은 퀵메드엑스(QuickMedx)로 불렸으며, 미네아폴리스에 지점 몇 개를 운영하고 있었다. 이 책을 집필하고 있는 지금, CVS는 공격적으로 미닛클리닉을 소매 약국과 통합시키고 있다.

13 미닛클리닉은 이 글을 집필할 당시, 미국에서 가장 큰 리테일 클리닉 체인이었다. 이 클리닉은 진료 항목 중 일부는 특정 연령층에게만 제공했다. 예를 들어, 만 18개월 미만의 유아는 진료하지 않았으며, 연령이 높은 환자에게도 서비스 일부를 제한했다. 이들 환자에게 직접 진료를 제공하지 않고 의사들이 있는 의원을 방문하도록 한 이유는, 특정 증상의 경우 여러 가지 질환이 복합적으로 작용해서 나타날 가능성이 크기 때문에 직관의학의 영역에 맞는 사업 모델을 가진 곳에서 다루는 것이 더 안전하다고 판단했기 때문이다.

14 우리는 해당 분야의 연구결과와 통찰력을 제공해준 메리 케이트 스콧과 그녀의 회사(Mary Kate Scott of Scott & Company, Inc.)측에 감사한다. 그녀는 리테일

클리닉에서 다루는 서비스를 크게 다음과 같이 7가지 흔한 진료범주로 구분하고 있다: 부비동염, 상기도 감염, 인두염, 중이염, 기관지염, 요로감염, 예방접종. 그녀는 두 가지 유형의 기술, 즉 진단과 치료를 단순하고 저렴하게 할 수 있게 할 의료기기와 원격의료가 리테일 클리닉의 진료범위 확장에 크게 기여할 것이라고 했다. 그녀의 예상대로 된다면 모든 응급실과 응급구조 방문건수의 15~30% 또한 리테일 클리닉으로 흡수될 것이다.

15 이것은 보험자 부담분만을 의미한다. 전액을 본인이 부담해야 하는 무보험자들에 대한 비용절감액까지 포함하면 그 액수는 훨씬 커질 것이다.

16 이것은 정당한 사유가 있는 경우의 의료과오 소송만을 의미한다. 상당수의 의료과오 소송은 의사와 환자 간에 미흡한 의사소통으로 인해 발생하고 있다.

17 대부분의 산업에서 파괴적 혁신을 이루는 현실적인 과정을 보면, 거품이 점점 커졌다가 결국엔 그것이 터지는 과정을 거치면서 산업이 성장하는 궤적을 그린다. 자동차산업, 전화, 개인용 컴퓨터, 디스크 드라이브, 할인소매업, 인터넷산업 등에서 실제로 거품이 부풀어 올랐다가 터졌다. 이때마다, 역사적 관점이 부족한 기자들은 거품이 사라지는 과정을 두고 사기에 의한 과열현상이라고 주장했다. 하지만, 몇 년도 안 돼서 합리적이고 적절한 규모의 기업들이 상위시장을 향해 꿋꿋하게 파괴적 행진을 시작하게 되면 기자들의 주장이 틀렸음이 밝혀진다. 메리 케이트 스콧 앤드 컴퍼니(Mary Kate Scott of Scott & Company) 측의 추정에 따르면, 미국에 대략 2,000개소의 리테일 클리닉이 필요한데, 이는 인구 10만~15만 명에 한 개꼴이다. 현재는 1,020개소가 운영 중인데, 2012년경에는 5,000~6,000개소로 늘어날 것이라고 한다. 이런 과포화상태 혹은 초과용량 현상은 조지아주의 아틀란타 같은 곳에서 이미 관찰되고 있다. 역사적 경험으로 보건대, 리테일 클리닉에서도 거품이 사라지면서 산업이 흔들리는 것처럼 보일 것이고, 이를 두고 기자들은 리테일 클리닉에 대한 기대가 너무 지나친 수준이었다고 주장할 것이 틀림없다. 하지만, 리테일 클리닉 산업은 계속해서 꾸준히 파괴적 행진을 계속할 것이며, 치료기술의 발달에 따라 정밀의학의 영역과 가치부가과정 사업 모델의 적용분야가 확대되면서 의사의 진료실에서 더 많은 질환을 빼내올 것이다.

18 Mehrotra, A., et al., "Retail Clinics, Primary Care Physicians, and Emergency Departments: A Comparison of Patients' Visits," *Health Affairs* 2008; 27: 1272-82.

19 많은 의사들은 아이엄마가 검이경을 가지고 자녀의 귓속 감염을 진단하는 것에 대해 우려를 한다. 가령 감염의 해부학적 특성이나 징후를 적절하게 해석할 수 있을

것인지, 잘못된 판단으로 항생제를 오남용해서 내성이 생기지않을지, 심지어 비교적 간단한 진료를 통해 소아과 의사가 벌어들인 수입에 손실이 발생하지 않을지 등을 우려할지 모른다. 하지만, 우리는 이미 많은 경우 환자들에게 스스로 진단하고 자가치료를 하도록 요구하고 있다. 음식섭취량과 혈당량 수치에 따라 인슐린 투여량을 조절하게 한다든지, 체중변화와 혈중산소량에 따라 이뇨제 용량을 조절하도록 하는 것 등이 그 대표적인 사례에 해당한다. PRN(*pro re nata*: 의학에서 '필요에 따라' 라는 의미로 사용되는 용어) 처방도 결국엔 환자가 스스로 일종의 판단을 하도록 요구하는 것이다. 항생제보다 훨씬 위험한 약물에도 종종 이런 처방이 내려지고 있다. 검이경을 이용해 신뢰할 만한 진단을 내리는 데 누가 더 나은가 라는 측면에서 생각해본다면, 평소 자녀의 정상적인 귓속 상태를 수도 없이 보아온 아이엄마가 어쩌면 더 정확한 판단을 할 수 있지 않겠느냐는 주장도 일리가 전혀 없는 것은 아니다. 그러나 여기서 우리가 논하려는 핵심은 모든 아이엄마들이 검이경을 사야 하느냐 말아야 하느냐가 아니라, 파괴적 기술로 점점 더 많은 환자 상태에 대한 진단과 치료가 의사의 진료실에서 다른 곳으로 이동되고 있음을 알아야 한다는 것이다.

20 파괴적 과정을 겪는 시장에서 항상 그렇듯이, 보건의료 분야에서도 기득권을 가진 전문의들은 틀림없이 일차진료의사가 상위시장으로 이동하는 것을 저지하려고 할 것이다. 전문의들은 환자의 안전을 문제 삼거나, 비용상환 정책의 변경, 파괴적 진입자들의 참여를 막기 위한 의료면허 및 수련 규정의 강화, 새로운 진료기준의 도입 등 규제 장벽을 만들기 위해 로비를 할 것이다.

21 Jauhar, S., "House Calls," *New England Journal of Medicine*, vol. 351, no. 21: 2149-51.

22 시애틀에 위치한 휴대용 초음파 장비 생산업체, 소노사이트(Sonosite)가 바로 이런 분야를 개척하는 대표적인 사례이다. 한편, 해당 산업을 이끌어가는 선도기업의 똑똑한 매니저들이 어떻게 파괴적 기술 분야의 선두주자가 될 수 있는지를 보여준 GE 메디컬 시스템(현재는 GE HealthCare)은 MRI, CT, PET 등의 고가 장비 분야에서 선두를 유지하는 한편, 휴대용 초음파 시장 또한 주도할 수 있었다(역자 注: 2008년 GE는 소노사이트를 상대로 특허분쟁소송을 제기했는데, 법원은 2009년 10월19일 소노사이트의 손을 들어주었다. 법원은 소송에 패소한 GE로 하여금 소노사이트 측에 휴대용 초음파 기술의 판권료로 2,100만 달러를 지급하라는 판결을 내렸다).

23 우리는 더 많은 사람들이 자신의 집에서 투석치료를 받을 수 있는 정도까지 투석이 더욱 탈중앙화될 것으로 내다본다. 실제로는 가정 복막투석(home peritoneal dialysis)이 외래 혈액투석센터보다 선행되었지만, 파괴적 혁신 측면에서 볼 때 복막투석은 노인 환자들이나 복잡한 기술을 다룰 능력이 없는 환자들에게 적합한 기술은 아니었다. 가정 혈액투석에 대해서는 11장에서 다시 다루도록 하겠다.

24 우리는 이 사례를 제공해준 이노사이트(Innosight)의 스티브 운커(Steve Wunker)에게 감사한다. 더 자세한 정보는 다음 웹사이트를 참고하기 바란다. http://www.abaxis.com/medical/piccolo.html.

25 시뮬컨설트를 통해 진단할 수 있는 질병은 부신백질이영양증(adrenoleukodystrophy)과 레트 증후군(Rett syndrome)이 대표적이다. 시뮬컨설트에 의한 두 질병의 진단에 관한 자세한 정보는 각각 다음의 문헌을 참고하기 바란다: Eig, Jonathan, "The Doctor, the Father, the Movie and the Medicine," *Wall Street Journal*, October 8, 2005; Dreifus, Claudia, "Researchers Toil with Genes on the Fringe of a Cure," *New York Times*, March 22, 2005.

26 엠디 컨설트(MD Consult)나 업투데이트(UpToDate)와 같이 인기 있는 온라인·전자도구들도 있지만, 이들은 교과서나 저널 텍스트를 전산화해서 정보검색을 빠르게 할 수 있게 해주는, 말하자면 일방적인 정보 저장소 역할을 해왔다. 의사들이 해결하려는 일이 '자기 환자의 병력, 확인징후, 증상에 기초해 차별화된 진단을 할 수 있게 도움을 받는 것' 이라면 이런 도구들은 적합하지 않다. 하지만, 의사들이 해결하려는 일이 '특정 질환에 관한 추가정보를 얻는 것' 내지는 '발표용 자료 제작' 이라면 매우 유용한 도구인 셈이다.

27 이해를 돕기 위해 시뮬컨설트의 시스템을 소개했을 뿐, 여기서 특정 제품을 홍보하거나 상업적 성공을 예측하려는 의도는 없음을 밝힌다. 이와 비슷한 전망을 가진, 몇 가지 다른 시스템들이 현재 개발 중에 있다. 먼저, 카이저 퍼머넨테(Kaiser Permanente)가 사용하는 제품으로 이사벨 시스템(Isabel system)이 있다. 이 시스템에서는, 일단 증상이 컴퓨터에 입력되면 결과 화면 첫 페이지에 우선 10개의 진단명이 무작위로 나타나고, 다음 페이지에 5~10개가 추가로 제공되며, 최대 30개까지 표시된다(출처: Landro, Laura, "Preventing the Tragedy of Misdiagnosis," *Wall Street Journal*, November 29, 2006, D1). 또 다른 예로 에트나(Aetna)의 스마트소스(SmartSource)가 있다. 이 시스템은 헬스라인(Healthline)이 개발한 의학용 검색엔진을 사용하고 있는데, 보험가입자들의 질병 및 진단검사 기록에 기반해 만든 메디컬 프로파일, 그리고 검색 주제어에 반영된 보험가입자들의 건강 관심사에 관한 가정까지도 포함하고 있다(출처: Freudenheim, Milt, "Aetna to Offer an Online Service that Helps Patients Link Records and Research," *New York Times*, March 12, 2008). 마지막으

로, 루이스 하셀(Lewis Hassell) 박사가 병리학자들을 위한 제품이라고 알려준 이뮤노쿼리/패스아이큐(Immunoquery/PathIQ)가 있다(출처: http://immunoquery.pathiq.com/PathlQ/). 이 시스템은 사용자들이 염색검사 결과를 입력하면 가능한 진단명 목록과 이를 뒷받침해줄 참고문헌 목록을 알려준다. 또한, 어떤 종양에 대해 몇 가지 후보 진단명을 입력하면 확진을 위해 필요한 염색검사 종류를 제안한다.

28 물론, 일차진료의사가 환자를 적절하게 의뢰하지 않아서 소송당할 수 있겠지만, 그것은 이미 현재 상황에서도 일어나는 일이고, 오히려 임상근거에 기반한 의사결정 도구를 사용함으로써 적절한 때에 의뢰를 하지 못할 가능성이 줄어든다. 반면에, 똑같은 도구를 사용하는 전문의사의 경우 그가 대가를 받는 명분인 지식과 경험을 사용하지 않고 기계로 대체한다면 그것이 징계받을 사유가 될 수도 있다.

29 프로젝트 에코(Extension for Community Health Care Outcomes)는 뉴멕시코 대학병원의 간 전문의 산지브 아로라(Sanjeev Arora) 박사가 처음 시작했다. 그는 뉴멕시코에 C형 간염 환자들이 많지만 경제적으로 형편이 안 되거나 가까운 곳에 간 전문의가 있는 병원이 없어서 전문적인 치료를 받지 못하는 뉴멕시코 주민들을 위해 이 사업을 시작했다. 프로젝트 에코는 점차 범위를 확대해 지금은 심혈관 질환 위험요인 감소, 소아비만 관리, 청소년 건강, 청소년 자녀를 둔 가족을 위한 원격 정신보건, 만성통증, 고위험 임산부 관리, 각종 중독 환자를 위한 통합적 정신과 치료, 심리치료, 호흡기 내과, 류마티스 치료까지 다루고 있다(출처: http://echo. unm.edu/).

30 Brotherton, Sarah E., and Sylvia I. Etzel, "Graduate Medical Education, 2005-2006," *Journal of the American Medical Association*, 2006, 2 96(9): 1154-69.

31 Fisher, Elliott S., Staiger, D. O., et al., "Creating Accountable Care Organizations: The Extended Hospital Medical Staff," *Health Affairs*, vol. 26, no. 1 (2007): w44-w57.

32 더 자세한 내용은 기업과 소비자, 의사 조직의 연합체인 환자중심 일차진료 협력기구(Patient-Centered Primary Care Collaborative)의 웹사이트를 참고하기 바란다(http://www.pcpcc.net).

33 Kohn, Linda T, et. al., *To Err is Human: Building a Safer Health System.* (Washington, D.C.: National Academies Press, 2000).

34 통합된 의료조직에서 월급을 받고 일하는 의사들이나 자체적으로 의료공급자들을 고용한 회사에 다니는 직원들의 경우는 다소 이야기가 달라진다. 의사가 기본적으로 질병을 치료하는 데 주력하기보다는 월급을 받고 환자를 건강하게 유지할 인센티브가 있는 경우 그들에게 일차의료를 감독하도록 하는 원래의 모델이 훨씬 더 잘 작동할 수 있다. 독립적인 사업자로서가 아닌, 직원으로서의 의사 지위가 일차진료의사의 진료 조정 역할에 미치는 효과에 관심이 있는 독자는 6장을 참고하기 바란다.

35 Anderson, Gerard E, "Medicare and Chronic Conditions," *New England Journal of Medicine*, vol. 353(3): 305.

36 United States Office of Personnel Management, Federal Employees Health Benefits Program, "Frequently Asked Questions." (http://www.opm.gov/insure/health/qa/qa.asp?rx, 2008년 9월 6일 접속)

37 우리가 사용하는 '전자건강기록(electronic health record)' 이라는 용어는 기본적으로 의무기록을 전자화한 기존의 전자의무기록(EMRs)을 포함하는 개념이다. 우리가 '개인(personal)' 이라는 수식어를 사용한 것은 과거에 의무기록에는 없던 데이터가 미래에는 전자의무기록에 담기게 될 것이고, 진료를 제공하는 의료기관이 아닌 개별 환자들이 자신의 전자건강기록을 소유하고 관리하게 하자는 움직임이 있다는 것을 반영하기 위해서이다. 이 개념에 대해서는 뒷부분에서 더 자세히 다룰 것이다.

38 업투데이트(UpToDate, http://www.uptodate.com)는 임상전문가가 작성한 임상데이터와 정보를 모아놓은 웹사이트이다.

39 와세나르와 트란의 저서 '의사에 관한 사회경제적 통계' (Wassenaar, J. D., and S. L. Thran, *Physician Socioeconomic Statistics*, Chicago: American Medical Association, 2001)에 따르면, 1999년 현재 의사의 38.2%가 집단개원 또는 매니지드케어(managed-care) 조직 및 기타 조직에 고용되어 있고, 28.4%는 단독개원, 33.4%는 자영업 형태의 집단개원을 하고 있다고 한다. 미국의사협회에서 나온 최근 자료에 의하면, 의사의 75%는 여전히 8명 이하의 집단개원을 하고 있다(출처: American Medical Association, "Health Care Trends 2006," http://www.ama-assn.org/ama l/pub/upload/mm/409/2006trends.pdf).

40 자신의 의무기록 사본을 구하려고 시도해본 사람이라면 누구나 전환비용에 대해

Notes

공감할 것이다. 전자건강기록 시스템 간에 호환이 안 되는 문제도 이와 비슷한 전환장벽을 만들어낸다. 이런 커뮤니케이션과 자료호환성의 결여는 심각한 중복검사 문제를 야기하기도 한다. 왜냐하면, 다른 의료공급자에게서 의무기록을 받아내는 것보다 검사를 다시 하는 것이 더 빠르고 수월할 때가 많기 때문이다.

41 우리는 이 개념을 우리에게 알려준 텐실리카 코퍼레이션(Tensilica Corporation)의 CEO 크리스 로웬(Chris Rowen)에게 감사한다. 로웬은 처음으로 이 원칙을 제시한, 이 책의 저자 클레이튼 크리스텐슨의 고3 때 물리교사 스티드(Steed)씨에게 경의를 표하는 의미에서, 이런 현상을 '모듈성 보존의 법칙(Law of Conservation of Modularity)' 이라고 불렀다. 우리는 이 법칙이 아직 다소 이해하기 어려운 부분이 있지만 앞으로 그 개념이 더 명료해질 것이라고 생각한다. 크리스텐슨과 레이너는 그들의 저서 '성장과 혁신' 의 6장 부록에서 이 현상을 '만족스러운 수익 보존의 법칙(Law of Conservation of Attractive Profits)' 이라고 칭했는데, 더욱 모듈화되는 것일수록 수익성이 낮아지고, 더욱 독점적인 형식을 가지고 상호의존적이 되는 것일수록 수익성이 높아지기 때문이다. 이 주제에 관심이 있는 독자는 '성장과 혁신' 의 5장과 6장을 읽어보기 바란다.

42 뛰어난 성능을 가진 제품의 도입 과정을 이런 식으로 특성화한 데 대해 SAP측에 사과의 뜻을 전한다. 결국에는 대부분의 고객들이 SAP의 작업에 만족한다. SAP에서 새로 나오는 최신 제품들은 기업들의 과정에 맞추기 위해 더욱 모듈화되고 있다.

43 그러나, 심지어 자체 개발한 시스템마저 완전하지 않다. 내부적으로 소프트웨어를 개발했음에도 전자의무기록 도입에 실패한 LA의 시다스-사이나이 메디컬 센터(Cedars-Sinai Medical Center) 사례가 대표적이다. 실패한 이유는 소프트웨어를 설계할 때 주요 사용자인 의사의 의견을 충분히 반영하지 않아서 사용자들이 소프트웨어에 맞춰야 했기 때문이다(출처: Connolly, Ceci, "Cedars Sinai Doctors Cling to Pen and Paper," *Washington Post*, March 21, 2006, A01).

44 '모듈성 보존의 법칙' 의 측면에서 볼 때, 가상화가 하는 일은 독점적이고 상호의존적인 2개의 계층 사이에 하나의 '모듈화' 된 계층을 삽입함으로써 이 둘이 가상으로 서로에게 맞춰진 것처럼 만드는 것이다.

45 이것은 세일즈포스닷컴(Salesforce.com)의 CEO 마크 베니오프(Marc Benioff)가 제안한 것이다.

46 보스턴 어린이병원(Children' s Hospital Boston)의 정보화사업팀이 개발한 인디

보(Indivo)는 가상화를 통해 개인건강기록 시스템을 도입할 목적으로 구성된 대기업 주도의 컨소시엄인 도시아(Dossia)가 사용하는 플랫폼이기도 하다. 이 컨소시엄에 참여한 기업은 인텔, 보스턴 어린이병원, 피트니 보우스(Pitney Bowes), AT&T, 월마트, 사노피 아벤티스(Sanofi Aventis), 어플라이드 머티리얼즈(Applied Materials), 카디날헬스(CardinalHealth) 등이다. 이 기업체에 대한 정보를 제공해준 '도시아'의 회장 겸 CEO 콜린 에반스(Colin Evans)에게 감사한다.

47 이 사업에 대한 정보를 제공해준 보스턴 어린이병원의 의료정보화사업팀장 케네스 맨들(Kenneth Mandl) 박사에게 감사한다.

48 도요타 자동차의 생산시스템이 주는 교훈에 대해서는 10장에서 미래의 의학교육에 대해 논의할 때 다시 살펴보도록 하겠다.

49 Mandl, K.D., and I.S. Keohane, "Tectonic Shifts in the Health Information Economy," *New England Journal of Medicine*, vol. 358, no. 16, April 17, 2008, 1732-37.

5장 Notes

1 건강문제를 연구하는 사람들 중 일부는 만성질환(chronic diseases)과 만성이환(chronic conditions)을 구분하기도 하는데, 편의상 여기서는 이 두 가지 모두를 질환으로 간주한다.

2 Halvorson, George, *Health Care Reform Now! A Prescription for Change* (San Francisco: Jossey Bass, 2007), 4.

3 물론, 이것은 대부분의 경제선진국에서 향후 인구고령화로 인해 보건의료비 지출이 더욱 크게 증가할 것이라는 것을 의미한다.

4 현대 보건의료가 사람들의 목숨을 구하고 생명을 연장하고 있기는 하지만, 완치시키지 못하는 경우가 많아서 환자가 평생 치료받게 만들기도 한다. 선진국에서는 크게 환영받는 이런 기술적 진보가 후진국에는 이전에 없던 커다란 문제점을 만들어낸다. 즉, 후진국에서는 치명적인 급성질환을 만성질환으로 바꾸어놓는 기술들이 개인적인 수준에서는 환영받을 일이지만, 그만큼 수적으로 증가한 환자들

에게 의료를 제공할 자원을 가지고 있지 않기 때문에 정부 입장에서는 거의 재앙 수준의 재정지출 압박으로 작용할 것이기 때문이다.

5 다음의 자료들을 참고하기 바란다. Centers for Medicare and Medicaid Services, "HCPCS Release and Code Sets Overview"; American Medical Association, "CPT (Current Procedural Terminology)"; "Relative Value Units and Related Information Used for Medicare Billing," Federal Register, Nov. 15, 2004.

6 Christensen, Clayton, and Paul Carlile, "The Cycles of Theory Building in Management Research," Harvard Business School Working Paper Series, no. 05-057, 2005.

7 우울증과 정신분열증 같은 질환은 다른 만성질환에 비해 연구에 대한 지원이 미흡하고, 그래서 아직까지 여러모로 이해가 부족한 상황에 있다. 만성요통과 치매의 경우 진단기준이 모호해서 진단의 정확성이 낮고, 그래서 근시와 같은 단순한 만성질환에 비해 훨씬 직관적인 접근을 필요로 한다. 한편, 전립선암 같은 질환은 진단이 쉬운 반면, 치료법은 너무 다양한 경우이다. 루프스(낭창)의 경우는 서로 다른 시기에 여러 장기에 영향을 미칠 수 있기 때문에 본질적으로 복잡한 질환이다.

8 미국 의학연구원(Institute of Medicine)은 매년 170억~290억 달러의 비용이 불필요하게 지출되고 있고, 매년 4만4,000~9만 명 정도가 오진이나 예방 가능한 의료 과오 때문에 사망하고 있다고 추산했다. 이 수치에는 급성질환의 진단 오류도 포함되어 있지만, 여러 경우에 수반되는 의료과오 비용의 상당부분은 반영되어 있지 않다.

9 이론적으로는, 요구되는 행동변화의 정도와 환자 및 가족구성원이 그런 행동변화를 하게 할 직관적 지식의 정도는 서로 다른 변수이다. 우리는 이 두 개념의 상관관계가 상당히 높다고 판단했기 때문에, 단순화를 위해 마치 두 변수에서 만들어낸 하나의 변수인 것처럼 간주해 같은 축 위에 표시했다.

10 만성질환 치료법 중에는 외과적 수술이나 의료기기 사용처럼 "한번 치료받으면 끝"인 경우도 있다. 하지만, 이런 치료방식의 범위는 기본적으로 해부학적 혹은 기계적 결함 때문에 발생한 경우에 국한된다. 헌팅톤병(Huntington's disease)이나 근 위축성 측색경화증(루게릭병 · Lou Gehrig's disease)처럼 치료대안이 제한적이고 행동변화가 별 도움이 안 되는 만성질환들도 있다. 이 장에서는 약물 복용을 통한 만성질환의 관리에 초점을 맞추려고 한다.

11 모기가 황열병의 주범이라는 것을 최초로 주장한 사람은 쿠바 의사 후안 카를로스 핀레이(Juan Carlos Finlay)였다. 그의 가설을 검증하기 위해, 당시 하바나에 있던 월터 리드의 팀원 중 몇몇은 자발적으로 모기에 물렸고, 그중 제시 라지어(Jesse W. Lazear)는 실제 병에 걸려 사망했다. 이후 계속된 연구를 통해 리드 팀은 황열병에 걸린 환자의 피를 빨아먹은 모기가 다른 사람에게 질병을 옮긴다는 사실을 확신하게 되었다. 연구자들의 이런 용감한 자발적인 행동이 없었다면 리드 팀의 연구는 성과를 거둘 수 없었을 것이다. 월터 리드 소령은 당시로서는 생소했던 실험동의서를 모든 참가자에게서 받았고, 팀원들은 황열병에 걸릴 위험을 감수하면서까지 자원해서 모기에 물렸다. 과학의 발전을 위해 죽음까지 불사했던 것이다. 경우에 따라 다르지만 당시 황열병에 걸린 환자의 기대사망률은 대략 20% 수준이었다. 당시 지원자들의 용기가 어느 정도였는지는 오하이오주 루카스 출신의 윌리엄 딘(William Dean) 이병이 "그렇게 작은 모기 따위는 하나도 무섭지 않다"고 했던 말에서 충분히 짐작할 수 있다. 딘 이병은 자원해서 감염된 모기에 물린 최초의 인물로, 황열병에 걸렸지만 이후 다시 건강을 회복했다.

12 워렌과 그의 동료 베리 마샬 박사는 이 발견의 공로를 인정받아 2005년 노벨 의학상을 수상했다. 여담이지만, 이 발견을 처음 학회에 발표했을 때 그들의 연구는 소화기 분야의 전문가에게서 무시를 받아야 했다. 토마스 쿤(Thomas Kuhn)은 1962년에 펴낸 자신의 저서 *'과학혁명의 구조'* (시카고, 시카고대학 출판부)에서, 그릇된 혹은 불완전한 과학적 패러다임을 무너뜨리는 통찰력이 그 이론을 다루는 대부분의 전문가들이 속한 학문분야 내에서 나오는 경우는 드물다고 했다. 거의 예외없이, 돌파구를 마련하는 통찰력은 외부에서 나오는데, 다른 방식으로 현상을 이해하기 위해서는 기존의 문제점을 새로운 각도에서 바라보아야 하기 때문이다. 위궤양의 경우 워렌과 마샬 박사의 발견이 있은 후, 소화기 전문분야의 주류 사회가 이 발견을 수용하고 항생제 치료를 시작하기까지는 10년 이상이 걸렸다. 1장에서 제시한 우리의 모델에 비유하자면, 위와 십이지장 궤양의 진단과 치료는 직관의학에서 정밀의학의 영역으로 상당한 진보를 이루었다. 과학적 연구에 대한 토마스 쿤의 통찰에 대해서는 11장에서 다시 살펴보도록 하겠다.

13 이런 질환들이 과거에는 원인보다는 증상을 통해 진단되었기 때문에, 타이사브리(Tysabri)는 원래 다발성 경화증 치료제로 임상시험을 거쳤고, FDA 승인을 받은 약물이다. 참고로, 타이사브리는 엘란 파머슈티컬(Elan Pharmaceuticals)이 개발했으며, 바이오젠-아이덱(Biogen-Idec)이 미국시장 내 판매를 맡았던 약물이다. FDA는 타이사브리의 적응증에 크론병을 추가해주는 조건으로 완전히 새로운 임상시험을 요구했다(출처: Honey, K., "The Comeback Kid: TYSABRI Now FDA Approved for Crohn disease," *Journal of Clinical Investigation*, March

2008; 118(3): 825–26). 과학적 진보가 계속된다면, 언젠가는 다발성 경화증이나 크론병으로 진단받는 모든 환자가 타이사브리로 치료되지 않을 것이며, 더 정밀한 진단을 요구할 것이다.

14 혈관성형술(angioplasty)이 개심술(open heart surgery)에 대해 파괴적 혁신이었던 것처럼, 콜레스테롤 강하제 또한 여러모로 혈관성형술에 대한 파괴적 혁신이다.

15 에이즈에 대해 신속하고도 상당한 발전을 이룰 수 있었던 이유는 그것이 감염병이라는 사실이 빠르게 인식되었을 뿐만 아니라, 과거 감염병 역사에서 이룬 성공적인 혁신이 에이즈 치료에 필요한 과정과 패러다임, 전반적인 인프라 구조를 제공했기 때문이다. 에이즈와 함께 또 다른 끔찍한 질병인 말라리아의 완치를 어렵게 만드는 핵심적인 요인은 질환을 일으키는 유기체가 과학이 따라갈 수 있는 속도보다 더 빨리 돌연변이를 일으키고 진화하기 때문이다. 궤양의 역사에서 보듯이, 질환들에 대한 해결책은 감염병이나 면역학이 아닌 외부의 다른 학문분야에서 나올 가능성이 크다.

16 일각에서는 한때 비만과 당뇨병 범주에 뭉뚱그려 포함되었던 일부 질환들이 비만수술(bariatric surgery)을 통해 일차적인 증상이 사라짐에 따라 잠재적으로 새로운 질환으로 분류될 가능성이 있다고 주장한다.

17 Halvorson, George, *Health Care Reform Now! A Prescription for Change* (San Francisco: Jossey Bass, 2007), 109.

18 치료에 방해가 되는 사회 · 경제적, 교육적 차원의 장애물이 여전히 존재하지만, 이 경우에는 촉진 네트워크(facilitated networks) 사업 모델이 더 중요한 역할을 할 것이다. 가난한 무보험자들에게 더 큰 영향을 미치는 장애요인에 대해서는 의료비 상환 및 규제 문제를 다룰 때 다시 살펴보도록 하겠다.

19 식이요법 권고안에 대한 환자의 전반적인 순응도는 낮지만, 연구대상이 된 다이어트 프로그램에 참여한 지 1년이 지난 후 환자의 체중과 심혈관 위험요인이 어느 정도는 낮아진 것으로 평가되었다(출처: Dansinger, Michael L., et al., "Comparison of the Atkins, Ornish, Weight Watchers, and Zone Diets for Weight Loss and Heart Disease Risk Reduction," *Journal of the American Medical Association*, 2005; 293: 43–53).

20 O' Meara, Sean, "Diabetes Education Goes Multimedia," *Nurses World*,

April/May 2007. 디라이프는 홈페이지(dlife.com)를 통해 뉴스레터, 요리법, 토론게시판, 전국 주간 방송프로그램 및 라디오 정보, 의료인과 환자를 위한 온라인 인터렉티브 교육자료 등을 제공하고 있다.

21 해당 내용은 하지불안 증후군 재단 홈페이지에서 인용했다(http://www.rls. org, 2008년 3월 24일 접속).

22 물론, 지금 출현하는 모든 네트워크들이 질적으로 같다고 할 수 없다. 네트워크에서 이루어지고 있는 권고안들이 기존의 주류 의학에서 인정하는 것이든, 아니면 대체의학에 그 뿌리를 두고 있는 것이든 간에 이 웹사이트 중 일부는 제대로 설계된 연구를 토대로 하지 않은 방법을 소개하고 있는 것이 사실이다. 모든 산업은 초창기에 일종의 정보 출입구가 되는 '포털(portal)' 을 만드는 기업가들이 커다란 가치를 창출해낸다. 이들은 포털에 들어온 소비자들이 그 속에서 구매하는 제품의 품질을 신뢰할 수 있도록 보장한다. 예를 들어, 대량생산 제품이 처음으로 쏟아져 나왔던 시기에 시어즈 로벅(Sears, Roebuck and Company)이 이와 같은 일을 했다. 소비자에게 알려진 제품 브랜드도 별로 없었고, 어떤 것을 신뢰해야 할지 알 수 없는 상황에서, 시어즈 백화점의 구매과정을 통과했다는 것은 곧 제품의 품질을 신뢰할 수 있다는 것을 의미했다. 시어즈는 실제로 고객에게 그런 믿음을 심어주었다. 이런 이유로, 우리는 웹엠디(WebMD)와 같은 '포털' 이 촉진 네트워크의 신뢰성을 평가하는 데 중요한 역할을 할 것으로 기대한다. 시간이 지나면서 일부 웹사이트들과 네트워크들이 자신만의 브랜드 인지도를 충분히 쌓게 되면 그 과정에서 사용자들의 신뢰 또한 저절로 얻게 될 것이다.

23 Herodotus, *The Histories* (c.430 BC), I: 197.

24 95%라고 하는 추정치의 출처는 다음과 같다. Lawrence, David, "Gatekeeping Reconsidered," *New England Journal of Medicine*, vol. 345 (18): 1342-43.

25 이 정보의 출처는 회사 중역을 대상으로 한 클레이튼 크리스텐슨의 개별 인터뷰와 헬스웨이 투자설명회 자료이다. 투자설명회 자료는 다음의 인터넷사이트를 참고하기 바란다. http://media.corporate-ir.net/media_files/irol/91/91592/HWAYInvestor_Presentation_06_19_08(1).pdf(2008년 6월 19일 접속).

26 이 조직들은 규제 때문에 여러 개 하부 조직으로 구분되어 있는 경우도 있다. 예를 들어, 카이저 퍼머넨테(Kaiser Permanente)는 카이저 재단 건강보험과 카이저 재단 병원, 영리 메디컬 그룹 등 몇 개의 조직으로 구성되어 있지만, 이 계열사는 단단히 결속되어 있고 하나의 '폐쇄형 네트워크(closed network) 안에서 서로 협

업하고 있다.

27 카이저 회원의 탈퇴율은 1.0%에 불과한 반면, 다른 건강유지기구(HMOs)의 경우 탈퇴율은 11.1%에 달한다(출처: Rainwater, J; P. S. Romano; and J. S. Garcia, "Switching Health Plans and the Role of Perceived Quality of Care," *Abstr AcademyHealth Meet.*, 2005; 22: abstract no. 4232).

28 Demchak, Cyanne, "Choice in Medical Care: When Should the Consumer Decide?" AcademyHealth issue brief, October 2007. (http://www.academyhealth.org/issues/ConsumerDecide.pdf)

29 물론, 이런 권고치는 만성질환의 종류나 중증도에 따라 달라질 수 있다.

30 '킬러 앱(Killer App)' 이라는 용어는 다음의 문헌을 통해 널리 알려지게 되었다. Downes, Larry, and Chunka Mui, *Unleashing the Killer App*(Boston, Massachusetts: Harvard Business School Press, 2000).

31 "American Express National Survey Finds Multiple and Duplicate Retirement Accounts Pervasive; Benefits of Consolidation, Real Diversification Not Understood by Most Americans," *Business Wire*, Feb. 9, 2004.

32 피코(FICO)는 페어 이삭 코퍼레이션(Fair Isaac Corporation)이 만든 공식에 따라 계산되는 신용점수이다.

33 Covel, Simona, "High Deductible Policies Offer Savings to Firm and Its Workers," *Wall Street Journal*, April 9, 2007, B4.

34 "Test Strip Reveals a Big Profit Motive," *Los Angeles Trmes*, November 7, 2007.

35 Mendosa, Rick, "Stripping Down the Cost of Testing," *Diabetes Health*, June 1, 2004.

36 6장과 7장에서 살펴보겠지만, 이미 이런 개념을 도입하기 시작한 창의적인 고용주와 보험자들도 있으며, 그 과정에서 법제화가 된 경우도 있다. 가령, 2008년 9월, 앨라바마주는 건강위험요인에 대한 선별검사를 받지 않거나, 고위험군이라는 사

실을 밝혔는데도 위험요인에 관해 의사에게 무료 상담을 받지 않은 직원에 대해 추가보험료를 징수할 수 있도록 허용했다.

37 인제닉스(Ingenix)는 유나이티드헬스 그룹(UnitedHealth Group)의 자회사이다.

38 7장에서 언급하겠지만, 법적으로 건강저축계좌(HSA)는 재난성 고액공제보험과 함께 제공되도록 규정되어 있다.

6장 Notes

1 Wessel, David, Bernard Wysocki Jr., and Barbara Martinez, "As Health Middlemen Thrive, Employers Try to Tame Them," *Wall Street Journal*, December 29, 2006; A1.

2 Christensen, Clayton M., and Richard S. Rosenbloom, "Explaining the Attacker's Advantage: Technological Paradigms, Organizational Dynamics, and the Value Network," *Research Policy* (24), 1995, 233-57. 가치 네트워크에 대해 더 자세히 알고 싶은 독자들은 크리스텐슨 교수의 저서 '성공기업의 딜레마' (The Innovators Dilemma, 1997)의 제2장 '가치 네트워크와 혁신의 촉진' 편을 읽어보기 바란다.

3 전통적인 재무분석 방식이 어떻게 혁신에 대한 건전한 의사결정을 왜곡하는지에 대해서는 다음의 문헌에 자세히 나와 있다. Christensen, Clayton, Steven Kaufman, and Willy Shih, "Innovation Killers," *Harvard Business Review*, January, 2008.

4 전 세계 어린이 한 명당 노트북 1대씩 보급하자는 OLPC(One Laptop per Child) 프로젝트는 100달러 미만의 저렴한 노트북 생산을 목표로 하고 있다. 이렇게 하려면 컴퓨터의 아키텍처를 바꾸어야 한다. 가령, 전력소모량이 매우 낮은 마이크로프로세서가 필요하고, 리눅스(Linux) 운영체제를 사용해야 하며, 디스크 드라이브 를 없애고, 인터넷에 기반한 소프트웨어를 사용해야 한다. 또한, 모니터와 배터리를 완전히 다시 설계해야 한다. 이처럼 완전히 새로운 컴퓨터 시스템 아키텍처를 개발할 수 있는 것은 사업범위가 모든 구성부품과 기술력을 아우르는 통합 기업뿐이다. 이런 기업은 필요에 따라 기존 부품을 결합 또는 제거하고, 새로운 부품

을 만드는 일, 그리고 각 부품 간 상호작용 방식을 결정하는 등의 모든 일에 완전한 의사결정 권한을 가지고 있어야 한다. 현재 이 조건을 충족하는 기업은 대만에 있는 두 개 기업, 즉 퀀타(Quanta)와 아수스텍(ASUSTeK) 뿐이다. 이 두 기업은 현재 전 세계 노트북 컴퓨터의 70%를 설계하고 생산해내고 있다. 델, 애플, 휴렛패커드 같은 기업들은 컴퓨터 설계와 생산의 너무 많은 부분을 퀀타와 아수스텍에 아웃소싱해버렸기 때문에 이 프로젝트를 추진할 수 있는 사업범위를 가지고 있지 못하다.

5 이것은 위대한 비즈니스 역사학자 알프레드 챈들러(Alfred D. Chandler)의 연구에서 자주 등장하는 개념이다. 역사적으로 모든 산업의 초창기에 가치 네트워크가 형성되기 위해서는 '경영자 자본주의(managerial capitalism)의 보이는 손', 즉 필요한 수준의 규모와 범위를 갖춘 기업들에 의한 통합작업이 관건이 된다는 것이다(참고문헌: Alfred D. Chandler, *Scale and Scope*, Cambridge, Massachusetts: The Belknap Press of Harvard University Press, 1991).

6 이 문장에서뿐만 아니라 이 책 전반에 걸쳐 우리는 정밀한 진단의 개발이 있어야 치료법의 혁신이 가능하다고 가정한다. 이것이 때로는 즉각적으로 일어나지 않을 수도 있지만, 진단기술이 예측 가능한 효과적 치료법의 개발에 상당한 토대를 제공한다는 사실만큼은 확신할 수 있다.

7 왕 연구소(Wang Laboratories)와 휴렛패커드는 당시 신생기업이 아니라 이미 다른 전자장비를 생산하고 있었다. 왕 연구소는 전자계산기 생산업체로 처음 시장에 뛰어들었고, HP는 오실로스코프(oscilloscopes) 생산으로 사업을 처음 시작했다. 이들 기업에 미니컴퓨터는 '상위시장'을 향한 다각화 전략으로, 기존의 사업 모델을 활용해 새로운 신규 시장을 개척하려는 파괴적 행보의 일환이었다. 나머지 기업은 당시 신생기업이었다.

8 Soltis, Frank G., *Fortress Rochester: The Inside Story of the IBM I Series* (Loveland: Penton Technology Media, 2001).

9 독립소매상들이 충분히 생겨나자, IBM은 자체 매장을 폐쇄했다.

10 Halvorson, George, *Health Care Reform Now: A Prescription for Change* (San Francisco: Jossey Bass, 2007), 27-28.

11 우리에게 이런 실패 사례를 알려준 오클라호마 의과대학의 루이스 하셀(Lewis Hassell) 교수에게 감사한다. 인두제의 역사에 대해서는 다음 문헌을 참고하기 바란다. Ginsburg, Paul B., "Competition in Health Care: Its Evolution over the Past Decade," *Health Affairs* 24, no. 6 (2005): 1512–22.

12 수가산정방식에 관한 더 자세한 내용은 다음 자료를 참고하기 바란다. Centers for Medicare and Medicaid Services, "Medicare Physician Fee Schedule," January 2008. ICN: 006814.

13 캘리포니아에서는 성공을 거둔 '카이저 모델(Kaiser model)'이 왜 다른 지역에 진출해서 성공하지 못했는지 궁금해하는 사람들이 있는데, 그것은 카이저가 진출한 각 지역에 원래 모델을 완벽히 적용하지 않아서 그렇다는 것이 우리의 답이다. 범위의 경제성은 여러 지역을 포괄할 때보다는 일정한 지역 내에서 더 강하게 나타난다. 카이저가 다른 지역에 진출했을 때 원래 모델을 완벽히 적용하는 동시에, 적정한 규모의 경제성을 달성하려고 투자했더라면 캘리포니아에서 거둔 성과에 버금가는 성공을 거둘 수 있었을 것이다.

14 자세한 사례는 다음 기사를 참고하기 바란다. Abelson, Jenn. "Shift in Health-Cost Focus Is Said to Show Promise," *New York Times*, 2007년 7월 12일자; Agarwal, Madhulika, "Meeting the Challenges of Veterans with Chronic Illnesses," *Forum*, 2005년 11월호 1–3쪽.

15 Tanne, Janice Hopkins, "A Few Health Insurers Monopolise US Market," *BMJ*, 29 April 2006.

16 커먼웰스 펀드(Commonwealth Fund)의 자료에 따르면, 건강보험 가입자의 연평균 이동률은 17%에 달한다(출처: Brink, Susan, "Prevention Pays, But Not in the Short Term," *Los Angeles Times*, May 7, 2007, F-8).

17 2006년 당시, 미국의 35세 이상 근로자의 현 직장 재직기간 중앙값은 7.8년이었다. 직장인들의 이직률이 높아지고 있다는 인식이 보편적이지만, 2006년도 수치는 1996년에 비교해 불과 몇 개월밖에 줄어들지 않은 것이다. 물론, 젊은 직장인의 경우 훨씬 재직기간이 짧겠지만, 우리가 35세 이상에 초점을 맞춘 이유는 그들과 그들 가족이 보건의료 비용의 대부분을 차지하고 있기 때문이다(출처: *Statistical Abstract of the United States*, 127th Edition, 2008).

18 최근, 대형약국 체인점 월그린스(Walgreens)가 홀 헬스(Whole Health)를 인수했다.

19 직원들의 보건의료를 직접 관리하려는 쿼드/그래픽스의 통합 스토리는 대부분 다

음의 출처에서 인용했다. Fuhrmans, Vanessa, "Radical Surgery-One Cure for High Health Costs: In-House Clinics at Companies," *Wall Street Journal*, Feb. 11, 2005, A1.

20 쿼드라치 박스는 2004년 7월25일, 시카고에서 개최된 미국임상화학협회 연례회의에서 이같은 상황에 대해 더 자세히 설명했다.

21 Katz, Paula S., "Big Employers Bring Health Care In House," *ACP Observer*, 2007년 1 · 2월호.

22 Chandler, Alfred D., *Scale & Scope*, 앞의 책.

23 레지나 헤이츠린거 교수는 소비자 중심 보건의료에 관한 일련의 연구결과를 발표해 좋은 반응을 얻고 있다. 그녀의 저서로는 '*Market-Driven Health Care*' (New York: Basic Books, 1999), '*Consumer-Driven Health Care: Implications for Providers, Payers & Policy Makers*' (San Francisco: Jossey Bass, 2004), '*Who Killed Health Care? America's $2 Trillion Medical Problem and the Consumer-Driven Cure*' (New York: McGraw-Hill, 2007) 등이 있다. 우리에게 자신의 연구내용을 가르쳐준 그녀에게 감사의 뜻을 전한다.

24 Porter, Michael and Elizabeth Teisberg, *Redefining Health Care* (Boston, Massachusetts: Harvard Business School Press, 2007).

25 Chandler, 앞의 책, 1991. 뱅크로프트 상(Bancroft Award)을 수상한 챈들러의 이전 저서도 역시 같은 부분에 초점을 맞추고 있다(Chandler, Alfred D., *The Visible Hand*, Cambridge, Massachuetts: The Belknap Press of Harvard University Press, 1977).

26 솔트 레이크 시티(Salt Lake City)에서 일어난 일이 바로 이런 예에 해당한다. 통합형 정액제 의료공급 조직의 일부인 인터마운틴 헬스케어(Intermountain Healthcare)가 솔트 레이크 밸리(Salt Lake Valley) 중남부에 대형 종합병원을 신규개설했는데, 들리는 얘기로는 그 병원도 시설을 최대한 가동하기 위해 상당한 압박감에 시달리고 있다고 한다. 결국 그런 조직 내에서는 저비용 구조의 가치부가과정 클리닉이나 전문 솔루션 숍을 만들자는 제안이 받아들여지기 어려울 것이다.

27 퍼듀팜즈의 최고의무책임자인 로저 메릴(Roger Merrill)에 대한 인터뷰는 브래드 캠빌(Brad Gambill)이 2007년 8월 1일, 메릴랜드주 솔즈베리에서 수행했다.

28 "Toyota Truck Plant and Health Care Center Ready to Roll," *Workforce Management*, November 15, 2006.

29 Worthington, Barbara, "Onsite Savings," *Human Resource Executive*, February 2007.

30 "Pitney Bowes Wellness Program Leads the Way," *Managed Care*, July 2006.

31 Worthington, Barbara, 앞의 책.

32 정리된 내용은 다음의 기사에서 재인용한 것이다. Conlin, Michelle, "Get Healthy-Or Else," *BusinessWeek*, February 26, 2007.

33 "More Companies Opening In-House Clinics for Employees to Help Reduce Health Costs," *Medical News Today*, September 8, 2006.

34 "Watson Wyatt Identifies Trends for Benefits Open Enrollment Season," Watson Wyatt press release, September 29, 2008. (http://www.watsonwyatt.com/news/press.asp?ID=19805, 2008년 10월 1일 접속)

7장 Notes

1 연방관보(Federal Register)는 미국 의회뿐만 아니라 모든 연방정부 산하기관의 공식적인 결정사항을 기록한 연방정부의 간행물이다.

2 보건의료의 규제에 관해서는 11장에서 다시 다룰 것이다.

3 최근에 이런 소비자 가치에 대해 역설하고 있는 두 권의 중요한 저서가 출간되었는데, 이 두 권의 저서는 모두 측정할 수 있는 가치 창출에 대해 자세히 언급하고 있다. 이 문제에 대해 더 알고 싶은 독자들에게 이 도서들을 추천한다.

Herzlinger, Regina, *Consumer-Driven Health Care: Implications for Providers, Payers, and Policy-Makers* (San Francisco: Jossey-Bass, 2004); Porter, Michael, and Elizabeth Teisberg, *Redefining Health Care: Creating Value-Based Competition on Results* (Boston, Massachusetts: Harvard Business School Press, 2006).

4 메디케어 수가는 연방예산 한도를 고려해서 결정되어야 하기 때문에, 실제 제공되는 서비스의 가치를 보상하는 것과는 아무 관련 없는 경우도 많다. 대체로, 민간보험자들도 수가를 결정할 때 메디케어 수가에 기초하기 때문에 상황은 더 악화된다.

5 심지어 효력이 의심되는 의료행위를 하게 만드는 동기가 되기도 하는데, 대표적인 사례로는 2002년도 허위부당청구조사에서 의사들이 불필요한 검사와 외과수술을 한 혐의가 드러나 고소당한 캘리포니아 레딩 메디컬 센터(Redding Medical Center)의 예가 있다. 더 자세한 내용은 다음의 신문기사를 참고하기 바란다. Eichenwald, Kurt, "Operating Profits: Mining Medicare; How One Hospital Benefited from Questionable Surgery," *New York Times*, August 12, 2003; Gaul, Gilbert M., "At California Hospital, Red Flags and an FBI Raid," *Washington Post*, July 25, 2005, A09.

6 Horwitz, Jill R., "Making Profits and Providing Care: Comparing Nonprofit, For-Profit, and Government Hospitals," *Health Affairs*, vol. 24, no. 3 (2005): 790-801.

7 Falk, Isadore S., et al., *The Cost of Medical Care* (Chicago: University of Chicago Press, 1933).

8 블루 크로스(Blue Cross)의 태동은 1929년에 베일러 대학(Baylor University)에서 시작되었는데, 이 대학은 달라스(Dallas) 지역의 교사들에게 연간 6달러를 받고 21일간의 병원진료비를 보장해주는 보험상품을 제공했다. 블루 쉴드(Blue Shield)의 기원은 캘리포니아 의사 서비스(California Physicians' Service)라는 조직으로, 1939년부터 저소득근로자에게 1.7달러를 받고 의사 서비스를 제공하기 시작했다. 이런 선불제 보험방식은 전국적으로 강제 건강보험을 도입하자는 압력이 커지고 있던 당시 사회상이 반영된 결과물이기도 하다.

9 Thomasson, Melissa, "Health Insurance in the United States," EH.Net Encyclopedia, edited by Robert Whaples, April 18, 2003. (http://eh.net/encyclopedia/article/thomasson.insurance.health.us).

10 1942년 재정안정화법(Stabilization Act) 제50조 부속조항–'전쟁과 국가방위,' 1942년 10월2일.

11 카이저에 비해 그 범위는 더 제한적이었지만, 건강유지기구(HMOs)의 역사는 훨씬 이전으로 거슬러 올라간다. 1930년, 지금은 바셋 헬스 케어(Bassett Health Care)에 편입된 메리 이모진 바셋 병원(Mary Imogene Bassett Hospital)의 조지 맥킨지(George M. Mackenzie) 박사가 1인당 25센트의 연간 보험료를 받고 포괄적 의료서비스를 제공하는 프로그램을 시작한 것이 건강유지기구의 시초라고 할 수 있다. 더 자세한 사항은 다음 웹사이트를 참고하기 바란다. http://www.bassett.org/history.cfm.

12 Johnson, Harry M., "Major Medical Expense Insurance," *The Journal of Risk and Insurance*, 32, no. 2(1965), 211–36.

13 Follmann, Joseph E, 'The Growth of Group Health Insurance,' *Journal of Risk and Insurance*, vol. 32, no. 1 (March 1965), 105–12; Johnson, Harry M., "Major Medical Expense Insurance," *Journal of Risk and Insurance*, vol. 32, no. 2 (June 1965), 211–36; Mailman, G. Victor, "True Catastrophe Medical Expense Insurance," *Journal of Risk and Insurance*, vol. 39, no. 1 (March 1972), 1–16; Wilensky, Gail R., et al., "Variations in Health Insurance Coverage: Benefits vs. Premiums," *Milbank Memorial Fund Quarterly. Health and Society*, vol. 62, no. 1 (Winter 1984), 53–81. 건강유지기구법(HMO Act)에 관한 더 자세한 정보는 다음의 인터넷 자료를 참고하기 바란다. http://www.hpolicy.duke.edu/cyberexchange/Regulate/CHSR/PDFs/I-1-HMO%20Act%20of%201973.pdf.

14 이런 보건의료비 지출 요인에 관한 연구는 주로 다트머스 대학(Dartmouth University)의 존 웬버그(John Wennberg)와 엘리엇 피셔(Elliott Fisher)가 이끄는 연구팀이 주도해왔다. 다음의 관련기사 내용도 참고하기 바란다. Pearlstein, Steven, "A Better Way to Spread the Health–and the Wealth," *Washington Post*, February 8, 2006, D01.

15 미국의사협회의 반대에 부딪힌 정부는 타협안으로 메디케어(Medicare)가 제공하는 의료보장 범위에서 의사 서비스를 제외했다. 그래서 메디케어는 급여에서 원천징수한 기금으로 모든 사회보장 수혜자들에게 병원 서비스 비용만 보상하기로 했고, 이것이 후에 메디케어 Part A가 되었다. 하지만, 결국 새로운 법안이 통과되면

서 의사 서비스와 외래진료 비용 또한 메디케어 적용범위에 포함되었다. 이것은 메디케어Part B로 부르며, 수혜자들이 선택적으로 가입하게 하고, 가입자들의 월 보험료로 운영되도록 했다.

16 우리는 흔히 '비영리' 조직과 관련해 사용되는 '잉여(surplus)' 라는 용어 대신에 느슨한 의미의 '수익(profits)' 이라는 용어를 사용했다. 일부러 이렇게 한 것은 영리나 비영리의 구분이 오직 과세를 목적으로 할 때만 의미가 있다고 믿기 때문이다. 경영학적 관점에서 볼 때, 이 두 가지 유형의 조직은 모두 비용을 초과해 충분한 잉여를 만들어냄으로써 조직의 건전성을 지속시키고 다양한 이해당사자들의 요구를 충족시키기 위해 노력한다는 점에서 서로 다르지 않다.

17 "A Conversation with Matthew Holt," *Managed Care*, July 2004.

18 흥미로운 점은 카이저가 캘리포니아에서는 여전히 인기가 있지만, 다른 지역으로 사업 모델을 확대했을 때는 그 결과가 별로 좋지 않았다는 점이다. 아마 여기에는 의료공급자들이 대체로 자영업자였던 지역에서 카이저가 진정으로 통합된 인두제 시스템을 만드는 데 어려움을 겪은 것도 한몫을 했을 것이다.

19 많은 통합형 조직들이 여전히 의사의 봉급, 특히 보너스를 환자의뢰와 결부시키고 있지만, 인두제를 관리할 위험의 대부분은 개별 의사가 아닌 조직이 떠맡고 있다.

20 신장학 분야의 임상 전문지식과 통찰력을 공유해준 존 쉐이(John Hsieh) 박사에게 감사한다.

21 "The History of Dialysis," DaVita Website. (http://www.davita.com/dialysis/motivational/a/197)

22 JPMorgan North America Equity Research, October 23, 2006. 여기에서 언급한 투석사례의 역사와 관련 자료는 대부분 JP모건의 넥스테이지(NxStage) 분석보고서에서 인용했다.

23 Blagg, Christopher, "Having Options: Home Hemodialysis," *RENALIFE* 18, no. 5 (2003); Blagg, Christopher, "A Brief History of Home Hemodialysis," *Adv Ren Replace Ther*, 1996 Apr: 3(2): 99-105.

24 NxStage Website. (http://www.nxstage.com/acute_renal_care/Products/index.cfm)

25 Lee, Helen, "Cost Analysis of Ongoing Care of Patients with End-Stage Renal Disease: The Impact of Dialysis Modality and Dialysis Access," *Am J Kidney Dis* 2002;40(3):611-22; McFarlane, P. A., et al., "The Quality of Life and Cost Utility of Home Nocturnal and Conventional In-Center Hemodialysis," *Kidney International*, Sep. 2003, 64(3): 1004-11.

26 이것은 미국 신장질환 데이터시스템(USRDS)의 2007년도 연간보고서 자료에 기초한 추정치로서(http://www.usrds.org/adr.htm), 2005년도 메디케어가 의사와 의료기기 업체에 지급한 혈액투석 외래진료비와 투석 인두제 비용 총액을 합해서 계산한 것이다(입원투석비용은 제외). 일부 환자들은 가정 혈액투석에 적합하지 않을 수도 있으므로 실제 비용절감액은 줄어들 수 있는 반면, 메디케어 이외의 프로그램과 임상결과의 향상에 따른 비용절감을 감안한다면 더 늘어날 수도 있다.

27 이 수치는 USRDS 2007 통계에서 1991년과 2005년에 메디케어가 지급한 외래 혈액투석 비용 총액을 비교한 것이다.

28 2006년도 USRDS 통계.

29 JPMorgan North America Equity Research, 앞의 책.

30 Roake, J., "Withholding and Withdrawing Therapy: Humanity, Human Rights and Access to Renal Dialysis," *New Zealand Medical Journal*, June 6, 2003, vol. 116, no. 1175; Busko, M., "Home Hemodialysis Prevalence Varies Greatly by County, Could Be Much Higher," *Medscape Medical News*, August 14, 2006. (http://www.medscape.com/viewarticle/542738)

31 Mayo Clinic National Symposium on Health Care Reform. Rochester, Minnesota, May 21-23, 2006.

32 1989년, 메디케어는 자원기준상대가치척도(Resource-Based Relative Value Scale)에 기초한 수가지불체계를 채택했다. 이를 통해 메디케어는 제공된 가치에 기초해 지불하는 명분을 얻으려 했다. 하버드 대학교의 윌리엄 샤오(William Hsiao)와 여러 분야의 연구진이 개발한 상대가치수가체계는 각 시술과 서비스의 상대적 가치에 따라 적절한 비용상환 수준을 결정하려는 것이었다. 하지만, 이 시스템은 정치적 논리에 따라 심하게 왜곡되었고, 결국 비용상환과 실제 가치를 제대로 결합시키는 데 실패했다.

33 투자소득을 제외했을 때, 병원의 영업이익 중간값은 2004년에 2%였다(출처: Appleby, Julie, "Hospitals' Profit Margin Hits 6-Year High in 2004," *USA Today*, Jan. 4, 2006, 3B). 미국병원협회에 따르면, 최근 병원의 매출이익률은 -16%에서 2%로 증가했다고 한다(출처: Medicare Payment Advisory Commission Public Meeting, Washington, DC: MEDPac, March 11, 2005: http://www.aha.org/aha/content/2005/pdf/050311medpactranscript.pdf, 2008년 8월 31일 접속).

34 하지만, 이것은 보험사들이 악의를 가지고 내린 결정은 아니었고, 의도는 좋았다. 보험사들은 고객들이 의사들에게서 저가의 일상적인 진료를 조기에 받도록 하면 입원 같은 비용이 더 많이 드는 진료를 예방할 것이라고 생각했다. 하지만 돌이켜 볼 때, 이것은 '무공제 보장(first-dollar coverage)'이 점점 당연한 규범으로 자리 잡게 되면서 환자들이 의료이용 결정을 할 때 실질적인 선택을 하지 못하게 만든 계기가 되기도 했다.

35 고용주들이 비용절감분의 일부를 별도 관리하거나, 임금인상 또는 기타 급여의 형태로 직원들에게 그 일부를 되돌려주는 경우에는 고액공제 건강보험에 지출하게 되는 비용이 더 줄어들 수도 있을 것이다.

36 2008년도 건강저축계좌의 가족당 최고 기여금은 5,800달러였다. 이 금액은 물가상승률을 감안해 매년 조정되며, 이에 따라 고용주들도 기여금을 인상할 수 있다. 건강저축계좌는 유일하게 삼중으로 세금이 면제되는 직원급여 프로그램이다. 즉, 건강저축계좌에 불입된 돈은 연방세와 주세(州稅)는 물론, 연방보험료불입법(FICA)에 따라 보험료에 부과하는 사회보장세 항목 등이 면제되며, 적립금과 보건의료에 지출한 비용 또한 면세이다.

37 이 시나리오상에서 제시한 HSA-HDI 복합상품이 만성질환자와 고액의료비를 지출하는 가족의 경우 연간 5,000달러 이상을 보건의료비에 지출하고 있고, HDI의 공제 혹은 자기우선부담금 수준이 5,000달러보다 높게 설정되어 있다면 이익이 되지 않을 수 있다. 하지만, 자기우선부담금이 5,000달러보다 낮게 설정되어 있다면 그들 역시 이익을 볼 수 있을 것이다. 2007년도에 HDI 등록기준 공제금액(자기우선부담금)의 최소기준은 2,200달러였다.

38 물론 해마다 수익률에 차이가 있을 수 있다. 하지만, 건강저축계좌나 퇴직연금계정과 같은 저축수단은 훨씬 장기적으로 투자하고 적절히 다각화되어 있기 때문에 크게 걱정할 필요 없다. 역사적으로 보면, 다각화가 잘된 시장중심의 투자를 할 경

우 연평균 복합성장률은 8~10%대 선으로 유지되고 있다.

39 각 주체를 위해 해결해야 할 일을 파악할 목적으로 수행한 훌륭한 연구결과를 우리와 공유해준 플로리다 블루크로스/블루쉴드의 최고마케팅책임자 존 케기(John Kaegi)씨에게 감사한다.

40 여기에는, 다트머스 보건정책 및 임상진료 연구소의 표현을 빌리면 '공급에 민감'하고 의학적으로 부적절한 서비스와 이른바 '결코 생겨서는 안될 일(never events)', 허위청구 등이 포함된다.

41 건강저축계좌(HSA)는 현재 활용되고 있는 의료비상환계좌(Health Reimbursement Account, HRA)에 비해 일의 해결능력이 더 낫다. HRA는 직원 개인이 계속 관리할 수 없다. 즉, 직원이 직장을 바꾸게 되면 HRA에 적립된 금액은 원래 직장에 그대로 남아 있기 때문에, 소비자가 건강을 계속 유지함으로써 재정적 안정을 이룰 수 없게 된다. 또한, HRA는 고용주들이 직원을 비용효과적으로 모집하고 생산성을 높이려는 일과 보험자가 불필요한 서비스에 지불하지 않는 일을 항상 해결해주지는 못한다. 일부 기업들은 HRA 잔금을 다음해로 이월해주지 않아서, 연말이 되면 직원들이 남은 금액을 소진하려고 쓸 데 없이 의료를 남용하게끔 만드는 잘못된 인센티브를 조장하는 경우도 있다. 이런 인센티브는 직원이 회사를 그만두려는 계획이 있는 경우에도 똑같이 작용한다.

42 *State Regulatory Experience with Provider-Sponsored Organizations*, Falls Church: The Lewin Group, Inc., June 27, 1997.

43 이 부분에 대한 더 자세한 연구결과는 크리스텐슨이 쓴 '성공기업의 딜레마' 제3장(Christensen, Clayton, *The Innovator's Dilemma*, Boston, Massachusetts: Harvard Business School Press, 1997)과 크리스텐슨과 레이너가 쓴 '성장과 혁신' 제4장(Christensen, Clayton, and Michael E. Raynor, *The Innovator's Solution*, Harvard Business School Press, 2003)에 요약되어 있으니 참고하기 바란다. 아울러, 이노사이트(Innosight LLC) 동료와 함께 저술한 도서가 있는데, 이 책은 비소비자를 어떻게 찾아내고, 어떻게 다루어야 하는지에 대해 논의하고 있다(Anthony, Scott D., et al, *The Innovator's Guide to Growth*, Harvard Business School Press, 2008).

44 401(k) 퇴직연금과 건강저축계좌가 가진 또 하나의 장점은 직장을 바꾸거나 그만두어도 개인이 계속 소유하고 관리할 수 있다는 점이다. 기존의 퇴직연금 방식에서는 보통 한 회사에서 5~10년 정도는 근무해야 직원들이 퇴직연금 혜택을 받을

수 있었다.

45 Everett Rogers, *Diffusion of Innovations*, New York, Free Press, 1962. 맥킨지의 컨설턴트 리처드 포스터(Richard Foster) 또한 이런 현상을 자세히 분석한 적이 있는데, 그 내용은 다음의 문헌을 참고하기 바란다. *The Attacker's Advantage*, New York, Summit Books, 1986.

46 또 다른 예로, 1984년에 맥킨지는 AT&T에 제출한 시장전망보고서에서, 2000년까지 무선전화 수요가 100만 대가 채 안 될 것이라고 했는데, 실제 수요는 7억 4,000만 대를 넘었다. 컴퓨터에 대한 수요가 별로 없을 것이라고 예측한 IBM의 CEO 토마스 왓슨(Thomas Watson)의 말을 떠올리게 하는 대목이다.

47 건강저축계좌 등록자료는 미국건강보험협회(AHIP) 정책연구소(http://www.ahipresearch.org/)를 통해 수집한 것으로, 건강저축계좌 등록자 수는 각각 2004년 9월에 43만8,000명, 2005년 3월에 103만1,000명, 2006년 1월에 316만8,000명, 2007년 1월에 453만2,000명, 2008년 1월에 611만8,000명이었다. 이 수치에 건강저축계좌 없이 고액공제보험에만 가입한 경우는 포함하지 않았다. 민간 건강보험 적용 인구수는 미국 인구조사국 상시인구조사(Current Population Survey) 연간사회경제동향보충조사(Annual Social and Economic Supplement)를 통해 수집했다(http://www.census.gov/hhes/w'ww/cpstc/cps_table_creator.html). 민간 건강보험 가입자 수는 각각 2004년에 1억9,987만585명, 2005년에 2억92만3,910명, 2006년에 2억116만7,391명, 2007년에 2억169만112명, 2008년에 2억199만660명이었다.

48 어떤 사람들은 동시에 메디케어나 퇴역군인건강청(Veterans Health Administration) 같은 다른 보험에도 적용받고 있다.

49 더 자세한 내용은 '성장과 혁신'의 제3장을 참고하기 바란다(Christensen, Clayton M., and Michael E. Raynor, *The Innovator's Solution: Creating and Sustaining Successful Growth*, Boston, Massachusetts: Harvard Business School Press, 2003).

50 Rubenstein, Sarah, "Patients Become Consumers," *Wall Street Journal*, December 28, 2005.

51 "Health Care Access and Affordability Conference Committee Report," Commonwealth of Massachusetts, April 3, 2006. (http://www.mass.gov/

legis/summary.pdf)

52 Kuttner, Robert, "A Health Law with Holes," *Boston.com*, January 28, 2008. 보스턴닷컴(Boston.com)은 보스턴 글로브(Boston Globe)의 온라인판 신문이다.

8장 Notes

1 *Prescription Drug Trends* (Menlo Park: Henry J. Kaiser Family Foundation, May 2007).

2 Avorn, Jerry, *Powerful Medicines: The Benefits, Risks, and Costs of Prescription Drugs* (New York: Knopf, 2005), 217.

3 루이스 토마스 박사는 1977년 이미 이런 현상을 두고 '중간기술(halfway technologies)'과 '완치기술(curative technologies)'로 구분했다(Thomas, L., "The Technology of Medicine," *New England Journal of Medicine*, vol. 285 (24): 1366-68).

4 이레사(Iressa)에 관한 이야기는 개인맞춤형 의학(Personalized Medicine)을 옹호하는 사람들이 가장 좋아하는 사례이다. 사실 처음에 이레사(성분명: gefitinib)는 비소세포성 폐암환자를 대상으로 한 대규모 무작위 임상시험에서 환자 생존율에 관한 우위를 입증하는 데 실패했고, 이후 아스트라제네카는 시장에서 이 약물을 철수시켜야 했다. 그런데, 2005년 말 젠자임(Genzyme)은 특정 상피성장인자 수용체(EGFR) 유전자에 돌연변이를 가진 환자를 구분해낼 수 있는 검사법을 개발했고, 이 환자들은 이레사와 같이 '티로신 키나아제 억제제(tyrosine kinase inhibitors)'라고 부르는 약물군에 속한 치료약물에 더 잘 반응하는 것으로 밝혀졌다. 그러한 생체지표에 대한 사전검사를 포함한 이후의 연구들도 그 잠재력을 높이 인정받고 있다. 2007년 6월에 열린 미국임상종양학회 학술대회에서 발표한 자료에 의하면, 소규모로 이루어진 한 연구에서 이레사를 투약한 31명의 환자 중 73%가 12개월간 생존한 반면, 기존의 화학요법을 받은 환자는 그 비율이 15%에 불과했다. 정밀한 진단검사가 지속적으로 개발되다보면 앞으로 임상시험에서 실패한 약물을 이런 식으로 '구조'하는 날이 올지도 모르겠다. 이 주제에 관심이 있는 독자들은 다음의 문헌을 읽어보기 바란다. Aspinall, Mara G., and

Hamermesh, Richard G., "Realizing the Promise of Personalized Medicine," *Harvard Business Review*, October 2007.

5 유나이티드 에어크래프트(United Aircraft)는 이후 유나이티드 에어라인(United Airlines)과 유나이티드 테크놀로지(United Technologies), 프랫앤드휘트니(Pratt & Whitney) 항공기엔진사업부 등으로 분리되었다.

6 Chandler, Alfred D., *The Visible Hand* (Cambridge, Massachusetts: The Belknap Press of Harvard University Press, 1977).

7 여기서 우리가 '현재로서는 경쟁을 할 수 없는' 이라는 표현법을 쓴 데는 이유가 있다. 즉, 아이팟(iPod)의 성능과 신뢰성이 충분한 수준 이상으로 발전하게 되면, 하위시장(low end)에서 성능과 신뢰성이 아이팟 수준까지는 아니지만, 대신 더 저렴한 모듈식 해법이 등장할 것으로 기대되기 때문이다. 실제로 이런 기대가 현실화되기 시작했는데, 예전보다 훨씬 큰 저장용량을 가진 휴대전화가 나오면서 아마존 뮤직 사이트에서 산업표준 인터페이스를 통해 음악을 다운로드할 수 있다.

8 챈들러(Chandler)가 말한 수직통합의 해체 과정에 대해서는 다음의 문헌에서 처음 언급되었다. Christensen, Clayton M., "The Rigid Disk Drive Industry: A History of Commercial and Technological Turbulence," *Business History Review*, vol. 67, no. 4 (Winter 1993), 531–88.

9 이 절에서 우리는 컴퓨터산업의 해체(dis-integration) 사례를 통해 그 기초가 되는 경영이론을 간단히 소개했는데, 이 이론에 관심이 있는 독자가 있다면 다음의 논문을 읽어보길 권한다. Christensen, Clayton M., et al., "Disruption, Dis-integration, and the Dissipation of Differentiability," *Industry and Corporate Change*, vol. 11, no. 5 (November 2002), 955–93.

10 Research and Markets, "The Licensing Agreement in Pharmaceutical Business Development." (제3판). 아디스(Adis) R&D 데이터베이스에 따르면, 조사대상 화합물 2,000개 중에서 절반가량이 제휴를 통해 개발된 것이라고 한다. (참고문헌: Lou, Kasper and Mark de Rond, "The 'not invented here' myth," *Nature Reviews Drug Discovery*, vol. 5, 451–52; Simons, John, "Is Outsourcing the Prescription for Pfizer?" *Fortune*, December 6, 2006.)

11 "Contract Research Organization (CRO)," Emissary Web site. (http://emissary.com, 2008년 6월 16일 접속)

12 출처: "Lilly Sells Its Greenfield, Indiana, Operations to Covance; Expands Existing Collaboration Between the Two Companies," PR Newswire press release, August 6, 2008. (http://www.forbes.eom/prnewswire/feeds/prnewswire/2008/08/06/prnewswire200808060900PR_NEWS_USPRCLWO32.html) 릴리의 입장에서 이것은 매우 어려운 결정이다. 이노사이트(Innosight LLC)의 동료 스티브 운커(Steve Wunker)는 약물 개발의 잠재력이 높은 '목표' 에 대한 지식이 널리 알려져 있기 때문에 대부분 제약회사들의 약물개발 프로젝트를 비교해보면 포트폴리오가 그 어느 때보다 유사하게 나타나고 있다고 지적했다. 잠재력이 높은 목표에 대한 독점적인 통찰력이 줄어들면서 약물발굴은 상당부분 범용화된 것처럼 보인다.

13 Frost & Sullivan's Study on Contract Research and Manufacturing (CRAM), Health Care Practice, Frost & Sullivan 2006; McDonald, Matt, "The Niche: Filling Syringes; Biotech Firm Hyaluron Enters Contract Manufacturing," *Boston Globe*, March 3, 2005, 14.

14 제약회사를 대표하는 사람들에게 '회사의 핵심역량이 무엇이냐' 고 물어보면, '마케팅' 이라고 응답한 경우가 가장 많았다.

15 Christensen, Clayton M., and Scott Anthony, "What's the BIG Idea?" Harvard Business School case #9-602-105, 2001.

16 2008년 9월 현재, 빅 아이디어 그룹은 1만3,000명의 발명가로 구성된 네트워크(http://www.bigideagroup.net)를 자랑하고 있다. 글로벌 마케팅 거대기업 WPP는 고객사를 위한 원스톱 마케팅 대행사가 되겠다는 전략의 일환으로서, 최근 뉴햄프셔주 맨체스터에 본사를 둔 빅 아이디어 그룹 지분의 30%를 사들였다.

17 캘리포니아 주립대학교(버클리 캠퍼스)의 헨리 체스브로 교수가 '개방형 혁신(open innovation)' 이라는 용어를 처음 만들어냈으며, 이것을 주제로 많은 글을 써왔다. 그의 연구에 관심이 있는 독자들은 다음의 문헌부터 읽어볼 것을 권유한다. Chesbrough, Henry W, *Open Innovation: The New Imperative for Creating and Profiting from Technology* (Boston, Massachusetts: Harvard Business School Press, 2005).

18 인텔과 AMD에서 근무하는 동료들에게 '이제 그만 헛된 망상을 버리라' 는 의미에서, 우리는 마이크로프로세서 산업에서 이런 시대는 거의 끝나가고 있다는 것을

말해주고 싶다. 프로세서의 아키텍처 자체가 모듈화되고 있어서, 캘리포니아주 산타클라라에 있는 텐실리카(Tensilica)나 영국의 ARM(Advanced Risc Machines) 같은 작은 기업들도 마이크로프로세서를 비용효과적으로 디자인할 수 있게 되었다. 또한, 생산은 대만의 TSMC(Taiwan Semiconductor Manufacturing Company) 같은 대규모 제3자 제조업체에 맡길 수도 있다.

19 하버드 비즈니스 스쿨의 게리 피사노(Gary Pisano) 교수는 바이오테크놀로지 산업의 역사에 관해 면밀히 분석해 책으로 출간한 바 있다(Pisano, Gary, *Science Business: The Promise, the Reality, and the Future of Biotech*, Harvard Business School Press, 2006). 그가 발견한 중요한 결과 중 하나로, 신약발견과 개발의 순현재가치(NPV)는 제넨테크(Genentech), 암젠(Amgen), 젠자임(Genzyme) 같은 극소수의 성공기업들을 제외하고 나면 사실 마이너스(-)값을 가지는 것으로 나타났는데, 이는 투자한 금액보다 수익이 더 낮다는 것을 의미한다. 이것은 라스베이거스에서 도박을 하는 것과 비슷하다고 하겠다. 이 도시에서 도박을 하게 되면 전체 인구집단과 그에 속한 모든 개인들은 평균적으로 볼 때 돈을 잃을 것으로 기대하는 것이 이성적이다. 하지만, 사람들은 정상적인 확률을 깨고 대박을 터뜨릴 수 있을 거라는 희망을 가진 채 여전히 도박을 한다.

20 남성 발기부전 치료제 비아그라(Viagra)는 처음에 고혈압이나 협심증 치료제 개발을 목표로 임상시험을 진행하다가 우연히 발견한 약물이었다.

21 물론, 제약산업은 여기에서 언급한 것과 같은 요인들에 대항하고 적응하려는 노력을 해왔다. 신약 발견과정의 수율(收率)을 향상시키기 위해, 제약회사들(그리고 일부 소프트웨어 소매업자들)은 컴퓨터 보조 모델링 기법과 같은 합리적 약물 설계 도구를 이용해 조기에 특정 표적분자물질을 찾아내려는 시도를 하고 있다. 아직 완벽해지려면 멀었지만, 그래도 이런 기술은 과학자들이 무엇을 찾아야 할지, 그리고 그들이 찾는 것이 이미 회사의 분자도서관에 있는 것인지를 더 잘 알 수 있게 해준다.

22 이 말을 누가 했는지는 정확히 알려져 있지 않지만, 수년 동안 여러 곳에서 웨인 그레츠키가 한 말이라고 인용되고 있으며, 다음의 기사내용도 그중의 하나에 속한다. Herrmann, Mark, "Gretzky Thriving in an Unlikely Setting," *Los Angeles Times*, October 15, 1990, 14.

23 Gorman, E. G., "The Slowly Emerging Future of Diagnostic Testing," *Medical & Health Care Marketplace Guide*, 19th Edition, Dorland Health Care Information, 2004; "The Value of Diagnostics Innovation, Adoption and Diffusion into Health Care," July 2005, the Lewin Group.

24 Hermann, L., et al., "Pharmaceuticals for Beginners: A Guide to the Pharmaceutical Industry," March 12, 2003, Deutsche Bank AG Global Equity Research; "Pharmaceutical Industry Profile 2006," March 2006, Pharmaceutical Research and Manufacturers of America (PhRMA). (http://www.phrma.org/files/2006%20Industry%20Profile.pdf, 2007년 1월 접속)

25 "The Value of Diagnostics Innovation, Adoption and Diffusion into Health Care," July 2005, the Lewin Group.

26 현대의료행위분류(CPT)는 미국의사협회(AMA)가 관리하는 코드체계로, 의사와 기타 보건의료전문직들이 서비스와 행위를 보험에 청구할 때 사용하는 것이다. CPT 수가코드로 인해 발생하는 의도하지 않은 부작용에 대해서는 9장에서 살펴볼 것이다.

27 우리가 이미 예측한 대로, 이 장에서 우리가 주장한 바로 그 정밀진단기술을 생산해내는 기업에 대한 투자가 최근에야 비로소 급증하기 시작했다.

28 Porter, Michael, *Competitive Strategy* (New York: The Free Press, 1980); Porter, Michael, *Competitive Advantage* (New York: The Free Press, 1985).

29 이 주제와 관련해 가장 널리 읽힌 글은 다음과 같다. Clayton Christensen, Michael Raynor, and Matt Verlinden, "Skate to Where the Money Will Be," *Harvard Business Review*, Nov.-Dec. 2001. 지금까지 제약산업에서 '수익이 나던 곳'은 치료제 영역이었다. 하지만, 종종 치료법과 뗄 수 없을 정도로 단단히 연결되기도 하는, 진단기술은 미래에 돈이 벌릴 분야이다. 왜 이런 변화가 발생하는지에 대해 자세히 알고 싶다면 크리스텐슨과 레이너가 쓴 '성장과 혁신(The Innovator's Solution)'의 5장과 6장을 읽어보기 바란다.

30 이 주제에 대해 우리가 처음으로 언급한 하버드 비즈니스 스쿨 연구보고서가 1996년에 발간되었는데, 그 내용은 다음의 문헌에 요약되어 있다. Christensen, Clayton M., Michael E. Raynor, and Matt Verlinden, "Skate to Where the Money Will Be," *Harvard Business Review*, November/December 2001.

31 각각의 모(母)기업들처럼 연금과 의료비 지출 문제로 고통받았던 델파이(Delphi)

와 비스티온(Visteon)은 좀 특별한 예외에 해당한다. 게다가, 이 기업들이 고객기반을 제너럴 모터스와 포드에 지나치게 의존했기 때문에 도요타, 혼다, 니산, 현대, 기아 등의 파괴적 자동차기업들이 시장을 잠식함에 따라 매출이 크게 축소되었다.

32 분자진단학의 미래와 관련해 정보와 도움을 제공해준 데 대해, 매사추세츠주 케임브리지에 소재한 컨설팅업체 사이언시아 어드바이저스(Scientia Advisors)社의 아르샤드 아메드(Arshad Ahmed)에게 감사의 뜻을 전한다.

33 Kranhold, K., and Johnson, A., "GE' s Deal with Abbot Labs Displays Immelt' s New Strategy," *Wall Street Journal*, Jan. 19, 2007, C3. 이 협상은 결국 2007년 7월에 중단되었다.

34 어플라이드 바이오시스템즈는 2008년 6월, 67억 달러에 인비트로젠(Invitrogen)이 인수했다. Pollack, Andrew, "Invitrogen to Buy Applied Biosystems for $6.7 Billion," *New York Times*, June 13, 2008. (http://www.nytimes.eom/2008/06/13/business/13drug.html)

35 이것은 2008년 7월 10일, 이노사이트 연구소(Innosight Institute)가 후원한 토론회에서 젠자임(Genzyme)과 다나 파버 암 연구소(Dana Farber Cancer Institute)에 재직 중인 마라 아스피날(Mara Aspinall) 박사가 발표한 내용에서 인용했다.

36 AEI-브루킹스(Brookings)에 따르면, 일상적인 유전자 검사를 와파린 요법과 결합시킬 경우 11억 달러를 절감할 수 있을 것이라고 한다. 이 프로젝트에 관한 더 자세한 내용은 다음의 웹사이트에 나와 있는 하버드 의과대학 및 브리검 여성병원 소속 사무엘 골드하버(Samuel Goldhaber) 박사의 연구업적을 참고하기 바란다. http://facultyresearch.bwh.harvard.edu/cgi-bin/search.cgi?id=19.

37 Elkin. et al., "HER-2 Testing and Trastuzumab Therapy for Metastatic Breast Cancer: A Cost-Effectiveness Analysis," *Journal of Clinical Oncology* (2004) 22:854-63. 이 연구에 사용된 자료는 젠자임(Genzyme)과 다나 파버 암 연구소(Dana Farber Cancer Institute)에 재직 중인 마라 아스피날(Mara Aspinall) 박사가 추가분석을 했는데, 그의 결론은 효과가 없거나 해로운 약물로 치료를 받는 환자들이 느끼는 통증과 고통까지 감안한다면 그런 검사법의 가치가 훨씬 커질 것이라는 점이다. 한편, 이 절감액을 누가 가져가야 하는지도 문제이다. 이 장에서 우리가 주장하려는 것은 절감액의 상당부분이 진단검사 공급자

에게 돌아가야 하고, 또한 일정 부분은 검사와 치료에 대한 적절한 인센티브를 만들어내는 의사결정을 하는 사람들에게 돌아가야 한다는 점이다. 여기에는 그런 의사결정 과정에 영향을 미치는 보험자와 환자, 의료공급자들이 포함될 수 있을 것이다.

38 30%라는 기준은 임의로 정해진 것은 아니다. 많은 임상시험에서 위약효과(僞藥效果 · placebo effect)가 최대 30% 수준까지 높게 나타날 수 있다는 점을 감안한 것이다. 위약효과 때문에 임상시험에서 약물이 왜 어떤 환자들에게는 효과가 있는데, 다른 환자들에게는 그렇지 않은지 그 이유를 구분해내기가 더욱 어려워진다.

39 오클라호마 대학의 병리학자 루이스 하셀(Lewis Hassell) 박사는 증상을 중심으로 진단받은 환자들을 대상으로 임상시험을 할 때 특정 약물에 일부 환자가 반응을 나타내지 않는 두 가지 이유를, 과학을 전공하지 않은 사람들을 위해 야구에 비유해 쉽게 설명해주었다. 한 가지 이유는 환자들이 실제로는 다른 질환을 앓고 있을 수도 있다는 것이다. 여기까지는 이해하는 데 문제가 없다. 하지만, 두 환자가 정확히 동일한 질환을 가지고 있는데도 한 환자에게 효능을 나타내는 치료제가 다른 환자에서는 그만큼의 효능을 나타내지 못할 수도 있다. 이런 경우는 속구에 능한 투수가 보스턴 레드삭스 야구팀의 강타자 데이비드 오티스(David Ortiz)를 상대로 허리 높이의 스트라이크 존으로 빠른 직구를 던지는 것에 비유할 수 있다. 오티스는 그런 구질의 공을 받아쳐서 담장을 넘겨버릴 수 있는 반면, 또 다른 타자는 똑같은 구질의 공을 제대로 쳐내지 못할 수도 있다. 그 이유는 단순히 이 타자가 실력이 없어서라기보다는 스윙 폼이 오티스와는 완전히 달라서 똑같은 구질이지만 그에게 맞지 않는 구질의 공이라서 헛스윙을 하거나 기껏해야 내야 땅볼밖에 만들어낼 수 없는 것이다.

40 Tucker, Leslie, *Pharmacogenomics: A Primer for Policymakers* (Washington, DC: National Center for Policy Analysis, George Washington University, Jan. 28, 2008). 터프츠 약물개발연구센터의 조셉 디마시(Joseph A. DiMasi)가 추정한 바에 따르면, 임상시험 기간이 25% 줄어들 경우 제약회사가 절감할 수 있는 비용은 약물 1개당 1억2,900만 달러(총 개발비용 8억200만 달러)에 달하며, 기간이 50% 줄어들 경우 그 규모가 2억3,500만 달러에 이를 것이라고 한다.

41 임상시험을 끝내는 것은 고사하고 약물을 만들고 환자를 임상시험에 등록시키는 과정도 일종의 진단능력을 필요로 한다는 점이 신약 개발과정에 내재된 문제이다. 진단능력이 향상되고 질병의 범주가 변하더라도 여전히 과거의 방식에 따라 치료

제에 대한 임상시험을 진행해야 할 것이다. 이런 점에서 지금 우리가 생각할 수 있는 것보다 훨씬 심도깊게 임상시험 과정을 재고해볼 필요가 있다. 이런 문제점을 어떻게 해결할 수 있을지, 좋은 아이디어를 가진 분들이 있다면 그것을 우리와 공유해줄 것을 부탁한다.

42 이 부분에 대한 식견과 자료를 제공해준 동료 키이스 디온느(Keith Dionne)에게 감사한다.

43 이와 관련해서는 암치료제 허셉틴(Herceptin)의 허가를 받기 위해 했던 제넨테크(Genentech)의 임상시험 과정이 확실한 사례에 해당한다. 보통 암치료제의 경우 임상시험은 5년에서 길게는 10년까지 걸리는데, 허셉틴의 경우는 HER2 단백질이 과다발현되는 종양환자에서 불과 2년 만에 치료효능을 확실하게 입증할 수 있었다. 종양과 감염병을 제외한 대부분의 질병에 대해서는 아직도 정밀진단이 확보되지 않았기 때문에 앞으로 임상시험이 얼마나 더 효율적일지는 좀더 지켜봐야 알 것이다. 그러나, 아르키메데스(http://archimedesmodel.com)와 같이 컴퓨터에 기반한 예측모형 등 여러 기술적 촉진요인들이 정밀한 임상시험으로의 진보를 앞당기는 역할을 할 것이다.

44 이노사이트 연구소(Innosight Institute)가 주최한 보건의료학술대회에서 젠자임 및 다나 파버 암연구소의 마라 아스피날(Mara Aspinall) 박사가 발표한 자료에서 인용했다(매사추세츠주 케임브리지, 2008년 7월 10일).

45 Avorn, J., *Powerful Medicines: The Benefits, Risks, and Costs of Prescription Drugs*, 217.

46 이 표를 작성하는 데 사용된 데이터는 아래의 문헌에서 수집했다. 여기서는 설명을 목적으로 이 데이터들을 인용했지만, 논란의 소지가 있는 것들이다. 가령, 베인앤드컴퍼니(Bain & Co.)는 12개월간의 판매 및 마케팅 비용까지 감안할 경우 신약개발비는 17억 달러에 달한다고 추정했다.

* "NDAs Approved in Calendar Years 1990–2004 by Therapeutic Potentials and Chemical Types," U.S. Food and Drug Administration Center for Drug Evaluation and Research, 2004년 12월 31일 최종갱신. (http://www.fda.gov/cder/rdmt/pstable.htm)

* "Pharmaceutical Industry Profile 2006," Pharmaceutical Research and Manufacturers of America (PhRMA), March 2006. (http://www.phrma.org/files/2006%20Industry%20Profile.pdf)

* "R&D Spending by U.S. Biopharmaceutical Companies Reaches a Record

$55.2 Billion in 2006," PhRMA, 2007년 2월 12일 보도자료. (http://www.phrma.org/news_room/press_releases/r&d_spending_by_u.s._biopharmaceutical_companies_reaches_a_record_$55.2_billion_in_2006)
* DiMasi, J. A.: R. W. Hansen, and H. G. Grabowski, "The Price of Innovation: New Estimates of Drug Development Costs," Oct. 28, 2002, *Journal of Health Economics*, 22 (2003): 151–85.
* Tufts Center for the Study of Drug Development, "Total Cost to Develop a New Prescription Drug, Including Cost of Post-Approval Research, Is $897 Million," 2003 년 5월 13일 보도자료. (http://csdd.tufts.edu/NewsEvents/NewsArticle.asp?newsid=29); "Average Cost to Develop a New Biotechnology Product Is $1.2 Billion, According to the Tufts Center for the Study of Drug Development," 2006년 11월 9일 보도자료. (http://csdd.tufts.edu/NewsEvents/NewsArticle.asp?newsid=69)
* "Pharmaceutical Industry Profile 2008," PhRMA, March 2008. (http://www.phrma.org/files/2008%20Profile.pdf)

47 Foster, Richard, *Innovation: The Attacker's Advantage* (New York: Summit Books, 1986).

48 자원할당과정이 제약회사의 신제품 성공률에 어떤 영향을 미치는지에 관해서는 다음의 문헌을 참고하기 바란다. Bower, Joseph L., and Clark Gilbert, "A Revised Model of the Resource Allocation Process," Harvard Business School Working Paper Series, No. 05-078, 2005.

49 Hermann, L., et al., "Pharmaceuticals for Beginners: A guide to the pharmaceutical industry," March 12, 2003, Deutsche Bank AG Global Equity Research.

50 Avorn, Jerry, *Powerful Medicines: The Benefits, Risks, and Costs of Prescription Drugs* (New York, Knopf, 2005), xix.

51 2장에서와 마찬가지로, 여기서 우리는 질병의 관찰 가능한 모든 특성을 대표하는 것으로서 '증상(symptom)' 이라는 용어를 느슨한 의미에서 사용하려고 한다. 실제 의학용어에서는 병의 존재를 표시하는 병의 객관적 소견 또는 증거로서의 '징후(sign)' 와 질병에 대해 느끼는 환자의 주관적 감각으로서의 '증상' 개념을 구분해서 사용하고 있다. 하지만, 이 두 가지 개념 모두 우리가 이 책에서 기술하고 있는, 많은 혁신의 필요조건으로서의 정밀한 진단과는 다르기 때문에 우리는 단순하

게 하나의 용어로 통일해서 사용하기로 했다.

52 존슨앤드존슨 2001년도 투자 소식지 (뉴 브런스윅: 존슨앤드존슨, 2008년 6월), http://www.investor.jnj.com/investor-facts.cfm.

53 무료 견본품 비용을 일반적인 영업 및 마케팅 비용 항목에는 제외했지만, '총 판촉비' 항목에는 포함시켰다. 연간 무료 견본품 비용은 사실 〈그림 8-4〉에서 열거한 모든 영업 및 마케팅 비용의 연간 총액을 초과한다.

54 Thomaselli, Rich, "Record year: Pharma outlay could reach $5B; Support for Lunesta and Ambien drives spending up 9% in first half of 2006," *Advertising Age*, 23 Oct. 2006, vol. 77, no. 4.

55 Donohue, Julie M.; Marisa Cevasco; and Meredith B. Rosenthal, "A Decade of Direct-to-Consumer Advertising of Prescription Drugs," *New England Journal of Medicine*, vol. 357(7): 673-81.

56 제약회사가 복잡한 성분명 대신 단순한 브랜드 명칭을 사용하는 주된 이유 중 하나가 바로 이 때문이다.

57 "Hospital Stops Using Generic Drugs," *New York Times*, Oct. 17, 1989.

58 월마트는 4달러 처방약 프로그램을 통해 1,000가지가 넘는 OTC 의약품과 수백 가지 처방의약품에 대해 30일분을 4달러에 판매하고 있으며, 어떤 경우에는 90일분 약을 10달러에 판매하기도 한다. (http://www.walmart.com/catalog/catalog.gsp?cat=546834)

59 Langer, Eric S., *Advances in Biopharmaceutical Technology in India* (Rockville, Maryland: BioPlan Associates, Inc, 2008), 668. 이 수치는 인도 어니스트 앤 영(Ernst & Young India)의 생명과학사업팀장인 우트카르쉬 팔니트카르(Utkarsh Palnitkar)가 추정한 것이다.

60 이런 틀을 개발할 수 있도록 도와준 이노사이트(Innosight LLC)의 스티븐 프랜스블로(Steven Fransblow)에게 감사한다.

61 다른 산업에서 발견되는 '롱테일' 문제와의 유사성을 지적해준 애드주보 헬스(Adjuvo Health)의 최고의무책임자 번 셴(Bern Shen)과 이노사이트 연구소의 이

사진들에게 감사한다. 우리는 이론적으로 아마존닷컴과 이베이(eBay)가 그들의 시장에서 했던 것과 유사한 촉진 네트워크 모델이 비소비자층을 결집시키고 적절한 방향으로 신약개발을 조정해나갈 가장 큰 역량을 지니고 있을 것이라고 생각한다.

9장 Notes

1 3장에서 언급했듯이, 진단영상기술의 향상으로 시험적 수술의 필요성은 점차 줄어들었다.

2 이제는 존슨앤드존슨, 이스트만 코닥, 마일즈(Miles Inc.), 애보트(Abbott Laboratories), 노바 파머수티컬(Nova Pharmaceutical), 박스터 인터내셔널(Baxter International) 같은 기업들도 이런 분석장비를 생산하고 있다.

3 "SIC 8071 Medical Laboratories," Encyclopedia of American Industries, 2005.

4 그런 기기 중 최초는 뉴저지주(州) 프린스턴에 소재한 기업 아이-스테트(i-STAT)가 판매한 제품으로, 무게 16온스에 휴대전화만 한 크기의 이 기기는 나트륨, 포도당, 칼륨, 염화화합물, 요소질소, 적혈구 용적률 등 여섯 가지 검사를 수행할 수 있었다. 특히 헤모글로빈 수치는 약 90초 만에 계산해냈다. 가격은 대당 3,000달러로, 가공하지 않은 전혈(全血)을 사용했으며, 의사나 간호사가 직접 사용할 수 있었다. I-Test는 나중에 애보트社에 팔렸다(출처: Calem, Robert E., "Technology: Moving the Common Blood Test Closer to the Patient," *New York Times*, June 21, 1992.).

5 Romano, Benjamin J., "Ultrasound on the Move," *Seattle Times*, Jan. 8, 2006; "SonoSite Revenue Rises 25% Net Income Rises 48% in Second Quarter," SonoSite press release, July 24, 2008.

6 이로 인해 흔히 나타나는 결과이지만, 결국 듀퐁(DuPont)은 대부분의 합성섬유사업에서 손을 떼야 했다. 상상하기 힘들겠지만, 듀퐁은 더 이상 나일론, 폴리에스테르, 아세테이트 섬유를 생산해내지 않는데, 이런 파괴적 현상은 컴퓨터 산업에서 파괴적으로 내몰린 IBM이나 전화사업에서 내몰린 AT&T(브랜드만 살아남았다), 사진필름사업에서 내몰린 코닥의 경우와 비슷한 것이다.

7 하버드 비즈니스 스쿨에서 클레이튼 크리스텐슨 교수의 수업을 듣는 MD-MBA 복수학위과정 학생들 몇몇이 중재적 방사선학을 주제로 보고서를 작성해 제출한 적이 있다. 그들 중에서 이 주제에 대해 가르쳐준 치라그 샤(Chirag Shah)와 맥스 로렌스(Max Laurans)에게 특히 감사한다.

8 처음에는 조직 생검과 체액 배출, 기타 기초적인 수술을 담당했던 중재적 방사선학이 과거 주요 외과수술의 대상이 되었던 다양한 질병을 치료하는 쪽으로 그 역량이 극적으로 확대되었다. 예를 들어, 최근 다트머스 의과대학에서 수행한 연구결과에 따르면, 둔기외상(blunt trauma injuries)의 경우 혈관 내 치료(endovascular repair)에 의한 임상결과가 전통적인 외과수술보다 낫다고 했다(출처: Hoffer, Eric K., A. R. Rorauer, et al., "Endovascular Stent-Graft or Open Surgical Repair or Open Surgical Repair for Blunt Thoracic Aortic Trauma: Systematic Review," *Journal of Vascular and Interventional Radiology*, vol. 19, no. 8: 1153-64). 어떤 중재적 방사선과 시술들은 흔히 자궁절제술이나 자궁근종 색전술(uterine fibroid embolization)을 필요로 하는 자궁출혈에 대해 아예 외과수술을 필요 없게 만들기도 한다.

9 마켓 스코프(Market Scope, LLC)의 조사자료에 따르면, 2007년 말 현재 LASIK과 기타 레이저 시력교정술은 전 세계적으로 1,500만 명 환자를 대상으로 2,700만 건이 시행되었다. (http://dev.market-scope.com/practice_information/market_information.html, 2008년 9월 5일 접속)

10 Tu, H. T, and J. H. May, "Self-Pay Markets in Health Care: Consumer Nirvana or Caveat Emptor?" *Health Affairs*, Feb. 6, 2007. 이 논문은 이전에 생각했던 것만큼 소비자 쇼핑이 일어나지 않을 수도 있다는 우려를 했지만, 가격동향은 여전히 파괴적 혁신 이론에 부합하는 것으로 나타났다.

11 Nunneley, J., "Has LASIK Price-Cutting Lost its Luster?" *Review of Ophthalmology*, March 2001, 39-43.

12 출처: IBM 온라인 자료보관소. (http://www-03.ibm.com/ibm/history/history/year_1964.html; http://www-03.ibm.com/ibm/history/history/year_1981.html, 2008년 8월 1일 접속)

13 "The Model T Put the World on Wheels, Ford Motor Company." (http://www.ford.com/about-ford/heritage/vehicles/modelt/672-model-t,

2008년 8월 1일 접속)

14 1867년 브리검 영(Brigham Young)이 솔트 레이크 시티에 세운 지온스 협동조합 회관(Zions Cooperative Mercantile Institution, ZCMI)이 최초의 백화점이라는 설이 있지만, 미국 최고 역사를 가진 백화점 중 대표적인 것으로는 시카고의 상징 중 하나인 마샬 필드(Marshall Field) 백화점이 있다. 1868년 시카고 스테이트 가(街)에 처음 개장한 이 백화점은 이후 1878년까지 여러 차례 화재로 문을 닫았다가 다시 열기를 반복했다(출처: Bradley, Martha Sonntag, *ZCMI: America's First Department Store*, Salt Lake City, Utah: ZCMI, 1991; Tedlow, Richard S., *New and Improved: The Story of Mass Marketing in America*, Boston, Massachusetts: Harvard Business School Press, 1996).

15 당시 제록스의 고속복사기 914는 무게가 거의 300킬로그램에 달했고, 속도는 1분에 7장을 겨우 복사하는 느린 수준이었다.

16 리코(Ricoh)가 초창기에 생산한 제품들은 미국 시장에 새빈(Savin)과 피트니 보우스(Pitney Bowes)의 브랜드를 달고 팔렸으며, 1984년경부터 자체 브랜드를 사용하기 시작했다. 더 자세한 내용은 다음의 보고서를 참고하기 바란다. Boulton, William R., "The Plain Paper copier Industry," working paper, 1995. (http://www.auburn.edu/~boultwr/copiers.pdf, 2008년 7월 21일 접속)

17 초창기에 코닝이 메트패스에 투자를 하고 기업인수까지 한 이유는 해당 산업의 성장을 견인한 고속검사법에 혁신적인 특성을 가진 유리용기가 사용되었기 때문이다. 메트패스의 성장에 결정적인 역할을 한 것은 코닝의 자금력이 아니라 기술력이었다.

18 이후, ADRC는 ATL(Advanced Technology Laboratories) 코퍼레이션에 인수됐고, 이어서 ATL은 필립스에 다시 인수됐다.

19 컴퓨터, 자동차 등 대부분의 다른 제품들과 마찬가지로, 초음파영상기술의 발명은 개별적인 역사적 사건이라기보다는 하나의 과정이었다. 인체 초음파 영상은 1958년 영국의학저널 '란셋(Lancet)'을 통해 처음 발표되었다. 1965년 지멘스(Siemens)는 최초로 상용화된 의학용 초음파 기기 비도슨(Vidoson)을 출시했다. 하지만, 이 제품은 큰 덩치에 가격도 비쌌고, 화질 또한 그리 우수한 편이 아니었다. 이후, 실시간 선상배열 방식의 초음파 기기가 업계의 지배적인 위치를 차지하게 되었는데, 이런 방식에 대한 이론적 개념을 처음으로 발표한 사람은 윌리엄 아버나시(William Abernathy)와 제임스 어터백(James Utterback)이다(관련문헌:

"A Dynamic Model of Product and Process Innovation," *Omega* (3), June 1975; "Patterns of Industrial Innovation," *Technology Review*, June-July 1978, 40-47).

20 휴대용 초음파 기기의 역사에 대해서는 다음의 문헌을 참고하기 바란다(Christensen, Clayton, and Jeremy Dann, "SonoSite: A View Inside," Harvard Business School case # 9-602-056). GE 헬스케어를 비롯해 몇 개 회사들이 휴대용 초음파 기기 시장에 뛰어들었는데, GE 헬스케어보다 앞서 초음파 분야의 잠재력을 일찌감치 깨닫고 휴대용 저가 초음파기기를 최초로 개발한 기업은 워싱턴주 보델(Bothell)에 위치한 신생기업 소노사이트(SonoSite)였다. 한편, 오랫동안 X선, CT, MRI, PET, 이동식 카트에 탑재된 초음파 장비 등 여러 사업분야를 선도해온 GE 헬스케어는 몇 년 전 초음파 사업을 탈중심화하기로 결정했다. 이 사업의 파괴적 특성을 인식한 중역들은 휴대용 초음파 사업을 주요 영상사업과 완전히 분리해 별도 관리하도록 함으로써 기존 사업단위의 자원을 활용하거나 공유하지 못하게 했다. 그 결과, GE 헬스케어는 불과 5년 만에 시장규모를 3억 달러 수준으로 키워냈으며, 이 시장의 비약적인 성장은 이제 시작에 불과하다. GE의 주요 고객은 일차진료의사와 같은 의료제공자들로, 과거에 이들은 진료실이나 클리닉에서 초음파에 접근할 수 없었다. 하지만, 이제 이들은 환자를 진찰할 때 청진기로 신체내부의 소리를 듣는다든지 손으로 혹이나 부은 곳을 만져보는 데 그치지 않고 환자의 몸속을 들여다보면서 진찰하는 현장에서 바로 확진을 내릴 수 있는 현실에 더 가까이 다가갈 수 있게 되었다.

21 진단검사의 경제적 가치는 일회용 검사기기의 경우, 소매시장에서조차도 고비용 소비자 마케팅에 초점을 맞추는 사업 모델로는 보통 그것을 뒷받침하기가 어렵다. 의료기기 산업에 대한 심도 깊은 지식을 공유해준 이노사이트(Innosight LLC)의 스티브 운커(Steve Wunker)와 매트 아이링(Matt Eyring)에게 감사한다.

22 "SIC 8071 Medical Laboratories," Encyclopedia of American Industries, 2005.

23 이 책을 읽는 독자들 중에는 전보를 보내거나 읽어본 적이 없는 분들도 많겠지만, 당시에는 전보로 보내는 단어 수만큼 비용을 청구했는데, 영문 알파벳 네 개로 만든 단어는 무료인 반면 마침표는 단어 한 개 비용을 내야 했기 때문에 사람들은 문장 끝에 마침표를 찍는 대신 '스톱stop'이라는 단어를 즐겨 썼다.
(출처: "Telegram Passes Into History," Associated Press, Feb. 2, 2006, http://www.wired.com/science/discoveries/news/2006/02/70147: 2008년 9월 4일 접속)

24 물론, 생산성 향상 수준은 장비에 드는 고정비용을 상쇄할 만큼 충분히 커야 할 것이다. 예를 들어 전자의무기록(EMR)이 효율과 의료결과를 향상시키는 것은 틀림없지만, 많은 의원의 경우 이득에 비해 시스템의 도입비용이 더 많이 드는데다, 그로 인한 이득도 의료제공자 자신이 누리기보다는 대체로 보험자나 환자가 누리게 된다. 그나마 다행인 것은, 많은 탈중앙화 기기들은 소형화되어 휴대성이 좋고 더 저렴하기 때문에 파괴적인 의료전달모형에서 받아들일 가능성이 높다는 점이다.

25 Wennberg, John E., "*Variation in Use of Medicare Services among Regions and Selected Academic Medical Centers: Is More Better?*" New York: The Commonwealth Fund, 2005. 웬버그(Wennberg)는 메디케어 지출액의 50% 이상이 '공급에 민감한' 보건의료, 즉 주로 만성질환자들을 중심으로 한 의사방문과 진단검사 및 병원입원 등을 구매하는 데 쓰이고 있다고 했다. 여기서 가장 중요한 문제는 의료남용에 있다. 더 많이 소비하는 것이 반드시 더 나은 것은 아니며, 환자들은 불필요하거나 역효과를 가져오는 치료의 부담과 위험에 처할 수 있기 때문이다.

26 Gillick, Muriel R., "Medicare Coverage for Technological Innovations-Time for New Criteria?" *New England Journal of Medicine*, vol. 350, no. 21:2199-203; Tunis, Sean R., "Why Medicare Has Not Established Criteria for Coverage Decisions," *New England Journal of Medicine*, vol. 350, no. 21:196-98. 2003년에 내려진 삽입형 제세동기(ICDs)와 좌심실 보조장치(LVADs)의 메디케어 급여결정 과정에서 당시 해당 품목들은 매우 높은 가격대비 불분명한 편익으로 인해 상당히 까다로운 검토과정을 거쳐야 했다. 결국, CMS는 두 품목 모두 급여화하기로 결정했지만, 임상시험을 통해 편익이 입증된 환자군으로 적용대상을 제한했다. 아울러, CMS는 좌심실 보조장치의 경우 실제 시장유통가에 훨씬 못 미치는 수준에서 상환금액을 결정했는데, 의료기기 비용 6만5,000 달러와 행위료를 포함해 20만 달러를 초과하는 총 진료비에 대해 고작 7만 달러를 상환해주기로 했다. 이로 인해 추가되는 총 급여비용은 매년 1만 명에서 9만 명의 환자를 대상으로 삽입형 제세동기를 급여화할 경우 3억5,000만 달러에서 30억 달러 수준이며, 좌심실 보조장치는 매년 최고 10만 명을 급여대상으로 할 경우 3억 5,000만 달러에서 70억 달러에 달했다.

27 Foote, Susan B., "Why Medicare Cannot Promulgate a National Coverage Rule: A Case of *Regula Mortis*," *Journal of Health Politics, Policy and Law*, 2002, vol. 27(5): 707-30. 저자가 설명한 대로, '사멸된 규범(regula mortis)'은 이익단체가 행정기관의 합법적인 조치를 방해할 때 발생하며, 규제의 교착상태를

초래하게 된다. 의료기기 및 진단장비의 경우, 1980년에 경제성 요인을 포함해 새로운 급여기준을 도입하려고 했던 보건의료재정청(Health Care Financing Administration)의 신규정책을 좌절시키는 데 의료기기 업체들도 한몫을 했다.

10장 Notes

1 Tu, H. T., and Ginsburg, P. B., "Losing Ground: Physician Income, 1995-2003," Center for Studying Health System Change. Community Tracking Study Physician Survey.

2 Association of American Medical Colleges FACTS National Applicant Data Warehouse, "Total Graduates by Gender and Race/Ethnicity, 1992-2001"; Association of American Medical Colleges FACTS National Applicant Data Warehouse, "Applicants, Accepted Applicants, and Matriculants by Sex, 1994-2005." 이 수치에 정골 의과대학(osteopathic medical schools)은 포함되어 있지 않다.

3 Association of American Medical Colleges Press Release, "U.S. Medical School Seniors Apply to Residency Programs in Record Numbers," March 17, 2005. (http://www.aamc.org/newsroom/pressrel/2005/050317.htm, 2006년 7월 29일 접속)

4 미국 의과대학협의회에 따르면, 2007년도 의과대학 졸업생의 평균 학자금 대출금액은 13만9,500달러였다.

5 하버드 의과대학 학사보고, 2005-2006.

6 "New Paradigms for Physician Training: For Improving Access to Health Care," 18th Report, Rockville: Council on Graduate Medical Education, 2007. (ftp://ftp.hrsa.gov/cogme/18thCOGME.pdf, 2008년 8월 23일 접속); Lim, J. K., and Golub, R. M., "Graduate Medical Education Research in the 21st Century and JAMA On Call," *Journal of the American Medical Association*, 2004, 292: 2914; Chen, F. M., Bauchner, H., and Burstin, H., "A Call for Outcomes Research in Medical Education," *Acad Med.* 2004,

79:S68-69; Dickinson, T. A., "The Future of Financing Medical Education: Questions about Medicare's Role," *Am J Med.* 2004, 117: 287-90.

7 이것은 1998년 6월에 하버드 메이시 연구소(Harvard Macy Institute)에서 한 인터뷰에서, 하버드 커뮤니티 건강 플랜(Harvard Community Health Plan)의 조셉 도시(Joseph Dorsey) 박사가 말한 내용이다. 또한 도시 박사는 의과대학 졸업생 한 명을 재교육하는 데는 대략 3만 달러의 비용이 든다고 말했다. 이 주제에 관한 실증연구가 있는지는 모르겠지만, 최근에 인터뷰한 의료행정직에 종사하는 사람의 견해 또한, 우리가 제공하는 교육 내용을 보면 의사들이 오늘날 의료환경에서 진료하는 데 필요한 실력을 갖출 수 있도록 하는 데 도움이 되지 못한다고 한 도시 박사의 주장을 뒷받침하고 있다. 이 주제에 관심이 있는 독자들은 다음의 문헌을 참고하기 바란다. Wiest, F. C, et al., "Preparedness of Internal Medicine and Family Practice Residents for Treating Common Conditions," *Journal of the American Medical Association*, Nov. 27, 2002, 288 (20): 2609-14.

8 Flexner, A., *Medical Education in the United States and Canada: A Report to the Carnegie Foundation for the Advancement of Teaching.* Boston, Massachusetts: Merrymount Press (1910), 9. 다음의 문헌에서 재인용되었다. Bigelow, H., *Medical Education in America.* Cambridge, Massachusetts: University Press (1871), 79.

9 Flexner, A., 앞의 책, 8쪽.

10 Flexner, A., 앞의 책, 16, 18, 20쪽.

11 플랙스너 보고서는 당시 의과대학들이 해석한 것만큼 그렇게 엄격하게 기초과학과 임상과학을 구분짓지는 않았다. 교사였던 플랙스너는 두 영역의 중요성을 강조하는 한편으로, 학습효과를 높이기 위해서는 두 영역이 서로 밀접하게 연계되어야 할 필요성이 있다고 주장했다. 이후 의과대학들은 독일과 프랑스를 중심으로 세계적 수준의 연구를 수행하는 강력한 기초과학 학과가 해당 학문분야의 강의도 전담하던 유럽식 모델을 채택했다. 이 모델이 미국인들의 주목을 끈 이유는 당시 유럽의 연구기관들이 성공하는 데 이 방식이 견인차 역할을 한데다, 미국 의과대학 교과과정 4년 중 적어도 2년을 기초과학 교육에 할애해야 한다는 플랙스너의 요구도 충족할 수 있었기 때문이다. 결국, 의과대학 교과과정에서 처음 2년과 나중 2년의 교육내용이 단절된 것은 당시 미국의 의과대학들이 플랙스너 보고서의 내용을 잘못 해석한 탓이 크다. 또한, 주목해야 할 것은 그로 인해 교과과정에 미친 강력한 학과별 영향력이 여러모로 오늘날 서로 협력하지 못하는 보건의료 공급체계의

현실에 그대로 녹아 있다는 점이다.

12 의과대학 2학년을 마치고 치르는 미국 의사국가고시(Medical Licensing Examination) 1차 시험에 대비해 학생들이 기초과학 원리를 처음부터 끝까지 다시 공부하고 훑어보는 것은 하나의 전통이 되었다. 많은 경우, 이와 같은 재학습 과정은 의과대학 3, 4학년을 거쳐 전공의 수련기간까지 계속되기도 한다.

13 하버드 의학전문대학원의 '뉴 패스웨이(New Pathways)'는 1980년대 초 당시 의과대학장이었던 다니엘 토스테센(Daniel Tostesen)의 주도로 개발된 새로운 통합형 교육과정으로, 하버드 경영대학원에서 흔히 쓰던 사례연구법(case method)을 의학교육에 적용한 것이다. 이 과정이 큰 성공을 거둠에 따라 다른 많은 의학전문대학원에서도 이 시스템을 앞다투어 도입했다. 이 주제에 대해 정보를 제공해준 오클라호마 대학의 루이스 하셀(Lewis Hassell) 박사에게 감사를 드린다.

14 유럽을 포함해 다른 나라에서는 전통적으로 매년 가을과 겨울, 두 번에 나누어 의과대학생들의 입학을 받았다. 하지만, 이 경우에도 여전히 기초과학 교과목에 대한 수업은 일년에 두 번 집단적으로 하고 있다.

15 보통 학생들은 내과, 일반외과, 소아과, 산부인과, 정신과, 신경과 등의 핵심 진료과에서 임상실습을 시작하며, 의과대학 3학년 때 이 진료과 모두를 반드시 거쳐야 한다. 4학년 때의 임상실습은 더 다양하고 선택의 폭도 넓기 때문에, 〈그림 10-1〉에 예시된 것들은 그중 일부에 불과하다. 핵심 진료과 임상실습이 4학년 때의 선택적인 실습에 선행된다는 데는 거의 예외가 없지만, 각각의 학생들이 이동하는 실습경로는 일정하지 않다.

16 많은 의학교육자들도 이런 문제점을 알고 있다. 그래서인지 졸업 후 의학교육 과정이 의사들에게 이런 부분의 실력을 갖추고 배양하는 방향으로 설계되고 있는 것 같다. 전공의 수련교육 신임위원회(ACGME) 웹사이트에 가보면 각 전문과별로 갖추어야 할 능력이 구체적으로 명시되어 있다. 이런 움직임이 빠른 시일 내에 의과대학의 교과과정 설계에도 적용되기를 기대해본다.

17 보건의료개선연구소(Institute for Health Care Improvement)는 새로운 파괴적 방식으로 이 문제를 해결하려고 노력하는데, 2008년 9월 15일에 '열린 학교(Open School)' 프로그램을 처음 개설해 지금까지 보건의료전문직에 종사하게 될 모든 학생들을 대상으로 이 주제에 대한 무료 온라인 강좌를 제공하고 있다.

18 스피어 교수의 연구에 관심이 있는 독자들은 먼저 다음의 문헌을 읽어보길 권한

다. Steven Spear and H. Kent Bowen, "Decoding the DNA of the Toyota Production System," *Harvard Business Review*, Sept. 1999. 여기서는 그들의 연구를 편의상 연구책임자였던 '스피어의 연구'로 부르겠다. 하지만, 스피어가 뛰어난 연구업적을 내놓을 수 있었던 것은 그를 지도한 보웬(Bowen) 교수의 공 또한 크다고 하겠다.

19 이 책에서는 의학교육에 쉽게 적용할 수 있도록 스피어가 제시한 규칙들을 조금 다르게 표현했다.

20 케나지 어소시에이츠(Kenagy Associates)의 존 케나지(John Kenagy)와 데이비드 순달(David Sundahl)은 이런 규칙을 병원에 적용함으로써 해당 분야의 전문가가 되었고, 이노보(Innovo)社의 스티브 킹(Steve King)과 매트 벌린든(Matt Verlinden)은 반도체산업에 이 규칙을 적용했다(참고문헌: Spear, Steven J., "Workplace Safety at Alcoa (B)," Harvard Business School Case #600068, Dec. 22, 1999).

21 전 세계 의학교육의 문제점을 이해할 수 있도록 도움을 준, 전(前) 하버드 의과대학 교육 프로그램(지금의 하버드 메디컬 인터네셔널(Harvard Medical Internatio nal)) 담당이사이자 소아과 (의학교육) 부교수직을 맡고 있는 엘리자베스 암스트롱 교수에게 감사의 뜻을 전한다.

22 이런 생각은 새삼스러운 일도 아니다. 일찌감치 1905년에 '현대의학의 아버지'라고 불리는 윌리엄 오슬러(William Osler)도 "방대한 의학분야를 4년 만에 다룬다는 것은 불가능한 일"이라고 했다(출처: Staropoli, J. E, "The Evolution and Evaluation of Modern Medical Education," *Journal of the American Medical Association*, 2004; 291:2138).

23 언젠가 하버드 메이시 프로그램에서 한 의과대학의 학장은 똑똑한 학생들이 과학지식을 얻기 위해 사용하고 있는 최신 학습방법에 비해 전통적인 수업방식이 얼마나 쓸모없는 것인지 자세히 이야기한 적이 있다. 그의 말에 따르면, 그 의과대학의 학생들은 필요에 따라 수업내용을 완전히 이해할 때까지 반복해서 강의내용을 복습할 수 있도록 모든 교수의 강의장면을 녹화해서 학생들에게 온라인으로 제공해 달라고 학교 측을 설득했다고 한다. 교수들은 학생들이 자신의 강의에 그렇게 열의를 가진다는 점이 기뻐서 흔쾌히 학생들의 요구를 수락했다. 그런데, 온라인으로 강의 동영상이 제공되기 시작하자, 학생들의 수업 출석률이 곤두박질쳤다. 학사행정 담당자가 나중에 알게 된 사실이지만, 학생들은 애플 아이팟(Apple iPods)을 가지고 동영상을 3배속으로 재생해서 보았기 때문에 온라인 강의를 보는 데 걸

리는 시간은 실제 수업 시간의 3분의 1이면 족했고, 많은 학생들은 3배속으로 강의를 듣는 동안, 운동을 하거나 버스를 타고 이동하는 등 여러 가지 일을 동시에 하고 있었다. 학교 측에서 파악하기로는 의사국가고시의 평균성적을 비교해본 결과, 강의실에서 수업을 듣던 예전에 비해 별반 차이가 없었다고 한다.

24 많은 의과대학들이 우리가 제안한 것과 같은, 과학교육과 임상교육의 통합방식, 즉 문제중심 수업(problem-based instruction)을 도입함에 따라 과연 이런 방식을 들은 졸업생들이 기존의 수업방식으로 교육받은 경우에 비해 의사국가고시에서 더 나은 성적을 올렸는지에 관한 연구를 했다. 결과적으로는 임상수업을 통합한다고 해서 국가고시 성적이 더 좋아진다는 점이 입증되지 못했다. 하지만, 의사국가고시 그 자체가 기존의 격리식 수업 및 성적평가 구조를 그대로 반영하는 것이기 때문에 시험성적에는 차이가 나타나지 않았을 수도 있다. 이런 시험에서는 통합식 교과과정의 효과가 제대로 나타나지 않을 수 있다.

25 이 주제를 다룬 하버드 의과대학 교수법 사례로는 스티븐 스피어(Steven J. Spear)와 마리 멕키(Marie Mackey)가 쓴 '에밀리 윌슨(Emily Wilson)' 이 있는데, 이 자료는 하버드 메디컬 인터네셔널(Harvard Medical International)의 엘리자베스 암스트롱(Elizabeth Armstrong) 교수에게서 구할 수 있다.

26 Armstrong, E. G.; Mackey, M.; and Spear, S. J., "Medical Education as a Process Management Program," *Academic Medicine*, 2004; 79: 721–28.

27 어떤 기술이 의사에게 꼭 필요한 것인지를 구체화하는 작업이 만만치 않은 일임은 분명하다. 또한, 이것은 지속적으로 논의해야 하는 부분이기 때문에 우리가 여기서 규정을 할 수 있는 성질의 것도 아니다. 다만, 우리는 이 작업을 하는 과정에서 궁극적으로 목표를 명확히 하려는 실험들을 할 것이라 믿는다. 최근에 이슈가 되고 있는 결과중심 교육(outcomes-based education)이 그 좋은 예로, 이런 실험을 더 많이 해야 할 것이다. 단지 복잡하다는 이유만으로 이런 변화를 계속해서 거부하기만 한다면, 그것은 미래의 의사들과 이들을 고용하는 의료기관뿐만 아니라, 가장 중요한 존재인 환자에게 피해를 주는 일이 될 것이다. 이 주제에 관심이 있는 독자들은 다음의 문헌들을 참고하기 바란다.

* Johns, M. M. "The Time Has Come to Reform Graduate Medical Education," *Journal of the American Medical Association*, Sept. 5, 2001; 286: 1075–76.

* Goroll, A. H., et al., "A New Model for Accreditation of Residency Programs in Internal Medicine," *Annals of Internal Medicine*, June 1, 2004; 140: 902–09.

28 시뮬레이션 중심의 의학교육에 관한 전문지식을 우리에게 제공해준 보스턴 어린이병원(Children's Hospital Boston)의 임상교수인 피터 웨인스톡(Peter Weinstock) 박사에게 감사의 뜻을 전한다. 전문직군이 필수적인 기술을 제대로 개발하는 데 계획적인 실습이 얼마나 중요한지에 관심이 있는 독자는 다음의 문헌을 참고하기 바란다. Ericsson, K., et al., "The Making of an Expert," *Harvard Business Review*, July–Aug. 2007, 114–21.

29 Christensen, Clayton M., Horn, Michael B., and Johnson, Curtis W, *Disrupting Class: How Disruptive Innovation Will Change the Way the World Learns* (New York: McGraw-Hill, 2008).

30 이 문제에 관심이 있는 독자는 미국 의학연구원(Institutes of Medicine)이 실제 사례에 근거하여 제작한 동영상 'First Do No Harm'을 보기 바란다. 동영상은 '환자안전을 위한 파트너십'의 홈페이지에서 볼 수 있다(http://www.p4ps.org/interactive_videos.asp).

31 Spear, S. J., "Fixing Health Care from the Inside: Teaching Residents to Heal Broken Delivery Processes as They Heal Sick Patients," Research in Medical Education, invited address, Association of American Medical Colleges, June 26, 2006.

32 최근에 전공의 수련교육 신임위원회(ACGME)에서 내놓은 개선방안을 보면 임상역량을 측정하는 지표를 도입해 전공의 수련교육의 인증방식을 다시 설계하는 것을 그 골자로 하고 있으며, 결과 척도와 지속적인 과정 개선의 중요성이 제기되고 있다. 일부 전공의 수련 프로그램에서는 수련시간을 중심으로 한 커리큘럼보다는 핵심역량 평가에 역점을 두기 시작했다. 이 주제에 관해서는 다음의 문헌을 참고하기 바란다. Goroll, A. H., et al., "A New Model for Accreditation of Residency Programs in Internal Medicine," *Annals of Internal Medicine*, 2004; 140:902–909; Johns, M. M., "The Time Has Come to Reform Graduate Medical Education," *Journal of the American Medical Association*, Sept. 5, 2001; 286: 1075–76.

33 중량급 팀에 관해 언급한 원저는 다음과 같다. Clark, Kim B., and Wheelwright, Steven C, "Organizing and Leading Heavyweight Development Teams," *California Management Review*, 1992, no. 34, 9–28. 이 개념은 이후 혁신을 연구하는 많은 학자들에 의해 확장되었는데, 대표적인 예

로는 클레이튼 크리스텐슨과 마이클 레이너가 저술한 '성장과 혁신' (한국어판)이 있다. 자세한 내용은 7장을 참고하기 바란다.

34 자세한 내용은 클레이튼 크리스텐슨의 '행복한 학교' (한국어판)의 8장(변화를 위한 합의도출)과 9장(학교가 혁신할 수 있는 구조 만들기)을 참고하기 바란다 (원저: Christensen, Clayton C, et al., *Disrupting Class*, New York: McGraw-Hill, 2008).

35 Flexner, A., 앞의 책, 24쪽.

36 Goodman, D. C, "Too Many Doctors in the House," *New York Times*, July 10, 2006, A21.

37 여러 전문진료과에 종사하는 의사들이 벌어들이는 수입액을 결정하는 의료수가의 수준은 그들이 제공하는 서비스의 수요나 공급, 시장가치와는 아무런 상관이 없는 행위별 수가에 기반을 두고 있다는 점을 기억하기 바란다. 일정한 산정공식과 행정명령에 의해 결정되는 의료수가는, 바람직하지 않지만, 장차 의사가 될 학생들이 직업경로를 선택할 때 기준으로 삼기도 한다.

38 의료분야의 급속한 전문화를 야기한 원인에 관심이 있는 독자들은 다음의 문헌들을 참고하기 바란다.

* Martini, C.J.M., "Graduate Medical Education in the Changing Environment of Medicine," *JAMA*, 1992, 268: 1097-1105.

* Donini-Lenhoff, E G., and Hedrick, H. L., "Growth of Specialization in Graduate Medical Education," *JAMA*, 2000, 284: 1286-87.

39 Brotherton, Sarah E., and Sylvia I. Etzel, "Graduate Medical Education, 2005-2006," *Journal of the American Medical Association*, 2006, 296(9): 1154-69; Kenneth, S., et al., "International Medical Graduates and the Primary Care Workforce for Rural Underserved Areas," *Health Affairs* 22, no. 2 (2003): 255-62.

40 1988년에 만들어져 매년 모든 미국 내과 전공의들에게 시행하고 있는 내과 전공의 평가시험(In-Training Examination in Internal Medicine, IM-ITE)에서 외국 의과대학 졸업생들은 1995년부터 계속해서 미국 의과대학 졸업생들보다 우수한 성적을 거두고 있다(Garibaldi, Richard A., et al., "The In-Training Examination in Internal Medicine: An Analysis of Resident Performance over Time," *Annals of Internal Medicine* 2002;137:505–10). 구체적으로 살펴보면, 외국 의과대학을 졸업한 경우가 미국 의과대학을 졸업한 경우에 비해 내과 전공의 평가시험 점수가 평균 3.4% 정도 높게 나타났으며, 이는 통계적으로도 유의한 차이를 나타냈다(McDonald, Furman, S., et al., "Factors Associated with Medical Knowledge Acquisition During Internal Medicine Residency," *Journal of General Internal Medicine*. 2007 July; 22(7): 962–68).

41 전공의 수련교육 신임위원회(ACGME), 2004–2005 연보.
(인터넷출처: http://www.acgme.org/acWebsite/annRep/an_2004-05AnnRep.pdf)

42 아직은 대부분의 정골의학 의사들이 일차의료에 종사하지만, 기존의 의과대학 졸업생들과 경쟁해 전통 서양의학의 전공의 자리를 차지하는 경우가 점점 늘고 있다. 이는 파괴적 혁신세력이 시장 상층부로 이동하는 전형적인 사례라고 할 수 있다(Singer, A. M., *2004 Annual Report on Osteopathic Medical Education, for American Association of Colleges of Osteopathic Medicine*, June 2005).

43 2007년도 수치는 20개 정골의학대학이 2004년에 2007년도 예상 졸업생 수를 추정한 수치로 계산한 결과값이다(미국 정골의학대학협의회, 정골의학대학 연간 설문조사 자료 1994–95호~2003–04호).

44 O'Sullivan, A. L., et al., "Moving Forward Together: the Practice Doctorate in Nursing," *Online Journal of Issues in Nursing*, vol. 10 no.3, Sept. 30, 2005. (http://nursingworld.org/ojin/topic2 8/tpc28_4.htm)

45 "The 2007 State of America's Hospitals–Taking the Pulse," American Hospital Association, July 2007. (http://www.aha.org/aha/content/2007/PowerPoint/StateofHospitalsChartPack2007.ppt)

46 Biviano, Marilyn B., et al., "What Is Behind HRSA's Projected Supply, Demand, and Shortage of Registered Nurses?" Health Resources and Services Administration.

47 The 2006 Aging Nursing Workforce Survey, Bernard Hodes Group, July 2006.

48 Fang, Di and Stefanie Wisniewski, "Special Survey of AACN Membership on Vacant Faculty Positions for Academic Year 2007-2008," American Association of Colleges of Nursing, June 2007. (http://www.aacn.nche.edu/IDS/pdf/vacancy07.pdf)

49 이와 관련된 조직변화의 틀에 대해서는 11장에서 다시 살펴볼 것이다(참고문헌: Christensen, Clayton; Howard Stevenson; and Matthew Marx, "The Tools of Cooperation," *Harvard Business Review*, Dec. 31,1998).

50 닭고기로 유명한 퍼듀팜즈(Perdue Farms)가 운영하는 퍼듀 대학(Perdue University)을 인디애나주 웨스트 라파예트에 있는 퍼듀 종합대학(Purdue University)으로 오해하지 않길 바란다. 공대로 유명한 퍼듀 종합대학의 마스코트가 보일러 메이커(Boilermaker, 보일러 제조자)라면, 퍼듀팜즈가 운영하는 기업대학의 마스코트는 브로일러 메이커(Broilermaker, 닭불고기 제조자)쯤 될 것이다.

51 이 수치는 2007년도 하버드 비즈니스 스쿨 졸업생 취업현황 자료를 근거로 했다. 구체적으로는 투자은행의 기본연봉 중간값이 9만5,000 달러, 계약보너스 중간값이 4만 달러였으며, 일부 취업자들은 거기에 더해 평균 6만 달러의 부가급여를 제공받았다. 다른 고소득 직종의 기본연봉과 계약보너스, 부가급여의 중간값들을 열거하자면 헤지 펀드가 각각 12만5,000달러, 2만5,000달러, 9만5,000달러였으며, 컨설팅은 12만 달러, 2만 달러, 2만 달러, 사모 펀드 및 차입매수 분야는 13만 달러, 3만5,000달러, 10만5,000달러, 벤처 캐피탈은 12만7,500달러, 2만2,500달러, 4만5,000달러였다.

52 Olmstead, Helen, et al., *Opportunities in E-Learning*, (San Francisco: Ehrlrich Organization, May 9, 2000).

53 Morrison, James, "U.S. Higher Education in Transition," *On the Horizon* (2003), 11(1), 6-10.

54 자세한 내용을 알기 원하는 독자는 다음의 문헌을 참고하기 바란다. Spear, S. J., "Fixing Health Care from the Inside: Teaching Residents to Heal Broken Delivery Processes as They Heal Sick Patients," *Acad. Med.*, 2006 Oct; 81 (10 Suppl): S144-49.

11장 Notes

1 식품의약품안전청(FDA)은 원래 미국 농무성(農務省) 산하의 화학국으로 출발했는데, 19세기 말 불량 식품과 의약품에 관한 연구를 수행하고 그 결과를 발표하는 일을 담당했다. 1906년 루즈벨트 대통령 당시 식품및의약품관리법(Food and Drugs Act)이 제정되면서 이 기관에 법적 구속력이 부여되었으며, 이때부터 국제적으로 상품 표기가 잘못되었거나 품질이 떨어지는 식품과 의약품을 단속하는 역할을 맡게 되었다. 1930년에 식품의약품안전청(FDA)으로 이름이 바뀌었다.

2 스콧 앤서니, 에릭 로스, 댄 스포보다, 피터 사라릭, 사라 다위스, 프리바히니 브라두 등 클레이튼 크리스텐슨이 지도한 많은 MBA 학생들이 이 주제에 관한 보고서와 개별 연구논문을 제출했다. 이 장에서 언급된 대부분의 통찰력 있는 견해들은 이전의 많은 수강생들과 이들의 직접적인 연구 결과를 집약한 것이라고 볼 수 있다. 이처럼 대단히 복잡한 분야의 한 부분을 우리가 이해할 수 있도록 도와준 이들의 노고와 배려에 깊이 감사한다.

3 보스턴에 위치한 하버드-필그림 건강 플랜(Harvard-Pilgrim Health Plan)의 CEO인 찰리 베이커(Charlie Baker)는 이 장의 초고를 검토하면서, 다음과 같은 견해를 피력했다. "파괴적 혁신이 왕성하게 되려면 정부가 이와 같은 일들을 해야 한다. 제대로 된 연방정책의 지원 없이, 민간기업의 힘만으로는 돌파구를 마련할 수 없다."

4 1862년에 제정된 태평양 철도법(Pacific Railroad Act)에 의해 미국 연방정부는 두 개의 철도회사로 하여금 대륙횡단 철도를 완성하게 했다. 정부는 각 철도회사에 6,400에이커의 땅과 철로 1마일당 최고 4만8,000달러의 보조금을 지급했기 때문에, 그 철도는 말하자면 '무상토지불하 철도(land-grant railroad)' 였다.

5 보조금과 각종 혜택을 통해 새로운 산업의 토대를 마련하는 데 기여한 정부의 실적에 대해서는 평가가 엇갈린다. 가령, 에탄올과 수소, 태양 및 풍력 등을 이용한 에너지산업에 대해 현재 정부가 지급하고 있는 보조금 정책이 결국 수십억 달러 규모의 예산낭비로 그치고 말 것이라는 주장도 만만치 않게 제기되고 있다. 그런 주장을 하는 근거로, 첫째는 경제선진국에서는 에너지 소비가 보편화되어 있기 때문에 이 신생 기술들이 비소비자(非消費者) 층을 겨냥하는 파괴적 혁신의 형태로 상업화되기 어렵고, 시장에서 이미 자리를 잡은 효율적이고 믿을 수 있는 기존의 경쟁사 제품들과 존속적 혁신의 측면에서 정면 승부를 할 수 있을 뿐이라는 것이

다. 여러 가지 이유가 있겠지만, 파괴적 혁신을 다룬 우리의 연구 사례를 보면 시장에 진입하는 새로운 혁신제품들은 기존의 제품들과 존속적 혁신의 측면에서 정면으로 경쟁하는 경우 대부분 실패하고 말았다. 이와는 달리, 전력(電力) 에너지의 비소비(非消費) 영역이 많이 남아 있는 개발도상국에서는 태양 및 풍력 에너지가 상업적 성공을 거둘 수 있을 것이다. 전폭적인 정부의 지원이 실패할 수밖에 없다고 보는 두 번째 이유는 기술의 상호의존성에 있다. 에탄올과 수소 에너지는 에너지 배급과 사용을 위한 기존의 인프라 구조와 '호환성(互換性)' 이 없다. 이 에너지 기술들은 기존과는 전혀 별개의 인프라 구조를 필요로 하기 때문에 이를 새로 구축하는 데 엄청난 비용이 소요된다. 하지만, 기존 인프라가 제대로 갖춰져 있지 않은 개발도상국에서는 기술을 바라보는 관점이 다르기 때문에 '비약적 기술(leapfrog technology)' -발전단계에서 거쳐야 하는 인프라 구조의 한 세대를 아예 건너뛰는 것이기 때문에 이렇게 부른다-이 성공적으로 도입되는 경우가 종종 있다.

6 물론, 이런 정부의 지원조치는 성공을 거두기도 했지만, 실패한 경우도 많았는데, 이것을 일일이 논하자면 박사학위 논문 정도는 되어야 할 것이다. 그러나, 전반적으로 보면 고속도로나 철도, 공항 등 특정 산업이 성장할 수 있도록 인프라 구조에 정부가 지원하는 것은 성공적인 경제성장을 가져온다고 볼 수 있다. 마찬가지로 정부가 유전자접합기술(gene splicing technique)이나 합성생물학기술(synthetic biology techniques)과 같은 과학적 테크닉의 개발을 지원하는 것이 구체적인 테크놀로지 개발을 지원하는 경우보다 더 큰 성장을 만들어낸다. 어떤 테크놀로지가 상업적으로 가치 있는지를 예측해내는 것은 정확한 답을 알기가 매우 어렵기 때문에, 기업들이 테크놀로지를 개발하는 데 도움이 되는 도구의 개발을 지원하는 것이 더 효과적이다. 특정한 테크놀로지에 대해 정부가 지원하는 것이 불가피한 경우, 인터넷이나 트랜지스터와 같은 파괴적 혁신기술도 종종 성공을 거둘 수 있는데, 이것은 그런 파괴적 테크놀로지가 비소비(非消費) 영역을 공략하는데다, 즉각 활성화될 수 있는 잠재 수요가 많이 존재하기 때문에 가능한 일이다. 하지만, 정부가 오직 존속적인 방식으로만 구현될 수 있는, 즉 이미 널리 쓰이고 있는 기존의 테크놀로지와 정면으로 경쟁해야 하는 테크놀로지를 지원하는 경우에는 극소수를 제외하고는 대부분 엄청난 양의 재정과 천연자원의 낭비를 초래하고 만다. 왜냐하면, 새로운 테크놀로지의 기능이 발현될 가치 네트워크 내에 이미 자리를 잡고 있는 기존의 테크놀로지는 꾸준하고 점진적으로 발전해나가는 데 반해, 새로운 테크놀로지는 기존의 시스템과 호환이 되는 경우가 드물기 때문이다. 그래서 유모혈암(油母頁岩)에 대한 1970년대의 집중적인 투자는 엄청난 낭비를 초래하고 말았다. 우리는 오늘날 바이오 연료에 대한 투자 역시 자원의 낭비와 시장의 왜곡을 가져올 뿐, 석유의 소비나 비용에는 긍정적인 파급효과를 가져오지 못할 것으로 내다보고 있다. 왜냐하면, 이것은 존속적 테크놀로지의 일종으로,

이미 자리를 잡은 기존의 테크놀로지에 맞서 경쟁해야 하기 때문이다.

7 이 주제에 관해 통찰력을 제공해준 하버드 비즈니스 스쿨의 명예교수인 켄트 보웬(Kent Bowen)에게 감사한다. 그는 미국의 연구중심 대학들에 연구비를 지원하고 있는 국립과학재단(National Science Foundation) 역시 매사추세츠공과대학(MIT)과 같은 기관에 대해 앞서 언급한 것과 유사한 '지식 축적의 격리(siloization)' 현상을 나타나게 했다고 지적했다.

8 Kuhn, Thomas, *The Structure of Scientific Revolutions* (Chicago: University of Chicago Press, 1962).

9 이런 교차점의 원리(principle of intersections)에 관심이 있는 독자에게 우리는 다음 도서를 추천한다. Johansson, Frans, *The Medici Effect* (Boston, Massachusetts: Harvard Business School Press, 2004). 이 책은 기술적 교차점에서 세계적으로 위대한 과학적 돌파구가 마련된 역사적 사례에 관해 다루고 있는 흥미로운 책이다. 그리고 다음에 소개할 켄트 보웬(Kent Bowen) 교수가 저술한 두 편의 사례연구는 각각 MIT와 하버드의 사례를 중심으로 가장 생산적인 바이오테크놀로지 연구소들이 어떻게 개별 연구프로젝트에 여러 학문의 관점을 통합할 수 있도록 구조화했는지를 보여주고 있다. "The Langer Lab: Commercializing Science" (Harvard Business School case # 9-605-017); "The Whitesides Lab" (Harvard Business School case # 9-605-017).

10 기존과는 전혀 다른 교차점에서 생산성이 발휘된 예로, 전 세계적으로 창궐해 오랫동안 전염병 연구자들과 공중보건 종사자들을 괴롭혀온 말라리아의 경우를 한번 살펴보자. 암컷 말라리아 모기가 인체혈액에 주입시켜 말라리아를 일으키는, 플라스모디움(*Plasmodium*)이라고 하는 말라리아 원충은 너무 빨리 진화하기 때문에 면역학 지식에 기반해 백신을 개발하려는 노력은 별 성과를 보지 못했다. 말라리아 예방과 치료에 새 지평을 연 것은 메릴랜드주 하브레 드 그레이스(Havre de Grace)에 있는 제너럴 레조넌스(General Resonance LLC)라는 회사였다. 이 회사의 기술력은 면역학이나 전염병이 아니라 나노테크놀로지와 입자물리학 분야에 있었다. 이 회사는 오래전에 발견된 '공명(共鳴)' 이라고 하는 물질의 특성에 주목했는데, 공명현상은 결정체 구조에서는 약화되거나 소멸되지만, 어떤 물질의 나노 크기의 입자 수준에서는 그 효력이 강력해진다. 결과적으로, 이 회사는 여러 물질에서 만들어지는 공명체가 인체세포에는 반응을 일으키지 않는 반면, 다양한 말라리아 기생충에는 치명적인 반응을 불러일으킨다는 것을 발견했다. 물론, 이런 접근법이 말라리아를 박멸할 해법이 될지는 더 두고 봐야 알겠지만, 이것은 새로운 돌파구를 여는 통찰이 거의 항상 해당 분야가 아니라 여러 분야가 교차하는

지점에서 만들어진다고 하는 원리를 잘 설명해주는 사례라고 하겠다.

11 토마스 쿤(Thomas Kuhn)이 한 말 중에 유명한 것이 있는데, 그것은 어떤 새로운 패러다임이 다른 분야의 과학자들의 연구에 의해 출현하면, 기존의 오래된 패러다임을 따르던 전문가들은 심지어 죽는 날까지도 새로운 패러다임이 사실이 아닐 것이라고 믿는 경우가 많다는 것이다. 그 이유는 오래된 패러다임이 그들이 믿고 있는 세계관과 그것을 기준으로 가능한 것과 불가능한 것을 판단하도록 강력한 믿음을 형성함으로써 그들이 새로운 패러다임으로 설명되는 여러 현상을 보지 못하게 하기 때문이다. 따라서, 우리는 유명한 의과대학을 이끌어가는 많은 지도자들 또한 우리가 주장하는 개혁의 가능성을 제대로 받아들이지 않으리라는 것을 충분히 예측할 수 있으며, 방금 언급한 것과 같은 사실을 감안해볼 때 그들의 태도는 당연한 것이다.

12 파괴적 혁신 이론을 통해 살펴본 초창기 역사는 다음의 도서에 잘 요약되어 있다. Christensen, Clayton; Scott D. Anthony; and Erik A. Roth, Seeing What's Next (Boston, Massachusetts: Harvard Business School Press, 2004, 한국어판 도서명은 '미래기업의 조건' 이다).

13 1992년에 제정된 퇴역군인 보건의료법(Veterans Health Care Act)에 따라, 퇴역군인건강청(Veterans Health Administration) 또한 평균공장도가(average manufacturer price)를 기준으로 일정한 할인을 받을 수 있게 되어 있다. 다만, 퇴역군인회(VA)는 별개의 폐쇄형 시스템이기 때문에, 그 밖에 다른 할인방안도 확립할 수 있었다. 그 예로 적극적인 처방의약품목록관리라든지 경쟁입찰을 장려하는 전국단위의 계약표준화 등이 있다. 전에는 메디케어의 외래급여부분인 Part B도 '최저가 구매' 방침이 있었으나, 2003년 메디케어 현대화법(Medicare Modernization Act)에 의해 변경되어 지금은 평균 도매가에 일정액을 할인받는 것이 아니라, 법에서 규정하고 있는 실제 거래가격, 즉 평균 실거래가(average sales price)의 106% 수준으로 의약품 가격이 정해진다. 역시 같은 법을 통해 처방의약품을 보험급여화하기 위한 방안으로서 메디케어 Part D가 신설되었는데, 이 법에는 '불간섭' 조항이라는 것이 들어 있어서 보건부가 메디케어 가입자들을 대신해서 의약품가격을 협상하지 못하게 한다. 그래서, 대신 Part D는 메디케어와 계약을 맺고 있는 개별 보험회사들이 가입자들을 대신해 가격 및 할인협상을 하게 함으로써 시장경쟁을 장려하고 있지만, 가격에 대해 구체적인 지침을 제공하지 않는다. 이런 '불간섭' 조항은 최근 철회 압력을 받고 있는 상황이다. 이 주제에 대해 더 자세한 내용은 다음의 문헌들을 참고하기 바란다.

* Jacobson, G., Panangala, S., and Hearne, J., "Pharmaceutical Costs: A Comparison of Department of Veterans Affairs (VA), Medicaid, and

Medicare Policies," Congressional Research Service Report for Congress, Domestic Social Policy Division, April 13, 2007.
* "Medicaid Drug Price Comparison: Average Sales Price to Average Wholesale Price," Department of Health and Human Services, Office of Inspector General, OEI-03-05-0020, June 2005.

14 여기서 제시한 혈당검사지 가격이나 정부 프로그램의 매출 비중은 정확한 수치가 아니며, 설명을 위해 우리가 임의로 예를 든 것일 뿐이다.

15 이 사례에서 언급된 수치들은 해당 주제에 대한 연구결과를 통해 얻은 것이 아니라 대략적인 수치일 뿐이지만, 우리가 이 사례를 선택한 데는 이유가 있다. 이 분야를 잘 아는 친구들에 따르면, 혈당측정용 검사지의 소매가격은 개당 1달러 정도 되는데 생산단가는 10센트가 채 안 된다고 한다. 물론, 검사지에 대한 고정비용 부분이 있기 때문에 매출이익을 남겨야 하는 것이지만, 그래도 대형 계약을 따내기 위해서 업체들이 경쟁하는 상황에서는 가격이 할인될 수밖에 없다고 생각하기 쉽다. 그러나, 이 산업에서 경쟁하는 업체들은 가격을 올리고 유지하는 데 상당한 수완을 발휘해오고 있다. 여기서 우리는 가격을 높게 유지하기 위한 담합이 이 업계에서 있었다는 그런 이야기를 하려는 것이 아니다. 다만, 가격이 인상되고, 또 그렇게 높은 가격대가 계속 유지될 수 있었던 이유는 메디케이드나 이와 유사한 의료비 상환제도로 인해 다른 분야에서조차 가격할인이 발생하기 어렵게 되었다. 고약한 경쟁업체들이 수시로 가격을 할인하는 항공산업 같은 분야에 종사하는 기업 임원들이 본다면, 업계 측에서 가격관리를 철저하게 하는 보건의료산업의 경쟁환경은 꿈에서나 그려볼 법한 상황이다.

16 2005년에 헬스 어페어즈(Health Affairs)誌가 실시한 조사결과에 따르면, 미국 전체를 통틀어 의료비 때문에 파산한 사람들의 수는 피부양자를 포함해 약 200만 명에 달하며, 그중 75.7%는 처음 질병에 걸렸을 당시에는 건강보험에 가입한 상태였다고 한다. 이는 제한적 보험(underinsurance)도 의료비 때문에 파산하는 데 상당한 영향을 미친다는 증거가 된다. (Himmelstein, David, U., et al., "MarketWatch: Illness and Injury as Contributors to Bankruptcy," *Health Affairs*; http://content.healthaffairs.org/cgi/content/full/hlthaff.w5.63/DCl)

17 핵심 사회안전망 병원으로 간주되는 100대 도시지역의 공공병원 수는 전체 병원의 2%에 불과하지만, 전체 비보상(非報償) 진료 중 20% 이상을 이들 병원이 제공하고 있다(Report of the Council on Medical Service, American Medical Association, December 2001). 비보상 진료의 부담은 적은 수의 병원에 집중되

는 경향이 있는데, 대체로 정부의 지원을 받는 수련병원과 농촌지역의 비영리병원이라든지, 무보험자가 많은 지역 병원에 집중되고 있다("Nonprofit, For-Profit, and Government Hospitals: Uncompensated Care and Other Community Benefits." U.S. Government Accountability Office, GAO-05-743T, May 26, 2005).

18 결과적으로는 비용이 한 곳에서 다른 곳으로 전가된 것뿐이다. 30억 달러에 달하는 메스헬스(MassHealth) 예산 중에서 기껏해야 1,650만 달러를 절감하려고 예방이 가능한 질환인데도 적절한 치과진료를 받을 수 없게 만들어서 환자에게 고통만 안겨준 셈이다. 2007년에 치과진료 급여범위가 예전의 상태로 회복되었지만, 수가는 여전히 다른 치과보험에 비해 훨씬 낮게 유지되었다(Pryor, C, and M. Monopoli, "Eliminating Adult Dental Coverage in Medicaid: An Analysis of the Massachusetts Experience," Kaiser Family Foundation, Kaiser Commission on Medicaid and the Uninsured, September 2005).

19 이것은 뉴잉글랜드 의학저널의 편집장을 지냈던 마르시아 안젤(Marcia Angell) 박사가 한 말로, 의료비를 줄이려는 조치는 강구하지 않은 채 모든 거주민들의 건강보험 가입을 의무화했던 매사추세츠주의 법률안이 가져올 결과를 빗대어 한 말이다(출처: 2008년 1월28일자 보스턴 글로브(Boston Globe) 誌에 게재된 로버트 커트너(Robert Kuttner)의 칼럼 '결점투성이의 건강법안(A Health Law with Holes)').

20 FDA의 Critical Path Initiative에 관한 더 자세한 내용은 다음의 웹사이트를 참고하기 바란다. http://www.fda.gov/oc/initiatives/criticalpath/initiative.html

21 눈치가 빠른 독자들은 의료가 정밀의학의 영역에 도달하면 의사의 직관이 더 이상 필요하지 않을 것이라는 점 또한 알아챘을 것이다. 이쯤 되면, 보험자들이 의사들을 대상으로 성과보상제를 추진하게 하기보다는 차라리 환자들이 가치부가과정 클리닉에서 직접 서비스를 구매하게 하는 것이 더 나을 수 있을 것이다. 이런 소매업 의료환경이 발전하게 되면, 시장가격 기전이 잘 작동할 것이기 때문에 제3의 지불자에 의한 성과보상제도 같은 것은 필요없어질 것이다.

22 군사용으로 이미 사용되고 있는 무인항공기(Unmanned Aerial Vehicles, UAVs)는 이착륙을 자동으로 할 수 있다. 지속적인 성능의 개선으로 이제 무인항공기는 과거에 조종사가 반드시 있어야 했던 전투상황에도 투입될 수 있을 정도가 되었다.

23 최근에 항공편이 얼마나 안전해졌는지에 관해서는 미국 PBS 방송사 홈페이지 자료에 잘 나와 있다(Public Broadcasting System, "How Risky Is Flying? Commercial Aircraft Fatalities, 1982–2005," http://www.pbs.org/wgbh/nova/planecrash/risky.html). 물론, 여러분이 읽고 있는 이 책은 항공에 관한 책이 아니라 보건의료에 관한 책이다. 하지만, 이클립스 제트기(Eclipse jets)에 탑재된 '가상 부조종사(virtual copilot)' 시스템이 어떤 역할을 하는지에 관해 해당 항공기 회사의 홈페이지에 소개된 내용은 한번쯤 읽어볼 만한 가치가 있다. 그 내용을 요약하면 다음과 같다(2008년 8월 접속). "이클립스가 독자적으로 개발한 항공기 통합시스템, 에이비오 엔지(Avio NG)는 기존의 일반항공에서는 볼 수 없었던 기술들을 탑재했다. 에이비오 엔지는 자동항법장치와 엔진작동, 연료시스템, 보조날개, 랜딩기어, 기내압력, 온도 등 모든 항공기 시스템을 중앙에서 통제한다. 그 밖에도 이 시스템은 체크리스트와 고급 항법 정보를 제공하며, 특히 단일 조종사로 운항하는 경우 안전성을 높이는 반면 조종사의 작업부담은 크게 줄이는 등 가상 부조종사(virtual copilot)로서의 몫을 톡톡히 해낸다. PW610F 쌍발 터보팬 엔진은 예비 전력 자동화 시스템을 갖추고 있어서 한쪽 엔진이 작동하지 않을 경우 다른 쪽 엔진의 출력을 10% 증가시킨다. 쌍발엔진에는 이클립스 항공(Eclipse Aviation)이 독자 개발한 차세대 화재진압시스템 포스트렉스(PhostrEx)가 탑재되어 있다. 한편, 이클립스 500기종에는 공기를 이용한 제빙장치, 엔진냉각용 흡기장치, 전열식 앞유리창, 항공기 착빙 발생상황에서의 운항정보계기판 등이 탑재되어 있다. 네 개의 독립적인 전원에서부터 전기 트림 모터(trim motor)와 서보모터(servo motor)에 이르기까지 모든 시스템은 신뢰성과 이중안전성을 바탕으로 하고 있다. 따라서, 조종사가 당황하는 일은 절대 없으며, 승객들은 편안하게 비행기 여행을 즐길 수 있다."

24 종합병원들이 폈던 똑같은 논리를 적용하자면 재활병원이나 암센터, 노인병원, 여성 및 어린이 병원, 지역병원에 대해서 환자의 안전을 위해 설립을 막아야 함에도 종합병원이 그렇게 하지 않았다는 점에 주목할 필요가 있다.

25 2008년도에 나온 랜드(RAND) 연구소의 조사결과에 따르면, '자주 이용하는 일차진료의가 있느냐' 는 질문에 전국 응답자 평균은 80.7%였던 반면, 리테일 클리닉을 이용하는 환자들은 38.7%만이 그렇다고 답했다(Mehrotra, A., et al., "Retail Clinics, Primary Care Physicians, and Emergency Departments: A Comparison of Patients' Visits," *Health Affairs*, vol. 27(5): 1272–82).

26 Center for Responsive Politics. (http://opensecrets.org)

Notes

27 지급이자율은 바뀔 수 있지만, 그 결정은 연방준비제도이사회가 하게 되어 있었고, 시중의 상업은행들이 지급할 수 있는 이자율은 저축은행과 저축 대부 조합이 지급하는 이자율보다 항상 0.25% 낮았다.

28 사우스웨스트 항공이 텍사스 이외의 지역으로 운항을 확대하려 하자, 의회에서는 1979년에 라이트 수정안(Wright Amendment)을 통과시켰다. 이 법안의 목적은 아메리칸 항공과 브래니프 항공의 본산인 댈러스 DFW공항의 이용률을 높이기 위한 것이었다. 구체적으로 법안은 텍사스 이외의 주에서는 어떤 항공사도 직접 댈러스의 러브 필드공항으로 들어갈 수 없게 하는 법이었다. 사우스웨스트 항공사를 견제하는 게 목적이었던 이 법은 결국 1996년에 폐지되었다.

29 "Oral Health: Preventing Cavities, Gum Disease, and Tooth Loss 2008," U.S. Department of Health and Human Services, Centers for Disease Control and Prevention, Coordinating Center for Health Promotion, February 2008. (http://www.cdc.gov/nccdphp/publications/AAG/doh.htm, 2008년 8월 5일 접속)

30 "Billions Suffer from Tooth Decay," *BBC News*, Feb. 25, 2004.

31 S.2203 & H.2221: 매사추세츠주 치위생사협회(MDHA)가 발의한, '치위생사의 공중보건진료 허용에 관한 법안.' 이 법안은 진료간호사(nurse practitioners)가 의사의 감독 없이 환자진료와 처방전 발행을 하려는 것과 같은 맥락이라 하겠다.

32 S. 1216: 매사추세츠주 치과의사회(MDS)가 발의한, '치과진료보조에 관한 법안의 부칙조항.' 이 법안은 공인 치과조무사(registered dental assistants) 및 확대기능 치과조무사(expanded function dental assistants) 등의 새로운 치과조무사 직군과 확대기능 치위생사(expanded function dental hygienists)라고 하는 새로운 치위생사 직군을 개설하고, 이들을 모두 고급훈련을 받은 치과조무사로 인정한다는 것을 그 내용으로 하고 있다(http://www.mass.gov/legis/bills/senate/185/st01/st01216.htm, 2008년 8월 일 접속).

33 매사추세츠주 치위생사협회 웹사이트(http://www.massdha.org/news-events/legislative-updates.asp, 2008년 8월 5일 접속).

34 미국 보건인적자원부 산하의 보건의료질평가연구원(Agency for Healthcare Research and Quality)에 따르면, 알래스카 원주민 아동과 성인은 다른 미국 국민들에 비해 구강질환을 앓는 비율이 더 높다고 한다. 알래스카 원주민 중 2~4세

연령 아동의 충치발생률은 전국 평균에 비해 다섯 배나 더 높다. 뿐만 아니라, 8만 5,000명에 달하는 알래스카 원주민들은 인구 400명 미만의 작은 단위의 마을에 흩어져 살고 있어서 상대적으로 의료에 대한 접근성이 낮으며, 인구 1인당 치과의사수도 적어서 치과진료에 대한 접근성은 더욱 취약한 상태에 놓여 있다(http://www.innovations.ahrq.gov/content.aspx?id=1840, 2008년 8월 6일 접속).

35 Alaska Dental Health Aide Therapist Initiative, Alaska Native Tribal Health Consortium, 2000.

36 Nash, David A., and Ron J. Nagel, "Confronting Oral Health Disparities Among American Indian/Alaska Native Children: The Pediatric Oral Health Therapist," *American Journal of Public Health*, 2005; 95(8): 1325–29.

37 Fiset, Louis, "A Report on Quality Assessment of Primary Care Provided by Dental Therapists to Alaska Natives," Alaska Native Tribal Health Consortium, Sept. 30, 2005. 2007년에 텍사스A&M 대학교 치과대학 교수가 발표한 두 번째 보고서에서도 치아건강보조치료사들이 훈련받은 범위 내에서 진료기준에 부합하는 서비스를 제공하고 있는 것으로 평가했으며, 치과의사와 치아건강보조치료사가 제공한 치과서비스의 합병증 발생률에도 차이가 없는 것으로 나타났다(Bolin, Kenneth A., "Quality Assessment of Dental Treatment Provided by Dental Health Aide Therapists in Alaska," 2007년 5월 1일 전국구강보건컨퍼런스 발표자료).

38 Alaska Dental Society et al. v. *State of Alaska et al.* Complaint for Declaratory and Injunctive Relief. 3AN-06-04797 CI (Alaska Super. Ct. Jan. 31, 2006).

39 이 판결이 있은 후에도 미국 치과의사협회와 알래스카 치과의사회는 이 사업에 여전히 반대하고 있지만, 치아건강보조치료사들과 함께 알래스카 시골지역의 치아건강을 증진시키는 일에는 협력하겠다는 의사를 밝혔다("Superior Court Judge Rules in ANTHC Favor June 27," *Mukluk Telegraph*, August/Sept. 2007, vol. 10, Issue 2, page 7; "Judge Dismisses Case Against Dental Therapists," http://www.ktuu.com/global/story.asp?s=6720173 , 2008년 8월 6일 접속).

40 이 사례를 소개해준 지노믹 헬스케어(Genomic Healthcare Strategies)의 키이스 베첼더(Keith Batchelder) 박사와 피터 밀러(Peter Miller)에게 감사한다.

41 Mullaney, T., "The Sensible Side of Telemedicine," *BusinessWeek OnlineExtra*, June 26, 2006.

42 나이트호크 방사선 서비스(NightHawk Radiology Services)의 웹사이트 및 보도자료, http://www.nighthawkrad.net/.

43 야간이나 주말에 방사선 판독을 정확하게 하는 것은 쉬운 일이기 때문에 환자안전에 대한 아무 걱정 없이 원격으로 할 수 있는 일이고, 주중에 판독해야 되는 방사선 촬영 영상은 너무 복잡하기 때문에 반드시 현장에 방사선과 의사가 있어야 된다는 주장은 어처구니 없는 것이다.

44 Pollack, Andrew, "Who's Reading Your X-Ray?" *New York Times*, Nov. 16, 2003.

45 Mishra, Raja, "Radiology Work Shifts to Overnight, Overseas," *Boston Globe*, June 29, 2005.

46 Johnson, Douglas E., "NightHawk Teleradiology Services: A Template for Pathology?" *Archives of Pathology and Laboratory Medicine*, vol. 132, no. 5, 745-57.

47 Steinbrook, Robert, "The Age of Teleradiology," *New England Journal of Medicine*, vol. 357:5-7, July 5, 2007.

48 방사선의학 분야에서 나타나고 있는 이런 기술적 변화에 대해 가르쳐준 지노믹 헬스케어(Genomic Healthcare Strategies)의 키이스 베첼더(Keith Batchelder) 박사와 피터 밀러(Peter Miller)에게 감사한다.

49 예를 들어, 기능적 자기공명영상을 이용한 뇌활성화 연구가 있기 전에는 심지어 뇌사환자와 정상인의 뇌활성 상태조차 구분해내지 못하는 경우가 있었다.

50 이 사례에 대해 설명해준 지멘스(Siemens)의 조셉 카마라타(Joseph Camaratta)에게 감사한다.

51 이것은 자원의 양이 아니라 결과에 따라 평가되는 가치부가과정 사업 모델 고유의 장점 중 하나라고 할 수 있다.

52 Wong, Wilson S., et al., "Outsourced Teleradiology Imaging Services: An Analysis of Discordant Interpretation in 124,870 Cases," *Journal of the American College of Radiology*, 2005; 2: 478-84.

53 중재적 방사선의학으로 그 영역을 확대함으로써 일반외과의 로엔드(low end) 시장을 파괴해온 방사선과 의사들 또한 가만히 있지는 않을 것이라는 점에 유념해야 할 것이다. 원격의학 서비스도 이와 유사한 방식으로 병리학과 집중치료 영역으로 확대를 꾀하고 있으며, 이런 추세는 다른 부문에서도 나타날 것이다.

54 노자(老子), 도덕경(道德經), 기원전 600년경.

55 여기서 우리가 주장하려는 것은 기존의 사업 모델 내에서는 현저한 수준의 비용 감소가 발생하지 않으며, 새로운 파괴적 사업 모델을 통해 기존의 사업 모델을 대체할 때만 가능하다는 점이다. 이런 우리의 주장에 대해 종종 사람들은 새로운 제품을 도입한 후 대량생산을 하게 되면서 가격이 현저하게 감소한다는 점을 들면서 반박한다. 인텔이 마이크로프로세서를 처음 도입할 때는 가격이 600달러였지만, 생산량을 늘리면서 비용이 감소해 가격이 200달러까지 낮아졌다는 것이다. 그러나 이것은 이 장에서 우리가 논의하고 있는 것과는 다른 별개의 현상이다. 인텔이 여러 세대를 거쳐 출시한 프로세서의 가격을 비교해보면, 새로운 차세대 제품의 출시 가격은 과거의 제품 출시가격만큼 높았으며, 출시 이후 떨어진 최저가격대를 보더라도 이전 세대의 최저가격대와 비슷한 수준이었다는 점을 알 수 있다. 참고로, 논리회로 분야에서 인텔의 헤게모니를 위협하는 테크놀로지(와 그것에 기반하는 사업 모델)은 텍사스 인스트루먼트(Texas Instruments) 같은 회사들이 만들고 블랙베리(BlackBerry)와 같은 휴대용 기기 및 무선전화 단말기에 사용되는 DSP 칩(디지털신호처리용 마이크로프로세서)이다.

56 일부 신규 지역전화사업자들은 이미 1996년 통신법 개정안이 발효되기 전부터 있던 업체다. 더 자세한 연혁에 대해서는 다음의 문헌들을 참고하기 바란다.
* Doherty, Jacqueline, "Telecom Tightrope," *Barron's*, Jan. 8, 2001, 17-18.
* Darby, Larry E; Jeffrey A. Eisenach; and Joseph S. Kraemer, "The CLEC Experiment: Anatomy of a Meltdown," *Progress on Point 9.23*, Progress & Freedom Foundation, Sept. 2002.
* Christensen, Clayton, Scott Anthony, and Eric Roth, *Seeing What's Next* (한국어판 서명 '미래기업의 조건'), Boston, Massachusetts: Harvard Business School Press, 2004.

57 스카이프는 2006년부터 일반전화 회선에 전화를 걸 수 있는 기능인 스카이프아웃

(SkypeOut) 서비스를 제공하기 시작했는데, 1년에 29달러 95센트를 내면 국제전화를 비롯한 모든 전화통화를 무제한으로 사용할 수 있었다. 현재는 1년에 35달러 40센트를 내면 미국과 캐나다 지역에 전화를 하는 경우 무제한으로 통화가 가능하며, 무제한으로 국제전화를 이용할 수 있는 글로벌 플랜(global plan)은 2008년 8월 현재 연간사용료가 119달러 40센트로 인상되었다.

58 통신산업의 과거를 돌이켜보면 예전에도 똑같은 사례를 발견할 수 있다. 즉, 장거리전화 비용이 크게 낮아질 수 있었던 것은 MCI(Microwave Communications Inc.)라는 파괴적 기업 덕분이었다.

59 *AT&T Corp.* v. *Iowa Utilities* Bd., Supreme Court of the United States, Jan. 25, 1999. (출처: http://www.law.cornell.edu/supct/html/97-826.ZX2.html)

60 뉴욕 양키즈의 포수였던 요기 베라가 남긴 말로 알려진 이 어구의 정확한 출처를 찾으려고 애썼지만 결국 성공하지 못했다. 참고로, 마이클 포터(Michael Porter)와 엘리자베스 테이스버그(Elizabeth Teisberg)는 최근 '*Redefining Health Care*'(Harvard Business School Press, 2006)라는 제목의 전문서적을 출간했다. 이 책에서 저자들은 가치의 측정방법을 개선하고 최고의 가치를 제공하는 공급자들에게 보상해주는 방식으로 경쟁을 촉진할 필요가 있다는 주장을 한다. 여기에 우리의 연구결과, 즉 '존속적 경쟁과 파괴적 경쟁은 근본적으로 다른 결과를 만들어낸다'는 사실을 보탠다면 저자들의 주장이 한층 더 구체화될 것이다.

61 2008년 9월 10일, '헬스 어페어즈(Health Affairs)' 誌가 마련한 기자회견 자리에서 가이싱어 헬스 시스템(Geisinger Health System)의 회장 겸 CEO직을 맡고 있는 글렌 스틸(Glenn Steele)은 최근 그의 조직에 도입한 혁신조치를 소개하면서 이런 통합형 의료전달체계에 관해 다음과 같은 말을 했다. "우리 조직 내에서 누가 금전적 이익을 가져가는지는 중요한 게 아닙니다. 바로 이것이 핵심이죠. 환자가 이익을 볼 수만 있다면, 그 외에 또 누가 이익을 보든 그것은 상관이 없어요. 보험회사나 병원이 이익을 보더라도 상관이 없고, 드문 경우지만 의사집단이 이익을 보더라도 아무 상관이 없습니다. 왜냐하면 우리 내부적으로 가격이전(價格移轉)을 할 수 있기 때문입니다. 기본적으로 우리는 금전적인 혜택을 재분배할 수 있거든요."

62 "Unsocialized Medicine," *Wall Street Journal*, June 13 2005, A12.

63 쿠바와 북한을 제외하면, 캐나다는 보건의료를 개인적으로 구매하는 것이 불법인

유일한 나라이다.

64 경제학 용어로 '독점판매자(monopolist)' 는 시장에서 어떤 제품이나 서비스를 제공하는 유일한 공급자를 말한다. 독점구매자(monopsonist)는 시장에서 어떤 제품이나 서비스를 구매하는 유일한 주체를 말한다.

65 구체적인 사례는 다음의 연구보고서를 참고하기 바란다. Anderson, Gerard F. and Peter Hussey, "Special Issues with Single-Payer Health Insurance Systems," Health, Nutrition and Population department of the World Bank Human Development Network, Discussion Paper, September 2004.
참고로, 이 보고서 저자들은 스웨덴의 보건의료체계를 분석한 글에서 다음과 같이 적고 있다. "대부분의 의사들은 정부로부터 보수를 받고 있지만, 민간의료의 비중이 점점 커지고 있으며, 공공의사라 하더라도 여유시간에는 민간환자를 진료할 수 있다. 이렇게 의사들이 사적으로 지불하는 환자들에게 더 많은 시간을 할애한다면 공공의료체계 내에서 가난한 환자들의 의료 접근성은 떨어질 수도 있다."

66 더 구체적인 사례는 다음 기사자료를 참고하기 바란다. Zamiska, Nicholas, "China Thinks Small in Prescription for Health Care: Primary-Care Clinics to Become First Stop in Revitalizing System." *Wall Street Journal*, March 11, 2008, A10.

67 Schein, Edgar, *Organizational Culture and Leadership*, San Francisco: Jossey-Bass, 1987.

68 조금만 생각해보면 이런 주장이 틀리지 않았음을 알 수 있다. 미국이 아이티, 나이지리아, 이라크, 아프가니스탄처럼 목표와 수단에 대한 광범위한 합의를 하지 못한 나라들을 급습해서 민주주의를 정착시키려 했지만, 결과적으로는 매번 사회적 질서의 광범위한 몰락을 초래하고 말았다. 또한, 한국과 대만, 싱가포르, 칠레 등 지난 50년간 급속한 경제개발을 위해 근본적인 규제변화를 도입한 국가들은 모두 비교적 정직한 독재자들이 지배하면서 필요한 작업을 추진하기 위해 권력 수단을 휘둘렀다. 다만, 이 국가들이 번영을 거듭하는 동안 두 가지 축, 즉 목표와 수단에 대한 합의 수준이 높아졌고 차츰 민주화가 이루어졌다.

69 제너럴 모터스(GM)가 좋은 예다. 1985년에 GM 총수는 승용차 새턴(Saturn) 사업부를 모기업으로부터 분리시켰다. '새로운 기업, 새로운 자동차(A different kind of company, a different kind of car)' 라고 하는 캠페인 슬로건으로 시장에 첫선을 보이면서 성공을 거둔 새턴은 이후 조금씩 모기업 GM의 문화적 세력권

색인

파괴적 의료혁신

지은이 클레이튼 M. 크리스텐슨
제롬 H. 그로스만, M.D.
제이슨 황, M.D.
옮긴이 배성윤
펴낸이 이왕준
주간 박재영
표지 디자인 김형국

출판등록 1999년 9월
초판 1쇄인쇄 2010년 10월 29일
초판 7쇄발행 2015년 7월 20일

(주)청년의사
주소 121-854 서울시 마포구 신수동 99-1 좋은빌딩 2층
전화 (02) 2646-0852 FAX (02) 2643-0852
전자우편 webmaster@docdocdoc.co.kr
홈페이지 www.docdocdoc.co.kr

The Korean Doctors' Weekly

ISBN 978-89-91232-34-1
값 34,000원